U0663978

京杭運河

王国平 著

待遇论

王国平同志简历

王国平，男，1950 年 1 月生于杭州，籍贯四川开江，1969 年 1 月参加工作，1972 年 4 月加入中国共产党，研究生学历，工程师。历任中共余杭县委书记，中共杭州市委常委、组织部长，中共杭州市委副书记，中共嘉兴市委书记，浙江省人民政府省长助理，中共浙江省委常委、省委秘书长，中共浙江省委常委、中共杭州市委书记、杭州市人大常委会主任。现任浙江省人民政府咨询委员会副主任，杭州城市学研究理事会理事长，杭州城市学研究会会长，杭州国际城市学研究中心顾问，中国棋院杭州分院顾问，中国国际经济交流中心常务理事，浙江大学兼职教授、兼职博士生导师，中央美术学院客座教授、客座博士生导师，中国浦东干部学院兼职教授。先后获得“创建国家环境保护模范城市”领导奖、中国医药卫生界年度十大人物、第七届中国城市十大风云首脑、世界休闲事业“杰出贡献奖”、中国休闲终身成就奖、2011 低碳时代年度人物、中国文化遗产保护年度杰出人物等荣誉。先后著有《城市论》（上中下三卷）、《城市怎么办》（1—12 卷）、《城市学总论》（上中下三卷）、《待遇论》等。编著《杭州全书》、《城市学文库》两大系列成果共计 300 余部。主持国家社会科学基金项目、国家自然科学基金项目近 10 个。承担全国各大城市发展规划咨询课题数十项。在《红旗文稿》、《经济研究参考》、《现代城市》、《政策瞭望》等刊物上发表论文 40 余篇。

出版说明

《待遇论》是一部立足学术研究前沿领域的专著，作者以系统科学方法，科学系统地研究待遇问题，试图以“待遇”这一社会主义初级阶段最常见、最现实、人们最普遍关心的问题为基础，去研究和解答当前社会领域各种纷繁复杂的问题，具有很强的理论性、逻辑性、政策性和可操作性。

作者长期从事城市管理和城市学的研究，已经出版的《城市论》（上中下3卷）、《城市怎么办》（1—12卷）、《城市学总论》（上中下3卷）都是城市学研究的扛鼎之作，具有战略、宏观、前瞻意义。该书以历史唯物主义为指导，坚持马克思主义的立场、观点和方法，立足当代现实和时代特点，紧密结合中国特色社会主义建设实践提出的新经验、新情况、新问题，贯彻包容性增长和共建共享的理念，将待遇问题作为解读“中国模式”和新型城镇化的核心命题，力图对“待遇”这个广泛的哲学社会科学范畴加以深入而全面的研究，特别是对最具中国特色的市民、农民和移民的待遇问题做了全面、历史的考察后，系统提出了中国特色社会主义待遇理论，构建了义理精确的待遇观，对正确认识和处理好社会主义初级阶段市场经济条件下的待遇问题，加快新型城镇化进程具有重要的理论和实践指导意义。

《待遇论》也是一部专业研究者的研究指南，更是一部城市管理者的经典教科书。全书共17章、70万字，全面科学地论述了待遇范畴，系统深入地剖析了待遇与效应、效益、机制、竞争、心态、伦理、公平、需要、供给、分化、冲突、协调、制度等社会运行诸要素、诸系统的关系，并创造性地提出“同城同待遇指数”理念；该书内容博大精深，论述科学系统，具有很强的学术性、创新性和针对性；观点“集百家之长，立一家之言”，全方面、多维度地系统论述待遇理论，在国内尚属首次，是迄今为止关于“待遇”的理论与实践结合的首部原创性专著。

人民出版社

2016年10月

致读者

时间过得真快。我从市委书记岗位上退下来，已经7个年头了。7年来，我一直在研究城市，特别是一直在探寻城市发展的终极目标。2000多年前古希腊先哲亚里士多德的预言“人们来到城市是为了生活，人民居住在城市是为了生活得更好”和2010年上海世博会的主题“城市，让生活更美好”时时回响在我的耳边。怎样的城市才真正称得上是一座“让生活更美好”的城市？无疑它必须是一座经济繁荣的城市，政治清明的城市，文化昌盛的城市，社会安定的城市，生态优美的城市。但一座城市真的做到了这一切，它的人民就能感受到生活的美好了吗？答案似乎是否定的。因为，它似乎还缺了一点什么，而这一点恰恰是最重要的，这就是每个人时时感受到而又期盼着的公正和平等，即公平！

长期以来，专家学者一直在探索用一个简洁明了的范畴来规范、权衡、评价和表达公平，如人权、权利、利益、福利等

等，但似乎都不尽如人意。因此，我想借用一个十分通俗而又实用的范畴——“待遇”，并对它的内涵和外延进行重新定义再来解答这一难题。同时，如同人们试图以“商品”为基础，去研究和解答经济领域里的各种纷繁复杂的问题那样，我们也可以探索以“待遇”为基础，去研究和解答社会领域里的各种纷繁复杂的问题。

借用“待遇”而不是其他范畴的直接的原因，就是我每天都能听到杭州300多万农民工兄弟姐妹乃至全国近3亿农民工兄弟姐妹发自内心的呐喊：“同城同待遇！”这就是《待遇论》这本书真正的由来。当然，我深知这本书的稚嫩和单薄。以待遇为基础，研究和解答社会领域的纷繁复杂的问题还刚刚起步，还有很长的路要走，正因为如此，我会在今后的岁月里，沿着《待遇论》打开的窗户继续远眺，直到有一天突然发现，我似乎看到了成功的彼岸！

王国平

2016年7月1日于杭州

目 录

第一章 绪论

第二章　待遇与人

第三章 待遇指数

第四章 待遇系统

第五章　待遇与效应

第六章　待遇与效益

第七章　待遇与机制

第八章　待遇与竞争

第九章　待遇与心态

第十章　待遇与伦理

第十一章　待遇与公平

第十二章　待遇与需要

第十三章　待遇与供给

第十四章　待遇与分化

第十五章　待遇与冲突

第十六章　待遇与协调

第十七章　待遇与制度

第一章 绪论

人类在日常生活中，接触的最为大量最为频繁的、最令人欢乐而又令人烦恼的、最让人关注忧心而又心驰神往的，恐怕就是自身待遇的得失消长了。人类一切行为动机的萌动与生变，一切情意的激发与抑制，一切理智的恒守与失调，难道不都是追逐待遇使然？数千年来，人类为了自身待遇的实现和改善，不断地进行艰苦卓绝的奋斗，创造工具，征服自然，完善自我，甚至不惜进行阶级斗争和社会革命。这个过程，有力地推动了社会生产力的发展，随着社会生产力的发展，人类期盼的物质和精神待遇更加广泛，更加丰富。人类为了获得那些新的更大、更多、更好的待遇，激发起了新的创造、进取、发展的热情，继续进行新的更加宏伟的社会实践，从而使社会生产力的发展又提高到一个新的境界、新的阶段、新的水平。这个新境界、新阶段、新水平又凝结和彰显了人类实践活动中诞生的更大、更多、更好的待遇成果。一部人类社会的历史就这样不断地开拓着、发展着、前进着。因此，可以说正是人们追求、改善待遇，推动了社会生产力的发展，推动了人类社会的进步，甚至推动了人类自身机能和素质的提高。

待遇既然对人类来说如此重要，我们对这一重要范畴的理解和把握到位吗？答案无疑是不到位。如《辞海》对待遇的解释是：“指福利及物质报酬。亦指权利、社会地位等。”按这一解释引申的内涵与外延很

注释：“社会”这一范畴包含了两层含义。1.“大社会”：特指由人类构成，以自然界为生存环境的人类生产和生活体系。2.“小社会”：特指在“大社会”系统中，与经济、政治、文化、生态等其他子系统并列的狭义的社会子系统（又称“社会建设子系统”、“社会生活子系统”）。“社会”一词在通常使用时，按照约定俗成的做法，无须特别指明是使用了两层含义中的哪一层含义。因此，读者应联系上下文注意把握和领会。

难涵盖待遇的全部内容。写作本书的目的就是试图从重新界定待遇这一范畴开始起步，构建起一门待遇学科。

1.1 待遇的定义

界定待遇范畴是分析和解决待遇问题的逻辑起点。**从文献梳理看，待遇与权利、权益、权力、利益、公民权、福利、公共服务、社会保障等概念之间存在着错综复杂的关系，混淆使用的现象较为普遍。**

1.1.1 待遇及相关概念的界定

（1）权利、权益、权力、利益

《辞海》对权利的解释为：1.权势和货利。2.“义务”的对称。①指法律上的权利，即自然人或法人依法行使的权能与享受的利益。是社会经济关系的一种法律形式，与义务不可分离。权利义务的依存性是公正法治的基础。②泛指社会团体的章程规定其成员可以享受的利益和允许行使的权力。《辞海》对权利的第一种释义就是从字面上对“权”和“利”分别作了说明，第二种释义则主要是从法律意义上作了界定。从目前学界研究来看，对于权利更多还是作为“义务”的对称，从法律意义上展开论述。当代美国社会学家劳拉·贝思·尼尔森（Laura Beth Nielsen）（2011）认为，学界对权利理论的讨论经历了三代：第一代关注自由和自治的权利，诸如宗教自由、言论自由和公民权；第二代聚焦经济、社会与健康的权利，诸如基本教育权、基本医疗保障的权利；第三代关注“群体”或“团结”权利，包括健康环境权利、和平权利等。这三代关注的对象可以看作目前学者们对权利外延的认识。

《辞海》对权益的解释为：“应该享受的不容侵犯的权利。如：合法权益；正当权益。”苏燕平（2012）认为：“权益包括权利及享有权利后所获的利益……应包括尚未体现在法律中的权益、受宪法保护的权利以及受其他法律保护的正当利益。”《辞海》对“权益”的解释比较普遍化，并没有反映出权益的关键特征，而苏燕平对“权益”的释义，

从法律意义上做了必要的拓展，使其含义变得更为精准。

《辞海》对权力的解释为：1.政治上的强制力量。如：国家权力；权力机关。2.职责范围内的支配力量。3.管理学上指一个人借以影响另一个人的能力。其基础是对资源拥有者的一种依赖关系。资源的重要性、稀缺性、不可替代性决定了权力与依赖关系的性质和强度。《辞海》对权力的释义应该是目前学界普遍采取的三种解释。这三种解释主要是从政治学和管理学角度切入，政治学上的释义更关注其强制性，管理学上的释义更强调其影响力。

《辞海》对利益的解释为：好处。如：集体利益；个人利益。目前学界使用利益这一概念时，一般指人类用来满足自身欲望的一系列物质和精神需要的产品。

权利与权益之间的关系可以理解为三个方面：首先，权益的核心是权利。其次，权益并没有突出是否合法，其中包括了尚未体现在法律中的权益。再次，权益的本质是利益，即权利享有后所获得的利益，也称为实有权利，即公民所实际能享有的权利。权利要求满足人对利益的需要，以人的发展为权益的终极目的。

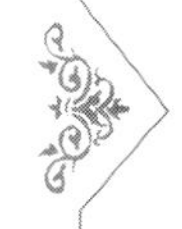

权力与权利是有区别的。一是两者行使主体不同，在中国权力在本质上的主体是人民，因为权力源于人民，但在行使中则转换为权力机构中的公职人员，而权利的行使主体则是所有人，没有发生主体的转换；二是两者关系双方的地位不同，在权力关系中，主客体的地位是不平等的，是一种指挥与服从、支配与被支配的关系，而在权利关系中，双方的地位则是平等的；三是两者性质不同，权力涉及社会公共利益，具有公共性，而权利关乎到权利主体自身的利益，具有私人性。

利益与权利之间的关系极为密切。权利、权益两个概念的主要组成部分都与利益有关。利益与权利、权益两个概念相比，使用范围更广泛，使用要求更宽松。

（2）福利、福祉

《辞海》对福利的解释为：1.福祉与利益。《后汉书·仲长统传》：“是使奸人擅无穷之福利，而善士挂不赦之罪辜。”2.生活上的利益，特指对公民、职工在住房、健康、交通等方面的照顾。在西方，福利（welfare）一词早在19世纪末期就被英国学者和政治家频繁使用，客观上是指“好的或者幸福的、快乐的、健康的生活状态”。《辞海》

的两种释义，第一种是字面上的解释，即分别解释了“福”和“利”，第二种释义比较常用，实际上是保障人们生活的一种手段，而西方学界最初则是把福利作为一种个人的生活状态。

从更全面的角度来看，福利可以分为个人福利和社会福利。个人福利是指一个人获得的满足，它可以看作是“幸福”或“快乐”的同义语，这种满足既包括个人物质生活需要的满足，也包括个人精神生活需要的满足。社会福利则是指一个社会全体成员的个人福利的总和或个人福利的集合。社会福利又有广义和狭义之分。广义的社会福利概念，除了应包括经济福利外，还应包括政治福利和文化福利。经济福利、政治福利和文化福利又分别是指各种经济、政治、文化因素对人的需要的满足程度，某一方面的满足程度越高，则该方面的福利越大。这三种福利，构成了人们福利的基本内容。狭义的社会福利概念主要是指政府所提供的公共福利。从实质上来看，狭义的社会福利就是政府所履行的公共产品供给的一种形式。它的保障主体是国家和政府；它的对象是全体公民；保障的主要内容是一切为了保障全体公民生活水平的带有福利性的一系列社会政策措施。社会福利也是社会保障体系的一部分。

关于福祉，《说文解字》载：“祉，福也。”《左传・哀公九年》载：“祉，禄也。”《现代汉语词典》对福祉的解释为：“福气；幸福。”现在“福祉”一词多被用来代表美满祥和的生活环境、稳定安全的社会环境和宽松开放的政治环境。在学术研究范畴中，较少使用“福祉”的概念。

福利和福祉相比较，“福利”一词所指范围可以较小，甚至可以是“一个人的健康、幸福或幸运的状况”，属于个体层面，甚至可以特指单位对员工或者社区对成员发放的一种工资以外的非现金形式的报酬。“福祉”指涉范围则相对宽泛，指的是大多数人的幸福，属于国家和社会层面。但在“幸福”或“利益”这一意义上，“福利”和“福祉”是相通的。

（3）公民权、公民基本权利、市民权、人权

《中国大百科全书》对公民权的解释为：公民权（civil rights）指公民依法享有的人身、政治、经济、文化等方面的权利，又称公民权利。公民权利与公民义务相对应。公民权利的基本主体是公民个人。公民权利的实现，单有宪法和法律的规定是不够的，还必须有物质保障，有国

家提供的服务，有社会各方面的支持，还要有公民个人理想、信念和公民之间道义上的支持。《中华人民共和国宪法》和有关法律规定了广泛的公民权，同时规定，公民在行使公民权时不得损害国家的、社会的、集体的利益和其他公民的公民权。《中华人民共和国法律大百科全书》（宪法卷）对公民权还有一种狭义的解释，是指公民的政治权利，即公民依法享有民主和自由的权利。目前来看，《中国大百科全书》对公民权的释义被学界普遍采纳，其核心的特征在于其法律的规定性和内容的广泛性，涉及了人身、政治、经济、文化等各方面。

《辞海》对公民基本权利的解释为：宪法规定公民享有的基本的权利。公民基本权利在全部公民权中具有首要意义。中国宪法对公民基本权利的规定，体现了广泛性、真实性、平等性以及权利和义务的一致性。其主要内容有：在法律面前一律平等；年满18周岁的除依法被剥夺政治权利者外都有选举权和被选举权；有言论、出版、集合、结社、游行、示威的自由；有宗教信仰自由；人身自由、人格尊严和住宅不受侵犯；通信自由和通信秘密受法律的保护；有批评权、建议权、申诉权、控告权、检举权；有劳动权、休息权；在退休后，有生活受到保障的权利；在年老、疾病或丧失劳动能力时，有获得物质帮助的权利；有受教育权；有进行科学研究、文学艺术创作和其他文化活动的自由；妇女在各方面享有同男子平等的权利，等等。《辞海》对公民基本权利的解释也是学界普遍采纳的，它的关键特征就在于其地位的首要性、基础性和决定性，表现为：公民基本权利是构成普通法律规定的公民的权利的基础和原则，普通法律规定的一般权利是宪法规定的公民基本权利的具体化。

由公民权和公民基本权利的定义可以看出，公民权包含公民基本权利，公民基本权利在整个权利体系中处于核心与基础的地位，是所有公民权利中最重要的、最根本的部分。两者的区别在于：第一，两者范围不同。公民基本权利包括宗教信仰自由、人身权利、政治权利、经济权利、社会权利等基本权利，而公民权利范围则大得多。第二，两者受限制的程度不同。基本权利，一般是不能受限制的，即使受限，也必须规定十分严格的程序。但是公民权利却有可能会受到限制。第三，两者确认的依据不同。公民基本权利是由宪法明确规定的，而公民权利一般是通过普通法律来确认。这里还必须提及“市民权”这一概念。陈映芳（2005）指出：“‘市民’主要适用于城市层面，其语义对应于urban-citizen。同样，作为‘市民权’概念的英文对应词，citizenship也可以被译成‘公民权’和‘市民权’两种。汉语的‘公民权/市民权’概念，实际上可涵盖civil rights和citizenship概念的多重含义。其中civil rights主要指一国公民的法定权利（目前多译为‘公民权利’），而citizenship则更广泛地包含了与公民/市民的资格相关的身份及权利等。”“市民权”主要在citizenship意义上可被用以指目前中国社会中拥有居住地城市户籍的居民所享有的身份及相关权利。公民权与市民权的主要区别在于：前者更多的是一个法学意义上的概念，后者则体现出更多的社会学意义和空间的限定性。

《辞海》对人权的解释为：人享有的人身自由和各种民主权利。《现代汉语大词典》对人权的解释为：各种人们应当平等地享有的权利。包括生存、自由、人身安全、选举、工作、受教育、集会结社、宗教信仰等权利。目前学界在使用人权这一概念时，一般都特别强调，人权是指人，因其为人而应享有的各种权利。人权的指向是强调每个人都应受到合乎人权的对待。人权的这种普遍性和道义性，正是它的两种基本特征。从以上解释可以看出人权与公民权、公民基本权利在指向上虽有不同。但在具体内容上是有相当大的重叠的。

（4）公共服务、基本公共服务

1998年3月6日，九届全国人大一次会议《关于国务院机构改革方案的说明》的报告，提出“要把政府职能切实转变到宏观调控、社会管理和公共服务方面来”，首次明确把“公共服务”作为政府职能转变的目标。

学界对所谓的“公共服务”有着不同的界定。《社会学大辞典》主要从自上而下的政府角度对公共服务作出解释。公共服务指政府机关举办的公共服务事业，如邮政、公用事业，以及对于个别公民的直接社会服务工作，如救济、娱乐以及有关健康和安全的服务等。陈昌盛（2007）更强调从自下而上的社会层面去解释公共服务。公共服务指建立在一定社会共识基础上，一国全体公民不论其种族、收入和地位差距如何，都应公平、普遍享有的服务。孙晓莉（2007）的界定是引入了“公共产品”的概念来说明公共服务，她指出：公共服务是通过提供多种与公众生活息息相关的公共产品以满足社会公共需要，是对社会资源的筹集和调动过程。郭士国（2012）则认为公共服务应该分为广义和狭义，广义上的公共服务包括为纠正市场失灵和功能缺陷所制定宏观政策

和微观规制等抽象的公共物品、为市场经济正常运行而制定的法律制度等，还包括政府所提供的具体公共服务项目。狭义的公共服务则仅指那些由政府负责安排的具体公共服务项目。狭义的公共服务通常是“公共事业方面的服务”，主要包括教育、医疗、文化等方面的公益性服务。目前，学界比较普遍采纳的是《社会学大辞典》中的界定，也就是郭士国对公共服务的狭义解释。

关于基本公共服务的界定，2012年7月11日《国家基本公共服务体系“十二五”规划》明确指出：“基本公共服务，指建立在一定社会共识基础上，由政府主导提供的，与经济社会发展水平和阶段相适应，旨在保障全体公民生存和发展基本需求的公共服务。享有基本公共服务属于公民的权利，提供基本公共服务是政府的职责。”同时该规划首次明确了中国基本公共服务的范围和项目，即教育、就业、医疗、住房等9大领域44类80个基本公共服务项目，规划还明确了每一项基本公共服务的国家基本标准。从一般意义来说，直接与民生问题密切相关的公共服务都界定为基本公共服务。常修泽（2007）认为，基本公共服务应当遵循三大原则。其一，全体公民享有的基本公共服务的机会和原则应该均等；其二，全体公民享有基本公共服务的结果应该大体相同；其三，社会在提供大体均等的基本公共服务成果的过程中，尊重某些社会成员的自由选择权。基本公共服务主要包含了四方面的内容：一是就业和社会保障；二是义务教育、公共卫生和医疗以及公共文化；三是公益基础性服务；四是生产安全、消费安全、社会安全、国防安全等“公共安全性服务”。

从公共服务和基本公共服务的定义可以看出：基本公共服务属于公共服务，但它显然是区别于其他公共服务的更为基础、更加重要、更应当体现公平性的服务内容。而公共服务的内涵比基本公共服务要广，还应该包括非基本公共服务。基本公共服务主要应该由政府来提供，而非基本公共服务中由于包含着大量的准公共服务，可以部分地引入市场机制进行供给。例如，教育领域中的学前教育、职业教育、高等教育、特殊教育等教育服务，医疗卫生领域中社会保障体系之外的医疗服务，群众文化、全民健身等服务。这些服务虽然与民众生活质量密切相关，并且同时具备了公共产品的特殊属性，但是却并非我们所定义的“基本公共服务”，它的供给者既可以是政府，也可以是市场。而政府的关注点应该更多放在“基本公共服务”方面，对于“非基本公共服务”则应采取政府扶持与政府监管相结合的、有条件的市场供给。

（5）社会保障

《辞海》对社会保障的解释为：国家通过立法而制定的社会保险、救助、补贴等一系列制度和措施。作用在于保障全社会成员基本生存与生活需要，特别是保障公民在年老、疾病、伤残、失业、生育、死亡、遭遇灾害、面临生活困难时的特殊需要。从政治功效上看，它是社会的“稳定器”和“安全阀”。该词由美国国会于1935年颁布的《社会保障法》中首次正式使用。《社会学辞典》则将社会保障解释为：国家和社会依法对社会成员的基本生活予以保障的社会安全制度。现代国家通过政府干预的办法，保持社会总供给和社会总需求间平衡的有效措施。社会福利、社会保险、社会救助、社会优抚和安置等社会保障制度构成了社会保障体系。目前一般的教科书把社会保障界定为“国家或社会依法建立的、具有经济福利性质的、社会化的国民生活保障系统”。1986年中国第七个五年计划中开始使用“社会保障”一词，采用了大社会保障的概念，即社会保障是国家和社会对全体社会成员的社会生活提供基本保障的制度安排。以上对社会保障的界定大同小异，其主要的差别是《辞海》的解释只把国家当作社会保障的实施者，而没有提及社会（比如社会团体、民间组织）作为社会保障的实施者，而从现实角度来看，社会（比如社会团体、民间组织）在社会保障中的关键作用日趋明显。

（6）待遇、国民待遇

“待遇”，最早见诸《史记·大宛列传》：“立宛贵人之故待遇汉使善者名昧蔡以为宛王，与盟而罢兵”，此处待遇作动词用。据《汉语大词典》，其意如下：①接待，对待；②优遇，恩遇；③指物质上的报酬或政治上所给予的权利、地位；④指对待人的情形、态度、方式。其中第三种解释明白地指出“待遇”有物质（经济）和政治层面的含义。

《辞海》对待遇的解释为：①犹接待。《后汉书·南匈奴传》：“所在郡县，为设官邸，赏赐待遇之。”②对待；看待。如：平等待遇。《三国志·魏志·陈思王植传》裴松之注引《魏氏春秋》：“是时待遇诸国法峻。”③指福利及物质报酬。亦指权利、社会地位等。如：待遇优厚；政治待遇。由此可见，待遇应该包括物质、精神和社会等方面的内容，即包含了人们在物质上的报酬、精神方面的需要满足、精神

支持和人格自立以及政治上所获得的权利、地位等。

仲大军（2002）认为，待遇“简单地理解便是一个人受到的对待和款待，或者所获得的生活条件。……待遇不仅是物质的，更多的时候是精神的和荣誉的”。他还进一步指出：由法律、道德、制度规定的待遇是刚性待遇，这些待遇一旦固定下来，便形成一种巨大的惯性力量。但在法制不健全的国家，刚性待遇或被金钱、或被权力所腐蚀，最后变成弹性待遇，也即不平等待遇。

与待遇有密切联系的还有“国民待遇”这一概念。国民待遇最初是指在贸易条约和协定中，缔约国之间相互保证给予另一方的自然人（公民）、法人（公司或企业）和商船在本国内享有与本国自然人、法人和商船同等的待遇。国民待遇作为国际法上的原则，始于19世纪初。首见于1804年法国《民法典》。当时获得政权的资产阶级基于平等原则以立法的形式规定给予外国人与本国人同等的民事权利，从而使国民待遇成为赋予外国人民事法律地位的一项法律制度。随着各国之间交往向纵深发展，国民待遇所涉及的范围、内容和对象均已突破了原来民事权利的范畴，进入国际贸易领域。

而在中国社会学、政治学研究领域中，长期以来只有城市居民和农民的概念，缺乏国民的概念，这也正反映了中国缺乏国民待遇，而一直采用的是差别待遇政策。但随着社会的变迁和发展的时代需要，特别是新世纪以来，从学界到人大代表、政协委员以及普通老百姓都开始意识到国民待遇问题的重要性。杜润生于2001年从工农联盟的角度提出给农民以国民待遇的重要性和必要性，并详细列举了农民在10大方面没有享受到国民待遇。迟福林（2003）提出给农民全面的国民待遇是新阶段中国农村改革的主要目标，要把给农民全面的国民待遇贯穿于全面建设小康社会的过程之中。秦晖（2004）撰文指出在公民权问题上要与国际接轨，在WTO的规则下给农民以国民待遇，向他们打开城市的大门，逐步有序地走向全要素市场准入，取消身份壁垒，使农民的发展潜力再次得到解放。王春光（2004）第一次对“国民待遇”作了明确的界定，即国民待遇问题主要是指国家在最基本的政策和制度方面如何对待所有国民的问题。同时指出，国民待遇原则具体体现了两点基本理念：第一，对等原则，即成员之间给予相互同等的待遇；第二，公平原则，每个公民应该享受最基本的国民权益和保障，国家不应该从基本政策和制度上根据出身、来源地和职业等而区别地对待每个公民，因为每个公民都履行了同等的国民义务和责任。

综合上述概念的分析界定，我们认为，“待遇”这一社会科学领域中极为重要的范畴，其科学完整的定义是：主体为了自身的生存、发展和享受，基于特定的经济、政治、文化、社会、生态等领域的发展环境，从外部包括人类社会、自然界、国家等，所获得的一切社会条件、社会关系，以及与经济、政治、文化、社会、生态等相关的一切事物，可以涵盖权利、权益、权力、利益、公民权、福利、公共服务、社会保障等方面的内容。

1.1.2 待遇与相关概念的关系

（1）待遇与权利、权益、利益之间的关系

待遇与权利关系极为密切。仲大军（2002）指出：“权利是待遇的法律规定，权利与待遇相互依存，待遇是权利的体现”，“要获得待遇，首先得获得权利，首先要有法律和制度的保障”。但待遇还有法律规定之外的内容，这些内容通常涉及家庭成员之间和邻里同事之间的往来关系，而权力只是体现了有成文法律规定的待遇。

权益一般指的是权利及享有权利后所获的利益，但并没有突出其法律规定性。因此，权益的范围大于权利，从其包含的内容广泛性来看，权益与待遇更为接近。

利益一般指的是人类用来满足自身欲望的一系列物质和精神需求的产品。因此，它与笔者定义的“待遇”是基本相通的。但如前所述，笔者定义的“待遇”的内涵和外延更加宽泛。

（2）待遇与权力之间的关系

权力具有更为明显的政治属性和公共属性。权力主体，即权力机构中的公职人员，能够依靠其背后所依仗的稀缺性资源，在一定职责范围内行使强制的支配力和影响力。但权力主体只是代表人民行使权力，如果其一旦把权力主要作为一种待遇来看待，那就是“以权谋私”。当然，权力主体也需要获得一定“待遇”，才能保证权力的有效行使。

（3）待遇与福利、福祉之间的关系

待遇与福利在很多语境中都是同义词，“福利待遇”经常作为一个词组出现在常用语中。

福利、福祉的概念主要描述了人们幸福的、快乐的、健康的生活状态，这种生活状态是通过满足人们的需要来实现的，前者可以特指个人层面，后者主要指国家或者社会层面。福利、福祉的内容主要是保障全体公民生活水平，因此它们更多地体现为一种经济属性和社会属性。而待遇没有涉及对生活状态的描述，它其实是获得一种幸福的、快乐的、健康的生活状态的途径和手段，而且待遇的内容更广泛，它不仅仅涉及对公民社会经济生活的保障，也涉及对公民政治权利的保护。

（4）待遇与公民权、公民基本权利、人权之间的关系

待遇与公民权、公民基本权利、人权之间的关系类似于待遇与权利的关系。公民权就是公民依法享有的人身、政治、经济、文化等方面的权利，基本公民权利是宪法规定公民享有的基本权利，而人权则是指人，因其为人而应享有的各种权利。因此，就内容范围而言，公民权小于人权，基本公民权利小于公民权，人权小于权利，而权利只是待遇中有法律法规政策规定的那部分。

（5）待遇与公共服务、基本公共服务之间的关系

公共服务、基本公共服务，本质在于其公共性，也就是通过为全体公民提供公共产品，来满足全体公民生存和发展的基本需求。对于公共产品，部分人的享受不会影响其他人的享受，也不可能或很难排除部分人去享受。公共服务、基本公共服务两者的区别在于基本公共服务是政府主导，而公共服务可以有市场介入。而对于公民来说，通过公共服务获得的公共产品仅仅是其待遇的一部分，或者说公共服务、基本公共服务是公民待遇中的公共部分，待遇当然还包括大量的“私人产品”，比如公民个人的工资报酬、企事业单位赋予的福利等。

（6）待遇与社会保障之间的关系

从社会保障的定义来看，它必须是通过立法来制定，主要是保障全体公民基本生存与生活需要，尤其是发生重大困难时的生活需要，比如年老、疾病、伤残、失业、生育、死亡、遭遇灾害等。因此，社会保障可以理解为由法律明确规定的公民“基本待遇”，尤其是国家或者社会

赋予遇到特殊困难的公民的待遇。可见，社会保障也仅仅是待遇的一个组成部分。

综合上述概念关系梳理，我们认为，**“待遇”能够涵盖权利、权益、权力、利益、公民权、福利、公共服务、社会保障等概念的要义和精华，因而具有统领以上多个概念的地位和作用。**

1.2 经典著作作家论待遇

马克思、恩格斯、列宁、毛泽东、邓小平、江泽民、胡锦涛、习近平等经典著作作家对待遇问题都有过精辟的论述，这些论述是指导我们研究待遇问题的理论基础和前提条件。

1.2.1 马克思恩格斯论待遇

“由于意识到是地主及其管家使他们受到这种非人待遇，农业短工对那些把他们当作无权人种看待的人，产生了一种相应的对抗情绪和憎恨心理。”——出自《资本主义积累的一般规律》，《马克思恩格斯全集》（第四十四卷），人民出版社，2001年。

“在这个时期，农民的赋役多半很轻，并且到处都有严格的规定，他们也受到了很好的待遇，尤其是在僧侣的领地。”——出自《马尔克》，《马克思恩格斯全集》（第二十五卷），人民出版社，2001年。

“该条约规定的两国互享最惠国待遇，减免对方重要商品的关税。条约得到两国自由贸易派的拥护，并符合英国工业资产阶级的利益。”——出自“注释67”，《马克思恩格斯全集》（第十九卷），人民出版社，2006年。

“埃尔巴赫伯爵受施利克将军派遣，仅在一名龙骑兵的护送下前往文迪施格雷兹元帅处，遭到一支马扎尔叛军队伍的袭击并被俘去。他被押送到德布勒森，从那里写来不少封信。他受到很好的待遇，许多老同事友好地接待了他。”——出自《战地新闻》，《马克思恩格斯全集》（第四十三卷），人民出版社，1982年。

“普鲁士政府的命令荒唐到如此地步，竟说《新莱茵报》总编辑马克思‘粗暴地破坏了外人待遇法’。外人待遇法是厚颜无耻的侵略者Vorder-Russen（博鲁士），在我们自己的国土上给我们莱茵省居民钦定的，《新莱茵报》的确‘粗暴地’破坏了这个外人待遇法。”——出自《〈新莱茵报〉被勒令停刊》，《马克思恩格斯全集》（第六卷），人民出版社，1961年。

“德国政府在这次战争中抓住一切机会出卖什列斯维希-霍尔施坦的革命军队，故意让丹麦人在这支军队被分散或者分开的时候把它消灭。德意志人志愿兵也遭遇到同样的待遇。”——出自《泛拉斯主义什列斯维希-霍尔施坦的战争》，《马克思恩格斯全集》（第八卷），人民出版社，1961年。

恩格斯在欧门—恩格斯公司工作的物质待遇在该公司的股东们签订的合同中明文规定下来，因此恩格斯就有可能更多地帮助马克思的家庭。——出自《卡·马克思和弗·恩格斯生平事业年表》，《马克思恩格斯全集》（第八卷），人民出版社，1961年。

1.2.2 列宁论待遇

“提高工资和改善待遇的要求，各行各业的工人可以向（而且应当向）他们的业主提出，这种要求是行业性的要求，是个别工种工人的要求。八小时工作制是整个无产阶级的要求，这个要求不应向个别业主提出，而是要向国家政权即整个现行社会政治制度的代表提出，向掌握全部生产资料的整个资本家阶级提出。”——出自《〈哈尔科夫的五月〉小册子序言》，《列宁全集》（第四卷），人民出版社，1984年。

“他们会因每天都亲眼看到凌辱和暴力而感到痛苦，他们会懂得，大学生受到的不公平待遇和无端指摘，同人民所受的压迫比起来只是沧海一粟。谁懂得了这一点，谁就会在退役时立下汉尼拔式的誓言：决心和人民的先进阶级在一起，为把人民从专制制度下解放出来而斗争。”——出自《183个大学生被送去当兵》，《列宁全集》（第四卷），人民出版社，1984年。

“士兵和水兵从政府那里什么也盼不到，政府对他们只会像过去那样使用暴力和进行压迫，像过去那样给予粗暴待遇和一块硬面包，以奖赏他们镇压和征服自己的兄弟——为获得自由，为使农民得到土地而斗争的工人和农民。”——出自《关于斯托雷平的宣言》，《列宁全集》

（第十五卷），人民出版社，1988年。

“警察脱离人民，形成一个职业性的帮派，这些人‘被调教出来’用暴力来对付穷人，享有较高的待遇和‘权势者’的特权（更不用说‘正当收入’了），所以在资产阶级统治下，不管在哪种民主共和国中，警察必然会成为资产阶级最可靠的工具、支柱和保卫者。”——出自《忘记了主要的东西（无产阶级政党的市政纲领）》，《列宁全集》（第三十卷），人民出版社，1985年。

“在人民委员会的专门委员会最终解决改善学者待遇问题之前，建议您仍按以前您所订的计划供应，即按粮食人民委员部最近那个指示办，不予缩减。”——出自《给阿·马·高尔基的电报》，《列宁全集》（第四十九卷），人民出版社，1988年。

“工人贵族享有优厚的工资待遇，具有最浓厚的行会狭隘性以及市侩的和帝国主义的偏见。他们是第二国际、改良主义者和‘中派分子’的真正的社会‘支柱’，而在目前他们几乎是资产阶级的主要的社会支柱。”——出自《为共产国际第二次代表大会准备的文件》，《列宁全集》（第三十九卷），人民出版社，1986年。

“我已经说过，在先进国家里，在多数先进国家里，工人的待遇比我们这里好，然而居住在各先进国家的俄罗斯工人明知工人在经受苦难，却千方百计急于回到苏维埃俄国来。”——出自《全俄苏维埃第八次代表大会文献》，《列宁全集》（第四十卷），人民出版社，1986年。

“近5年来社会发展的速度简直是异常的，因为这些文明的庸人习以为‘常’的是，殖民地和赤贫的半附庸国的数亿（确切地说，是十几亿）人甘愿忍受印度人和中国人所忍受的那种待遇，忍受闻所未闻的剥削和明目张胆的掠夺，忍受饥饿、暴力和侮辱，而这一切都是为了让‘文明’人能够‘自由’、‘民主地’、‘议会式地’决定如下问题：是和平地分赃，还是像昨天德国和英国那样——明天日本和美国（在法国和英国某种方式参与下）也会这样——为了瓜分帝国主义的赃物而屠杀一两千万人？”——出自《庆祝〈真理报〉创刊十周年》，《列宁全集》（第四十三卷），人民出版社，1987年。

“俄罗斯联邦的中央机关和地方机关都应该经常关心改善专家的生活待遇，关心由他们指导的培训广大工人农民的工作。”——出自《全俄苏维埃第九次代表大会文献》，《列宁全集》（第四十二卷），人民

出版社，1987年。

1.2.3 毛泽东论待遇

“他们失去了生产手段，剩下两手，绝了发财的望，又受着帝国主义、军阀、资产阶级的极残酷的待遇，所以他们特别能战斗。”——出自《中国社会各阶级的分析》，《毛泽东文集》（第一卷），人民出版社，1991年。

“第一，在地主资本家方面，他们是有钱有势的，首先应当尊重民族利益，对于工农的生活及待遇极力加以改善。因为地主资本家如果照旧对工农施行各种惨无人道的压迫与剥削，只顾他们一部分一阶级的利益，工农就不能生存，更不能抗日，国家就要灭亡，地主资本家也要变成亡国奴”——出自《中日问题与西安事变》，《毛泽东文集》（第一卷），人民出版社，1993年。

“吾兄想来工作甚好，惟我们这里仅有衣穿饭吃，上自总司令下至伙夫，待遇相同，因为我们的党专为国家民族劳苦民众做事，牺牲个人私利，故人人平等，并无薪水。”——出自《给文运昌的信》，《毛泽东文集》（第二卷），人民出版社，1993年。

“我们常看到根据地附近乡村中全村人联盟，共同欺骗与应付敌人汉奸的严密组织和分工，这种办法，应该运用到城市某些工厂、工房、学校、店铺中去。应从保护群众的切身利益出发，把群众联合起来，例如减轻负担，免除骚扰，隐藏物资以及增加工资改善待遇等，均可以成为群众联合活动的出发点。而敌人对华‘新政策’的欺骗做作，则大可成为我们和群众利用的合法口号。”——出自《中共中央关于城市工作的指示》，《毛泽东文集》（第三卷），人民出版社，1996年。

“有各种技术工作干部，例如做通讯方面和经济方面带有技术性工作的干部，对做各种技术工作的同志，不论是军队里面的、政府里面的、党组织里面的，我们都要尊重他们，承认他们有功劳，全党同志要看得起他们，过去在政治待遇上搞得不好，今后要搞好。”——出自《在中国共产党第七次全国代表大会上的结论》之三《党内若干思想政策问题》，《毛泽东文集》（第三卷），人民出版社，1996年。

“为达到此目的，使解放区农民普遍取得减租利益，使工人和其他劳动人民取得酌量增加工资和改善待遇的利益；同时又使地主还能生

活，使工商业资本家还有利可图；并于明年发展大规模的生产运动，增加粮食和日用必需品的生产，改善人民的生活，救济饥民、难民，供给军队的需要，成为非常迫切的任务。”——出自《减租和生产是保卫解放区的两件大事》，《毛泽东选集》（第四卷），人民出版社，1991年。

“为此目的，应派遣大批有经验、懂策略干部分布中心区域各县市工作，发动群众，消灭土匪，清算汉奸，减租减息，改善职工待遇，分配大汉奸土地，这些工作短时期内须见成效。”——出自《占领长春后的东北军政工作部署》，《毛泽东文集》（第四卷），人民出版社，1996年。

“在新区没收分配土地应当分为两个阶段：第一阶段，没收分配地主阶级的土地，中立富农，富农的土地原则上不动。在没收分配地主土地时，应当分别地主的大、中、小，地主的恶霸与非恶霸，采取不同的待遇……”——出自《新解放区土改斗争策略》，《毛泽东文集》（第五卷），人民出版社，1996年。

“按照逻辑，艾奇逊的结论应该是，照着中国某些思想糊涂的知识分子的想法说法，‘放下屠刀，立地成佛’，‘强盗收心做好人’，给予人民的中国以平等和互利的待遇，再也不要做捣乱工作了。但是不，艾奇逊说，还是要捣乱的，并且确定地要捣乱。”——出自《丢掉幻想，准备斗争》，《毛泽东选集》（第四卷），人民出版社，1991年。

“过去许多同志在这个问题上犯了二元论（甚至是多元论）的错误，将生产关系和使用关系并列，又将生产资料与生活资料并列，作为划分阶级的标准，把问题弄得很糊涂，划错了许多人的阶级成分。曾于一九四七年冬季叫乔木，写了一个文件，题为‘中国各社会阶级及其待遇的规定’，其前面两章是我写的，说明了这个问题，可以参看。”——出自《关于土地改革报告的修改》，《毛泽东文集》（第六卷），人民出版社，1999年。

“他在《中共中央关于土地改革中各社会阶级的划分及其待遇的规定》第一章中曾经指出：‘人们为着要生活，就要生产生活资料，例如粮食，衣服，房屋，燃料，器具等。人们为着要生产生活资料，就要有生产资料，例如土地，原料，牲畜，工具，工场等。’”——出自《关于土地改革报告的修改》“注释4”，《毛泽东文集》（第六卷），人民出版社，1999年。

"（一）如有可能，应全部接管私立中小学。（二）干部子弟学校，第一步应划一待遇，不得再分等级；第二步，废除这种贵族学校，与人民子弟合一。请酌办。"——出自《干部子弟学校应逐步废除》，《毛泽东文集》（第六卷），1999年。

"对私营企业'有所不同、一视同仁'问题。在所有权方面是一视同仁的，工人所得可以自由支配，资本家分到的红利也可以自由支配。在原料供应、贷款、运输等方面，'不看僧面看佛面'，'佛面'是工人阶级，为了工人，对资本家也需要给以必要的照顾。工资待遇一般原则也是'一视同仁'，高的一般不降，低的也不一定都提，要看具体条件和技术水平。"——出自《在中央政治局扩大会议上的讲话》，《毛泽东文集》（第六卷），人民出版社，1999年。

"我们的干部过去是享受供给制待遇，他们的一切费用都由公家包了。现在实行了薪金制，孩子的托儿费要干部自己负担，这在客观上也是对多生孩子的一个限制。"——出自《同南斯拉夫妇女代表团的谈话》，《毛泽东文集》（第七卷），人民出版社，1999年。

"我们感到同你们是很接近的，我们两国、两党互相帮助，互相支持，你们不捣我们的鬼，我们也不捣你们的鬼。如果我们有人在你们那里做坏事，你们就对我们讲。例如看不起你们，自高自大，表现大国沙文主义态度。有没有这种人？如果有这种人，我们要处分他们。中国专家是不是比你们几内亚专家薪水高，有特殊化的情况？恐怕有，要检查，待遇要一样，最好低一些。"——出自《所有非洲国家人民都是我们的朋友》，《毛泽东文集》（第八卷），人民出版社，1999年。

1.2.4 邓小平论待遇

"有些党员对于违反党的利益和人民利益的现象未进行坚决的斗争，有时为了熟人的面子，或怕别人揭发自己的错误，因而发展了自由主义。老党员过去在极危险时加入党，经过锻炼，这是好的。但胜利后有个别同志骄傲自大，闹生活待遇。"——出自《永远记取党的斗争经验和教训》，《邓小平文集》（上卷），人民出版社，2014年。

"对各级干部的职权范围和政治、生活待遇，要制定各种条例，最重要的是要有专门的机构进行铁面无私的监督检查。我们过去发生的各种错误，固然与某些领导人的思想、作风有关，但是组织制度、工作制

度方面的问题更重要。这些方面的制度好可以使坏人无法任意横行，制度不好可以使好人无法充分做好事，甚至会走向反面。”——出自《在坚持四项基本原则基础上，改革政治体制，加强民主法制建设，反对腐败》，《邓小平论中共党史》，中共党史出版社，1997年。

“要注意解决好少数高级知识分子的待遇问题。调动他们的积极性，尊重他们，会有一批人做出更多的贡献。我们自己的原子弹、氢弹、卫星、空间技术不也搞起来了吗？我们的正负电子对撞机工程在全世界也是居于前列的。知识分子待遇问题要分几年解决，使他们感到有希望。”——出自《建设社会主义精神文明，发展科学、教育和文化事业》，《邓小平论中共党史》，中共党史出版社，1997年。

“关于教师待遇问题。现在要普遍提高他们的工资待遇是很困难的，但是真正有本领的教授、副教授，高级工程师，高级医生，以及其他方面的高级专门人才的工资待遇，应该提高。”——出自《办好学校，培养干部》，《邓小平文选》（第一卷），人民出版社，1994年。

“在人事制度方面，可以考虑把退休制度建立起来。全国各个部门和单位设立专门机构，管理退休的、当顾问的人，负责他们的政治待遇、生活福利方面的事情。把退休人员的问题处理好，便于我们选拔人才。这需要做很多的工作，但是不做不行。”——出自《关于经济工作的几点意见》，《邓小平文选》（第二卷），人民出版社，1994年。

“退休、离休的干部，在政治待遇、生活待遇等各方面，都要逐个作出妥善安排。中央在最近一年中多次强调，老干部要把选拔和培养中青年干部，作为第一位的、庄严的职责。别的工作做不好，固然要做自我批评，这项工作做不好，就要犯历史性的大错误。这项工作做好了，我们的事业完全有把握继续下去，我们的老干部就再一次为党、为人民做出了巨大的贡献。”——出自《坚持四项基本原则核心是坚持党的领导》，《邓小平论党的建设》，人民出版社，1990年。

“要发现专家，培养专家，重用专家，提高各种专家的政治地位和物质待遇。用人的政治标准是什么？为人民造福，为发展生产力、为社会主义事业作出积极贡献，这就是主要的政治标准。”——出自《解放思想，实事求是，团结一致向前看》，《邓小平论党的建设》，人民出版社，1990年。

“如果有些人长期拿不出成果来，可以调换工作岗位，待遇也可适当降低。凡是人才（并不是所有知识分子都是人才），真正行的，要提

高他们的物质待遇。从他们本身来说，应该要求自己好好工作，发挥应有的作用，不计较工资待遇。但是作为组织，得全面考虑，该提高的还得提高。”——出自《落实重大建设项目，合理使用科技人员》，《建设有中国特色的社会主义（增订本）》，人民出版社，1987年。

“要提高他们的政治待遇和物质待遇。当教员是光荣的，当科研人员也是光荣的。搞科研要注意培养人。前年设想，军队办一所科技大学，招高中生。”——出自《同方毅、李昌的谈话（节选）》，《邓小平决策恢复高考讲话谈话批示集（一九七七年五月——十二月）》，中央文献出版社，2007年。

“生活上和工人打成一片，坚决废除脱离群众的特殊待遇。帮助和引导工段一级干部克服命令主义，使他们做到既能勇于负责，又会走群众路线。要大力紧缩机构，减少党、政、工、团的工作人员和企业中过多的非生产人员。注意从工人中培养和生长干部，充分发挥不脱产、半脱产的积极分子和干部的作用。”——出自《工人阶级队伍的整风问题》，《邓小平文集》（中卷），人民出版社，2014年。

1.2.5 江泽民论待遇

“今后，要逐步提高知识分子待遇，缓解脑体倒挂的矛盾。对机关事业单位的先行工资制度也要继续改革，使之逐步完善。”——出自《认真消除社会分配不公现象》，《江泽民文选》（第一卷），人民出版社，2006年。

“我们党员领导干部，首先是高级干部，应该思想境界更高一些，坚持党的事业第一，坚持人民的利益第一，为国家、为民族奋不顾身地工作。有了这样的精神支柱，站得就高了，眼界就宽了，心胸就开阔了，对个人的名利待遇等，就能够正确处理。只有这样，人生才有意义，生活才充实。”——出自《领导干部一定要讲政治》，《江泽民文选》（第一卷），人民出版社，2006年。

“依法保护外商投资企业的权益，实行国民待遇，加强引导和监管。鼓励能够发挥我国比较优势的对外投资。更好地利用国内国外两个市场、两种资源。完善和实施涉外经济贸易的法律法规。”——出自《高举邓小平理论伟大旗帜，把建设有中国特色社会主义事业全面推向二十一世纪》，《江泽民文选》（第二卷），人民出版社，2006年。

“我们要坚持继承中华民族的优良传统，在全社会大力弘扬尊师重教的良好风尚，努力改善教师的待遇。同时，要采取有效措施，大力加强教师队伍建设，不断优化队伍结构和提高队伍素质。”——出自《教育必须以提高国民素质为根本宗旨》，《江泽民文选》（第二卷），人民出版社，2006年。

“随着经济的发展，党员、干部的物质待遇和工作生活条件也应该逐步得到改善。这些在法律和政策规定范围内的个人利益和工作职权是正当的。”——出自《推动党风廉政建设和反腐败斗争深入开展》，《江泽民文选》（第三卷），人民出版社，2006年。

“党政机关、国有企业和事业单位的福利待遇要逐步实现规范化、制度化。党政机关工作人员的工资制度要进一步改革和完善，总的要求是各级各类党政干部都应该按中央确定的标准发放工资。”——出自《推动党风廉政建设和反腐败斗争深入开展》，《江泽民文选》（第三卷），人民出版社，2006年。

“要改革分配制度，拉开收入分配档次，提高科技骨干的待遇，保持一支精干、高水平的国防科技队伍。对重大科技成果和作出特殊贡献的个人，要给予重奖。”——出自《营造有利战略态势，增加国家战略能力》，《江泽民文选》（第三卷），人民出版社，2006年。

“要突出抓好军事指挥人才的培养，重点解决高技术知识和联合作战指挥能力欠缺的问题，要重视做好人才吸收和保留工作，进一步完善有关政策制度。对尖子人才、特殊人才，应该有些特殊政策，给予适当的特殊待遇。”——出自《营造有利战略态势，增加国家战略能力》，《江泽民文选》（第三卷），人民出版社，2006年。

“改善投资环境，对外商投资实行国民待遇，提高法规和政策透明度。实施‘走出去’战略是对外开放新阶段的重大举措。”——出自《全面建设小康社会，开创中国特色社会主义事业新局面》，《江泽民文选》（第三卷），人民出版社，2006年。

“我们要进一步加强思想政治工作，不断增强官兵为军队现代化作贡献的责任感和使命感，同时也要随着经济的发展不断改善官兵的生活待遇。要完善政策制度，建立健全吸引和保留人才的机制，把优秀人才吸引到军队中来，使他们为军队建设建功立业。要切实尊重劳动、尊重知识、尊重人才、尊重创造，造成一个有利于人才成长和发挥作用的良好环境。”——出自《论中国特色军事变革》，《江泽民文选》（第三

卷），人民出版社，2006年。

“对合法收入要予以保护，对过高收入要通过税收进行必要的调节，对非法收入要坚决取缔，同时逐步改善收入偏低的脑力体力劳动者的生活待遇。目前还有相当一部分固定资产投资和流动资金的投入，被不适当地转化为消费基金，严重影响了经济的发展和后劲，一定要坚决加以纠正。与此同时，我们还必须坚持物质鼓励与精神鼓励相结合的原则，纠正‘一切向钱看’的错误倾向，以充分发挥和保护广大劳动者的积极性。——出自《在庆祝中华人民共和国成立四十周年大会上的讲话》，人民出版社，1989年。

1.2.6 胡锦涛论待遇

“必须高度重视和切实加强教师队伍建设。要采取有力措施，保障教师的政治地位、社会地位、职业地位，维护教师合法权益。要随着经济发展不断提高教师待遇，依法保障教师收入水平，完善教师医疗、养老、住房等社会保障。要特别重视农村教师队伍建设，千方百计帮助农村教师排忧解难。要满腔热情关心教师，努力改善教师的工作、学习、生活条件，为教师教书育人创造良好环境。”——出自《在全国优秀教师代表座谈会上的讲话》，《人民教育》，2007年第18期。

“周恩来同志始终严以律己、廉洁奉公，集中表现为他无私奉献的精神。周恩来同志毕生严以律己、艰苦朴素，只求奉献、不思回报。他说：‘精神生活方面，我们应该把整个身心放在共产主义事业上，以人民的疾苦为忧，以世界的前途为念。这样，我们的政治责任感就会加强，精神境界就会高尚。’‘物质生活方面，我们领导干部应该知足常乐，要觉得自己的物质待遇够了，甚至于过了，觉得少一点好，人家分给我们的多了就应该居之不安。要使艰苦朴素成为我们的美德。’他睡的是普通木板床，他的衣服补了又补。他严格要求自己的亲属，给他们订立了‘十条家规’，从没有利用自己的权力为自己或亲朋好友谋过半点私利。”——出自《在纪念周恩来同志诞辰110周年座谈会上的讲话》，《党的文献》，2008年第2期。

“利用外资是中国对外开放基本国策的重要内容。加入世贸组织近10年来，中国全面履行承诺，清理和取消了与世贸组织规则不一致的法律规定，对外商投资企业实行国民待遇。所有在中国注册的外商投资企业都是中国企业，它们在中国境内开展创新、生产、经营活动享受与中资企业一视同仁的待遇。在应对国际金融危机冲击过程中，中国采取的一揽子计划和各项政策措施也为包括外商投资企业在内的各类企业发展提供了有利商机。”——出自《胡锦涛主席接受美国〈华尔街日报〉和〈华盛顿邮报〉联合书面采访》，《胡锦涛主席2011年对美国进行国事访问时的讲话》，人民出版社，2011年。

“要把加强教师队伍建设作为教育事业发展最重要的基础工作来抓，充分信任、紧紧依靠广大教师，提升教师素质，提高教师地位，改善教师待遇，关心教师健康，形成更加浓厚的尊师重教社会风尚，使教师成为最受社会尊重的职业，努力造就一支师德高尚、业务精湛、结构合理、充满活力的高素质专业化教师队伍。”——出自《在庆祝清华大学建校100周年大会上的讲话》，人民出版社，2011年。

“我们将更加注重为包括外资企业在内的各类所有制企业提供公平的市场准入待遇，更加注重在开放中增强技术进步和体制创新动力。”——出自《在中国加入世界贸易组织10周年高层论坛上的讲话》，人民出版社，2011年。

“统筹推进城乡社会保障体系建设。社会保障是保障人民生活、调节社会分配的一项基本制度。要坚持全覆盖、保基本、多层次、可持续方针，以增强公平性、适应流动性、保证可持续性为重点，全面建成覆盖城乡居民的社会保障体系。改革和完善企业和机关事业单位社会保险制度，整合城乡居民基本养老保险和基本医疗保险制度，逐步做实养老保险个人账户，实现基础养老金全国统筹，建立兼顾各类人员的社会保障待遇确定机制和正常调整机制。”——出自《论构建社会主义和谐社会》，中央文献出版社，2013年。

1.2.7 习近平论待遇

“解决农民工问题，实际上是解决当地经济社会发展问题，是当地党委、政府工作的题中之义。由于400万本地农民工的属地性，他们转移到当地非农产业所带来的农村土地流转、择业定位、劳动分配、就业环境、社会保障、家庭关系、民主政治权利、精神文化生活等问题，都解决得比较好，绝大多数人享有同城、同镇、同村经济、政治、文化利益的同等待遇，对社会建设、社会管理和社会融洽产生了积极的影响，起到了与工业化和城市化同向推进的重要作用。”——出自《农民工既是经济建设的重要力量，也是构建和谐社会的重要力量》，《干在实处　走在前列——推进浙江新发展的思考与实践》，中共中央党校出版社，2006年。

“对于广大科技工作者，各级党委、政府要在政治上多关心，工作上多支持，生活上多解决实际问题，待遇上适当倾斜，努力为他们施展聪明才智创造机会和提供舞台。”——出自《提高自主创新能力，推进创新型省份建设》，《干在实处　走在前列——推进浙江新发展的思考与实践》，中共中央党校出版社，2006年。

“加快服务业发展，必须要有强有力的政策扶持和引导。我们要进一步清理有关规章和政策，对不符合加快服务业发展要求的政策，及时进行修改和调整，创造服务业公平竞争的政策环境，服务业同一行业的不同所有制企业在投融资、税收、土地使用和对外贸易等方面同等待遇。”——出自《将服务业逐步培育壮大成为推动经济发展的“主动力产业”》，《干在实处　走在前列——推进浙江新发展的思考与实践》，中共中央党校出版社，2006年。

“现在和过去相比，领导干部的工作条件要好得多，权力也大得多，个人待遇也有很大提高。但权力不是一种荣耀，而是一副担子，意味着领导责任。它要求各级领导干部必须恪尽职守，勇于负责。特别是出了事要有严于责己和承担责任的勇气。——出自《领导干部要拎着“乌纱帽”为民干事》，《干在实处　走在前列——推进浙江新发展的思考与实践》，中共中央党校出版社，2006年。

“领导干部作为人民的公仆，则要有更高的道德境界，有无私奉献的精神。即便从个人的利益而言，现在领导干部都有一份稳定的收入，组织上还给了许多必要的工作待遇和生活待遇，退休后还可以享受医疗、养老等保障。细细算起来，得到的已经是很多了，与奉献相比，得到的更多，应该十分知足、十分珍惜。”——出自《领导干部要仔细算好“三笔账”》，《干在实处　走在前列——推进浙江新发展的思考与实践》，中共中央党校出版社，2006年。

“对此，浙江各地在外来务工人员子女入学问题上，普遍实行‘同城待遇’，通过公立学校扩招、私立学校招生、建设民工子弟学校以及千方百计减免困难学生的入学费用，设立各种‘希望工程’基金、‘爱心’基金、发放‘教育券’等多种渠道，保证民工子女有学上，上得起学。”——出自《农民工既是经济建设的重要力量，也是构成和谐社会的重要力量》，《干在实处　走在前列——推进浙江新发展的思考与实践》，中共中央党校出版社，2006年。

“要真正破除城乡壁垒，解决城乡矛盾，给农民以公平的国民待遇、完整的财产权利和平等的发展机会，为缩小城乡差距开辟道路，还有大量艰巨的工作要做。”——出自《务必改革开放促“三农”》，《之江新语》，浙江人民出版社，2007年。

“拎着‘乌纱帽’为民干事，就要把党和人民的事业放在第一位，把自己担任的领导职务看做是党和人民赋予的重托和责任，如履薄冰、如临深渊，兢兢业业、殚精竭虑，时刻把人民的安危和贫富挂在心上；随时准备为党的事业和人民的需要舍弃随着领导职务而来的个人权力、待遇和荣耀。——出自《要拎着“乌纱帽”为民干事》，《之江新语》，浙江人民出版社，2008年。

“要认真落实好老干部政治待遇和各项生活待遇，认真执行中央出台的一系列惠及老干部的政策措施，确保离休干部离休费保障机制、医药费保障机制和财政支持机制有效运转，保障离休干部‘两费’落实，继续做好提高企业退休人员养老金工作。”——出自2010年2月5日习近平在老干部迎春茶话会上的讲话。

“技术人员和工人是企业最宝贵的财富，要抓好队伍的稳定性，调动他们的积极性。随着企业经济效益不断提高，工人待遇也要相应提高。”——出自2013年8月28日习近平在考察大连加氢反应器制造有限公司时的讲话。

“国有企业要合理增加市场化选聘比例，合理确定并严格规范国有企业管理人员薪酬水平、职务待遇、职务消费、业务消费。这些举措将推动国有企业完善现代企业制度、提高经营效率、合理承担社会责任、更好发挥作用。”——出自《关于〈中共中央关于全面深化改革若干重大问题的决定〉的说明》，《习近平谈治国理政》，外文出版社，2014年。

“在产权保护上，明确提出公有制经济财产权不可侵犯，非公有制经济财产权同样不可侵犯；在政策待遇上，强调坚持权利平等、机会平等、规则平等，实行统一的市场准入制度。”——出自《关于〈中共中央关于全面深化改革若干重大问题的决定〉的说明》，《习近平谈治国理政》，外文出版社，2014年。

“强调根据广大院士和各方面意见，党的十八届三中全会提出了改革院士制度的要求，主要就是要突出学术导向，减少不必要的干预，改进和完善院士遴选机制、学科布局、年龄结构、兼职和待遇、退休退出制度等，以更好发挥广大院士作用，更好发现和培养拔尖人才，更好维护院士群体的荣誉和尊严，更好激励科技工作者特别是青年才俊的积极性和创造性。”——出自2014年6月10日习近平在中国科学院第十七次院士大会、中国工程院第十二次院士大会上的讲话。

“各级党委和政府要从战略高度来认识教师工作的极端重要性，把加强教师队伍建设作为基础工作来抓，满腔热情关心教师，改善教师待遇，关心教师健康，维护教师权益，使教师成为最受社会尊重的职业。”——出自2014年9月9日习近平在北京师范大学考察时的讲话。

“基层干部是加强基层基础工作的关键。要关心和爱护广大基层干部，为他们创造良好工作和成长条件，保障他们的合理待遇，帮助他们深入改进作风，提高发展经济能力、改革创新能力、依法办事能力、化解矛盾能力、带领群众能力，引导他们扎根基层、爱岗敬业、争创一流。”——出自2015年6月16日至18日习近平在贵州调研期间的讲话。

“要按照统一制度、整合政策、均衡水平、完善机制、提升服务的总体思路，从统一覆盖范围、统一筹资政策、统一保障待遇、统一医保目录、统一定点管理、统一基金管理等方面进行整合，积极构建保障更加公平、管理服务更加规范、医疗资源利用更加有效的城乡居民医保制度。”——出自2015年12月9日习近平主持召开的中央全面深化改革领导小组第十九次会议精神。

1.3 待遇的主体和客体

待遇作为一个关系范畴，既包含有待遇主体，又包含有待遇客体，是两位一体的统一体，是两者的辩证统一。

1.3.1 待遇主体

待遇主体是从需要主体转化来的。所谓待遇主体就是在一定社会关系下从事生产活动或其他社会活动，以便直接或间接地追求自身社会需要满足的人（个体或群体），即待遇的追求者、承担者、生产者、实现者、消费者和归属者。不同形式、不同内容、不同性质的待遇关系和待遇矛盾，自然要通过待遇主体来传递。待遇关系、待遇矛盾就是待遇主体之间的关系和矛盾。待遇主体是社会待遇运动的自觉的、能动的、主观的要素。待遇主体大体上可以分为待遇个体和待遇群体这两大部类。待遇个体是作为单个人存在的待遇主体，待遇群体是结合起来、组织起来的待遇个体的集合体。

（1）待遇主体的特点

待遇主体具有以下六个主要特点：

①自然性。待遇主体作为人，并不是游离于自然界之外的超自然物，它既是自然的产物，又是自然界中特殊的一部分。待遇主体作为人，它是物质世界长期发展的产物，待遇主体的肉体是由复杂的物质元素构成的物质实体，待遇主体的能动性是物质反应性长期发展的结果。待遇主体追求待遇的情欲、兴趣等生理、心理、思想活动和社会实践活动都有其自然物质基础。自然属性是待遇主体的第一天然属性，待遇主体的一切特性都是以自然物质作为载体、前提、条件、内容和基础的。

②实践性。实践是待遇主体的根本特性。人之所以成为待遇主体，就在于人不是消极地、被动地单靠自然提供的条件和材料来谋求待遇，以满足自身的需要，以维持自身生命的延续和发展，而是通过自身的社会实践活动，能动地改造外部自然的、社会的环境，从而获取物质待遇，以满足自身生存和发展的需要。人作为待遇主体在改造外部世界以满足自身需要的过程中又不断地完善和改造自身。也就是说，待遇主体不仅是待遇的追求者、消费者，而且更重要的是待遇的生产者、创造者。人们在通过生产实践解决自身的最基本的物质待遇需要的过程中，在通过政治实践、文化实践解决政治待遇、精神待遇的需要过程中，不断地完善自身。实践是人作为待遇主体活动的基本形式，是待遇主体谋取待遇的最重要、最集中的表现。待遇主体的实践性，一方面表现为人的待遇需要靠社会实践来创造，另一方面表现为人的待遇追求、谋取、消费的过程就是实践的过程。

③社会性。人是社会存在物，是一切社会关系的总和。待遇主体就是人，因此，待遇主体同样也是社会主体，也是社会存在物，也是一切社会关系的总和。实际上，待遇本身就是社会关系的体现，待遇主体自

然而然地也就应具有社会性。离开了社会性就无所谓待遇主体。

④意识性。人是有意识的，待遇主体也是有意识的。待遇主体的意识是以情感、情欲、意志、目的、思想、主观需求、兴趣等形式表现出来，表现为对待遇的主观需求、主观情欲、主观目的、主观兴趣和主观认识。当然，待遇主体的主观表现是以客观存在的需要对象为目的、为实际内容的。待遇主体在追求待遇、谋取待遇、消费待遇的活动中表现出一定的反映性、指向性、目的性和兴趣性，这就是待遇主体的意识性。

⑤主动性。因为人是有意识、有目的、实践的人，所以待遇主体在思想和行动上表现出一定的主动特性，即主观能动性。所谓主动性，就是指待遇主体不是被动地、消极地、无所作为地去适应环境，求得需要，以维持和延续生命，而是主动地去追求、去谋取、去创造、去消费待遇，以满足自身的需要。动物的需要与人的需要不同，动物的需要纯粹是自然的、生理的、被动的，而人的需要是有意识的、主动的、富有创造性的。待遇主体在追求、谋取待遇的活动中，表现出一种自主性、自由性、积极性、选择性和创造性。也就是说，表现出对待遇追求的一种主体能动性。

⑥集合性。待遇主体的社会性决定待遇主体具有一定的集合性。集合性就是指待遇主体为了获取待遇的需要，往往是以群体的方式、组织起来的形式来进行待遇的谋求，表现为待遇主体具有一定的集合性、群体性。任何单个的待遇主体都不可能单独地完成待遇的追求、谋取和分配，他们对待遇的谋取虽然表现为个体的动机和行为，具有一定的个体性，然而，就全过程来说，任何待遇的追求、谋取都是单个人所不能完成的，因而都是群体的，是处于一定社会关系之中的，并且只有经过一定的社会关系才能完成。

（2）待遇主体的分类

待遇主体可以分为个人、家庭、集体、集团、国家和社会六个层次。这六个层次又可以划分为待遇个体和待遇群体两大类。待遇个人是待遇个体，家庭、集体、集团、国家和社会都是待遇群体。

个人是待遇主体的最基本的元素。在私有制条件下，个人是私人待遇的主体，私人待遇之间存在着对抗性的矛盾关系。在社会主义制度下，个人是个人待遇的主体，尽管基本消除了个人待遇之间对立阶级的对抗性矛盾产生的基础，但是个人待遇之间仍然存在着待遇矛盾和待遇冲突。

家庭是比“个人”高一层次的待遇主体。在自然经济社会中，家庭是最基本的经济单位，也是最基本的待遇群体，家庭的待遇关系是自然经济社会最基本的待遇关系。在自然经济社会中，家庭不仅是一个消费单位，同时也是一个从事生产和其他经营的单位，家庭是经济待遇、消费待遇的主体，家庭待遇直接影响家庭成员的个人待遇。在市场经济社会中，家庭的经济作用削弱了，但家庭仍旧是重要的社会待遇主体。此外，在社会生活中，家庭还具有独特的社会生活需要方面所引起的待遇关系，例如，由婚姻、遗产所引起的待遇关系。

集体是指具有一定的共同待遇的个人的集合体。它既是集体内部成员个人待遇的待遇代表，又是集体共同待遇的待遇主体。在市场经济社会中，企业是市场经济社会中具有相对独立地位的经济实体，它是最有意义的待遇集体，它具有比个人待遇和家庭待遇更高一个层次的待遇需求。市场经济中企业之间存在着待遇竞争关系。集体待遇是联结个人待遇和国家待遇的中间纽带，是个人和国家待遇关系的中介。

集团是比集体更高一个层次，又比国家低一个层次的待遇群体，它具有很集中的集团待遇，很强的组织性。如原始社会的部落、部落联盟，阶级社会的阶级、阶层、政治待遇集团，以及经济生活中的企业集团，等等。集团是更集中、更强烈，更富有组织性和凝聚力的待遇群体和待遇集体。

国家是社会共同待遇的代表和主体。在私有制社会中，国家基本上代表了统治阶级的阶级待遇。社会主义国家是整个社会公民共同待遇的代表者。国家待遇既代表了个人待遇和集体待遇，又由于它不仅代表了某个具体个人、集体的局部待遇，而且还代表了全体社会成员的整体待遇，不仅代表了个人和集体的近期待遇，而且还代表了个人和集体的长远待遇，所以国家待遇同个人待遇、集体待遇之间还存在一定的矛盾。国家是统治阶级共同待遇的代表，当然国家待遇并不完全等同于全社会的共同待遇。

所谓社会整体，就是指整个人类整体，它是人类社会共同待遇的主体承担者。就整个人类社会来说，尽管不同的待遇个人、不同的待遇群体都有各自的特殊待遇，从大的方面讲，民族有民族的特殊待遇，国家有国家的特殊待遇，从小的方面讲，每个人都有每个人的待遇。但是每

个人、每个群体作为人类社会的成员，是有共同待遇的。譬如，防治疾病，则是关系到全人类健康的共同待遇问题。

（3）待遇主体关系

一定的待遇主体处于一定的社会关系之中，对于处于一定社会关系中的待遇主体，尤其是待遇群体之间的关系与矛盾问题，我们可以从纵向和横向两个作用方向上来分析。待遇是一个多层次、多领域、多功能、多类型的社会系统，各类社会待遇主体不仅发生纵向联系，而且还发生横向联系。这些待遇主体互相作用、互相影响、互相制约，形成一个纵横交错的立体网络式的待遇主体关系体系。个人、群体和社会整体构成待遇主体的纵向关系。个人之间、群体之间则构成待遇主体的横向关系。

①待遇主体的纵向关系。个人、群体、社会整体构成了待遇主体的纵向关系。个人是个人待遇的主体，有多少个人就有多少个人待遇。群体是集合体共同待遇的主体，家庭、企业、单位、地区、集团、阶层、阶级、民族、国家，都是一定的待遇共同体。家庭不仅是一个消费单位，而且也是一个从事生产和其他经营活动的单位。家庭是经济待遇和消费待遇的主体，家庭待遇直接影响家庭成员的个人待遇。此外，在社会生活中，家庭还具有独特的社会生活方面引起的待遇关系。例如，由婚姻、遗产引起的待遇矛盾。在市场经济中，企业待遇是联结个人待遇和国家待遇之间的纽带，是个人和国家待遇的中介。不同的社会集团、不同的阶层、阶级、民族，也都有自己共同的待遇。如知识分子阶层的共同待遇、农民阶级的共同待遇、工人阶级的共同待遇，等等。在社会经济生活中，社会经济单位是具有相对独立地位的经济实体，它是社会经济生活的基本细胞，是最有意义的经济待遇群体，它具有比个人待遇和家庭待遇更高一个层次的特点。国家待遇是一个极为特殊的群体待遇，它是最高层次的群体待遇，在阶级社会，它首先是国家统治阶级待遇的集中体现，其次才体现了本地域范围内各个待遇群体一定的共同待遇。个人、集体、国家三者之间构成了非常重要的社会待遇主体关系。从社会的纵向待遇关系来看，社会的个人、群体、社会整体这三个待遇主体之间，构成了对立统一的社会待遇关系。

②待遇主体的横向关系。个人之间、群体（国家、民族、阶级、阶层、地区、企业、部门、单位、家庭）之间，由于种种社会历史原

因，都存在着一定的社会差别，首先是经济差别，也就必然存在横向的待遇主体关系。不同工作岗位、不同职业（如干部、普通工人、农民、军人、教师、文艺工作者、体育工作者、医生、护士、服务人员、商店营业员等）的社会成员之间，都因收入、经济地位、社会认同等方面的差别而存在一定的经济待遇差别和关系。各民族、各阶级、各阶层、各群体之间甚至各地区、各单位之间，都会因经济发展条件等方面的差别而产生一定的待遇差别和关系。即使在劳动人民内部，如工人阶级、农民阶级和知识分子阶层之间，各个企业、不同的社会分工部门和单位之间，也会因经济条件和经济环境的不同、经济受益的不同，以及其他一些方面的不同而存在一定的待遇差别和关系。

1.3.2 待遇客体

我们在前面已经分析了待遇主体，下面继续分析一下待遇客体。

（1）待遇客体

从一般的哲学意义上来说，主体是从事社会认识和社会实践的人，客体则是指人的社会认识和社会实践活动的对象，即主体所指向、所实践的对象世界。简言之，主体是人，客体是主体认识和实践的对象。当然，认为只要是人就是主体，外部自然界就是客体，这是不全面的。严格讲，只有具体从事一定社会实践及其相应的认识活动的人才是主体，也就是说，有认识对象和实践对象的人才是主体。主体应当是社会的人、实践的人、历史的人、有思维活动的人，即有认识和实践对象的人。相应地，待遇主体就是进行待遇追求、待遇满足的人，待遇客体就是待遇主体追求和满足的对象。严格地讲，待遇是一个关系范畴，而不是实体范畴。哲学意义上的关系，首先是物质的、经济的关系，待遇关系首先也是物质的、经济待遇的关系。待遇关系包括三层含义：一是待遇主客体关系，即待遇主体与待遇客体之间的对象关系；二是待遇主体关系，即待遇主体之间的待遇分配关系，实际上是不同待遇主体之间的社会关系；三是待遇客体关系，即待遇客体之间如物质待遇与精神待遇、经济待遇与政治待遇等等的关系。

从待遇主客体关系范畴来说，待遇主体是指待遇的追求者、承担者、需要者、创造者，待遇主体就是指有待遇需要的人，作为待遇主

体可以是个体，也可以是群体。待遇客体就是待遇主体认识、追求、需要、创造的对象，即待遇主体指向的对象。待遇客体是待遇主体追求并实现满足的客观对象。

（2）待遇客体的含义

待遇客体的内涵是：

①待遇客体必须首先是待遇主体所指向的、所需要的、所欲求的、所追求的、所消费的客观对象。待遇客体是相对待遇主体而言的，离开了待遇主体，也就无所谓待遇客体。待遇本身就体现着主客体关系，譬如，就一个企业来说，企业就是待遇主体，而企业待遇是待遇客体，是企业群体所追求的待遇对象。企业待遇的实际体现是企业的利润，企业的产品是企业待遇的实际内容，企业待遇本身就是企业主体所追求的对象，没有离开待遇主体而单独存在的待遇客体。待遇客体是相对待遇主体而存在的对象，也没有离开待遇客体而单独存在的待遇主体。待遇主体是相对待遇客体而言的，待遇主体与待遇客体之间互相依存、互为前提。没有待遇客体也就没有待遇主体，没有待遇主体也就没有待遇客体，这种对应关系反映了待遇主客体之间的对象化关系。在这种对象化关系中，待遇主体是主动的认识者、追求者或实践者，待遇客体是待遇主体的认识对象、追求对象和实践对象。

②待遇客体具有客观的、宽泛的内容和范围。它既包括物质的待遇客体，如企业的生产利益，又包括精神的待遇客体，如人所需要的文化待遇；既包括经过人改造过的人化自然的待遇客体，又包括没有经过人改造过的纯自然的待遇客体；它还包括政治性的待遇客体，如政治待遇，以及经济性的待遇客体，如经济待遇，等等。

③待遇客体既有物质的、实体的承担物，又有非物质性的，但同时是具体的、客观的内容。如，人们追求的食物，是人们所追求的物质待遇，它有实实在在的物质内容。同时，一些非物质的或精神性的待遇，也是有具体的客观内容的，如政治待遇，它虽然没有直接的可以马上感觉到的物质内容，但它却又有具体客观的内容，不是空洞的、抽象的。

（3）待遇客体的类型

待遇客体具有物质性、具体性、客观性、对象性、关系性等特点。待遇客体具有这样一些基本类型。①物质型的待遇客体，以纯自然的如空气、土地、矿产等作为实际内容的物质待遇，以人化自然的如粮食、住房、衣服等物质作为实际内容的物质待遇；②经济型的待遇客体，以经济为实际内容的经济待遇，如企业追求的利润；③精神型的待遇客体，以人的心理需要对象、情感需要对象、文化需要对象为实际内容，如音乐、歌曲等；④政治型的待遇客体，以权力、政权等为追求对象的政治待遇；⑤广泛社会型的待遇客体，以社会活动、社会交往，如各种联谊活动、交际活动、亲族活动、宗族活动等等为实际内容的社会待遇，如家族待遇、团体待遇等；⑥群体型、集团型的待遇客体，如阶级待遇、国家待遇等；⑦综合型、关系型的待遇客体，没有专门的具体内容，但又反映了一定的关系，同时具有相当广泛内容的待遇客体，如长远待遇、局部待遇等。待遇客体往往又以对应关系而出现，如物质待遇与精神待遇、经济待遇与政治待遇、个体待遇与群体待遇、长远待遇与眼前待遇、整体待遇与局部待遇、私人待遇与集体待遇、个人待遇与国家待遇等等。

1.3.3 待遇的主客体关系

待遇的主体与客体本身就是一对关系范畴。所谓关系范畴，就是指待遇主体与待遇客体之间互相依存，互为存在前提。没有待遇客体的存在，没有待遇客体对主体的满足，无所谓待遇主体。当然，没有待遇主体也就无所谓待遇客体。待遇的主客体关系就是待遇主体同待遇客体之间的对象性关系。待遇主体必须以待遇客体为对象，待遇客体作为待遇主体的对象而存在。

所谓待遇主客体对象性的关系就是：待遇主体在一定的客观条件下去认识、追求、创造、改造、利用、占有、满足、消费待遇客体，待遇主体在认识、追求、创造、改造、利用、占有、满足、消费待遇客体的社会活动过程中，又不断地吸收、同化待遇客体的过程，是待遇客体满足待遇主体的过程。这种对象性的关系呈多层结构关系：一层是欲求与被欲求的关系；二层是需要与被需要的关系；三层是满足与被满足关系；四层是利用与被利用关系；五层是认识与被认识关系；六层是改造、再造、创造与被改造、被再造、被创造关系。首先是待遇主体对待遇客体具有直接的物质欲求，这种欲求是以待遇主体对待遇客体的需要、满足、利用为前提的，在需要、满足、利用的基础上，待遇主体对待遇客体会形成待遇兴趣和待遇认识。这种待遇兴趣和认识反过来会推动待遇主体对待遇客体的再欲求、再需要、再满足、再利用、再创造。

待遇主体与待遇客体的关系，一般来说，待遇主体是主动的，待遇客体是被动的，但待遇客体反过来也会对待遇主体产生推动作用，待遇客体是待遇主体存在的基础、条件和目的。

待遇主体与待遇客体具有物质性和精神性的双层关系。物质性的需要、满足、利用、再造关系是基础、前提和条件，在这个关系基础上形成精神性的关系。精神性的待遇主客体关系就是指待遇主体对精神性对象的追求、满足关系，譬如，听音乐，就反映了待遇主体对音乐这个待遇客体的满足关系。待遇客体在满足主体物质与精神生活需要的过程中，必然引起两种评价：一是待遇主体对待遇客体的价值评价，也就是相对于待遇主体来说，待遇客体能够在多大程度上满足待遇主体需要，即待遇客体对待遇主体有多大的用处；二是待遇主体的自我价值评价，也就是待遇主体在自身的需要满足过程中，待遇主体在多大程度上体验到自我存在的意义，即待遇主体的自我价值能不能得到实现。

1.4 待遇的功能

功能，在一般的意义上可解释为功用、作用、效能和用途等。那么待遇功能就是指待遇的功用、作用、效能和用途。待遇作为人们需要的对象，对人的活动，对人和社会的存在与发展，对人生的现象和社会现象的构成，具有极为重要的功能。

1.4.1 驱动功能

我们知道，人世间的一切都是人们活动的结果。灿烂的文化、巨大的财富、惊人的技术、智慧的人本身……都是人们的活动造就出来的。活动构成了人、社会、历史，没有人的活动，就没有人类，就没有社会，就没有历史。那么，人的活动是怎样发生、何以发展的呢？导致这个伟大而根本的活动的内在根据、源泉或动因是什么呢？是待遇。人们的待遇作为一种内在必然性驱使着人们从事各种活动，从而造成了人们活动的发生，成为导致人们活动的内在根据、源泉和动因之一。待遇作为人们活动的内在驱动力量和动因，是由待遇本身的性质所决定的。待遇是一个能动的范畴，它的能动性质直接依赖于活动并在活动中直接体现。人的待遇的客观性决定了人是受动的存在物，而人的待遇同时也使人成为能动的存在物的根据和动因。待遇本身包含着活动的因素，它要求人必须诉诸行动。它的这种能动性就集中表现为对人的活动的驱动性。待遇是主体需要和客体对象的统一，这种统一是由人们的活动来实现的，正是人们的活动沟通了需要与需要对象的关系。活动是待遇的主体内容，是待遇的一个重要成分，是待遇自身的一种必然性要求。因此，待遇就作为一种内在的必然性驱使着人们从事各种活动，从而成为人们活动的动机和目的，构成了活动的驱动力量和最终动因。待遇作为人们活动的驱使力量和动因，是不以人的意志为转移的客观存在。就个体来说，不为实现自身一定待遇的活动，是无法进行的活动，因为人的活动必然是以为实现某种待遇为前提的，离开待遇的活动一般来说是不可思议的。就社会来说，在任何一种社会形态下，社会存在的待遇都作为社会发展的前提，这个前提必然制约着社会的一切活动，它作为动因决定了社会的生产活动和其他活动。无论是个体活动还是社会活动都是待遇在驱使着，待遇是个体活动和社会活动的动因和驱动力量。这里有必要说明一下把需要作为人们活动的驱动力量和动因与把待遇作为人们活动的驱动力量和动因是基本一致的，但两者又有所差异。我们认为前者不够精确和全面，而后者就较为精确和全面。因为有些需要是无须通过活动就能满足的，如人们对空气和阳光的需要等，只要是正常的人，就会自然地、毫不费力地得到满足，从而这些需要就不能导致人们的活动。而待遇则不同，所有的待遇都必须通过人们的活动才能实现。待遇通常表现在经常不断地、非常有力地、坚定而又充满激情地追求满足的活动上。没有人们的活动，任何待遇都不能实现。另外，待遇包含需要，它是需要和需要对象的统一，它比需要更全面、更高级。因此，把待遇作为人们活动的动因和驱动力量比把需要作为人们活动的驱动力量和动因就更精确、更全面，从而就更科学。总之，人们的一切活动，无论是物质生产活动，还是感觉、情绪、意志等一系列心理活动，它们的发生都是待遇作用的结果，正是人们的待遇促成了人们活动的发生。待遇作为一种内在必然性，已成为人们活动的驱动力量和动因。

1.4.2 集合功能

集合功能是待遇的一种重要功能，它是由待遇本身具有的性质决定的，是待遇所具有的能够把某些社会成员彼此联结起来的作用和效能。待遇作为人们相互关系的基础，是维系社会的纽带。我们知道，人们为了维持自己的生存，就必须进行生产。一个人单枪匹马，完全与社会隔绝，是无法进行生产的。即使是小说中的鲁滨孙，也不可能完全割断他同社会的联系：他的种子、工具等等是他从破船上取来的，他的生活经验和生产知识也是他漂流前从社会获得的。因此，即使是纯粹的个人待遇也无法从纯粹的个体生产中得到实现。任何个人都必须以适当的方式同其他个人、同整个社会协力，才能满足他自己的需要，实现他自己的待遇。正是这种待遇，正是这种人对自然进而人与人相互之间的依赖性，成为一条纽带，把整个社会的全体成员联结起来，维系起来。社会成员以一定的待遇为纽带联合成一定的社会集团，在阶级社会中这些集团又形成若干的阶级和阶层。待遇一致的人们在社会交往中，为了保障自身的待遇，一定会以各种形式结成各种不同的社会集团。某一集团的成员一旦意识到他们的待遇的一致性和共同性，他们就会必然地联合起来，以至建立各种不同的政治组织，并在一定条件下，表达集团的力量。由此可见，社会集团形成的真正原因就在于人们将待遇作为相互关系的基础、维系社会的纽带。相同的待遇是社会的真正黏合剂。

1.4.3 尺度功能

人总是以自己的待遇尺度来衡量一切、改造一切。这是人的待遇的内在必然性的必然表现。人的待遇作为内在必然性，不但驱使着人们的活动，而且还规定着人们审视和评价事物的眼光和标准。按照待遇来衡量事物的观点叫作价值观点，由此得出的判断叫价值判断。价值观点、价值判断的实质就在于待遇。因为价值这个概念是从人们对待满足他们需要的外界关系中产生的。作为价值的意义的有用性或效用，对人而言，就是人们在审视和判断事物时，总是以自己的待遇为依据和尺度。人们从待遇出发为判断和衡量事物的尺度，是一种内在必然性。这种内在必然性具有极为广泛的作用范围。对一种社会制度、一项行动，人们作这种衡量；对人自身，人们也作这种衡量。当然，人们也按照科学观点来衡量事物，但是人们也同时用待遇观点来衡量这种科学，如一种科学发明价值如何，对人们有何效用，怎样运用才能实现它的价值从而实现人们的待遇，等等。因此，待遇作为人们衡量和判断事物的尺度，具有极大的广泛性和普遍性，它规定着人们的认识和判断。正因为待遇如此普遍地限制着人的眼光，所以，具有不同待遇的人会有不同的眼光，对同一个事物往往产生千差万别的评价。同样，那种对于人的一般待遇或普遍的人的待遇起不到满足作用甚至起压制破坏作用的存在，人们就认为是无价值或毁灭价值的东西，必然遭到人们的普遍反对。但是，必须同时指出，作为内在必然性的待遇本身又是在各种条件的严格制约下形成的，而不是自由生产的，因此，不能把待遇尺度绝对化。但无论怎样，待遇作为一种内在必然性，总是普遍地限制和规定着人们评价和审视事物的眼光，因而待遇就必然地构成人们衡量和判断一切事物的尺度。待遇作为人的活动的驱动力、社会的黏合剂、人们衡量一切的尺度，是一个具有根本性和本元性的范畴，它的重大作用和重要功能在人类和社会各个领域都有十分明显的体现。它的作用范围和功能领域非常广大和宽阔。

1.5 待遇的构项

构项，是一事物成其为这个事物的基本条件。它既可指构成事物的内容、要素、部分、环节，也可指某种抽象的规定性。根据待遇的基本定义，可以把待遇的构项规定为人的需要、生产关系、客体对象和主体活动。这四个构项分别从待遇的自然基础、待遇的社会基础、待遇的客体内容、待遇的主体内容方面，在待遇的微观形态上，深刻地揭示了待遇的本质构成。

1.5.1 需要：待遇的自然基础

无论人们对待遇的实质作怎样的理解，待遇总是由人们的需要引起的。凭常识就可以知道，人们之所以进行各式各样的社会活动，归根到底无非都是为了争取自己的（包括他个人的和他所属的阶级、阶层或其他社会集团的）待遇，而最终又总是为了满足自己的需要。如果人们没有任何需要，都是不食人间烟火的神仙，那就无所谓待遇及其冲突了。正是由于需要的存在，才造成了待遇的客观基础。**从某种意义上而言，待遇是需要主体之间、需要客体之间、需要主体与需要客体之间所有关系的总和。**因此，对需要问题的研究就成为阐述待遇学科的不可跨越的理论课题。

从最一般的意义讲，需要就是人们对外界对象的依赖关系。它表明了人和整个社会的一种特殊状态即摄取状态，这种状态就是人和社会的生存、发展的客观根据和各种积极形式的来源。人类为了维持自己的生存，就必须通过劳动从自然界获得食物、衣服、住宅等等生活资料，以实现自己作为生物的新陈代谢过程和其他生命过程。没有这些物质生活资料，人们就无法生活下去。所以，我们把人对自然界的这种依存关系叫作"需要"。人们不仅离不开物质生活资料，而且也依赖于一系列的精神生活条件，如伙伴关系、男女性爱、天伦乐趣、荣誉感、自尊心等等。这些条件使人们的生活更加充实、振奋、愉快和舒适。没有这些条件，人类就不能同其他动物区别开来，就不能形成社会，就生活不好，甚至就不能生存下去。所以，我们把人类社会中个体对群体的这种依存关系也叫作"需要"。除了这两类最基本的、发端的依存关系以外，还有一些更发展的，因而更"抽象"的依存关系。如人们为了取得和保护自己的生活条件，就还必须有各种社会性的组织形式和设施。没有这些组织形式和设施，社会就会发生各种各样的混乱。因此，我们把人们对这种不具物质形态但为保障物质精神生活正常进行所必需的社会组织形式和设施的依存关系也看成是"需要"。凡此种种人们对外界对象的依赖关系，都表现为人们的需要。

需要是一个客观范畴。因为需要不是一种主观的产物，不是一种任意的想象，而是客观世界和客观过程引起的一种必然性，是整个物质世界中人类对自然界以及人类社会内部个体对群体的一种必然的依赖性。当然，客观存在的需要也可以被感知，被人类的头脑所反映，形成人们的"欲望"，但客观存在——需要与主观反映——欲望，是既相联系又有区别的两种事物、两个概念。如果否定需要的这种客观的质的规定性，对需要作主观随意的解释，就会滑到历史唯心主义的泥潭中去。人们的需要是丰富多彩的。随着文明的进步，需要更是发展到了纷繁复杂的程度。各式各样的需要，以一种内在的联系，结成了一个庞大的有机系统。面对这个庞大的系统，如果不采取分类的方法，就不能清晰地认识需要本身以及需要反映为待遇的过程。但是，现有的各种分类方法不能合乎逻辑地从需要入手引导出待遇范畴并深刻地理解它的实质。因此，为了深入地研究需要在待遇理论范畴体系中的地位、作用和意义，我们应该有自己的分类方法。

遵循待遇体系的需要，我们应当按照需要的客体特征和需要的主体特征进行分类。按照需要的客体特征可以把需要分为“物质需要”和“精神需要”，“现实需要”和“理想需要”，“主观需要”和“客观需要”。按照需要的主体特征可以把需要分为“个人需要”、“集体需要”和“社会需要”。当然，按照需要的客体特征和需要的主体特征还可以分出许多种需要，但是考虑到需要体系和待遇体系的直接相关性，这里就只划分出这几种需要，其他的就从略了。

按照需要的客体是否具有效用性这一特点，将需要划分为“物质需要”和“精神需要”。物质需要，即以物品的效用和人的劳务的效用来满足的需要。这是人类最基本、最迫切和最重要的需要。这种需要的对象（客体），包括两大类，一是物品，一是劳务。这就是说，物质需要并不只是用物品的效用即使用价值满足的需要（虽然这种需要在物质需要中占有举足轻重的地位），它还包括用劳务的效用来满足的需要，例如理发、医疗、运输、修理等劳务所满足的需要。必须指出的是，这里所说的物品，除了包括人们常说的食物、衣服、住宅、家具等消费品以外，还包括空气、阳光、水等维持生命的天然物质。而这里所谓劳务，系指直接或间接地为人们的生活需要服务，但不创造实物产品的活动。按马克思的说法，这些活动是一种特殊的消费品。精神需要，是不以物品的效用或人的劳务的效用，而以人的感情、友谊、相互关系或某种心理状态来满足的需要，它既包括主体自由地施展自己的创造性才能，又包括对文化成果的享用。20世纪美国心理学家亚伯拉罕·马斯洛（Abraham H. Maslow）所主张的需要中多数都属于精神需要。划分物质需要和精神需要的界限，关键在于满足需要的客体是否具有效用性。如前所述，满足物质需要的客体都具有某种效用，而满足精神需要的客体同样也有所谓效用问题。物质需要和精神需要是需要体系中最早发生的、“原始的”、处于基础地位的需要。当然，两者之中物质需要又更为重要。我们可以把它们合称为“生活需要”或“自然需要”。需要体系中的其他需要，大多都是在生活需要或自然需要的基础上发展起来的。

按照需要的客体所具有的满足需要的程度（或社会所拥有的满足需要的能力），可将需要划分为“现实需要”和“理想需要”。现实需要，是该社会已经达到的生产力水平所能满足的需要，包括生活需要、生产需要和其他需要。众所周知，除了某些纯粹的精神需要外，其他任何需要都是必须由实实在在的劳动成果（产品形式或服务形式的成果）才能满足的。而这些实实在在的劳动成果又只能由物质的或精神的生产过程来提供。《聊斋志异·崂山道士》上讲的剪纸当月、月中取食的故事，毕竟是神话，算不得数的。因此，一定社会、一定历史时期的一切需要，是否有可能得到满足，即是不是“现实的”，归根到底取决于当时已经达到的生产力水平。在通常情况下，人们的需要往往超过生产力的实际水平。这时，人们的需要就分成了两个部分：一部分是当时的生产力水平所能满足的需要，我们称之为“现实需要”；另一部分是当时的生产力水平不能满足，但经过相当时间的发展可以得到满足的需要，我们称之为“理想需要”。理想需要和现实需要是紧密相连的，任何时候都不能把理想需要撇开。相反，应该随时随地把现实需要同理想需要联系起来。这一点，对于我们研究社会规律的作用机制，对于制定社会发展战略和计划，具有特别重要的意义。

按照需要客体的特征，还可以将需要划分为“主观需要”和“客观需要”。所谓“主观需要”即主观欲求或情欲，严格说来，并不是需要本身，而是对需要的主观反映，即目的或动机。人与动物不同的是他有自我意识，他能意识到自己的需要；动物不能意识到需要，因此它的需要只同动机相联系，而不能同目的相联系。人意识到需要，客观的需要就转化为主观目的。人的需要能够表现为主观的欲望、幻想、情欲，但不等于主观愿望、幻想和情欲。它是一种客观的规定、存在和对象。人的需要本身并不取决于人的意志和意识，也不取决于人的生理和心理的感受，而取决于人的社会本性，取决于个人在生产关系体系中的地位，取决于人的客观生活条件。因为需要总要反映到人们的头脑中来，迟早要被意识到，所以，人们已经习惯于以他们的思维而不是以他们的需要来解释他们的行为。于是，在现实生活中常常发生这样的现象：一些物质和精神需要不要他个人操心就都充分满足的人，却常常以为自己没有什么需要，有的人反而指责那些为必不可少的需要而奔波的人是利己主义者。其实，需要是一种客观存在，根本不在于你想不想，求不求。马克思说得好：“作为确定的人，现实的人，你就有规定，就有使命，就有任务，至于你是否意识到这一点，那都是无所谓的。这个任务是由于你的需要及其与现在世界的联系所产生的。”从心理的角度看，需要常常作为内部条件，作为主体活动的内部条件，引导和调节主体在对象环境中的具体活动，表现为人的机体的需求或欲求状态。但人处于这样的状态，还不能引起有任何明确指向的活动，只能引起相应生理机能的运动区的一般兴奋。只有遇到符合需求的对象时，即有了明确的需要之后，需求才能控制主体的行动。需要的形成是由于在人类社会中生产着需要的对象，而因此也就生产着需要本身。人在社会实践中所创造的产品，作为需要，本来就是人的本质的对象化。人的需要，当以一种欲求的形式，作为主观目的或动机出现时，表现为需要的主观性。一旦通过人的实践活动，主观的目的和欲求变成实践的结果，变成客观现实时，需要就表现为客观性，并且归根到底表现为客观需要。在劳动过程中，人的活动会通过劳动手段，而在劳动对象上引起一个预先企图的变化，过程在产品中消失了。其产品是一个使用价值，是一个由形态变化而与人类需要适应的自然物质。可见，需要虽是人的需要，并在人的意识中表现为主观欲求，但却是具有对象性的东西，是某种客观的东西，是一种客观规定。人的需要并不是由人的主观意志决定的，不是人们想有什么需要就有什么需要。人的需要是历史地、客观地决定了的。古代的人，是不会有现代的人那样水平的需要的，甚至连想都不会想到这样的需要。没有客观对象历史地、客观地存在着，就不会产生人对它的需要（这丝毫没有否定愿望、欲求、理想、假说等对新的需要产生的作用）。人通过实践活动，创造着客观的环境，但客观环境，既作为对象的自然生活条件和社会生活条件，又通过人的实践活动，规定着人的需要。客观环境的改变和人的需要的发展，是统一的实践过程的不可分割的两个方面。

按照需要的主体特征，即按照主体的集合特征，可以把需要划分为个人需要、集体需要和社会需要三种。

个人需要是维持个体的生存和发展的需要，是作为个体的人对物质和精神生活条件的依赖关系。如果不出现奇迹，那么不首先满足作为个体的人对这些条件的依赖关系，就谈不上作为群体的人类及其社会的存在。因此，个人需要总是存在着的，并且总是集体需要和社会需要的基础。个体有着各式各样的复杂需要。按个人生命活动领域区分，有生理的、智力的和心理的需要；按社会价值区分，有合理的、有益的、健康

的需要和不合理的、有害的、病态的需要；按时间区分，有当前的需要和长远的需要；按迫切性区分，有必须的需要、平常的需要和可有可无的需要……可以说，个体的需要可以按不同的区分标准，继续区分出许多种不同的需要。

同个体的需要（即个人需要）相对的，是群体的需要，在我们面对的分类中就是集体需要和社会需要。后面这两种需要又是在群体的不同规模即不同的集合程度的基础上加上其他条件（如社会经济关系的差别）划分的。集体需要是那些由某种纽带（首先是经济关系）而紧密结合在一起，并进行目标一致的协同活动（首先是生产活动）的人群（首先是作为社会经济细胞的生产单元），在生活上以及生产上的需要。与此相联系，社会需要则是由一定生产方式结合在一起的全体社会成员在生活上以及生产上的需要。

集体需要和社会需要与个人需要是密切联系着的。集体需要和社会需要绝不排斥个人需要，而是以个人需要为基础的。没有集体需要和社会需要的进步，也不会有个人需要的发展；个人需要同时也推动着集体需要和社会需要的前进。当然，由于人们需要的不同，便产生了人们之间错综复杂的差别和矛盾；由于人们的社会经济地位不同，便产生了各个集团间的差别和矛盾。这些差别和矛盾推动着整个社会需要的发展，因而也改变着个人及其集团或阶级的需要。一旦个人需要同集体和社会需要完全一致了，人类便进入了美好的理想社会。

综上所述，任何一个社会，其需要的种类是纷繁复杂的。这些不同种类、不同规模的需要，通过一种内在的联系，即通过人及其社会对自然的依赖，以及社会内部人们相互之间的依赖，联结成为一个庞大的体系——需要系统。适应着这些种类复杂的、规模不等的需要，便出现了各式各样的待遇。整个待遇系统就是在这个庞大的需要系统的基础上产生的。当然，这两大系统之间的联系并不是一种直接的和机械的对应关系。在这两大系统之间，还隔着一个中介，这就是社会生产关系。

1.5.2 生产关系：待遇的社会基础

分析了需要问题，我们只是了解待遇的自然基础，只是了解了各个社会共有的、决定待遇存在的一般条件，还不知道需要的客体是怎样进入需要的满足过程，即进入主体的消费过程中去的，还没有了解待遇的社会基础，没有了解每个社会各不相同的、决定待遇性质的特殊条件。因此，我们还必须进一步的分析待遇的社会基础——生产关系。

生产关系是人们为了获得生活资料而在生产过程中结成的相互关系。一般地说，生产关系有两个特点。第一，生产关系具有一定的物质载体，这个物质载体，可以是生活资料，也可以是生产资料。如生产资料，它属于谁，由谁来支配和使用，它所带来的成果归谁享用等等，这些就是生产资料所承担的、所体现的生产关系。在一定社会条件下，这些关系融化为一个范畴：生产资料的形式。如在资本主义条件下，这些关系就融化为生产资料的资本形式。正是这些关系和形式，使各个社会的生产资料在社会经济方面而不是在自然技术方面区别开来。正如马克思所说："资本不是物，而是一定的、社会的、属于一定历史社会形态的生产关系，它体现在一个物上，并赋予这个物以特有的社会性质。资本不是物质的和生产出来的生产资料的总和。资本是已经转化为资本的生产资料，这种生产资料本身不是资本，就像金和银本身不是货币一样。"第二，生产关系必定人格化为一定的生产当事人。不言而喻，生产关系因而也必定体现在双边的、三边的或多边的社会关系，生产关系因而也必定体现在这双边的、三边的或多边的人们的身上。这些人们，就是生产关系的不同体现者、人格化。

以上是从一般意义上看生产关系的特点，我们进一步揭示的社会基础，就可以更加深入地看到。需要的满足过程是一个具体的、历史的过程。如果把一切现实的、生动的表象舍弃，我们将会发现，一切需要的满足无非就是主体对客体的依赖关系的实现，或这种依赖关系在一定时限内的解除。就物质需要而言，这就是对劳动成果的消费；就精神需要而言，就是主体从客体取得生理上、心理上、感情上、智力上的某种体验、感觉、反应或其他变化。但是，这种抽象只能在理论上成立。现实生活中不存在一般的、抽象的、不采取任何社会形式的满足过程。任何需要的满足过程都是一个特殊的、具体的、处于一定社会形式之中的满足过程。所谓"特殊的、具体的、处于一定社会形式之中的满足过程"，包含两层基本意义：

第一，这个满足过程是同一定社会的再生产过程相联系的。前文已经说过，需要的满足无非是两种情况，一是消费一定的劳动成果，二是引起某种心理、生理、感情、智力的变化。这里，劳动成果的消费同一定的再生产过程直接相联系，精神方面的变化以一定的再生产过程作

为基础、前提和一般条件。这种联系是两个平行的过程，即社会再生产过程和需要满足过程之间的联系。如果从需要为生产提供观念的对象这个角度看问题，那么需要满足过程是先行的过程；而如果从生产为需要提供实在的对象这个角度看，那么生产过程是先行的过程。然而，需要总是一个满足了又发生、发生了又满足的“永恒之流”，生产也总是前后相续、连绵不断的再生产，因此，作为一个总过程的相辅相成、相伴相续的两个部分，它们是互为条件、互为前提的。当然，也可以截取这个总过程的一个横断面来分析。在这种情况下，再生产过程就是需要满足过程的前提：生产创造出适合需要的对象；分配依照社会规律把需要的对象分配给有关的主体；交换依照个人的需要把已经分配的东西再分配；最后，在消费中，产品脱离这种社会运动，直接变成个人需要的对象和仆役，供个人享受而满足个人需要。很明显，这个逐节推进的过程也不可能是纯粹的、赤裸裸的，而一定是具体的、历史的：生产是一定所有制关系下的生产，分配是依照所有制决定的社会规律的分配，交换是特定形式下的交换，消费也是一定社会形式（这里不是指某种自然技术形式）下的消费。这样，历史就把不同时期、不同阶段的需要满足过程置于一定的生产关系体系之下了。

第二，这个满足过程是同一定社会的生产关系体系相联系的。需要的满足过程既然以再生产过程为前提，那就必然使生活需要的满足以生产需要的满足为前提。在这种情况下，生活需要和生产需要都成了人们必不可少的物质需要。只不过生活需要是以个人消费品和生活服务来满足的直接需要，而生产需要则是以生产资料和生产性劳务来满足的间接需要。一目了然的是，需要既然是一个立体的、网络状的体系，那么它同生产关系的联系就不是单方面的或单线条的联系，而是多方面的和多线条的联系。从再生产全过程看，生产为需要提供对象，这里首先就引入了生产资料所有制的问题；分配按社会规律把需要的对象进行分配，这些社会规律就是一定经济关系的本质联系，是所有制关系的实现；交换依照个人需要把已经分配的东西再分配，这种再分配也受经济关系的制约；最后，消费直接满足各需要主体的需要，这个过程除去其自然技术方面以外，其社会经济方面，如各种消费关系的矛盾，消费的构成、水平和发展趋势以及社会消费力的合理组织等，也同社会的生产关亲密切相联。总之，一谈到需要，就总是一定生产关系体系下产生和满足的需要，而不是需要满足过程的某个局部同生产关系体系的某个局部之间的关系。这是整个需要体系同整个生产关系体系之间的联系。强调这一点的意义在于，防止对需要的满足过程作简单化的和片面性的理解，例如把需要的满足看成仅仅是分配关系作用的结果等。

需要的满足方式取决于社会生产关系。需要的满足，从动态看是一个“过程”，从静态看是一种“方式”。因此，需要的满足过程是具体的历史的过程这个命题，自然意味着需要的满足方式是特殊的历史的方式。或者说，需要的客体总是必须在特定的社会形式下进入消费过程或满足需要的过程。在任何社会中，生活需要的满足总离不开一定的生活资料，这恐怕是“普天之下，莫不如此”的。然而，人们取得这些生活资料的方式，或者说，这些生活资料在进入主体的消费过程的漫长旅程中所采取的社会形式，却是“迥然而异，大相径庭”的。历史上五种不同的社会形态就有五种不同的需要满足方式。即使在同一社会形态下，甚至即使在同一种生产资料所有制条件下，只要还存在生产关系上的重大差别，那么这些生产关系所决定的需要满足方式也就不是清一色的。

事实证明，需要的满足方式是取决于社会生产关系的，被生产关系所决定的。确切地说，生产关系并没有决定需要满足过程的一切方面，生产关系所决定的只是需要满足过程的社会经济方面，是需要满足过程的社会形式。社会中的一切事物，社会中的一切过程，具有自然技术和社会经济两个方面。就以生活需要（这里仅就食物需要而言）的满足过程来说，同样具有此种区别。例如，东方人习惯于用筷子吃饭，而西方人则喜爱用刀叉进餐，这是需要满足过程的自然技术方面。事情还有另外一面，例如：这粮食，是农奴种植出来的，还是雇佣农业工人种植出来的；是用劳动力商品“等价交换”得来的，还是“按劳分配”得来的；是实行以家庭为单位、以个人收入为基础的消费，还是实行以部落、公社或别的什么组织机构为单位而以集体收入为基础的消费，等等。这些即从需要对象借以生产出来的生产资料所采取经济形式，到生产当事人在生产过程中的经济地位，再到需要对象进入消费过程的分配方式和交换方式，以致最后消费者之间在实行消费时所结成的消费关系和所采用的消费方式，综合成为一个概念、一个范畴，这就是需要满足过程的社会形式。马克思历来十分重视事物和过程的社会形式，认为这是社会科学必须研究的一个重要课题。从大的方面说，马克思认为：“社会生产过程既是人类生活的物质生存条件的生产过程，又是一个在历史上经济上独特的生产关系中进行的过程，是生产和再生产着这些生

产关系本身，因而生产和再生产着这个过程的承担者，他们的物质生存条件和他们的互相关系即他们的一定的社会经济形式的过程。”“资本主义生产过程是一般社会生产过程的一个历史规定的形式。”从小的方面说，马克思认为：正是出于构成资本主义生产的各种物质条件和人身条件采取了独特的社会经济形式，资本主义性质的生产方式才得以成立。他说：“只是由于劳动采取雇佣劳动的形式，生产资料采取资本的形式这样的前提，——也就是说，只是由于这两个基本的生产要素采取这种独特的社会形式，——价值（产品）的一部分才表现为剩余价值，这个剩余价值才表现为利润（地租），表现为资本家的赢利，表现为可供支配的，归他所有的追加的财富。”由马克思的分析可以看到，生产条件和劳动产品，既有自然的形式，又有社会的形式。自然形式表现其物理的、化学的、生物的等等方面的特征，社会形式表现其经济的、阶级的、历史的等等方面的特征。社会形式与生产关系互为表里：社会形式体现生产关系，生产关系决定社会形式，没有同生产关系绝缘的社会形式，也没有脱离社会形式的生产关系。社会生产关系赋予人的活动及其成果以独特的社会形式。对于待遇学科来说，不能完全不看自然形式，但社会形式具有决定的意义。这是因为，对于认识事物和过程的社会本质来说，社会形式具有决定的意义。需要满足过程的社会形式，是待遇基本定义的一个因素，是待遇最重要的本质的规定性。

分析了需要的满足过程和需要的满足方式，现在就可以从需要的满足过程、需要的满足方式上看生产关系的特点了。从需要的满足过程和方式上看生产关系的特点，就是生产关系使人们的自然需要成为社会需要，即赋予自然需要以社会形式，并使社会需要成为确定的主体的需要，即赋予需要以主体性。所谓社会需要的主体性，指的是社会需要对确定的主体的归属性。换句话说，不存在无主体的社会需要，只存在一定主体的社会需要。同生产关系的一般特点对比，生产关系不仅直接表现为双边或多边的相互关系，而且还通过它所决定的社会需要表现为单边的或单一主体的需要。正是生产关系使自然需要成为社会需要，正是特定的生产关系使特定的社会需要的满足方式成为特定的待遇。正如马克思针对弗里希二世时代普鲁士发生的原始积累对社会生活造成的影响而形象地指出的那样：“亚麻外表上和过去完全一样。它的纤维一根也没有发生变化，但是一个新的社会灵魂已经进入它的身体。”生产关系给自然需要穿上了社会需要的“新衣”，赋予了社会需要以新的“灵

魂”——使社会需要的满足方式获得了待遇的特殊规定性。

到此为止，分析了需要满足过程、满足方式同社会再生产过程，以及同整个生产关系体系的全部联系，我们已经有足够的根据得出一些结论了。这些结论就是：需要满足过程从来不是完全独立的、抽象一般的过程，它永远是同再生产过程、同生产关系体系的发展和实现过程相伴相续、相辅相成的具体的、历史的过程；生产关系赋予自然需要以社会需要的形式，从而使需要满足过程具有独特的社会形式，成为一定主体的社会需要的特殊满足过程；需要满足过程的社会形式是构成待遇范畴的最重要的一个因素，而决定这一社会形式的生产关系就构成待遇的社会基础。

1.5.3 对象：待遇的客体内容

待遇不论怎么讲，它总是表示对人和社会的生存与发展来说是必需的、有益的东西的概念。一切同人的生活有功能联系的对象就构成了待遇的实物内容即客体内容。

对象之所以能构成待遇的客体内容，就在于它们作为人的生存和发展的客观条件，具有满足人们的物质、精神等需要的功能属性。人把这些客体对象作为自己的生存环境，利用这些对象来满足自己的生存和发展的需要。客体对象，无论是自然对象、社会对象还是某种形式的精神对象，通过自己的某些属性来满足人的需要的中介与人建立了利害关系和功利关系，因此它们就成了待遇的客体内容。

客体对象的范围非常广大，种类也非常繁多：既有自然的，又有社会的；既有物质的，也有精神的；既有有形的，又有无形的……按照不同的分类标准可以划分出许多种形态的对象。这里，我们根据待遇内容的基本需要，将客体对象区分为自然对象和经济对象，物质对象和精神对象。

首先，根据客体对象是天然的自然还是人化的自然，将客体对象区分为自然对象和经济对象。自然对象，就是自然界存在的一切物质对象。像星空皓月、风火雷电、大地山河、飞禽走兽、丛林矿物等等都是自然对象。从根本上说，自然对象是人本身存在的不可缺少的基本条件，肺不能没有空气，眼不能没有阳光，人体不能离开地球的引力，社会经济发展不能没有矿物……大自然是人类的母亲，是人和社会不可须

臾与之分离的东西。然而由于一些自然对象得来那样自然而然，得来那样容易，人可以不费吹灰之力而得到它，所以，人们反而感觉不到它的宝贵。其实，自然对象是人存在和发展的基本对象，是人的生存一刻也离不开的对象。没有空气，人怎么能呼吸？没有阳光，人就要冻死，生态平衡就要遭到破坏，人类就要遭殃。长期以来自然对象没有受到人类应有的重视，这种状态应该得到迅速改变。

经济对象，是指作为主体的人和社会在改造自然界的实践活动中所创造的，能满足人的衣、食、住、行、用等物质需要的对象。世上存在的一切物质劳动产品、人们物质生活所需要的各种商品、被人工化的自然物都是经济对象。经济对象的实质，从哲学意义上讲，就是主体改造客体以满足主体物质生活需要的对象。也就是主体对象化和客体人格化，即人以其自身力量改造自然和自然被人改造和消费。对象性是客观事物的普遍属性，如果某物既不是他物的对象，又没有对象，那它就是非存在物。任何现实事物，其属性都是在对象性关系中表现出来的。在客观自然界中，物与物间的关系表现为物理的、化学的和生物的关系，它们之间的相互作用伴随着物质、能量和信息的转移和变换。但是，这种随机的或本能的相互作用，都不能叫某物的对象化。然而，在人的实践活动中，情况就不同了。在人的实践活动中，物与物之间的相互作用，虽然仍是物质世界诸种自然属性相互作用的表现，要遵循自然界发展变化的一般规律，但是，由于人的介入，这些关系就发生了重大变化。在人的实践活动中，物与物之间的关系，体现了人的有目的的选择。它的关系配置是人根据特定需要安排的，主体和客体的相互作用，表现为人以自身的活动来引起、调整和控制这一过程，整个活动体现人的目的性。因此，实践的结果就不同于一般的自然物，而是人的目的和活动的物化。就是说，人通过自己的活动，创造了一个新形态的对象。人同自然进行物质变换，其结果便形成了一个在自然本身进行过程中不能产生的对象世界。自然界不能创造出任何机器，也不能制造出机车、铁路、电报、纺机等等，它们是人类劳动的产物，是变成了人类意志驾驭自然的器官或人类在自然界活动的器官的自然物质化。它们是人类的手制造出来的人类的器官，是物化的知识力量。人类世世代代通过自己生生不息的活动，创造了一个与自然界有质的区别的新世界——人化的自然。它作为人类活动的产物，是整个人类普遍能力的客观对象化。人通过实践把自身的目的物化而产生的世界，就是人的“对象世界”。这

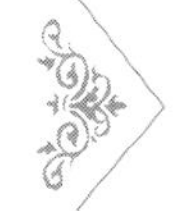

个对象世界是人通过活动从客观世界中分化出来的，作为人们生存和发展的社会环境，它是物质世界中最为重要的一部分，构成了人的社会存在和发展的物质条件。

可见，经济对象的实质在于主体对象化和自然人化，是人的实践活动物化的结果。经济对象，在整个对象体系中处于基础地位。如果说，没有自然对象，人就不能生存；那么，没有经济对象，人就不能作为社会存在物而得到发展。没有经济对象，人只能退回到生物界，至于精神对象或人的自我对象，更是无从谈起。

按照主体需要是物质的还是精神的，可以把客体对象区分为物质对象和精神对象。物质对象是指满足人和社会物质需要的一切对象。这些对象是自然界或来源于自然界，或是指自然界本身，或是指经过加工改造的自然物。上边讲的自然对象和经济对象都是物质对象。物质对象作为人和社会生存与发展的最基本条件，是待遇客体内容中最为重要的一部分，它构成人们最基本的待遇——物质待遇的实物内容。

精神对象是相对于物质对象而言的，它是指满足人和社会精神文化需要的一切对象。根据人的需要构成，它大体包括知识对象、道德对象、艺术对象、信仰对象、自我对象等。知识对象包括各种书籍、各门科学、各种经验、各种技能等，它可满足人们探索世界、总结历史、认识生活等需要。道德对象包括道德行为、道德规范、道德品质、道德理想等，它可满足人们对“善”的追求，不断地完善自我和造就一个稳定的社会生活秩序的需要。艺术对象包括一切艺术产品，像戏剧、诗歌、绘画、工艺品等。这些对象是社会生活在观念形态上的返照、表现和回响，人们制造它们，不是为了狭隘的物质实用目的，而是为了在“意义”上指出某种东西，为了影响人的思想、情感和心灵，陶冶人的情操。艺术对象可以满足人们爱美、装饰、抒情、娱乐等需要。信仰对象包括宗教和主义两大类，它能满足人们信念的需要。自我对象包括友谊、名誉、地位、能力、成就等，它能满足人们交往、爱、尊重、自我实现等方面的需要。

物质对象是人类生存和发展的基本对象，精神对象则是人类日益走向全面发展的标志。没有一定的物质对象，精神对象便无从谈起；而没有精神对象的发展，物质对象也不会日益丰富。物质对象和精神对象应当协同发展。物质生产创造出物质对象，精神生产创造出精神对象。精神对象同物质对象一样都是客观的，都是由一定的客观历史状况决定

的。精神对象是人类极为宝贵的精神财富。

总之，对象无论是自然的还是社会的，无论是物质的还是精神的，无论是有形的还是无形的，都具有同人的生活功能相联系的客观属性。无论这种属性是对象自身具有的，还是作为人类劳动的产品才具有的，都是人和社会的生存和发展所必需的、有益的。因此可以说，满足人们需要的一切对象便构成了待遇的客体内容。

1.5.4 活动：待遇的主体内容

对象之所以成为待遇所指向的客体，成为待遇的客体内容，其基本原因就在于对象同人的需要发生了必然性的关系，从而使自己成为人们需要的对象，成为人们生存和发展所必需的东西。而对象之所以同人的需要发生必然性的关系，之所以成为人们需要的对象和生存、发展所必要的东西，其关键就在于人的活动。因此，从根本意义上说，正是人的活动沟通了客体对象同主体需要的关系，正是人的活动才使对象成为人们需要的对象，成为人所必需的东西，从而成为待遇的客体内容。没有主体活动的参与，任何客体对象永远也不会同人的需要发生关系，从而永远也不会成为待遇的客体内容。因此，这就必然地引出一个结论：活动是待遇的主体内容。

待遇是人的待遇，而人是活动的、社会的存在物。人的社会生活的本质是活动的，活动是人类存在和发展的特殊方式。待遇现象无论是作为物质的还是作为精神的，无论是作为有形的还是作为无形的，无论是作为现实存在的还是作为应该追求的，都必然地同人的活动相联系。因此，要把握待遇内容的实质，就必须要分析和把握活动的基本内容。人的活动，从主观方面来说是一种“人类机能”，从客观方面来说是人的存在方式。这就像运动是物体的机能和存在方式，生命是蛋白体的机能和存在方式，生命活动是动物的机能和存在方式一样。

活动具有自己的微观结构和宏观结构。从微观形态上，可以把人的活动分析为目的、手段和对象三个要素，其中目的决定手段并和手段一起决定对象的改造，同时对象又制约着手段并和手段一起制约着目的的形成。目的性是人的活动的鲜明特征之一。人离开动物界愈远，他们对自然界的作用就愈带有经过思考的、有计划的、向着一定的和事先知道的目标前进的特征。动物的生命活动仅仅是有机体对于环境刺激的反应的总和，而人的活动则是人的有意识有目的的动作的总和。作为活动的主体，人通过自己符合目的的动作在活动结果之上打上了自己意志的印记。在活动过程开始时，对象被主体改造后所获得的结果已经以观念的形式向主体呈现，构成活动的目的。目的的形成经历了一个复杂的过程，其中必须得包括主体的需要、符合需要的对象和对于对象的意识三个环节。这三个环节的有机结合便形成了活动目的的发生。

人的活动的第二个鲜明特征是活动手段的创造，它集中体现了人的创造能力。活动手段可分为两大类：一是工具，二是语言。工具是人的活动的技术系统。动物是直接用自己的躯体作用于自然界的，这说明动物的能力仅限于靠进化和遗传所获得的动物本能。哪怕是最原始的石器的制作，也不能单靠动物本能，而须有赖于后天的知识。任何一种工具的发明，都是人的创造性认识活动和改变活动的产物。在工具中，记录着一定时代的人的动作方式，标志着他们的创造能力的发展水平。不但工具的制作有赖于人的创造能力，而且人的创造能力也有赖于工具。工具使人得以突破自身机体在空间和时间上的局限性，它一方面延长了人的手和感官，强化了人的机能，另一方面物化了人的经验，使人的创造能力得以继承和进一步发展。语言是人的活动的符号系统。它在人的精神活动和交往活动中的作用，相当于工具在人的物质活动中的作用。在某些合群的动物身上，也许已经有了语言的萌芽。但是，只有人才能运用自己所创造出的庞大的符号系统表达和交流他们对于周围世界的丰富的认识。如同工具一样，语言也是人的创造能力的集中表现，如果说工具组成了人类物质文化的主要内容，那么语言就组成了人类精神文化的主要内容。在某种意义上可以说，文化就是工具和语言的总和。工具和符号都是人自己创造出来的活动手段。离开工具和符号，就不可能有人的活动，人也就不成其为人。

人的活动的第三个鲜明特征是它的对象性。动物是与自然界浑然一体的。人却不同，他把自己当作主体而同周围世界相对立，从而把周围世界变为自己的活动对象。作为主体，人同周围世界的关系绝不是消极的。在世代相续的活动过程中，人类不断改造外部世界，创造出新的活动对象，从而不断形成着一个新的对象世界——人的世界。人的需要形成为活动目的，根据活动目的和发挥人的能力制作活动手段，运用活动手段改造活动对象，被改造后的活动对象构成人的世界。人的世界一方面反过来成为新的活动对象，另一方面决定了人的需要和能力的发展，从而为活动提供新的目的和手段。如此循环往复，以至于无穷。作为活动对象的人的周围世界绝不是某种开天辟地以来就已存在的、始终如一的东西，而是经济、科技和社会状况的产物，是历史的产物，是世世代代活动的结果。动物生存的主要方式是通过改造自己的机体来适应环境，因此引起了生物的进化。人却通过自己的创造活动让环境适应自己，为自己创造一个有别于原始自然界的“第二自然界”，创造一个适宜于人类生存、享受和发展的“人的世界”，这正是人的活动的最鲜明的特征，也是人的活动之所以称为创造活动的理由。人的世界既是对象的人化，也是人的对象化。正像被改造了的活动对象本身是活动目的和手段的实现一样，人的世界本身就是人的需要和能力的实现，而它的每一次重建都把人的需要和能力提高到一个新的水平。

目的、手段和对象是活动的三个鲜明特征，是组成活动的三个基本要素。这三个基本要素的有机组合便构成了活动的微观结构，便组成活动的发生。如果把组成活动的各要素之间的关系系统看作活动的微观结构，那么就把各种活动形式之间的关系系统看作活动的宏观结构。从宏观形态上，我们可以把活动区分为物质生产活动（劳动）、狭义的社会活动（交往）和精神生产活动（认识）三种主要形式。

劳动是人的活动的基本形式，是人的主要的存在方式。马克思、恩格斯在谈到人的活动时指出：“这种活动的基本形式当然是物质活动，它决定一切其他的活动，如脑力活动、政治活动、宗教活动等。”恩格斯还指出：劳动是“使人从动物界上升到人类并构成人的其他一切活动的物质基础的历史活动”。劳动从本来意义上说，是指“人和自然之间的过程”，即人改造自然以创造满足自身需要的物质财富的活动。毫无疑问，机体的生物性需要是推动人们从事劳动的原动力。但是，为什么其他动物并非通过劳动来满足自身的生存需要，唯独人类祖先却开始通过劳动来生产他们所必需的生活资料呢？这里我们不想详细考察人类祖先同其他动物在肉体组织方面的差别，仅限于指出一点：劳动之所以成为可能和必要，是以人类祖先在进化过程中所获得的区别于其他动物的体质形态、大脑机能等方面的积极特征为前提的。不只于此，劳动还将使人类祖先的生物属性进一步发生深刻的变化，从而形成人所特有的生物属性。在劳动过程中，人的内在的自然本性和外在的自然环境呈现出水平一致的发展，随着外部自然界的面貌离原始自然界越来越远，人的自然本性离动物性也越来越远。换句话说，人通过自己的生产活动使自然界越来越人化，同时也就使自己的自然本性越来越人性化。

物质生产活动是人的“第一个历史活动”。但是，只要人从事生产，就会产生人的活动的其他两个方面：精神活动和交往活动。从历史的最初时期起，从第一批人出现时，三者就同时存在着，而且就是现在也还在历史上起着作用。也就是说，在最初的物质生产活动内部，已经孕育着并且实际存在着最初的交往活动形式和最初的认识活动形式，后两者是作为劳动的必要条件和从属因素而包含在劳动过程之中的。

马克思和恩格斯在谈到人类最早的生产活动时指出：“而生产本身又是以个人之间的交往为前提的。这种交往的形式又是由生产决定的。”交往，包括人与人之间的物质交往和精神交往，作为劳动的前提和要素而与劳动并存。劳动首先是人与自然之间的关系，同时也是人与人之间的关系。作为生产活动主体的人并非孤立的个人，而是彼此协作从而结成一定关系的许多人。最初的交往，一方面是劳动过程中的互助和合作，另一方面也是劳动经验的传授和继承。人类的劳动是从制造和使用工具开始的，而创造最早的工具的任务绝非单独的个人所能承担，只能是集体经验的产物。同时，作为传授和继承劳动经验的媒介，工具的使用本身已经是一种物质交往的方式。这就是说，由物质生产活动方式所决定的交往活动方式构成了人与人之间的社会关系。包含在劳动内部的交往活动随着物质生产活动方式的发展而发展，由这种交往活动方式所构成的社会关系也日趋复杂化，逐渐形成完整的社会关系系统——严格意义上的社会。这一社会关系系统本身需要加以调节、控制或改造，因而成为活动的专门对象，由此产生狭义的社会活动形式（广义的社会活动包括人的所有活动形式）。在历史上，狭义的社会活动是通过分工的关键性步骤而从物质生产活动中分离出来，成为独立的活动形式的。这就是人们在社会上层建筑领域内的活动，包括政治活动、法律活动、宗教活动、社会活动等等。

认识活动同样发源于物质生产活动。思想、观念、意识的生产最初是直接与人们的物质活动，与人们的物质交往、与现实生活的语言交织在一起的。观念、思维、人们的精神交往在这里还是人们物质关系的直接产物。劳动是人以自己的合目的性的活动改造自然物，从而制造出合乎自己需要的产品。只有当产品对主体以适当形式呈现出来，从而可以把它同原料（劳动对象）及其各中间改造阶段进行对比的情况下，产品才能调节活动。因此，为了使动物的适应活动转变为人的劳动，就有必要把动物心理提高到人的意识的水平。作为一种能动的反应能力，意识不仅把客体的既有的状态的心理映象呈现给主体，而且把客体为满足主体需要应有的状态的心理映象呈现给主体。劳动又为意识的产生准备了物质承担者——人脑。人类有了意识，也就有了最初的认识活动。认识活动逐渐发展成为精神生产活动，通过分工而从劳动中分离出来，成为相对独立的活动形式。精神生产活动主要包括两种相对独立的形式：一是理论活动，二是艺术活动。这两种活动源于认识的两种成分。认识包括科学反映和价值定向这两种不同的成分。科学反映立足于客体，力求如实地把握关于客体的知识。价值定向立足于主体，力求满足主体的需要。人不仅反映世界，而且体验、感受、评价世界。在实际认识过程中，科学成分与价值成分是交织在一起的，难以明确区分开来。任何一种认识活动，都不可避免地兼有这两种成分。但是，两者的比重会有所不同。在精神生产活动形式中，理论活动偏重于科学反映，以揭示对象的客观规律为己任；艺术活动则偏重于价值定向，以表现人的主观感受为己任。理论活动在探索对象的客观规律的过程中，创造了大量的理论产品；艺术活动在表现人的主观感受的过程中，创造了大量的艺术产品。这些产品作为精神生产活动的结果，为人们提供了各种满足精神生活需要的对象。

活动的各种形式的区分是相对的。在现实中，各种活动形式互为条件，互相包含和渗透，没有哪一种活动形式能够以纯粹的形态存在。当然，物质生产活动无疑是最基本的活动，但是，在历史的发展中，已经形成了非常复杂的活动系统，其他各种活动形式获得了相对独立的存在，它们一起共同构成人的现实活动，构成人的生活。无论是物质生产活动，还是精神生产活动和狭义的各种社会活动，它们的任务都在于生产和创造人们需要的对象，从而满足人们的各种需要，实现人们的各方面待遇。

活动一方面使自然人化，另一方面使人对象化，从而在主体和客体之间架起一座桥梁，沟通了主体需要同客体对象之间的关系，形成了待遇现象的发生。客体对象是主体活动物化的结果，世界上一切有益于人们生存和发展的对象，本质上都是人的活动物化的产物。物质生产活动物化为人们物质生活需要的对象，精神生产活动物化为人们精神生活需要的对象，狭义的社会活动物化为人们政治、法律、宗教、社会交往等生活需要的对象。没有人的活动，对象就不能成为人们需要的对象，也不能成为待遇所指向的客体、成为待遇的客体内容。待遇是主体的待遇，活动是主体的活动，离开了主体的活动，待遇问题就无从谈起。因此，活动必然成为待遇的一个构项，必然成为待遇的主体内容。

1.6 待遇的相关范畴

范畴，是人的思维对客观事物的普遍本质的概括反映。各门科学都有自己的一些特定的基本范畴。各门科学体系内部的各个基本范畴之间，互相联系、互相补充、互相照应，遍布整个科学体系的各个部分、各个侧面，对整个学科体系的建构和完善，起着紧密的网结作用，是不可缺少的逻辑基点和支点。待遇学科的各种范畴，是对各种现象的普遍本质的科学抽象，是形成待遇学科理论体系的观念支撑点和网络交叉点，是建造待遇学科理论体系的逻辑起点和最基本的、高效多能的“材料”，是用以阐释各种关系、行为和观念的基本观点和基本方法，是有若干科学概念构织而成的待遇学科范畴体系。全面把握各个与待遇有关的范畴，才能准确地窥视到待遇学科的整体面貌和基本层次。

1.6.1 利弊

人们在谋求待遇的实践中，常会碰到某种事物利弊互相缠绕、共生并存的情况，需要人们极其审慎地权衡利弊，有效地兴利除弊。利和弊是相反相成的对立统一体。在利弊这一特定的范畴中，利并不能当做待遇来解释，而只是指对某些事物有利的方面，即促成待遇实现的积极因素；弊指的是弊端，是不利的方面，即阻碍待遇实现的消极因素。世界上的事物，常常是有一利就有一弊，利与弊相互掺杂，难以全部尽如人意。对事物的利弊关系的权衡和比较，形成了人们的待遇选择行为，制约着人们的价值取向。

根据利弊范畴的这一规定性要求，人们在进行待遇选择时，必须全面地审视利与弊孰大孰小，孰重孰轻，不能因为某些事物存在某些弊病就放弃待遇追求，也不能因为某些事物对人们明显有利就忽略了潜在的弊病和消极后果。人们在谋求待遇的过程中，不能带有理想化的幻念，

以为凡是作为待遇目标而谋求的东西，都应当是完美无缺的，只能有利，不能有弊，只能有得，不能有失；如果有弊有失，就打退堂鼓，自动放弃待遇的追求。这种想法拿到实践中是要碰钉子的。

世界上任何事物及其发展过程，都存在着利和弊的两重性，有其利，必有其弊。我们对待遇目标取舍的原则不是看它有没有弊，而是看它利大还是弊大，两利相权取其大，两弊相比取其小。要做到兴利除弊，最根本的手段是要努力创造条件促使弊消利长。利弊是一对矛盾，它们共处于同一事物之中，构成了矛盾的统一体。利弊之间的消长，实质上就是一种矛盾转化过程。利和弊的消长转换大致有三种类型和三种情况：一是“同荣同枯型”，即随着该事物的发展，有利的一面增大，有弊的一面也增大，同时随着弊端的减弱，兴利的势头也随之减弱；二是“彼此消长”，即双方呈现此消彼长或此长彼消的状况，有利的方面发展，有弊的方面相应减少，或有利的方面减少，有弊的方面相应增大；三是“互相转化”，利和弊各自都依赖一定的条件而转化，有了某种条件，弊可以转化为利，失去了某种条件，利也可以转化为弊。兴利除弊，关键是把握发展的节奏，加速发展的进度。发展，就是创造条件，就是促成转化。兴利离不开发展，除弊同样离不开发展。“同荣同枯型”的利弊关系，虽然随着事物的发展，利弊同时增长。但由于人们对弊端采取了一定的限制措施，加之总的取舍形势是利大于弊，在工作环节上处处是扬利抑弊，所以弊端方面即便再增长也不可能超过利的增长速度。对于“彼此消长型”来说，更需要以发展作为宗旨和手段，积极地创造条件，加速对于事物有利部分的充分发展，这本身就是对弊的有效限制。因为对于事物的有利部分的培植和推进，会打破利与弊平衡对峙的局面，使利的一面进一步张扬、展开，逐步成为矛盾的主导方面，这就为消化弊端创造了必要条件，有充分的实力去消解弊端，防止消极后果的出现。至于弊向利的转化，也需要创造条件，使转化由可能变为现实。因为在某种情况下，所谓弊，不过是一种影响事物发展的制约条件，当人们清除了这种制约因素时，弊也就转化为利了。兴利除弊，还有一点需要注意，就是必须对利和弊加以本质区别，特别要把那些现象相似而本质相异的各种利弊关系区别开来。对任何包含利弊因素的社会现象，都要实事求是具体地进行分析，不要“一刀切”、“一锅煮”，特别是要防止出现利和弊之间的混淆。另外，对利弊关系的分析还必须放置到具体的时空范围内去认识。有些谋求待遇目标的做法，在

一定时期内是有利的，发展到一定阶段则会出现弊病；还有的做法在一定地区内是有利的，放到另一个地区去做却可能会出现弊端。所以，限弊在什么时间、什么地方，限到多大幅度，都得认真分析，注意时空条件的制约影响。

1.6.2 得失

“得失”和“利弊”这两对概念范畴之间有比较密切的联系，是近缘关系。人们常把这两个概念范围连接为一个组合的概念，称之为“利弊得失”。这种连接是有道理的，因为对利弊的权衡和对得失的估评，都能决定人们对某一待遇目标的取舍态度。但这两个范畴也是有区别的，“利弊”是影响和制约待遇目标实现的积极因素与消极因素，“得失”则是对待遇目标实现与否的评价和估量，二者是因果关系，即“利”带来“得”、“弊”引起“失”。另外，对“利弊”的权衡往往多用于群体目标，对“得失”的评价则往往多用于单体目标；对“利弊”的权衡多限于定性分析，对“得失”的评估既可用于定性分析，又可进行定量分析。比如，“得失相当”、“得大于失”、“得不偿失”这三种评估结果，都可以通过较确切的数量关系显示出来。

“得”与“失”的关系，是一种福祸依存关系。“患得患失”的确切解释，应该是人们从心理上期待着得，忧患着失。得利、得奖、得志、得手，是人们所希望的，失败、失落、失策、失足，是人们所担忧和尽力避免的。但是，必须看到得失之间的辩证关系，不要把得失截然对立起来。在一定的条件下，“得”中包含着消极的东西，隐伏着某种可怕的祸患。有些人仅仅获得最初一两个回合的成功，便志满意得，沾沾自喜于一得之功，因而停顿起来不求进步，这就埋下了由“得”向“失”转化的祸根。也有一种相反的情形，有些人面对“失”的现象，吸取教训，总结经验，振作精神实现“得大于失”的结局。在这种情况下，“失”中就包含着积极的东西，蕴藏着由“失”向“得”转化的契机和条件。

怎样确定“得”与“失”的是非界限？在什么情况下应该理直气壮地去“得”？在什么情况下应该心平气和地去“失”？这是研究分析“得失”范畴时应该搞清楚的。

在什么情况下“得”是正当的、合理的？确定“得”的合理性和确切的界限，不能脱离一定的社会条件和社会规范，不能单凭一厢情愿的主观愿望。当前，人们确定物质待遇方面“得”的规范和界限，应遵循按劳分配的原则。按照这一原则，劳动所得是合理合法的，多劳多得，少劳少得。“得”是个变量，“劳”是个自变量，两者构成了函数关系。通过劳动创造的待遇，名正言顺，可以理直气壮地去争取，并且心安理得地支配和享用。在现阶段，除了劳动所得，人们的一些非劳动所得，如风险收入、股息收入等，也是政策和法律所允许的，人们对此不必多虑，这应当称作“有功受禄，寝食可安”，是合法的待遇。但是，用非法的手段骗取或侵夺他人待遇，牟取暴利，这种“得”就属于不合法待遇，应按照法律规定给予收缴罚没。除了合法所得与非法所得的区分，还有一种正当所得与不正当所得的区分。

在什么情况下“失”是应当的、必须的？这里至少三种情形需要估计到：一种是为了长远待遇，暂时要“失”去一些眼前的待遇，即以暂时性的损失为代价，换取“得大于失”的结果，这是一种在洞察利害转化机制基础上的理智的“失”。另一种是支付性的“失”，即把“失”作为获取“得”的一种支付手段、预付手段，以少许的投入换取多量的产出，失小而求大，这是一种必要的“失”，也是合乎利害转化机制的。再一种是为全局待遇和整体待遇而“失”，这种“失”不同于前两种，这对当事者来说是一种“得不偿失”的“失”，是一种表现出自我牺牲精神的、带有高尚情操的“失”。比如，甘愿做出奉献大于索取的待遇让渡，为保全大局而宁愿舍弃局部待遇的选择，都是属于这种“失”的情形。

1.6.3 盈亏

“盈”指的是盈利、盈余；“亏”指的是亏空、亏欠、亏损。“盈亏”和“得失”这两对范畴有密切的联系，都是对待遇目标或成果的评估、显示。所不同的是，“得失”的内涵比较小，外延比较大；而“盈亏”的内涵比较大，外延比较小。“得失”可以泛指对各种待遇目标和成果的评估，“盈亏”则一般只限于对经济待遇目标和成果的评估。“盈亏”比“得失”所显示的评估结果要具体得多，常常带有比较确切的数量参数。

在生产经营活动中，人们所全力争取的活动目标，基本上就是要保证盈利；人们所着意避免或积极扭转的，就是亏损。特别是在一些亏损企业，扭亏转盈几乎是生产经营者全力争取的目标，是改变企业生存状况的实质性任务。企业盈亏有多种形式：一种是实盈或实亏。企业收支相抵之后，出现正数即为实盈，出现负数即为实亏。另一种是虚盈实亏，即从账面上反映的各项经济指标虽然是盈利的，然而企业实际家底却已亏空或濒临亏空的边缘。再一种是虚亏实盈，即某些单项经济指标显示出亏损的状况，而其他一些经济指标则是实实在在盈利的，只不过这些盈利的经济指标由于企业生产经营者的某种意图而被掩盖起来了。造成企业盈亏的原因通常有两种：一种是经营性盈亏，即由于企业经营管理水平高低所造成的盈利或亏损；另一种是政策性盈亏，即由于企业外部环境的改变和某些政策措施的调整所造成的盈利或亏损。

在经济交往活动中，也要注重盈亏转化问题，但这和生产经营活动中扭亏增盈的意义是不相同的。在经济交往活动中，应坚持等价交换、平等互利的原则，不要一味让对方吃亏，而把便宜留给自己。但需要指出在经济交往活动中要善于正确对待“吃亏”现象。有的人在经济交往或协作的过程中，表现出一种狭隘封闭的“怕吃亏”的心理，担心“肥水流入外人田”。用发展的战略眼光看，只有消除“怕”字，才能变现在的“亏”为将来的“盈”。否则，今天怕吃亏，将来可能因此而吃更大的亏。

在“盈亏”这一范畴中，“亏”有时具有独立存在、独立表意的意义，可以超出经营活动或经济交往的范围。“亏”可以列入人们的待遇观的范畴，形成独有的“吃亏”概念。当人们觉得自身价值不能充分实现时，便有一种“亏”得委屈的心理。而当人们为着某种信念和价值观念而义无反顾时，便会觉得“亏”得值得、甘愿吃亏。这里所说的“亏”，已经升华到对人生价值的评价和选择。

1.6.4 名利

“名利”也是待遇学科的一个重要范畴。“名”与“利”是对应着的，相互之间存在着较为密切的联系。人们通常把“名”与“利”并举，比如“名利双收”、“图名图利”、“名利思想”等等，目前都已经成了人们的习惯用语，并表达着确切而规范化的含义。“名”是指名声、名望、名分、声誉等等。“利”指的就是利益、待遇，由于“利”

在前面已交叉地作过多个侧面的分析，这里略去不谈，只就“名”的内涵、外延进行分析，并阐释“名”“利”之间的相互关系。

“名”对人们来说是非常重要的，是人的需要层次中的一个较高的层次。因为人们在社会实践中所创造的“名”，是人生价值观的实现，是自我形象在社会范围内被他人的确认和张扬；同时，也是社会对其品格举止做出的评价，包括了臧否的态度和接受的程度。正因如此，人们一般都比较重“名”，作为中华民族的成员尤其为甚。从古到今，希望自己“名扬四海”、“流芳百世”，成为伟人的多如星辰。凡夫俗子，一般的至少也愿求个“清清白白”。“老老实实做事，清清白白为人”，就是很有些代表性的格言。“名”固然重要，但对待“名”的态度，古往今来却又多种多样。有重名轻命、“杀身成仁”的，也有留不了芳名留臭名的。“了却君王天下事，赢得生前身后名”，千百年来曾是封建士大夫欣然自慰的心理状况的写照。在今天，“不可沽名学霸王”，这是反思历史留给人们的深刻警戒，说明沽名钓誉的行为不足取，甚至会祸及自身。

名与利的相互关系表现在两个方面。一方面，名是获利的重要条件，是保证获利成功的发酵性的因素，从这个意义上说，也可把名视作潜在的利。当今社会里，一些知名度较高的企业或个人，由于在社会上有了良好的信誉和声望，因而购销渠道广阔，社会交往畅达，获利机会增多，成功率也较高。所以，大凡世界上的著名企业，无不极重视“信誉至上”这一条。何为“信誉”？不外指自家的信用和声誉，即知名度。若在这方面失信于消费者，轻则造成门庭冷落、经营窘迫，重则造成“倒牌子”的严重后果，甚至会使企业最后垮台。今天诸多企业家已逐渐意识到了“名”对于企业生存、发展的极其重要性，正在着力塑造良好的企业形象。另一方面，利是扬声显名的不可缺少的物质条件。一些企业或个人获利以后，有了较为雄厚的物质基础，首先想到的是扩大企业或个人的名气，采用的手段一般有：出钱办一些公益福利事业，集资赞助一些易于扩大自身影响的社会性活动，和新闻界、理论界等传播媒介广交朋友，组织广告宣传战等等。不难看出，“名”与“利”是互为条件的，是互相促进的，名可增利，利可创名。如此循环往复，就会收到名利双收的效果。

在对待名利的关系上需要采取正确的行为规范，防止出现偏颇的倾向。一些人为了谋利，不择手段地造假“名”，以此作为招牌，沽

“名”以钓“利”。有的搞假文凭，造假学历，报假成果，编假政绩，招摇骗利；有的打着“名流”的旗号，通过“卖名”诱人上当；还有的仿冒名牌，以假乱真，牟取暴利。谋“利”伤“名”的行为也不可取。有些企业或个人为了谋利，采取种种不正当手段，虽然捞了利，但败坏了名声。如有的国家机关工作人员凭借职权谋取私利，在群众中造成很坏的影响，出现了“台上他说人，台下人说他”的情况，这就是只管捞利、不惜声誉的后果。在现实生活中，伤他人之“名”以泄私愤的行为也须纠正。有的人见别人取得了成就，不思追赶，只思拉回。怎么拉回？既损又灵的一招儿，就是诬陷诽谤、造谣中伤，叫你背上“坏名”，说不清、道不白。有人把这称作“经济上搞不垮，名声上也搞臭他”。上述几种情况，都是在名利问题上出现的“背反”现象，是应该坚决防止或杜绝的。唯其如此，人们才能正确地追名逐利。

1.6.5 义利

“义利”这一对范畴，反映了人们在待遇问题上协调与进取的关系。义，指的是公正合宜的道理或举动，一般又称作道义。义与利的关系，实质上是道义原则与待遇原则的关系，前者讲的是对待遇行为的协调，后者讲的是对待遇的目标和成果的追求进取。义与利是相辅相成的两个方面。这两个方面有机统一，构成了待遇学科的一对重要范畴。

但是长期以来，“义”和“利”被人为地割裂开来，一方面，“利”处于遭贬受损的地位，另一方面，“义”则被抬高到不适当的超脱现实的程度。重义，应该说是中华民族的一大优点，问题在于有些人过于夸大了“义”的力量，而且把它和“利”对立起来。“君子喻于义，小人喻于利”，甚至把“言不及利”作为高层次的道德要求，使“义”与“利”成了互相排斥的东西，似乎“重义”就一定要“轻利”，言“利”就一定会损“义”。多少年来，“重义轻利”的道德传统成为调节中国社会生活的准则，这与当时自然、半自然经济的社会条件是相吻合的。在改革开放和发展社会主义市场经济的现实条件下，这种道德准则必然要和新的价值观、道德观相抵牾。在新旧两种体制、两种观念的交替和转换过程中，出现道德上的困惑现象是不足为奇的。问题在于要从这种困惑中解脱出来，抛弃把义与利对立起来的旧观念，树立辩证统一的义利观。

要鼓励和支持人们依法重“利”求“利”。人们的待遇要求，归根到底就是物质和文化生活的需要。满足人们的待遇需要，是发展社会主义市场经济的目的所在。既要为人们实现待遇要求创造好环境、制定好政策，又要对人们追求待遇的合理性给予肯定和支持。应当承认尊重劳动者的不同待遇，保证劳动者所付出的劳动得到合理的报酬，做到多劳者多获“利”。对过去一直收到贬斥的“无利不起早”、“利大大干、利小小干、无利不干”等观念和做法，要做具体分析。从待遇选择的要求来说，只要人们的动机是正当的，追求的待遇是合理的，就应当允许人们“利大大干”，当然也应允许人们“无利不干”，使人们树立比较意识，根据比较待遇的高低去决定待遇行为。

与此同时，要倡导人们以“义”为导向，培养高尚的求“利”行为。“重义轻利”固然偏颇，“重利轻义”也不足取，正确的做法应当是“重义重利”。“义”对人们的待遇行为可以起到协调和导向的作用，应提倡各种兴“义”之举。要教育人们树立义无反顾的信念，在道义上勇往直前，绝不退缩回顾。比如在谋利过程中的职业道德，舍己为人、关心集体的思想水准，都属于“义”的范畴，都应当始终不渝地恪守。要教育人们发扬见义勇为的精神，只要是合乎正义的事情就要坚定勇敢地去做，尽管这样做有时会损伤一些个人待遇，但这种“徇利取义”的行为规范和价值观念是值得赞扬和倡导的。要教育人们勇于承担义不容辞的义务。不能只讲权利，不讲义务；只讲索取，不讲奉献。应当在正确的权利义务观的指导下去实现待遇要求。

当然，义和利也有发生矛盾的时候。毫无疑问，在这种情况下，我们必须克服“个人至上”、“金钱至上”的错误倾向，为了国家、集体的大“义”，要勇于作出自我牺牲以至献出生命，决不能见利忘义，“一切向钱看”。在发展社会主义市场经济的条件下，应当注重精神文明建设，注重思想教育工作，使人们树立正确的价值观和待遇观，把义和利很好地统一起来。

1.6.6 安危

“安危”，是标明待遇保障程度和维持程度的一对范畴。“安”是指平安、安全，表示已获得的待遇成果得到了保障，安然无恙。“危”是指危险、危害，表示已获得的待遇成果缺乏安全保障，有受到损害或

丧失的可能。“安危”范畴，是研究待遇保障机制时所必然要涉及的一对范畴。

“安”与“危”是对立统一的关系，两者既相互对立、相互排斥，又在一定条件下相互转化。“安”可以转化为“危”，“危”也可以转化为“安”。前者是一种“逆转”，是人们所不希望并极力避免的；后者是一种“顺转”，是人们所希望并极力践行的。要防止出现安危关系上的“逆转”，就要“居安思危”，对任何危及安全的因素要尽早排除，并且要做到干净彻底，不留隐患，决不能一劳永逸，疏忽麻痹。要促成安危关系的“顺转”，即实现“转危为安”，就要有临危不惧的精神，努力化不利形势为有利形势，变被动局面为主动局面，最终达到化险为夷的结果。在现实生活中，认识和运用待遇科学的“安危”范畴，应注意把握以下一些要点：

首先，实现国家的长治久安，是各族人民的根本待遇所在。国家的统一，人民的团结，国内各民族的团结，举国上下安定团结政治局面的形成和巩固，这是中国各族人民最根本的待遇。这一待遇成果来之不易，是各族人民在党的领导下长期奋斗所取得的，其间虽有曲折和动荡，但是人心思安的历史潮流，阻止了分裂和动荡局面的延续。自党的十一届三中全会以来，安定团结的政治局面已经持续了近四十年之久。近四十年的安定，换来的是生产力的迅速发展和人民生活水平的日益提高，民更富，国更强。维护和发展安定团结的大好形势，就是维护和发展人民群众的根本待遇；破坏安定团结的政治局面，就是损害人民群众的根本待遇。

其次，维护人民群众的合法待遇，是政府的重要职责。宪法和法律赋予人民各项民主权利；同时在法律的保护下，人民群众谋求和发展自己的具体待遇。这两个方面加起来，称之为“合法待遇”。人民群众所期望的“安”，就是这些合法待遇能够得到保障，处于安全的状态；人民群众所担忧的“危”，就是侵夺人民合法待遇的危险因素，这种危险因素在现实生活中还大量存在。为了体现人民群众的愿望、维护人民群众的合法待遇，必须同时做好两方面工作：一方面要坚决同官僚主义和各种腐败现象作斗争。官僚主义者置人民群众的安危于不顾，不是积极维护人民群众的合法待遇，而是在一定程度上侵害人民群众的合法待遇，并且滋生各种腐败现象。所以，必须旗帜鲜明地反对官僚主义，这也是维护人民群众合法待遇的实际步骤。另一方面要加强民主和法制建

设，并及时消除损伤人民群众合法待遇的各种违法犯罪现象。还要进行国防教育，加强国防建设，为人民群众进行经济建设创造一个和平安宁的国防环境。

最后，在处理各种人际关系上应树立正确的安危观。我们看到，在现实生活中有时会出现群体安全和某一个社会成员的安全同时受到威胁的情况，在这种危急关头，有的人将自己的安危置之度外，挺身而出排除他人之险，有的人甚至因此而献出自己的生命。这种精神是值得赞扬和倡导的。相比之下，有的人见他人处于危难之中，竟然无动于衷，抱着明哲保身的态度；更有甚者，竟干出乘人之危，趁火打劫的勾当，这些都是应该谴责和制止的。正确的安危观应当是：一人有难众人帮，众人受难齐心排；先人后己保安全，舍生忘死消祸患。

1.6.7 取予

“取予”是表示待遇生成过程中尽责与生利、投入与获取相互制约的一对范畴。“取”，即获取、谋取，这是付出努力的人们在待遇成果面前的一种天赋的权利。“予”即投放、给予，这是人们为实现待遇目标而应尽的义务和必要的投入或支付。“取”与“予”之间相互联系、相互制约。若是只执迷于“取”，而不愿相应的采取“予”的行为，就好比只想乘凉，不想栽树，是不现实的，是一种“坐吃山空”的行为表现。古人就已领悟到取予之间的辩证关系，深谙“若欲取之，必先予之”的道理。在现实生活中，正确认识“取予”范畴，恰当处理“取”与“予”的相互关系，是待遇学科的一条重要规定。

仔细观察就不难发现，在各种活动中，人们的行为实际上是一个既“取”又“予”的过程。“取”自然地要受到“予”的制约，它明确地昭示人们：“取”之要有度，“予”之要得法。所谓“取”之要有度，就是说要有限度、有条件地“取”，并且做到有所取必有所予。比如对自然资源的开发，是一个“取”的过程。在这一过程中，要有计划、有节制地开发并且做到取予结合，决不能滥采滥伐滥捕，搞掠夺式开发。对非再生资源的开发一定要慎重行事，决不能干祸及子孙的事；即便对可再生资源，也不能盲目地过度地开发，要注意生态平衡，要为资源的再生创造良性循环的条件。所谓“予”之要得法，就是说对“予”要精心组织，不能漫不经心地空“予”一番，连效益都不讲。拿植树造林来说，这是人们在采取砍伐森林资源等“取”的方式的同时，以“予”的形式补偿被砍伐的自然资源。当然，这种“予”的步骤要讲实效，如果在植树造林中，忽视质量要求，或者只造不管，就会使植树造林变成徒劳无益的举动，是难以达到取予平衡的。另外，“予”还要讲究方式，决不可一股脑儿地盲目投资，造成“予”的方向和重点的失误。

“取”与“予”之间的辩证关系，决定了责、权、利相统一的活动方式的采用。按照“取予”范畴的本质规定，人们在获取某种待遇时，必须把行使权利与履行义务很好地统一起来。其中，行使权利就是行使“取”的权利，履行义务就是履行“予”的义务，也就是要对“取”的行为负责，其中既包括承担风险和过失的责任，也包括对行使的权利进行相应制约的责任。当权利和义务达到了很好的平衡，人们获取待遇也就有了必要的条件和充分的理由。近年来在改革中出现的各种责、权、利相统一的经营责任制，正是充分体现了取予之间辩证关系的经济活动方式。剖析各种经营责任制可以看到，责即是人们在经营活动中所必须承担的各项义务，权是指人们在经营管理方面可以充分行使的各种权利，利是人们在行使权利和履行义务之后所应获得的待遇成果。由于责与权相互制约，予中有取，取中有予，取予有节，在谋取待遇过程中就减少了牵制力，增大了驱动力。

正确理解“取”与“予”的关系，从更宽范围来看，对于人们树立正确的人生观和价值观也很有意义。请看这样一种人生观和价值观：有的人抱着一种坐享其成的人生态度，仿佛各种待遇成果会飘然而至，仿佛伸手摘取待遇成果是理所当然。这种只取不予的一厢情愿的观点是不切合实际的。世上不存在不经耕耘就可以收获的便宜事。也有的人虽然也曾打算有“予”有“取”，但在“予”的过程中过分的悭吝，而在“取”的过程中却表现出十足的贪欲，挖空心思从别人身上揩油，搞“少投入多获取”的占便宜“艺术”。这是一种损人利己的待遇伦理观。正确的态度应该是，取予统一，有取有予，并努力实现予大于取的结果。有些时候，可以为了整体的或大多数人的待遇，多“予”少“取”，甚至牺牲个人待遇而只“予”不“取”。当然，在社会主义初级阶段要求人们做到的，基本上还是取予统一，先“予”后“取”。至于多“予”少“取”和只“予”不“取”的行为规范，是要求少数先进分子首先必须做到的，同时也要在社会全体成员中大力提倡，使人们逐步达到这一目标。这就是“取予”的层次和走势，当然也是待遇伦理的

层次和走势。

1.6.8 公私

“公私”是表示不同的待遇主体对待遇占有关系和占有程度的一对范畴。“公”指的是国家的或集体的待遇，“私”指的是个人的待遇。“公”与“私”之间是对立统一关系。所谓对立的，是指“公”与“私”之间有着确切的界限，分别反映的是不同待遇主体、待遇群体对待遇的不同占有关系，有着各自独立的待遇要求。所谓统一的，是指在国家、集体待遇与个人待遇，在根本目标上是一致的，相互之间的待遇纠纷或摩擦是非对抗性的，可以通过各种协调手段得到解决。国家或集体待遇中，包含着个人待遇；个人待遇的实现，在很大程度上需要借助于国家或集体的力量，需要以国家待遇和集体待遇的实现作为前提条件。

为了准确把握“公私”范畴，需要分别对“公”与“私”进行具体分析。出于对历史上私有制人剥削人的本质的憎恨。人们比较崇尚“公”；再从公有制带给人们实际待遇的现实因素来看，人们对“公”也有一种热爱与依恋的感情。但是，是不是愈“公”愈好呢？这就要作具体分析。“公”是一种所有制形态，属于生产关系的范畴。判断“公”是否具有现实存在的意义，关键是看它是否适应生产力的发展水平，是否会促进生产力的发展。在社会主义初级阶段，生产力发展水平具有由低到高的多层次的特点，与此相适应，所有制形式也应是多种多样的，决不能一律用公有制的模式一律地套下来，还应允许其他适合生产力发展的所有制形式的存在。即便是有公有制，也不能只限定一种形式，而应允许有多种形式。

对“私”的实质内容和层次也要进行具体分析。“私”包括三个层次：一是指私有制，二是指私心杂念，三是指个人待遇。对待私有制应如何认识？在社会主义初级阶段存在的非公有制经济是社会主义市场的重要组成部分，决不能把它们简单地归之为“私有制”，也不要把它们和“资本主义”画等号而横加挞伐。对待私心杂念应怎样认识？私心杂念和集体主义观念是相对立的，它属于利己主义观念。对利己主义观念也要作进一步的分析。利己主义观念分为极端利己主义观念和合理利己主义观念，前者是待遇伦理所坚决否定的，后者虽然也和集体主义观念具有不相容性。但按目前阶段一些社会成员的道德水准来说，这种观念还将在相当的范围内和相当长的时间内继续存在。对此，只能疏通引导，使人们的道德水准逐步升华。对个人利益应如何看待？在社会主义条件下，个人待遇只要是正当的，就受法律保护，称之为合法待遇。对个人待遇的确认和维护，是法律所允许的。相反，对个人待遇的侵犯，是对法律有关规定的违犯。又由于个人待遇即个人生活（包括物质生活和精神生活）和发展的各种需要，从满足人的需要的角度来说，维护个人待遇的行为也是合情合理的行为，决不能把个人待遇归之为“个人主义”。

对“公”与“私”的界限需要明确，对它们之间的转化也要有充分的认识。比如，对各种“化公为私”的转化，就不应提倡，要明确划分“公”与“私”的界限，决不允许一些人假公济私，特别是要反对种种以权谋私的现象。当然，各种“化私为公”的转化方向也不可取。这方面，我们已经吃够了苦头。

1.6.9 偿付

“偿付”是表示不同的主体在相互交往活动中以一定数量的支付抵补相应收益的范畴。“偿付”即归还、抵补、返归的意思。在各种待遇主体之间发生的以经济活动内容为特征的待遇关系中，通行的是等值交往的原则，即某一待遇主体向另一待遇主体实行待遇让渡后，要求收益一方也返归相同量值的待遇，使双方在待遇成果的质的方面互通有无，在待遇成果的量的计值方面保持平衡。于是，就出现了偿付行为，即在待遇交往中有条件、有代价地等值交往。一般来讲，偿付行为也称作“有偿”行为，与此相区别的是只讲待遇让渡、不讲待遇索取的行为，这种行为一般称作“无偿”行为。

从“偿付”范畴的规定性要求中，可以看出坚持等值交往原则的重要性。但是，承认这一原则比较容易，真正实行起来却可能发生偏离。在相当一段时间内，由于忽视了不同待遇主体间独立的待遇需要，忽视了不同待遇需要之间的差别，忽视了“偿付”范畴的本质规定，又由于否认了社会主义市场经济，否认了价值规律的作用，结果曾搞过“一平二调”，即平均主义和无偿调拨，企图通过采用供给制的办法，逾越商品经济这一发展阶段，直接实行产品经济模式，以求“跑步进入共产主义”，其结果必然是“欲速则不达”。现在，当我们认识到各个待遇主体之间独立的待遇需要及其差别，认识到发展社会主义市场经济的客观必然性以后，对待遇偿付问题就引起了足够的重视，把在待遇交往关系中通行的等值交往，当作商品经济中等价交换的一种直接反映，并且在更广泛的社会交往中坚持这一原则要求，把各种有偿手段的使用同按照价值规律办事联系起来，因而取得了明显的成效。

我们看到，待遇“偿付”原则的运用，在实践中产生了类似催化剂的作用，引出了一系列的待遇交往形式的创新，增强了人们在待遇追求方面的驱动力，满足了不同待遇主体的需要。再生产过程中，待遇“偿付”原则的运用收到了显著效果。资金的使用是有偿的，技术转让是有偿的，咨询服务也是有偿的，这些形成系列“有偿”，促使企业加强经济管理，讲究经济效益，尽量以少许的“偿付”获取多量的收益。在待遇再分配过程中，待遇“偿付”原则也起到明显的作用。一些做出突出贡献或承担风险的人，按照“偿付”规则，理所当然地可以比别人多拿奖金，或获得风险收入。他们多得的部分，是因为他们多做了贡献，比别人多支付了脑力或体力劳动。这样，社会或企业就要对他们多支付的劳动给予相应的偿还，这种偿还是符合等价交换原则的。在社会服务领域中，运用待遇“偿付”原则也是很有意义的。过去人们曾对服务有过褊狭的理解，以为服务就应是无偿的、义务的、不计较任何代价的，结果影响了社会服务质量的提高和服务领域的拓展。现在，人们认识了待遇“偿付”原则的作用，开始实行一系列的有偿服务，例如科技服务、信息服务、居间服务等等，都讲究支付与偿还的平衡。这种待遇之间的等值交往，对服务者和被服务者双方都是有实际利益的。

在实行“偿付”原则，讲究有偿服务的同时，有一些不计报酬、无偿为社会或他人服务的行为，应该如何看待？这个问题应从两个方面来分析。在具体的生产经营活动中，应遵循价值规律，实行等价交换的原则，承认有偿行为的必然性和合理性；超出这个范围，在社会伦理的范围内，既应承认有偿行为是目前阶段上大多数社会成员所能接受的道德水平，也应倡导人们向更高的道德水平看齐，逐步达到甘愿无偿地为社会和他人尽义务的思想境界。

1.6.10 实惠

“实惠”是表示待遇主体在待遇生成过程中获得实际收益的范畴。

“实惠”的基本含义是指实际的好处，有实际的好处。有时候，“实惠”直接代指待遇，但它侧重表示实实在在的待遇、已经到手的待遇等意思。如果说待遇是人们行为的基本动因，那么“实惠”则是人们行为的最切近、最明了、最强烈的动因，正确认识“实惠”范畴的本质规定性，无论在宏观经济活动中还是在微观经济活动中都具有重要意义。

在宏观经济活动中，把握“实惠”范畴的规定性要求，能够引导社会成员群体或个人正确地树立发展经济的指导思想，确定经济发展的模式。这里必须回答的问题是：社会主义生产的目的是什么？政治经济学站出来回答说，是为了满足人民群众日益增长的物质和文化的需求。待遇学科站出来回答说，是为了让人民群众得到更多更好的待遇。两种回答在说法上有所不同，但基本精神是一致的，就是让人民群众真正获得实惠。十一届三中全会以来的路线、方针和政策，是以“让人民得到更多的实惠”作为出发点和归宿，其基本手段是大力发展生产力，最终结果是“播惠于民”、“藏惠于民”。

在微观经济活动中，把握“实惠”范畴的规定性要求，可以启发人们获得较好的经济待遇。在具体的生产经营活动中，“实惠”范畴给人们两点启示：一是启示人们注重经济原则。比如，“经济实惠”就是人们孜孜以求的目标。所谓“经济”，就是合算、划得来、有赚头；所谓“实惠”，就是不带虚假、不掺水分，直截了当地获得待遇。有一些店门牌匾就直书“经济实惠”几个赫然大字，就反映了经营者迎合顾客求实惠心理而采取巧妙的招揽生意艺术。二是启示人们注重比较待遇。在实际生活中，人们为什么选择某一行为而舍弃另一种行为，常常是和有无实惠有关的。人们常常对相关的两个或两个以上的待遇目标进行比较，从中分析其比较待遇。在能够得到实惠和不能得到实惠的两个待遇目标中，人们自然会选择前一种目标；在得到实惠较多和得到实惠较少的两个待遇目标中，人们自然也会选择前者而放弃后者。所以，要引导人们的行为朝着某一确定的目标前进，应当适度的运用好实惠这一杠杆，用来调节人们的行为取舍。

有一个问题需要引起注意，在提倡人们追求实惠的同时，应当反对庸俗的“一切向钱看”的“实惠观”。这种“实惠观”，反映的是一种金钱至上观，是一种为了私利而不讲职业道德、不惜个人声誉的庸俗的“实惠观”。这种“实惠观”和待遇学科的“实惠”范畴没有共同之处，是我们所要制止和克服的。

1.6.11 风险

“风险”是表示人们为获取相应的待遇成果而必须经历险阻、付出代价和承受损失的范畴。“风险”，是指可能发生的危险。一般来说，人们在日常生活中获取常规性的待遇，只需付出相应的劳动或作出相应的努力就够了，不必也不可能承担什么风险，“有耕耘就有收获”、“多劳就能多得”说的就是这个意思。但有些时候，实现某些待遇目标面临的阻力很大，环境比较险恶，突发性因素很多，并且存在着一些可能招至实践活动失败的危险因素。在这种情况下，实现待遇目标就要承担一定的风险，并且需要随时准备付出代价，承受失败的痛苦和磨难。“不入虎穴，焉得虎子”等说法，表示的就是这方面的意思。

风险与待遇的大小，是成正比例的，人们要想得到更多的待遇成果，就必须打破狭隘、保守、怯懦的思想观念，敢于承担风险。假如一个人有一笔钱，暂时用不上，存到银行，会从银行里得到一定的利息。这样做不必担什么风险，但获利也会很微薄。如果这个人愿意承担更大的风险，就有可能换取更高的待遇。这一普通的经济现象中所包含的道理就是：风险与待遇共存。过去在实行“大锅饭”、“铁饭碗”的政策时，人们确实不用担什么风险，但是到手中的待遇也很少。“穷”字挡道，使人们逐渐醒悟了，开始与“大锅饭”、“铁饭碗”告别，宁可承担风险，也要发展市场经济，也要参与市场竞争，把风险当作培植待遇成果的土壤。

敢于承担风险，只是表明了人们谋取更大待遇的胆量和勇气，问题在于以何种方式排除风险。只有善于排除风险，巧妙而高超地“化险为夷”，才能真正获取待遇。这种“化险术”包括三个方面的内容：一是要正确地预测“险情”。对风险作好超前的预测，才能做到有备无患，避免或减少因风险而造成的损失。要学会准确而迅速地预测风险出现的范围、场合、程度和特征，以便有针对性地采取措施对付风险。二是要科学地分析“险情”。当风险出现时，不能贸然行事、鲁莽冲撞，应沉着冷静地对风险进行分析，认清：哪些风险是可以避开的，哪些风险是躲避不开的；哪些风险是易于排除的，哪些风险是难于排除的；哪些风险是单独发生的，哪些风险是并联发生的；哪些风险是需要紧急排除的，哪些风险是可以缓冲的。只有经过这样的科学分析，才能采取积极有效的对策排除风险。三是要依靠群众的力量分解“险情”。在风险面前，单个人的承受能力总是有限的，一些高明的组织者和指挥者往往采取“风险同担，待遇共享”的办法，造成一种同舟共济的效应，依靠整个群体的力量对付风险。这样，风险对人们造成的压力就被分解了，使每个人的“着险面”缩小，“着险力”减轻，风险也就受到调控，成为人们手中易于驾驭的东西了。总之，面对风险，应该做到临险不惧、制险有术，让风险成为可以驯化的“为我之物”。

第二章　待遇与人

人的待遇像一幅历史的画卷，真实地描绘和客观地说明了人从摇篮到坟墓的整个生命历程。人从婴儿到幼儿到少年到青年到老年的生命旅程，人的学习、工作、事业、恋爱、婚姻、家庭、理想、道德、幸福等丰富多彩的人生内容，光明与黑暗、光荣与耻辱、顺境与逆境、乐与苦、得与失、福与祸、吉与凶等各种人生矛盾，都可以从人的待遇中找到答案，都可以从人的待遇的展开和丰富的过程中得到说明和解释。

2.1 人生：待遇的展开过程

如果从待遇角度说明人生，那么人生就是待遇的展开过程。人的成长过程，人生内容的丰富过程，人生矛盾的发生过程，也就是人的待遇发生、发展、丰富的过程。待遇真实而客观地说明和揭示了人生的谜底，它是人生动力的能源，人生价值的尺度，人生航船的舵盘。

2.1.1 人生之谜的求解

人生是人们不断探索、追求的一个万古而常新的课题。翻开人类文明史，我们可以读到卷帙浩繁的人生论述，古今中外的许多思想家都对这一课题有过许多不同的答案。但直到今天，它仍然是一个古老而崭新的谜。

人生，从宏观角度讲，是指人类认识自然、利用自然、认识社会、改造社会的历程；从微观角度讲，是指每个人从出生到死亡整个生命的旅途；综括起来讲，就是指人们认识与改造自然和社会的生命活动的历程。那么，人类是怎样开始认识自然、利用自然、认识社会、改造社会历程的，个人是怎样走过从出生到死亡的生命旅途的，人们认识与改造自然和社会的生命活动历程的动力、本质、规律是什么，每个人的人生理想、目的、道路是怎样形成和确立的？这些问题的回答和解决，无疑意味着人生谜底的揭示。

人生中最现实、最普遍的问题是人的待遇问题。人们待遇需要什么，怎样实现待遇，人的待遇过程怎样展开等体现着人生的本质和规律。待遇是人们实际生活中所存在的一切现象的动因和根由，是人生历程的动力和本质。它不但说明了人类是怎样开始认识自然、利用自然、认识社会、改造社会历程的，个人是怎样走过自己生命旅途的，而且还揭示了人们认识和改造自然和社会历程的本质。同时也说明和揭示了人生的目的、人生的理想、人生的态度、人生的价值、人生的道路、人生的意义等人生基本问题的实质和根源。因此，我们说人生之谜的谜底就在于人的待遇。正确认识、对待和把握人的待遇，就能掌握人生的真谛，认识人生的本质，揭示人生的谜底。

人类认识自然、利用自然、认识社会、改造社会的历程是在待遇的驱使和指导下进行的。人类从他诞生之日起，他就要生存，就要发展。为了实现这一待遇，他就得向自然开战，索取满足自己生存和发展需要的对象。单个人是不能向自然开战的，人们必须组成社会，结成一定的社会关系，由整个人类向自然开战。人从社会中获得自身生存与发展所必需的手段，在社会中使自己同自然界发生本质的相互作用。人生的过程既是人生与自然界之间长期地、反复地进行物质和能量交换的过程，也是人与社会之间的本质联系，相互作用的过程。自然界是人生的前提和基础，人生是对自然界的认识和利用；社会是人生的条件和环境，人生是对社会的认识和改造。人类在与自然和社会的相互联系、相互作用中展开了自己的人生历程。

人类同自然联系和与自然发生作用，其实质在于人类要生存、要发展的待遇。人们认识和利用自然的目的，就在于要从自然界中索取满足自身需要的对象，实现自己生存与发展的待遇。人类组成社会，结成一定的社会关系，其实质也在于人类生存与发展的待遇。人类生存与发展的待遇需要作为人类自身的一种内在必然性，驱使着人类去认识自然、

利用自然，去认识社会、改造社会。

每个人从出生到死亡的生命旅程，也是在待遇需要的驱使和指导下完成的。人生的各个阶段存在着许多不同的待遇，人生的童年期、少年期、青年期、中年期、老年期各个阶段，都具有自己待遇需要。这些待遇的展开过程即这些待遇被人们所认识、所追求、所实现的过程也就是人走过自己人生旅途的过程。在人生的旅途上，人们要经历许多事情，要做出许多选择，这些事情和选择的内在根据就是人们的待遇。人们的待遇导演着一幕幕人生的喜剧和悲剧，决定着人生旅途上的一切事物和现象。

人们对人生的看法和观点也是由人们的待遇所决定的。待遇是人们的人生目的、人生态度的基础和决定者。人生目的形成是以人的待遇为根据的，无论是人们物质生活方面的目的，还是政治生活、精神生活方面的目的，都是由他们所在的一定历史条件下的待遇需要所决定的。人们提出目的总是表现出对某种外部现实对象的需要，总是以外部客观对象为前提和依据的。人生的目的，从本质上来说就是人生待遇需要的表现。

人生的态度也是由人们待遇决定的。人的一生会遇到诸如理想、信仰、追求、学习、工作、事业、友谊、爱情、家庭等等许许多多的问题，又会遇到诸如顺境与逆境、光明与黑暗、生与死、乐与苦、福与祸、善与恶、美与丑、真与假、荣与衰等等许许多多的矛盾。人们对人生中所遇到的这些问题和矛盾必须要做出回答和抉择，而回答和抉择这些问题和矛盾的重要依据就是人的待遇。人们的待遇需要决定了人们对待客观事物、对待他人和对待自我的基本态度。

由此可见，待遇是人生中最现实、最根本的东西，是人们认识和改造自然改造社会的生命活动历程的本质，是人们的人生观的基础和决定者，从而待遇也就必然成为人生的谜底。

2.1.2 人生动力的能源

人生的动力是指人活动过程的起动者。起动人们认识与改造自然和社会的生命活动的因素很多，一般说来，有金钱、财产、地位、荣誉、名声、理想、志向等等。这些东西作为人们追求和谋取的目标，发动和调节着人们认识自然、利用自然、认识社会、改造社会的活动，调动和控制着人们的一切生产和生活。人们在追求、谋取这些东西的过程中，逐步展开了自己人生的旅程。因此，这些东西就成为人们人生活动的动力。

知道了人生动力，并不等于抓住了人生的根本，并不等于掌握了人生过程的内在根据和最终起动者。任何事物的运动过程都有其内在根据，任何动力都有其能源。没有能源，动力就不能发动，就不能起动任何物体。金钱、财产、地位、名声、志向等是人生的动力，但却不是人生动力的能源。它们作为人生的动力，必须在具有动力能源的条件下，才能起动人们认识与改造自然和社会的人生活动。否则，它们如同发动机没有燃料，电动机没有电一样，是不能起动人的任何活动的。那么，人生动力的能源是什么？是什么使得金钱、财产、地位、荣誉、名声等成为人们追求和谋取的目标？是什么使得这些目标成为人生一切活动的动力？是待遇，人的待遇是人生动力的能源，是人生动力过程的内在根据和源泉，它使得金钱、财产、地位、荣誉、名声等成为人们追求和谋取的目标，又使得这些目标成为人生一切活动的动力。

马克思和恩格斯指出："任何人类历史的第一个前提无疑是有生命的个人的存在。"人要维持自己的存在，就必须活动，通过活动来取得一定的对象，满足自己的需要，实现自己的利益。人的待遇作为人的一种内在必然力量驱动着人生的一切活动，人生的活动具有明显的指向性，它通过一定的目标来发动和激励人生的活动，从而人们通过这些人生活动的目标来实现自己的利益。金钱、财产、地位、荣誉、名声等东西，作为人们人生活动的动力，其实质就在于它们是人们待遇所指向的目标，体现着人们的待遇需要。人们追求和谋取金钱、财产、地位、荣誉、名声实质就在于追求和谋取自己的待遇。如果它们不是人们待遇所指向的客体，不是人们待遇的体现者，人们对待它们就如同对待石头和粪土一样，人们是决不会满腔热忱、充满激情地去追求，决不会千方百计、挖空心思地去谋取。有的人的待遇需要不在于金钱和财产，因此他们视金钱、财产如粪土；有的人的待遇需要不在于官位，因此他们蔑视高官厚禄；有的人轻利重名，有的人轻名重利。这些现象，都是由于人的待遇需要指向不同而造成的。由于人的待遇需要的指向不同，因而人生动力的内容也就不同。这都证明了人的待遇是人们在生命的历程中所奋斗、所追求、所谋取的一切东西的实质。

由此可见，人的待遇是人生目标的确立者，是人生动力的内在根据

和源泉，是人生动力的能源，是人生过程的真正的最终的起动者。

2.1.3 人生价值的尺度

人活一世，草长一秋。现实生活中的人，虽然都不免要离开这个世界最终走进坟墓，但是，人们总是希望在短暂的一生中有所作为，总是希望让自己的人生旅程闪光，总是努力争取在短暂的人生中实现自己最大的人生价值。那么，人生价值的大小怎么确定？用什么来衡量人生价值？人生价值的尺度是什么？这一问题的揭示，对于人们人生价值的确定和实现无疑具有极其重要的作用。

人生价值的尺度对人生价值具有辩证肯定或否定的裁判作用；具有深刻的人生教育作用，它启发人们懂得什么样的人生是有意义、有价值的，怎样走过人生旅程才有意义、有价值；他还对人生活动具有重要的调节作用，它促使人们自觉地扬善除恶，不断地完善自我。既然人生价值尺度具有如此重要的作用，那么人生价值的尺度到底是什么呢？是人的需要，人的待遇。待遇作为人生价值的尺度，规定和衡量着人们的人生价值。

我们知道，价值这个普遍的概念是从人们对待满足他们需要的外界物的关系中产生的。马克思在《资本论》中论述商品的使用价值和价值时说："物的有用性使物成为使用价值。"价值是凝聚在商品中的劳动，但"如果物没有用，那末其中包含的劳动也就没有用，不能算作劳动，因此不形成价值"。可见，对任何对象来说，离开人的待遇，即离开它的有用性，就谈不上它的价值。价值作为客体对主体的效用关系，总是包含着客体对主体待遇的某种肯定意义，它是以人的待遇为内在根据的一个作判断用的标准性范畴。

人的价值首先表明是人的一种自我意识或自我价值判断，即这个"人"已经是从主体身上分离出去，成为价值对象的客体。按照价值的一般定义，人的价值也就应当是人的"有用性"或"效用"，由此可以推导出才能、创造、贡献等等一系列的范畴。但是，作为价值的意义的有用性或效用，本来是对人而言的，人们在审视和判断自己的价值时，同判断其他客体一样总是以自己的待遇为根据，而并不表现出任何外在的、属他的或异己的特征。

作为人的价值内在根据的是人的存在与发展的待遇。人的待遇本身

是人的客观存在的产物，是一个丰富的物质性与精神性相统一的系统，所以，由此而派生出来的主体的价值判断，包括对自己的价值判断即人的价值，也必然是丰富的、多样的。丰富多样的人的价值源于人们丰富多样的待遇形式。如果一个人将为人民服务作为自己的最大待遇，那么他就会判断人的价值存在于为人民服务之中；相反，如果一个人将生活享乐作为自己的最高待遇，那么他就会认为人的价值就在于过上享乐的生活。

作为人的价值客观形态的是人的成就，人的成就所体现的是个人和社会利益的实现。个人怎样认为、期望和表白自己的价值，这与他的价值毫不相干，只有人的成就才能证明人的价值。而一个人的成就虽然是这个人的独立创造，但它必须是有益于群体环境，因而被群体环境所承认的。所以，人的价值是一个客观的社会的范畴。人的成就这个客观形态，本身就包含着人的价值的辩证特性。一方面，它是人们奋斗的结晶，是主体以主体的姿态实现自身一定待遇的产物，没有这种内在动因，没有这种自觉的发展和奋斗，成就不可能实现。至于创造出成就的动机却是异常丰富的。但是，另一方面，就人们创造和奋斗的效果而言，则必须是具有一致性的，这就是：成就必须是一种造福人类社会的贡献，即实现了人类社会的某种待遇。这是成就本身唯一的一种客观评价。正因为由不同的动机导致的成就在实现人类社会的某种待遇、造福于人类社会这一点上是共同的，所以，人类和历史承认他们的主体是有价值的人。人的价值同人的造福人类的成就成正比。在任何情况下，个人的价值都必须由他之外的对象物来证明，因而必定是客观的外在的；但个人的价值必须由他内在的待遇需要所导致，因而必定又是主体的创造。人们自我追求幸福和发展与客观效果，即实现社会待遇造福人类的统一，是人的价值的真正所在。由此可见，人的待遇是人的价值的本质。它作为人的价值的内在根据和客观形态，也就必然成为确定和衡量人的价值的尺度。

然而，由于人的待遇的社会性本质，使得人在人的价值中具有两重性，既是以社会活动实现社会待遇的客体，又是社会的个体成员，是个体待遇的主体。因此，人生的价值主要取决于人对社会、对他人的积极贡献和献身精神；同时，社会也承认和尊重个人待遇的实现和满足。从而我们衡量和判断人生价值的尺度就应该是人们的个人、集体和社会三者相结合、相统一的待遇和需要。我们在运用这个尺度去衡量和判断人生价值时，就应该贯彻三者待遇结合和统一的原则。

马克思主义认为，评价人的价值，诚然应该重视社会对个人的尊重和满足，但是，首先应该强调个人对社会的责任和贡献。因为，社会提供给实现每个成员的“人的价值”的条件，首先就必须把它们创造出来。只有人人首先为社会作贡献，社会才能根据这些贡献的总和，扣除必须扣除的部分，例如，扣除生产消耗、扩大再生产的积累基金、社会福利基金、文化教育、科学研究、医疗卫生、体育、国防费用等等，然后才能直接满足每个人对享受的需要。所以，评价一个人的价值，不仅在于他的存在和待遇需要是否从社会、从他人那里得到承认和满足，更重要的在于他为社会、为他人尽了什么责任、做了什么贡献。

另外，人的价值应该反映个人和社会的关系，个人要首先承担一定的社会责任和义务。因为人们总是处于一定的社会物质生活条件下，生活于一定的社会关系，作为社会的一员，依赖社会而生存。所以，每个社会成员，首先都有承担一定的社会责任的义务，为社会作出一定的贡献。如果一个人的存在，只向社会、向他人索取，而不能为社会、为他人作贡献，那么，这个人就成为社会的寄生虫。他既缺乏起码的品德，也没有任何价值。

人有所贡献才能有所享受。而且，人的价值取决于他对社会对人类贡献的大小，而主要不在于他享受的多少。实际上，不仅马克思主义者这样理解，人类历史上许多先进分子，都是强调从个人对社会的贡献这方面来谈人的价值的。宋朝的范仲淹所说的“先天下之忧而忧，后天下之乐而乐”，就包含着这种意思，著名科学家爱因斯坦说得更明确：“一个人的价值，应该看他贡献什么，而不应该看他取得什么。”又说：“一个人对社会的价值首先取决于他的感情、思想和行动对增进人类利益有多大作用。”

2.1.4 人生航船的舵盘

纵观人的一生，充满着幸福与悲怆、成功与失败、赞誉与诽谤、光明与黑暗。在人的全部生活中，有希望也有失望，有欢笑也有忧伤，有顺境也有逆境，有轻松也有激越，有幸运也有厄运，有喜剧也有悲剧。人生像一条船，在这矛盾的生活海洋中航行。要使人生之船顺利地在生活的海洋中航行，人们就必须要把握住人生航船的舵盘，从而使这条船

绕过急流险滩，战胜狂涛恶浪，摆脱厄运，驶向光明、欢乐和成功。那么，人生航船的舵盘是什么呢？是人的待遇。人的待遇作为人的本质属性和一切社会关系中的本质关系，决定着人们的活动和生活，决定着人生历程的展开，它作为人生航船的舵盘，决定着人生航船的方向，控制着人生航船的运行。

我们知道，人是人类的存在物，是一切社会关系的总和，人的生活是在各种社会关系中进行的，全部的社会关系的展开就构成了人的全部生活。在人的各种社会关系中，待遇关系是最根本、最本质的关系，是决定其他一切关系的关系。因此，正确认识和把握人们之间的待遇关系，正确地认识和把握人生中的各种待遇需要，就能正确认识和把握生活的本质和规律，就能使人们把握自己航船的舵盘，驾驶着这条船在波涛汹涌的生活海洋中顺利地航行。

在人生的各个阶段，存在着与之相应的各种待遇，这些待遇决定着人生各个阶段的生活和活动。正确地认识和把握各个人生阶段的待遇，就能使人们顺利而自觉地走过各个阶段的人生旅途，使得人生的各个阶段的需要得到满足、待遇得到实现，从而使人生各个阶段的生活过得欢乐和幸福。

要把握人生航船的舵盘，要使人生的航船顺利地航行，还要处理好人们的各种待遇关系。我们知道，人的待遇是一个庞大的体系，在这个体系中存在着许多不同形式的待遇，这些不同形式的待遇互相联系、互相作用、互相矛盾。因此就要妥善处理好各种不同形式待遇之间的关系。在人生的历程中，特别要处理好个人待遇与社会待遇、眼前待遇与长远待遇、局部待遇与全体待遇的关系。因为，人有一个缺陷，一般总是从个人、眼前、局部待遇出发，重视个人待遇、眼前待遇、局部待遇。在人生历程中，如果为了个人待遇、眼前待遇、局部待遇而损害或舍弃社会待遇、长远待遇、全体待遇，那么，人生的航船就要偏离航向，就要徘徊，就要沉沦。因此，妥善处理好个人待遇与社会待遇、眼前待遇与长远待遇、局部待遇与全体待遇的关系，就成为人生航船顺利航行的根本保证。

所以，我们要把握人生航船的舵盘，不但要正确认识和把握人生的各种待遇需要，而且还必须要妥善处理好人生中的个人待遇与社会待遇、眼前待遇与长远待遇、局部待遇与全体待遇之间的关系，从而使人

生的航船绕过急流险滩，战胜狂涛恶浪，向着光明、欢乐和成功，乘风破浪、勇往直前。

2.2 生活：待遇的表象世界

生活，这个人类的永恒而又神秘的主题，像一阵风，似一片云，如一首诗，既实在又隐蔽，既简单又奥秘，既明了又深刻。古往今来，千千万万渴望生活、热爱生活的人们，不断地探索着生活的含义，努力地寻求着生活的真谛。生活究竟是什么？什么是生活本质？如果说人生是待遇的展开过程，那么生活就是待遇的表象世界。丰富多彩的生活内容、复杂多样的生活矛盾、浩繁巨大的生活现象都是待遇的表象，都是待遇的外化形态，都是待遇的现实体现。待遇深刻而又鲜明地指示了生活的本质和真谛，它是生活世界的底蕴，多彩生活的调色之板，生活方式的选择依据，生活品质的衡量标准。

2.2.1 生活世界的厚重底蕴

如果说人生从纵向上展现了人的活动的过程，那么生活就从横向上展现了人的活动的现实和生动的场景。人们活动现实而生动的场景就像一张巨幅彩照，真实而形象地映照了五颜六色、绚丽多彩、纷繁庞杂、光怪陆离的人间生活。

从一般意义上讲，生活就是人或生物为了生存和发展而进行的各种活动。人们的各种各样的活动，构成了人们丰富多彩的生活。人们的生活可以分为物质生活、精神生活、个体生活、群体生活、政治生活、经济生活、文化生活、学习生活、工作生活、爱情生活等等许多不同的种类。这些不同种类的生活的总和就构成了人们丰富多彩的现实生活。在人们的现实生活中，充满着真善美与假丑恶、贫穷与富贵、平等与不公、战争与和平、科学与愚昧等等矛盾和冲突，存在着千奇百怪的事物和光怪陆离的现象。人们的现实生活就像波涛翻滚的大海，蕴含着人世间所发生的一切。人们的酸、甜、苦、辣，艰辛、困苦、成功、欢乐等等都可以在现实生活中得到体验。

那么，这个丰富多彩、变化不定、纷繁复杂的生活世界的实质是什么？这张巨幅彩照的底片是什么？是待遇。人们的待遇是丰富多彩、变化不定、纷繁复杂的生活世界的实质，是人们生活世界的底蕴。丰富多彩的生活内容，纷繁复杂的生活矛盾，千奇百怪的生活现象，都是人们待遇需要的显现和映照。人们的待遇作为人们各种活动的动因，作为人们各种活动的驱动力量，创造了人们丰富多彩的生活内容；人们待遇的冲突与矛盾造成了纷繁复杂的生活矛盾；人们待遇需要的多种多样造成了千奇百怪、光怪陆离的生活现象。人们现实生活中的一切现象与矛盾都根源于人们的待遇，人们现实生活中所做的一切都是为了他们的待遇。待遇是人们生活的实质和根源，是人们从事各种生活活动的目的和根据。

我们知道，人是由大量的需要和待遇的激励而生活着和活动着。人们的物质生活是为了实现和满足人们的吃、喝、穿、住、行、用等物质待遇和物质需要；人们的精神生活是为了实现和满足人们的荣誉、爱情、音乐、交往、同情等精神待遇和精神需要，人们的政治生活是为了实现和满足人们的权利、平等、自由、民主等政治待遇和政治需要。人离开待遇生活就脱离了现实，而成为一个抽象的人，就失去了实在的意义。待遇是生活的实质，生活是待遇的显现。每个人在现实生活中所从事的一切活动都是从他们的待遇出发的。人们要实现生存的待遇，才有了物质生产的活动；人们要实现发展和享乐的待遇，才有了精神生产的活动；人们要实现权利、平等、自由、民主的待遇，才有了政治的活动，等等。人们一切活动的目的都是为了实现人们的一定待遇，满足人们一定的待遇需要。人们的待遇是人们一切活动的目的和根源。人们的待遇是人们生活的实质，是生活世界的厚重底蕴。人们现实生活的一切都是人们待遇的映照和显现。

2.2.2 多彩生活的调色板

人们生活的内容、生活的方式，以及生活中出现的矛盾，都是丰富多彩、多种多样的。这好似花园里竞相吐艳的鲜花，有的婀娜，有的秀丽，有的淡雅，多姿多彩。那么，生活多样性的原因何在？生活的多种多样、丰富多彩的根据是什么？什么是多彩生活的调色之板呢？是待遇。人们的待遇作为生活多样性的原因，生活的多种多样、丰富多彩的

根据，多彩生活的调色之板，使得人们的生活绚丽多彩、千姿百态、色彩斑斓。生活是人为了生存和发展而进行的各种活动。人的生存和发展是人类最根本的待遇。人们为了实现这一根本待遇，就需要获得多种多样的生活资料，这样人们就要进行多种多样的活动，人们的多种多样的活动就造成了人们多种多样、丰富多彩的生活。因此，是待遇构成了人们生活多样性的原因，是待遇成为人们生活丰富多彩、多种多样的根据。

我们知道，人们的待遇是一个纷繁复杂的系统。在这个系统中，有物质待遇，也有精神待遇；有经济待遇，也有政治待遇；有个人待遇，也有集体待遇；有眼前待遇，也有长远待遇；有一般待遇，也有根本待遇，等等。这些不同形式的待遇都是人们生存和发展所必需的东西，都作为人的内在必然性驱使着人们进行活动。由于人们的待遇多种多样，人们的活动也就必然多种多样，从而人们的生活就多种多样、丰富多彩。人们实现物质待遇的活动构成了人们的物质生活，人们实现精神待遇的活动构成了人们的精神生活，人们实现经济待遇的活动构成了人们的经济生活，人们实现政治待遇的活动构成了人们的政治生活，人们实现各种各样待遇的活动构成了人们的各种各样的生活。人们待遇的多样性和多元化就造成了人们生活的多样性和多元化。

人们的生活不但是多样的，而且还是复杂的。在生活中充满了矛盾和冲突，生活中存在着千奇百怪的事物和光怪陆离的现象。这些纷繁复杂的生活冲突与矛盾，千奇百怪的事物和光怪陆离的生活现象，都根源于人们的待遇，根源于人们待遇的冲突与矛盾。各种不同形式的待遇存在着冲突与矛盾，个人待遇与社会待遇存在着冲突与矛盾，物质待遇与精神待遇存在着冲突与矛盾，长远待遇与眼前待遇存在着冲突与矛盾，一般待遇与根本待遇存在着冲突与矛盾……这些不同形式待遇的冲突与矛盾就造成了人们现实生活的各种各样的冲突与矛盾，同时也造成了人们现实生活中千奇百怪的事物和光怪陆离的现象。人们生活中的各种冲突与矛盾是人们各种待遇的冲突与矛盾的外在表现，生活中千奇百怪、光怪陆离的事物和现象也是人们各种不同形式的待遇、各种不同形式待遇的冲突与矛盾的体现。人们待遇的复杂性就造成了人们生活的复杂性。由此可见，人们的待遇的多样性和多元化造成了人们生活的多样性和多元化，人们待遇的复杂性造成了人们生活的复杂性。待遇是人们生活多样性的原因，是生活丰富多彩、多种多样的根据，是它把人们的生活装扮得绚丽多彩、千姿百态。从而我们说，待遇是多彩生活的调色之板。千姿百态、色彩斑斓是生活的本性，是人们生活的重要特点。可是，我们长期以来，却轻视甚至否定了我们生活的这个本性和特点。一个时期以来，在现实生活中，我们只强调一种色彩，轻视和否定其他色彩，使我们的生活单调、乏味，缺少竞争，缺乏生气和活力。生活中的“一与多”是辩证的统一，没有多就没有“一”，多是一的存在条件，只有一种色彩就等于没有色彩，只有在多种色彩中，才越显现出某一种色彩。因此，我们要强调和提倡多色彩的生活。生活只有多姿多彩、千奇百怪才会有生气，才会有活力；人们只有在千姿百态、色彩斑斓的生活中，才会激发出巨大的智慧和无穷的创造力。

2.2.3 生活方式的选择依据

生活方式是人们生活活动的形式和特征。它表示人们的衣、食、住、行、工作、休息、娱乐等方面的状况。人们生活活动的丰富性、多样性和复杂性，就造成了人们生活活动方式的丰富性、多样性和复杂性。在现实生活中，由于人们的生活条件的不同，生活价值的取向不同，人们所选择的生活方式也就各不相同。不同的国家、民族和地区有各自不同的生活方式，不同职业的人们有各自不同的生活方式，不同年龄的人们有各自不同的生活方式。在这些不同的生活方式中又可以区分为健康的生活方式，腐朽的生活方式，文明的生活方式，愚昧的生活方式，科学的生活方式，落后的生活方式，传统的生活方式，现代的生活方式，开放的生活方式，封闭的生活方式等等许许多多的种类。在生活中，这些不同的生活方式使得人们结成了不同的生活关系。人们每日都在编织着自己的生活关系之网，在这里，人们以自己特定的生活方式和稳定的生活关系为核心和据点，构成人们自己生活活动的世界，人们在这个世界中栖息、繁衍、生存。

那么，人们选择各自不同生活方式的根本依据是什么？人们为什么要选择自己特定的生活方式？什么是人们生活方式的选择器呢？是待遇。待遇是人们选择各自生活方式的根据，是人们选择自己特定生活方式的原因，是人们生活方式的选择器。

生活方式是人们生活活动的方式。这种生活活动的方式也就是直接满足人们生活需要、实现人们生活待遇的方式。人们生活方式的根本

功能就在于实现人们的待遇、满足人们的各种生活需要。待遇是人们生活的基本需要，也是人赋予生活方式的根本功能。生活方式的发展、变迁，始终是在人们待遇的要求下进行的，表现为人们待遇实现形式的变化，人们对待遇的实现每进入一个梯级，也就获得了与这个层次的相应的形式，并在这个层次中获得尽可能的拓广，获得与生活关系相应的重新组合。

一定的生活方式的性质和基本特征最终是由人们的待遇决定的。我们知道，社会生产方式作为人类生产物质资料的社会方式，是人们社会生活的基础，它制约着整个物质生活和精神生活的全过程，它制约着生活方式的性质，规定着生活方式的特征。然而，我们还知道，社会生产方式是人们需要的满足方式，是人们待遇的实现方式。

生产方式中的生产力和生产关系都是在人们为满足自身的需要、实现自身的待遇的活动中形成的，它们是生产活动的产物，也就是人们需要的产物、人们待遇的产物。待遇作为人的内在的必然性，决定着人们的生产活动和其他一切活动。生产方式的实质就在于它同时也是人们待遇的实现方式。生产方式的决定作用，归根到底是人的待遇的内在必然性的表现。因此，我们说，最终决定人们生活方式性质，制约人们生活方式基本特征的是人们的待遇。人们的待遇最终决定和制约了人们生活方式的性质和基本特征。

另外，待遇作为人们生活价值的目标，设计和调节着人们的生活方式。我们知道，生活资料是人们生活方式的最基本因素。在现实生活中，除了生活主体之外，一切有形和无形的东西都是人们的生活资料。有香气四溢的佳肴，光彩夺目的时装；有防风遮雨的宫舍，与人伴行的舟舆；还有发人深思、教人效法、催人奋发的各种启迪人、陶冶人、充实人的理论化、情感化、意向化的东西。这些生活资料像一个大花园，应有尽有，争奇斗艳。各种生活资料作为人们生活的基础，作为人们生存和发展的条件，直接与人们的需要和待遇相连。它是满足人们生活需要、实现人们生活的待遇客观条件，是人们获得幸福的物质基础。人们对生活资料的选择范围、种类和程度，在一定程度上反映着人们生活方式的性质和特征。每个人对生活资料选择的范围、种类、程度是不同的，这是由人们生活价值的取向不同而造成的。人们总是按照自已特定的价值取向来选择各种生活资料的，而人们生活价值的取向是由人们的待遇决定的，从而人们的待遇通过人们的生活价值取向选择、设计和调

节着人们的生活方式。

由此可见，人们的待遇是人们生活方式形成的原因，是人们选择生活方式的根据，是人们生活方式的设计者和调节者，从而也就必然地成为了人们生活方式的选择器。

2.2.4 生活品质的衡量标准

现代生活展示给人们的是一个崭新的世界。日趋发达的经济使人们普遍地解决了基本生存需要问题，人们所追求的是如何生活得好，如何生活得快活、舒适。人们以大量的、不断翻新的生活资料为后盾，千方百计地寻求新的饮食花样、服装款式、住宅结构、交通工具等等。通信设备的迅速发展，使人们的生活联系全球化。文化资料的飞速增长，电影、电视、娱乐、图书等已成为人们生活中一个不可缺少的重要组成部分。许多陈旧的、不合理的习惯趋于淡化或被抛弃。人际关系等级标识减弱，适应社会分工的需要，职业标识发展起来，军人、警察、工人及各行各业的人都有自己确定的或习惯的服饰，有自己的仪态与谈吐。现代生活方式花样翻新，不拘一格，人们用自己的生活方式来标示自己的知识、价值、修养、审美。人们通过旅游、各种冒险活动和舞场上欢快的脚步、球场上盈眶的热泪，展示自我，抒发情怀。在这样一个崭新的生活世界里，人们已不能再像过去那样生活，也不能再用过去的生活标准来判断和衡量今天的生活。人们现代生活的主要问题，已不是数量问题，而是生活品质问题，是人们生活品质的提纯和美化的问题。生活品质已成为现代生活的主题。生活品质是指人们生活的优劣程度。它是全面衡量人们生活好坏的尺度。那么，人们生活的优劣程度怎么判定？全面衡量生活好坏尺度的标准是什么？是待遇。人们的待遇是人们生活优劣程度的判定者，是全面衡量人们生活好坏尺度的标准。

现代的生活世界是一个丰富、综合的整体，人们不能简单以生活用品的获得与消费程度来衡量和判定生活优劣的程度。生活用品丰富，物质生活奢华，并不能表示生活品质的提高。人有了钱，有了彩电、冰箱、豪华的住所，但精神文化匮乏、精神空虚，也不能感到快乐和幸福。因此，衡量和判定现代生活优劣好坏的标准主要是看人们在生活活动中满足自身需要、实现自身待遇的程度。满足了自身在一定社会条件下应该满足的需要，实现了自身在一定社会条件下应该实现的待遇，人

们就会感到幸福和快乐，人们的生活就会充实和有意义。人们的经济生活品质、政治生活品质、文化生活品质、社会生活品质、环境生活品质等都是以满足人们的需要，实现人们的待遇为标准的。衡量和判定人们经济、政治、文化、社会、环境生活品质的指标，都是根据人们的待遇需要制定的。

因此说，人们生活优劣的程度取决于人们的需要满足程度，取决于人们的待遇实现程度，人们生活的好坏标准就在于人们需要和待遇的满足与实现。人们的待遇是人们生活优劣程度的判定者，是全面衡量人们生活好坏尺度的标准。从而，待遇就必然地成为衡量人们生活品质的标准。

2.3 幸福：待遇实现的情感体验

幸福问题，是一个古老而又富有现实意义的问题。这个问题牵动着每一个人的心弦，点燃着人们心灵深处希望和理想的火花。现实生活中的人们，谁不向往幸福？谁不追求幸福？向外部世界和自身的存在寻求幸福，这是人类在历史发展过程中凝聚与积淀起来的一种意识和情感，是人们透过直观知觉的表层从心灵的深谷发出的呼唤。

19世纪德国哲学家路德维希·安德列斯·费尔巴哈（Ludwig Andreas Feuerbach）说：“人的任何一种追求也都是对于幸福的追求。”19世纪西班牙小说家瓦尔台斯（Valdes）在《第四种权力》中表述：“人是为了幸福被创造出米的。”1847年，恩格斯为共产主义者同盟写的一个信条草案中判明：“在每一个人的意识或感觉中都存在着这样的原理，它们是颠扑不破的原则，是整个历史发展的结果，是无须加以证明的……每个人都追求幸福。”历史的长青藤上结出了幸福的四季果，每个人都谋求幸福，这是无须争辩的命题。追求幸福，作为人的目的和权利，具有恒久而又常新的意义。凡属代表历史前进的一切社会变革活动，无不以人的幸福为宗旨，并把它载入活动的纲领。二百多年前，美国《独立宣言》把人对幸福的追求列为不可剥夺的一项神圣权利。伴随着时空的推移，幸福不仅不失为一个诱人的字眼，而且它活在多向流变的当代意识与情感序列里，从更大规模上参与着人们对生活的

审视和体验。当今中国现实的一大确证就是：处在新旧交替的改革时期，带着对历史的反思又迎接着未来的挑战，人们追求幸福的渴望是何等的强烈。幸福已走进人们的开放的心灵，成为重新激活与升腾起来的一种时代观念。

幸福的境界令人神往，幸福的芬芳使人陶醉，然而谁能界定一个“什么是幸福”的公式，使之成为人们彼此共通的答案？古往今来，每个人都按照各自的方式谋求幸福，人们对幸福的理解和感受，始终同特定条件中的特定个体相联系。诚然，幸福的观念存在于每一个人的意识和情感中，现实生活中每个人都明白无误地知晓他在什么时候是幸福的，然而几乎都不能给其所感觉到、体验到甚至理解到的东西下个精确的定义。由于人们所处的时代、社会以及政治、经济地位不同，还由于人们的经历、境遇、文化、修养、性格、习惯、爱好以及生理和心理条件的差别，于是就形成了对幸福的形形色色的理解和观点。可以说，世界上几乎没有任何一件东西像幸福一样，人们对之有如此各不相同的看法。但是，无论人们的幸福的观点怎样庞杂，无论人们对幸福的理解如何繁多，人们在现实生活中感受到、体验到或意识到的幸福，通常都表现为人自身的需要和待遇的满足与实现状态，确切一点说，就是人的需要和待遇的满足与实现的情感体验。人的生存、发展和享乐的需要和待遇得到了满足与实现，便会产生出一种内在的幸福感，这种幸福感不仅在于映入直觉范围，还在于深入人的内心的情感体验。这种情感体验的展现，是享受中的愉悦，又是创造中的欢欣；是追忆中的情致，也是预想中的意境。幸福根植于人的需要对象的土壤里，幸福的实质就在于人的待遇需要的满足，幸福就是待遇实现的情感体验。人们在现实中感受到、体验到、意识到的幸福，表现为人们待遇需要的满足与实现状态，是人们待遇需要实现的情感体验。它深深根植于人的待遇需要的土壤里。正是在人的待遇需要这块肥沃的土壤里才生长出了人类生活中最美丽的花朵——幸福。没有人的待遇需要这块肥沃的土壤，我们既看不到美丽娇艳的幸福鲜花，也闻不到幸福鲜花的那沁人心脾、使人陶醉的芳香。

马克思把人的幸福和人的待遇需要看作是不可分离的，他认为人的自身的实现，在一定意义上就“表现为内在的必然性，表现为需要”。19世纪英国空想社会主义者约翰·格雷（John Gray）也明确地阐明：“幸福——人类一切企求的最终目的——在我们的自然需要没有得到满

足以前，是无法达到的。”毋庸置疑，满足人的待遇需要，实现人的待遇需要是幸福产生的重要根据和必要条件。如果人的待遇需要得不到满足，人的待遇需要得不到实现，那么人的幸福和人的现实性也就是一句空话。对人的待遇需要的剥夺，就是对人的生命和人性的剥夺，也就是对人的幸福的剥夺。如果人的生活同人的待遇需要根本相违的话，那么这种生活就是非人的生活，就会使人感到自己是被毁灭的。人们就要打碎这种生活，以满足自己的待遇需要，实现自己的待遇需要，从而实现人的幸福。人的待遇是幸福鲜花的土壤，丰富多样的待遇内容造成了丰富多样的幸福内容，待遇需要的层次性展示了幸福的发展性。总而言之，人的幸福的一切状态都是人的待遇需要体系的展现。

丰富多样的待遇，归纳起来不外乎是物质待遇和精神待遇两大内容。正是人们的物质待遇和精神待遇的内容造成了人们幸福的丰富多样的内容与状态。人们所有的幸福状态和幸福感受，都存在于人们追求和实现物质待遇和精神待遇的过程中。人们的幸福取决于人们物质生活的状况，也关系到人们精神生活的状况，人们的物质待遇和精神待遇的统一与组合就构成了人们的一切幸福内容和幸福状态。

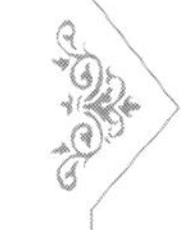

物质待遇是人们幸福的基础和必要条件。人们都有发展自身力量和才能的愿望，都有不断丰富和充实自身的愿望，这是人的幸福的重要内容，满足人们一些最起码的物质待遇需求，往往就成为人们发展自己、丰富和充实自己所不可缺少的条件。物质生活是人们幸福的基础，是人得以生存、活动、创造的必不可少的条件；同时，人们的物质生活的状况也决定和影响着人们的精神生活。我们在肯定物质待遇是幸福的基础和必要条件的同时，并没有忽视精神待遇在人们幸福中的地位。幸福固然离不开一定的物质生活资料，然而也不能把幸福简单等同于物质享受。物质生活是客观现实，幸福是人的主观感受。二者有密切的关系，却并非同一个东西。人不同于动物，人的幸福感绝不仅仅来自物质享受。人们在自己长期的社会实践中深刻体会到，国家的前途、人类的事业、崇高的理想、远大的抱负、高尚的情操、纯真的爱情、真挚的友谊、渊博的知识、文化艺术修养以及健康的文体娱乐活动等等，这些精神的东西无不成为人们幸福的内容。一个民族欲立于世界民族之林并使之繁荣富强，物质资料的生产和发达固然是极其重要的，然而精神财富的创造和发展也是不可轻视的。一种社会及生活于其中的人们，如果物质生活很丰富，但精神生活很贫乏，那么即使有人对此称为幸福，这种幸福也是苍白空虚的。只有那种物质生活的日益丰富推动着人类文化、精神生活和道德情操健康发展的社会，才是令人神往的。单纯的物质资料本身并不是幸福的真正源泉，只有在人具有充分发挥自己的精力和体力，充分发展自己的创造力的前提下，丰富的物质生活与丰富的精神生活一道才成为人们幸福的内容。人们的物质待遇和精神待遇的有机统一构成了人们一切幸福的内容和状态，人们所有的幸福感受就发生在人们追求和实现物质待遇与精神待遇的过程中，人的丰富的幸福状态都是物质待遇和精神待遇实现过程的展现。

如果说人们待遇需要的丰富性展现了人们幸福的丰富性，那么待遇需要的层次性就展现了人们幸福的发展性。我们知道，人们的待遇需要不仅有着丰富性，而且还有着内涵更深刻的层次性。需要的层次，决定于需要的不断变化和发展的性质。人类需要体系的不断发展变化，在各个历史时期都会表现出来的，随着历史的变迁，人的需要永远不会滞留在同一水平上。同样要注意，在个体需要系统的多样化方面，也总是表现为不断变动和富有弹性的。需要会受到个人生活经历的影响，由于这种影响，一些新的需要产生了，它们被提到主要地位，变得迫切起来；而另一些需要则退居次要地位，或渐趋消失。就是说，对待遇需要的理解，不能仅仅局限于它的多样化方面，还必须深入到它的内部依存关系之中，去把握它的不同层次间相互作用的特点。

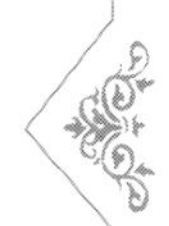

幸福从具有这种特点的待遇需要系统中展现出来，因而也带有系统中的层次性结构。从被低层次向较高层次的发展，构成了幸福的一个基本特性。关于这一点，可以参见20世纪美国心理学家亚伯拉罕·马斯洛（Abraham H. Maslow）的“需要层级”论。1954年，马斯洛在他的《动机和人格》一书中，已明确把人的需要划分为两大类，并排列成由低级到高级的七个层次。一类是沿着生物谱系上升方向逐渐变弱的本能或冲动，称作生理性需要或低级需要；一类是随生物进化而逐渐显现“潜能”或高级冲动，称作心理性需要或高级需要。他认为，低级需要是人和动物共有的，高级需要是人和部分近似人类的动物共有的。在马斯洛的理论模式中，“金字塔”式的需要层级如下：（1）生理的需要，即饮食男女；（2）安全的需要，指安全、稳定和经济生活保障；（3）社交的需要，即相属关系和爱；（4）尊重的需要，包括自尊和社会、他人对自我的尊重；（5）认识的需要；（6）审美的需要；（7）自我实现的需要，即充分展示自己的潜能，发挥自己的聪明才智。这里排列的

需要层级是逐渐递进的，较高层次需要的发展，有赖于较低层次需要的满足。低层次需要得不到满足，更高层次的需要就不可能占优势。马斯洛所说的“自我实现”居高层次的需要层级最高位，只有这种高级需要的满足，才能使人产生一种高峰体验，即内在地体验到最大的充实感、欣慰感、幸福感。他还指出，需要从低到高的发展，并不是机械地递升的，而是有着因人因时的差异性。由于各种特殊的情况，即使低层级的需要未被满足，高层级的需要也会存在。乃至一个人处在极不安全的境况中，仍会以自我实现的需要为目的。

应该说，强调人的需要是多层次的、有高低之分的一种动态发展的结构，这是马斯洛的独到之处。这种主张发挥人的潜力和促进人格发展的人本学理论，相对于弗洛伊德夸大无意识因素的生物还原论，以及行为主义把人的意识看作副现象的机械论而言，在心理学上有一定的革新意义。人本心理学在西方被称为“第三种思潮”，它还不是完备的科学理论。马斯洛的需要理论，尽管未否定环境、教养和社会对人的影响，然而仍注重对人性自然因素的研究，从生物进化的连续性上去看待人的需要的发展。人与一般动物的区别，并不在于自己的需要在量上和质上都更为发达，而在于这种需要是从社会生产、交换、消费过程中产生和发展的。即以人的生理性需求来说，也是受到各种社会关系制约的人的属性。乍一看去，以食充饥，人和动物似乎没有什么两样，但后者是被动的，完全依赖于自然界，而前者是能动的，必须靠社会去创造。动物吃东西仅仅为维持生存，可是人吃东西，有自食其力的意义，也有不劳而获的意义，人有正当交往的吃，也有行贿受贿的吃，吃东西可以有物质享受的含义，亦可以有审美活动的含义。品尝名扬四海的菜肴，就不等于单纯充饥。

人的需要不仅指向一定的客观对象，而且需要的满足必须通过社会活动来实现，一进入社会活动的领域，人和动物便从本质上区别了开来。动物只是在直接的肉体需要的支配下生产，而人则甚至摆脱肉体的需要进行生产，并且只有在人摆脱了这种需要时才真正地进行生产。这里，有必要去审视人的直接需要和社会活动的需要。当原始人控制食欲把猎取的动物驯养起来时，已意味着摆脱了自己的直接需要而开始真正地生产。对人说来，包括直接生理需要在内的一切需要，都是在个体与社会生产活动发生直接或间接的联系中获得的。人通过生产活动，创造着客观的生活条件，而客观条件又通过生产活动，规定着人的需要。人类需要体系的发展，同需要对象的存在和改变，表现为统一的活动过程。因此，马克思把人的“社会创造的需要”，提示为需要发展的根本动因。

如果说人的自我实现需要是最高层次的需要，那么这种个体需要也只能在社会活动中发展起来。创造性活动的需要作为目的本身，是人的需要的最高表现，也是人的幸福的最大满足。只有在创造性活动的过程中，人才能够得以自由地发挥自己的体力和智力。而这正是幸福的核心所在。在一定意义上讲，创造本身就是一种享受，而且这种享受较之生活中任何其他享受更丰富、更深刻、更充分、更持久。人的活动能力的每一步发展，都在不同程度上与幸福的丰富发展相联系。古希腊先哲亚里士多德已多少看到了这一点，他说：“有两种享乐是合理的，其一是需要的满足与实现才能的过程所带来的享乐，另一种是获得才能后，能施展其才能所带来的享乐。”就是说，欲望的高尚化在于把人引向积极的创造。当今，我们实现现代化的目的，是要在更大程度上发挥人的创造潜能，为满足人的创造活动的需要逐步提供最有利的条件。自然，现代化是一种历史的前进运动，有一个不断完善和发展自身的过程，因而上述目的的实现，也只能是一个发展的过程。在个体的人生过程中，待遇需要的层次性始终联结着幸福的发展性。幸福在动态中，随着创造活动的发展而发展变化。处于中国现代化时代的人们，正在为达到人生幸福的更高境界而不断进取。

由此可见，人们待遇需要的丰富性造成了人们幸福的丰富性，待遇需要的层次性造成了幸福的发展性。待遇需要是人们幸福产生的重要根据和必要条件。人们幸福的一切内容和状态、人们所有的幸福体验和感受都深深根植于待遇需要的土壤里，都是待遇需要体系的展现，都是人们追求和实现待遇需要过程的展示。

第三章　待遇指数

当前，在理论界和实践中对“同城同待遇”的呼声很高，认为生活在一座城市中的市民、农民、移民（包括流动人口及农民工，下同）都应该享有“平等”、“一样”、“同等”的待遇。事实上，这既不科学也不现实。因为个体的年龄、学历、职业、居住地、居住时间、土地拥有情况等自身条件不同，缴费、纳税、投资等个人付出也不一样，所以落实到每一个人身上的具体待遇是千差万别的，不仅在市民、农民、移民不同群体中存在着待遇的差别，就是在同一群体中的不同个体也存在着待遇的差别。如在土地待遇上，农民拥有承包田和宅基地，而市民无承包田和宅基地；在社保待遇上，不仅市民和农民的社保待遇政策不同，即使在市民中，事业单位职工与企业职工的社保待遇政策也不同。因此，具体待遇的差别是客观存在的，我们必须正视差别。如果一般地提“同城同待遇”，在待遇上搞“一刀切”，不仅现实条件下做不到，还会造成法理上的冲突和不公，使得社会情绪难以安抚，社会矛盾不断激化。在现有的生产力发展水平下，追求“同城同待遇”并不是指生活在一座城市中的市民、农民、移民享有完全相同的具体待遇，而应该是“同城同待遇指数”，即同一座城市的市民、农民、移民的待遇指数相同。

所谓待遇指数，是依据相关的待遇指标体系，通过对不同的待遇指标进行赋权量化，反映国民（市民、农民、移民三大群体）待遇的一种综合指数。待遇指数从定量上反映国民待遇状况，可以为落实和改善国民待遇提供科学依据，也使得缩小城乡差别、工农差别、区域差别有一个可考量的依据。因为就具体待遇而言，不仅市民、农民、移民三大群体之间没有可比性，就是在同一群体中也没有可比性，而通过待遇指数，可以全面、科学、系统地反映市民、农民、移民三大群体的待遇，从而使不同群体的待遇可以比较，使不同区域的待遇也可以比较。通过对待遇指数的纵向比较，可以知晓国民（市民、农民、移民三大群体）待遇的现状及问题，估价国民待遇整体提高程度及改善成效，明确下一步努力方向；通过对待遇指数的横向比较，可以发现三大群体待遇的差距，找出导致待遇差异的主要原因，从而采取更为有效的政策措施，使三大群体的待遇指数不断缩小，最终实现待遇指数趋同。

“同城同待遇”的背后是“同国同待遇”的待遇诉求。追求“同国同待遇”，不是指任何一个国民都享有完全相同的待遇，而是指“同国同待遇指数”。我们希望，在中国，经过数十年的努力，对任何一个中华人民共和国公民而言，不论其是市民、农民还是移民，不论其生活在城市还是生活在农村，不论其生活在发达地区还是生活在相对落后地区，其待遇指数都是相同的。鉴于我国人口多、底子薄、城乡和区域发展不平衡的基本国情，实现“同国同待遇”的难度更大，需要的时间更长。正如邓小平所说，中国要巩固和发展社会主义制度，还需要几代人、十几代人，甚至几十代人的努力。而实现“同国同待遇指数”，则相对科学并具有可操作性。实现“同国同待遇指数”的过程，就是一个城乡差别、工农差别、区域差别不断缩小的过程。通过测算国民待遇指数，使得缩小城乡差别、工农差别、区域差别有一个可考量的依据。在实践中，可以通过测算一个区域内市民、农民、移民的待遇指数，分析三大群体之间的待遇差距；通过测算每一区域（县、市、省）的国民待遇指数，分析区域之间的待遇差距。

3.1 社会结构与社会群体划分

要科学系统地解决流动人口的待遇问题，必须充分重视改革开放以来中国城乡户籍壁垒逐渐松动和社会流动日趋活跃的事实，统筹考虑社会群体结构转型及其带来的一系列挑战，正确认识当前中国社会结构的主要特征和演变趋势。本章从分析社会结构和中国特色的二元社会结构入手，探讨中国二元社会结构的发展走势及其目标模式，厘清划分社会结构的“元”标准，进而对当前中国社会结构的现状和发展趋势作出判

断，准确把握流动人口在社会结构和国民待遇格局中的角色和作用。

3.1.1 社会结构的内涵

社会结构是社会学研究的核心问题和基本概念之一。英国《牛津简明社会学词典》（1994）提出："社会结构是一个被宽泛的用来指代某些社会行为循环发生模式的词语；或者更具体地说，是指社会系统或者社会的不同元素之间的组织有序的相互关联。"美国《哈珀柯林斯社会学词典》（1991）提出："社会结构是社会元素的一些相对持久的模式或者相互影响。"《中国大百科全书·社会学》（1991）认为："社会结构是指社会体系各组成部分或诸要素之间比较持久、稳定的相互联系模式。"

由于不同的研究立场和视角，社会学者对社会结构的概念内涵也各持己见。20—21世纪英国社会学家约翰·斯科特（John Scott）认为：社会结构首先是制度结构，是由那些定义人们行为期望的文化或规范模式所组成，通过这些期望，行动者能把握彼此的行为并且组织起相互之间的持久关系。其次是关系结构，是由社会关系自身所组成，也就是被理解为行动者和他们的行动之间的因果联系和相互独立性以及他们所占据位置的模式。第三是具象结构，是在铭刻于人类身体和思想中的习惯和技能中发现的，这些习惯和技能就使人们生产、再生产和改变制度结构和关系结构成为可能。常向群（1992）认为，马克思的社会结构概念有广义和狭义之分。广义的社会结构即与生产力相适应的生产关系（经济基础）与上层建筑的统一体；狭义的社会结构是指社会阶级结构，即社会的阶级构成及其相互关系。王申贺（1991）认为，社会结构是指社会中各集团的组成方式，即社会中各个集团间的地位、作用和相互关系。郑杭生（1997）认为，社会结构主要指一个社会中社会地位及其相互关系的制度化和模式化了的体系。陆学艺（2010）在《当代中国社会结构》一书中对社会结构进行系统的论述，认为社会结构是指"一个国家或地区的占有一定资源、机会的社会成员的组成方式与关系格局"。社会成员包括个人、集体意义上的群体、组织等社会实体，也包括宏观意义上的政府、市场和社会三大主体。社会结构是一个国家或地区的基本社会形态，是观察分析这个国家或地区社会状况、社会发展水平的重要维度。李强（2004）认为，"社会结构是指社会各要素或各部分相互

之间的一种比较稳定的关系模式和互动模式”，“社会结构就是一种超于个人之上的关系，它作为一种宏观的模式制约着每个人的行为”。20世纪美国社会学家戴维·波普诺（David Popenoe）（1999）认为，“社会结构是指一个群体或一个社会中的各要素相互关联的方式。组成一个群体的成员可能会在不断改变，但是群体的结构却通常能够保持稳定”。20世纪英国社会学家安东尼·吉登斯（Anthony Giddens）（2003）认为，“社会结构是个人或群体之间相互作用的模式，社会生活的大部分行为都是结构化的，以一种有规律的、反复的方式组织在一起”。

上述几位社会学家对社会结构的定义有相通之处，综合概括了社会结构的三个基本特征：第一，构成社会结构的主体是个人或群体。第二，社会结构的构成方式或群体之间关系相对稳定。第三，社会结构在某种意义上成为一种强制的力量，制约作为社会主体的个人或群体的行为。我们比较倾向于认同戴维·波普诺、陆学艺、李强等学者观点。**我们认为，社会结构是指社会各要素或各部分相互之间的一种比较稳定的关系模式或互动模式。“要素”是指生产要素，“部分”是指人群，“要素”以物为主，“部分”以人为主。这一概念界定主要出于三点理由：第一，社会构成要素众多，在哪个要素层面进行结构化分析是可选的。**20世纪日本社会学家富永健一（1987）认为，社会结构按照从微观到宏观的顺序可以排列为角色、制度、社会群体、社区、社会阶层、国民社会。在这些阶段的哪一个层次上进行结构分析，这是社会结构概念化时的层次选择问题，作为结构概念本身，在哪一个层次上来研究，完全是随意的。**第二，适应中国社会发展的最新形势，更为贴近社会群体和社会阶层现实问题。**陆学艺（2006）认为，社会阶层结构是社会结构的集中反映，也是社会结构中最重要最核心的结构。**第三，可以更为有效地分析和解决当前中国面临的农民工市民化和流动人口待遇问题。**

社会结构是一种相对稳定的结构或关系，但仍然会发生社会变化和社会变迁。富永健一（1988）认为，与社会结构对应的“社会变迁”概念，是指“较长期地看，短期内稳定的东西发生变化的过程”，“所谓社会变迁，就是通常难变的东西发生变化”。这就意味着，社会变迁是特别根本性的变迁。陆学艺（2006）认为，中国的社会结构在1978年改革开放以后发生了历史性的大变迁，改革开放大大加快了中国由传统的农业农村社会向工业化、城市化的现代社会转型。

3.1.2 中国的二元社会结构

同许多发展中国家一样，中国在经济转型过程中也具有典型的二元经济结构，农业部门积蓄着大量的剩余劳动力，而工业部门则因为计划经济的偏向性发展政策而广泛存在着隐性失业。计划经济时代围绕户籍制度实施的重工业优先发展战略在强化二元经济结构的同时，也形成了具有中国特色的二元社会结构。

通过对文献检索和学术史的梳理，"二元社会结构"概念最早在1988年由农业部政策研究中心农村工业化城市化课题组提出。该课题组在1988年第90期的《经济研究参考资料》上发表了题为《二元社会结构——城乡关系：工业化・城市化》的论文，对诺贝尔经济学奖获得者、20世纪圣卢西亚共和国经济学家威廉・阿瑟・刘易斯（William Arthur Lewis）创立的二元经济结构理论进行了解读，认为中国二元结构不仅具备一般发展中国家通常存在的二元经济结构的特征，还是"二元社会结构"。课题组的主要成员郭书田和刘纯彬在1990年出版了《失衡的中国》一书，较为系统地阐述了中国的二元社会结构及其相关制度安排，在学术界产生比较大的影响。此后，学术界开始将二元社会结构作为研究中国城乡关系的重要范式。

学术界对中国二元社会结构的研究涉及多个方面，包括二元社会结构的内涵、二元社会结构形成的原因、二元社会结构的表现和影响、二元社会结构的发展趋势和破解路径等等。围绕研究目标，本书主要梳理了学术界对二元社会结构的划分标准及其构成、二元社会结构的支撑制度，以及二元社会结构的发展趋势等内容。

（1）二元社会结构的内涵

首先需要说明的是，"二元社会结构"这一概念与"二元经济结构"和"二元经济社会结构"两个概念密切相关，应注意三者之间的联系与区别。如上文所述，"二元经济结构"由威廉・阿瑟・刘易斯提出，是发展经济学的重要概念，指农村传统经济部门与城市现代经济部门并存的一种经济发展状态，主要强调和分析发展中国家的一般性产业结构和劳动力的流动情况，为研究城市与乡村的结构提供了一种基本方法和视角。"二元社会结构"是在二元经济结构的基础上，认为存在着城市与乡村、市民与农民相对应的二元社会结构，两个社会形态之间相

互隔绝，这种现象可能是中国等发展中国家特有的。“二元经济社会结构”主要是指中国存在的城乡经济、社会诸方面的差异，认为中国城乡二元结构既是经济结构，也是社会结构，是二元经济与二元社会融合和并存的现象，因此在学术论述和政府文件中又称为“城乡二元结构”。

（2）二元社会结构的划分

关于二元社会结构的划分主要有四种观点：一是以户籍身份作为划分标准，以“市民”与“农民”作为二元。王彪（1996）认为，城乡二元户籍制度则使城乡二元社会结构定型化，使中国进入以市民与农民为最大差别的身份社会。李强（2004）认为，“传统上，人们习惯于将20世纪50年代以来的中国社会称为‘二元结构社会’，它是指50年代中后期建立的户籍制度，将中国分为截然不同的两大群体：城市居民和农村居民”。二是以户籍身份作为划分标准，以“农业人口”和“非农业人口”为二元。刘纯彬（1989）认为，“以‘农业’和‘非农业’户口把中国公民划分成标志鲜明的两个类别”。刘小平（1991）认为，二元社会结构就是运用户籍制度把中国人口划分为“农业人口”和“非农业人口”两个鲜明的类别。孙代尧（1996）认为，户籍制度以“农业户口”和“非农业户口”把人口分为两部分，造成一个城乡分割的“二元社会结构”。三是以空间地域作为划分标准，以“城市”社会与“农村”社会作为二元。辜胜阻（1991）认为，中国的社会是二元的，一方面是落后的农村，以县为单位，一方面是较发达的城市，以市为单位。徐勇（1990）认为，构成二元的是“以先进工业为基础的城市和以落后农业为基础的乡村”。郑杭生（1997）认为，“改革以前的中国二元社会指的是城市和农村被计划体制分割为几乎完全分离的两个世界”。四是以户籍和空间地域作为双重划分标准，即“城市”与“农村”、“市民”与“农民”两类划分并列。游宏炳（1993）认为，二元社会结构是“居民住城镇、农民住农村”。孙代尧（1996）认为，二元社会结构是以市民为主体的城市社会和以农民为主体的农村社会。甘满堂（2001）认为，发展中国家普遍存在城市与乡村、农村居民与城市居民相对应的二元社会结构。

从上述分析可以看出，学界主要将户籍和空间地域作为划分二元社会结构的主要标准，将社会群体划分为农民与市民，把社会空间划分为农村社会和城市社会。换言之，在改革开放前的二元社会结构中，对每个社会成员个体而言，户籍是决定他们处在社会的哪一元至关重要的因

素，户籍与居住地、职业、土地、待遇等因素捆绑在一起，保持高度的一致，即：市民居住在城市，从事非农产业，不占有土地，享受市民待遇；农民居住在农村，从事农业，耕种集体土地，使用宅基地，享受农民待遇。市民与农民两大社会群体分别形成一套基于户籍身份的待遇体系，即二元的身份待遇体系。

（3）二元社会结构的制度安排

二元社会结构由一系列具体制度所建构。郭书田、刘纯彬（1990）认为，二元社会结构的“内涵是由14种具体制度构成”，包括即户籍制度、粮食供给制度、副食品和燃料供给制度、住宅制度、生产资料供给制度、教育制度、就业制度、医疗制度、养老保险制度、劳动保护制度、人才制度、兵役制度、婚姻制度、生育制度。刘纯彬（1989）还认为，“户籍制度发挥了一道强有力的闸门作用”，没有这一道闸门，具体制度很难存在甚至就根本无法存在。俞德鹏（1998）认为，“我国特有的城乡相互隔离的社会结构，其主要内容是城乡有别的二元户籍制度、二元粮油供应制度、二元劳动就业制度和二元社会福利制度，其中二元户籍制度是该制度的核心”。周作翰（2004）认为，“构成二元社会结构核心制度的是户籍制度、就业制度、教育制度和社会保障制度等至今仍未有根本性的改变”。陆学艺和王春光等人（2010）认为，城乡二元社会是由三方面制度构建的，第一是户籍制度，第二是城乡不同的公共政策、服务配置和提供制度带来的社会资源、机会差异，第三是城乡二元产权制度，农村实行的是集体所有制，城市实行的是全民所有制。这些观点都认为户籍制度是二元社会结构的核心制度，其他制度是围绕着户籍制度展开设计的。

随着中国改革的推动，社会的发展，二元社会结构不断受到冲击，在20世纪90年代粮油、副食品、燃料供应等一些制度已被取消，进入21世纪以后，各地不断展开的户籍制度改革进展缓慢甚至陷入困境，让户籍背后的福利待遇问题凸显出来，同时城市房地产业的高速发展，也让学者认识到土地的价值和作用，因此开始出现一些新的观点。辛章平（2010）认为，“户籍制度不是导致我国城乡二元社会结构的根本性原因”，“城乡二元社会结构并不是取消农村和城市户口的界限就能消解的”。黄祖辉（2010）认为，“城乡二元化的社会保障制度是城乡二元社会结构问题的核心所在，要破解城乡二元社会结构，首先要破解城乡二元化的社会保障制度”。胡丘陵（2013）提出，“户籍制度是城乡二元社会结构的表征，并非二元社会结构的根本成因”，“农村土地的保障特征是城乡二元社会结构形成的根本原因”。宓明君（2013）认为，城乡不同的土地制度已经在市民与农民之间造成新的不公平，与以往不同是，这是“城市农民”对市民利益的挤占与威胁。这些新观点表明，**学术界逐渐认识到户籍只是二元社会结构的表面原因，而强调城市土地国有与农村土地集体所有不同的制度，以及不同土地制度带来的城乡二元社会保障制度是二元社会结构的真正原因。**

通过文献梳理，学者们对二元社会结构的构成，主要有四种观点，**分别以户籍身份划分“市民”与“农民”，以户籍身份划分“农业人口”与“非农业人口”，以空间区域划分“城市”社会与“农村”社会，以及户籍身份和空间区域划分交织，即“城市”与“农村”、“市民”与“农民”两类划分并列。因此，户籍身份是划分二元社会结构中社会群体的主要标准。但是，新近的研究表明，户籍制度只是二元社会结构的表征，城乡不同的土地分配制度和社会保障制度才是构成二元社会结构的深层原因。**

（4）“新二元社会结构”的提出

随着改革开放的深入，僵化的二元社会结构逐渐被打破，城市中出现了大量的农民工群体。农民工无法享受市民的待遇，但他们已经离开土地，不靠务农为生，其中一部分人甚至在城市中长期定居，也就难以将他们简单地定位为农民。因此，原有的二元社会结构已经无法对这一群体进行适当的解释，学者们在二元社会结构的基础之上，提出了“新二元社会结构”、“城市二元社会结构”、“新二元结构”等表述，认为：大量农村流动人口进城务工经商，把城乡二元社会格局带进了城市社会内部，构建了新的二元社会格局（王春光，2003）；城市政府成功地将城乡二元的社会结构移植、复原于城市内部（陈映芳，2005）；以户籍制度为基础的城乡二元分割的社会管理延伸为城镇内部的二元社会管理（陈映芳、陆芳萍，2005）。学者们对新二元社会结构的“二元”划分，主要有两种：

第一种以城乡户籍为划分标准，“市民”与“农民工”为二元。杨继绳（2006）提出，流动民工群体在城市的出现，使中国城市成为“二元城市”。“二元城市”的一元是原有的城市居民，另一元是从农村到城市务工的农民。侯力（2007）认为，在城市中存在着以身份差别为基础、因制度因素和社会因素人为造成收入差距不断扩大、社会分化日益严重的两个阶层，即城市居民和农民工。王美琴（2008）认为，城市二元社会结构由"基于城市居民—市民与进入城市的农村人口—农民两大身份群体或社会集团"构成。

第二种以城市区域分割为标准，"本地居民"与"流动人口"为二元。顾海英等人（2011）认为，"外来从业人员与城市户籍人员的'二元'差别待遇日益显现，并逐步形成'新二元结构'问题"，其中绝大多数的农民工面临的"二元"待遇最为严重。梁德阔（2012）对上海的"新二元结构"持相同的观点，他认为"'新二元结构'是指城市中的流动人口（主要为农民工）与户籍人口之间在政治权力、经济收入、社会保障、社会服务等方面的差距"。汪本学等人（2013）对杭州、宁波、温州、台州四城市的外来从业人员进行调查，认为"外来从业人员与本市或本地户口从业人员的差别待遇正在显现出来，形成了'新二元结构'问题。外来农民工占了外来从业人员的绝大多数"，应重点解决或缓解外来农民工及其家属所面临的"二元"问题。

这些表述和提法都一致强调：**城市中的流动人口（主要是农民工）已经成为具有鲜明特征的独特社会类属，构成单独一元。传统的二元社会结构与新二元社会结构之间密切联系，存在历史的继承关系，新二元社会结构是传统的市民与农民二元在城市的延伸和表现。传统的二元社会结构是由行政主导形成，新二元社会结构是在行政主导的基础上，与市场力量相互叠加形成。**

3.1.3 社会结构转型的目标模式

改革开放后，随着乡镇企业崛起和大量农民跨城乡、跨地域流动，城乡二元社会结构的刚性体制壁垒被逐渐打破，社会各界开始呼吁破除二元社会结构。人口城镇化被视为破解中国城乡二元结构的有效途径，而其最大的挑战在于农民工的市民化。

近年来，不少地区和城市以城乡户籍制度改革为突破口，以本地城镇居民与本地农村居民、本地居民与外地居民"同城同待遇"为导向，纷纷寻求农民工市民化的破题之法，引起了社会各界的高度关注，各地改革称谓各异，举措多样，褒贬不一，出现了全面降低入户门槛的所谓

“城乡一元制”的郑州模式、“宅基地换城镇房产、土地承包经营权换城镇社会保障”的嘉兴模式、“全域迁徙自由”的成都模式、流动人口“积分入户”的中山模式等等。上述改革虽然在一定程度上积极有效地推动了各地的人口城镇化进程，但也引发了一些问题和争论。例如，郑州户籍新政实施仅3年就因公共资源难以承受快速城镇化进程而被迫暂停，嘉兴、重庆等地的改革举措屡被质疑为“以土地换户籍”，而成都在推进人口城镇化过程中实行“迁徙自由”，农民进城可以享受市民待遇，但对市民到农村如何享受宅基地和承包田待遇却没有给出合理的政策通道，使所谓的“迁徙自由”政策大打折扣，甚至引起了不同社会群体在法理公平上的争议。由于既有政策仍然建立在城乡二元的框架内，政策重点集中在让农村居民进城落户问题上，急于让农民在城乡身份和待遇之间作出非此即彼的选择，因此在推进人口城镇化过程中出现了上述若干难以回避的问题。

面对上述实践中遇到的难题，如何在社会结构理论上对待人数庞大的流动人口特别是农民工群体，传统的二元结构理论已经出现明显的缺陷，不足以解释今日中国社会的现实情况。改革开放后，一大批农民离开土地，进入城镇从事非农就业，但从身份上说，他们仍是农民，在家乡农村仍保留着宅基地和承包田，城市社会对他们是“经济吸纳，社会拒入”，这使得最初在社会整体层面呈现的农民与市民的身份差别和利益矛盾在城市社会内部集中反映出来，“新二元社会结构”、“城市二元社会结构”等概念相继提出，并形成了对二元社会结构的理论反诘。事实上，无论是新二元社会结构，还是城市二元社会结构，都认为不仅存在着市民、农民两大群体的划分，在城市中也存在着以身份差别为基础、因制度因素和社会因素造成的社会分化日益严重的两个阶层，即城市居民和外来流动人口，这其实都是将过去城乡之间的空间对立“移位”和“浓缩”为城市空间范围内的城乡对立。也有学者提出，城乡的二元社会结构将向一元社会结构或一元化的社会结构转变。二元社会结构，究竟演变成一元社会结构，还是演变成三元社会结构，关系到解决中国社会结构问题政策设计和实践操作的目标指向。

（1）一元社会结构

现实中并不存在纯粹的一元社会结构，一元社会结构或类似的概念更多地存在于思想家的论述中。通过文献检索可以发现，在英文中

并没有“一元社会”词条，与之相近的有“同质社会”（homogeneous society），或译为“单一社会”。

马克思和恩格斯在讨论城乡关系时指出，“消灭城乡间的对立是社会统一的首要条件”。消除城乡对立的前提条件，首先是物质条件，生产力的高度发展，特别是大工业的发展和协调安排，“大工业在全国的尽可能均衡的分布是消灭城市与乡村的分离的条件”，“在最先进的国家里采取的方法是：把农业和工业结合起来，促使城乡之间的差别逐步消灭”。其次是社会条件，按照共产主义的原则组织社会，废除私有制，消灭阶级，消除城乡差别、工农差别、脑力劳动与体力劳动的差别。“根据共产主义原则组织起来的社会一方面不容许阶级继续存在，另一方面这个社会的建立本身便给消灭阶级差别提供了条件……由此可见，城市和乡村之间的对立也将消失。从事农业和工业劳动的将是同样一些人……通过消除旧的分工，进行生产教育、变换工种、共同享受大家创造出来的福利，以及城乡的融合，使社会全体成员的才能得到全面的发展——这一切都将是废除私有制的最主要的结果”。

周志山（2007）对马克思的城乡关系思想概括为：“古代社会浑然一体、无城乡之间差别；私有制社会由于社会分工的加深而导致城乡之间的分离与对抗；废除私有制后，城乡之间由对立转为差别；随着社会主义迈向共产主义，人类逐步消灭这种差别，从而使城乡成为兼容两者之优势，而又避免两者之缺陷的新的社会统一体。”

其他学者也阐述了对一元社会的观点。吕世辰（1995）认为，“一元社会是个社会历史概念，即社会各部门、行业生产力发展水平大致相同，且有与此对应的经济政治制度”。刘祖云（2005）认为，一元社会结构“指城乡差别基本消失、城乡壁垒基本消除、城乡一体化的社会结构状态基本形成”。安增龙（2004）认为，“城乡一元模式应是消除城乡二元格局，建立城乡一体化、高水平、一元化标准的社会养老保险制度，社会保障制度整体也同时达到了城乡一体化”。

根据马克思和恩格斯对城乡关系和其他学者关于一元社会结构的论述，**我们认为，一元社会结构是建立在高度发达的生产力水平、完善的社会制度之上，城市与乡村之间的对立、差别、壁垒基本消除，社会保障制度非常完善，社会成员得到全面的发展的社会形态。这样的社会形态，在某种意义上等同于马克思和恩格斯等思想家所论述的共产主义社会。我们认为，共产主义社会至少要具备以下特征：一是社会生产力高**

度发展，物质财富极大丰富；二是社会成员共同占有全部生产资料，即实行公有制；三是实行各尽所能，按需分配的原则；四是彻底消灭了阶级差别和城乡之间、工农之间、脑力劳动与体力劳动之间等社会差别；五是社会成员具有高度的觉悟和道德品质；六是国家消亡。

（2）三元社会结构

①三元社会结构的内涵

三元社会结构是在二元社会结构的基础上，针对改革开放以来的大量跨城乡、跨地域的流动人口特别是农民工群体的出现而提出的。根据文献检索，周沛（1995）最早提出“三元社会结构”概念。他在《建立三元社会结构是促成“民工潮”有序流动的战略抉择——兼评“民工潮”问题上的若干论点》一文中认为，三元社会结构就是“在大中城市与广大农村之间，按实际情况与能力，积极发展以乡镇企业、服务业为主体的小城镇，形成城市—城镇—乡村的格局”。这是以空间区域为划分标准，从城市与乡村二元的角度提出将小城镇作为第三元存在，提出的背景是当时蓬勃发展的小城镇和乡村工业。

进入21世纪后，随着流动人口的规模和社会影响的扩大，学界从社会群体的角度提出三元社会结构，将流动人口特别是其中占绝大多数的农民工作为新的一元。李强和甘满堂（2001）在《城市农民工与转型期中国社会的三元结构》一文中，最早从社会群体的角度提出了“三元社会结构”，认为1984年后的二元社会结构兼具刚性与弹性，由于城市农民工已构成一个相对独立的社会结构单元与社会管理单位，因此实际是一个由城市居民、城市农民工和农村居民构成的三元分治的社会结构类型。徐明华（2003）在《中国的三元社会结构与城乡一体化发展》论文中也提出了相同的观点，认为农民工已构成一个相对独立的社会结构单元与社会管理单位，我国社会的二元结构由此演变成为三元结构。李强（2004）在《农民工与中国社会分层》一书中也提出“三元社会结构”的概念，被学术界认为是对三元社会结构的较权威解释。他认为三元结构是由二元结构演变而来的，具体是指在传统的城市市民和农村居民之间出现了新的一极——流动的农民工，他们既不同于城市市民，又不同于农村居民。同时强调，“第三元群体的本质在于它与农村居民相比是一个占有一定城市资源的群体，它与城市居民相比又是一个仅占十分有限的城市资源的群体，是被排斥在正式的城市居民之外的非正式城市群

体”，并认为三元结构有很强的生命力，将是一个长期现象。

从社会群体角度划分的“三元社会结构”概念已经逐渐被学界接受。李海霞（2005）认为，“传统的二元社会结构已经被打破，由‘农民工’组成的中国社会结构中的新一元——‘社会第三元’正在崛起，由农村居民、‘农民工’、城市居民组成的一个新的‘三元社会’正在形成”。龚慧娴（2005）认为，农民工“已经形成了一个全新的社会阶层”，“这个新阶层的出现，改变了传统的城乡隔绝的二元结构，悄悄地形成了这个社会的第三元。相对原来二元社会的说法，不少学者提出‘三元社会’的概念，这个说法是很形象的”。殷民娥（2005）认为，“我国每年有上亿的半工半农的农民游离在城乡之间，相对于在计划经济体制下形成的城乡二元结构，我们把在市场经济体制下形成的拥有大规模‘双重身份’群体存在的社会称为‘三元社会’”。岳澎等人（2008）认为，“尽管名义上我国的户籍制度仍然是‘农户’与‘非农户’（市民）的二元结构，但从社会现实角度考虑，我国的户籍制度已经形成了‘农民’、‘市民’、‘农民工’三元结构。三元结构的形成，是改革开放以来现代社会经济发展与传统户籍制度冲撞的结果”。汪玉凯（2010）认为，“中国社会转型没有破解传统的二元社会根基，反而演变成三元社会结构”，“中国社会又演变出一个数以亿计的农民工群体。这些人既不同于农民，也不同于市民，因为即使他们长期在城市生活，但没有城市市民的身份和生活。中国社会在转型中事实上已经演变为三元社会结构”。相征等人（2013）认为，“农民工市民化过程与工业化发展进程分离，从而出现城镇居民、农村居民和农民工三种社会群体并存”。

一些学者虽然认可“三元社会结构”的提法，但对第三元的具体表述与上述的“市民、农民、农民工”三元略有不同。高书生（2005）认为，“我国已不再是从前的城乡二元结构，而变成了城乡三元结构，即出现了介于城乡之间的特殊群体，包括乡镇企业职工、农民工和失地农民”。季良佼（2007）认为，“三元社会结构应该是指传统职业农民、准市民和市民这三个社会群体，他们的分化可以从农民市民化的角度分析”。王春光（2010）认为，在一些地区“村改居”非但没有消除城乡二元社会结构，反而使城乡关系更加复杂，出现城乡三元结构化，并且在某些地方，城乡三元结构可能会长期存在。“村改居”居民成为市民、农民之外的第三元。

还有一些研究虽然没有明确提出“三元社会结构”，但是同样认为流动人口或农民工构成了社会结构的新一元。陈映芳（2005）认为，在20世纪80年代以来的中国社会中，“农民工”是由制度与文化共同建构的堪与“农民”、“城市居民”并存的第三种身份。杨敏（2013）认为，本地市民、本地农民和外来流动人口这三大群体之间形成“具有三元化特征的社会结构”。

从文献梳理可以看出，尽管“三元社会结构”与“新二元社会结构”、“城市二元社会结构”在概念和具体的表述上有一定差异，但都认为以农民工为主体的流动人口已经突破传统的市民与农民的二元社会结构，构成当前中国社会的第三元。与新二元社会结构的仅针对城市社会不同，三元社会结构针对的是整个城乡社会。在具体的提法上，我们认为，“新二元社会结构”和“城市二元社会结构”不如“三元社会结构”简明、科学。如果将“新二元社会结构”或“城市二元社会结构”与传统的二元结构相提并论，会遇到分类不清的问题，“市民”会被两次提及，在传统二元结构里有“市民”群体，新二元结构也有“市民”群体，这种分类使社会结构研究变得复杂，特别是社会结构与待遇联系在一起后，就会变得更加复杂。更重要的是，三元社会结构是从城乡一体化的角度同时考虑城市与乡村，从城乡社会整体考虑社会结构的变化。

②国外三元社会结构的若干理论与经验事实

在许多发达国家和发展中国家，三元社会结构都已出现，国外学者在相关研究中也提出了许多理论观点。国外的经验事实和理论研究具有重要的借鉴意义，必须予以更多的关注。

从移民理论看，在发达国家，甚至是许多发展中国家，三元社会结构与移民问题早已出现。在融入移居国的过程中，大量背井离乡的移民常常被拒绝分享移居国公民享有的各种社会权利，原因就在于，他们并不具有移居国的公民身份（citizenship）。“公民身份”一词原意指地方社区的成员资格，后来逐渐扩展为指代一个国家的成员资格，与这一资格相联系，个人被赋予某些基本的权利和相应的基本义务。根据19—20世纪英国经济学家阿尔弗雷德·马歇尔（Alfred Marshall）公民身份理论，公民身份是享受权利的基础，只有具备了公民身份才能享有各种权利待遇。

然而，随着全球化时代的到来，移民不再像先前那样在移出国和移居国之间作出非此即彼的选择，而是频繁流动于移出国、移居国之间，

且在移居国的居留时间明显延长，传统区分公民与非公民的二元框架正受到挑战，这促使移民研究开始重新定义跨界、流动等传统概念。因此，许多国家开始修改公民身份的规定，公民身份不再是获得权利的唯一方式，甚至公民身份本身已经是一个太过局限的概念，代之而起的是“成员身份（membership）”这个更广泛的概念。

战后许多欧盟国家正在形成一种双重成员结构，圈内是以国籍为基础的公民身份，圈外则是以居留为基础的准公民（quasi-citizen）身份，准公民身份赋予移民政治权以外的其他权利，为移民提供了一个最终取得永久成员身份的过渡手段。有学者进一步提出“都市公民身份（urban citizenship）”概念，来探讨城市空间与国家空间分离治理的可能性，并指出，聚居在都市的移民，即使身份是非公民，也可以基于消费者或者纳税人等角色享有某些实质性的社会经济权利，乃至地方层次的政治权。

从国外移民实践看，美国的三元社会结构不仅体现在美国公民、合法移民、非法移民上，在州一级政府层面也充分体现在本州居民、外州居民和跨州移民身上。1996年，美国国会通过《个人责任与工作机会改革法》，进一步加强对移民获取福利的资格限制，外来移民在美国的处境变得更加艰难。这些移民获取更好的生存生活条件的途径，就是争取成为合法移民甚至美国公民，从而获得享受各种福利的资格，而大量不符合条件归化为美国公民的非法移民，只能享受一部分最基本的法定社会福利，成为美国公民、合法移民之外的第三方群体，与合法移民和美国公民共同构成美国社会的三元结构。2014年11月，美国总统奥巴马（Barack Hussein Obama）宣布新移民计划，500万的非法移民将免于驱逐出境的威胁，他们可以在申请较长期居留权的同时，接受犯罪记录审核，向美国当局支付税金，但不得投票或享受政府的医疗保健补贴。新移民计划允许部分符合条件的非法移民转变成为合法移民，但是显然不能享受美国公民待遇。在州一级层面上，根据“优惠与豁免条款”和“平等保护条款”这两个条款，每个家庭或者个人在居住地纳税的同时，有权享受当地政府提供的各项公共服务。然而，由于人口迁移和劳动力流动过程中往往发生纳税义务和接受公共服务权利相脱节的现象，因此各州往往对跨州移民在本州获取权利待遇设置一定的限制条件，限制单纯为了从本州获取利益的迁入人口，以保护本州常住居民的利益。《个人责任与工作机会改革法》明确规定：“对于在本州未住满12个月

的家庭，各州可以按照其原居州执行本计划的标准给他们提供福利。”这实际上是承认了跨州移民接受福利的居住期限要求，也通过差别化待遇形成了本州居民、外州居民和跨州移民的三元群体结构。

根据欧盟法律和成员国国内法，在欧盟成员国内部，本国公民、欧盟其他成员国公民、欧盟外国家的移民实际上也已形成了三元社会结构。居住在国籍所属国的公民享有本国的全部公民权利；生活在非国籍所属成员国的联盟公民，可依据欧盟法律和居留国法律，享有一定的社会、经济权利，也可参加地方选举和欧洲议会的选举；而欧盟国家以外的移民（含合法移民和非法移民）可享受的经济社会权利有限，且与居留时间密切相关，非法移民甚至不受欧盟法律的保护。

印度同样存在类似中国的市民、农民、农民工的三元社会结构。1979年，印度政府通过了《邦之间流动的农民工（就业规定和服务条件）法案》，加强对进入城市务工的农民工的社会保护，政府向他们颁发了居留证，使他们可以享受流入地城市的基础设施和食品券、卫生服务等社会保障。但由于缺乏市民身份，加之根深蒂固的种姓制度等社会规范的排斥，农民工在城市的就业、居住受到严重的歧视和排斥，大多从事非正规就业，进入城市却难以融入城市，处于城市社会的底层，成为市民、农民外的第三方群体。

3.1.4 社会结构划分的“元”标准

要判断社会结构转型的目标模式，或者要判断中国的二元社会结构究竟演变成一元社会结构，还是演变成三元社会结构，首要的也是核心的问题是界定社会结构划分的“元”标准。

从研究文献来看，学者们对社会结构的划分没有达成统一的标准。学者们对二元社会结构的研究，认为市民与农民在户籍、就业、教育、社会保障、土地等方面有较大的差别。对三元社会结构的研究中，李强（2004）和甘满堂（2001）认为，市民、农民、农民工在就业行业所有制、职业、收入来源、失业保障、劳动保障、养老、住房、医疗、教育等方面存在差异。综合学者们提出的这些要素，结合本书的研究主题，**我们认为，界定中国社会结构主要是看土地、户籍、职业、居住地和待遇五大要素。**

（1）土地

土地是人类生存发展的重要物质基础。《中华人民共和国土地管理法》规定：我国实行土地的社会主义公有制，即全民所有制和劳动群众集体所有制。城市市区的土地属国家所有。农村和城市郊区的土地，除由法律规定属于国家所有的以外，属于农民集体所有；宅基地和自留地、自留山，属于农民集体所有。农民集体所有的土地由本集体经济组织的成员承包经营，土地承包经营期限为30年。

农民的住宅不得向城市居民出售，也不得批准城市居民占用农民集体土地建住宅。农村宅基地由本集体经济组织平均分配给其内部成员，无偿取得并长期占有，其实质是以社会福利的形式分配生活资料。2008年十七届三中全会通过的《中共中央关于推进农村改革发展若干重大问题的决定》明确提出："赋予农民更加充分而有保障的土地承包经营权，现有土地承包关系要保持稳定并长久不变"；"按照依法自愿有偿原则，允许农民以转包、出租、互换、转让、股份合作等形式流转土地承包经营权"；"完善农村宅基地制度，严格宅基地管理，依法保障农户宅基地用益物权"。2013年十八届三中全会通过的《中共中央关于全面深化改革若干重大问题的决定》进一步明确："坚持农村土地集体所有权，依法维护农民土地承包经营权"，"稳定农村土地承包关系并保持长久不变"，"赋予农民对承包地占有、使用、收益、流转及承包经营权抵押、担保权能"；"保障农民集体经济组织成员权利"，"赋予农民对集体资产股份占有、收益、有偿退出及抵押、担保、继承权"；"保障农户宅基地用益物权，改革完善农村宅基地制度"，"慎重稳妥推进农民住房财产权抵押、担保、转让，探索农民增加财产性收入渠道"。

中国革命时期的最大问题是土地问题，中国城市发展过程中的最大问题仍是土地问题。土地的特殊性和国家分配土地的方式，决定了土地是划分农民与市民的主要标准之一。在新中国成立初期，城市土地为国家所有，政府为市民提供的相对较高水平的社会福利保障，其中就业、住房、社保最为关键。而对于农民，当时的制度安排是实现"耕者有其田"，国家没有再为农民提供住房、就业、社保和副食品供应等保障。中国的农村土地不仅是农业最基础的生产资料，也是农民最基本的社会保障。但是，今天的中国政府对城镇户籍居民的就业、住房、社保等重要待遇，已经无法大包大揽。而农民仍然可以享有土地待遇，特别是

城郊的农民可以在城市扩张的过程中，通过征地拆迁获得高额的经济补偿。因此，土地待遇是农民的最大待遇。

城市土地是城市发展的载体，是经济运行和社会运行的物质基础。随着城镇化的快速推进，土地问题成为城镇化进程中的核心问题和基础问题。学者们对土地问题的研究也表明了相似的观点，土地是市民与农民之间最大的差别。胡丘陵（2013）认为，“农村土地的保障特征是城乡二元社会结构形成的根本原因”，“成了城乡相融的最大障碍”。黄祖辉（2010）认为，社会保障制度不同的背后是城乡不同的土地分配制度。如果长时间不能解决或者解决不好全体公民的社会保障问题，农村土地制度的改革将难以有重要的进展和突破。现在的主要问题是由土地提供的保障与市民的相比，水平比较低，不足以保障农民。但是，随着城市房地产市场的发展，农民享有宅基地可以自建房，又可在城市购买商品房；大多数市民只能通过市场购买昂贵的商品房，少数人可以申请政府提供的廉租房、经济适用房、公租房等保障性住房，而且市民不得购买利用农村集体土地建设的房产。对此，宓明君（2013）认为，“二元土地所有权制度模式”在市民与农民之间产生了新的不公平。特别是生活在城乡结合部的农民，既享受土地带来的优势，又享受城市化带来的好处，而且随着市场经济的发展，这种优势会愈加明显。但是农民工在流入地城市既难以享受市民的社会保障，无法申请保障性住房，也不太可能购买昂贵的商品房，户籍所在地的土地权益只能通过出租承包地和房屋获得一部分收益。总之，市民与农民之间在土地待遇上的差别将长期存在，特别是随着新一轮农村改革的铺开，农民的土地承包经营权、宅基地用益物权、集体资产股份权等权利将“权随人走”、“带权进城”，与市民的差别会更加突显。

（2）户籍

户籍是指登记居民住户的册籍。新中国成立初期，国家对户口迁移的控制比较宽松。1954年9月，新中国颁布实施的第一部《宪法》明确规定：中华人民共和国公民有居住和迁徙的自由。1955年8月，国务院发布了《农村粮食统购统销暂行办法》和《市镇粮食定量供应暂行办法》，从此，户口和粮食直接联系起来。1955年11月，国务院制定了《关于城乡划分标准的规定》，确定将“农业人口”和“非农业人口”作为人口统计指标，中国的户籍人口由此分割出两种——“农业人

口”和“非农业人口”。1958年1月制定的《中华人民共和国户口登记条例》规定：公民由农村迁往城市，必须持有城市劳动部门的录用证明、学校的录取证明，或者城市户口登记机关的准予迁入的证明，向常住地户口登记机关申请办理迁出手续。这标志着中国的人口迁移政策的重大调整，改自由迁移政策为控制城市人口规模政策。1963年以后，国家把是否吃国家计划供应的商品粮作为划分户口性质的标准，吃国家供应定粮的户即城镇居民户划为“非农业户口”，从此，形成了“城镇户口”与“农村户口”、“非农业户口”与“农业户口”的二元户籍管理结构。1975年修正后的《宪法》取消了公民迁徙自由的条文。改革开放后，我国在户籍管理上作了积极的探索，主要有调整“农转非”政策、实施“自理口粮户口”制、试行“当地有效城镇居民户口”制。1980年以来，国家出台了几十项“农转非”政策，地方自行制定的就更多了，使得一大批符合条件的人通过“农转非”渠道从农村进入城市。1984年1月下发的《中共中央关于一九八四年农村工作的通知》明确提出：允许务工、经商、办服务业的农民自理口粮到集镇落户。同年10月，国务院发出《关于农民进集镇落户问题的通知》，规定对申请到集镇的农民和家属，发给“自理口粮户口簿”，统计为“非农业人口”。1992年，公安部下发了《关于实行当地有效城镇居民户口制度的通知》。办理当地有效城镇居民户口的原则是：当地需要、当地受益、当地负担、当地有效；实施范围主要是：小城镇及国务院或省级政府批准的经济特区、经济技术开发区、高新技术产业开发区，重点是县城以下的集镇。对办理了当地有效城镇居民户口的居民，按城镇常住人口进行管理，统计为“非农业人口”。因这种户口簿印鉴用蓝色，故也称“蓝印户口”。1994年，国家取消了按照商品粮为标准来划分“农业户口”和“非农业户口”，而以居住地和职业来划分“农业人口”和“非农业人口”。2001年，国务院出台了《关于推进小城镇户籍管理制度改革的意见》，对办理小城镇常住户口的人员，不再实行计划指标管理。2014年8月，国务院发布《关于进一步推进户籍制度改革的意见》，提出实施差别化落户政策，全面放开建制镇和小城市落户限制，有序放开中等城市落户限制，合理确定大城市落户条件，严格控制特大城市人口规模，统一城乡户口登记制度，全面实施居住证制度。

学者们一般都认为户籍制度是划分社会结构的重要标准，特别是划分市民与农民的核心标准。农业部政策研究中心农业工业化城市化课题组（1988）提出，“以‘农业’和‘非农业’户口把中国公民划分标志鲜明的两个类别”。李强（2004）认为，“中国出现了三元的结构，出现了持续的城市农民工，问题就在于受到户籍制度的限制”。但是，刘纯彬（1990）认为，“户籍制度发挥了一道强有力的闸门作用”，其意义不在于闸门，而在于各项具体制度。对此，肖冬连（2005）认为，户籍制度的改革并不能使农民顺利变成市民，农民要在城市中立足，“不只取决于户籍，更取决于能否有稳定的住所、稳定的职业和稳定的收入来源”。因此近年来，一些省、市积极推行的户籍管理制度改革，相继取消了农业户口和非农业户口的划分，统一登记为居民户口，但是这种户籍制度改革实质上是户籍登记制度改革，并没有从根本上解决依附于户籍背后的待遇问题。

（3）职业

职业是指个人所从事的作为主要生活来源的工作。从社会角度看，职业是劳动者获得的社会角色；从人力资源角度看，职业是指不同性质、不同内容、不同形式、不同操作的专门劳动岗位。在传统的二元社会，国家负责市民的工作安排和培训，以工业为主，服务业为辅，不负责农民的工作安排和培训，以务农为主。因此游宏炳（1993）认为，市民和农民的职业分工是“城市办工业，农村搞农业”。王彪（1996）认为，劳动就业制度强化二元社会结构，“实质就是取消劳动者择业自由和公平竞争”。俞德鹏（1998）认为，二元劳动就业制度是城乡相互隔离社会结构的主要内容。甘满堂（2001）和徐明华（2003）都认为，农民工在职业上的特殊性在于，他们在农村有一份可以耕种的土地，进入城市可以在非农行业就业，在经济上可进可退。现在，城乡劳动力市场逐渐实现统一，国家已经不为市民安排工作，人们主要还是根据自己的能力和条件自由选择职业，既可以从事某一固定职业，也可以兼职，还可以从事自由职业。农民工收入较低在一定程度与自身的受教育水平较低有关，在劳动力市场中属于低端劳动力，大部分只能在非正规部门就业，需要在市场竞争中提升自身素质，获取符合技能的报酬。但是，王春光（2003）认为，农民工面临的许多问题都与职业变迁与社会身份错位有直接关系，农村流动人口进城务工经商，或者去异地从事非农活动，或者离土不离乡地改变职业，在某种程度上都表明他们一定程度向上流动，但是这种流动由于没有相应的社会制度和社会政策的保障，而

在提高他们社会地位上难以产生很好的效应。

（4）居住地

居住地一般指经常居住地。根据最高人民法院关于贯彻执行《中华人民共和国民法通则》若干问题的意见第九条规定：公民离开住所地最后连续居住一年以上的地方，为经常居住地。在传统的二元社会结构，中国对人口流动实行严格控制和政府管制，市民和农民由户籍身份决定，只能分别在户籍所在城市和农村定居。改革开放以后，人口流动开始出现，打破了“市民居住城市、农民居住农村”的限制。当前，人口流动不仅数量十分巨大，频率也非常高，人口的居住地与户籍登记地分离的现象十分普遍。据2010年第六次全国人口普查主要数据公报显示：居住地与户口登记地所在的乡镇街道不一致且离开户口登记地半年以上的人口为26139万人，比2000年增长81.03%。这充分说明，中国公民已拥有迁徙自由，完全可以自由选择居住地。

（5）待遇

如前所述，“待遇”科学完整的定义是：主体为了自身的生存、发展和享受，基于特定的经济、政治、文化、社会、生态等领域的发展环境，从外部，包括人类社会、自然界、国家等，所获得的一切社会条件、社会关系以及与经济、政治、文化、社会、生态等相关的一切事物，可以涵盖权利、权益、权力、利益、公民权、福利、公共服务、社会保障等方面的内容。

目前，许多研究认为，社会群体的划分标准是户籍，这虽有一定道理，但户籍的背后不是简单的人口登记，而是涉及待遇等复杂因素，**只有依据户籍、土地、职业、居住地、待遇五大要素，才能对现有社会群体作出准确划分。在上述五大要素中，职业和居住地的自由选择已成普遍现象，推进户籍制度改革、取消户籍身份制也是必然趋势，因此，划分社会群体的户籍、职业和居住地三个标准正在逐步弱化乃至消失，关键是土地和待遇两个标准。在这两大标准中，土地权益分配中市民与农民的差别将长期存在，而待遇的差别，尤其是在社会主义初级阶段个人享有待遇的差别也将长期存在。从某种意义上讲，土地也是一种待遇，是保障农民就业和生活的最大待遇。因此，待遇是决定社会结构发展走向的决定性要素，也是划分社会结构的“元”标准。**

3.1.5 中国进入市民、农民、移民的三元社会结构

以待遇作为划分社会结构的“元”标准，我们认为中国的二元社会结构必然向三元社会结构演变。同时，我们也不赞同“市民、农民、农民工”的三元社会结构划分，事实上，流动人口比农民工适合作为三元社会结构的一元。对一个流入地城市而言，流动人口主要由两部分群体构成，主体是农民工及其随迁家属（即乡—城流动人口），但外来市民（即城—城流动人口）也是重要组成部分。外来市民尽管拥有城镇户籍，甚至许多人有着较高的职业声望和收入水平，但同样也无法享受流入地城市的市民待遇。随着市场化改革的推进，就对流动人口享受待遇的影响而言，户籍所在地不同引起的待遇“内外之分”显然比户籍身份不同造成的待遇“城乡差别”更为直接，也更加显著。

（1）市民、农民、移民三元群体的界定

①市民的内涵

“市民”的含义有三种：第一，指城市户籍居民，《辞海》（2010）的定义是“泛指住在城市的本国公民”，陈映芳（2005）也认为在日常生活和一般的公共语境中，市民“一般特指拥有城市户籍的居民”；第二，文军（2004）认为，市民“特指具有市民权的人，是有身份自由、享有充分权利的社会成员”；第三，葛正鹏（2006）认为，从农民市民化的角度，应该将“市民”的概念重构为“具有同等国民待遇、城乡共同体的正式成员”。季良佼（2007）对拥有城市户籍的居民总结出四个特征：地域特征是生活工作在城市里而非农村，职业特征是通常从事非农产业；包括实施现代企业制度的农业公司等；身份特征是城市市民身份；生活方式特征是有意义的生活原则。

我们认为，**按照待遇及户籍、土地、职业、居住地等五大要素界定，市民是指拥有城镇户籍，没有承包地和宅基地使用权，从事非农产业或非自有土地上的农业，长期居住在城市，享有相应的城市居民待遇的社会群体。**

②农民的内涵

对农民的定义有两种：第一，《辞海》（2010）的定义是“直接从事农业生产的劳动者（不包括农奴和农业工人）”。第二，高建民（2008）认为，“农民是具有农业户口、在农村生产生活、与土地有着

天然联系的社会劳动者”。在此基础上，学者们对农民进行分类，陆学艺（2002）认为，广大农民已经分化为职业、收入很不相同的八个社会阶层，即私营企业主、乡镇企业管理者、农业劳动者、农民工、雇工、农村知识分子、个体劳动者、个体工商户。徐明华（2003）在八个社会阶层的基础上，合并成六类，即作为农村经济精英的企业主和企业管理者、作为农村政治精英的农村社会管理者、作为农村知识精英的农村知识分子、受城市文化和现代意识影响的农民工、兼有小农和小商意识的农村其他亦工亦农人员、代表传统农民的农业劳动者。文军（2004）将城市郊区农民分为三种：一是已经获得非农化职业，不再从事农业生产，但在户籍意义上还是农民；二是完全从事传统农业生产的全职农民；三是介于这两者之间在从事非农职业的同时也从事农业生产的农民。从学者们对农民的分类，可以说明“农民”不再是一个同质性的群体，农民内部的不同群体之间，其市民化的难易程度是不一样的。

我们认为，**按照待遇及户籍、土地、职业、居住地等五大要素界定，农民是拥有农村户籍，享有承包田和宅基地，主要从事农业生产或在本地从事非农产业生产，长期居住在农村，享有相应的农村居民待遇的社会群体。**

③移民的内涵

“移民”的概念在不同国家和地区、在不同的学科领域有着不同的界定，并随着时代变迁而有着不同的内涵和外延。《辞海》（2010）的定义是“迁往某一地区永久定居的人”。葛剑雄（1997）对移民的定义是“具有一定数量、一定距离、在迁入居住了一定时间的迁移人口”。20—21世纪澳大利亚社会学家斯蒂芬·卡斯尔斯（Stephen Castles）（2010）认为“移民指越过政治或行政单元的边界，并至少居留一段时间。国内移民指在同一国家之内从一个地方（省、地区或市）迁居另一个地方。国际移民则指跨越全球大约200个国家相互间的边界而迁居另外一国”。安东尼·吉登斯（2003）认为“移民就是以定居为目的的从一个地区或社会到另一个地区或社会的人口移动”。从这些不同的概念可以看出，移民不仅包括国际移民，也包括国内移民；移民的目的既有永久定居，也有短暂停留。因此，“移民”概念同样适用于国内的流动人口研究。一些学者也确实采用“移民”概念来定义流动人口。文军（2004）认为大城市中的“劳动力移民”由来自农村的劳动力移民和中小城市的下岗职工构成。任远（2007）使用“国内移民”概念，涵盖农村向城市的移民和城市之间的移民。李培林（2013）认为，“人口迁移包括自愿移民和非自愿移民两种模式，中国的农民工可以被看作是典型的自愿移民”。陈映芳（2004）认为，目前中国出现的移民大潮可以分为三股：第一种是正常的社会流动，包括移民出口；第二种是大量的农村人口从农村迁移到各类城镇；第三种是全国各地的人，包括中小城市的居民在内向大都市的流动，在这个流动过程中，形成大都市圈。第二种和第三种移民潮流与城市化直接相关，在一定程度上是重叠的。

在中国以往的城市人口管理中，并不使用“移民”概念，对于由农村或者外地城镇流入城市的人口，通常称为“流动人口”、“暂住人口”、“外来人口”，并且在很多时候是混淆的。这些概念都是中国户籍制度语境下特有的，无法与国际通用的“移民”概念接轨。以移民的概念代替“流动人口”、“暂住人口”、“外来人口”等概念，是对中国传统户籍管理政策的一种深刻反思，也是一种变革和突破。

我们认为，**按照待遇及户籍、土地、职业、居住地等五大要素界定，移民指离开户籍所在地的县、市或者市辖区，以工作、生活为目的异地居住，主要从事非农工作（务工或经商等）或涉农产业的社会群体。移民主要分两类，其中第一类是“离乡不离土”的农民工，第二类是外地流入的城镇居民。第一类移民为农村居民户籍，有承包地和宅基地，主要从事非农产业，居住在城市，享受户籍地农村居民待遇和流入地城市对移民的待遇的社会群体。第二类移民为城镇居民户籍，无承包田和宅基地，主要从事非农产业，居住在城市，享受户籍地城镇居民待遇和流入地城市对移民的待遇的社会群体。**

（2）中国已经进入并将长期处于三元社会结构时期

从国外移民实践看，欧美发达国家的移民问题日益突出，已成为全社会高度关注的重大问题。限制和放宽移民政策的观点一直争论不休。放宽派质疑限制人口迁徙政策的有效性，认为虽然在某些领域移民确实可能会造成一定的社会冲击，但移民能在很大程度上缓解劳动力短缺，而且只要管理得当也会带来相当的经济社会效益。而限制派则认为，在社会福利资源的分配基础是国家公民身份或城市居民身份的情况下，在地区发展差距普遍还很大的现实背景下，放开移民政策势必将增加基础设施压力和社会福利资源负担，并带来社会治安等一系列压力，这一论调被反复提及并视为限制移民的正当性理由。这本身就说明，无论针对

跨国移民，还是国内跨地区移民，三元社会结构已经是既已存在的客观事实，而且城乡差别、地域差别、国家差别将是长期存在的现实，也预示着三元社会结构不仅当前存在，今后也将长期存在，不仅在国外长期存在，中国也将长期存在。

从中国发展的现实和趋势看，中国正处于城镇化加速期，预计到2030年，中国城镇化率将达到70%，中国人口将达到15亿，其中市民、农民、移民各占三分之一，三分之二的人口将居住在城市，三元社会结构的趋势将日益明显。在城市化进程中，农村人口在本地区实现就地城市化和跨区域流动实现异地城市化两种形式并存，特别是基于现阶段的基本国情，区域之间的差距仍然较大，以劳务输出为主要形式的中西部地区农村人口跨区域进入东部地区城市形成的异地城市化趋势，在未来一段时间仍将继续下去（牛凤瑞，2009）。2006年的《国务院关于解决农民工问题的若干意见》（国发〔2006〕5号）同样认为，我国农村劳动力数量众多，在工业化、城镇化加快发展的阶段，越来越多的富余劳动力将逐渐转移出来，大量农民工在城乡之间流动就业的现象在我国将长期存在。

在现阶段基本国情和人口发展趋势下，一方面城乡差距仍然较大，从农村流入城市的移民和潜在移民的规模庞大，另一方面人口流动还存在着制度约束，既包括户籍制度等显性制度约束，也包括社会保障制度和基本公共服务体系不健全等隐性制度约束（社会保障制度与基本公共服务供应体系的城乡分割和区域分割，使得移民享受流入地提供的待遇面临诸多难题，融入城市的过程会比较漫长）。因此，市民、农民、移民在待遇上的差异在当前和今后一段时期内将长期存在，三元社会结构在中国也将长期存在。

从二元社会结构走向三元社会结构，有利于中国未来发展。其意义不仅在于人口的流动有助于社会经济的发展，还在于打破了原有的二元待遇体系。在二元社会，以户籍身份为标志，辅以各种制度，构建了市民与农民的二元待遇体系，城乡之间人员流动困难重重，两种待遇体系之间相互隔绝，难以转化。**在三元社会，依据户籍身份享受待遇的制度隔阂逐渐被打破，一些城市和地区为移民提供一些公共服务，当前需要做的是针对移民群体，构建第三元的待遇体系。同时，根据三元社会结构的现实，构建一个相对统一、身份相互转换、待遇紧密衔接的国（公）民待遇体系。**因此，与二元社会结构相比，三元社会结构是巨大的社会进步。**三元社会结构是二元社会结构瓦解、弱化的表现，而非强化的表现，是社会结构刚性减弱、弹性增强的结果。从二元社会结构转向三元社会结构，符合社会发展的客观规律，符合工业化、城镇化的发展规律，也是中国城镇化的重要表征。**

（3）中国特色的三元社会结构

三元社会结构是中国改革开放以来经济社会发展的必然结果。可预见，随着改革开放向纵深发展，中国社会的流动性和开放性将日益增强，三元社会结构也将不断强化。当然，**承认三元社会结构并不是忽视或否认其自身的弊病，而是要顺应这一趋势，积极创新社会管理，使中国特色的三元社会结构成为与生产力发展水平相适应的，和谐、繁荣、平衡、稳定、可持续的三元社会结构，成为公平、和谐、法制化的三元社会结构。**

中国特色的三元社会结构是指以市民、农民、移民并存为主要标志，以公平、和谐、法制为基本特征的社会结构。一是强调“公平性”。强调社会公平，就是社会的政治待遇、经济待遇和其他待遇在全体社会成员之间合理而平等的分配。公平性是中国特色三元社会结构的核心价值理念，市民、农民、移民三大群体能够公平地实现自己的权利与义务，不是受身份、地位和财产等条件的限制，体现了市民、农民、移民三大群体的权利平等、分配合理和机会均等，这种普遍的公平性是体现三元社会结构特色优势的重要标尺。**二是强调“和谐性”。**社会和谐既是中国特色社会主义的本质属性，也是人类社会的共同追求。“中国特色三元社会结构”既承认市民、农民、移民三大群体的存在又注重三大群体之间的各种待遇的相对平衡，既关注市民、农民生活品质的改善又关注移民群体生活品质的改善，既重视国民的基本待遇提高又重视不同群体具体待遇的改善，进而激发三大群体积极性、主动性和创造性，使中国特色的三元社会结构既成为社会发展的动力机制，又包含社会发展的平衡机制，使三大社会群体处于一种相互依存、相互协调、相互促进的状态。**三是强调“法制性”。**法制是法律和制度的总称，是指一切社会关系的参加者严格地、平等地执行和遵守法律，依法办事的原则和制度。中国特色三元社会结构，把移民群体作为介于市民与农民之间的独立群体，目前尚缺少应有的法规政策的保障，即使是市民群体、农民群体也对自己所应享受待遇政策缺乏全面的了解。因此，不但需要

完善以三大群体为对象的政策法规，而且需要建立公开、透明的法律政策体系，提供强有力的法律制度保障，才能切实维护三大群体的各种待遇，让三大群体能共享改革发展成果。

综上所述，待遇是划分社会结构的“元”的主要标准，中国已经进入以待遇为主要标准的市民、农民、移民三元社会结构时期。**三元社会结构的形成，也预示着中国已经进入并将长期处于市民、农民、移民的三元化国（公）民待遇新格局。**

3.2 市民、农民、移民三大社会群体的待遇

在前面论述的基础上，我们就有可能研究国（公）民待遇形成的根源，进而探讨国（公）民待遇包含的具体内容，总结国（公）民待遇的发展演变历程及其动因，客观地分析市民、农民、移民的待遇现状及主要待遇差异。我们认为，社会主义市场经济条件下，不同群体之间的待遇差别和待遇矛盾的产生原因是多种多样的，而现阶段不同群体之间待遇关系的矛盾，归根结底是人民群众不断增长的待遇诉求与相对落后的生产力发展水平之间的矛盾。这就决定了中国社会主义现代化的发展战略、基本路线、基本纲领的设计必须以发展生产力为中心，而不同社会群体之间待遇关系的协调作为建设中国特色社会主义的有机组成部分，也是与中国现代化建设的指导思想、发展战略、基本路线和重大方针政策紧密联系在一起的。

因此，在今天的中国待遇是立体的、多维的，而不是平面的、单一的。**国（公）民待遇是总体性概念，是政治、经济、文化、社会、环境、军事、外交等待遇的复合体。在此，我们特别强调说明的是，从某种意义上而言，待遇是需要主体之间，需要客体之间、需要主体与需要客体之间所有关系的总和。因而，需要的复杂性和多样性决定待遇的复杂性和多样性。在本书中，我们根据研究的角度不同，将需要和待遇划分为不同的类型，如可粗分为“物质与精神待遇（需要）”，可细分为“政治、经济、文化、社会、环境、军事、外交待遇（需要）”。待遇**

（需要）的粗分一般主要用于定性的研究和分析，而待遇（需要）的细分则一般主要用于定量的研究和分析。

3.2.1 当代中国国（公）民待遇的发展演变

国（公）民待遇不仅是立体的、多维的，也是历史的，其发展演变与社会的全面进步是互动一致的。当代中国国（公）民待遇的演变，以1949年新中国的建立，颠覆旧社会“剥削阶级”主导的待遇结构为开端，其间经历了初创阶段、调整与停滞阶段，直到1978年改革开放后，具有中国特色社会主义的待遇结构才开始逐步形成。

（1）初创阶段（1949—1956年）

1949年新中国建立后，旧中国的社会阶级体系被颠覆，具有政治和经济意义上的“剥削阶级”已经不复存在，“剥削阶级”主导的待遇结构也随之被彻底打破。1954年，第一部社会主义类型的宪法正式颁布，围绕着“五四宪法”，新中国的待遇结构进入了初创阶段。“五四宪法”明确规定：国家依照法律保护农民的土地所有权和其他生产资料所有权；保护手工业者和其他非农业的个体劳动者的生产资料所有权；保护资本家的生产资料所有权和其他资本所有权；保护公民的合法收入、储蓄、房屋和各种生活资料的所有权等。同时也对中华人民共和国公民的选举权和被选举权，言论、出版、集会、结社、游行、示威的自由，宗教信仰的自由，尤其是居住和迁徙的自由作出了明文规定。

在这一阶段的具体实践中，农村和城市的待遇结构都趋于均衡化。在农村，土地这一农民最重要的生产资料，也是其待遇之根本，在经历土地改革运动之后，土地开始为农民所掌握。在中国延续两千多年的封建土地所有制被彻底废除，“耕者有其田”的理想在中国共产党领导下变成了现实。到1952年底，占人口52.2%的贫雇农掌握了47.1%的耕地，占人口39.9%的中农掌握了44.3%的耕地，占人口5.3%的富农掌握了6.4%的耕地，占人口2.6%的地主只掌握了2.2%的耕地。土改结束后，以互助合作为核心的农业社会主义改造运动很快被提上日程。在经历了互助组、初级社和高级社三个发展阶段之后，到1956年底，加入农业生产合作社的农户已达到1.17亿户，其中加入高级社的占全国农户总数的87.8%，在高级社中，土地等生产资料为农民集体所有。同时，大部分

处于合作社中的农民都以“挣工分”来养家糊口，基本没有其他收入，待遇结构因此而趋于均衡。

在城市，到1952年底，外国资本家和官僚资产阶级被消灭，民族资产阶级受到保护，工人阶级得到发展壮大，但由于资本主义工商业和个体手工业的存在，城市居民的经济待遇，主要是收入状况依然存在着差距，其中民族资本家凭借其对生产资料的大量占有而享受着巨额收入带来的物质待遇。自1953年始到1956年底，伴随着对城市资本主义工商业的社会主义改造的完成，私人工商业在中国不复存在，资本主义经济的阶级载体也被消灭。由此，中国城市居民的收入来源与收入分配方式走向单一化，除了工资收入外，基本上没有其他的创收，一种均衡化的待遇结构也逐步建立起来。

（2）调整和停滞阶段（1957—1977年）

随着1956年底对农业、手工业和资本主义工商业的社会主义改造的基本完成，阶级剥削制度退出历史舞台，中国均衡化的待遇结构初步形成。但随后，由于“大跃进”、“反右”扩大化、三年自然灾害以及“文革”的“十年浩劫”，中国合理待遇结构的形成受到了不利的影响。在“以阶级斗争为纲”的错误理论主导下，整个社会日益形成以身份（诸如户口、出身、级别等）为序列的分化，不同身份的人在政治、经济、社会、文化等多方面的待遇上表现出明显的差别。

户籍制度是助推当时中国社会身份分化及待遇刚性化的最有代表性的制度。1955年国务院颁布《关于建立经常户口登记制度的指示》，规定全国城市、集镇、乡村都要建立户口登记制度，全国城乡的户口登记工作开始统一。1958年1月，以《中华人民共和国户口登记条例》的颁布为标志，中国开始对人口自由迁徙实行严格限制和政府管制，第一次明确将城乡居民区分为“农业户口”和“非农业户口”。1975年，宪法修正案正式取消了有关迁徙自由的规定，至今未恢复。1977年，国务院正式批转《公安部关于处理户口迁移的规定》，正式提出严格控制“农转非”。同时，户籍制度逐渐与待遇捆绑在一起，特别是与就业及粮食、油料、副食品等生活必需品的供应捆绑在一起，由此，待遇因为身份（户口）而被固定下来，并逐渐趋于刚性化。

在城乡分离的户籍制度下，国家的政策导向日益有利于城市而不利于农村，城市居民在社会保障、文化生活、卫生教育等社会、文化待遇

方面都在国家政策的保护和推动下取得进展。而被户籍制度固着在农村中的农民，却在“一大二公”的人民公社制度，“以队为基础，三级所有”的管理体制以及工农产品的剪刀差的制约下，一方面支付了高昂的代价，另一方面却失去了应该获得的待遇。但我们也应该看到，在这一阶段中，农民在农村集体土地所有制下，依然享有着相对稳定的土地收益，其口粮基本可以实现自给。

（3）改革阶段（1978年至今）

以1978年党的十一届三中全会的召开为标志的改革开放是一场涉及政治、经济、文化等各个领域的根本性变革。这场革命引发了中国待遇结构的深刻变化，具有中国特色社会主义的待遇结构开始形成。

改革开放之初进行的真理标准大讨论以及“让一部分人先富起来”的设想是中国待遇结构发生深刻变革的观念动因。真理标准大讨论破除了“两个凡是”的错误理论，确立了“实践是检验真理的唯一标准”，彻底结束了原来迷信盛行、思想僵化的局面。“让一部分人先富起来”的设想则改变了当时中国存在的“吃大锅饭”、“平均主义”的现状，鼓励了能人创业。

在这一阶段的具体实践中，农村和城市内部的均衡化的待遇结构（主要是经济待遇）开始被打破。变化首先从农村开始，以农村家庭联产承包责任制为开端，打破了农民的“社员”身份，农民开始在城乡之间、不同产业、不同所有制经济之间进行广泛流动，开始摆脱土地、户籍等的束缚，而寻求各种各样的致富门路。从个人待遇，主要是收入状况来看，农民的非农收入占比逐步增加，农民与农民之间的收入差距也在逐渐拉大，均衡化的待遇结构也随之被打破。在城市原本只存在全民所有制单位和城镇集体所有制单位，工人阶层只能依托单位才能获得维系生活的待遇。体制改革之后，非公有制经济成分不断增加，能力强、门路广、技术精的一部分人开始摆脱原单位的束缚，从事非公有制经济，其收入得到了大幅度的提高，进而也拉开了与城市其他群体的收入差距，城市中均衡的待遇结构也由此被打破。

从整个国家层面来看，城乡之间的待遇差距已逐渐缩小。户籍制度开始松动，1985年公安部颁布《关于城镇人口管理的暂行规定》，决定对流动人口实行暂住证、寄住证制度。1994年取消户口按商品粮为标准划分为农业和非农业户口的“二元结构”，而以居住地和职业划分为农

业和非农业人口。1998年国务院批转公安部《关于当前户籍管理中几个突出问题的意见》规定在城市投资、兴办实业、购买商品房的公民及其共同居住的直系亲属，符合一定条件可以落户。以户口为标志的身份序列逐步弱化，捆绑在户籍上的福利待遇也开始剥离。比如粮油购销价格放开，城乡居民再无差别，粮油面前人人平等；随着企业自主权扩大和劳动力市场的逐步形成，就业主要取决于劳动者素质而不是户口的性质。

从国际层面来看，中国的待遇发展，尤其是政治待遇开始与国际接轨，其标志性的事件就是中国正式加入联合国《经济、社会及文化权利国际公约》。联合国《经济、社会及文化权利国际公约》是一项重要的国际人权公约，包括社会福利和劳动就业等基本人权内容。中国政府于1997年签署了该公约，经过长时间审议后，终于于2001年批准正式加入该公约。

综上所述，当代中国国（公）民的待遇经历了初创、调整和停滞、改革共三个阶段。国（公）民的待遇关系是生产关系的重要内容，由社会生产力决定的。因此，生产力与生产关系的演变决定了国（公）民待遇的演变特征和方向，这是待遇发展演变的客观规律。改革开放前，农村和城市的待遇结构都趋于均衡化，市民、农民之间的待遇分配处于平均化状态。改革开放后，随着城乡体制改革的推进，农村和城市内部的均衡化的待遇结构开始被打破，改革催生了多元化的待遇主体，不同社会群体之间的待遇差距逐步拉开，移民作为社会转型产生的新群体，其待遇问题特别是待遇缺失问题也随着经济社会体制改革而逐步凸现出来。

3.2.2 市民、农民、移民三大群体的待遇现状

从政治待遇、经济待遇、文化待遇、社会待遇、环境待遇、军事待遇、外交待遇等七大待遇的角度看，市民、农民、移民三大群体在政治、环境、军事、外交四大待遇上差别很小，主要的待遇差别体现在经济待遇、文化待遇和社会待遇上。中国以1958年颁布的《中华人民共和国户口登记条例》为标志，建立了城乡二元结构的户籍管理制度。按照这个条例，生活在同一座城市或行政区域的人们，由于户籍身份不同，享受的待遇也相去甚远。由于移民群体从户籍身份看，或者归属于市

民，或者归属于农民，因此，本节主要依据政策法规对比市民和农民的待遇差别。当前，市民与农民的待遇差别主要体现在以下六个方面：

（1）在土地政策上的待遇差异。主要体现在不同户籍身份的居民享有对土地资源的不同政策待遇。中国的土地分为两类，即国有土地和集体土地。城市市区的土地属于国家所有，城镇居民享受的土地政策，主要体现在城镇住宅的使用权上，通过自主购买商品房或政府提供保障性住房，对土地间接拥有一定程度的使用权。农村土地除了由法律规定属于国家所有外，属于农村居民集体所有，如农民宅基地和自留地、自留山，均属于农村居民集体所有。户籍与土地待遇捆绑在一起，看似是商品粮、自给粮之分，实则是集体土地有无之分。从这个角度看，农村居民的待遇要优于城镇居民，而且这种优势随着市场经济的不断发展而愈加明显。

（2）在经济政策上的待遇差异。主要体现在不同户籍身份的居民享有经济利益方面的不同政策待遇。一般农村居民都拥有一定耕地、水塘、山林、果园等资源，对其享有承包权与经营权；农村居民所依附的农村合作经济组织，是农民在土地等基本生产资料集体所有的基础上，建立的社区性、综合性合作经济组织。近年来，经股份制改造后，不少农村居民成为这些股份制企业的股东，企业的年终红利是农村居民的主要经济收入之一，而大多城镇居民主要是依靠付出自身劳动获取收益。部分城市想参照农村的做法建立合作社，但经过一段时间的试验后，城市合作社基本无果而终。农村合作社则演变为区域性经济体，甚至是股份制公司。虽然市民没有分到个人的生产资料，但因为中国的财政、金融、产业、投资等政策总体上向城镇倾斜，资源向城市高度集中，这使得市民的就业和创业机会比农民更多、发展条件更好。

（3）在住房政策上的待遇差异。主要体现在不同户籍身份的居民享有住房方面的不同政策待遇。在现行体制下，农村居民既拥有可以自建住房的宅基地，又可在城里购买商品房，但城镇居民却不能购买利用农村集体土地建设的房产。其次，城乡居民享受的公共福利不同。城镇居民在计划经济条件下是由政府或企业分配住房，现在或是购置商品房，或是申请政府提供的廉租房、经济适用房、公租房等保障性住房。农村居民的保障性住房由其在宅基地上自筹资金建设。当然，农村居民一旦失去了宅基地，政府有责任为其提供保障性住房。

（4）在就业政策上的待遇差异。长期以来，人们普遍认为农民不

存在就业问题，只要有耕地、水塘、山林等生产资料，就可以视同解决了就业问题。直到农村富余劳动力流入城市后，才产生了新的就业问题。市民就业主要是自主择业、市场选择，虽然在就业机会面前与农民平等，但总体而言市民的就业能力高于农民。特别是对城镇失业人员，政府采取税费减免、贷款贴息、社保补贴、岗位补贴等办法，通过提供公益性就业岗位、鼓励用人单位吸纳就业等办法，开展就业援助。与农民、移民相比，对市民的就业援助力度更大、政策更优惠。

（5）在社保政策上的待遇差异。城镇的养老、医疗、失业、工伤、生育等各项基本社会保障已经初步建立了相对完善的制度，而农村的社会保障制度建设明显滞后，目前依然以家庭与土地保障为主。比如，从医疗保障制度运行情况看，中国已经建立了城镇职工基本医疗保险制度、城镇居民医疗保障制度和新农村合作医疗制度，基本实现了全民医保，但较之于城镇医保，新农合的筹资水平和报销水平较低，农民和市民之间的医保待遇差别依然较大。

（6）在公共服务政策上的待遇差异。主要体现在城乡居民在义务教育、文化服务、医疗卫生、体育健身等方面的不同政策待遇差异。另外，城市的公共基础设施由政府提供，建设资金来自于财政拨款，有强有力的制度保证，而农村的公共基础设施，仍主要靠农村和农民自行解决。据有关资料统计，在基础设施投入上，城市全社会人均固定资产投资额是农村的近6.89倍。在教育、文化、医疗、体育等公共服务上，市民享有的水平比农民高得多。有研究得出，目前中国名义城乡收入差距为3.3：1，若把基本公共服务，包括义务教育、基本医疗等因素考虑在内，城乡实际收入差距已经达到5：1甚至6：1。按照这个分析，公共服务因素在城乡收入差距中的影响为30%—40%左右。

需要指出的是，移民分“离乡不离土”的农民工和外地流入的城镇居民两类。从法理上讲，“离乡不离土”的农民工享受其户籍地的农民待遇，以及流入地城市对移民的待遇；外地流入的城镇居民享受其户籍所在地的市民待遇，以及流入地城市对移民的待遇，但事实上户籍地的待遇他们难以完整享受，而流入地城市给他们的待遇往往又未能落实到位，与市民待遇存在较大落差。以农民工的社会保障为例，存在社会保险参保率低、统筹范围过小、层次过低等问题，面临着农民工流动性强与社会保障制度灵活性弱、农民工收入水平偏低与社会保险缴费偏高、各地保障模式多样性与实现全国统筹之间的矛盾。

综上分析，当前及今后一段时期内，市民的待遇总体上会优于农民和移民，这既与现阶段经济社会发展水平有关，也与制度设计有关。对于改革开放以来农民和移民在待遇水平上的弱势地位，不能简单归因于制度设计，而是社会发展水平提高造成了原有制度与现有生产力发展水平不相适应，实质在于经济基础决定上层建筑，生产关系与生产力的匹配出现了问题，而不是原来的制度设计带有歧视。我们必须认识到共同富裕是社会主义的本质要求，始终坚持社会公平正义的导向，在完善市民待遇的同时，把更多的精力放在提升农民待遇、落实移民待遇上，使全体人民共享改革发展成果。

3.3 市民、农民、移民三大社会群体待遇的比较

随着经济社会体制改革的深入推进，不同社会群体之间的待遇差距趋于扩大，城乡之间、工农之间的待遇差距更为严重。目前，中国所有的矛盾和问题几乎都集中在待遇矛盾上，科学的待遇比较是解决所有矛盾和问题的关键，否则就会出现“拿起筷子吃肉，放下筷子骂娘”的现象。如果没有科学的待遇比较，会导致不同群体、不同社会成员的心态失衡，进而激化社会矛盾。本节将在阐述待遇比较的意义的基础上，以杭州作为案例，探讨市民、农民、移民三大群体实现“同城同待遇”的比较参照系，系统提出待遇比较的指数化理念，并深入阐述“同城同待遇指数”和“同国同待遇指数”的新理念及其价值。

3.3.1 待遇比较的意义

（1）反映国（公）民待遇现状

对市民、农民、移民三大群体的待遇进行比较，可以客观地反映国（公）民享受待遇的现状。待遇比较的前提，是全面系统地梳理国（公）民法定应享受的待遇和分析各群体实际享受的待遇。通过查找各级政府的法律法规政策，按照七大待遇的划分梳理国（公）民法定应享

受的待遇。目前国家和省一级制定的法律法规已经囊括本书所涉及的各项待遇，但是提供和落实这些待遇的主体是设区的市行政区、县级市、乡镇等各级地方政府。现有的财税制度决定了各级地方政府的财政能力是逐级下降的，乡镇一级政府能够提供的待遇，与设区的市行政区相比，在质量与数量上都存在差距。进入21世纪，中央和地方各级政府重视统筹城乡发展，加大了财政转移支付的力度，逐步提高了农民的待遇，根据本书梳理的杭州市法律和政策的规定，除了土地待遇，农民与市民已经基本实现了同城同待遇，解决了农民待遇缺失的问题，但是在待遇的质量上，与市民相比存在差别仍然是不争的事实。同时，地方政府以户籍为限排他性提供待遇，很大程度上影响了移民在流入地享受国家规定的基本权利，即使地方政府在法规政策上逐步放开对教育、医疗保险、养老保险、租赁公租房等重要待遇对户籍的单一限制，但是与本地居民相比，移民享受待遇的序列靠后、条件限制多，待遇缺失的现象仍然存在。因此，**通过对市民、农民、移民法定待遇和实际待遇享受的比较，可以使政府部门与社会大众全面客观地了解中国三大群体之间待遇差距的状况，为改进与缩小三大群体的待遇差距提供科学依据。**

（2）缓解当前社会矛盾与问题

在当前的中国，破解城镇化问题、推进户籍制度改革、维护农民工权益、推动土地制度改革、健全国（公）民收入分配制度、实现共同富裕、统筹城乡区域发展、落实环境保护政策等社会热点与问题，都与国（公）民的待遇密切相关，在不同的程度上涉及不同社会群体对待遇的选择、转移、接续的问题。无论是破解城镇化问题，还是推进户籍制度改革、推动土地制度改革，都涉及一部分农村居民是否放弃农村居民待遇，其中最重要的待遇是集体土地的承包权和宅基地的使用权，而换取城市居民待遇。学术界对农民工进城落户意愿的研究已经表明，绝大多数的农民工不愿意转为非农户籍，其中不愿意放弃土地待遇是大多数农民工不愿意转户的主要原因，而子女的教育与升学是少数农民工愿意转户的主要原因。这说明农民工通过比较进城落户前后的待遇变化，反对现有待遇转移的政策与条件。因此，**从待遇比较的角度来看，破解城镇化问题、推进户籍制度改革和土地制度改革，就必须在充分比较衡量待遇的前提下，保障农民的选择权力，由农民自主选择是否放弃土地待遇。这样城镇化才能顺利推进，社会矛盾和问题才能得以缓解，**而不顾国（公）民对待遇的比较和选择，推行相关制度改革，则不仅会事倍功半，而且可能激化社会矛盾，产生更多的社会问题。

（3）引导国（公）民注重自身努力

研究待遇问题，特别是流动人口的待遇问题，是为了实现共同富裕的目标，让社会更加的公正公平和谐。通过对市民、农民、移民三大群体待遇的比较，使各群体能够了解自己所能享受的待遇项目，也能够了解自身群体与其他群体之间的待遇差别，明确享受各项待遇的前提条件和不同待遇体系转换接续的条件，在保证规则与起点公平的基础上，允许待遇的结果不同，可以促使国（公）民注重通过自身的努力，不断获得更高的待遇水平。通过待遇的比较，让政府部门和社会大众认识到不同群体存在的待遇缺失和不足问题，可以监督政府改变公共政策，完善市民待遇、提升农民待遇、落实移民待遇，缩小户籍和非户籍人口之间的待遇差距，打破户籍制度所规定的地方保护主义，形成更为公平的社会资源分配机制，为国（公）民的个人发展创造更公平的机会。这样就有助于畅通社会各阶层流动的渠道，有助于减少贫困的代际传递，也有助于引导国（公）民注重通过自身努力不断提高自己的待遇水平。

（4）促进经济社会包容性增长

通过对市民、农民、移民待遇的比较，可以把握三大群体待遇水平状况，推进政府更加注重经济社会的包容性增长。包容性增长与单纯的经济增长不同，它倡导经济社会更加全面均衡地发展，经济增长和社会进步、人民生活改善同步进行。包容性增长强调所有的社会群体平等参与和共享经济增长成果，在经济发展过程中所有群体可以享有各项待遇，各社会群体有机会平等融入社会经济发展的主流之中，公平合理地享有经济发展成果，并能给最弱势群体带来缓冲的社会安全网。林毅夫在《以共享式增长促进社会和谐》中认为，为促进经济社会的包容性增长，政府应增加对基础教育、基本医疗卫生以及其他社会服务的投入，来提高民众特别是弱势群体的基本素质与发展潜能；加强政策与制度的公平性，消除社会不公，创造平等竞争的机会；建立社会风险保障机制以防止与消除极端贫苦。这些发展的理念与建议，与本书研究待遇问题的目的是一致的，通过对三大群体的待遇比较，凸显市民与农民、移民之间的待遇差距，要求政府形成更加公平的共享机制，把经济社会发展

成果最大限度地惠及普通大众，充分发挥社会政策的托底作用，保护弱势群体的利益，真正体现“发展为了人民，发展依靠人民，发展成果让人民共享，发展成效让人民检验”的理念。

3.3.2 “同城同待遇”的比较参照系

所谓“同城同待遇”是指在同一座城市或行政区域内，来自不同地区、不同户籍的不同人群能共同享受同一城市或行政区域内的相同的政治、经济、文化、社会、环境、军事、外交等方面的各种待遇。

（1）“同城同待遇”的“2+3”格局

所谓“同城同待遇”的“2+3”格局，是指在不同层面中实行城镇居民与农村居民两种不同户籍的人员享受同一城市的待遇。“同城同待遇”问题涉及多个层次、多个圈层、多种类别的“同城同待遇”问题，因此，绝不能不加区别、不分层次一概而论。对“同城同待遇”问题，只有在同一层面、相同类别上加以研究，才能对其作出科学界定，得出合理结论。我们认为，“同城同待遇”问题至少应该从2个层次、3个圈层上进行研究。

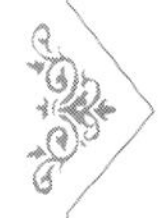

①“同城同待遇”中的2个层次问题

就是“本地城镇居民与本地农村居民的同城同待遇问题”和“本地居民与外地居民的同城同待遇问题”两个层次问题。从户籍制度改革讲，户籍改革就是要取消农村居民户籍和城镇居民户籍二元结构的户籍管理体制，建立一元制的户籍管理制度，由此实现同一地区农村居民和城镇居民的“同城同待遇”。从行政区域范围讲，外地居民包括两类，即外地城镇居民和外地农村居民。我们通常讲的“农民工”，实际上就是指外地农村居民。所谓本地居民与外地居民的“同城同待遇”问题，应该包括外地城镇居民和外地农村居民，与流入地的城镇居民实现“同城同待遇”。

②“同城同待遇”中的3个圈层问题

在同一地区内存在着城乡两种户籍，即城镇居民的户籍和农村居民的户籍问题，也就产生了本区域内的“同城同待遇”问题。就杭州而言，就有3个不同圈层中的“同城同待遇”问题。**第一个圈层，即老城区内的“同城同待遇”问题。**就是上城、下城、江干、拱墅、西湖、滨江6个老城区内城镇居民与农村居民的“同城同待遇”问题。**第二个圈层，即新城区内的“同城同待遇”问题。**就是萧山、余杭两个新城区内城镇居民与农村居民的“同城同待遇”问题。**第三个圈层，即市域县（市）内的“同城同待遇”问题。**就是桐庐、淳安、建德、富阳（2014年12月13日富阳撤市设区，本书所涉数据仍以之前的为据）、临安5个县（市）范围内城镇居民与农村居民的“同城同待遇”问题。上述3个圈层中均有“同城同待遇”的“2+3”问题，如果我们把三个“2+3”问题全部搅在一起，就无法进行科学研究，无法推进户籍改革，也就无法实现城镇居民与农村居民的“同城同待遇”的目标。

（2）“同城同待遇”比较参照系的选择

从“同城同待遇”中的“城”与“待遇”的关系看，其参照系的设置可以分为五大圈层、十大类型。以杭州为例，可分为：第一个圈层是杭州市6个老城区的城镇居民与农村居民；第二个圈层是杭州市萧山、余杭2个新城区的城镇居民与农村居民；第三个圈层是杭州区、县（市）的城镇居民与农村居民；第四个圈层是浙江省其他地区的城镇居民与农村居民；第五个圈层是浙江省外的城镇居民与农村居民。根据这“五大圈层、十大类型”分类要求，按照“就高不就低”的原则，可设置三个层面的“同城同待遇”参照系：

一是6个老城区“同城同待遇”政策参照系。就是以杭州市6个老城区的城镇居民和农村居民作为政策待遇享受对象，以老城区城镇居民政策待遇为标准，形成“同城同待遇”的政策待遇参照系。

二是8个城区“同城同待遇”政策参照系。就是以杭州市8个城区的城镇居民和农村居民作为政策待遇享受对象，以8个城区城镇居民政策待遇为标准，形成“同城同待遇”的政策待遇参照系。

三是13个区、县（市）“同城同待遇”政策参照系。就是以杭州13个区、县（市）的城镇居民和农村居民作为政策待遇享受对象，以13个区、县（市）城镇居民政策待遇为标准，形成“同城同待遇”的政策待遇参照系。

在上述三大政策待遇参照系中，最有价值的是6个老城区的政策待遇参照系，但是这一参照系的标准很高，要实现这一标准的“同城同待遇”难度较大，需要循序渐进、分步实施。

3.3.3 社会群体待遇比较的方法

（1）三大社会群体之间比较

从七大待遇及其二级待遇指标入手，在市民、农民、移民之间进行横向比较。这是开展待遇比较的重点。

（2）三大社会群体内部比较

从七大待遇及其二级待遇指标入手，在市民、农民、移民群体的内部进行横向比较。比如针对移民群体，可以根据移民的来源地不同，对杭州市域5个县（市）移民、浙江省内其他城市的移民、浙江省外的移民分别进行待遇比较。

（3）城市、地区之间比较

不同城市的待遇政策不同，可以对在城市、地区进行不同社会群体的待遇比较，进而反映城市间、地区间的待遇差距。

3.4 待遇的指数化

本节将依据待遇内涵外延、待遇改善的根源等理论研究成果，构建国（公）民待遇指标体系，设计国（公）民待遇菜单，论证设计国（公）民待遇指数化的综合评价方法。

3.4.1 国（公）民待遇指标体系的设计原则

一个指标体系的确定与所依据的具体理论密切相关，待遇的内涵、外延及其形成和改善的根源，是构建评价指标体系的基本依据。具体应遵循以下原则：

（1）全面性与代表性原则

待遇指标体系首先要体现“全面”两字。全面性原则的核心是所设计的指标体系能够反映评价目标的各个方面或者侧面，绝对不能“扬长避短”。由于每一个方面的指标在理论上很难穷举，因此，设计指标体系时还必须注意代表性原则，保证评价对象的每一个子系统都有若干个代表性指标来衬托。

（2）科学性与可行性原则

科学性原则，要求待遇指标体系从指标构成到结构都必须科学、合理，要建立指标体系的层次结构，按一级指标、二级指标、三级指标等分层设置，层层递进，设计的指标口径要一致，要能够与国际社会对比。可行性原则，要求指标体系中的每一个指标都必须是可操作的，必须能够及时搜集到准确的数据。一般而言，当一个指标体系中出现不可操作的指标时，首先应该考虑的是寻找替代指标、寻找专门调查搜集指标的途径、寻找统计估算的方法，不能“一删了之”，否则将有损于评价的全面性和客观性。

（3）稳定性与动态性原则

指标体系既要体现出各类社会群体对待遇追求的长远目标，更要体现与时俱进的精神，把握待遇发展的趋势，注重实现待遇追求的阶段性，根据社会发展的不同阶段，制订不同的标准和指标体系，随着社会的发展逐步调整，对待遇的发展和实现过程进行评价监测。

（4）定性与定量相结合原则

待遇测算是一项系统工程，并不是所有评价指标都具有量的特征，因此要坚持定性与定量相结合的原则，先用定性指标加以描述，再通过问卷调查及适当的数据处理方法对指标进行量化处理，以提高评价的准确性。

3.4.2 国（公）民待遇指标体系的初构、测验与优化方法

（1）指标体系初构

按照评价指标体系的逻辑框架，从政治待遇、经济待遇、文化待

遇、社会待遇、环境待遇、军事待遇、外交待遇等“7+X”个维度分别选取指标予以相应的评价。待遇指标体系的初构可以说明评价指标体系中各指标之间的相互关系、层次结构，由于综合评价问题较复杂，评价目标通常是多层次的，理顺层次关系对于提高评价效率与效果都有重要的作用。一般的评价指标体系可以选择最简单的双层结构的形式出现：第一层为总目标层，第二层为指标层。如果将评价对象作为第三层（底层），则成为“三层”结构。就指标而言，这种双层结构等于没有对指标体系进行结构分类。稍复杂的综合评价指标体系一般为三层结构（不包括由评价对象所构成的底层，以下所有讨论都不包括“对象层”）：总目标层、子目标层、指标层。如图所示：

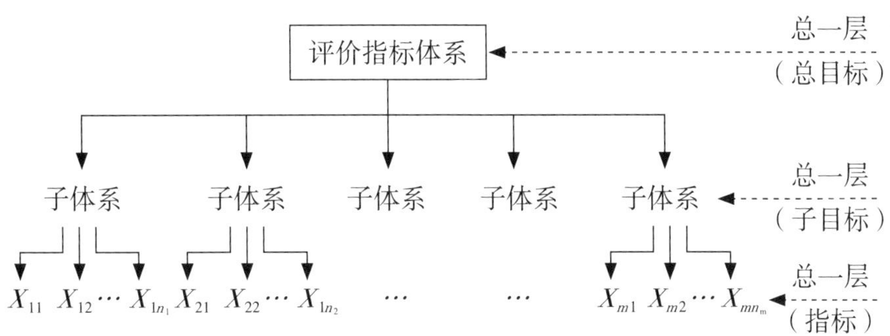

三层指标体系结构图

纵观相关的文献，评价指标体系的初选方法有综合法、分析法、交叉法、指标属性分组法等。

①综合法

综合法是指对已存在的一些指标群按一定的标准进行聚类，使之体系化的一种构造指标体系的方法。例如，西方许多国家的社会评价指标体系设计，常常是在一些公共研究机构拟定的指标体系基础上作进一步的归类整理，使之条理化之后而成的。这就是一种综合法。

②分析法

分析法是将综合评价指标体系的度量对象和度量目标划分成若干个不同组成部分或不同侧面（即子系统），并逐步细分（即形成各级子系统及功能模块），直到每一个部分和侧面都可以用具体的统计指标来描述。这是构造综合评价指标体系最常用、最基本的方法。其基本过程是：首先，合理解释评价问题的内涵与外延，划分概念的侧面结构，明确评价的总目标与子目标。这一步比较关键。例如，在设计待遇指标体系时，通常先要明确“什么是待遇，它分为哪几类”。一般来说，我们可以分为政治待遇、经济待遇、文化待遇、社会待遇、环境待遇、军事待遇、外交待遇等几个方面。对这些概念的分解，也是对评价目标的分解。其次，侧面细分解每一子目标或概念。越复杂的多指标综合评价问题，这种细分解就越重要。例如，对于同城待遇指数指标体系，其中的“政治待遇模块”还可细分为“平等权”、“人身权”、“财产权”、“自由权”、“劳动休息权”、“参政权”、“自治权”7个子子目标。接着重复第二步，直到每一个侧面或子子目标都可以直接用一个或几个明确的指标来反映。再次，设计每一子层次的指标。这里的“指标”不限于社会经济统计学意义上的可量化指标，还包括一些“定性指标”，同城待遇指数指标体系的大部分指标都是定性的。最后得到如图所示的层次结构。

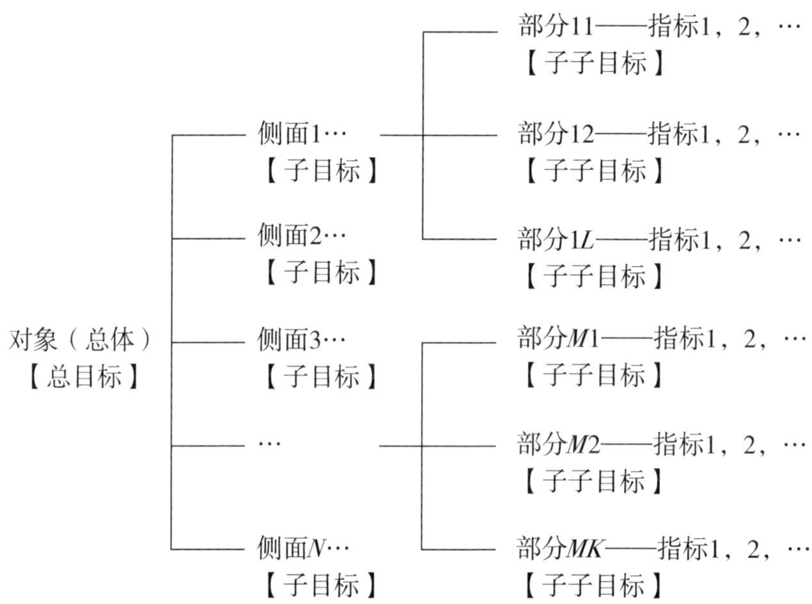

综合评价指标体系层次结构图

③交叉法

通过二维或三维甚至更多维的交叉，可派生出一系列的统计指标，从而形成指标体系。此类方法通常有投入指标、产出指标，所以设计这类指标体系时，尽量全面地列示所有的投入指标与产出指标，通过矩阵形式将它们作两两比较，就可得到指标体系。

④指标属性分组法

由于统计指标本身具有许多不同属性，有不同的表现形式，所以在初选时，指标属性也可以是不统一的。因此，初选评价指标体系时，可以从指标属性角度构思体系中指标元素的组成。一般可以先将指标分为“动态”与“静态”两类，然后每一类中还可以从“绝对数”、“相对数”、“平均数”等来构造指标元素。

（2）指标体系的测验

初构的评价指标体系注重结构的完整性，但也忽视了指标之间信息是否存在重叠、是否可获得、是否有评价足够的区分度，因此，需要对初构的指标群进行精选（筛选）和测验。待遇指标体系的测验要解决初选的指标体系中各单个指标是否科学，指标构成的整体是否具有科学性，从而保证单个指标的尽量完善。一般包括单体测验和整体测验两部分内容。

综合评价指标体系测验的方法可划分为“定性测验”与“定量测验”两类。定性测验能准确把握单项指标计算内容与计算范围的本质，对单项指标的评价能力或评价效力能够做出较为准确的、符合实际的判断，能够充分发挥人的主观能动性，剔除可信度太低或者测量效率太差、与评价目标不一致的那些指标，但是“客观性”差一些。定量测验的优点是“客观性”强，可以发现定性测验无法察觉的一些问题，如指标之间的重叠度太高或区分度太低，但容易导致“过于僵化”的不良后果，有时会把看似科学而实际不合理的指标纳入到评价指标体系中去。因此，在实际操作过程中，应该以定性测验为基础，以定量测验为补充。

①单体测验

单体测验是对整个评价体系中的每一个元素（即单项评价指标）从可行性、正确性、真实性三个方面进行的分析。可行性是指该指标的数值能否正确获得。那些无法或很难取得准确资料的指标，或者即使能取得但花费很高，都是不可行的，因此综合评价指标体系中每一个指标必须首先在技术上和经济上是切实可行的。正确性是指指标的计算方法和计算范围及计算内容应该科学。真实性是指分析特定综合评价数据资料的质量高低，是否符合特定综合评价方法的需要。在指标体系设计阶段，单项评价指标测验以“逻辑测验”为主要手段，基本思路包括“关联性测验”、“方向性测验”、“关键点测验”、“可行性测验”等。

关联性测验（T_1）：即检查单项评价指标在计算内容上是否包括应该纳入的所有内容和不该纳入的一些内容。具体来说，包括两个方面的内容。一是“计算内容的完整性”测验，即分析在其他要素不变的情况下，那些应该影响指标结果的项目（因素）的增加和减少有没有引起该指标值的相应变化。如果该指标值不受这些因素变化的影响，则说明它在计算内容上是不完整的，存在“遗漏”，因而是不合理的。二是在其他要素不变的情况下，分析那些不应该影响单项评价指标计算结果的项目（因素）的增减变化有没有引起指标值的变化。如果这个评价指标值受这些“无关”因素变化的影响，则说明它是不科学的。

方向性测验（T_2）：方向性测验包括两个方面的内容。一是检查单项评价指标内部各组成部分变化与该评价指标本身的取值变化在方向上是否协调；二是每个单项评价指标在评价方向上是否与评价目标相协调。方向不一致的指标可以通过“单向化”或“转向化”进行变换。

关键点测验（T_3）：有不少统计指标（特别是人为设计的）在一些关键点上的取值往往是有特殊含义的，因此可以通过对关键点的分析来判断一个指标的合理与否。即检查单项评价指标y是否在标志x（x_1，x_2，…，x_n）取一些关键值（也可称为临界点）时达到预计的值（通常是指最大值、最小值、零点、中位值、极点、拐点以及其他有着特殊意义的数值）。若y在x的“意外”处达到了上述这些特殊值，或在预计的x点未能达到上述这些特殊值时，则说明指标y在计算方法或计算内容上存在缺陷。特别是对经过值域变换之后的统计评价指标公式的测验，更应注意对关键点进行测验，以判断评价指标或标志变换的效果如何。

可行性测验（T_4）：一般来说，设计综合评价指标体系的直接目的是在实践中应用。因此，还要对指标数据来源的可行性进行检查，即分析该评价指标计算时所需要的原始资料或次级资料能否及时取得、能否准确（真实）取得（准确或真实程度的标准依赖于研究目的）、能否经济取得（为取得该指标所付出的“统计成本”是否超过指标本身的价值，即是否“得不偿失”。这三方面的内容可分别称为时间可行性分析、技术可行性分析与经济可行性分析。若这三个方面中的任何一个方面表现出“不可行”，则该指标将无法实施，因此必须考虑重新修正指标公式，如重新确定计算内容、删除一些搜集难度大而与测量目标关系不大的计算项目、重新确定标志（重新确定计算口径或计算内容，即重

新“操作化”）、重新界定计算范围、对指标公式进行恒等变换或近似变换。

②整体测验

待遇指标体系的整体测验主要是检查整个评价指标体系中指标之间的协调性（或称一致性）、整体必要性、整体齐备性（或称全面性、完整性）。协调性或一致性是指组成综合评价指标体系的所有指标相互之间在有关计算方法、计算范围上应协调一致而不能相互矛盾。必要性是指构成综合评价指标体系的所有元素从全局出发是否都是必不可少的，有无冗余现象。一般来说，对必要性的测验，可采用定性分析与定量分析相结合的方式。对于定量分析，通常是计算“辨识度”和“冗余度”这两类指标。

辨识度分析：“辨识度”是指一个统计评价指标在区分各评价单位某一方面价值特征时的能力与效果，也称为“区分度”。构成统计评价与决策指标体系的各分项指标的“辨识度”应尽量高，否则，若各单位该指标的取值无明显差异，就无法判定各评价对象的优劣，无法做出科学的决策取舍。“辨识度”指标一般可以采用变异系数公式来计算。实践中可以根据经验来确定变异系数的数量界限。例如，当某项指标的变异系数不足5%时，可认为该指标的区分度低，而考虑删去。但并不是任何情况下的综合评价指标体系设计都应该将“区分度”为零或近似为零的指标全部删去。若是排序评价，删除区分度低的指标是可取的，但在价值评价时，保留这些区分度低甚至没有区分度的指标依然是十分重要的，否则就会歪曲评价对象的实际价值水平，进而误导评价实施者与决策者。

冗余度分析：冗余度分析是指综合评价指标体系内的各分项评价指标之间在计算内容上的重复（重叠）程度。同一指标体系内的各指标之间的重叠度应尽量低。如果在综合评价指标体系中存在严重的指标冗余现象，即两个指标或多个指标之间存在比较严重的重叠或交叉现象，则无形中夸大了重叠部分指标的权重，从而使评价结果出现失真，决策行为出现偏误。测量综合评价指标体系内各指标之间交叉重叠程度的指标称为“冗余度”系数，通常可采用相关系数或相似系数、关联系数等公式计算。通过计算评价指标体系中指标的两两相关程度，可得相关矩阵。如果两个或多个评价指标之间相关程度过高，以至一个指标可以由其他若干个指标完全地线性表示，则这个指标就是多余的，应考虑删去这些“多余”的指标。消除指标重叠影响的定量方法有许多，比较有效的方法有以下几种：建立分指标分层结构、分离重叠源、修正指标权重、极大不相关法、聚类分析法、因子分析法等。相比较而言，后两种方法不仅意义明确，而且容易操作。如聚类分析法既是指标体系结构初构的一种方法，同时也是指标体系精选中的一种有效的分析方法。它是采用聚类分析方法中的“指标聚类”方式来对原指标进行归类，然后根据一定的选择标准（可以是直接确定最终指标体系的个数，即类数，也可以是给出指标相关性“阈值”）确定出相应的分类数，从每一类中选择一个（其实也可以是若干个）代表性指标，最后构成一个指标体系。

③齐备性（完整性）

齐备性是指综合评价指标体系是否已全面地、毫无遗漏地反映了最初的描述评价目的与任务。通常采取定性分析来判断，可以根据指标体系层次结构图的最底层（指标层），检验每个侧面所包括的指标是否全面、完整。“区分度”检验的目的是了解指标的排序评价能力，“重叠度”检验的目的是分析评价指标两两相“交”是否为“空集”，而“齐备性”检验则是分析评价指标体系的“和”是否为“全集”。

（3）指标体系的优化方法

对综合评价指标体系进行结构优化是很重要的，一个结构合理的指标体系，有助于评价结论的合理性，指标体系结构优化的内容与方法主要有：

①指标体系结构完备性分析

上面的齐备性测验主要是针对指标层进行分析的，而从整个指标体系结构看，齐备性分析主要是检查综合评价目标的分解是否出现遗漏，有没有出现目标交叉而导致结构缺失的情况。重点是对平行的结点（子目标或子子目标）进行重叠性与独立性的分析，检查是否存在平行的某一个子目标包含了另一个或几个子目标的部分或全部内容。有两种方法：一是进行归并处理，即将有重叠的子目标合并成一个共同的子目标；二是进行分离处理，将重叠部分从中剥离出来。指标体系结构完备性分析一般采用定性分析的方法进行优化。

②指标体系的层次“深度”与“出度”分析

综合评价指标体系的层次数（层次深度）与指标总个数、每一上层直接控制的下层个数有关。每一上层控制下属单位个数称为“出度”，

（信息系统设计中称为“扇出数”）；控制该下层的直接上层个数称为该下层的“入度”（信息系统设计中称为“扇入数”，树形结构中，除了总目标之外的所有结点入度均为1）。评价对象概念的复杂程度较高，则层次数可以多一些，但层次数过多，每一层次内部指标个数就会减少。显然，层次深度与“出度”之间是相互制约的。一般的综合评价指标体系层次深度（包括最底层的指标层）在3—6层是比较合理的，层次过多会使评价问题的因素分析（即从不同侧面变动对总变动影响构成的角度进行因素分析）变得复杂化。并且，根据心理学研究结论，人们对于9项以上的项目进行两两比较时，极容易导致“不一致”的情况。由于综合评价指标体系层次结构图还要用于构权，因此指标层次结构图的“出度”不能超过9，最理想的层次出度是4—6，一般情况“出度”应该大于1（特殊情况允许个别结点的出度为1，但在综合评价指标体系结构中，出度为1的情况应尽量少）。对于一个初选的指标体系结构，若“深度”或“出度”不太合理，可以通过归并或分割的方式进行优化。

③指标体系结构的聚合情况分析

从系统结构看，综合评价指标体系中各子体系的指标是一个“类”，应该有合理的或科学的依据保证它们“可以聚合在一起”。系统功能聚合有多种类型，比如“功能聚合”、“相关性聚合”、“顺序聚合”、“暂时聚合”、“机械聚合”等。在综合评价指标体系中，有两种可以使用的聚合方式：功能聚合与相关性聚合。功能聚合是将评价同一侧面或同一目标的单项指标放在一个模块之内，而将不同评价目标的指标放入不同的模块之中。这是综合评价指标体系结构的最基本要求，所有的指标体系都必须依此进行聚合。相关性聚合是指将彼此相关程度或相似程度高的评价指标聚在一个模块之中，而将不太相似的指标放入其他类。对于效用函数法、模糊综合评价法进行综合评价时，相关性聚合是没有意义的、不必要的。但对于多元统计分析法，相关性聚合是必不可少的。因为主成分分析、因子分析法等都与相关系数矩阵有关，若不进行相关性聚合，就很可能导致综合评价结果的不合理。相关性聚合只适用于对最低层——指标层的再分类，且只能对层内指标进行这种相关性聚类，而不能对所有指标进行一次性聚类，因为相关性聚类的结果很可能与功能聚类结果相矛盾。相关性分类的方法可采用聚类分析法或因子分析法。总之，对于初构的评价指标体系进行结构优化时，应以功能聚合为主线，相关性聚合为必要时的补充，消除机械聚合与顺

序聚合等不合理的指标分类结构。

3.4.3 国（公）民待遇指标体系的构建及其解释

构建以7个一级指标、27个二级指标、91个三级指标为测评指标，以市民、农民、移民为测评对象的国（公）民待遇指标体系。

（1）政治待遇

政治待遇是指公民依据法律政策规定享有政治方面的权利和权益。它包括公民的平等权、人身权、财产权、自由权、劳动休息权、参政权和自治权等待遇。

①平等权

平等权是指公民依法享有的与其他公民处于平等地位的权利。中国宪法规定：公民在法律面前一律平等，任何公民享有宪法和法律规定的义务。任何公民、政党、国家机关、武装力量均不享有超越宪法和法律的特权。

②人身权

人身权又称“人身非财产权”，是“财产权”的对称。民事主体享有的含有人格或身份内容的，与特定主体不可分离的，无直接财产内容的权利。为绝对权、专有权、支配权。

人格权。民事主体具有法律上的独立人格必须享有的权利。为每个公民、法人毫无例外的、终身享有的权利。如公民的姓名权、生命权、健康权、肖像权、名誉权、法人的名称权等。

身份权。民事主体因具有特定身份时依法享有的权利。不是每个公民、法人都毫无例外享有的权利，也不一定都是终身享有的权利。如公民的荣誉权、监护权、法人的荣誉权等。非法侵犯人身权可能引起多种法律责任，由此引起的经济损失或自然人的精神损害，侵害人应负民事赔偿责任。

③财产权

财产权是“人身权”的对称。财产权指具有一定物质内容并直接体现为经济利益的权利。包括物权、债权、继承权以及无形财产权（如知识产权等）。可由民事法律关系产生，也可由婚姻、劳动等法律关系产生，如由婚姻关系产生的夫妻间的财产权、由劳动法律关系产生的劳动报酬权等。是一定社会的物质资料占有、支配、流通与分配关系的法律表现，并因社会制度不同而有不同的性质和内容。非法侵犯财产权可能引起多种法律责任，由此引起的经济损失侵害人应负民事赔偿责任。

财产所有权。财产所有人对自己的财产依法享有的占有、使用、收益和处分，并排除他人干涉的权利。财产所有权是物权中最完整、最充分的权利，是他物权设定的基础。所有权的取得、转移与行使，都必须符合法律的规定。

财产经营权。对财产的占有、使用和依法处分的权利。所有权决定经营权，经营权从属于所有权，两者可以是一致的，又可以在一定条件下相分离。

财产承包权。即在生产资料所有权不变的条件下，根据所有权和经营权适当分离的原则，以承包经营合同形式，确定的所有者与经营者的责权利。

财产抵押权。因财产抵押而产生的权利。担保物权的一种。债权人对于债务人或第三人提供的作为债务履行担保的财产，于债务人到期不履行债务或者约定的实现抵押权的情形出现时，就抵押财产的折价或者拍卖、变卖的价款优先受偿的权利。

财产留置权。债务人不履行到期债务，债权人可以留置已经合法占有的债务人的动产，并有权就该动产优先受偿的权利，也是担保物权的一种。

财产继承权。继承人依法承受死者（被继承人）生前财产的权利。在继承人死亡或者宣告死亡这一法律事实出现之前，是一种期待权；在上述事实出现后，才开始具有实行的效力，成为既得权。

④自由权

自由权是公民依法享有的某些行为不受非法干涉的权利。中国宪法规定公民享有广泛的自由权，如言论、出版、集会、结社、游行、示威的自由，宗教信仰自由，人身自由，通信自由，进行科学研究、文学艺术创作和其他文化活动的自由，等等。自由具有可放弃性，但不具有绝对性。公民行使自由权时不得损害国家的、社会的、集体的利益和其他公民的合法的自由和权利。公民的自由权受到不法侵害时，可采取自力救济方式予以制止，也可以寻求公力救济，追究侵权人的法律责任。

迁徙自由权。公民自由地在国内迁徙的权利及依法出入境的自由。迁移自由在广义上等同于居住自由，在狭义上仅指公民在国籍所在国领土内自由旅行和定居的权利。除被依法限制人身自由或依法院裁决不得离开原居住地者外，公民可在境内迁徙，也可超出国界。

居住自由权。公民根据自己的意愿选择居住处，不受非法干涉的自由。居住自由是人身自由的延伸。因国家安全、公共安全、公共秩序和保障他人权利和自由，可对公民的居住自由作相应限制。

言论、出版、集会、结社、游行、示威自由权。口头或书面表达意见、交流思想的自由，是宪法规定的公民权利之一。广义的言论自由指表达自由或表现自由，包括言论自由、集会结社自由和游行示威自由。

通信自由权。公民有通过书信、电话、电信及其他通信手段，根据自己的意愿进行通信，不受他人干涉的自由。通信自由作为公民人身自由和言论自由的重要内容，是公民参与社会生活、进行社会交流的必要手段，是公民不可缺少的基本自由。

宗教信仰自由权。公民依据内心的信念，自愿地信仰宗教的自由。信仰宗教是个人选择的事情。宗教信仰自由作为一种权利体系，主要由信仰的自由、宗教活动自由、宗教仪式自由构成。

婚姻自由权。男女双方按照法律的规定，有自主自愿地缔结婚姻关系或解除关系的自由。婚姻自由权利不受种族、国籍或宗教的限制，不受对方或者他人的强迫、限制和干涉。

⑤劳动休息权

劳动休息权是指公民依据法律规定享有的参加社会劳动和获得休息权利。

劳动权。具有劳动能力的公民依法享有的参加劳动以及获得报酬的权利。它是公民的基本权利之一，是公民享有的最基本的经济权利，是公民享受其他的权利的物质基础。中国宪法规定，国家通过各种途径，创造就业条件；同时，国家对就业前的公民进行必要的劳动就业训练。在中国，公民参加劳动也是公民对社会、国家应尽的义务。

休息权。公民依法享有的带薪休息的权利。它是公民的基本权利之一。中国实行八小时工作制，周工作时间为四十小时，劳动者享有法定节假日、探亲假。法定节假日的劳动给予双倍以上报酬。

⑥参政权

参政权指一国公民参与国家政治活动的权利。包括公民所享有的选举权、被选举权、罢免权、复决权、控告权、检举权等。

选举权与被选举权。选举权和被选举权是公民的基本政治权利之一。选举权是公民选举国家代表机关的代表与其他公职人员的权利。被选举权则是公民被选任为国家代表机关的代表或其他公职人员的权利。选举权和被选举权通常由一国宪法、法律规定并受到保护。

知情权。人们获取并了解信息的权利。又称“知察权”、“知晓权”、“获知权”。指社会公众具有按照个人所能选择的方式，了解一切与其生活有关或与社会公共事物有关的信息的权利。

批评、建议、申诉、控告、检举权。批评建议、申诉、控告、检举权是公民最基本的政治权利。《宪法》第四十一条规定：“中华人民共和国公民对于任何国家机关和国家工作人员，有提出批评和建议的权利；对于任何国家机关和国家工作人员的违法失职行为，有向有关国家机关提出申诉、控告或者检举的权利，但不得捏造或者歪曲事实进行诬告陷害。”

公共事务管理权。政府机构及其职能部门，有权通过制定政策和规则、实施规则，采取必要的手段对国民经济的生产、流通、分配和消费等环节进行管理和监督；有权对教育、科学、文化、卫生等社会事务进行组织和管理；有权对社会福利、社会保障、社会救济、环境保护等进行管理、调节和监督。

公共决策权。公共决策权是一种公共权力，其本源是来自人民的授予，直接来源于法律的授权，任何公共决策行为都必须得到人民的认可并符合国家法律规定。人民授予公共管理部门和公共管理人员一定公共决策权力的目的，是用来解决社会公共问题，为社会公众提供公共服务。公共决策权力的运用必须向社会公开并有社会公众的参与，公共决策权力的运行必须受到约束和监督。

⑦自治权

自治权是指团体或个人依据法律享有自治管理权利。

社会团体自治权。社会团体自治权的权利主体是社会团体而不是地方团体，是集体权利而非个体权利，是社会团体进行自我管理、自我发展的权利。社会团体自治权也仅是一种社会权利，而不是公权力，是宪法结社自由权的逻辑延伸，属于一项宪法未列举权利。

少数民族自治权。少数民族在中央政府的统一领导下，在本民族聚居的地区建立区域自治，管理本民族地方性事务的权利。中华人民共和国成立以后，在1952年的《中华人民共和国民族区域自治实施纲要》中提出，少数民族地区聚居地区可以实行自治，享有自治权。

特别行政区自治权。1981年9月30日中国政府作出《关于台湾回归祖国实现和平统一的方针政策》中提出，国家实现统一后，台湾可作为特别行政区，享有高度的自治权。

农村和社区自治权。农村和社区自治作为体现中国人民代表大会政治制度，推进民主政治建设，人民群众参与国家管理，创造自己幸福生活的有效形式，是一种有限的自治。

(2) 经济待遇

经济待遇是指公民依据法律、政策规定享有经济方面的福利、服务和保障。它包括公民的土地待遇、住房待遇、经济补偿待遇、税费待遇、物质分配待遇、技能资质待遇等待遇。

①土地待遇

土地待遇是指公民依据法律政策规定享有土地方面的经济待遇。

承包地待遇。承包地是指农村集体经济组织成员有权依法承包由本集体经济组织发包的农村土地。承包地待遇主要指承包者依法享有承包地使用、收益和土地承包经营权流转的权利，自主组织生产经营和处置产品的权利等。

宅基地待遇。宅基地是指农村的农户或个人用作住宅基地而占有、利用本集体所有的土地，包括建了房屋的土地、建过房屋但已无上盖物，不能居住的土地以及准备建房用的规划地三种类型。宅基地待遇指宅基地使用权人依法对集体所有的土地享有占有和使用的权利，依法利用该土地建造住宅及其附属设施的权利。

②住房待遇

住房待遇是指公民依据法律政策规定享有住房方面的经济待遇。

住房公积金待遇。住房公积金待遇是指国家机关、国有企业、城镇集体企业、外商投资企业、城镇私营企业及其他城镇企业、事业单位为其在职职工缴存的长期住房储金的待遇。

经济适用房待遇。经济适用住房待遇是指已经列入国家计划，由城市政府组织房地产开发企业或者集资建房单位建造，以微利价向城镇中低收入家庭出售住房的待遇。

公共租赁房待遇。公共租赁房待遇是对不属于低收入人群但住房困难的人员提供住房帮助的待遇。

拆迁安置房待遇。拆迁安置房待遇是政府因城市规划、土地开发等原因进行拆迁时，向被拆迁住户（安置的对象是城市居民被拆迁户，也包括征拆迁房屋的农户）提供安置房屋的待遇。

廉租房待遇。廉租房待遇是指政府以租金补贴或实物配租的方式，向符合城镇居民最低生活保障标准且住房困难的家庭提供社会保障性质住房的待遇。

人才用房待遇。人才专项用房待遇是指由城市政府指定的建设主体组织建设，为符合城市人才专项用房申购条件的人才提供保障性住房的待遇。

自建房待遇。自建房待遇指政策法规规定的农民具有特殊的宅基地建设自己居住的房屋用以栖身安家的待遇。

商品房待遇。商品房是由房地产开发商统一设计，批量建造后，作为商品出售的房屋，通常是作为居民住宅。所谓商品房待遇主要指城市政府政策法规规定的给予居民购买商品房的优惠政策待遇。

③经济补偿待遇

经济补偿待遇是指公民依据法律政策规定享有经济补偿方面的经济待遇。

拆迁补偿待遇。拆迁补偿是指拆迁人对被拆除房屋的所有人，依照相关法规的规定给予的补偿。拆迁补偿的方式，可以实行货币补偿，也可以实行房屋产权调换，还可以选择货币补偿和产权置换相结合的补偿方式。

征用补偿待遇。土地征用补偿指征用人对被征用土地的所有人，依照相关法规的规定给予的补偿。补偿费用包括土地补偿费、安置补助费、地上附着物补偿费和青苗补偿费。

④税费政策待遇

税费政策待遇是指公民依据法律政策规定享有税费减免方面的经济待遇。

⑤物质分配待遇

物质分配待遇是指公民依据法律政策规定享有物质分配方面的经济待遇。

工资待遇。工资是指雇主或者法定用人单位，依据法律规定或行业规定或根据与员工之间的约定，以货币形式对员工的劳动所支付的报酬。

⑥技能资质待遇

技能资质是指从事各种技能服务的单位或个人，为服务对象提供技能服务时，必须提供的按国家统一规定参加考试考核评审，由政府部门颁发的专业技能服务资质证书或资格证书。公民可凭借其获得的专业技能服务资质证书或资格证书获得一定的物质待遇。

（3）文化待遇

文化待遇是指公民依据法律政策规定享有文化方面的福利、服务和保障。它包括公民的教育、文化、体育等方面的待遇。

①教育待遇

教育待遇是指公民依据法律政策规定而享有接受教育的权利以及获得教育方面物质帮助的待遇。

学前教育待遇。学前教育是指为学龄前三年儿童提供保育和教育服务活动的总称，是国民教育体系的重要组成部分，是重要的社会公益事业，应当纳入教育优先发展范畴。

义务教育待遇。义务教育是保障适龄儿童、少年享有平等接受义务教育的权利，凡年满六周岁的儿童，不分性别、民族、种族，应当入学接受规定年限的义务教育。国家实行九年义务教育制度，可以分为初等教育和初级中等教育两个阶段。

高中教育待遇。高中是高级中学的简称，中国中学分为初级中学与高级中学，属于中等教育的范畴。高中是中国九年义务教育结束后更高等的教育机构，上接初中，下启大学，一般为三年制。中国的高中教育指初中以后高中阶段的教育，包括普通高中、职业高中、中等专业学校、技工学校等。

高等教育待遇。高等教育待遇是指在完成中等教育基础上实施的教育，包括学历教育和非学历教育，采用全日制和非全日制教育形式，分为专科教育、本科教育和研究生教育。

成人教育待遇。成人教育是指有别于普通全日制教学形式的教育形式，有四种主要形式，分别是成人高考（学习形式有脱产，函授，夜大）、高等教育自学考试（自考）、广播电视大学（电大现代远程开放教育）和远程教育（网络教育）。除成人高考以外，报考其他三种不需参加全国统一入学考试。

职业教育待遇。职业教育对受教育者进行思想政治教育和职业道德教育，传授职业知识，培养职业技能，进行职业指导，全面提高受教育

者的素质。职业教育是国家教育事业的重要组成部分，是促进经济、社会发展和劳动就业的重要途径，分为初等、中等、高等职业学校教育。

特殊教育待遇。特殊教育是国家教育事业的组成部分。实施特殊教育应根据残疾人的身心特性和需要，全面提高其素质，为残疾人平等参与社会生活创造条件。特殊教育应根据残疾人的残疾类别和接受能力，采取普遍教育方式或特殊教育方式，充分发挥普通教育机构在实施特殊教育中的作用。

继续教育待遇。继续教育是指针对专业技术岗位需要开展的，使专业技术人员能经常获得知识、技能的补充、更新、提高和完善的教育。

②公共文化服务待遇

公共文化服务待遇是指公民依据法律政策规定而享有基本文化产品及服务方面的待遇。

（4）社会待遇

社会待遇是指法律、政策规定的由公民享有的社会方面的福利、服务和保障。它包括公民的社会保险、社会福利、社会救助、社会优抚和社会公共服务等待遇。

①社会保险待遇

社会保险是指公民依据法律政策规定享有养老、疾病、工伤、失业、生育等物质帮助、补偿与服务的权益与保障。

养老保险待遇。职工应当参加基本养老保险，由用人单位和职工共同缴纳基本养老保险费。无雇工的个体工商户、未在用人单位参加基本养老保险的非全日制从业人员以及其他灵活就业人员可以参加基本养老保险，由个人缴纳基本养老保险费。国家还建立新型农村社会养老保险制度和城镇居民社会养老保险制度。

医疗保险待遇。职工应当参加职工基本医疗保险，由用人单位和职工按照国家规定共同缴纳基本医疗保险费。无雇工的个体工商户、未在用人单位参加职工基本医疗保险的非全日制从业人员以及其他灵活就业人员可以参加职工基本医疗保险，由个人按照国家规定缴纳基本医疗保险费。国家还建立新型农村合作医疗制度和城镇居民基本医疗保险制度。

失业保险待遇。职工应当参加失业保险，由用人单位和职工按照国家规定共同缴纳失业保险费。

工伤保险待遇。职工应当参加工伤保险，由用人单位缴纳工伤保险费，职工不缴纳工伤保险费。

生育保险待遇。职工应当参加生育保险，由用人单位按照国家规定缴纳生育保险费，职工不缴纳生育保险费。

②社会福利待遇

社会福利待遇是指公民依据法律政策规定享有由政府或社会提供的福利方面的社会待遇。

老年福利待遇。老年人是指60周岁以上的公民。国家和社会应当采取措施，健全对老年人的社会保障制度，逐步改善保障老年人生活、健康以及参与社会发展的条件，实现老有所养、老有所医、老有所为、老有所学、老有所乐。国家保护老年人依法享有的权益。老年人有从国家和社会获得物质帮助的权利，有享受社会发展成果的权利。

残疾人福利待遇。残疾人是指在心理、生理、人体结构上，某种组织、功能丧失或者不正常，全部或者部分丧失以正常方式从事某种活动能力的人。残疾人在政治、经济、文化、社会和家庭生活等方面享有同其他公民平等的权利。残疾人的公民权利和人格尊严受法律保护。

未成年人福利待遇。未成年人是指未满18周岁的公民。未成年人享有生存权、发展权、受保护权、参与权、受教育权等权利。未成年人不分性别、民族、种族、家庭财产状况、宗教信仰等，依法平等地享有权利。

妇女福利待遇。妇女在政治的、经济的、文化的、社会的和家庭的生活等各方面享有同男子平等的权利。国家保护妇女依法享有的特殊权益。

③社会救助待遇

社会救助待遇是指社会弱势人群依据法律政策规定享有由政府与社会提供的款物接济和扶助。

贫困救助待遇。国家对共同生活的家庭成员人均收入低于当地最低生活保障标准，且符合当地最低生活保障家庭财产状况规定的家庭，给予困难救助。

孤寡病残救助待遇。国家对无劳动能力、无生活来源且无法定赡养、抚养、扶养义务人，或者其法定赡养、抚养、扶养义务人无赡养、抚养、扶养能力的老年人、残疾人以及未满16周岁的未成年人，给予救助。

乞讨人员救助待遇。因自身无力解决食宿，无亲友投靠，又不享受城市最低生活保障或者“农村五保”供养，正在城市流浪乞讨度日的人员，救助站应予以救助。

应急救助待遇。发生自然灾害后，各级政府视情启动自然灾害救助应急预案，对受灾群众开展应急救助。

临时救助待遇。居民因突发性事件或重大疾病等特殊原因导致家庭基本生活出现暂时性困难，可申请临时救助。

④公共服务待遇

公共服务待遇是指公民依据法律政策规定享有公共服务环境方面的福利、服务和保障。

就业（创业）服务待遇。劳动者依法享有平等就业（创业）和自主择业（创业）的权利，劳动者就业（创业），不因民族、种族、性别、宗教信仰等不同而受歧视。

医疗服务待遇。医疗服务的目标是保障社会成员生命健康权利，使社会成员在防病治病过程中按照防治要求得到治疗。

计划生育服务待遇。实行计划生育是基本国策，国家鼓励公民晚婚、晚育，符合一定条件，经批准，可以生育第二个子女。

殡葬服务待遇。被划定为火葬区的地方，常住人员死亡实行火化，丧主或死者所在单位应及时通知殡仪馆接尸办理火化手续。

法律服务待遇。政府保障经济困难的公民获得必要的法律服务，符合相应规定的公民可以获得法律咨询、代理、刑事辩护等无偿法律服务。

（5）环境待遇

环境待遇是指公民依据法律、政策规定享有环境方面的福利、服务和保障。它包括公民的生活环境待遇、公共服务待遇等待遇。

①生活环境待遇

生活环境待遇是指公民依据法律政策规定享有生活服务环境方面的福利服务和保障。

生活供水待遇。城市自来水供水企业和自建设施并对外供水企业向用户供给符合国家规定的饮用水卫生标准的用水。

生活供电待遇。供电企业向用户供给质量符合国家标准并不得中断的用电。

生活供气待遇。燃气经营者向燃气用户持续、稳定、安全供应符合国家质量标准的燃气，指导燃气用户安全用气、节约用气，并对燃气设施定期进行安全检查。

生活供暖待遇。热源单位所产生的蒸汽、热水通过管网向用户有偿提供生产和生活用热。

生活废弃物处理待遇。政府统筹安排建设城乡生活垃圾收集、运输、处置设施，提供生活垃圾污染环境防治的社会服务。

社区环境待遇。社区环境是社区主体赖以生存及社区活动得以产生的自然条件、社会条件、人文条件和经济条件的总和。社区向居民提供的良好的自然条件、社会条件、人文条件和经济条件的待遇。

生态环境待遇。政府结合当地自然环境的特点，通过保护植被、水域和自然景观，通过加强城市园林、绿地和风景名胜区的建设与管理，而使公民享受良好生活环境的待遇。

交通环境待遇。政府根据服务质量、运输距离以及各种公共交通换乘方式等，建立多层次、差别化的价格体系，而使公民获得便捷出行的待遇。

治安环境待遇。政府通过采取有效措施，化解社会矛盾，增进社会和谐，保障公民人身安全，使公民能够安居乐业的待遇。

②工作环境待遇

工作环境包括硬件和软件两方面。硬件环境是指机器设备，办公用具，照明、温度、通风等；软件环境包括组织结构、领导方式、信息沟通、人事制度、教育培训、人际环境等。

劳动安全待遇。生产经营单位应保障从业人员劳动安全，防止职业危害，并依法为从业人员办理工伤社会保险。生产经营单位不得以任何形式与从业人员订立协议，免除或者减轻其对从业人员因生产安全事故伤亡依法应承担的责任。

（6）军事待遇

军事待遇是指现役军人、民兵预备役依据法律政策规定享有的福利、保障与优待。它包括军人待遇、民兵预备役待遇。

①军人待遇

军人待遇是指现役士兵、军官、武警及文职人员依据法律政策规定享有的福利、保障与优待。

②民兵预备役待遇

民兵预备役待遇是指民兵、预备役依据法律政策规定享有的福利、保障与优待。

③军人优抚待遇

军人优抚待遇指军人及其家属等特殊人群依据法律政策规定享有由国家提供的物质帮助与政策优待。

烈士优抚待遇。即国家和社会对为人民利益作出牺牲，并被认定为烈士的贡献者给予的良好待遇。

烈士家属抚恤。向烈士家属提供的物质照顾和精神抚慰等待遇。

伤残军人优待待遇。向因公致残的军人提供的物质照顾和精神抚慰等待遇。

军人家属优待待遇。向因公牺牲军人家属、病故军人家属、现役军人家属提供的物质照顾和精神抚慰等待遇。

复员退伍军人和军队退休干部安置待遇。政府给予复员退伍军人和军队退休干部的以扶持就业为主，自主就业、安排工作、退休、供养等多种方式相结合的安置待遇。

（7）外交待遇

外交待遇是指依据我国法律、政策规定及缔结或加入的有关国际条约的规定，具有中国国籍的公民所享有的福利、服务和保障。它包括公民的外交保护待遇、对外劳务待遇和华侨优惠待遇等。

①外交保护待遇

外交保护待遇是指公民依据中国法律政策及缔结、加入的有关国际条约的规定，享有的外交保护方面的服务和保障。

②华侨优惠待遇

华侨优惠待遇是指华侨、归侨及侨眷依据中国法律政策规定享有的政治、经济、文化、社会、环境等方面的待遇。

③对外劳务待遇

对外劳务待遇是指公民依据法律政策规定享有对外劳务方面的福利、服务和保障。

3.4.4 国（公）民待遇菜单的设计

为了测算国（公）民待遇指数，我们必须在构建待遇指标体系的基础上，按照“合法、合理、合情”、“可控制、可选择、可组合、可转换、可持续”的原则，对国（公）民所能享受的政治、经济、文化、社会、环境、军事、外交待遇，**以待遇菜单的方式，一揽子呈现、全方位明确，做到待遇菜单面前人人平等，解决起点上和规则上的公平。**通过待遇菜单，我们可以细化了解每个国（公）民各项待遇指标的详细享受情况，进而计算出每个国（公）民各项待遇指标的实际得分情况。

待遇菜单，通俗来说，就是国（公）民所能享受待遇的一览表。它以表格形式全方位、清晰地呈现国（公）民待遇。我们设计了《国民（市民、农民、移民）待遇结构现状表》，突出“国民”、“待遇”、“现状”三个关键词，全面反映中国市民、农民、移民三大社会群体所能享受的政治、经济、文化、社会、环境、军事、外交七大待遇。

纵向栏目。即“待遇主体”。它是指待遇享受主体及其人群类别。享受待遇的主体，**第一层面是国民**，即具有中华人民共和国国籍的公民。**第二层面是“市民、农民、移民”**。**第三层面是对“市民、农民、移民”的再分类：**如**“市民”**按照其在职状况，可分为在职人员、非在职人员、征地农转非人员和其他人员4类；**“农民”**按照其年龄段，可分为学龄前儿童、教育阶段人员、劳动年龄段农民、老年人和其他人员5类；**“移民”**按照其就职状况，可分为就职人员、非就职人员和其他人员3类。横向栏目。表格分别设置了“待遇内容”、“待遇资格”、“待遇转移”、“待遇性质”及“备注”5大项。**一是“待遇内容”。**主要是反映某一人群能否享受待遇、享受何种待遇和享受待遇所需条件。**二是“待遇资格”。**主要是反映享受待遇所应具备的资格条件，设置了“客观性获取条件”、“主观性获取条件”、“赋予主体”、“申请凭证”和“享受载体”5类。其中，“客观性获取条件”，主要是指享受人已具备的基本客观条件，包括年龄、性别、职业、职称、学历、户籍、土地、居住地、居住时间，以及贫困、孤寡、病残等状况。“主观性获取条件”，主要是指必须通过享受人付出努力才能具备的条件，包括缴费、交地、投资、纳税、购房等等。“赋予主体”，主要是指待遇的来源，法律赋予、政府赋予、社会赋予和企业赋予等情况。“申请凭证”，是指在办理待遇手续过程中，必须出具的能够证明个人身份的

证件，如《失业登记证》、《困难家庭救助证》等。“享受载体”，是指享受待遇必须持有的证件，如身份证、居住证、社会保障卡等。**三是“待遇转移”。**一般是指跨越统筹区的待遇转移情况。“转移范围”，主要是指享受待遇的跨区域接转情况，如分跨省转移或跨市转移。享受待遇可分为“可转移内容”，如个人交纳养老金；“不可转移内容”，如当地政府或企业赋予部分统筹资金。**四是“待遇性质”。**主要包括“强制性/非强制性”，凡法律、法规或政策规定必须享受的，是强制性的；凡根据个人意愿需求享受的，是非强制性的。“可选择性/不可选择性”，凡可以选择享受或不享受、享受全部待遇或部分待遇的，是可选择性的；反之，是不可选择性的。“公益性/非公益性”，凡是可无偿享受的待遇，是公益性的；反之，是非公益性的。“缴费性/非缴费性”，凡需要个人缴费享受的待遇，是缴费性的；反之，是非缴费性的。

3.4.5 国（公）民待遇指数的测评

待遇指数是从政治待遇等7个维度测量的综合性指数，每一个维度都是构成具体方面的分指数，每个分指数又由若干个指标合成。**通过待遇菜单详细获取不同社会群体在各项待遇指标的详细得分情况，是理想的待遇指数测算形式。结合研究实际情况，我们采用待遇菜单的极简模型，指针对市民、农民、移民三类群体进行指标测算，不再作详细细致的待遇群体细分，在待遇指标得分方面，主要考察“待遇内容”，对“待遇资格”和“待遇转移”两项只做政策梳理，但待遇指数测算时不作详细的数据赋值。**

（1）确定基准值

待遇指标值主要有两种获取方法：一种是从政策文件中取值，一种是针对市民、农民、移民进行问卷调查。从制度层面，主要考察不同群体的待遇政策存在与否，根据政策文件进行判断，享受某种待遇取值为1，不享受就取值为0。从实际感受层面，主要考察不同群体对于各种待遇的认知和具体感受，主要通过针对市民、农民、移民进行问卷调查，以获取更直观翔实的数据资料。

(2)确定评价权数

定性变量的定量化方法体现了评价者的评价立场，会影响到评价结论。错误或不合理的量化方法只能得出不合理的评价结论。同城待遇指数体系中很多指标都是定性的，为了便于分析，需将定性指标转化为定量指标。如何将定性变量转化为可以综合的定量变量，是评价过程中遇到的一个新问题。在综合评价指标体系中，无论是定名（类）尺度还是定序尺度，定性变量都必须具有方向性，即与评价目标完全相关，这是该定性变量能成为综合评价指标体系中一个变量的前提。根据量化时的具体对象不同，定性变量的定量化路线有两条“直接量化法”（又称单位量化法）与“间接量化法”（又称类值量化法）。直接量化是将总体中各单位在某一定性变量上的取值直接评定。这种量化方法要求将特定总体中的全体单位作为一个整体来考虑，量化值与总体选取有关。比较打分时更加注重的是总体全部单位的“相对分数”。间接量化是先列出定性变量的所有可能取值的集合，并且将每个待评价单位在该变量上定性取值登记下来，然后再将“定性变量取值集合”中的元素进行量化，将每个单位的定性取值全部转化为数量。这两类量化方法存在一定的差别，如果已经掌握了总体中每一个单位在该定性变量上的取值情况（表现为类别或等级），则采用“间接量化法”比较方便。但如果实施评价之前还没有取得可作依据的这些等级或类别，则可以采取“直接量化法”。如果参加评价的单位个数比较多时，这种直接量化的方法就会遇到麻烦。虽然可以采用专家评分的方法进行，但区分起来的难度还是比较大的。相比较而言，直接量化法的精确程度要高于间接量化方法。实践中也可以将两种方法结合起来使用。例如，可以先将参加评价的所有单位按照已经确定的定性类别进行分类，然后再对类内各单位在该定性评价指标水平上的实际差异进行细分，从而使类内也有一定的区分度。类内的细分量化可以采用“直接量化法”。甚至于可以对各类内部进行再分类，形成一种层次结构图形，进行逐层量化汇总，以确定每个单位的量化值。

(3)确定综合评价模型

采用综合评价指数法进行各级待遇指数的计算。计算公式为：$Z_L=\sum K_{Li}\times W_i$其中，$Z_L$为待遇指标L的综合评价棚，$K_{Li}$代表L指标下的i指

标无量纲化后的指数，W_i为i指标在L指标中的权重。

3.5 待遇指数的实证分析

本节将按照前述“同城同待遇指数”的待遇比较理念，以杭州为例，以6个老城区的城镇居民作为待遇参照系，依照政治待遇、经济待遇、文化待遇、社会待遇、环境待遇、军事待遇、外交待遇等七大待遇指标，测算并分析比较市民、农民、移民的七大待遇指数及其分指数，在此基础上，加权测算出市民、农民、移民三大群体的综合待遇指数，进行三大群体的“同城同待遇指数”比较分析。

3.5.1 待遇问卷调查概况

2013年12月，我们联合杭州市民情民意调查办公室，围绕市民、农民、移民的待遇问题，开展了专项问卷调查。调查分别面向城市管理者、专家学者、市民、农民、移民设计了5份调查问卷，共计发放问卷2000余份，回收有效问卷1711份，其中城市管理者卷117份，专家学者卷110份，农民卷500份，市民卷489份，移民卷495份。2014年11月，课题组再次面向农民和移民群体进行补充调查，发放并回收农民卷150份，移民卷450份。

通过对城市管理者和专家学者的问卷调查，获得了七大待遇指标及待遇二级指标的权重。

国（公）民待遇指标权重表

一级指标	权重（%）	二级指标	权重（%）
政治待遇	17.8	平等权	18.4
		人身权	15.8
		财产权	17.9
		自由权	14.4
		劳动休息权	12.8
		参政权	10.9
		自治权	9.7
经济待遇	25.0	土地待遇	17.0
		住房待遇	23.6
		经济补偿待遇	16.4
		缴费待遇	14.4
		物质分配待遇	15.9
		技能资质待遇	12.7
文化待遇	15.7	教育待遇	58.6
		公共文化服务待遇	41.4
社会待遇	18.4	社会保险待遇	30.9
		社会福利待遇	25.2
		社会救助待遇	21.9
		公共服务待遇	22.0
环境待遇	12.9	生活环境待遇	52.3
		工作环境待遇	47.7
军事待遇	6.0	军人待遇	37.9
		民兵预备役待遇	15.6
		军人优抚待遇	46.5
外交待遇	4.0	外交保护待遇	32.7
		对外劳务待遇	25.9
		华侨优惠待遇	41.4

3.5.2“同城同待遇指数”测算及其解释

（1）政治待遇

政治待遇包含平等权、人身权、财产权、自由权、劳动休息权、参政权和自治权等七项二级的待遇指标，通过对这些二级待遇指标涉及的法律法规政策进行系统的梳理，我们认为，在杭州的上城区、下城区、西湖区、拱墅区、江干区、滨江区等六个老城区，市民、农民、移民三大群体享受的法定政治待遇是一致的，除了特别行政区自治权这一三级待遇指标无法享受之外，其他各级政治待遇均可享受。因此在对法定政治待遇的赋值也是相同的。结合问卷调查的结果，核算得出的政治待遇指数区别较小，以市民最高，农民居中，移民略低。

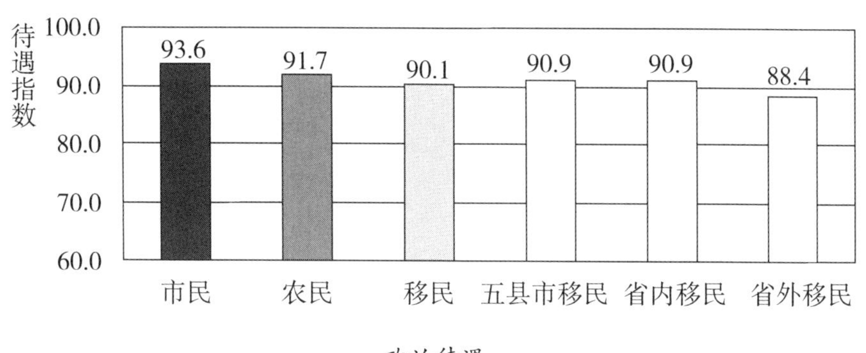

政治待遇

①**平等权。**根据相关法律法规政策，市民、农民、移民三大群体都享有政治待遇中的平等权，因此法定待遇赋值均为100。结合事实待遇享受情况的问卷调查，三大群体的平等权待遇得分都较高，其中市民最高，农民略低，移民最低。

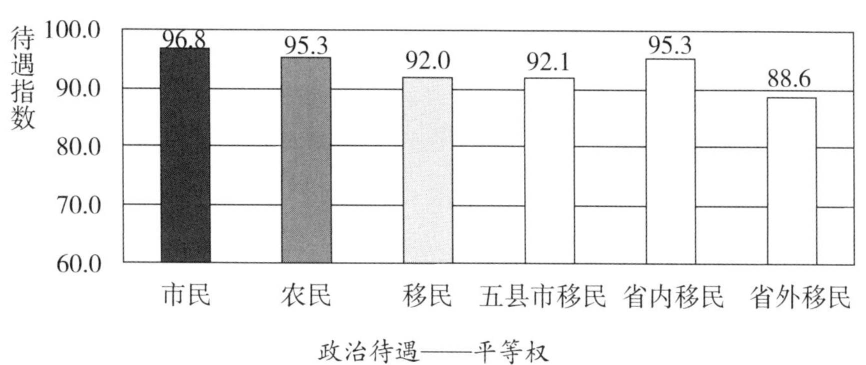

政治待遇——平等权

②**人身权。**根据相关法律法规政策，市民、农民、移民三大群体都享有政治待遇中的人身权，因此法定待遇赋值均为100。结合事实待遇享受情况的问卷调查，市民人身权待遇得分最高，农民略低，移民最低。

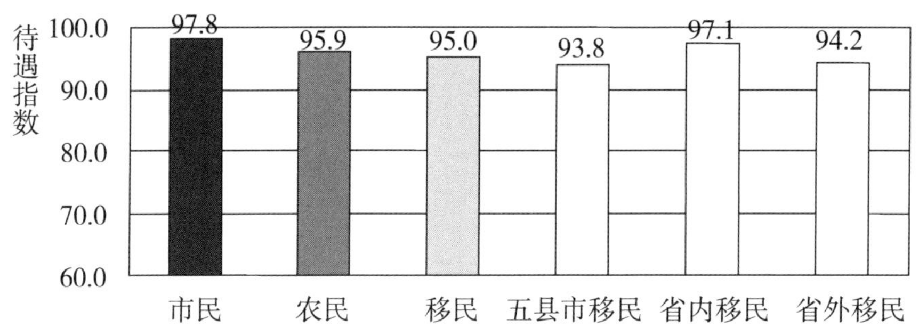

政治待遇——人身权

③**财产权。**根据相关法律法规政策，市民、农民、移民三大群体都享有财产权的各项三级待遇，法定待遇赋值均为100。结合事实待遇享受情况的问卷调查，市民的财产权待遇得分最高，农民略低，移民最低。

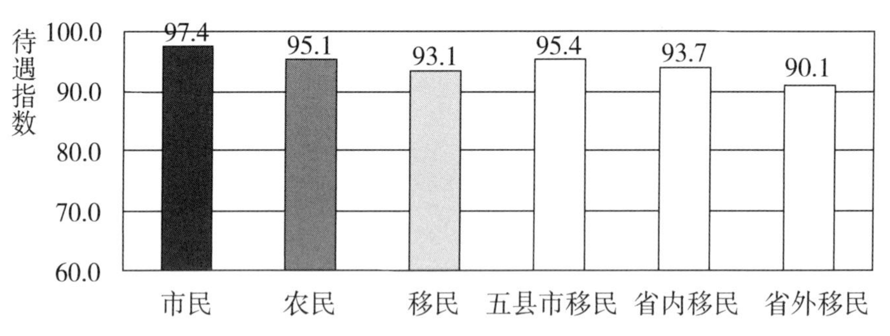

政治待遇——财产权

④**自由权。**根据相关法律法规政策，市民、农民、移民三大群体都享有政治待遇中的自由权，法定待遇赋值均为100。结合事实待遇享受情况的问卷调查，市民的自由权待遇得分最高，农民略低，移民最低。

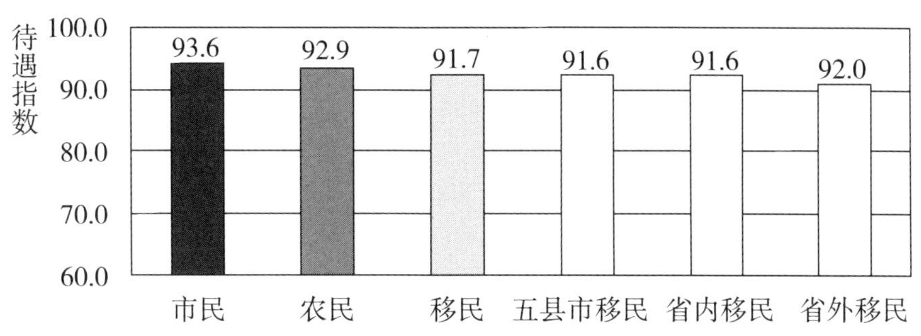

政治待遇——自由权

⑤**劳动休息权。**根据相关法律法规政策，市民、农民、移民三大群体都享有政治待遇中的劳动休息权，法定待遇赋值均为100。根据事实待遇情况的问卷调查，三大群体享有劳动休息权的分值较低。最终测算得分市民的最高，移民略低，农民最低。

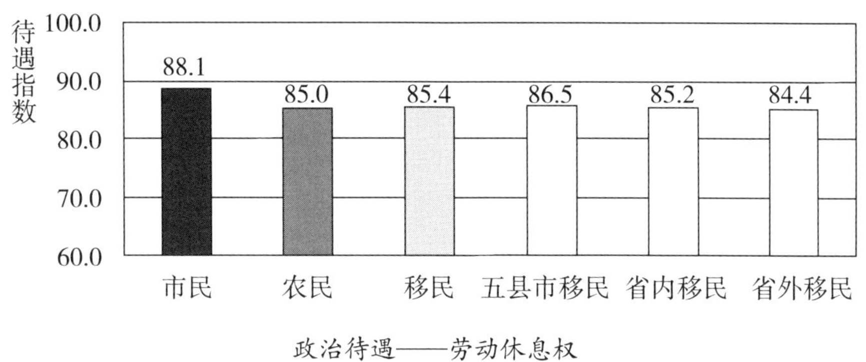

政治待遇——劳动休息权

⑥**参政权。**根据相关法律法规政策，市民、农民、移民三大群体都享有政治待遇中的参政权，其中移民的选举权与被选举权，在现居住地居住满一年以上，持有“浙江省临时居住证”或者“浙江省居住证”，取得户籍所在地选区的选民资格证明，即可在现居住地登记选举，同时也可选择在户籍地参加选举。因此移民的法定参政权与市民、农民是相同的，三大群体的法定待遇赋值均为100。根据事实待遇情况的问卷调查，三大群体享有参政权的分值，市民的最高，农民居中，移民略低。

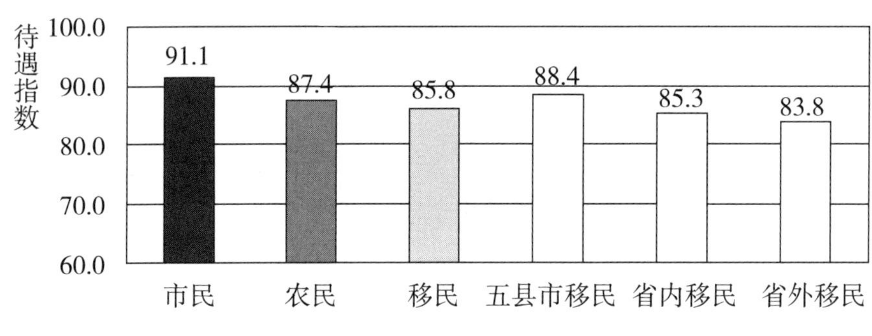

政治待遇——参政权

⑦**自治权。**根据相关法律法规政策，在杭州的市民、农民、移民三大群体都享有自由权中的社会团体自治权、少数民族自治权、农村和社区自治权；三大群体都不享有特别行政区自治权。因此自治权的法定待遇赋值，三大群体均为75分。结合事实待遇情况的问卷调查进行测算，市民与农民的得分相近，移民的得分略低。

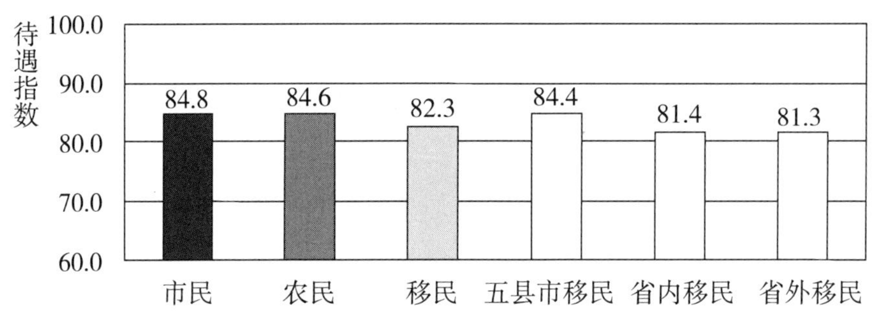

政治待遇——自治权

（2）经济待遇

包含经济待遇、住房待遇、经济补偿待遇、税费待遇、物质分配待遇和技能资质待遇等六项二级的待遇指标，通过对这些二级待遇指标涉及的法律法规政策进行系统的梳理，结合实际待遇调查的问卷结果，三大群体的经济待遇指数，以农民最高，移民略低，市民最低，并且与农民、移民两大群体有较大的差距。我们认为，市民在经济待遇上偏低，主要在于市民不能享受土地待遇中的承包地待遇、宅基地待遇和经济补偿待遇中的征用补偿待遇，这几项待遇都与土地有密切的关系；虽然市民在住房待遇上与农民、移民相比，有较大的优势，但不足以抵销他们在土地待遇上的不足；其他经济待遇的差别较小。因此土地待遇是在经

济待遇中最重要的一项指标。

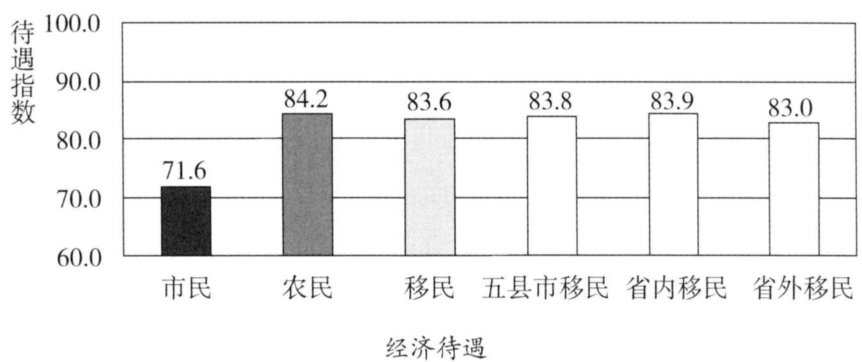

经济待遇

①土地待遇。根据相关法律法规政策，市民不享有农村集体土地的承包权和宅基地的使用权，农民享有农村集体土地的承包权和宅基地的使用权，移民以农村户籍居民为主，仍然可以在户籍所在地享受农村集体土地的承包权和宅基地的使用权。因此赋值法定的土地待遇，市民为0分，农民和移民均为100分。

根据问卷调查的结果，农民享有土地待遇的分值略高于移民。土地待遇是市民与农民、移民群体之间最大的差别，是导致在经济待遇上分值低于农民与移民的重要原因之一。

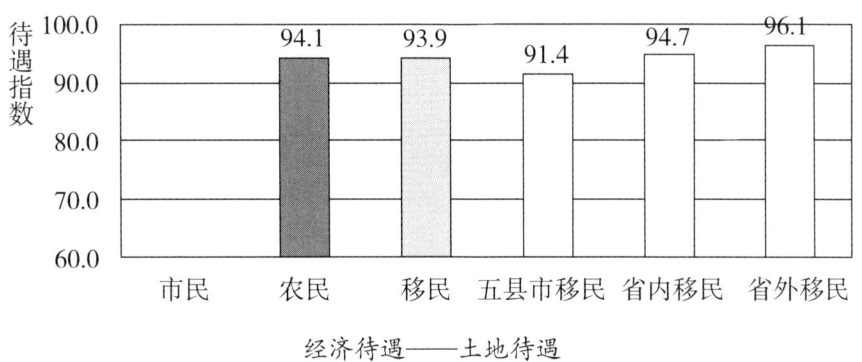

经济待遇——土地待遇

②住房待遇。根据相关法律法规政策，市民可以享受八项住房待遇中的七项，即住房公积金待遇、经济适用房待遇、公共租赁房待遇、拆迁安置房待遇、廉租房待遇、人才用房待遇、商品房待遇，而不享受自建房待遇；农民只享受拆迁安置房待遇、廉租房待遇、自建房待遇、商品房待遇等四项待遇，而不享受其他四项待遇；移民能够享受住房公积金待遇、公共租赁房待遇、自建房待遇和商品房待遇，不享受其他四项待遇。因此市民的法定待遇是高于农民和移民，以享受全部待遇赋值

100来计算，市民的法定待遇分值为87.3，农民和移民均为60.7。根据问卷调查的结果，农民和移民均认为在住房待遇上不如市民。通过对三个群体事实待遇和法定待遇的测算，得出市民的住房待遇高于农民和移民，并且分差较大。

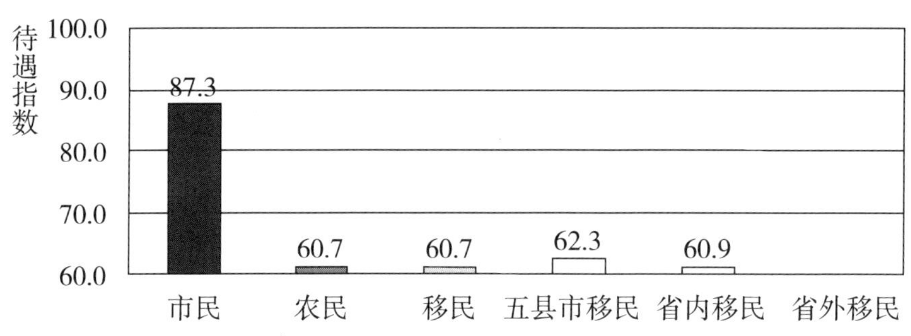

经济待遇——住房待遇

③经济补偿待遇。根据相关法律法规政策，市民只享受拆迁补偿待遇，不享受征地拆迁待遇。征用拆迁针对农民的宅基地使用权和集体土地的承包权，移民同样享受拆迁补偿待遇和征地拆迁待遇。因此在法定待遇赋值上，市民为50分，农民和移民为100分。结合根据调查问卷的结果，农民的经济补偿待遇最高，移民的略低，市民的待遇最低，并且与农民、移民相比，分差较大。经济补偿待遇是导致市民在经济待遇上低于农民和移民的重要原因之一。

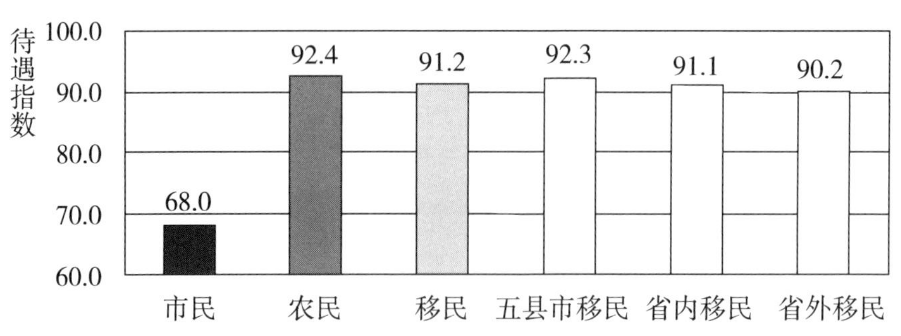

经济待遇——经济补偿待遇

④税费待遇。根据相关法律法规政策，市民、农民和移民三大群体在税费待遇上禀有相同的权利，因此在赋值上均为100分。结合问卷调查的结果，三大群体差别较小，市民享受税费待遇的分值最高，农民次之，移民最低。

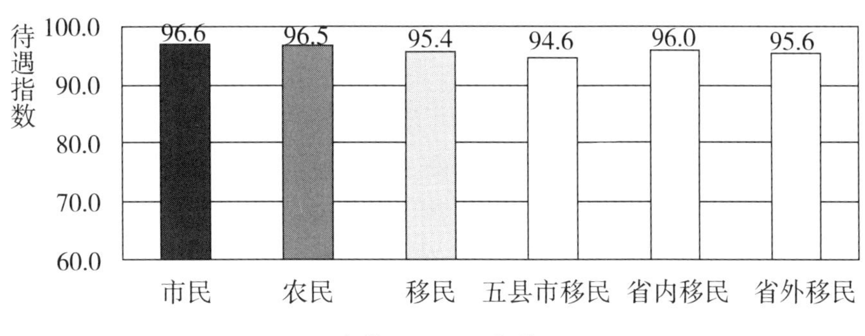

经济待遇——税费待遇

⑤**物质分配待遇。**根据相关法律法规政策，市民、农民和移民都享受物质分配待遇，法定待遇三大群体均为100分。根据问卷调查结果，市民的物质分配待遇最高，其次是农民，移民的最差。

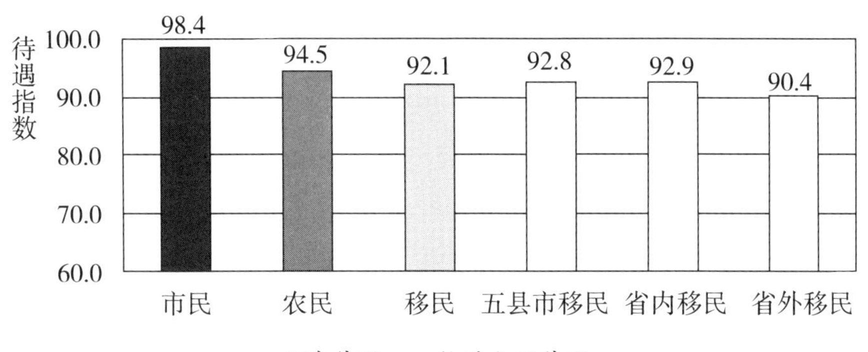

经济待遇——物质分配待遇

⑥**技能资质待遇。**根据相关法律法规政策，市民、农民和移民都享受技能资质待遇，法定待遇三大群体均为100分。根据问卷调查结果，三大群体享受事实的技能资质待遇普遍较低，市民的技能资质待遇最高，农民和移民的相近。

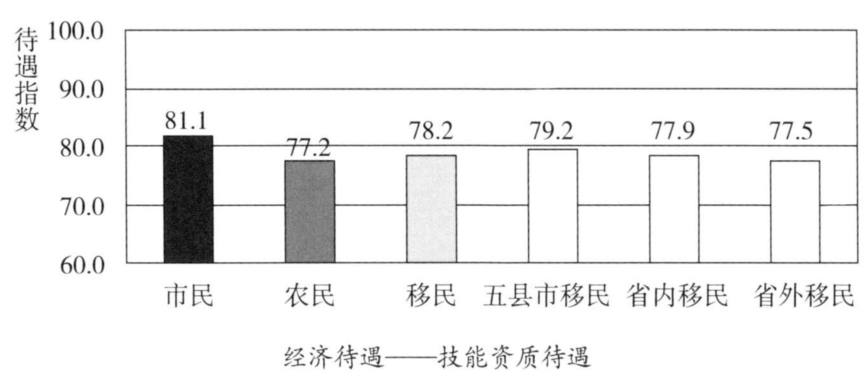

经济待遇——技能资质待遇

（3）文化待遇

文化待遇包含教育待遇和公共文化服务待遇等两项二级的待遇指标，通过对二级待遇指标涉及的法律法规政策进行系统的梳理，我们认为，在杭州的上城区、下城区、西湖区、拱墅区、江干区、滨江区等六个老城区，市民、农民、移民三大群体享受的法定文化待遇是基本相同的，除了浙江省内其他地区和浙江省外的移民不能享受特殊教育待遇这一项三级待遇指标之外，在符合一定的条件之下，可享受其他的各项文化待遇。结合问卷调查的结果，核算得出的文化待遇指数，以市民最高，农民居中，移民最低。

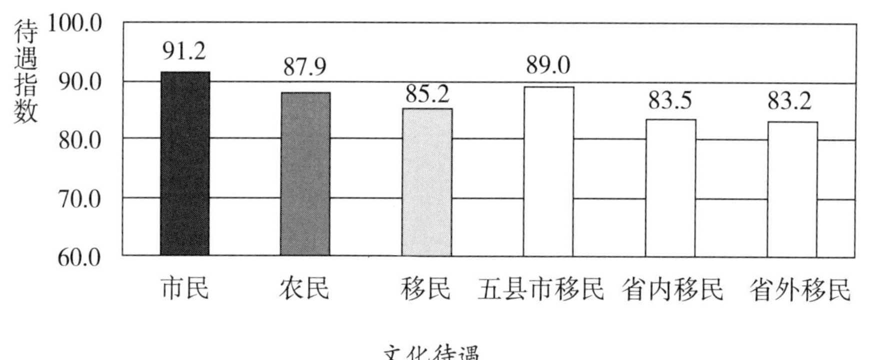

文化待遇

①**教育待遇。**根据相关法律法规政策，市民、农民和移民在杭州六城区可以享受学前教育待遇、义务教育待遇、高中教育待遇、高等教育待遇、成人教育待遇、职业教育待遇和继续教育待遇等七项三级的教育待遇，但是只有市民、农民和五县市的移民可以享受特殊教育，浙江省内其他地区和浙江省外的移民群体不能享受特殊待遇。因此对三大群体的教育待遇赋值，市民和农民均为100分，五县市移民赋值100分，浙江省内其他地区和浙江省外的移民赋值87.5分，移民群体合计赋值91.7分。结合问卷调查的结果，市民享受的教育待遇最高，农民居中，移民最低。细分移民群体，得分较低的是浙江省内其他地区和浙江省外的移民群体，五县市移民的教育待遇甚至超过杭州本地的农民。

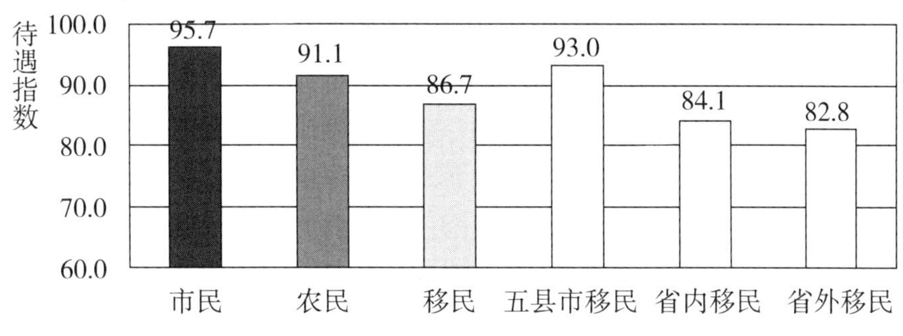

文化待遇——教育待遇

②**公共文化待遇。**根据相关法律法规政策，市民、农民和移民均享受公共文化服务待遇，法定待遇的分值均为100分。结合问卷调查的结果，三大群体的公共文化待遇，以市民的最高，农民和移民次之。

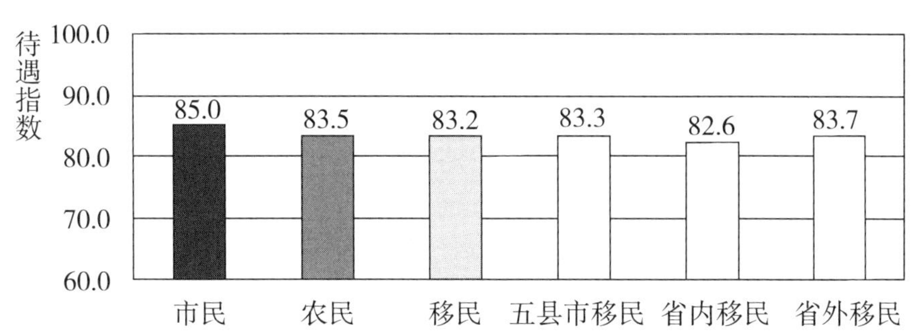

文化待遇——公共文化待遇

（4）社会待遇

社会待遇包含社会保险待遇、社会福利待遇、社会救助待遇和公共服务待遇等四项二级的待遇指标，通过对二级待遇指标涉及的法律法规政策进行系统的梳理，我们认为，在杭州的上城区、下城区、西湖区、拱墅区、江干区、滨江区等六个老城区，移民享受的法定文化待遇与市民和农民相比，略有缺失，主要在于残疾人福利待遇和孤寡病残救助待遇都是限定本地户籍，排除了移民享受的资格；其次老年福利待遇和贫困救助待遇在具体内容上，移民与市民、农民有较大差别。同时，问卷调查的结果显示，农民和移民都认为在社会待遇上，与市民存在一定的差距。因此核算得出的社会待遇指数，移民与市民和农民有一定的差距，以市民最高，农民略低，移民最低。

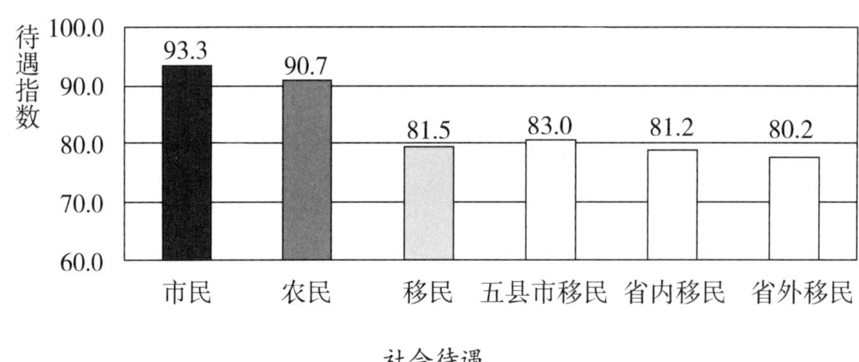

社会待遇

①**社会保险待遇。**根据相关法律法规政策，市民、农民和移民均可享受社会保险待遇中的养老保险待遇、医疗保险待遇、失业保险待遇、工伤保险待遇、生育保险待遇。因此，三大群体法定待遇赋值均为100分。结合问卷调查的结果，三大群体的社会保险待遇得分，以市民的最高，农民和移民次之。

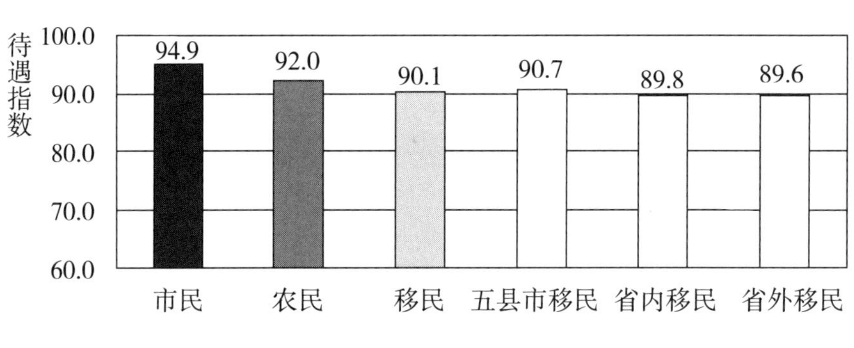

社会待遇——社会保险待遇

②**社会福利待遇。**根据相关法律法规政策，市民和农民可享受社会福利待遇中的老年福利待遇、残疾人福利待遇、儿童福利待遇和妇女福利待遇；移民可享受老年福利待遇、妇女福利待遇和儿童福利待遇，不享受残疾人福利待遇，其中老年福利待遇的具体内容与市民、农民相比，差距较大。因此对三大群体的社会福利待遇赋值，市民和农民均为100分，移民群体赋值62.5分。结合问卷调查的结果，三大群体的社会福利待遇得分，以市民的最高，农民次之，移民最低，与市民和农民有较大的分差。

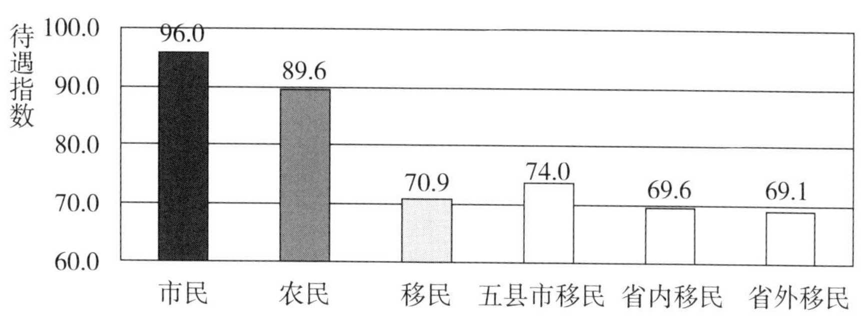

社会待遇——社会福利待遇

③**社会救助待遇。**根据相关法律法规政策，市民和农民可享受社会救助待遇的五项三级待遇：移民可享受贫困救助待遇、乞讨人员求助待遇、应急救助待遇和临时救助待遇，不可享受孤寡病残救助待遇，其中移民的贫困救助待遇的具体待遇与市民、农民的有较大差距。因此，对三大群体的法定社会福利待遇赋值，市民和农民均为100分，移民群体赋值70分。结合问卷调查的结果，三大群体的社会救助待遇得分，市民最高，农民次之，移民最低，与市民和农民都有较大的分差。

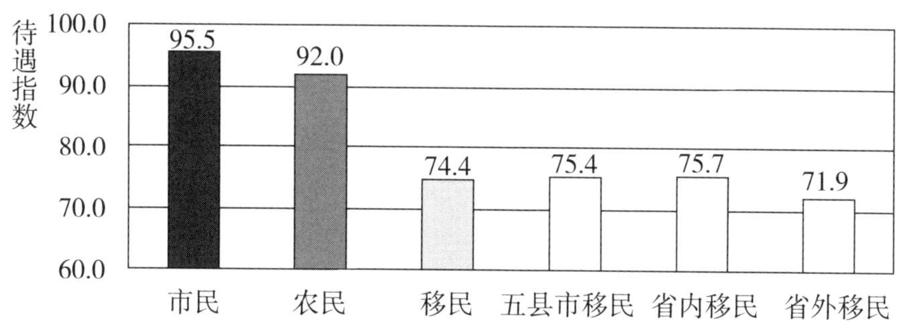

社会待遇——社会救助待遇

④**公共服务待遇。**根据相关法律法规政策，市民、农民和移民均可享受公共服务待遇中的就业创业服务待遇、医疗服务待遇、计划生育服务待遇、殡葬服务待遇和法律服务待遇，其中市民的计划生育服务待遇与农民、移民有一定差距。因此，对三大群体的公共服务待遇赋值，市民为90分，农民和移民均为100分。结合问卷调查的结果，三大群体的公共服务待遇得分相近，农民最高，移民次之，市民最低。

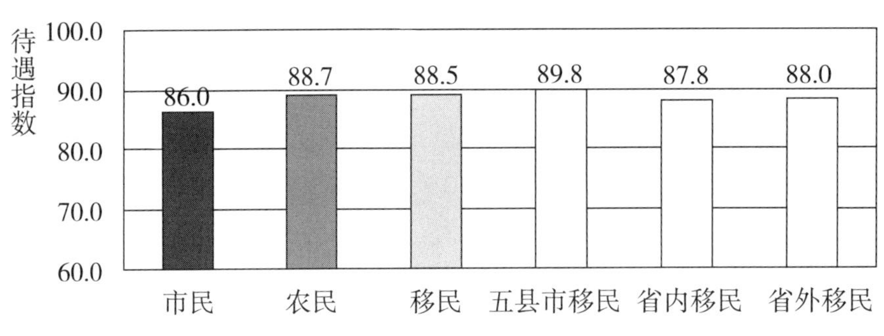

社会待遇——公共服务待遇

(5) 环境待遇

环境待遇包含生活环境待遇和工作环境待遇两项二级的待遇指标，通过对二级待遇指标涉及的法律法规政策进行系统梳理，我们认为，在杭州的上城区、下城区、西湖区、拱墅区、江干区、滨江区等六个老城区，农民、移民享受的法定环境待遇与市民相比，略有缺失，主要在于农民不享受生活供气待遇、生活供暖待遇和社区环境待遇；移民不能享受社区环境待遇。结合对环境待遇的问卷调查，核算得出的环境待遇指数，农民与市民有一定的差距，以市民最高，移民居中，农民最低。

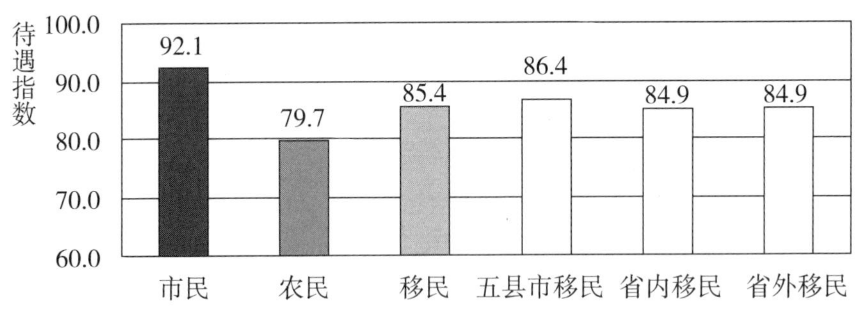

环境待遇

①生活环境待遇。根据相关法律法规政策，市民可享受的生活环境待遇中九项所有的三级待遇，农民只能享受生活供水待遇、生活供电待遇、生活废弃物处理待遇、生态环境待遇、交通环境待遇和治安环境待遇等六项待遇，不能享受生活供气待遇、生活供暖待遇和社区环境待遇；移民可享受除社区环境待遇之外的其他几项待遇。因此，对三大群体的生活服务待遇赋值，市民为100分，农民为67.7分，移民为88.9分。

结合问卷调查的结果，三大群体的生活环境待遇得分，市民最高，移民次之，农民最低。

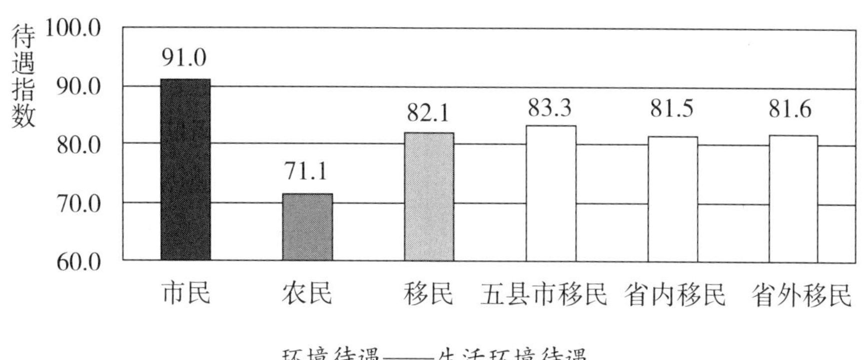

环境待遇——生活环境待遇

②**工作环境待遇。**根据相关法律法规政策，市民、农民、移民均可享受工作环境待遇。因此，对工作服务待遇赋值，三大群体的均为100分。结合问卷调查的结果，三大群体的工作环境待遇得分，市民最高，农民次之，移民最低。

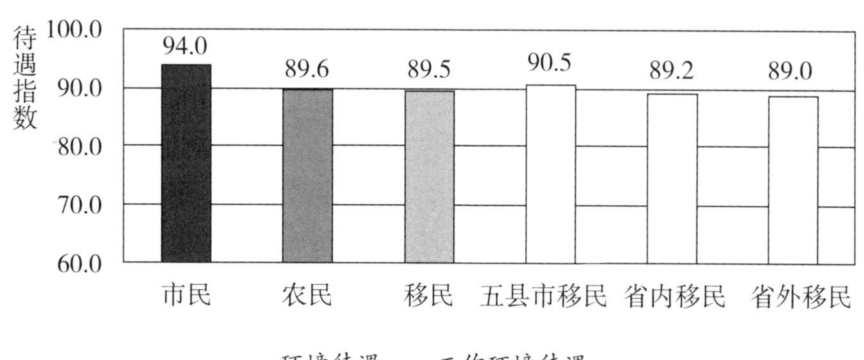

环境待遇——工作环境待遇

（6）军事待遇

军事待遇包含军人待遇、民兵预备役待遇和军人优抚待遇等三项二级待遇指标，通过对二级待遇指标涉及的法律法规政策进行系统梳理，我们认为，移民享受的法定军事待遇与市民和农民相比，略有缺失，主要在于移民不能在杭州的上城区、下城区、西湖区、拱墅区、江干区、滨江区等六个老城区享受复员退伍军人和军队退休干部待遇。结合对军事待遇的问卷调查，核算得出的军事待遇指数，市民和农民相近，移民略低。

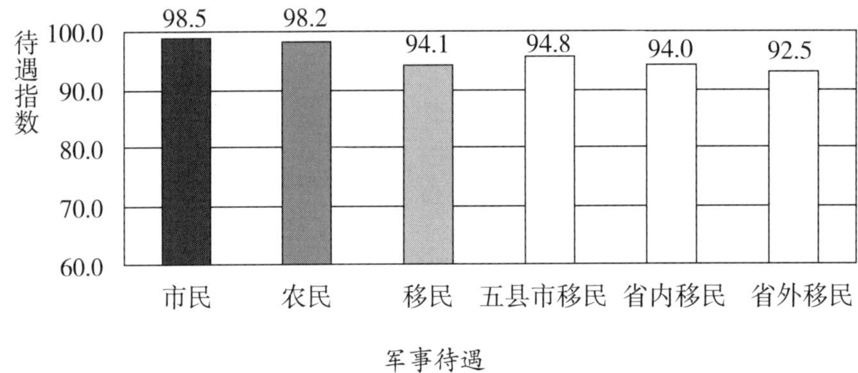

军事待遇

①**军人待遇。**根据相关法律法规政策，市民、农民、移民均可享受军人待遇。因此，对军人待遇赋值，三大群体的均为100分。结合问卷调查的结果，三大群体的军人待遇得分，市民最高，农民略低，移民最低。

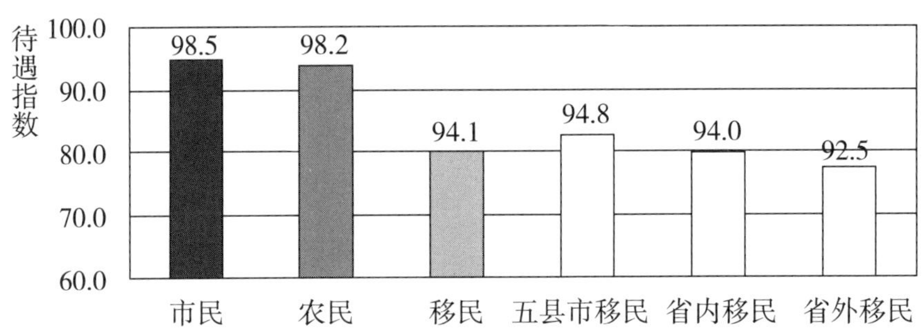

军事待遇——军人待遇

②**民兵预备役待遇。**根据相关法律法规政策，市民、农民、移民均可享受民兵预备役待遇。因此，对民兵预备役待遇赋值，三大群体的均为100分。结合问卷调查的结果，三大群体的民兵预备役待遇得分相近，移民最高，市民次之，农民最低。

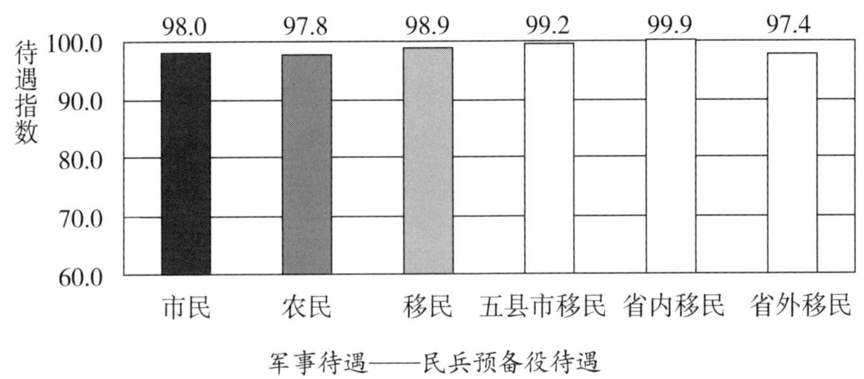

军事待遇——民兵预备役待遇

③军人优抚待遇。根据相关法律法规政策，市民和农民均可享受总共五项的军人优抚待遇；移民可在杭州享受烈士优抚待遇、烈士家属抚恤、伤残军人优抚待遇和军人家属优待待遇，不能在杭州享受复员退伍军人和军队退休干部待遇。因此，对三大群体的军人优抚待遇赋值，市民和农民均为100分，移民为80分。结合问卷调查的结果，三大群体的军人优抚待遇得分，市民最高，农民次之，移民最低。

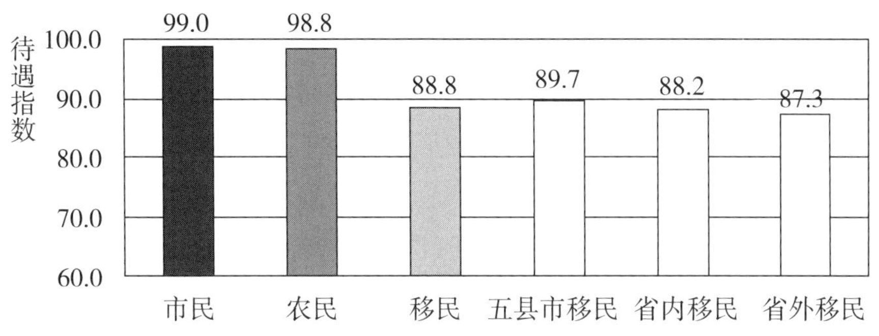

军事待遇——军人优抚待遇

（7）外交待遇

外交待遇包含外交保护待遇、对外劳务待遇和华侨优惠待遇等三项二级待遇指标。通过对二级待遇指标涉及的法律法规政策进行系统梳理，我们认为，市民、农民和移民三大群体享受的法定待遇是一致的，均可享受各种待遇。结合对外交待遇的问卷调查，核算得出的外交待遇指数，市民和农民相近，移民略低。

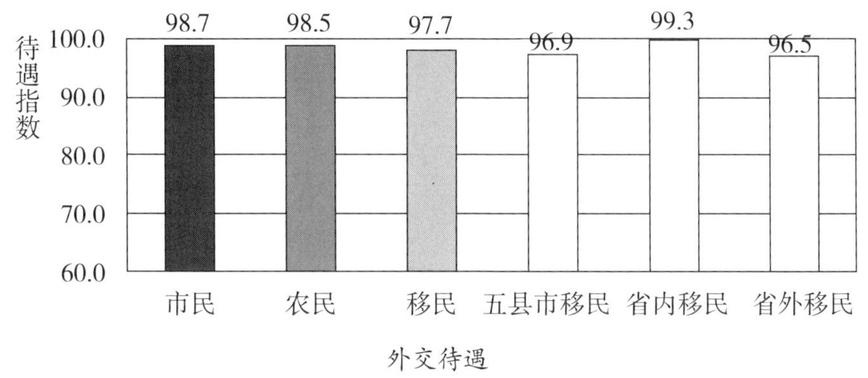

外交待遇

①**外交保护待遇。**根据相关法律法规政策，市民、农民、移民均可享受外交保护待遇。因此，对外交保护待遇赋值，三大群体均为100分。结合问卷调查的结果，三大群体的外交保护待遇得分相近，市民最高，农民次之，移民最低。

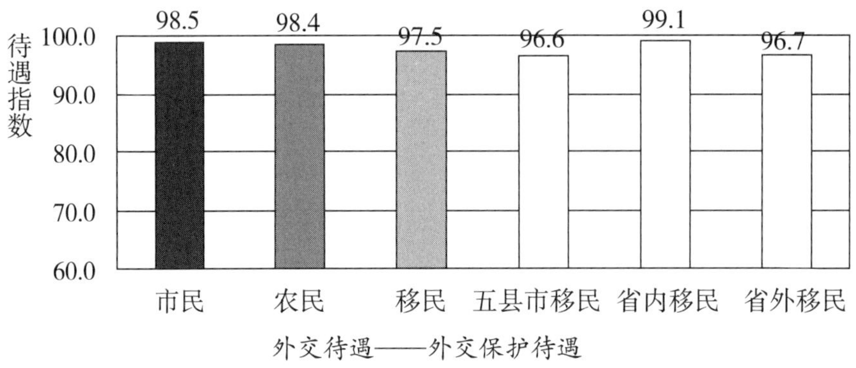

外交待遇——外交保护待遇

②**对外劳务待遇。**根据相关法律法规政策，市民、农民、移民均可享受对外劳务待遇。因此，三大群体的对外劳务待遇赋值均为100分。结合问卷调查的结果，三大群体的对外劳务待遇得分相近，市民最高，移民次之，农民最低。

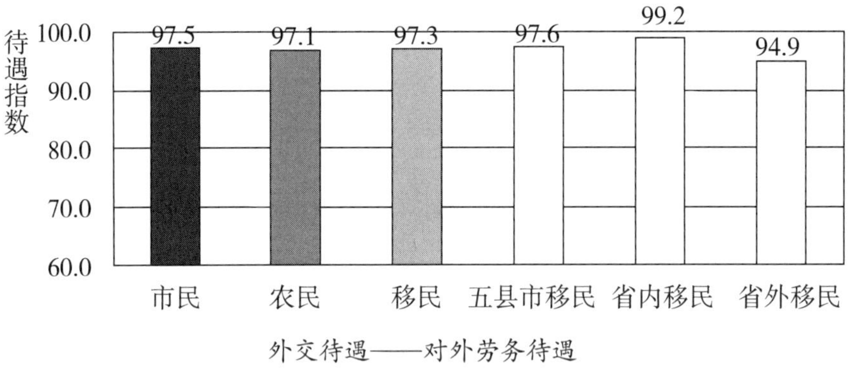

外交待遇——对外劳务待遇

③**华侨优惠待遇。**根据相关法律法规政策，市民、农民、移民均可享受华侨优惠待遇。因此，三大群体的华侨优惠待遇赋值均为100分。结合问卷调查的结果，三大群体的华侨优惠待遇得分相近，市民和农民并列最高，移民略低。

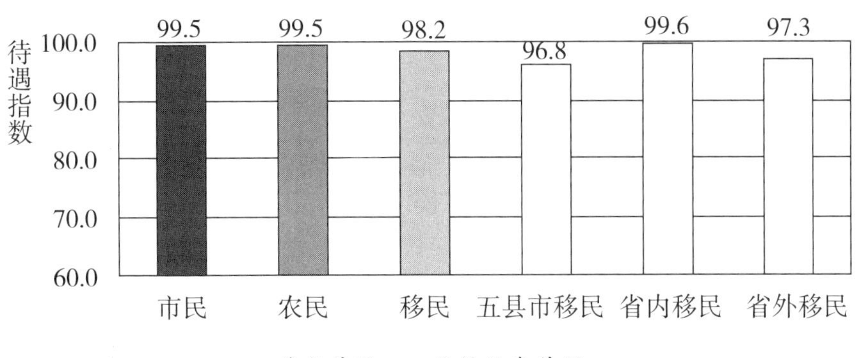

外交待遇——华侨优惠待遇

3.5.3 市民、农民、移民“同城同待遇指数”比较

通过对市民、农民、移民三大群体的七大待遇进行测算，我们已经得出相应的待遇指数，再按照各项一级待遇指标的权重，加权计算出国（公）民的待遇指数。结论表明，**仅就杭州市区而言，三大群体的待遇指数差距较小，其中，农民的待遇指数最高，市民的略低，移民的最低。**

按政策实际和常规理解，市民待遇应该高于甚至远远高于农民和移民的待遇。但实际结果却是农民的待遇指数略高于市民。可能的原因有三点：第一，市民无法享受土地待遇，导致经济待遇指数低于农民和移民，进而影响市民的待遇指数。结合市民在其他六大待遇指数均高于农民和移民的情况，可以印证前文我们已经提出的“土地待遇是农民的最大待遇”这一观点。第二，杭州的六个老城区统筹城乡工作做得较好，在法规政策上，除了少数几项待遇，农民与市民已经基本实现了同城同待遇。问卷调查显示，农民认为在事实待遇的享受上与市民差别不大。虽然农民在军事、文化、社会等六大待遇上的得分略低于市民，但是凭借土地待遇抵消了市民的优势。这从侧面印证了当前杭州六个老城区的城中村本地居民和城郊地区农民享受的待遇已经优于市民的现状。第三，杭州近年来坚持“共建共享”理念，既关注老杭州人的“共建共享”，也关注新杭州人的“共建共享”，对移民持开放包容的态度。在法规政策上，移民符合一定的条件，即可享受大多数待遇。问卷调查的结果显示，移民虽然认为其实际待遇不如市民，但是差距普遍不大，特别是在教育、社会保险、物质分配等关键待遇上，与市民相比差距较小。因此，最终得出移民的待遇指数超出预期，只是略低于农民和市民。

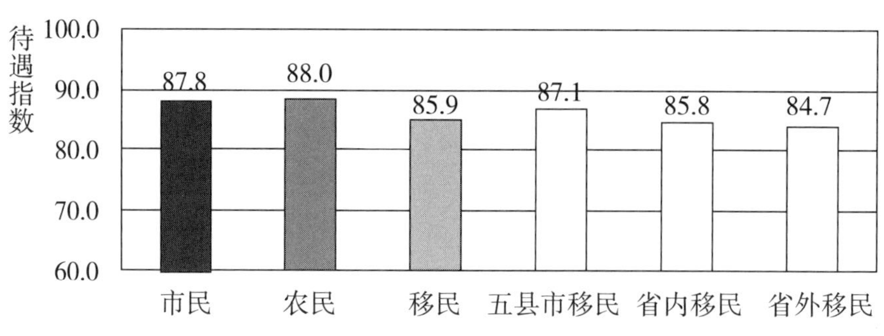

国（公）民待遇比较

3.6 以待遇指数理念解决流动人口待遇问题

一味地提“同城同待遇”，在待遇上搞“一刀切”，无法系统有效地解决市民、农民、移民的待遇问题。要按照“同城同待遇指数”的理念，在追求待遇指数平等的前提下，探讨不同社会群体待遇问题的解决对策。本节将在前述待遇指数测算的基础上，探索提出以待遇指数理念解决流动人口待遇问题的思路、路径和具体举措。

3.6.1 坚持“分城、分层、分情、分步”的思路

实现不同群体的“同城同待遇”，事关城乡公共资源的重新配置，事关城乡居民各种待遇的重新调整，事关城乡经济社会的协调发展。在工作推进机制上，要按照“分城、分层、分情、分步”的思路，逐步实现不同人群的“同城同待遇”目标。**一是“分城”**，就是按照城市分类区别对待。根据每座城市经济社会发展状况、财政体制等方面的不同情况，对不同的城市采取不同的政策待遇、解决方式和实现路径。**二是“分层”**，就是按照圈层分类区别对待。根据老城区、新城区、市域县（市）、省内城市、省外城市等不同圈层，采取不同的政策待遇、解决方式和实现路径。**三是“分情”**，就是按照实际情况分别对待。根据外来流动人口的本人意愿与诉求，既可自由选择在流入地城市入户，自愿

交出土地指标和原籍户口换取流入地城市户籍、住房和社保；也可保留原籍身份和土地权益，只享受流入地城市提供的部分政策待遇。**四是“分步”**，就是按照统一规划分步推进。先易后难、循序渐进地推进本地城镇居民与本地农村居民、本地居民与外地居民的“同城同待遇”。大致可以按照以下思路推进：第一步是推动老城区农村居民与老城区城镇居民的“同城同待遇”；第二步是推动新城区城乡居民与老城区城乡居民的“同城同待遇”；第三步是在条件成熟后推动本市所属县（市）的城乡居民及其在市区工作生活的流动人口，与老城区城乡居民的“同城同待遇”；第四步是推进省内其他地区户籍在本市工作生活的流动人口与老城区城乡居民的“同城同待遇”；第五步是推进省外户籍在本市工作生活的流动人口与老城区城乡居民的“同城同待遇”。

3.6.2 构建与发展水平相适应的待遇制度

待遇问题关系到每个人的切身利益，关系到社会的公平正义，必须科学合理地解决，构建与生产力发展水平相适应、与三元结构社会相协调的待遇制度。要兼顾不同社会群体的待遇问题，并在兼顾各待遇主体的基础上突出弱势关怀，以维护待遇关系的均衡。特别是移民群体，虽然他们是我国建设特色社会主义的主体力量，但作为个体，他们在市场经济大潮中处于明显的弱势地位，在城乡社会夹缝中生存，要优先考虑并解决他们的待遇问题，这不仅不会破坏社会公平的原则，反而有助于维护待遇关系的均衡，有助于推动待遇制度的落实。

实际上，**构建与发展水平相适应的待遇制度就是为各阶层、各类人群搭建一个有差别的、法定的、为大家所共同承认的待遇结构。**当前，待遇问题还存在三方面的不足：一是不够法制化，关于待遇内容的相关规定随意性较大，容易产生各种社会矛盾。二是不可选择性，许多待遇都应该由民众自由选择，但现在还无法做到自由选择。三是不够全面，许多民众都不清楚自己到底能享受哪些待遇，享受的待遇体系不够完整。**构建待遇结构的方向主要是：一要分类指导，正视差别；二要立法定规，公开透明；三要缩小差距，追求公平。**要围绕待遇指数，设定近期、中期和远期目标，近期目标是到2030年，实现经济总量世界第一和城市化率达到70%；中期目标是到2050年，达到世界中等发达国家水平，基本实现现代化；远期目标是2050年后的进一步发展。要根据近期、中期、远期目标，制定相应的待遇结构的改善目标，推动待遇制度的落实。

3.6.3 采取“完善市民待遇、提升农民待遇、落实移民待遇”的路径

在今后相当长的时间内，市民、农民、移民的待遇差距将长期存在。要按照待遇指数平等的理念，对待遇政策较为完善、待遇享受水平较高的市民群体，要继续完善他们的待遇；对待遇政策不太健全，待遇水平起点较低、现状不高的农民群体，要逐步提升他们的待遇；对跨城乡、跨地域流动的移民群体，要协调好流入地和流出地之间的待遇关系，妥善落实好他们的待遇。

（1）推动新城区居民逐步实现“同城同待遇”

按照“分城、分层、分情、分步”的思路，要逐步推动不同圈层群体的待遇均等化。当前比较突出的问题，是要推动城市新城区居民与老城区居民的“同城同待遇”。下面以杭州市萧山区、余杭区为例进行说明。

萧山区、余杭区原是杭州市郊的县城，属于典型的县域经济，其待遇体系与主城区相比很不健全。长期以来，杭州市的发展重点在六个老城区。虽然萧山、余杭于2001年实现了“撤市设区”，但由于市级财政有限，不能全面铺开建设，新设区往往被市级财政所忽略。因此，萧山区、余杭区居民所享受的社会、经济、文化、环境等各方面待遇也无法与六个老城区接轨。

根据杭州市域范围内的产业、人口和环境承载力联动调控的要求，在居民待遇方面，萧山区、余杭区要参照六个老城区的标准执行，逐步与六个老城区并轨，从而实现“同城同待遇”。近年来，萧山区、余杭区积极创造条件，有效参照六个老城区的待遇标准，两区居民所享受的社会待遇、经济待遇、文化待遇、环境待遇等正在逐步实现与六个老城区的并轨。根据下表各个项目的梳理，萧山区、余杭区在基本医疗保险、失业保险、工伤保险等社会待遇方面，图书馆、公园等公共文化设施与服务等文化待遇方面，公交一体化等环境待遇方面与六个老城区实现了全面或基本接轨。此外，萧山区、余杭区还需要进一步落实六个老城区推行的“征地留用地制度、失地农民拆迁安置房转商品房制度、社

保制度”等重要制度政策，从而推进两区“同城同待遇”的全面实现。

萧山、余杭与主城区待遇情况比较

	实现全面接轨和基本接轨	优于老城区	与老城区未接轨
萧山	1.基本医疗保险 2.失业保险 3.工伤保险 4.生育保险 5.最低工资标准 6.再就业优惠政策 7.城镇老年居民生活保障 8.重点优抚对象优抚标准 9.“春风行动”和困难家庭的结对帮扶 10.公交一体化 11.城乡居民最低生活保障 12.新型农村合作医疗制度 13.老年人优待政策 14.图书馆、公园等公共文化设施与服务 15.宅基地待遇 16.廉租房 17.拆迁安置房（市民）	1.承包地待遇 2.经济适用房 3.拆迁补偿 4.自建房 5.居民生活用水价格 6.居民生活用电价格 7.居民生活用气价格 8.残疾人优惠政策	1.住房公积金 2.人才用房 3.征地补偿（征地农转非养老保障等） 4.拆迁安置房（农民） 5.户籍迁移政策
余杭	1.基本医疗保险 2.失业保险 3.工伤保险 4.生育保险 5.企业退休人员门诊医疗 6.城镇老年居民生活保障 7.农村居民养老保险 8.职工基本养老保险 9.帮困助学政策 10.宅基地待遇 11.廉租住房 12.拆迁安置房（市民） 13.拆迁补偿 14.居民生活用气价格 15.公园等公共文化设施与服务 16.公交一体化	1.承包地待遇 2.公共租赁房 3.自建房 4.居民生活用水价格 5.居民生活用电价格	1.人才用房 2.经济适用房 3.征地补偿（征地农转非养老保障等） 4.拆迁安置房（农民） 5.住房公积金 6.生均公用经费 7.户籍迁移政策

案例1：推进城乡公交一体化。公共交通是关系人民群众切身利益的重大民生问题，也是推进“同城同待遇”中普遍遇到的难题。2008年，杭州市公交集团组建了余杭客运公交有限公司、萧山公共交通有限公司，完成了余杭、萧山与主城区的公交一体化工作。杭州市主城区和

余杭区公交实现一体化经营，公交IC卡互联互通。真正为老百姓出行提供了便利，基本实现一体化经营、同城同待遇。

案例2：实现图书馆、公园等公共文化设施与服务一体化。公共文化设施与服务主要是保障公民的基本文化生活待遇，其中图书馆和公园是公共文化设施的重要组成部分。目前杭州六个老城区与萧山区、余杭区已经在图书馆、公园等公共文化设施与服务上实现了一体化。《杭州图书馆办证指南》明确规定杭州市户籍居民，包括余杭区、萧山区居民可持市民卡或第二代居民身份证到杭州图书馆注册，开通文献借阅功能。《杭州市办理公园IC卡公告》也规定杭州市区（包括萧山区、余杭区）居民新办理公园IC卡持个人有效身份证即可办理。

（2）落实移民群体的待遇政策

当前比较紧迫的任务是制定专门针对移民这一元的政策。这一政策有别于对农民的政策，也有别于对市民的政策。既要淡化移民的农民身份，也要实事求是地承认城市移民与市民的差异。既不能阻断移民中没有定居城市意愿或者竞争能力较弱者返乡的退路，又要打通移民中有定居意愿者逐步融入城市而成为真正市民的上升通道。比较现实的做法是，借鉴国外解决三元社会问题的经验，按照“权利与义务对等”的原则，以权利、义务、时间门槛为三个基本要素，逐步扩大移民通过作出贡献和承担义务所获得待遇的通道。换言之，在城市生活时间越长，履行义务越多，对城市经济社会发展的贡献越大，就越应当在流入地城市享受更多的社会公共服务资源。

3.6.4 落实移民待遇的对策建议

（1）推动移民的待遇政策实现法规化

解决城市流动人口问题，既取决于经济社会发展提供一定的物质基础，也取决于以人为本、公平正义等理念的支撑，更取决于法律法规和制度建设的规范、引领和保障。每一部法规规章的出台，都涉及千千万万流动人口的切身待遇，既是各级地方政府对流动人口进行依法服务和管理的基本依据，也是流动人口保护自己合法待遇的法律武器。

近年来，为了解决流动人口安居乐业问题，进而解决流动人口的市

民待遇问题，各地都在制定各具特色的地方政策。同一省份的不同城市政策可能不一样，甚至同一城市的不同区县政策也不一样。在城市化已经进入高速增长期、全国已经有2亿多流动人口的阶段，相关政策如果不能在现有的基础上加以提升、完善，在国家层面加以法制化，甚至加以统一，势必会严重影响到流动人口问题的解决。因此，**当前迫切需要适应经济社会发展新形势，推进权利与义务相对等、国家与地方相协调的法制化建设，将解决流动人口问题的相关政策提高到法制化的高度，以法律法规的形式固化下来。**特别是涉及流动人口子女初高中阶段的就学、保障性住房、“五险一金”等的重大问题，不是一座城市或者一个省可以解决的，在国家层面也要抓紧研究这些问题。要提高立法层次和立法质量，将相关法规条例提升到省级层面，甚至国家层面去制定，进而在现有体制框架下切实保障流动人口的待遇。

（2）确立待遇管理的机构

要设计一个专门机构来管理和落实国（公）民待遇问题。若要新设一个机构，就是人口管理委员会；若要依附于一个原有机构，可以是卫生与计划生育委员会或劳动和社会保障局。较之社保系统，卫计委的机构更为完整、齐全，可以延伸至街道、乡镇、社区的角角落落。这样一来，既可确保待遇政策的“落地生根”，又不用新建机构，进而增加行政成本。今后，要形成区别于现行户籍管理系统的两个新系统，即人口管理系统和待遇管理系统。要设计出一整套待遇管理的框架。这个框架会涉及很多具体部门，比如医疗归卫生局，教育归教育局，社保归劳动和社会保障局，计划生育归卫生与计划生育委员会，土地归国土资源局管理等。但这些待遇管理部门上面的协调机构就是人口管理委员会（或卫计委），然后再由部门按“统分结合”原则进行分头管理。人口管理委员会主要职能是设计“待遇菜单”。“待遇菜单”设计好后，再由这些部门去依法实施。掌管、调整“待遇菜单”，需要有一个统一的协调机构。我们认为，综合性较强的卫计委比较适合成为这个协调机构。

（3）明确待遇管理的载体

中国落实待遇的载体可以是“两证一卡”，即身份证、居住证、社保卡（市民卡）。要充分发挥“两证一卡”的作用，以身份证落实基本国民待遇，以社保卡（市民卡）落实本地居民待遇，以居住证落实移民待遇。身份证的功能主要有18个方面，包括：户口登记，选民登记，兵役登记，婚姻登记，入学、就业，办理公证事务，前往边境管理区，办理申请出境手续，参与诉讼活动，办理机动车、船驾驶证和行驶证、非机动车执照，办理个体营业执照，办理个人信贷事务，参加社会保险、领取社会救济，办理搭乘民航飞机手续，投宿旅店时办理登记手续，提取汇款、邮件，寄卖物品，办理其他事务。目前身份证在使用当中的18项功能虽然都在实施，但法律效力存在问题，有些还没有用足用好，比如选民登记、户口登记、兵役登记、入学、就业等，这些原本都可以通过身份证来解决，但在现实生活中仅用身份证还解决不了问题。建议修改《身份证法》，扩充相关的国民待遇功能。为了保证待遇的可转移、可接续，可借鉴美国社会保障号（SSN）经验，结合中国实际，借助信息技术的发展，将身份证与社保卡功能连通、融合，实现社保卡在全国范围内的统一和规范。2011年7月1日开始实施的《中华人民共和国社会保险法》第五十八条规定："国家建立全国统一的个人社会保障号码。个人社会保障号码为公民身份号码。"全国统一的社保卡，有助于跨地区转移接续有关待遇，有助于中央财政支出随人口享受待遇的地点变动而合理划拨，也有助于待遇的全国统筹，避免部分待遇在不同地区的双重或多重享有，从而保证公平。

3.7 统筹解决流动人口问题的战略思路

城市流动人口问题的复杂性，决定了解决流动人口问题必须确立正确的战略思路，按照因地制宜、分类指导的原则，统筹考虑近、中、远期目标，积极探索促进流动人口向城市有序转移的体制机制，采取不同目标、不同政策、不同办法，分类推进流动人口问题特别是农民工问题的解决。本节将围绕城市农民工这一流动人口的主体，探讨统筹解决城市农民工问题的思路对策。

3.7.1 总体思路

解决城市农民工问题的总体思路是积极稳妥、规范有序、尊重意

愿、分类实施，树立“两手抓”的战略思路，即将解决城市农民工问题的途径分成“离乡不离土”和“离乡又离土”两类，分别按照两大不同目标、两种不同政策、两类不同办法同时推进。

3.7.2 基本原则

（1）公平性原则

要坚持公平、公正，平衡各类群体的待遇。农民工选择城镇居民的户籍身份和待遇，必须自愿放弃承包土地与宅基地。如果农民工不交出土地而享受与城镇居民同等的待遇，将享受双重保障，不仅与流入地城市老城镇居民相比，会产生一种新的“逆向”不公平，而且与流入地城市新城镇居民（主要是失土农民）相比，也将产生待遇享受的不平等。农民工市民化与失地农民转化为新城镇居民的本质都是改变对土地的依附关系，区别在于新城镇居民能以实物形态的土地作为交换条件，而农民工只能以非实物形态的土地指标作为交换条件（其土地不在流入地城市市区）。解决农民工的“同城同待遇”问题，可以借鉴新城镇居民“以土地实物形态换城镇户籍、换住房、换社保”的做法，实行“以土地指标换城镇户籍、换住房、换社保”的办法。

（2）系统性原则

推进农民工市民化是一项复杂的系统工程，这项工程涉及户籍、土地、财税、住房、教育、社会保障等诸多方面的体制、政策、待遇调整，一定要统筹安排、有序推进、务求实效。既要从住房、社保、就业、教育、卫生等方面统筹有序地推进农民工的待遇落实，又要统筹考虑解决农民工问题与城市可持续发展之间的协调。

（3）稳妥性原则

城市和农村的发展都有其自身的规律，农民工问题的解决不仅涉及农村发展和农民工自身问题，也牵涉到城市建设管理和城市居民生活问题。要根据各自城市可承受能力等实际情况和农民工自身特点要求，确定农民工享受待遇的水平，设定农民工市民化的控制条件，探索农民工在大中城市落户的吸纳机制和操作程序，使农民工市民化有计划有步骤

地进行。

3.7.3 推进“离乡不离土”农民工“安居乐业”

当前，对绝大多数的农民工而言，要按照“离乡不离土”的办法，解决好农民工最关心、最直接、最现实的问题，增加面向农民工的公共产品供给，实现农民工在流入地城市“安居乐业”。重点是落实“八个有”，即实现农民工“有收入、有房住、有书读、有医疗、有社保、有组织、有安全、有救助”。“离乡不离土”，农民工实现“八个有”，其社会保障和住房供给政策仍与流入地城市的城镇居民有所不同。“离乡不离土”是适应农民工特点的独特政策。

第一，“有收入”。一要建立健全公共就业服务体系。建立完善城乡统一、功能完备、服务优良的劳动力市场和公共就业服务网络，实行城乡劳动者平等享受公共就业服务的制度，为农民工提供与城镇户籍人员同等的职业介绍和就业指导。二要加强企业劳动用工管理。各级政府的有关职能部门应指导和监督用人单位严格按照《劳动合同法》等法律法规与农民工签订劳动合同，依法建立劳动关系，并加强对农民工签订劳动合同、履行劳动合同情况的监督检查，对不依法签订和不履行劳动合同的用人单位依法予以处罚。三要加大农民工培训力度。把农民工培训纳入城市职工培训体系，各级政府安排一定资金用于农民工培训的补助，提高农民工在城市生存和发展的能力。

第二，“有房住”。实施与现行的城镇居民经济适用住房、廉租房政策标准相协调的农民工住房政策，采取政府、企业和个人联动的办法，逐步形成企业集体宿舍、租赁房屋、农民工廉租公寓等多形式、多主体、多渠道、多层次的农民工住房保障体系，缓解农民工“住房难”问题。加大农民工廉租公寓建设力度，并对廉租公寓建设给予政策支持。坚持疏堵结合，鼓励有条件的地方利用存量土地新建外来创业务工人员公寓，利用现有合法闲置房屋改建扩建外来创业务工人员公寓。切实加强出租房管理，努力改善农民工的居住条件。

第三，“有书读”。一要把农民工子女就学纳入流入地城市义务教育工作范围和教育事业发展的整体规划，做到把农民工子女就学与本地区教育事业发展规划、新建扩建学校、学校布局调整结合起来，实行统筹安排。二要在充分挖掘现有全日制公立学校潜力、合理配置教育资源

的同时，利用现有闲置校舍、厂房等，开办独立设置的外来创业务工人员子女学校，不断提升办学水平，保证农民工子女在流入地城市接受义务教育的权利。三要针对农民工子女流动性大、获取招生信息渠道少等特点，构建“一站式、多平台”的农民工子女就学服务体系，努力搭建相关的信息服务网络平台和社区服务平台，切实提供方便快捷的服务渠道。

第四，“有医疗”。要根据农民工的实际情况，实施与城镇居民医疗保险制度相协调、适合农民工特点的医保制度。按照“广覆盖、轻负担、保基本”原则，制定外来创业务工人员医疗保险政策，努力为农民工提供价廉、效佳的基本医疗服务，着力解决农民工“看病难”、“看病贵”问题。要按照现住地管理、市民化服务的原则，建立农民工集中居住地的公共卫生服务和卫生检查制度，提高农民工的医疗卫生服务水平。

第五，“有社保”。根据农民工职业不稳定、收入较低的实际情况，探索构建适合农民工特点的社会保障机制和具体的选择、转移、接续制度。

第六，“有安全”。保障农民工职业安全和生活安全，既是保障农民工合法待遇的重要内容，也是促进农民工更好地融入城市的重要基础。要完善城市的职业安全管理和生活安全管理，切实落实农民工在城市的安全保障。一要保障农民工职业安全。严格实行安全生产责任制和事故责任追究制，加大对重大安全隐患排查整治和监督执法力度，最大限度地预防和减少职业安全事故的发生。同时，积极引导和加强农民工职业技能、安全生产知识、安全卫生规程的培训，提高农民工的职业安全和职业卫生等自我保护意识。二要保障农民工生活安全。加强农民工综合服务平台建设，在城市的社会治安、社区建设、文化建设、生活服务设施建设等公共产品和公共服务方面，充分考虑农民工的需要。

第七，“有救助”。将城市的社会救助范围扩大到农民工，是城市政府防止弱势群体蔓延扩大，实现公平、和谐社会格局的重要职责。要建立农民工困难救助机制，完善社会救助体系，强化法律援助和司法救助，对患重症和遭遇意外伤害的农民工及其子女实施救助，确保农民工的困难救助待遇得到落实。

第八，“有组织”。要探索建立政府统一领导、部门分工负责、上下联动、区域协作的农民工工作网络，在外来创业务工人员中建立健全党组织和工会、共青团等群团组织，拓宽农民工的政治参与渠道，保障在城市居住一定年限的农民工在流入地城市的选举权和被选举权，让农民工参与流入地城市多层次的社会管理。

3.7.4 推进“离乡又离土”农民工实现“同城同待遇”

“以土地指标换城镇户籍、换住房、换社保”，可以缓解乃至解决因农民工市民化带来的流入地城市的空间、公共资源、财政等方面的矛盾，切实处理好建设占地和耕地保护的关系，而且由流入地城市解决农民工的城镇户籍、住房、社保等问题，可以彻底解决农民工的后顾之忧，从实质意义上加快推进城镇化，实现有质量的城镇化。

（1）农民工市民化的土地指标转移办法

按照“以土地指标换城镇户籍、换住房、换社保”的总体思路，创新土地指标转移的具体操作办法。第一，农民工根据自愿原则，将个人所拥有的承包经营土地及宅基地交还当地农村集体或留给其他村民耕作，作为当地基本农田，而将其土地指标包括规划留用地指标、农用地转用指标、基本农田指标、占补平衡指标等带到流入地城市，真正实现“离乡又离土”，改变对土地的依附关系。流入地城市根据农民工上交土地指标情况以及年龄、文化程度、职业稳定性等条件，赋予农民工城镇居民户籍身份和市民待遇。农民工只身一人在城市打工的，可将其一人的土地指标带到流入地城市，落实其一人的城镇居民户籍身份和市民待遇；农民工夫妻双方均在同一城市打工的，可将其两人的土地指标带到流入地城市，落实其两人的城镇居民户籍身份和市民待遇，其未成年子女一并迁入；农民工迁居城市以后，其父母（男性满60周岁，女性满55周岁）在农村没有赡养人的，可将土地指标带到其子女所在城市，落实其城镇居民户籍身份。第二，流入地城市把农民工带来的用地指标落实到本地实物形态的土地上，转换为本地城市建设用地，通过土地开发建设弥补解决农民工问题所需的城市发展空间、城市公共资源和公共财政收入，使农民工市民化具有现实可行性。同时，由非实物形态的土地指标与实物形态的土地结合而产生新的流入地城市“失土农民”，按照流入地城市农村居民“农转非”的途径实现市民化，成为新城镇居民。

第三，依据农民工是否跨县域、跨市域、跨省域流动，确定土地指标统筹调剂的审核主体、批准主体和农保地责任主体。第四，中央核定和下拨省、市的建设用地指标可分成两大类：一类是经常性建设用地指标，一类是农民工生存和发展所需的安置性建设用地指标，以解决因农民工转化为城镇户籍人口而产生的用地指标不足的矛盾（以杭州为例，土地指标转移办法详见附表）。

农民工土地指标统筹调剂方法

类别	户籍关系在杭州市域5县（市）的农民工	户籍关系在浙江省其他城市的农民工	户籍关系在浙江省外的农民工
统筹主体	杭州市	浙江省	国家
土地指标转移方法	由杭州市各城区政府将来自5县（市）的农民工自有土地面积进行汇总，报杭州市政府相应增加或减少相关区、县（市）用地指标	杭州市政府负责将来自省内其他城市的农民工自有土地面积进行汇总，由省政府审核，经国家批准后，由浙江省政府相应增加杭州市用地指标和减少流出地城市用地指标	杭州市政府将来自于浙江省外农民工自有土地面积进行汇总，由省政府审核后报国家，国家根据浙江省汇总上报的土地指标面积，通过浙江省扣减杭州市的基本农田指标和农用地指标，增加其建设用地指标，相应的等量增加流出地的农保地指标
耕地保护责任	耕地保护责任为由迁出地的县（市）为政府负责将迁出农民工的土地变为基本农田和对宅基地进行复耕	由迁出地的市政府负责将迁出农民工的土地变为基本农田和对宅基地进行复耕	由迁出地的省政府负责将迁出农民工的土地变为基本农田和对宅基地进行复耕

（2）农民工市民化的社保和住房待遇解决办法

农民工取得流入地城市城镇居民户籍身份后，即可享受与该城市城镇居民同等的待遇。“离乡又离土”农民工交出承包田和宅基地和转移的土地指标后，在购买经济适用住房、承租经济租赁房或廉租房、子女入学、就业扶持、养老保险、医疗保险、最低生活保障等方面享受与流入地城镇居民同等的政策待遇。此外，农民工市民化后在市政公用服务、公共设施等方面的享受标准和收费标准，也与城镇居民一视同仁。

（3）农民工市民化过程中需把握的重要环节

以“以土地指标换城镇户籍、换住房、换社保”为突破口解决农民工在市民化后待遇问题，是涉及人口流动、户籍改革、社会保障、土地调整、耕地保护等全局性的大问题，需要实行全国一盘棋，稳妥、有序地系统推进。我们建议，一是坚持以点带面。为保证“以土地指标换城镇户籍、换住房、换社保”政策的顺利推进，可选择农民工较为集中、建设用地相对紧张的东部沿海省份和城市，以及农民工流出较多而土地资源较为丰富的部分中西部地区先行试点，取得经验后再在全国推广。二是完善配套政策。农民工“以土地指标换城镇户籍、换住房、换社保”，最终实现与流入地城市城镇居民的同等待遇，涉及劳动保障、公安、教育、卫生、民政、农业、城乡建设、国土资源等部门和流入地、流出地政府。因此，需要国家统筹规划、全面协调，科学制定跨地区、跨部门并覆盖数亿农民工的义务教育、公共卫生、社会保障、社会福利、户籍管理、土地流转、基本农田代保、土地占补平衡等社会政策体系。三是建立基础数据库。以农民工流入地为主，建立农民工基础数据库，将农民工性别、年龄、文化、籍贯、家庭成员、承包土地数量、进城时间、就职单位、从事职业等信息统一登录，以便核查，为“以土地指标换城镇户籍、换住房、换社保”工作的顺利开展创造条件。

附件一

从“同城同待遇”到“同城同待遇指数”
——关于破解农民工问题的思考

农民工问题是中国城市化的难解之题、必解之题。中国城市化发展中遇到的诸多矛盾和问题，都与农民工问题有着直接或间接的关系。最近一段时间，舆论热议的焦点——“做蛋糕”与“分蛋糕”之争，也与农民工问题直接相关，因为这涉及中国数亿农民工这一巨大的群体如何共享中国改革发展成果的问题以及如何使他们融入流入地城市的长远制度安排的问题。首先，我先谈一下对解决新世纪中国“三农”问题的三点思考：

1.解决21世纪中国“三农”问题的奋斗目标是“减少农民”。解决21世纪中国“三农”问题的奋斗目标和价值取向应该是、也只能是减少农民，就是要把80%的农民转移出去，让一名合格的农民经营相当于过去5倍的土地，也就是说要让尽可能少的合格农民经营尽可能多的优质土地。值得注意的是，这里所说的是“农民”而不是“地主”，是“经营”而不是“占有”，是“合格”而不是“不合格”，是“优质”而不是“劣质”。换句话说，要通过十几年的努力，依靠“规模经营+良种良法”或者说“规模+科技”，将农民的劳动生产率提高10倍。这样才有可能彻底消灭目前中国农村普遍存在的“隐性失业”问题，从而确保真正意义上的农民通过从事现代农业，过上有尊严的现代化生活。要真正解决21世纪中国“三农”问题，除此以外，别无他法，这也是一个常识性问题。

2.减少农民是催生农民工、“城中村”，进而使21世纪中国“三农”问题演变成“四农一村”问题的根本动力。目前，中国“三农”

注释：本报告为杭州城市学研究理事会理事长王国平在2011年9月24至25日举行的首届城市学高层论坛闭幕式上所作的主题报告。

问题已实实在在地演变成了“四农一村”问题，即农业、农村、农民以及农民工、“城中村”。从某种意义上讲，农民工问题和“城中村”问题都与减少农民密切相关。必须指出的是，减少农民绝不是政府行为，而是农民的一种自发行为。实际上，中国农民“隐性失业”现象非常严重。可以说，农民外出务工是中国农民为解决自身的“隐性失业”问题，而闯出的一条具有历史意义的“血路”，这条路上不仅有汗水，甚至有血水。因此，农民工群体的产生不是政府引导出来的，而是中国农民自己闯出来的。这是一件天大的好事，而不是一件天大的坏事。“城中村”之所以成为社会矛盾的集聚地，主要是因为农民工过多集聚造成的，他们的数量往往是本地农民的数倍甚至十几倍。也就是说，“农民工”问题又引发了“城中村”问题，而且这一问题将愈演愈烈。

3.“四农一村”问题已融入中国城市化洪流中，成为中国城市化乃至现代化的第一推动力。作为城市管理者，我们之所以要研究农民工问题、“三农”问题和“四农一村”问题，就是因为这些问题已融入中国城市化洪流中，与城市发展息息相关。中国在城市化高速推进过程中，面临着诸多挑战，特别是农民工问题的挑战。今天中国农民工的数量有2亿多，2030年后可能达到5亿多，这对中国城市化而言，绝对是最大的挑战。实际上，按现有统计数据，城市人口中真正增长的部分不是本地居民的自然增长，而是外来农民工的快速增长。目前中国发展最大的课题是城市化问题，而新时期中国“三农”问题或者“四农一村”问题，必须将其放在中国城市化大背景下去考虑。2011年是中国城市化标志性的一年，中国城市化率首次突破50%，城市人口首次超过农村人口。今后十几年，中国城市化率仍有可能每年提高1个百分点，这就意味着每年将有1000多万农村人口转化为城市人口。至2030年，中国城市化率将有可能达到今天发达国家的水平，即城市人口占总人口的比重将达到70%。可以说，城市化率不仅是衡量中国城市化进程的重要指标，也是衡量中国解决“三农”问题或者“四农一村”问题的重要指标。因此，要把城市化和农民工问题紧密联系在一起，把解决农民工问题作为解决城市化问题的首要任务。

一、我们的理念：实现包容性增长，共建共享“生活品质之城”

理念决定思路，思路决定出路。解决农民工问题，首先要回答好“城市发展到底为了什么”，或者说“城市化究竟为了什么”这一问题，确立正确的城市发展理念。联系杭州的实际，答案就是共建共享“生活品质之城”。“生活”是一个很普通、很平常的词，老百姓耳熟能详、家喻户晓，但又蕴含着丰富而深刻的内涵。从根本上说，人的生存和发展的一切活动都是生活，生活是一种生命力和创造力。生活品质则表示人们生活的品位和质量，包括经济生活品质、政治生活品质、文化生活品质、社会生活品质、环境生活品质等五大品质。**城市的发展、城市化的推进，归根到底是为了让老百姓过上更好的生活，不断提高人民群众的生活品质，不断提高人民群众的满意度和幸福感。**2000多年前，亚里士多德提出“人们来到城市是为了生活，人们居住在城市是为了生活得更好”，2010年上海世博会的主题“城市，让生活更美好”，都直白、精辟地揭示了城市发展的目的。共建共享“生活品质之城”，既是每个普通市民的当下愿望，又是杭州这座城市发展的长远目标。它从人们日常的、根本的需求角度来审视城市发展，把城市发展放到一个现实而又终极的意义上去把握，使城市与市民紧紧连在一起，这也是我们所有工作的根本出发点和落脚点。在共建共享“生活品质之城”的历史征程中，在解决农民工问题的实际工作中，我们始终坚持以下三个方面：

既要关注共建，也要关注共享。共建共享是我们党立党为公、执政为民的本质要求，是实现社会公平正义的根本要求。共建共享，是互为条件、互为因果、互为依存的有机整体，两者不可分割。**共建是共享的前提和基础，共享是共建的目标和结果。**没有共建，没有做大“蛋糕”，没有经济、政治、文化、社会、环境的全面、协调、可持续发展，共享就会成为水中月、镜中花；没有共享，没有分好“蛋糕”，人们不能从共建中得到实惠，共建就没有持续的动力。**在共建中共享，在共享中共建，把共建共享统一于改革开放、建设发展的全过程，实现包容性增长，让发展成果最大限度地惠及全体人民，是城市发展的必然选择和必由之路。一方面，着力做大“蛋糕”，共建“生活品质之城”。**我们始终坚持“发展是硬道理”的战略思想，依靠人民群众，着力转变城市发展方式和经济发展方式，提高经济发展质量，增加社会财富，不断为全体人民逐步过上品质生活创造物质基础；我们牢固确立品质导向，努力打造“品质城市”、“品质产业”、“品质环境”、“品质生活”，使“品质”成为杭州的鲜明特征，成为杭州的核心竞争力；我们把打造世界名城作为目标追求，努力在城市品位、产业层次、发展环境、市民素质，特别是人民群众经济、政治、文化、社会、环境“五大生活品质”等方面向世界名城看齐，使杭州成为经济发达、文化繁荣、政治清明、社会安定、环境优美的“生活品质之城”。杭州先后获得了联合国人居奖、国际花园城市、国家环保模范城市、国家卫生城市、全国绿化模范城市、国家森林城市等40多项全国性乃至国际性荣誉称号，连续7年被美国《福布斯》杂志评为“中国大陆最佳商业城市”。**另一方面，着力分好“蛋糕”，共享“生活品质之城”。**我们始终坚持以人为本、以民为先，深入实施“民主民生”战略，把“破七难”（困难群众生活就业难、看病难、上学难、住房难、行路停车难、办事难、清洁保洁难）作为保障和改善民生的主载体和主抓手，着力解决好人民群众最关心、最直接、最现实的利益问题，努力使人民群众学有所教、劳有所得、病有所医、老有所养、住有所居，不断提高人民群众的生活品质和幸福指数；我们牢固树立“群众利益无小事”，坚持以群众呼声为第一信号，以群众利益为第一追求，以群众满意为第一标准，把老百姓的小事、琐事作为公仆的大事、要事来办，高度关注老百姓的柴米油盐、衣食住行、安危冷暖、生老病死，做到第一时间发现、第一时间研究、第一时间解决老百姓的诉求，努力使老百姓成为城市发展的最大受益者，真正做到发展为人民、发展靠人民、发展成果由人民共享、发展成效由人民检验。近年来，杭州每年确保新增财力的三分之二以上用于保障民生，连续8年被新华社《瞭望东方周刊》评为“中国最具幸福感城市”。

既要关注杭州人的共享，也要关注“新杭州人”的共享。目前，在杭的农民工数量达300万，我们通常把农民工称为“新杭州人”，在相关文件中把农民工称为“外来创业务工人员”。杭州不仅是近700万杭州人的家，也是300万“新杭州人”的家。杭州的发展离不开“新杭州人”的贡献，他们承担着杭州这座城市最苦、最累、最脏的工作，是杭州这座城市的“有功之臣”、“无名英雄”。我们认为，“生活品质之城”不仅是杭州人、城镇居民、白领、富人的“生活品质之城”，更应该是“新杭州人”、农村居民和困难群众、弱势群体、低收入阶层的“生活品质之城”。“生活品质之城”是否能够为全体人民带来实实在在的好处，关键看“新杭州人”、农村居民和困难群众、弱势群体、低收入阶层的生活品质能否得到显著改善。因此，**在共建共享“生活品质之城”中，我们既关注城市居民，又关注农村居民；既关注杭州人，又关注“新杭州人”；既关注全体市民生活品质的整体提高，更关注困难群众、弱势群体、低收入阶层生活品质的改善，使杭州真正成为一座覆盖城乡、全民共享的“生活品质之城”，成为不同阶层人民共同生活的美好家园。**杭州曾两次被评为“最受农民工欢迎的城市”。我们在全国率先提出让农民工有收入、有房住、有书读、有医疗、有社保、有组织、有安全、有救助“八个有”目标，出台了一系列充满人文关怀的政策举措，让他们在杭州这个“第二故乡”安居乐业。从2000年开始，我们连续11年开展“春风行动”，不断扩大帮扶救助范围，加大帮扶救助力度，推动“春风行动”向农村延伸、向“新杭州人”延伸，逐步实现城镇居民和农村居民、杭州人和“新杭州人”一体化帮扶救助，形成了解决“困难群众生活就业难”的“杭州模式”，真正兑现了困难群众“出现一个发现一个、发现一个帮扶一个、帮扶一个解决一个”、“不让一户家庭因生活困难而过不下去”的承诺，让“生活品质之城”、“中国最具幸福感城市”的阳光洒到杭州每一户困难家庭、每一位困难群众身上。

既要关注“新杭州人”共享民生改善成果，也要关注“新杭州人”共享民主建设成果。“有禾入口”称“和”，也就是民生；“人皆能言”谓“谐”，也就是民主。由此可见，民生与民主是社会和谐的基本要求，是人民幸福生活不可或缺的基本要素。过去，“新杭州人”更多地关注自身的经济权益，现在随着生活的改善，他们越来越关注自身的政治权益。特别是新生代农民工，他们受现代开放社会影响，已经具有了朴素的平等和民主观念，他们要求和城里人一样平等就业、平等享受公共服务，得到平等的政治权利。因此，在共建共享“生活品质之城”中，我们既着力解决“新杭州人”的“就业难”、“上学难”、“看病难”、“住房难”等民生问题，保障他们共享民生改善成果，又着力构建民主参与平台，拓宽民主参与渠道，创新民主参与方式，从各个层次、各个领域扩大他们有序的政治参与，保障他们共享民主建设成果；我们坚持社会公平正义，着力促进人人平等获得发展机会，逐步建立以权利公平、机会公平、规则公平、分配公平为主要内容的社会公平保障体系，不断消除“新杭州人”参与经济发展、分享经济发展成果的障碍；我们建立“民主促民生”工作机制，坚持问情于民、问需于民、问计于民、问绩于民，切实落实包括“新杭州人”在内全体杭州老百姓的知情权、参与权、选择权、监督权，真正做到大家的事大家来办、杭州的事杭州老百姓来办；我们把提高“新杭州人”的政治生活品质作为建设“生活品质之城”的重要内容，着力使“新杭州人”的政治生活品质与经济生活品质、文化生活品质、社会生活品质、环境生活品质相互促进、共同提升。

二、我们的实践：实现“八个有”，让“新杭州人”安居乐业

早在2005年，杭州市委、市政府就制定出台了《关于做好外来务工人员就业生活工作的若干意见》，提出了让农民工有收入、有房住、有书读、有医疗、有社保、有组织“六个有”目标。2008年，又出台《关于进一步落实农民工生产生活工作的通知》，在“六个有”基础上增加“有安全”、“有救助”，把“六个有”的目标扩充为“八个有”，着力为农民工营造出一个温馨、和谐、包容的良好环境，让他们在杭州安居乐业。

有收入。我们率先建立城乡统一的公共就业服务体系，实行城乡劳动者平等享受公共就业服务的制度，为农民工提供与城镇户籍人口同等的职业介绍和就业指导。从2007年起，杭州就开放一批公益性职业介绍机构，提供免费求职登记、职业介绍、职业指导和素质引导型就业培训。加强对外来创业务工人员签订劳动合同、履行劳动合同情况的监督检查，指导和监督用人单位与外来创业务工人员依法签订劳动合同，构建和谐劳动关系，严格执行最低工资制度，建立农民工工资合理增长机制和工资支付保障制度，依法解决拖欠农民工工资问题。把农民工培训纳入城市职工培训体系，向农民工发放教育培训券，开展学历和劳动技能“双证制”教育，提高农民工在城市生存和发展的能力。

有房住。我们把农民工住房纳入城市保障性住房体系，实施与现行的城镇居民经济适用住房、廉租房政策标准相协调的农民工住房政策。采取政府、企业和个人联动的办法，逐步形成由企业集体宿舍、租赁房屋、农民工廉租公寓等组成的多形式、多主体、多渠道、多层次农民工住房保障体系，缓解农民工“住房难”问题。加大农民工廉租公寓建设

力度，并对廉租公寓建设给予政策支持。鼓励有条件的地方利用存量土地新建外来创业务工人员公寓，利用现有合法闲置房屋改建扩建外来创业务工人员公寓。在财政投资的重点工程民工宿舍内，由政府买单统一安装空调，为农民工“送清凉”，努力改善农民工的居住条件。

有书读。我们把农民工子女就学纳入义务教育工作范畴和城市教育事业发展的整体规划，坚持“公办学校为主、民工子女学校为辅”的思路，在充分挖掘现有公办学校潜力、合理配置教育资源的同时，利用现有闲置校舍、厂房等，支持社会力量兴办民工子女学校，构建多元化办学格局，不断提升办学水平，保证农民工子女接受义务教育的权利，实现义务教育公平化。目前，全市义务教育阶段在读的农民工子女人数达到19.25万，占在校学生总数的27.76%。

有医疗。我们出台《杭州市基本医疗保障办法》，把农民工群体纳入基本医疗保障范畴，按照“广覆盖、轻负担、保基本”原则，确定合理的缴费比例和医疗标准，制定方便可行的费用支付、医疗管理办法，解决农民工基本医疗保障问题。同时，政府通过花钱买服务等方式，支持公立医疗机构加大医疗救助力度，积极开展“卫生惠民服务工程”，努力为外来创业务工人员提供价廉、效佳的基本医疗服务。鼓励社会力量投资兴办民工医院，着力解决外来创业务工人员“看病难”、“看病贵”等问题。按照现住地管理、市民化服务的原则，建立农民工集中居住地的公共卫生服务和卫生检查制度，提高农民工医疗服务水平。

有社保。我们出台《杭州市基本养老保障办法》，把农民工的养老保险纳入全市基本养老保障范畴，根据农民工职业不稳定、收入较低的实际情况，建立了符合农民工特点的社会保障机制和具体的保险选择、转移、接续制度，实现农民工养老保险与职工基本养老保险并轨。根据《办法》规定，符合一定缴费年限的农民工在退休后，可以按月领取基本养老金。在参保农民工跨地域流动时，既可以转移保险关系，也可以保留养老保险。参保人员退休时，允许将“双低办法”的缴费年限折算为职工基本养老保险统一办法缴费年限。同时，为提高农民工参保率，对农民工以“双低办法”参加保险的，降低其个人缴费比例。对农民工比例较高的行业，政府以奖励方式给予政策优惠。

有组织。我们在外来创业务工人员中建立健全党组织和工会、共青团等群团组织。结合农民工管理工作，切实做好流动党员信息采集和管理服务工作，扎实推进流动党员“安家工程”。完善职工民主管理机制，增加农民工在企业职代会、评先评优、技术晋级中的比例，从源头上保障职工的合法权益。拓宽农民工政治参与渠道，保障在城市居住满一定年限的农民工的选举权和被选举权，增强农民工的“话语权”，构建有效的诉求表达机制。加快新建企业工会组建步伐，最大限度地把农民工组织到工会中去，强化工会组织的维权作用。坚持“亲民理念、亲情服务、亲善管理”，按照属地管理原则，实行本地、外地居民一体化的社区管理，构建开放和谐的城市社区，让农民工参与多层次的社会管理，在平等的基础上发展与城市居民的正常交往，融入城市社区。

有安全。我们严格落实安全生产责任制和事故责任追究制，加大对重大安全隐患的排查整治力度，切实防范和消除各种安全隐患，最大限度地预防和减少安全事故的发生，保障农民工的身体健康和生命安全。加大对职业安全卫生的投入，扩大职业卫生服务覆盖面，加强职业卫生标准和安全卫生规程的宣传和培训，提高农民工的职业安全卫生意识。强化行业和企业的责任，切实履行相关法律规定的各项义务，凡是与农民工依法签订劳动合同的用工单位，特别是高风险企业以及劳动密集型企业，全部参加工伤保险，费用由用工单位缴纳。加强农民工生活安全保障，重点做好农民工出租房的管理和服务工作，增强农民工的安全感。

有救助。我们出台《外来务工人员特殊困难救助试行办法》，建立农民工困难救助机制，完善社会救助体系，凡是在杭州主城区务工、实际连续居住一年以上、在法定劳动年龄段内的非杭州市区户籍农民工均纳入救助范围，对患重病或遭遇意外伤害的农民工子女，也通过慈善渠道给予救助，为那些遭遇特殊困难而陷入生活困境的农民工系上“安全带”。同时，强化面向农民工的法律援助和司法救助，服务农民工的法律援助案件已占到援助总数的一半以上，有力保障了农民工的合法权益。

三、我们的建议：注重顶层设计，构建“2+3+7”结构

虽然杭州在实现农民工“八个有”上作了积极探索，并取得了明显成效，但从根本上说还只能治标，不能治本。我们认为，**解决农民工问题，不能就农民工论农民工，必须立足中国仍处于并将长期处于社会主义初级阶段的基本国情，放到国家结构的大背景下，一揽子谋划解决国民（居民、农民、移民）待遇问题。**国家结构是指一个国家各组成要

素之间相互联系、相互作用的方式，包括经济结构、社会结构、政治结构、文化结构、生态结构、军事结构和外交结构等，其中最为基础是经济结构和社会结构。中国能实现长期、快速、持续发展，成为世界第二大经济体，绝不是一时、一地的偶发现象，或仅仅得益于若干权宜性举措，而是具有更深层次的原因。**中国崛起、中国奇迹的背后是中国特色的国家结构。**因此，研究解决农民工问题，必须要把它放到国家结构特别是经济结构、社会结构的客观现实和变化趋势中去把握。生产力决定生产关系，经济基础决定上层建筑，这是人类经济社会发展的基本规律，是马克思主义唯物史观的基本原理，也是我们认识、解决问题的基本观点和基本方法。我们认为，**在中国二元经济结构、三元社会结构将长期存在的情况下，应坚持社会公平正义，加强顶层设计，探索建立与之相适应的七大国民待遇结构，即构建"2+3+7"结构。**这是解决中国农民工问题、移民问题、国民待遇问题的必然选择和必由之路。下面，我想围绕"2+3+7"结构，以3个大问题、27个小问题为脉络，来阐述我们的研究思路和研究结论。

1.如何认识中国的经济结构——二元经济结构?

（1）经济结构如何划分?

马克思在《〈政治经济学批判〉序言》中指出："人们在自己生活的社会生产中发生一定的、必然的、不以他们的意志为转移的关系，即同他们的物质生产力的一定发展阶段相适合的生产关系。这些生产关系的总和构成社会的经济结构，即有法律的和政治的上层建筑竖立其上，并有一定的社会意识形态与之相适应的现实基础。"威廉·阿瑟·刘易斯最早提出二元经济结构，他以传统部门与现代部门作为划分标准，认为发展中国家的经济由弱小的现代经济部门和相对强大的传统部门组成，强调两个部门生产与体制上的差异性或不对称性，前者是资本主义式的，后者是传统的非资本主义的。中国作为世界上最大的发展中国家，国民经济的二元结构特征非常明显。但对于二元经济结构的划分，尚存在各种不同的理解，有"现代产业和传统产业二元"之说，有"工业和农业二元"之说，也有"城市和农村二元"之说，等等，甚至有很多人把城乡二元结构既作为经济结构，又作为社会结构来理解。这些划分法都存在着一定的缺陷：要么无法科学划清界限，要么无法囊括产业门类。我们认为，二元经济结构是指城镇经济和乡村经济并存的经济结构。城镇经济是生产力发展水平和劳动生产率相对较高的经济形态，以第二、第三产业为主，主要特征是资本密集、技术密集、智力密集；乡村经济是生产力发展水平和劳动生产率相对较低的经济形态，以农业为基础，也包括第二、第三产业。为什么用“乡村经济”代替“农村经济”，是因为在现有城镇体系中，无论是行政区划，还是人口统计，都将“镇”划到“城”里面，视“镇”为“城”，而将“乡”与“村”捆在一起，视“乡”为“农”。城镇经济和乡村经济二元的划分方法，既体现了“城乡空间关系”上的二元性，也体现了“工农关系”上的二元性；既体现了“城镇与乡村”的聚落划分标准，也体现了“先进与落后”的劳动生产率划分标准。

（2）马克思、刘易斯二元经济结构理论有什么启示？

马克思研究经济学的基本方法主要是逻辑分析方法和阶级分析方法。他提出了清晰的思想脉络，即资本原始积累——剥夺所有权——农村移民——资本积累——扩大再生产——资本有机构成提高——生产力水平提高——劳动力剩余——产业后备军——两极分化、阶级对立——矛盾激化——经济危机——制度变迁。虽然马克思没有明确提出“二元经济结构”，但是其资本积累到扩大再生产的路径，事实上已经包含了二元结构思想。马克思的二元结构思想，主要包括5个层面的含义：一是工业与农业的二元；二是农村与城市的二元；三是现代产业与传统产业的二元；四是现代产业部门中不同阶层的二元；五是生产与消费的二元。而刘易斯的研究是从资本积累入手，阐述了城市工业部门扩张过程中如何实现资本积累，进而已经积累的资本又如何使资本主义现代部门进一步扩张，由此涉及农村剩余劳动力如何向城市现代工业部门转移的二元结构理论。虽然马克思、刘易斯都研究了劳动力转移现象，但是刘易斯的研究侧重产业结构层面，也就是生产力层面，而马克思的研究上升到了阶级关系，也就是生产关系层面。另外，刘易斯研究的二元经济结构是一个动态的发展、演变过程，并没有提出目标模式，而马克思则设计了理想社会的目标模式。尽管他们研究的角度、方法、重点都不同，但对今天我们认识和研究解决中国的二元经济结构都有重要的指导意义。马克思、刘易斯的二元经济结构理论启示我们：**改善中国二元经济结构，既要关注产业结构、发展生产力，也要关注社会结构、调整生**

产关系，做到“两手抓”。

（3）“刘易斯拐点”的到来说明了什么?

威廉·阿瑟·刘易斯把经济发展分为两个阶段：一是劳动力无限供给阶段，此时劳动力过剩，工资取决于维持生活所需的生活资料的价值；二是劳动力短缺阶段，此时传统农业部门中的剩余劳动力被现代工业部门吸收完毕，工资取决于劳动的边际生产力。当二元经济由第一阶段转变到第二阶段，劳动力由无限供给变为短缺，此时由于传统农业部门的压力，现代工业部门的工资开始上升，第一个转折点，即“刘易斯第一拐点”开始到来。在“刘易斯第一拐点”开始到来，二元经济发展到劳动力开始出现短缺的第二阶段后，随着农业的劳动生产率不断提高，农业剩余进一步增加，农村剩余劳动力得到进一步释放，现代工业部门的迅速发展足以超过人口的增长，工业部门的工资最终将会上升。当传统农业部门与现代工业部门的边际收益相等时，也就是说传统农业部门与现代工业部门的工资水平大体相当时，第二个转折点，即“刘易斯第二拐点”开始到来。关于中国是否进入“刘易斯拐点”的问题，引起了社会的高度关注与广泛讨论。从某种意义上说，各地普遍出现的“民工荒”现象，正是印证了“刘易斯拐点”的到来。“民工荒”的出现是经济社会发展的必然现象，是由客观规律决定的。生产力发展到一定的水平，“民工荒”一定会出现，“刘易斯拐点”也一定会到来。“民工荒”的出现，尽管短期内会给城市发展带来压力，但从长远来看，它是促进经济转型升级的“助推力”和“催化剂”，也为解决当前错综复杂的社会矛盾创造了条件。“民工荒”的出现，使得各级党委、政府，特别是企业家必须更加重视农民工待遇问题的解决，主动改善劳资关系，大幅提高工资水平，自觉保障农民工权益，这样，很多现实存在的矛盾和问题也就迎刃而解。并且这些矛盾和问题的解决，主要是依靠市场和经济的力量，而不是依靠政府和行政的力量。这也启示我们，**解决当前经济社会发展中的诸多矛盾和问题，仅仅依靠政府一己之力，既不现实也不科学，必须依靠政府主导力、企业主体力、市场配置力“三力合一”。**“民工荒”的出现，“刘易斯拐点”的出现，正是提供了这样一个契机。

（4）中国的二元经济结构是否长期存在?

中国的二元经济结构是社会历史的产物。改变二元经济结构，是一个长期过程，不可能一蹴而就。从基本国情看，虽然现在中国经济规模已位居世界第二，但人均国民收入仍排在世界百位左右，中国仍处于并将长期处于社会主义初级阶段的基本国情没有变，人民日益增长的物质文化需要同落后的社会生产之间的矛盾这一社会主要矛盾没有变，中国是世界上最大的发展中国家的国际地位没有变。从市场属性看，资源要素总是自发地向高收益高回报的产业和区域配置，特别是在工业化、城市化、信息化、国际化快速推进时期，更容易从农业转向工业、从农村流入城市，存在着推动城乡差距扩大的内在动因。加强城乡统筹，目的是建立新型城乡关系、工农关系，实现城乡互动、优势互补、共兴共赢。形成城乡经济社会一体化发展新格局，绝不是城乡一样化、一律化。因此，**在中国社会主义初级阶段乃至今后更长时期，二元经济结构将会长期存在。我们要着力改善二元经济结构，而不是即刻消灭二元经济结构。**

（5）改善二元经济结构的方向是什么？

改善二元经济结构是关系中国现代化建设全局的紧迫而重大的战略任务。**改善二元经济结构，必须坚持走中国特色新型工业化道路、中国特色农业现代化道路、中国特色城镇化道路，努力构建协调、集约、可持续的中国特色二元经济结构，即新二元经济结构。**所谓“协调”，就是指城镇经济与乡村经济相互支撑、相互促进，形成一个分工协作、优势互补的经济系统；所谓“集约”，就是指无论是发展城镇经济还是发展乡村经济，都必须转变经济发展方式，节约集约利用能源资源，实现由主要依靠物质资源消耗向主要依靠科技进步、劳动者素质提高、管理创新转变；所谓“可持续”，就是指无论是发展城镇经济还是发展乡村经济，都必须把生态保护放在首位，树立绿色、低碳理念，走生产发展、生活富裕、生态良好的文明发展道路，使人民在良好生态环境中生产生活，实现经济社会永续发展。

（6）构建中国特色二元经济结构的着力点在哪里？

统筹城乡发展，是构建中国特色二元经济结构（新二元经济结构）的必由之路。统筹城乡发展，要求我们把工业化、城镇化、农业农村现代化放到一个经济社会大系统中统筹把握，深刻认识三者之间互为条件、相互影响、相辅相成的关系，把工业与农业、城镇与乡村、城镇居民与农村居民作为一个整体，通盘考虑、综合谋划。我们要坚持工业化、城镇化和农业现代化“三化同步”的战略思路，以推进城镇化为龙头，以提升工业化为动力，以加快农业现代化为基础，加快社会主义新农村建设，建立健全以工促农、以城带乡的长效机制，不断缩小工农差距、城乡差距，推动形成城乡经济社会发展一体化新格局。

结论：二元经济结构在经济社会发展中有其必然性，并将长期存在。看待二元经济结构，既要从社会历史的角度去看，也要从经济结构背后社会结构的深度去看。我们坚持一手抓经济结构转型、生产力发展，一手抓社会结构变动、生产关系调整；一手抓城镇化推进，一手抓社会主义新农村建设，真正做到统筹兼顾、协同推进、协调发展，努力构建协调、集约、可持续的中国特色二元经济结构，即新二元经济结构。

2.如何认识中国的社会结构——三元社会结构？

（1）社会结构如何划分？

社会结构是指社会各要素或各部分相互之间的一种比较稳定的关系模式或互动模式。社会学界从刘易斯的二元经济结构理论出发，提出与二元经济结构相适应的二元社会结构。20—21世纪美国社会学家戴维·利普顿（David Lipton）的发展经济学名著《为什么穷人一直贫穷？》中系统阐述了世界范围内的城乡二元社会结构现象，即发展中国家不仅存在经济上的现代工业部门与传统农业部门对立的二元结构，也存在城镇与乡村、城镇居民与农村居民相对应的二元社会结构。中国是世界上最大的发展中国家，也存在经济与社会上的二元结构。然而，改革开放后，一大批农民离开农村，进入城镇从事非农产业，但他们的身份仍然是农民，在家乡农村也保留着一份承包地。怎样在社会结构理论上解释人数庞大的移民群体，这是二元社会结构理论所无法做到的。

在对二元社会结构的探讨中，“新二元社会结构”、“城市二元社会结构”、“三元社会结构”等概念相继提出，并形成了对二元社会结构的反诘。无论是新二元社会结构，还是城市二元社会结构，都认为不仅存在着市民、农民两大群体的划分，在城市中还存在着社会分化日益严重的两个阶层，即市民和移民。也有学者进一步提出，流入城市的农民工实际上突破了传统的城乡二元结构的束缚，形成了市民、农民、农民工的三元社会结构。我们认为，“新二元社会结构”、“城市二元社会结构”的提法不如“三元社会结构”提法来得简洁、科学，都会遇到传统的二元社会结构与“新二元社会结构”之间分类不清的问题，这种分类会使社会结构研究变得更加复杂，特别是与待遇联系在一起后，就会变得极为复杂。但是，我们也不赞同市民、农民、农民工的三元社会结构划分。因为不管是农民工，还是城镇户籍流动人口，流入地城市对他们都是一视同仁，在待遇政策上是“一把尺子量到底”。将农民工作为一元划出来很简单，但会碰到城镇户籍流动人口无法归类等棘手问题。因此，**三元社会结构应该由市民、农民、移民构成。**我们认为，**三元社会结构是二元社会结构瓦解、弱化的表现，而非强化的表现。从二元社会结构转向三元社会结构，符合工业化、城镇化规律。三元社会结构对中国经济社会发展主要是积极的影响，而不是消极的影响。三元社会结构不是比二元社会结构更糟糕，而是巨大的进步。**

（2）三元社会结构的界定要素有哪些?

目前，界定中国三元社会结构主要是**户籍、土地、职业、居住地、待遇五大要素。**

户籍是指登记居民住户的册籍。新中国成立初期，国家对户口迁移的控制比较宽松。1954年9月，中国颁布实施的新中国第一部《宪法》明确规定：中华人民共和国公民有居住和迁徙的自由。1955年8月，国务院发布了《农村粮食统购统销暂行办法》和《市镇粮食定量供应暂行办法》，从此，户口和粮食直接联系起来。1955年11月，国务院制定了《关于城乡划分标准的规定》，确定将“农业人口”和“非农业人口”作为人口统计指标，中国的户籍人口由此分割成两种：“农业人口”和“非农业人口”。1958年1月制定的《中华人民共和国户口登记条例》规定：公民由农村迁往城市，必须持有城市劳动部门的录用证明、学校的录取证明，或者城市户口登记机关的准予迁入的证明，向常住地户口登记机关申请办理迁出手续。这标志着中国的人口迁移政策的重大调整，改自由迁移政策为控制城市人口规模政策。1963年以后，国家把是否吃国家计划供应的商品粮作为划分户口性质的标准，将吃国家供应定粮的户即城镇居民户划为“非农业户口”，从此，形成了“城镇户口”与“农村户口”、“非农业户口”与“农业户口”的二元户籍管理

结构。1975年修正后的《宪法》取消了公民迁徙自由的条文。改革开放后，中国在户籍管理上作了积极的探索，主要有：调整“农转非”政策、实施“自理口粮户口”制、试行“当地有效城镇居民户口”制。1980年以来，国家出台了几十项“农转非”政策，地方自行制定的就更多了，使得一大批符合条件的人通过“农转非”渠道从农村进入城市。1984年1月下发的《中共中央关于一九八四年农村工作的通知》明确提出：允许务工、经商、办服务业的农民自理口粮到集镇落户。同年10月，国务院发出《关于农民进集镇落户问题的通知》，规定对申请到集镇的农民和家属，发给“自理口粮户口簿”，统计为“非农业人口”。1992年，公安部下发了《关于实行当地有效城镇居民户口制度的通知》。办理当地有效城镇居民户口的原则是：当地需要、当地受益、当地负担、当地有效。实施范围主要是：小城镇及国务院或省级政府批准的经济特区、经济技术开发区、高新技术产业开发区，重点是县城以下的集镇。对办理了当地有效城镇居民户口的居民，按城镇常住人口进行管理，统计为“非农业人口”。因这种户口簿印鉴用蓝色，故也称“蓝印户口”。1994年，国家取消了按照商品粮为标准来划分“农业户口”和“非农业户口”，而以居住地和职业来划分“农业人口”和“非农业人口”。2001年，国务院出台了《关于推进小城镇户籍管理制度改革的意见》，对办理小城镇常住户口的人员，不再实行计划指标管理。近年来，一些省、市积极推行户籍管理制度改革，相继取消了农业户口和非农业户口的划分，统一登记为居民户口。但需要指出的是，这种户籍制度改革实质上是户籍登记制度改革，并没有从根本上解决依附于户籍背后的待遇问题。

土地是人类生存发展的重要物质基础。《中华人民共和国土地管理法》规定：我国实行土地的社会主义公有制，即全民所有制和劳动群众集体所有制。城市市区的土地属国家所有。农村和城市郊区的土地，除由法律规定属于国家所有的以外，属于农民集体所有；宅基地和自留地、自留山，属于农民集体所有。农民集体所有的土地由本集体经济组织的成员承包经营，土地承包经营期限为30年。2008年通过的《中共中央关于推进农村改革发展若干重大问题的决定》进一步强调：赋予农民更加充分而有保障的土地承包经营权，现有土地承包关系要保持稳定并长久不变。按照依法自愿有偿原则，允许农民以转包、出租、互换、转让、股份合作等形式流转土地承包经营权。完善农村宅基地制度，严格宅基地管理，依法保障农户宅基地用益物权。农民的住宅不得向城市居民出售，也不得批准城市居民占用农民集体土地建住宅。农村宅基地由本集体经济组织平均分配给其内部成员，无偿取得并长期占有，其实质是以社会福利的形式分配生活资料。

职业是指个人所从事的作为主要生活来源的工作。从社会学角度看，职业是劳动者获得的社会角色；从人力资源角度看，职业是指不同性质、不同内容、不同形式、不同操作的专门劳动岗位。现在，人们完全可以根据自己的能力和条件来自由选择职业，既可以从事某一固定职业，也可以从事兼业，还可以从事自由职业。

居住地一般指经常居住地。根据最高人民法院《关于贯彻执行〈中华人民共和国民法通则〉若干问题的意见》第9条规定：公民离开住所地最后连续居住一年以上的地方，为经常居住地。当前，人口流动不仅数量十分巨大，而且频率也非常高，人口的居住地与户籍登记地分离的现象十分普遍。据2010年第六次全国人口普查主要数据公报显示：居住地与户口登记地所在的乡镇街道不一致且离开户口登记地半年以上的人口为26139万人，同2000年相比增长81.03%。这充分说明，中国公民已拥有迁徙自由，完全可以自由选择居住地。

待遇是指公民享有的报酬、权利、权益、福利、利益、社会保障和公共服务的总称。待遇有“广义的待遇”和“狭义的待遇”之分。“广义的待遇”是指个人通过劳动创造的个人报酬、企事业单位提供的福利和法律政策规定的权利、权益、福利、利益、社会保障和公共服务；“狭义的待遇”是指公民依据法律政策规定享有的权利、权益、福利、利益、社会保障和公共服务。从与国家结构组成部分相对应的角度看，“狭义的待遇”主要包括**政治待遇、经济待遇、文化待遇、社会待遇、环境待遇、军事待遇、外交待遇**。目前，市民、农民、移民分别享有不同的待遇政策。

从户籍、土地、职业、居住地、待遇五大要素来看，中国三元社会结构的三大群体——市民、农民、移民，具有不同的特征：**一是市民。**为非农业人口，拥有城镇居民户籍，无承包田和宅基地使用权，从事非农产业或非自有土地上的农业，长期居住在城市，享有相应的城镇居民待遇。**二是农民。**为农业人口，拥有农村居民户籍，有承包田和宅基地，主要从事农业生产或在本地从事非农产业生产，长期居住在农村，享有相应的农村居民待遇。**三是移民。**移民指离开户籍所在地的县、市或者市辖区，以工作、生活为目的异地居住，主要从事非农工作（务工或经商等）或涉农产业的社会群体。移民主要分两类，其中A类是“离乡不离土”的农民工，B类是外地流入的城镇居民。A类移民为农业人口、农村居民户籍，有承包地和宅基地，主要从事非农产业，居住在城市，享受户籍地农村居民待遇和流入地城市对移民的待遇。B类移民的户口是非农业人口、城镇居民户籍，无承包田和宅基地，主要从事非农产业，居住在城市，享受户籍地城镇居民待遇和流入地城市对移民的待遇。在中国以往的城市人口管理中，并不使用移民概念，对于由农村或者外地城镇流入城市的人口，通常称“流动人口”、“暂住人口”、“外来人口”，且在很多时候是混淆的，而这些概念都是中国户籍制度语境下特有的，无法与国际通用的“移民”概念接轨。以“移民”的概念来代替“流动人口”、“暂住人口”、“外来人口”等概念，是对中国传统户籍管理政策的一种深刻反思，也是一种变革和突破。

我们认为，在上述五大要素中，职业和居住地的自由选择已成普遍现象，户籍制度改革也是必然趋势，户籍的最终结果是取消，统一于中华人民共和国公民，统一于身份证。因此，划分社会群体的户籍、职业和居住地三个标准正在逐步弱化乃至消失，关键是土地和待遇两个标准。在这两大标准中，土地权益分配中市民与农民的差别将长期存在，待遇的差别，尤其是在社会主义初级阶段个人享有待遇的差别，也将长期存在。从某种意义上讲，土地也是一种待遇，是保障农民的最大待遇。因此，**待遇是界定三元社会结构的决定性要素。**

（3）三元社会结构是否长期存在?

从移民理论看，在发达国家，甚至是许多发展中国家，三元社会结构与移民问题早已出现。在融入移居国的过程中，大量背井离乡的移民常常被拒绝分享移居国公民所享有的各种社会经济权利，其原因就在于，他们并不具有移居国的“公民身份”。根据阿尔弗雷德·马歇尔的公民身份理论，公民身份是享受权利的基础，只有具备了公民身份才能享有相应的权利。然而，随着全球化时代的到来，许多国家开始修改公民身份的规定，公民身份不再是获得权利的唯一方式，甚至公民身份本身已经是一个太过局限的概念，取而代之的是“成员身份”这个更广泛的概念。战后许多欧盟国家正在形成一种双重成员结构，圈内是以国籍为基础的公民身份，圈外则是以居留为基础的准公民身份，准公民身份赋予移民政治权以外的其他权利。有学者进一步提出“都市公民身份”概念，来探讨城市空间与国家空间分离治理的可能性，并指出，聚居在都市的移民，即使身份是非公民，也可以基于消费者或纳税人的角色享有某些实质性的社会经济权利，乃至地方层次的政治权。

从国外移民实践看，限制和放宽移民政策的观点一直争论不休。放宽派质疑限制人口迁徙政策的有效性，虽然在某些领域移民确实可能会造成一定的社会冲击，但移民能在很大程度上缓解劳动力短缺，而且只要管理得当，也会带来相当的经济社会效益。而限制派则认为，在社会福利资源的分配基础是国家公民身份或城市居民身份的情况下，在地区差距还很大的现实背景下，放开移民政策势必将增加基础设施压力和社会福利资源负担，并带来社会治安压力，这一论调被反复提及并视为限制移民的正当性理由。这本身就说明，无论针对跨国移民，还是国内跨地区移民，三元社会结构都是既已存在的客观事实，而且城乡差别、地域差别、国家差别将长期存在的现实，也预示着三元社会结构不仅当前存在，今后也将长期存在。

从中国移民现实和趋势看，中国正处于城市化加速期，预计到2030年，中国城市化率将达到70%，中国人口将达到15亿，其中市民、农民、移民各占三分之一，三分之二的人口将居住在城市，三元社会结构的趋势将继续维持。在现阶段基本国情和人口发展趋势下，一方面城乡差距仍然较大，从农村流入城市的移民和潜在移民的规模庞大；另一方面，还存在着户籍制度等显性制度约束，以及社会保障制度和基本公共服务体系不健全等隐性制度约束。因此，移民融入城市的过程会更慢，时间也会更长，三元社会结构在中国将长期存在。

（4）一元社会结构究竟存不存在？

二元社会结构，究竟演变成一元社会结构，还是演变成三元社会结构，关系到解决中国社会结构问题政策设计和实践操作的目标指向。现在，几乎所有的户籍研究与户籍改革都试图使中国一步跨入一元结构社会。实际上，所谓的“一元结构社会”是长远的奋斗目标，在某种意义上等同于共产主义社会。共产主义社会至少要具备以下特征：一是社会生产力高度发展，物质财富极大丰富；二是社会成员共同占有全部生产资料，即实行公有制；三是实行各尽所能、按需分配的原则；四是彻底消灭了阶级差别和城乡之间、工农之间、脑力劳动与体力劳动之间等社

会差别；五是社会成员具有高度的觉悟和道德品质；六是国家消亡。因此，在中国社会主义初级阶段，把“一元结构社会”作为近期改革的指向，是值得商榷的。

（5）改善三元社会结构的方向是什么？

三元社会结构是中国经济社会发展的必然结果。可以预料，随着改革开放继续推进，中国社会流动性和开放性将日益增强，三元社会结构也将不断演化。**我们要顺应这一趋势，积极创新社会管理，努力构建公平、和谐、法制化的中国特色三元社会结构，即新三元社会结构。**所谓“公平”，就是指市民、农民、移民三大群体都是社会的平等主体，都能公平地享受相应的待遇，履行相应的义务，做到权利公平、机会公平、规则公平、分配公平；所谓“和谐”，就是指市民、农民、移民三大群体都可以通过自己的努力实现自身的价值，做到各尽所能、各得其所而又和谐相处；所谓“法制化”，就是指建立健全公开透明的待遇政策法规体系，使市民、农民、移民三大群体在享受各自的待遇时，都能做到有法可依、有章可循。

（6）户籍制度改革是否能破解三元社会结构？

在目前的户籍制度改革中，部分城市和相关专家提出户籍制度改革就是要取消农村居民户籍和城镇居民户籍，将其合二为一。我们认为，**不能就户籍而论户籍，不能将户籍制度改革简单理解为取消城镇居民与农村居民二元户籍，更应看到依附于户籍背后深层次的待遇问题。**事实上，仅仅依靠单一的户籍制度改革，并不能解决农民和移民的待遇问题。统一城乡的户籍制度改革并不意味着农民就可以自然而然地变为市民，就可以自然而然地享受就业、医疗、教育、医保等方面的市民待遇。

（7）中国的户籍制度改革方向是什么？

户籍制度有广义和狭义之分。狭义的户籍制度是人口登记、统计，广义的户籍制度是人口登记、统计加管理服务，包括征兵、赋税、待遇等管理服务。**推进户籍制度改革，必须在创设新的待遇管理服务系统的前提下，剥离附加在户籍上的待遇，回归户籍制度登记和统计人口的本原功能，也就是还原到狭义的户籍制度功能，从而建立起现代人口管理服务制度。**我们可以借鉴一些国家的做法，从中国的实际出发，修改

《居民身份证法》，在居民身份证中存储指纹信息或其他生物学特征信息，完善居民身份证使用、查验制度，以公安人口信息为基础，融合人口和计划生育、人力资源和社会保障、住房和城乡建设、民政、教育、交通、工商、税务、统计等部门和金融系统的相关信息资源，建立以公民身份号码为唯一代码的国家人口基础信息库，健全实有人口动态管理机制，**从而实现以身份证取代户口簿，以户为单位的管理向以人为单位的管理，人口静态管理向动态管理的转变。**

（8）中国公民的迁徙自由是否得到落实？

迁徙自由是公民选择居住地的自由，是在法律允许的范围内自主选择、变更居住地的公民基本权利，它包括广义的迁徙自由和狭义的迁徙自由。狭义的迁徙自由主要是指法律、政治层面的迁徙自由。广义的迁徙自由主要是指经济、社会层面的迁徙自由。实际上，广义的迁徙自由是不存在的，美国、欧盟、日本这样的发达国家也不存在广义的迁徙自由，因为它与待遇是捆绑在一起的。我们认为，**一个国家只要落实公民狭义的迁徙自由，即在法律、政治层面保障公民的迁徙自由，就应视为一个迁徙自由的国家。**从中国的现实来看，任何一位中国公民完全可以凭身份证在国内任何一个地方工作、生活，公民拥有迁徙自由已是不争的事实。现在的问题是，自1975年宪法修正案取消了有关公民迁徙自由的规定后，导致自由迁徙权的落实缺乏宪法和法律的保证，使之成为国外攻击中国人权的口实。**改变这一被动局面，必须立法保障公民的迁徙自由权。至于移民到流入地城市后，是否需要领取居住证或临时居住证，都应坚持自愿原则，只能作为一种行政备案，而绝不能视为一种行政许可或行政审批。如果某个在城市工作和生活的人，想享受城市的有关待遇，就需要办居住证或临时居住证；如不想享受城市的有关待遇，就不需要办居住证或临时居住证。**

（9）落实公民的迁徙自由权是否会导致城市人口过度集聚？

要全方位审视放开户籍、落实公民的迁徙自由权后城市人口过度集聚问题。**城市人口规模绝不能用法律、行政的手段去控制，而要用市场、经济的手段去疏导。**政府可以通过财税、金融、产业政策等对社会资源配置进行合理的引导，从而影响人口流动的方向与规模。比如，国外通常利用卫生标准来控制流民入城。事实上，一旦户籍与待遇剥离

后，如果待遇能够量化，就不会出现人口过度集聚问题。因为大城市生活成本高，能有效预防人口过度集聚现象。

（10）为什么要以待遇为突破口，推进迁徙、户籍、待遇联动改革?

迁徙、户籍、待遇问题是历史发展的产物。迁徙、户籍、待遇虽然分别有着相对独立的制度设计，但彼此关系密切，是“三位一体”的。很多研究成果也表明，当前的户籍制度存在问题，但问题并不是出在制度本身，而是出在其附属的待遇上。只有解决待遇问题，才能解开困扰当前户籍制度改革的“死结”。如果待遇问题解决不了，那么户籍制度改革也必将无疾而终。**从某种意义上说，能否设计一套科学的待遇管理服务系统，是破解“迁徙·户籍·待遇”难题的“胜负手”，决定着改革的成败。**

结论：中国已进入了市民、农民、移民（以农民工为主体）的三元社会结构时代，且这一趋势正在不断演化。我们必须立足中国仍处于并将长期处于社会主义初级阶段的基本国情，创新社会管理，努力构建公平、和谐、法制化的中国特色三元社会结构，即新三元社会结构，一揽子谋划解决国民待遇问题。

3.如何构建中国的待遇结构——七大待遇结构?

（1）待遇包含哪些内容?

待遇包括政治待遇、经济待遇、文化待遇、社会待遇、环境待遇、军事待遇、外交待遇等七大待遇。每一大待遇又可以细分为不同方面的具体待遇。

政治待遇是指公民依据法律政策规定享有政治方面的权利和权益。它包括公民的平等权、人身权（含人格权、身份权）、财产权（含财产所有权、财产经营权、财产承包权、财产抵押权、财产留置权、财产继承权、债权）、自由权（含迁徙自由权，居住自由权，言论、出版、集会、结社、游行、示威自由权，通信自由权，宗教信仰自由权，婚姻自由权，其他自由权）、劳动休息权（含劳动权、休息权）、参政权（含选举权与被选举权，知情权，批评、建议、申诉、控告、检举权，公共事务管理权，公共决策权，其他参政权）、自治权（含社会团体自治权、少数民族自治权、特别行政区自治权、农村和社区自治权）和其他政治待遇。

经济待遇是指公民依据法律、政策规定享有经济方面的福利、服务和保障。它包括公民的土地待遇（含承包地待遇、宅基地待遇）、住房待遇（含住房公积金待遇、经济适用房待遇、公共租赁房待遇、拆迁安置房待遇、廉租房待遇、人才用房待遇、自建房待遇、商品房待遇）、经济补偿待遇（含拆迁补偿待遇、征用补偿待遇、国家赔偿待遇）、税费待遇（含税收政策待遇、缴费政策待遇）、物质分配待遇（含工资待遇、奖金待遇、各种补贴待遇）、技能资质待遇和其他经济待遇。

文化待遇是指公民依据法律政策规定享有文化方面的福利、服务和保障。它包括公民的教育待遇（含学前教育待遇、义务教育待遇、高中教育待遇、高等教育待遇、成人教育待遇、职业教育待遇、特殊教育待遇、继续教育待遇）、公共文化服务待遇、文体设施利用待遇和其他文化待遇。

社会待遇是指公民依据法律政策规定享有社会方面的福利、服务和保障。它包括公民的社会保险待遇（含养老保险待遇、医疗保险待遇、失业保险待遇、工伤保险待遇、生育保险待遇）、社会福利待遇（含老年福利待遇、残疾人福利待遇、儿童福利待遇、妇女福利待遇）、社会救助待遇（含贫困救助待遇、孤寡病残救助待遇、乞讨人员救助待遇、应急救助待遇、临时救助待遇）、社会优抚待遇、社会公共服务待遇（含烈士优抚待遇，烈士家属抚恤，伤残军人优待待遇，军人家属优待待遇，复员退伍军人和军队退休干部安置待遇，牺牲、病故革命工作人员家属优抚待遇，伤残革命工作人员优抚待遇）和其他社会待遇。

环境待遇是指公民依据法律、政策规定享有环境方面的福利、服务和保障。它包括公民的生活环境待遇（含生活供水待遇、生活供电待遇、生活供气待遇、生活供暖待遇、生活废弃物处理待遇、社区环境待遇、生态环境待遇、交通环境待遇、治安环境待遇）、公共服务待遇（含就业创业服务待遇、劳动环境待遇、医疗服务待遇、计划生育服务待遇、殡葬服务待遇、法律服务待遇）和其他环境待遇。

军事待遇是指现役军人、民兵预备役依据法律政策规定享有的福利、保障与优待。它包括军人待遇、民兵预备役待遇等。

外交待遇是指依据我国法律、政策规定及缔结或加入的有关国际条约的规定，具有中国国籍的公民所享有的福利、服务和保障。它包括公

民的外交保护待遇、对外劳务待遇和华侨优惠待遇等。

这七大待遇与市民、农民、移民三大群体相组合，构成一个国家的国民待遇结构，具有整体性和层次性。从公民享受待遇的层次看，“待遇”可分为“**基本待遇**”和“**改善待遇**”，即保障人们基本生存、生活的待遇和在此基础上人的全面发展所需的待遇。

根据以上所梳理出的待遇，我们设计了国民待遇指标体系表。国民待遇指标体系由政治待遇、经济待遇、文化待遇、社会待遇、环境待遇、军事待遇和外交待遇等7个一级指标、27个二级指标和近百个三级指标所构成。

（2）现有市民、农民、移民的待遇有什么不同？

目前，社会上有一种错误认识，认为城镇居民有待遇，而农村居民没什么待遇。实际上，城镇居民有城镇居民的待遇，农村居民也有农村居民的待遇。现有市民与农民的待遇差别主要体现在以下六个方面：

第一，在土地政策上的待遇差异。中国土地分为两类，即国有土地和集体土地。城市市区的土地属于国家所有，居民享受的土地政策主要体现在住宅的使用权上。农村土地除了由法律规定属于国家所有的外，属于农民集体所有，如农民宅基地和自留地、自留山，均属于农村居民集体所有。土地是农民最大的社会保障。

第二，在经济政策上的待遇差异。一般农民都拥有一定耕地、水塘、山林、果园等资源，对其享有承包权与经营权，能够从中获取一定的经济收益。另外，部分农民还参与农村合作经济组织，可以参与分红。虽然市民没有分到个人的生产资料，但因为中国的财政、金融、产业、投资等政策总体上向城镇倾斜，资源向城市高度集中，这使得市民的就业和创业机会比农民更多、发展条件更好。

第三，在住房政策上的待遇差异。在现行体制下，农民既拥有可以自建住房的宅基地，又可在城里购买商品房。市民主要通过购买商品房来解决住房问题，在职职工可以享受住房公积金、住房补贴等住房保障政策，符合标准的中低收入市民还可以申请由政府提供的经济适用房、廉租房、公租房等保障性住房。

第四，在就业政策上的待遇差异。长期以来，人们普遍认为农民不存在就业问题，只要有耕地、水塘、山林等生产资料，就可以视同解决了就业问题。直到农村富余劳动力流入城市后，才产生了新的就业问题。市民就业主要是自主择业、市场选择，虽然在就业机会面前与农民平等，但总体而言市民的就业能力高于农民。特别是对城镇失业人员，政府采取税费减免、贷款贴息、社保补贴、岗位补贴等办法，通过提供公益性就业岗位、鼓励用人单位吸纳就业等办法，开展就业援助。与农民、移民相比，对市民的就业援助力度更大、政策更优惠。

第五，在社保政策上的待遇差异。城镇的养老、医疗、失业、工伤、生育等各项基本社会保障起步早于农村，已经初步建立了相对完善的制度，而农村的社会保障制度建设明显滞后，还是以家庭保障和土地保障为主。从医疗保障制度运行情况看，中国建立了城镇职工基本医疗保险制度、城镇居民医疗保障制度和新农村合作医疗制度，基本实现了全民医保，但较之于城镇医保，新农合的筹资水平和报销水平较低，农民和市民之间的医保待遇差别较大。

第六，在公共服务政策上的待遇差异。城市的公共基础设施由政府提供，建设资金来自于财政拨款，有强有力的制度保证，而农村的公共基础设施，仍主要靠农村和农民自行解决。据有关资料统计，在基础设施投入上，城市全社会人均固定资产投资额是农村的近7倍。在教育、文化、医疗、体育等公共服务上，市民享有的水平比农民高得多。有研究得出：目前，中国名义上的城乡收入差距为3.3：1，若把基本公共服务，包括义务教育、基本医疗等因素考虑在内，城乡实际收入差距已经达到（5~6）：1。按照这个分析，公共服务因素在城乡收入差距中的影响为30%—40%左右。

移民分“离乡不离土”的农民工和外地流入的城镇居民两类。从法理上讲，“离乡不离土”的农民工享受其户籍地的农民待遇，以及流入地城市对移民的待遇；外地流入的城镇居民享受其户籍所在地的市民待遇，以及流入地城市对移民的待遇。但事实上户籍地的待遇他们难以完整享受，而流入地城市给他们的待遇往往又未能落实到位，与市民待遇存在较大落差。以农民工的社会保障为例，存在社会保险参保率低、统筹范围过小、层次过低等问题，面临着农民工流动性强与社会保障制度灵活性弱、农民工收入水平偏低与社会保险缴费偏高、各地保障模式多样性与实现全国统筹之间的矛盾。

综上分析，市民的待遇总体上要优于农民和移民，这既与现阶段经济社会发展水平有关，也与制度设计有关。我们必须认识到共同富裕是社会主义的本质要求，要始终坚持社会公平正义的导向，在完善市民待

遇的同时，把更多的精力放在提升农民待遇、落实移民待遇上，使全体人民共享改革发展成果。

（3）目前在待遇问题解决上存在哪些不足？

在解决待遇问题上，目前主要存在三方面缺陷：**一是法制化不够**，关于待遇内容的规定随意性较大，容易引发矛盾。从国外的情况看，无论是发达国家还是发展中国家，公民的待遇往往与纳税、贡献及其他一些特定条件挂钩，虽然有所差别，但其规则是统一的。比如，美国法律对非法移民、合法移民、公民按法定身份分别赋予有差别的待遇，对本州公民、外州公民和跨州移民也赋予不同的待遇。美国的很多大学对来自本州和来自外州的学生，其学费收取标准是不一样的，但只要其透明、合法，不对来自外州的学生乱收费，不影响本州学生低学费保障，这也是一种公平。**二是信息不对称**，很多人并不清楚自己到底能享受哪些待遇，以致待遇享受不完整。**三是选择性不够**，有许多待遇本应由人们自由选择，但现在自由选择空间不大。

（4）构建待遇结构的方向是什么？

待遇问题关系到每个人的切身利益，关系到社会的公平正义，必须科学合理解决，构建与中国经济社会结构相适应的待遇结构。**构建待遇结构的方向主要是：一要分类指导，正视差别；二要立法定规，公开透明；三要缩小差距，追求公平。**具体而言，**应科学合理设置待遇菜单，建立国民待遇体系。菜单设计的总体目标是：合法、合理、合情；可控制、可选择、可组合、可转换、可持续。**每一类群体所能享受的政治、经济、文化、社会、环境、军事、外交待遇，以待遇菜单一揽子呈现、全方位明确，做到待遇菜单面前人人平等，解决起点上和规则上的公平。

（5）何谓待遇菜单？

待遇菜单，通俗来说，就是国民所能享受待遇的一览表。它以表格形式全方位、清晰地呈现国民待遇。我们专门设计了《国民（市民、农民、移民）待遇结构现状表》，突出“国民”、“待遇”、“现状”三个关键词，全面反映中国市民、农民、移民三大社会群体所能享受的政治、经济、文化、社会、环境、军事、外交七大待遇。现以“社会待遇·社会保险待遇·失业保险待遇——杭州市”（见下表）为样表进行说明。

国民（市民、农民、移民）待遇结构现状表

社会待遇·社会保险待遇·失业保险待遇——杭州市

待遇主体				待遇内容·是否享有	待遇内容·待遇条款	待遇内容·条件	待遇资格·客观性获取条件·年龄	性别	职业	职称	学历	户籍	土地	居住地	居住时间	贫困／孤寡／病残	其他	待遇资格·主观性获取条件·缴费	交地	投资	纳税	购房	其他	待遇资格·赋予主体·法律赋予	政府赋予	社会赋予	企业承担	待遇资格·申请凭证	待遇资格·享受载体	待遇转移·转移范围	可转移内容	不可转移内容	转后待遇项目·转至城镇	转后待遇项目·转至农村	所需凭证	转后载体	待遇性质·强制性／非强制性	可选择性／不可选择性	公益性／非公益性	缴费性／非缴费性	备注
国民	市民	在职人员	公务员																																						
			参照公务员法管理的事业单位、社会团体工作人员																																						
			事业单位工作人员																																						
			社会团体工作人员																																						
			企业化管理的事业单位工作人员																																						
			民办非企业单位、基金会、律师事务所等组织工作人员																																						
			机关合同制职工																																						
			国企职工																																						
			集体企业职工																																						
			民办企业职工																																						
			外资企业职工																																						
			个体工商户业主																																						
			个体工商户雇工																																						
			灵活就业人员																																						
			民营企业主																																						
			外资企业主																																						
			引进人才																																						
			其他在职人员																																						

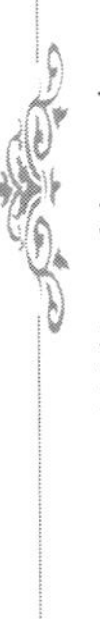

社会待遇·社会保险待遇·失业保险待遇——杭州市

待遇主体				待遇内容			待遇资格																							待遇转移							待遇性质				备注
							客观性获取条件											主观性获取条件						赋予主体									转后待遇项目								
				是否享有	待遇条款	条件	年龄	性别	职业	职称	学历	户籍	土地	居住地	居住时间	贫困/孤寡/病残	其他	缴费	交地	投资	纳税	购房	其他	法律赋予	政府赋予	社会赋予	企业承担	申请凭证	享受载体	转移范围	可转移内容	不可转移内容	转至城镇	转至农村	所需凭证	转后载体	强制性/非强制性	可选择性/不可选择性	公益性/非公益性	缴费性/非缴费性	
非在职人员	劳动年龄段失业人员	失业人员	下岗职工																																						
		无业人员																																							
	老年人																																								
	学龄前儿童																																								
	教育阶段人员	职高学生																																							
		大学生																																							
	有地农民																																								
	失地农民																																								
	本城务工农民	农民工																																							
	本乡创业农民																																								
学龄前儿童																																									
教育阶段人员	入园儿童																																								
	小学生																																								
	中学生																																								
	高中生																																								
	职高学生																																								
老年人																																									

社会待遇·社会保险待遇·失业保险待遇——杭州市																																						
待遇主体	待遇内容			待遇资格																							待遇转移							待遇性质				备注
	是否享有	待遇条款	条件	客观性获取条件											主观性获取条件						赋予主体				申请凭证	享受载体	转移范围	可转移内容	不可转移内容	转后待遇项目		所需凭证	转后载体	强制性/非强制性	可选择性/不可选择性	公益性/非公益性	缴费性/非缴费性	
				年龄	性别	职业	职称	学历	户籍	土地	居住地	居住时间	贫困/孤寡/病残	其他	缴费	交地	投资	纳税	购房	其他	法律赋予	政府赋予	社会赋予	企业承担						转至城镇	转至农村							
国民 移民 本城就职人员 合同制职工 外来农民工																																						
国民 移民 本城就职人员 合同制职工 外来城镇居民																																						
国民 移民 本城就职人员 合同制雇工 外来农民工																																						
国民 移民 本城就职人员 合同制雇工 外来城镇居民																																						
国民 移民 本城就职人员 无合同雇工																																						
国民 移民 本城就职人员 灵活就业人员 外来个体工商户业主																																						
国民 移民 本城就职人员 外来创业人员																																						
国民 移民 本城就职人员 其他在职人员																																						
国民 移民 非就职人员																																						
国民 其他人群																																						
相关法规、政策																																						
统筹区域																																						
属地管理																																						

纵向栏目。即“待遇主体”。它是指待遇享受主体及其人群类别。享受待遇的主体，**第一层面是“国民”，**即具有中华人民共和国国籍的公民。**第二层面是“市民、农民、移民”。第三层面是对“市民、农民、移民”的再分类：**如“市民”按照其在职状况，可分为在职人员、非在职人员、征地农转非人员和其他人员4类；“**农民**”按照其年龄段，可分为学龄前儿童、教育阶段人员、劳动年龄段农民、老年人和其他人员5类；“**移民**”按照其就职状况，可分为就职人员、非就职人员和其他人员3类。

横向栏目。表格分别设置了“待遇内容”、“待遇资格”、“待遇转移”、“待遇性质”及“备注”5大项。**一是“待遇内容”。**主要是反映某一人群能否享受待遇、享受何种待遇和享受待遇所需条件。**二是“待遇资格”。**主要是反映享受待遇所应具备的资格条件，设置了“客观性获取条件”、“主观性获取条件”、“赋予主体”、“申请凭证”和“享受载体”5类。其中，“**客观性获取条件**”，主要是指享受人已具备的基本客观条件，包括年龄、性别、职业、职称、学历、户籍、土地、居住地、居住时间，以及贫困、孤寡、病残等状况。“**主观性获取条件**”，主要是指需要通过享受人付出努力才能具备的条件，包括缴费、交地、投资、纳税、购房等。“**赋予主体**”，主要是指待遇的来源，法律赋予、政府赋予、社会赋予和企业赋予等情况。“**申请凭证**”，是指在办理待遇手续过程中，需要出具的能够证明个人身份的证件，如失业登记证、困难家庭救助证等。“**享受载体**”，是指享受待遇必须持有的证件，如身份证、居住证、社会保障卡等。**三是“待遇转移”。**一般是指跨越统筹区的待遇转移情况。“**转移范围**”，主要是指享受待遇的跨区域接转情况，如分跨省转移或跨市转移。享受待遇可分为“**可转移内容**”，如个人交纳养老金；“**不可转移内容**”，如当地政府或企业赋予部分统筹资金。**四是“待遇性质”。**主要包括“**强制性/非强制性**”，凡法律、法规或政策规定必须享受的，是强制性的；凡根据个人意愿需求享受的，是非强制性的。“**可选择性/不可选择性**”，凡可以选择享受或不享受、享受全部待遇或部分待遇的，是可选择性的；反之，是不可选择性的。“**公益性/非公益性**”，凡是可无偿享受的待遇，是公益性的；反之，是非公益性的。“**缴费性/非缴费性**”，凡需要个人缴费享受的待遇，是缴费性的；反之，是非缴费性的。

（6）何谓待遇指数?

待遇指数是依据待遇指标体系，通过对不同的待遇进行赋权量化，反映国民（市民、农民、移民三大群体）待遇的一种综合指数。在指标体系中，一部分是保障人们基本生存、生活的“基本待遇”，主要是测评这些待遇的落实程度；另一部分是在保障人们基本生存、生活的基础上，人的全面发展所需的“改善待遇”，主要是测评这些待遇的改善情况。

指标权重的确定。总体上采用平均赋权法，在基本平均赋权的基础上，对综合性和重要性指标适当加大权重。

基准值的确定。为综合反映各地待遇状况，水平评价和进程评价选择不同的基准值。水平评价以当年各指标数值水平为基准值，进程评价以上年年度指标数值水平为基准值。

数据的无量纲处理。以相对化处理来消除指标的量纲影响。当指标值X_i为正指标时，相对化处理值为$K_i=X_i/X_0$（X_i为指标的实际值，X_0为指标的基准值），即实际值/基准值。当指标值X_i为逆指标时，相对化处理值为$K_i=X_0/X_i$，即基准值/实际值。

综合评价指数的计算。采用综合指数法：$Z_L=\sum K_{Li}\times W_i$，$Z_p=\sum K_{pi}\times W_i$，$Z=(1-\alpha)\times Z_L+\alpha\times Z_p$，其中，Z为综合评价指数，$Z_L$和$Z_p$分别为国民待遇的水平指数和进程指数，$K_{Li}$和$K_{pi}$分别为水平和进程的单项指标无量纲化后的指数，$W_i$为相应指标权重，α为进程指数的权重。综合指数由水平指数和进程指数加权合成。

（7）待遇指数作用是什么?

待遇指数从定量上反映国民待遇状况，可以为落实和改善国民待遇提供科学依据。**因为就具体待遇而言，不仅市民、农民、移民三大群体之间没有可比性，就是在同一群体中也没有可比性，而通过待遇指数，可以全面、科学、系统地反映市民、农民、移民三大群体的待遇，从而使不同群体的待遇可以比较，使不同区域的待遇也可以比较。**通过对待遇指数的纵向比较，可以知晓国民（市民、农民、移民三大群体）待遇的现状及问题，估计国民待遇整体提高程度及改善成效，明确下一步努力方向；通过对待遇指数的横向比较，可以发现三大群体待遇的差距，找出导致待遇差异的主要原因，从而采取更为有效的政策措施，使三大

群体的待遇指数差距不断缩小，最终实现待遇指数趋同。

（8）何谓“同城同待遇”和“同城同待遇指数”？

当前，在理论界和实践中对“同城同待遇”的呼声很高，认为生活在一座城市中的市民、农民、移民都应该享有完全相同的待遇。事实上，有其一定的局限性。因为个体的年龄、学历、职业、居住地、居住时间、土地拥有情况等自身条件不同，缴费、纳税、投资等个人付出也不一样，所以落实到每一个人身上的具体待遇是千差万别的，不仅在市民、农民、移民不同群体中存在着待遇的差别，就是在同一群体的不同个体中也存在着待遇的差别。如在土地待遇上，农民拥有承包田和宅基地，而市民无承包田和宅基地；在社保待遇上，不仅市民和农民的社保待遇政策不同，就是在市民中事业单位职工与企业职工的社保待遇政策也不同，甚至在企业职工中也会因个体缴费年限、缴费基数等不同而享受不同的社保待遇。因此，具体待遇的差别是客观存在的，我们必须正视差别。如果一味地提“同城同待遇”，在待遇上搞“一刀切”，不仅做不到，还会造成法理上的冲突和不公，使得社会情绪难以安抚，社会矛盾不断激化。**在现有的生产力发展水平下，追求“同城同待遇”，并不是指生活在一座城市中的市民、农民、移民享有完全相同的具体待遇，而应该是“同城同待遇指数”，即同一座城市的市民、农民、移民的待遇指数相同。**

（9）何谓“同国同待遇”和“同国同待遇指数”？

“同城同待遇”的背后是“同国同待遇”的利益诉求。**追求“同国同待遇”，不是指任何一个国民都享有完全相同的待遇，而是指“同国同待遇指数”。我们希望，在中国，经过数十年的努力，对任何一个中华人民共和国公民而言，不论其是市民、农民，还是移民，不论其生活在城市，还是生活在农村，不论其生活在发达地区，还是生活在相对落后地区，其待遇指数都是相同的。**鉴于中国人口多、底子薄、城乡和区域发展不平衡的基本国情，实现“同国同待遇”的难度更大，需要的时间更长。正如邓小平所说，中国要巩固和发展社会主义制度，还需要几代人、十几代人，甚至几十代人的努力。而实现“同国同待遇指数”，则相对科学并具有可操作性。**实现“同国同待遇指数”的过程，就是一个城乡差别、工农差别、区域差别不断缩小的过程。**通过测算国民待遇指数，使得缩小城乡差别、工农差别、区域差别有一个可考量的依据。在实践中，可以通过测算一个区域内市民、农民、移民的待遇指数，分析三大群体之间的待遇差距；通过测算每一区域（县、市、省）的国民待遇指数，分析区域之间的待遇差距。在定量分析待遇差别的基础上，按照**分城、分层、分情、分步的思路，采取“完善市民待遇、提升农民待遇、落实移民待遇”**的路径，不断缩小不同群体、不同区域的待遇指数，进而使不同群体、不同区域的待遇指数逐步趋同，最终实现“同国同待遇指数”。

（10）待遇如何落实?

我们建议，中国落实待遇的载体是“两证一卡”，即身份证、居住证、社保卡（市民卡）。要充分发挥“两证一卡”的作用，**以身份证落实基本国民待遇、以社保卡（市民卡）落实本地居民待遇、以居住证落实移民待遇。**身份证的功能主要有18个方面，包括：户口登记，选民登记，兵役登记，婚姻登记，入学、就业，办理公证事务，前往边境管理区，办理申请出境手续，参与诉讼活动，办理机动车、船驾驶证和行驶证、非机动车执照，办理个体营业执照，办理个人信贷事务，参加社会保险、领取社会救济，办理搭乘民航飞机手续，投宿旅店时办理登记手续，提取汇款、邮件，寄卖物品，办理其他事务。目前身份证在使用当中的18项功能虽然都在实施，但法律效力存在问题，有些还没有用足用好，比如选民登记、户口登记、兵役登记、入学、就业等，这些原本都可以通过身份证来解决，但在现实生活中仅用身份证还解决不了问题。建议修改《身份证法》，扩充国民待遇功能。为了保证待遇的可转移、可接续，建议借鉴美国社会保障号（SSN）经验，结合中国实际，借助信息技术的发展，将身份证与社保卡功能连通、融合，实现社保卡在全国范围内统一、规范。2011年7月1日开始实施的《中华人民共和国社会保险法》第五十八条规定：“国家建立全国统一的个人社会保障号码。个人社会保障号码为公民身份号码。”全国统一的社保卡，有助于待遇跨地区转移接续，有助于中央财政支出随人口享受待遇的地点变动而合理划拨，也有助于待遇的全国统筹，避免部分待遇在不同地区的双重或多重享有，保证公平。

（11）待遇如何管理?

我们建议，建立人口管理委员会来牵头制定待遇菜单，对国民待遇系统实行统一规划、统一管理。按照统分结合的原则，由各相关职能部门做好具体待遇项目设计，依法提供办理、咨询等服务。政府每年发布《待遇白皮书》，对不同群体的待遇落实情况进行评估，并按照“完善市民待遇、提升农民待遇、落实移民待遇”的要求，提出改善待遇的目标和举措。

结论：待遇的差别是客观现实，缩小待遇差别，使不同群体、不同区域的待遇指数逐步趋同，进而实现“同城同待遇指数”乃至“同国同待遇指数”是今后的努力方向。解决国民待遇问题，要立足国情，根据目前中国二元经济结构和三元社会结构特点，科学设计待遇菜单，构建国民待遇体系，推动待遇管理服务的系统化、规范化、公开化、法制化；设计待遇指数，从定量上反映国民待遇状况，为落实和改善国民待遇提供科学依据；完善待遇载体，充分发挥身份证、居住证、社保卡（市民卡）功能，适应科技发展和社会需求，使待遇可以随人转移、跨地接续，便利人民群众享受各种待遇。

总之，解决农民工问题意义重大、难度很大，它是中国城市化的突破口，是推动经济体制改革、政治体制改革和社会管理体制改革的交会处，也是当代中国一场涉及人数最多、范围最广、内容最深刻的社会变革。我们既要充分认识解决农民工问题的重要性、紧迫性，也要认识到解决农民工问题的复杂性、艰巨性，以共建共享、社会公平正义为导向，立足国情、登高望远、统筹兼顾，加强顶层设计，努力探索建立与中国经济社会结构相适应的待遇结构，并随着经济社会发展不断缩小不同社会群体的待遇差别，不断提高人民群众的共享水平，让人民生活得更加幸福、更有尊严，让社会更加公正、更加和谐。

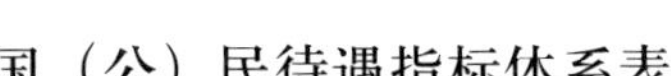

国（公）民待遇指标体系表

一级指标	二级指标	三级指标
政治待遇	平等权	
	人身权	人格权
		身份权
	财产权	财产所有权
		财产经营权
		财产承包权
		财产抵押权
		财产留置权
		财产继承权
	自由权	迁徙自由权
		居住自由权
		言论、出版、集会、结社、游行示威权
		通信自由权
		宗教信仰自由权
		婚姻自由权
	劳动休息权	劳动权
		休息权
	参政权	选举权和被选举权
		知情权
		批评、建议、申诉、控告、检举权
		公共事务管理权
		公共决策权
	自治权	社会团体自治权
		少数民族自治权
		特别行政区自治权
		农村和社区自治权

<table>
<tr><th>一级指标</th><th>二级指标</th><th>三级指标</th></tr>
<tr><td rowspan="16">经济待遇</td><td rowspan="2">土地待遇</td><td>承包地待遇</td></tr>
<tr><td>宅基地待遇</td></tr>
<tr><td rowspan="8">住房待遇</td><td>住房公积金待遇</td></tr>
<tr><td>经济适用房待遇</td></tr>
<tr><td>公共租赁房待遇</td></tr>
<tr><td>拆迁安置房待遇</td></tr>
<tr><td>廉租房待遇</td></tr>
<tr><td>人才用房待遇</td></tr>
<tr><td>自建房待遇</td></tr>
<tr><td>商品房待遇</td></tr>
<tr><td rowspan="2">经济补偿待遇</td><td>拆迁补偿待遇</td></tr>
<tr><td>征用补偿待遇</td></tr>
<tr><td>税费待遇</td><td>税费政策待遇</td></tr>
<tr><td>物质分配待遇</td><td>工资待遇</td></tr>
<tr><td>技能资质待遇</td><td>技能资质待遇</td></tr>
<tr><td rowspan="9">文化待遇</td><td rowspan="8">教育待遇</td><td>学前教育待遇</td></tr>
<tr><td>义务教育待遇</td></tr>
<tr><td>高中教育待遇</td></tr>
<tr><td>高等教育待遇</td></tr>
<tr><td>成人教育待遇</td></tr>
<tr><td>职业教育待遇</td></tr>
<tr><td>特殊教育待遇</td></tr>
<tr><td>继续教育待遇</td></tr>
<tr><td colspan="2">公共文化服务待遇</td></tr>
</table>

一级指标	二级指标	三级指标
社会待遇	社会保险待遇	养老保险待遇
		医疗保险待遇
		失业保险待遇
		工伤保险待遇
		生育保险待遇
	社会福利待遇	老年福利待遇
		残疾人福利待遇
		儿童福利待遇
		妇女福利待遇
	社会救助待遇	贫困救助待遇
		孤寡病残救助待遇
		乞讨人员救助待遇
		应急救助待遇
		临时救助待遇
	公共服务待遇	就业创业服务待遇
		医疗服务待遇
		计划生育服务待遇
		殡葬服务待遇
		法律服务待遇
环境待遇	生活环境待遇	生活供水待遇
		生活供电待遇
		生活供气待遇
		生活供暖待遇
		生活废弃物处理待遇
		社区环境待遇
		生态环境待遇
		交通环境待遇
		治安环境待遇
	工作环境待遇	劳动安全待遇

<table>
<tr><th>一级指标</th><th>二级指标</th><th>三级指标</th></tr>
<tr><td rowspan="9">军事待遇</td><td colspan="2">军人待遇</td></tr>
<tr><td colspan="2">民兵预备役待遇</td></tr>
<tr><td rowspan="7">军人优抚待遇</td><td>烈士优抚待遇</td></tr>
<tr><td>烈士家属抚恤</td></tr>
<tr><td>伤残军人优抚待遇</td></tr>
<tr><td>军人家属优待待遇</td></tr>
<tr><td>复员退伍军人和军队退休干部待遇</td></tr>
<tr><td>牺牲、病故革命工作人员家属优抚待遇</td></tr>
<tr><td>伤残革命工作人员优抚待遇</td></tr>
<tr><td rowspan="3">外交待遇</td><td colspan="2">外交保护待遇</td></tr>
<tr><td colspan="2">对外劳务待遇</td></tr>
<tr><td colspan="2">华侨优惠待遇</td></tr>
</table>

注：政治待遇根据《中华人民共和国宪法》（2004年修正）规定的公民基本权利确定。

附件二

杭州“城市待遇问题”调查问卷分析报告

2005年，杭州市委、市政府就制定出台了《关于做好外来务工人员就业生活工作的若干意见》，提出让农民工有收入、有房住、有书读、有医疗、有社保、有组织“六个有”目标。2008年，又出台《关于进一步落实农民工生产生活工作的通知》，在“六个有”基础上增加“有安全”、“有救助”，把“六个有”的目标扩充为“八个有”，着力为农民工营造出一个温馨、和谐、包容的良好环境，让他们在杭州安居乐业。2012年，杭州市在全国率先出台并实施了《杭州市流动人口服务管理条例》，标志着杭州市流动人口管理工作进入到一个新的阶段。

为了掌握国（公）民待遇问题的相关内容和开展待遇指标体系设计，以及了解本市公民待遇问题的现状、存在的问题、原因和对策建议，为政府深化开展待遇指数研究、户籍制度改革、破解三元社会结构（市民、农民、移民）问题提供决策依据，杭州国际城市学研究中心于2013年11月启动了城市待遇问题问卷调查，面向城市管理者、专家学者、市民、农民和移民五类人群共发放了问卷2000余份，回收有效问卷1711份，现将有关情况分析如下。

一、调查概况

城市管理者卷：回收有效问卷117份，其中，市级人社局工作人员，共12份；13个区、县（市）工作人员，共30份；相关街道（镇）工

注释：本报告为王国平主持的国家社科基金项目“流动人口‘同城同待遇指数’研究”总报告的一部分。

作人员，共23份；相关社区服务站工作人员，共21份；市级相关部门，包括市教育局、市司法局、市总工会、市环保局、市财政局、市房管局、市农办、市公安局、市流动人口服务管理委员会办公室、市法制办、市文化广电新闻出版局，11家单位，共31份。被调查者中，职务在处级以上占12.2%，科级职员占33.0%；31—40周岁占44.7%，41—50岁占25.4%，51—60岁和30周岁以下均占14.9%。

专家卷：回收有效问卷110份，86.9%的调查对象是浙江大学、杭州师范大学、杭州市社科联等省市高校、科研院所从事社会学、人口学、经济学专业的专家学者，另有13.1%的被调查者是来自统计系统等相关职能部门的专家型管理者。

市民卷：回收有效问卷489份，调查对象是具有杭州城镇户籍的人口。被调查者中，年龄在21周岁及以上的占99.8%；学历在高中以上的占62.0%；在杭居住10年以上的比例占86.7%；杭州六主城区的城市居民占97.7%。

农民卷：回收有效问卷500份，调查对象是在杭州市域范围内的农村居民。被调查者中，年龄在21周岁及以上的占98.5%；学历在高中以上的占41.5%；杭州六主城区的农村居民占22.3%，萧山、余杭的农村居民占76.8%。

移民卷：回收有效问卷495份，调查对象是在杭州工作生活的移民，以农民工为主，也包括外地持城镇居民户籍的流动人口。被调查者中，21—30岁、31—40岁和41—50岁三个年龄段分别占30.2%、31.7%和22.0%；53.7%为农业户籍人口，46.3%为非农户籍人口；高中及以上文化程度占61.2%；已婚比例占79.6%；移民来自本省的占52.2%，外省占47.8%。

二、现状分析

（一）杭州在破解城市待遇问题方面取得了一些成效

被调查的城市管理者中，48.7%的人认为杭州自2012年6月1日起《杭州市流动人口服务管理条例》正式实施以来，在流动人口服务管理方面取得了比较满意和满意的效果，20%的调查对象则不满意和不太满意该条例实施的效果。可见，《杭州市流动人口服务管理条例》的实施基本上

得到了城市管理者们的认可，但仍存在一些需要改进的地方。

表 1 《杭州市流动人口服务管理条例》实施满意度

单位：%

群体	满意	比较满意	一般	不太满意	不满意	说不清
城市管理者	16.5	32.2	31.3	5.2	14.8	0.0

（二）杭州采用“八个有”政策取得了较好的效果

2008年，杭州市委、市政府在2005年提出“让农民工有收入、有房住、有书读、有医疗、有社保、有组织‘六个有’”基础上，又出台了《关于进一步落实农民工生产生活工作的通知》，增加了“有安全”、“有救助”，把“六个有”的目标扩充为“八个有”。在被调查的城市管理者和专家学者中，对于该政策中具体的“八个有”的认可度存在一些差异。

（1）“有收入”方面。城市管理者中29.9%的人认为该政策取得了“好”的效果，38.5%的人认为该政策取得了“比较好”的效果；而专家中认为该政策取得了“好”的效果的人所占比例为25%，认为该政策取得了“比较好”的效果的人所占比例为39.8%。城市管理者和专家学者对“有收入”方面给出正面评价的人比例基本一致。

（2）“有房住”方面。调查的城市管理者中，19.7%的人认为该政策取得了“好”的效果，17.1%的人认为该政策取得了“比较好”的效果；而专家中认为该政策取得了“好”的效果的人所占比例为9.3%，认为该政策取得了“比较好”的效果的人所占比例为20.6%。城市管理者和专家学者对该项政策的住房方面给出正面评价的人的比例大致相当。然而，还有17.1%、9.4%的城市管理者认为该政策取得“不太好”的效果和取得了“不好”的效果，专家中认为该项政策取得“不太好”的效果和取得了“不好”效果的人所占比例分别为33.6%、8.4%，可见城市管理者和专家学者对该项政策给出负面评价的人所占比例也不小。

（3）“有书读”方面。城市管理者中30.8%的人认为该政策取得了“好”的效果，29.9%的人认为该政策取得了“比较好”的效果；而专家中，认为该政策取得了“好”的效果的人所占比例为20.4%，认为该政策取得了“比较好”的效果的人所占比例为40.7%，可见城市管理者和专家学者对该项政策的读书方面给出正面评价的人都在60%以上，说

明该项政策取得了较好的成效。

（4）“有医疗”方面。城市管理者中28.2%的人认为该政策取得了“好”的效果，28.2%的人认为该政策取得了“比较好”的效果；而专家中，认为该政策取得了“好”的效果的人所占比例为12.3%，认为该政策取得了“比较好”的效果的人所占比例为39.6%，可见城市管理者和专家学者对该项政策的医疗方面给出正面评价的人占比达到50%以上，说明有医疗方面的政策取得了一定的成效。

（5）“有社保”方面。城市管理者中29.1%的人认为该政策取得了“好”的效果，34.2%的人认为该政策取得了“比较好”的效果；而专家中，认为该政策取得了“好”的效果的人所占比例为11.2%，认为该政策取得了“比较好”的效果的人所占比例为43%，说明有社保方面的政策取得了一定的成效。

（6）“有组织”方面。调查的城市管理者中，22.2%的人认为该政策取得了“好”的效果，23.9%的人认为该政策取得了“比较好”的效果；而专家中认为该政策取得了“好”的效果的人所占比例为12%，认为该政策取得了“比较好”的效果的人所占比例为25.9%，可见城市管理者和专家学者对该项政策给出正面评价的人所占比例不到50%。然而，分别还有10.3%、0.9%的被调查城市管理者认为该政策取得了“不太好”的效果和取得了“不好”的效果；专家中认为该项政策取得“不太好”效果和取得了“不好”效果的人所占比例分别为20.4%、10.2%，可见城市管理者和专家学者对该项政策给出负面评价的人所占比例相对较高。

（7）“有安全”方面。城市管理者中30.8%的人认为该政策取得了“好”的效果，35.9%的人认为该政策取得了“比较好”的效果；而专家中，认为该政策取得了“好”的效果的人所占比例为25.9%，认为该政策取得了“比较好”的效果的人所占比例为41.7%，城市管理者和专家学者对有安全方面的政策给出正面评价的人所占比例达到65%以上，说明该项政策取得了较好的成效。

（8）“有救助”方面。城市管理者中，22.2%的人认为该政策取得了“好”的效果，35%的人认为该政策取得了“比较好”的效果；而专家中认为该政策取得了“好”的效果的人所占比例为13.1%，认为该政策取得了“比较好”的效果的人所占比例为39.3%，城市管理者和专家学者对该项政策给出正面评价的人所占比例约占一半以上，说明该项政

策取得了一定的成效。

总的来说，该政策在“有收入”、“有书读”、“有医疗”、“有社保”、“有安全”和“有救助”方面均取得了较好的效果，特别是“有书读”和“有安全”方面，得到了60%以上的城市管理者和专家学者的认可。但是，存在不尽如人意的地方，尤其是“有房住”方面。相关部门应该加强体制机制设计，加大住房和社会组织方面的保障力度，让城市移民能够真正实现安居乐业。

表2　对“八个有”政策的认可度

单位：%

	群体	好	比较好	一般	不太好	不好	说不清
有收入	城市管理者	29.9	38.5	27.4	3.4	0.9	0
	专家	25	39.8	–	16.7	0.9	17.6
有房住	城市管理者	19.7	17.1	35	17.1	9.4	1.7
	专家	9.3	20.6	–	33.6	8.4	28
有书读	城市管理者	30.8	29.9	24.8	7.7	3.4	3.4
	专家	20.4	40.7	–	15.7	1.9	21.3
有医疗	城市管理者	28.2	28.2	30.8	6.8	0.9	5.1
	专家	12.3	39.6	–	20.8	2.8	24.5
有社保	城市管理者	29.1	34.2	27.4	6.8	2.6	0
	专家	11.2	43	–	19.6	3.7	22.4
有组织	城市管理者	22.2	23.9	37.6	10.3	0.9	5.1
	专家	12	25.9	–	20.4	10.2	31.5
有安全	城市管理者	30.8	35.9	25.6	4.3	0.9	2.6
	专家	25.9	41.7	–	10.2	1.9	20.4
有救助	城市管理者	22.2	35	30.8	6	0.9	5.1
	专家	13.1	39.3	–	18.7	0.9	28.0

（三）对进城落户农民需要交出宅基地和承包田的看法不太一致

农民在农村享受宅基地和承包田等农民待遇，进城入户将会享受市民待遇，如果农民进城入户不交宅基地和承包田，他们将享受农民待遇

和市民待遇“双重待遇”。这个方面，城市管理者和专家学者的观点表现出较为明显的差异。27.4%的城市管理者表示“不太赞同”和“不赞同”，47.3%的专家学者表示“不太赞同”和“不赞同”。

表3　对“进城落户农民需要交出宅基地和承包田”的观点

单位：%

群体	赞同	比较赞同	基本赞同	不太赞同	不赞同
城市管理者	30.8	20.5	21.4	17.1	10.3
专家	19.1	15.5	18.2	27.3	20.0

（四）杭州采取坚持“两手抓”分类推进的办法解决农民工问题得到了较为普遍的支持

杭州解决农民工问题采取了坚持“两手抓”分类推进的办法：对于“离乡不离土”的农民工实现其在流入地的“安居乐业”；对于“离乡又离土”的农民工，在一定的前提下以土地指标换城镇户籍、换住房、换社保，享受与流入地城市城镇居民的“同城待遇”，从而实现农民工的真正市民化。城市管理者和专家学者中，分别仅有约12.8%与11.8%的人“不太赞同”和“不赞同”通过这样的两步走策略来解决农民工市民化的问题。调查表明，绝大多数的城市管理者和专家学者对于杭州市采取“两手抓”的方法分类解决农民工问题的做法表示支持。

表4　对“两手抓”政策的赞同度

单位：%

群体	赞同	比较赞同	基本赞同	不太赞同	不赞同
城市管理者	18.8	33.3	35.0	9.4	3.4
专家	11.8	38.2	38.2	9.1	2.7

（五）城市管理者和专家学者在建立完善的国（公）民待遇体系的必要性上观点一致

建立完善的待遇体系必须明确具体的待遇内容和待遇结构，城市管理者和专家学者基本认为各类人群的待遇都应该分为政治待遇、经济待遇、文化待遇、社会待遇、环境待遇和其他等六类待遇。经济待遇是城

市管理者选择最多的待遇，占比87.2%；环境待遇是城市管理者选择最少的待遇，占比65%。社会待遇是专家选择最多的待遇，占比91.8%；同样环境待遇也是专家选择最少的待遇，占比74.5%。结果表明，对于最重要的待遇，城市管理者和专家学者站在不同的立场，有着不同的观点，而两者均认为环境待遇是相对比较次要的待遇。

表5　中国国（公）民待遇结构

单位：%

群体	政治待遇	经济待遇	文化待遇	社会待遇	环境待遇	其他
城市管理者	81.2	87.2	75.2	86.3	65.0	4.3
专家	87.3	90.0	81.8	91.8	74.5	2.7

（1）政治待遇。政治待遇是指国（公）民在政治方面享受的待遇。城市管理者和专家学者基本都认为，政治待遇应该包括人身权待遇、财产权待遇、自由权待遇、劳动休息权待遇、参政权待遇、自治权待遇和其他等七个方面。城市管理者中选择人身权待遇的人占83.8%，是所占比例最大的一项，而专家中90%的人选择参政权待遇，该项是所有比例中最大的一项，这也体现出城市管理者和专家学者在国（公）民享受具体的政治待遇方面的差别化观点。

表6　中国国（公）民政治待遇二级待遇指标

政治待遇二级指标	城市管理者（%）	专家（%）
人身权待遇	83.8	79.1
财产权待遇	56.4	60.0
自由权待遇	71.8	78.2
劳动休息权待遇	65.0	52.7
参政权待遇	77.8	90.0
自治权待遇	48.7	56.4
其他	0.9	0.0

市民、农民和移民，不同类型的国民对不同的待遇认知和感知不尽相同。对于“是否参加过人大代表的选举”，67.4%的市民选择“是”，选择“是”的农民占65.3%，而移民中选择“否”的比例高达

83%。由此可见，市民和农民对选举的参与度最高，移民的参与度相对较低。

表 7 中国国（公）民对人大代表选举的参与度

群体	是（%）	否（%）
市民	67.4	32.6
农民	65.3	34.7
移民	17.0	83.0

对于“是否能按自己意愿处置自己的财产”，64.5%的市民选择“完全能”，2.3%选择“完全不能”；农民中选择“完全能”的比例为49.4%，选择“完全不能”的比例为1%；而61.4%的移民选择“完全能”，没有移民选择“完全不能”。

表 8 中国国（公）民财产权的自由处置能力

单位：%

群体	完全能	比较能	一般	不太能	完全不能
市民	64.5	19.8	10.4	2.9	2.3
农民	49.4	27.2	19.2	3.2	1.0
移民	61.4	21.6	14.3	2.7	0.0

（2）经济待遇。经济待遇是指国（公）民在经济方面享受的待遇，城市管理者和专家学者基本都认为，经济待遇应该包括土地待遇、住房待遇、经济补偿待遇、税费待遇、住房分配待遇、技能待遇和其他等七个方面。城市管理者和专家学者中，分别有90.6%和83.6%的比例选择住房待遇，且该项待遇均为七种待遇中所占比例最高的一项。

表 9 中国国（公）民经济待遇具体待遇指标

经济待遇具体指标	城市管理者（%）	专家（%）
土地待遇	58.1	70.0
住房待遇	90.6	83.6
经济补偿待遇	80.3	80.0

经济待遇具体指标	城市管理者（%）	专家（%）
税费待遇	55.6	70.0
物质分配待遇	66.7	76.4
技能资质待遇	35.9	47.3
其他	0.9	0.9

在现实生活中，经济待遇中的住房、经济补偿和税费等待遇与市民、农民和移民生活休戚相关。对于“是否在城市里购买了商品房”，市民中36.4%的人选择“是”，24%的移民选择“是”；但农民中选择“否”的比例高达85.9%，表明市民购买商品房比例最高，而农民购买商品房比例较低。

表 10　中国国（公）民对城市商品房的购买力

群体	是（%）	否（%）
市民	36.4	63.6
农民	14.1	85.9
移民	24.0	76.0

对于“是否在税收或缴费政策方面享受优待（或与城市居民享受同等待遇）”，17.3%的市民选择“能”，51.6%选择“不清楚”；农民中选择“能”的比例为37.5%，选择“不清楚”的比例为49.1%；而移民中24.3%的人选择“能”，54.1%选择“不清楚”。

表 11　中国国（公）民在税收或缴费政策方面享受优待程度

单位：%

群体	能	不能	不清楚
市民	17.3	31.1	51.6
农民	37.5	13.4	49.1
移民	24.3	21.6	54.1

对于外来务工人员来说，了解申请公共租赁房也是极其重要的。调查显示，“是否了解可以申请公共租赁房”方面，仅有4.5%的人表示非常了解，有10.1%的人表示比较了解，有33.1%的人表示听说过、有些了

解，有26.2%的人表示知道但是基本不了解，有26%的人表示完全不知道。

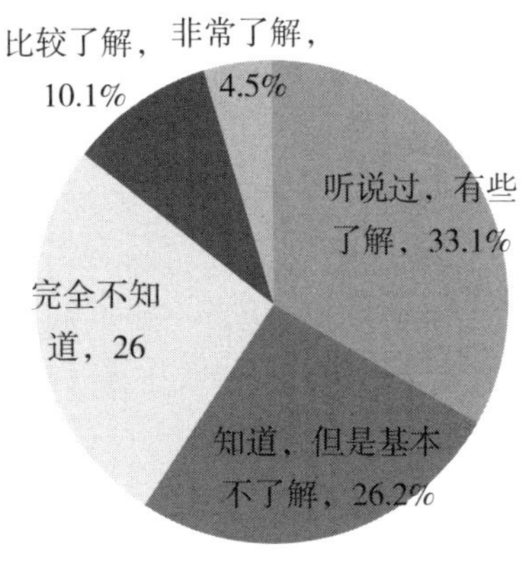

图1　移民对申请公共租赁房的了解程度

可以看出，虽然公共租赁房对外来务工人员是一项很好的政策，但是该政策却没有取得很好的效果。需要公共租赁房的外来务工人员中一半以上基本不了解这项政策。因此，仅仅只有好的政策是不够的，政府应该做好政策宣传，以取得满意的效果。

（3）文化待遇。文化待遇是指国（公）民在文化方面享受的待遇，城市管理者和专家学者基本都认为，文化待遇应该包括教育待遇、公共文化服务待遇、文体设施利用待遇和其他等四类具体指标。城市管理者中选择教育待遇的人占95.7%，是所占比例最高的一项，而专家中89.1%的人选择教育待遇。

表12　中国国（公）民文化待遇具体指标

单位：%

群体	教育待遇	公共文化服务待遇	文体设施利用待遇	其他
城市管理者	95.7	88.9	73.5	3.4
专家	89.1	97.3	83.6	1.8

在市民、农民和移民的日常生活中，文化待遇中的接受专项培训与其紧密相连。对于“在接受专项训练时是否因户口身份而受到不公对待或优待”，市民中13.6%选择“受到优待”，83.1%选择“都没有”；农民中选择“受到优待”的比例为4.7%，选择“都没有”的比例为90.7%；而移民中，5.9%的人选择“受到优待”，88.2%选择“都没

有”。总体来看，在专项训练中户口身份几乎不起作用。

表 13　中国国（公）民文化在接受专项训练方面的待遇

单位：%

群体	受到不公平对待	受到优待	都没有
市民	3.4	13.6	83.1
农民	4.7	4.7	90.7
移民	5.9	5.9	88.2

当地政府不仅要关注市民、农民和移民的文化待遇，还要注重他们子女的文化待遇。由调查可知，移民或其子女在各种教育类型中的比例均为最低，市民和农民在各种类型的教育中基本都是保持在一个相近的水平。

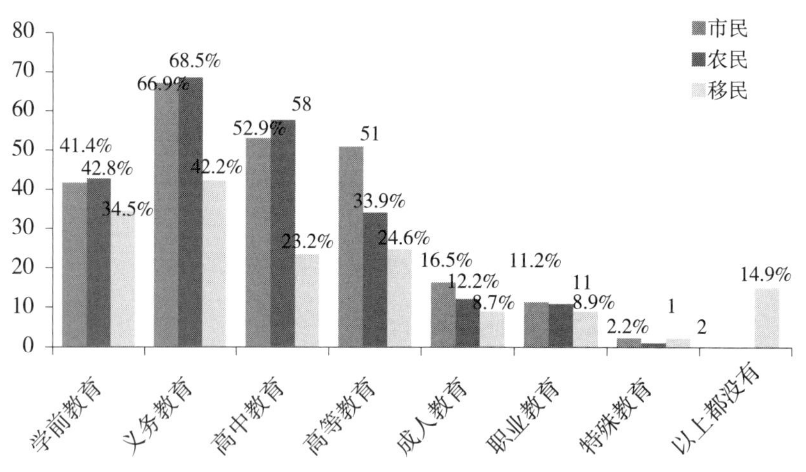

图2　市民、农民和移民或其子女接受教育程度

由图2可知，接受过义务教育的公民所占比例是七种教育中最高的一项，说明中国义务教育的普及确实落到了实处，但移民或其子女接受义务教育的比例明显低于市民和农民或其子女，所以当地政府应该努力加强和改善移民子女的义务教育工作；高等教育和成人教育方面，市民或其子女、农民或其子女和移民或其子女所占比例依次递减。因此，政府应该注重农民和移民或其子女的教育待遇问题。

（4）社会待遇。社会待遇是指国（公）民在社会方面享受的待遇，包括社会保险待遇、社会福利待遇、社会救助待遇、社会优抚待遇、社会公共服务待遇和其他等六类具体指标。城市管理者中，选择社会福利待遇的人所占比例最高，为94.9%，其次是社会保险待遇，所占比例为84.6%；而专家中，选择社会保险待遇和社会福利待遇的人都达到最高占比90%。

表 14　中国国（公）民社会待遇具体待遇指标

社会待遇具体指标	城市管理者（%）	专家（%）
社会保险待遇	84.6	90.0
社会福利待遇	94.9	90.0
社会救助待遇	79.5	80.9
社会优抚待遇	65.8	64.5
社会公共服务待遇	76.9	86.4
其他	0.9	0.0

对市民、农民和移民来说，社会待遇中的免费法律援助服务和所在单位或社区组织的老年体检或老年旅游关系到其切身利益。对于“当灾难、生病致贫发生时，是否得到过免费法律援助服务”，12.6%的市民选择“需要，享受过”；农民中选择“需要，享受过”的比例为7%；而移民中，5.6%的人选择“需要，享受过”。虽然市民需要并且享受过免费法律援助服务的占比最高，但仅有12.6%，因此政府应该加强免费法律服务的力度。

表 15　中国国（公）民在享受免费法律援助服务方面的待遇

单位：%

群体	需要，享受过	需要，没有享受过	不需要
市民	12.6	30.8	56.6
农民	7.0	32.0	61.0
移民	5.6	30.7	63.7

对于“您或您的父母是否参加过所在单位或社区组织的老年体检和老年旅游”，选择“参加过社区组织的”的市民所占比例为46.8%，有24.3%的市民选择“参加过单位组织的”，选择“两个都参加过”的市民所占比例为15.4%，有7.8%的市民选择“两个都没参加过”，还有

5.8%的市民选择“不清楚”。

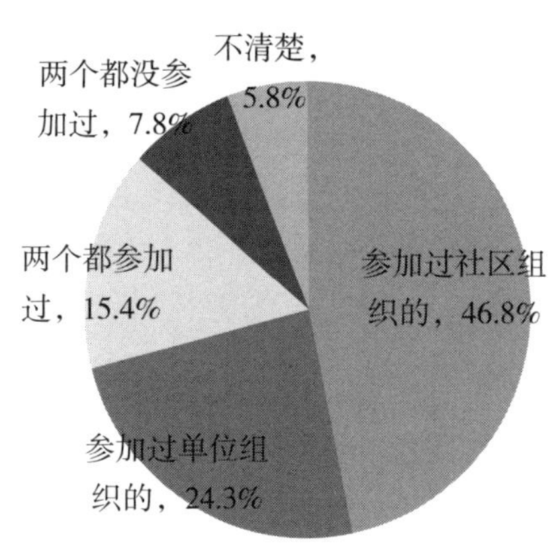

图3 市民对单位或社区组织的老年体检和老年旅游的参与度

从图3可以看出，将近一半的市民参加过社区组织的老年体检或老年旅游，说明城市的社区服务工作做得较为完善，约有四分之一的市民参加过单位组织的老年体检或老年旅游，说明城市的工作单位的福利待遇也相对较好。但市民中同时参加过社区和单位组织的老年体检或老年旅游的人仅占15.4%，而且还有7.8%的被调查市民两项都没参加过，可见社区和单位的福利待遇还有完善和提升的空间，市民可以得到更多更好的社会待遇，从而感受到来自社会的关心和温暖。

（5）环境待遇。环境待遇是指国（公）民在环境方面享受的待遇，包括生活环境待遇、生态环境待遇、工作环境待遇和其他等四类具体指标。被调查的城市管理者中，选择生活环境待遇的人所占比例最高，为90.6%；其次是生态环境待遇，所占比例为87.2%。而专家中，92.7%的人选择生态环境待遇，87.3%的人选择生活环境待遇。

表 16 中国国（公）民环境待遇具体待遇指标

单位：%

群体	生活环境待遇	生态环境待遇	工作环境待遇	其他
城市管理者	90.6	87.2	84.	9.4
专家	87.3	92.7	77.3	2.7

环境待遇中的因恶劣工作环境受到补贴的问题和日常生活工作中经

常接触到的工作环境关系到市民、农民和移民的切身利益。对于“是否在受到恶劣工作环境影响后得到一定的货币补贴”，20.4%的市民选择“获取过补贴”；农民中选择“获取过补贴”的比例为12.8%；而移民中，8.7%的人选择“获取过补贴”。调查显示，移民在获取补贴方面所占比例最少，所以政府应该加强对移民利益的保护。

表 17　中国国（公）民受恶劣环境影响后获取补贴情况

群体	获取过补贴（%）	从未获取过补贴（%）
市民	20.4	79.6
农民	12.8	87.2
移民	8.7	91.3

对于日常生活工作中经常接触的工作环境，从图4可以看出，市民和农民认为经常接触的工作环境所占比例大体相同，但是对于噪声、污水和光污染的认同上有明显区别。由于市民所生活的城市环境和农民所生活的农村环境有所不同，城市中的车辆和大型机器设备等发出的噪音比农村较为安静的环境中的噪音要多，并且城市中各种现代化的设备、大型灯光和高层建筑的平面反射造成了光污染程度比相对落后的农村大很多，而农村相对偏远的地理位置和丰富的自然资源吸引了各类工厂，这样不可避免地影响了农村的水源和导致大量污水的排出，所以农村的污水影响较城市要大。

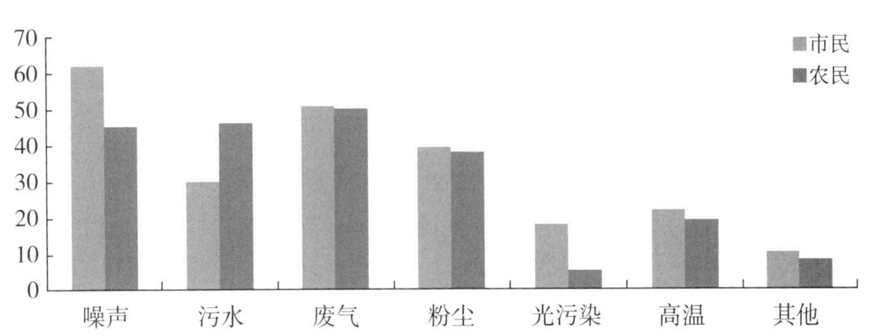

图4　市民和农民经常接触的工作环境（%）

三、存在的问题及原因分析

（一）当前国（公）民待遇问题存在的主要不足

国（公）民待遇直接关系国（公）民的切身利益，目前在国（公）民待遇问题上主要存在以下几个方面的不足。

一是法制化不够，关于待遇内容的规定随意性较大，容易引发矛盾。从国外的情况看，无论是发达国家还是发展中国家，公民的待遇往往与纳税、贡献及其他一些特定条件挂钩，虽然有所差别，但规则是公平的。比如，美国法律对非法移民、合法移民、公民按法定身份分别赋予有差别的待遇，对本州公民、外州公民和跨州移民也赋予不同的待遇。美国的很多大学对来自本州和来自外州的学生，其学费收取标准是不一样的，但只要其透明、合法，不对来自外州的学生乱收费，不影响本州学生低学费保障，这也是一种公平。

二是信息不对称，很多人并不清楚自己到底能享受哪些待遇，以致待遇享受不完整。当前国家层面尚未构建完整的待遇内容体系，各类人群对各项国（公）民待遇的认识不充分，对各自应当享受的待遇内容缺乏了解，这就导致了公民的合理待遇得不到兑现，合法权益受到一定损害。

三是选择性不够，有许多待遇本应由人们自由选择，但现在自由选择空间不大。选择性不够也体现出制度设计上存在的缺陷。待遇的内容较多，政治、经济、社会、文化、环境等一级待遇下还涉及到为数众多的二级待遇，各二级待遇又可以细分成若干三级待遇。在众多的待遇中进行自由选择应成为人们的合法权益，但是当前普遍存在这些待遇难以自由选择的问题。

对于以上三种问题，城市管理者和专家学者表现出了不同的倾向。城市管理者更多地认为“信息不对称，很多人并不清楚自己到底能享受哪些待遇，以致待遇享受不完整”是当前城市待遇存在的主要问题，占比81.2%；专家学者则更多地认为“法制化不够，关于待遇内容的规定随意性较大，容易引发矛盾”是当前城市待遇存在的主要问题，占比78.2%。在“选择性不够，有许多待遇本应由人们自由选择，但现在自由选择空间不大”方面，城市管理者和专家学者选择的人数相对较少。

表 18　城市待遇问题上存在的问题

存在的问题	城市管理者（%）	专家（%）
法制化不够，关于待遇内容的规定随意性较大，容易引发矛盾	51.3	78.2
信息不对称，很多人并不清楚自己到底能享受哪些待遇，以致待遇享受不完整	81.2	74.5
选择性不够，有许多待遇本应由人们自由选择，但现在自由选择空间不大	35.9	66.4
其他	1.7	2.7

（二）市民、农民和移民之间在待遇上存在差别

不同人群的待遇差别会影响社会公平，下面分别讨论市民与农民、市民与移民的待遇差别。

（1）市民与农民的待遇差别。在被调查的城市管理者中，分别有68.4%、65.8%的人认为在住房、土地方面市民和农民之间存在待遇差别；而专家中，认为在教育、社保方面存在待遇差别的人的占比均为82.7%。因此，政府应该改善土地、住房、教育和社保等方面的待遇差别，以保证市民和农民尽可能享受同等待遇。

表 19　市民与农民的待遇差别主要表现方面

单位：%

群体	土地	住房	教育	社保	医疗	基础设施	其他
城市管理者	65.8	68.4	62.4	53.0	53.8	31.6	0.9
专家	56.4	55.5	82.7	82.7	77.3	58.2	0

（2）市民与移民的待遇差别。在被调查的城市管理者中，分别有73.5%、65%的人认为在教育、住房方面市民和移民之间存在待遇差别；而被调查的专家中，认为在教育、社保方面存在待遇差别的人的占比分别为83.6%、82.7%。因此，政府应该改善住房、教育和社保等方面的待遇差别，以保证市民和移民尽可能享受同等待遇，使得移民在城市中找到归属感。

表 20 市民与移民的待遇差别主要表现方面

单位：%

群体	土地	住房	教育	社保	医疗	基础设施	其他
城市管理者	33.3	65.0	73.5	60.7	54.7	25.6	0.9
专家	32.7	70.0	83.6	82.7	74.5	31.8	0

（三）移民的非市民待遇表现较为突出

在城市中，移民在很多方面不能享受和市民相同的待遇，具体表现为政治、经济、文化等权益得不到有效保障，留守家属生活困难，子女受教育问题严重，流动人口权益受侵害问题突出和社会保障制度缺失等方面。84.5%的专家认为移民非市民待遇主要体现在子女受教育问题严重方面，且该问题最为严重；认为移民非市民待遇主要体现在政治、经济、文化等权益得不到有效保障方面的专家占比为70%。调查表明，政府应该加强对移民子女受教育问题的重视程度，并采取一定的相应措施，建立和完善对移民的政治、经济、文化等权益保障的相关制度。

表 21 移民的非市民待遇主要表现方面

非市民待遇的主要表现	专家（%）
政治、经济、文化等权益得不到有效保障	70.0
留守家属生活困难	45.5
子女受教育问题严重	84.5
流动人口权益受侵害问题突出	47.3
社会保障制度缺失	68.2
其他	1.8

（四）市民、农民、移民面临不同的待遇问题

通过对三种群体在五种待遇问题上的调查，市民、农民、移民都存在着一定的待遇问题。

（1）市民面临的待遇问题。在解决“三农”问题的同时，也要注重市民的自身利益。市民需要解决的问题可以分为六大问题：子女受教育问题、就业保障问题、医疗保障问题、养老保障问题、住房保障问题和享有选举和被选举权问题。被调查的专家中，67.3%的人认为市民最迫切需要解决的问题是养老保障问题，其次是医疗保障问题，比例为54.5%，第三是住房保障问题，比例为53.6%。该项调查表明，政府应该关心市民的切身利益，如果养老保障问题和医疗保障问题能够得到很好的解决，那么就做到了最大程度为市民办实事、办大事，从而使他们的生活得到一定的保障；其次是市民的住房保障问题，城市的房价一直是困扰市民生活的大问题，政府应尽快出台稳定房价的相关政策。

表 22　市民迫切需要解决的问题

市民迫切需要解决的问题	专家（%）
子女的受教育问题	31.8
就业保障问题	37.3
医疗保障问题	54.5
养老保障问题	67.3
住房保障问题	53.6
享有选举与被选举权问题	24.5
其他	0.9

（2）农民面临的待遇问题。农民待遇是“三农”问题之一，具体表现在子女的受教育问题、就业保障问题、医疗保障问题、养老保障问题、住房保障问题和享有选举与被选举权的问题等方面。被调查的专家中，70.9%的人认为农民最迫切需要解决的问题是养老保障问题，其次是医疗保障问题，比例为68.2%。

表 23　农民迫切需要解决的问题

农民迫切需要解决的问题	专家（%）
子女的受教育问题	54.5
就业保障问题	41.8
医疗保障问题	68.2
养老保障问题	70.9
住房保障问题	18.2
享有选举与被选举权问题	10.0
其他	2.7

（3）移民面临的待遇问题。农民工问题是城市化进程中的一大问题，城市的建设需要农民工，然而他们的利益也需要政府的保护和关注。移民需要解决的问题同样可以分为六大类：子女受教育问题、就业保障问题、医疗保障问题、养老保障问题、住房保障问题和享有选举和被选举权问题。在六大类问题中，85.5%的专家认为移民最迫切需要解决的问题是子女在城市的受教育问题，其次是医疗保障问题，比例为58.2%。所以，农民工子女的教育问题是政府目前应该解决的头等大事。

表 24　移民迫切需要解决的问题

移民迫切需要解决的问题	专家（%）
子女在城市的受教育问题	85.5
就业保障问题	40.0
医疗保障问题	58.2
养老保障问题	33.6
住房保障问题	50.0
享有选举与被选举权问题	8.2
其他	0.9

（五）市民、农民和移民的待遇差别的主要原因

关于造成三种人群待遇差别的主要原因，主要有户籍制度不合理、政府关注程度不够、政府政策落实不到位、农民和移民待遇改善意识不足等方面。

大多数的城市管理者和专家学者认为“户籍制度不合理”是造成市民、农民和移民待遇差别的主要原因，分别占到59%和78.2%。在相对次要的原因上，城市管理者和专家学者表现出了差异，47%的城市管理者认为“农民和移民（流动人口）待遇改善意识不足”是次要原因，而68.2%的专家学者认为“政府政策落实不到位”是次要原因。

表25　市民、农民和移民待遇差别的主要原因

待遇差别的主要原因	城市管理者（%）	专家（%）
户籍制度不合理	59.0	78.2
政府关注程度不够	23.1	35.5
政府政策落实不到位	42.7	68.2
农民和移民（流动人口）待遇改善意识不足	47.0	26.4
其他	6.0	5.5

四、对策建议

虽然杭州在实现农民工“八个有”上作了积极探索，并取得了明显成效，但从根本上说还只能治标，不能治本。针对当前杭州城市待遇的发展和现状，基于调查分析结果，建议从以下几个方面进一步推进城市待遇问题的治理工作：

（一）注重顶层设计，构建“2+3+7”结构

解决农民工问题，不能就农民工论农民工，必须立足中国仍处于并将长期处于社会主义初级阶段的基本国情，放到国家结构特别是经济结构、社会结构的客观现实和变化趋势中去把握，从而一揽子谋划解决国（公）民（市民、农民、移民）待遇问题。在二元经济结构、三元社会结构将长期存在的情况下，应坚持社会公平正义，加强顶层设计，探索建立与之相适应的七大国（公）民待遇结构，即构建“2+3+7”结构。这是解决农民工问题、移民问题、国（公）民待遇问题的必然选择和必由之路。

（二）待遇落实的载体——“两证一卡”

所谓“两证一卡”，即：身份证、居住证、社保卡（市民卡）。要充分发挥“两证一卡”的作用，以身份证落实基本国（公）民待遇，以社保卡（市民卡）落实本地居民待遇，以居住证落实移民待遇。目前身份证在使用当中的18项功能虽然都在实施，但其法律效力存在问题，有些还没有用足用好，比如选民登记、户口登记、兵役登记、入学、就业等，这些原本都可以通过身份证来解决，但在现实生活中仅用身份证还

解决不了问题。建议修改《身份证法》，扩充国（公）民待遇功能。为了保证待遇的可转移、可接续，建议借鉴美国社会保障号（SSN）经验，结合中国实际，借助信息技术的发展，将身份证与社保卡功能连通、融合，实现社保卡在全国范围内统一、规范。

公民待遇需要有合理可行的管理载体，不同的待遇需要不同层级的政府提供，以身份证落实基本国（公）民待遇，以社保卡（市民卡）落实本地居民待遇，以居住证落实移民待遇，作为落实待遇的三种方式。在被调查的城市管理者中，13.3%的人认为能够通过这种方法很好地实现城市待遇，61.1%的人认为有可能通过这种方法实现城市待遇。而在被调查的专家中，认为可以通过这种方法很好地实现城市待遇的人占比为12.7%，认为有可能通过这种方法实现城市待遇人占比为60%。调查表明，通过“两证一卡”实现城市待遇具有充分的科学依据，并且该方法是有效的。

表 26　通过“两证一卡”实现城市待遇的可行度

单位：%

群体	能	有可能	说不清	不太可能	不能
城市管理者	13.3	61.1	16.8	7.1	1.8
专家	12.7	60.0	13.6	10.9	2.7

（三）制定待遇菜单

建立人口管理委员会来牵头制定待遇菜单，对国（公）民待遇系统实行统一规划、统一管理。按照统分结合的原则，由各相关职能部门做好具体待遇项目设计，依法提供办理、咨询等服务。政府每年发布《待遇白皮书》，对不同群体的待遇落实情况进行评估，并按照“完善市民待遇、提升农民待遇、落实移民待遇”的要求，提出改善待遇的目标和举措。

通过设计一套科学、公开、透明的待遇菜单，将市民、农民、移民（流动人口）所能享受的待遇纳入其中，从而破解户籍问题和依附在户籍背后的待遇差别问题。在被调查的城市管理者中，15.9%的人认为能够通过这种方法很好地实现城市待遇，45.8%的人认为有可能通过这种方法实现城市待遇。而在被调查的专家中，认为可以通过这种方法很好

地实现城市待遇的人的占比为9.4%，认为有可能通过这种方法实现城市待遇的人占比为41%。调查表明，通过制定一套科学、公开、透明的待遇菜单从而实现城市待遇是可行的。

表 27　通过制定待遇菜单实现城市待遇的可行性

单位：%

群体	能	有可能	说不清	不太可能	不能
城市管理者	15.9	45.8	16.8	15.9	5.6
专家	9.4	41.0	27.4	19.7	2.6

（四）通过待遇指数的方法研究改善国（公）民待遇

待遇指数从定量上反映国（公）民待遇状况，可以为落实和改善国（公）民待遇提供科学依据。因为就具体待遇而言，不仅市民、农民、移民三大群体之间没有可比性，就是在同一群体中也没有可比性，而通过待遇指数可以全面、科学、系统地反映市民、农民、移民三大群体的待遇，从而使不同群体的待遇可以进行比较，使不同区域的待遇也可以进行比较。通过对待遇指数的纵向比较，可以知晓国（公）民（市民、农民、移民三大群体）待遇的现状及问题，估计国（公）民待遇整体提高程度及改善成效，明确下一步努力方向；通过对待遇指数的横向比较，可以发现三大群体待遇的差距，找出导致待遇差异的主要原因，从而采取更为有效的政策措施使三大群体的待遇指数不断缩小，最终实现待遇指数趋同。

通过对市民、农民、移民（流动人口）三大群体享受不同的待遇进行赋权量化，形成反映国（公）民待遇的一种综合指数，即待遇指数，该指数能否为落实和改善国（公）民待遇提供科学依据？被调查的城市管理者中，12.1%的人认为该指数能够为落实和改善国（公）民待遇提供科学依据，54.3%的人认为该指数有可能为落实和改善国（公）民待遇提供科学依据；而被调查的专家中，认为该指数能够为落实和改善国（公）民待遇提供科学依据的人占比为15.5%，认为该指数有可能为落实和改善国（公）民待遇提供科学依据的人占比为52.7%。调查表明，利用待遇指数落实和改善国（公）民待遇的形势是乐观的。

表 28　通过待遇指数改善国（公）民待遇的可行度

单位：%

群体	能	有可能	说不清	不太可能	不能
城市管理者	12.1	54.3	21.6	9.5	2.6
专家	15.5	52.7	20.0	10.9	0.9

总之，解决农民工问题意义重大、难度很大，它是城市化的突破口，是推动经济体制改革、政治体制改革和社会管理体制改革的交会处，也是一场涉及人数最多、范围最广、内容最深刻的社会变革。我们既要充分认识解决农民工问题的重要性、紧迫性，也要认识到解决农民工问题的复杂性、艰巨性，以科学发展观为统领，以共建共享、社会公平正义为导向，立足实际、登高望远、统筹兼顾，加强顶层设计，努力探索建立与经济社会结构相适应的待遇结构，并随着经济社会发展不断缩小不同社会群体的待遇差别，不断提高人民群众的共享水平，让人民生活得更加幸福、更有尊严，让社会更加公正、更加和谐。

附件三

杭州市“移民问题”问卷调查分析报告

近年来，杭州市致力于破解城市“移民问题”，走出一条以法制化途径保障移民权益，实现移民以“八个有”为特征的“安居乐业”，让移民共享改革发展成果的杭州特色之路。2005年，杭州市委、市政府制定出台了《关于做好外来务工人员就业生活工作的若干意见》，提出让移民有收入、有房住、有书读、有医疗、有社保、有组织“六个有”目标。2008年，又出台《关于进一步落实农民工生产生活工作的通知》，在“六个有”基础上增加“有安全”、“有救助”，把“六个有”的目标扩充为“八个有”，着力为移民营造出一个温馨、和谐、包容的良好环境，让他们在杭州安居乐业。2012年，杭州市在全国率先出台了《杭州市流动人口服务管理条例》，依法规范移民服务管理工作，进一步通过法制化途径兑现市委、市政府提出的让移民“八个有”承诺，为广大移民创造了一个公平、和谐的社会环境。

为全面深入地掌握杭州市移民问题的现状、存在问题以及城市管理者、专家学者、市民、移民四类群体对这些问题的原因分析与对策建议，为市委、市政府深入破解移民问题提供决策依据，市城研中心联合市民情民意调查办公室于2013年11月启动了问卷调查，共回收有效问卷1247份，现将有关情况分析如下。

一、调查概况

城市管理者卷：回收有效问卷125份，其中，市、区（县）两级流

本报告为王国平主持的国家社科基金项目“流动人口‘同城同待遇指数’研究”总报告的一部分。

动人口服务管理委员会办公室工作人员，共30份；街道、镇社会管理综合治理（流动人口服务管理）工作中心工作人员，共28份；社区、村社会管理综合治理（流动人口服务管理）站工作人员和流动人口协管员，各20份；市级相关部门，包括市公安局治安大队、市人口计生委、市人力资源和社会保障局、市教育局、市民政局、市财政局、市发改委、市住房保障和房产管理局、市总工会政策研究室、市城乡建设委员会等10家单位工作人员，共27份。被调查者中，职务在处级以上者占21.8%，科级职员占24.4%；在政府部门工作10年以上的比例为42.5%，而在杭居住时间超过10年的更是高达82.4%。

专家卷：回收有效问卷122份，89.9%的调查对象是省市高校、科研院所从事社会学、人口学、经济学专业的专家学者，另有10.1%的被调查者是来自相关职能部门的专家型管理者。

市民卷：回收有效问卷500份，调查对象是具有杭州城镇户籍的人口。被调查者中，学历在高中以上的占72.3%，在杭居住10年以上的比例高达86.7%。

移民卷：回收有效问卷500份，调查对象是在杭州工作生活的移民，以农民工为主，也包括外地持城镇居民户籍的流动人口。被调查者中，以青壮年劳动力为主，21—30岁、31—40岁和41—50岁三个年龄段分别占33.6%、29%和22.4%；户口性质上，61.6%为农业户口，36.8%为非农户口；超过四成属初中及以下文化程度，29.2%有高中文化，大专以上学历占27.1%；婚姻状况方面，已婚比例高达78.1%；移民的流动区域较大，来自全国21个省份，其中来自本省的占48%，外省较多的为：安徽占11.8%，江西占7.8%，河南占5.8%。

二、现状分析

（一）“八个有”政策落实到位，移民“安居乐业”工作取得了显著成效

杭州市高度重视在杭移民的生产生活，围绕移民“安居乐业”问题出台了一系列政策法规，工作卓有成效。调查的城市管理者、专家学者、市民和移民四类群体，均对杭州解决移民“安居乐业”问题的成效作出积极肯定的评价（表1）。大多数的城市管理者和市民认为工作成

效较好；即使移民群体本身，作出积极评价的比重也超过三分之一，有34.5%的移民认为工作成效“好”或“比较好”，仅有约十分之一的受访者评价较低。

表 1　对杭州解决移民“安居乐业”问题的成效评价

单位：%

群体	好	比较好	一般	不太好	不好
城市管理者	12.2	47.2	36.6	4.0	0.0
专家学者	2.5	29.4	49.6	16.0	2.5
市民	12.3	41.4	39.6	5.2	1.4
移民	11.3	23.2	52.6	10.1	2.8

“安居乐业”政策措施得到有效落实。仅有4%的城市管理者认为《杭州市流动人口服务管理条例》以及一系列促进移民“安居乐业”的举措落实情况不好。作为利益相关者，93.3%的市民支持政府出台《杭州市流动人口服务管理条例》以及一系列促进移民“安居乐业”的举措。可见，落实移民“安居乐业”政策既有利于杭州发展，也符合全体杭州人民的意愿，是一项“民主民生”政策。

“安居乐业”措施也得到了移民的普遍认可。具体到移民群体对“有收入、有房住、有书读、有医疗、有社保、有安全、有救助、有组织”八个方面的评价上来看（表2），超过80%的移民对“有收入”、“有书读”、“有医疗”、“有社保”、“有安全”、“有救助”、“有组织”表示满意，即使是满意度最低的“有房住”，也达到71%。

表 2　移民群体对“八个有”政策的成效评价

单位：%

类别	满意	比较满意	基本满意	不太满意	不满意
有收入	12.7	20.7	48.5	14.2	3.9
有房住	10.1	16.6	44.3	20.0	9.0
有书读	11.9	21.0	48.9	12.3	5.9
有医疗	12.6	23.9	46.9	11.8	4.8
有社保	14.1	24.5	46.0	10.4	5.0

类别	满意	比较满意	基本满意	不太满意	不满意
有安全	15.4	28.5	46.7	6.9	2.5
有救助	11.7	23.0	46.7	12.6	6.0
有组织	11.1	22.4	50.0	11.7	4.8

（二）“共建共享”理念深入人心，移民与市民享受“同城同待遇”得到普遍支持

城市管理者、专家学者和市民三类群体，普遍对移民享受“同城同待遇”表示支持，前两类人群对各项平等待遇政策的赞同度普遍在80%以上，市民群体的赞同度也普遍高于70%。从三类群体对移民享受同城同待遇的态度对比看，医疗保障、移民子女教育机会、平等就业机会的赞同度排名最靠前。城市管理者和专家学者对移民享受经济适用房和居委会选举的赞同度最低，市民对移民享受经济适用房和最低生活保障的赞同度最低。实际上，这也凸显出经济适用房和最低生活保障两项待遇政策的高“含金量”。

对城市管理者的调查发现（表3），94.5%的人赞成移民在医疗保障上与市民享受同城同待遇；93.7%的人赞成在子女教育方面同城同待遇；92.3%的人认同移民应该享受平等的就业机会；其他待遇方面赞同度由高到低依次为：养老保障（86.5%）、最低生活保障（84.9%）、公租房（82.2%）、廉租房（80.9%）、失业救济（80.6%）、居委会选举（66.6%）、经济适用房（53.7%）。

表 3　城市管理者对移民与市民享受同等待遇的态度

单位：%

同等待遇表现	赞同	比较赞同	基本赞同	不太赞同	不赞同
公租房	46.5	15.0	20.7	12.6	5.2
廉租房	42.6	17.5	20.8	14.5	4.6
经济适用房	21.2	14.7	17.8	28.4	17.9
子女义务教育权利	47.5	23.5	22.7	2.8	3.5
最低生活保障	40.2	15.9	28.8	7.2	7.9
平等就业机会	49.9	21.6	20.8	4.7	3.0

同等待遇表现	赞同	比较赞同	基本赞同	不太赞同	不赞同
失业救济	37.1	18.5	25.0	12.9	6.5
养老保障	41.9	18.7	25.9	6.8	6.7
医疗保障	46.7	24.3	23.5	1.2	4.3
居委会选举	26.0	18.6	22.0	20.3	13.1

在对专家学者的调查中（表4），赞同度由高到低依次为：平等就业机会（100%）、子女义务教育权利（98.3%）、公租房（96.6%）、医疗保障（95.9%）、最低生活保障和廉租房（95.1%）、养老保障（94.2%）、失业救济（93.4%）、居委会选举（89.2%）、经济适用房（83.6%）。

表 4　专家学者对移民与市民享受同等待遇的态度

单位：%

同等待遇表现	赞同	比较赞同	基本赞同	不太赞同	不赞同
公租房	55.7	35.2	5.7	2.6	0.8
廉租房	59.8	32.8	2.5	4.9	0
经济适用房	41.0	24.6	18.0	11.5	4.9
子女义务教育权利	71.3	25.4	1.6	1.7	0
最低生活保障	63.1	28.7	3.3	4.1	0.8
平等就业机会	73.8	22.1	4.1	0	0
失业救济	60.7	27.0	5.7	5.8	0.8
养老保障	55.7	28.7	9.8	4.9	0.9
医疗保障	62.3	25.4	8.2	3.3	0.8
居委会选举	44.6	28.9	15.7	7.5	3.3

市民对移民享受同城同待遇的态度方面，经调查发现（表5），平等就业机会（85%）、医疗保障（82.1%）依然有较高的赞同度，可见在这两方面实现同城同待遇是民心所向。其余各项赞同度也均超过半数，多数市民愿意与移民共享城市的公共资源。但是在经济适用房方面，接近半数的市民“不赞成”或“不太赞成”与移民共享这一高含金量的待遇政策。

表 5 市民对移民与市民享受同等待遇的态度

单位：%

同等待遇表现	赞同	比较赞同	基本赞同	不太赞同	不赞同
公租房	15.7	13.9	41.9	21.3	7.2
廉租房	13.7	11.1	41.4	25.1	8.7
经济适用房	12.2	10.1	29.2	33.7	14.8
子女义务教育权利	15.1	11.5	44.9	21.5	7.0
最低生活保障	15.0	10.4	37.1	27.4	10.1
平等就业机会	29.5	19.1	36.4	9.7	5.3
失业救济	19.5	17.0	33.5	20.7	9.3
养老保障	23.2	16.5	42.0	12.4	5.9
医疗保障	23.7	18.4	40.0	12.4	5.5
居委会选举	20.1	13.6	37.6	18.6	10.1

（三）市民对移民的接受度较高，新老杭州人相处融洽

杭州市民与移民关系融洽，对外地人无偏见。市民认为自己与移民关系融洽的超过53.2%，感觉不融洽的仅占4.9%（表6）。调查中，明确表示不想自己或子女与移民有婚姻关系的占29.4%（表7），不太愿意与移民子女同班读书的仅占10.3%（表8）。由此可见，杭州市民对移民的态度总体上是很包容的。

表 6　市民认为本地居民与移民之间的融洽程度

单位：%

融洽程度	融洽	比较融洽	一般	不太融洽	不融洽
比例（%）	14.0	39.2	41.9	3.5	1.4

表 7　市民对本人或子女与移民及其子女结婚的态度

态度	愿意	比较愿意	一般	不太愿意	不愿意
比例（%）	17.0	12.7	40.9	18.2	11.2

表 8　市民对与移民子女同班读书的态度

态度	愿意	比较愿意	一般	不太愿意	不愿意
比例（%）	32.7	17.4	39.6	6.7	3.6

移民在杭州市民的日常生活中扮演着重要角色。在调查中，53.3%的市民确认自己所在单位聘任了移民，并且在这部分市民中感觉自己和单位聘用的移民交往密切的占41.8%（表9）。此外，55.2%的市民聘请过移民提供家庭服务。

表 9　如果您的单位有聘用流动人口，您与流动人口的交往频率

交往频率	经常交往	偶尔交往	一般	不太交往	不交往
比例（%）	41.8	25.1	25.9	5.7	1.5

（四）移民较好地融入了杭州，对在杭工作生活的满意度较高

移民来到杭州后，通过自身努力以缩小自己与城市居民的差距，以适应城市的生活。多数移民能较好地融入城市生活，并且与本地居民结交。调查显示，62.4%的移民融入度较好，其中29.7%的移民认为融入得很好，对杭州的认同感强；32.7%的移民认为融入得较好，有一定的社会交际面；只有8%的移民没有很好地适应和融入（表10）。调查还发现，移民工作之余的交往联系对象中，来杭州之后认识的朋友超过了一半，达到53.3%（表11），这也是移民融入杭州的一个重要表征。

表 10　移民对融入杭州程度的感受

感受	比例（%）
融入得很好，对杭州认同感强	29.7
融入得较好，有一定交际面	32.7
融入感一般	29.6
不太融入，感觉当地人有点排外	7.8
不融入，感觉不适应杭州的生活	0.2

表 11 移民工作之余的交往联系对象

交往联系对象	来杭州之前认识的朋友	来杭州之后认识的朋友	家人、亲戚	其他
比例（%）	10.5	53.3	33.4	2.8

在移民与市民的比较中，52.1%的移民认为总体来说工作生活状况与市民差不多，并没有感受到明显的差距。具体到工作环境条件、收入水平、生活质量、社会地位、公平待遇、精神文化生活等方面看，移民感到差距最大的前三位分别是生活质量、收入水平和公平待遇，分别有47.7%、45%和42.1%的移民表示有差距，详见表12。

表 12 移民与市民工作生活的感受比较

单位：%

感受比较	差很多	差一些	差不多	好一些	好很多
工作环境条件	9.1	25.1	51.2	10.1	4.5
收入水平	14.0	31.0	42.3	10.2	2.5
生活质量	15.1	32.6	40.2	8.4	3.7
社会地位	10.6	29.5	51.0	5.5	3.4
公平待遇	11.1	31.0	48.6	5.5	3.8
精神文化生活	7.2	24.1	54.1	10.1	4.5
总体评价	6.5	28.2	52.1	8.8	4.4

（五）移民对杭州总体评价较高，留杭意愿增强，取得户籍身份和市民待遇的期望较高

流动性较大、稳定性低，长期漂泊在外、走南闯北，是移民生存状态的一个重要特征。随着时间的推移和条件的变化，越来越多的移民期望能在城市长期居住、生存下去，居住时间普遍延长，一部分人已经成为事实上的城市常住人口。调查显示，移民在杭州居住5年以上的所占比重最大，达到58.4%，居住3—5年的占19.6%，居住1—3年的占15.5%，1年及以下的占6.5%，居住时间趋于延长。

同时，移民留杭定居的意愿增强。调查显示（表13），55.3%的移民希望未来在杭州发展、定居，这充分反映了我市近年来的“安居乐业”

工作确实为移民创造了良好的环境，多数移民希望能留在杭州发展。

表 13　移民对未来生活的设想

对未来生活的设想	比例（%）
在杭州发展、定居	55.3
赚钱或学到技术后回老家城镇定居	19.3
赚钱或学到技术后回老家农村定居	12.9
到其他城市发展	1.7
在家乡和外地城市两头跑	9.1
其他	1.7

良好的发展空间和教育环境等优质资源的集聚，是杭州吸引移民定居的重要因素。调查显示（表14），多数移民在选择定居地时，首先考虑的因素是发展机会多、空间大（43.6%），其次是子女教育条件好（40%），再就是生活便利（32.6%）。

表 14　移民选择定居地的主要考虑因素

主要考虑因素	比例（%）
生活成本低	19.6
发展机会多、空间大	43.6
工作容易找	12.8
收入高	18.2
社会保障水平高	24.2
子女教育条件好	40.0
就医方便	26.2
生活便利	32.6
休闲娱乐项目丰富	6.8
其他	3.0

杭州的城镇户口对相当一部分移民具有吸引力（愿意将全家户口迁到杭州的占36.5%，愿意只将本人户口迁到杭州占15.2%）。但是也有一部分移民表示对此“不感兴趣”，占19.5%，还有表示“难以决定”的

占26.8%，这可能是由于相当一部分移民在杭州收入有限，各种住房消费压力太大，因此没有留杭的打算。

移民争取户籍身份和市民待遇的期望较高。多数移民渴望拥有杭州城镇居民户口，认为取得杭州城镇居民户口重要的占50%，认为重要性一般的占34.9%，认为不重要的占15.1%（表15）。

表 15　移民对取得杭州城镇居民户口重要性的认识

重要程度	重要	比较重要	一般	不太重要	不重要
比例（%）	26.1	23.9	34.9	11.2	3.9

如果具备条件获得杭州城镇居民户口，有36.5%的移民会选择“将全家户口从家乡迁到杭州”，15.2%的移民选择“只将本人户口从家乡迁到杭州”，26.8%的移民表示难以决定（表16）。

表 16　移民如果具备条件获得杭州城镇户口的选择

选择	将全家户口从家乡迁到杭州	只将本人户口从家乡迁到杭州	对此不感兴趣	难以决定	其他
比例（%）	36.5	15.2	19.5	26.8	2.0

三、存在问题

进入21世纪以来，虽然杭州在解决移民问题上取得了显著成效，但也存在着一些突出的问题。一方面，政府解决移民“安居乐业”问题的难度有所增加，服务管理工作还面临着公共资源短缺、服务管理体制不健全、宏观体制改革不到位等难题，《杭州市流动人口服务管理条例》也有待进一步深化落实。另一方面，还面临着移民利益诉求多与国家体制政策突破难的挑战，移民本身最为关注的住房难、收入低、看病贵等问题都亟待解决。

（一）解决移民“安居乐业”问题的难度加大，面临公共服务资源压力大等诸多难题

近年来，随着移民规模的持续增长和利益诉求的多元化，城市政府解决移民“安居乐业”问题的难度有所增加。调查中，59%的专家学者

认为杭州市解决移民“安居乐业”问题比前几年更为容易，但64.3%的城市管理者和77.6%的市民却持相反意见，他们并不认为问题变得容易了（表17）。

表 17　对杭州解决移民“安居乐业”问题难度的评价

单位：%

群体	难很多	难一些	差不多	容易一些	容易很多
城市管理者	12.5	25.0	26.8	29.2	6.5
专家学者	1.6	9.0	30.3	29.5	29.5
市民	8.9	24.2	44.5	19.0	3.4

公共服务资源压力大是杭州解决移民“安居乐业”问题所面临的首要难题。81.1%的专家学者和76%的管理者将“公共服务资源压力太大”视作开展“安居乐业”工作的主要难题。68%的专家学者和46.4%的城市管理者认为“宏观体制改革不到位，相关政策缺少顶层设计”是次位因素；64.8%的专家学者和54.4%的城市管理者认为“服务管理体制不健全”也是影响移民“安居乐业”问题的重要因素（表18）。

表 18　对杭州解决移民“安居乐业”问题面临的困难的认识

面临的困难	城市管理者（%）	专家学者（%）
公共服务资源压力太大	76.0	81.1
宏观体制改革不到位，相关政策缺少省级乃至中央的顶层设计	46.4	68.0
市民的排斥、抵触	19.2	28.7
服务管理体制不健全	54.4	64.8
其他	2.4	4.9

（二）移民住房难、收入低、看病贵等问题亟待解决，面临体制政策突破难等挑战

从调查来看，城市管理者、专家学者、市民和移民普遍认为，收入低、租房贵、看病贵、劳动时间太长是移民实现“安居乐业”普遍面临的四大难题。超过半数的市民认为，工资被拖欠也是移民需要面对的重要难题（表19）。

从移民自身角度来看，租房贵被视为实现“安居乐业”需要破解的首要难题。51.6%的移民面临租房贵的现实难处。目前，杭州市移民不仅在总量上不断增加，在结构上也由初期的单身型向家庭式流动转变。不少移民长期在杭工作，已成为企业的技术骨干或中层管理人员，为杭州经济社会发展作出了贡献，但他们的居住条件却不容乐观。调查中，在移民所选择的两项主要开支上，除57.4%的移民选择“日常生活用品开支”外，移民最大的开支源头就是“租房”，56.4%的移民将每月开支主要用于租房。从移民住房状况的调查数据来看，65.2%的移民自己租房，15.3%的移民居住在工作单位提供的宿舍，可见城郊出租房和单位宿舍仍然是移民的主要住所。这些出租房不仅配套设施不全、卫生状况差，而且存在着消防、治安等隐患。由于住房问题得不到有效解决，一些移民难以真正安下心来工作，导致频繁跳槽，流动性大。移民的住房问题已成为当前杭州开展移民服务管理工作和破解“招工难”、“留工难”的瓶颈。

表 19　移民在城市“安居乐业”面临的最突出困难

单位：%

突出困难	城市管理者	专家学者	市民	移民
收入低	57.6	63.1	69.3	41.2
租房贵	49.6	59.0	41.3	51.6
看病贵	56.0	54.1	54.1	33.2
子女入托入学难	24.0	30.3	23.6	19.2
工资被拖欠	35.2	36.1	45.3	1.6
劳动时间太长，很少有休息时间	72.0	64.8	51.5	26.6
没有劳动合同，工作不稳定	21.6	27.0	25.3	8.2
与家人不在一起，比较孤单寂寞	12.0	31.1	7.6	20.6
被当地人歧视、排挤	1.6	0.0	1.0	3.8
其他	23.2	14.8	16.0	3.2

就移民“安居乐业”难的成因上来看（表20），城市管理者多数（56.8%）认为经济社会发展不平衡是导致移民“安居乐业”难的首要原因，而专家学者（65.6%）认为“城乡分割的二元社会体制”是首要

原因。城市管理者认为的主要原因依次是：经济社会发展不平衡、农民工自身的文化程度偏低、城市承载力压力太大。专家学者认为移民“安居乐业”难的主要原因依次是：城乡分割的二元社会体制、政府管理和职能转变不到位、相关法律法规不健全。

表 20　移民在城市“安居乐业”难的主要原因

主要原因	城市管理者（%）	专家学者（%）
城乡分割的二元社会体制	35.2	65.6
相关法律不健全、法制不完善	35.2	45.1
政府管理和职能转变不到位	29.6	50.8
经济社会发展不平衡	56.8	28.7
企业社会责任感不强	17.6	13.9
农民工自身的文化程度偏低	41.6	30.3
城市承载力压力太大	38.4	25.4
其他	0.8	1.6

（三）移民服务管理工作有待深化提升，面临资源整合、政策供给等条件约束

近年来，杭州市移民服务管理工作成效显著，通过出台《杭州市流动人口服务管理条例》，以立法的形式有效保障了对移民服务管理的效果，切实维护了移民的合法权益。但另一方面，移民服务管理工作仍然面临着服务管理的责任主体落实不够、提供的服务与移民的实际需求契合度不够、政策信息不对称等问题，资金、人员等保障资源需进一步整合，体制机制和政策设计需要逐步加以完善。

调查中，超过半数的城市管理者认为“工作人员和工作经费不足”（54.4%）是当前杭州移民服务管理工作存在的首要问题，近六成专家学者则认为“服务管理的责任主体落实不够”（59.8%）是当前存在的首要问题。从表21可以看出，城市管理者与专家学者的看法基本一致。城市管理者认为移民服务管理工作存在的主要问题依次是：工作人员和工作经费不足、服务管理的责任主体落实不够、提供的服务与移民的实际需求契合度不够、政策信息不对称；专家学者认为主要问题依次是：

服务管理的责任主体落实不够、提供的服务与移民的实际需求契合度不够、服务均等化程度还不够、政策信息不对称。

表 21　杭州移民服务管理工作存在的主要问题

存在的主要问题	城市管理者（%）	专家学者（%）
尚未纳入当地国民经济发展规划	27.2	24.6
服务管理的责任主体落实不够	53.6	59.8
服务均等化程度还不够	27.2	55.7
工作人员和工作经费不足	54.4	21.3
提供的服务与移民的实际需求契合度不够	40.0	55.7
政策信息不对称，许多优惠政策移民不了解	39.2	42.6
其他	0.8	0.0

工作人员和工作经费不足是城市管理者在开展移民服务管理工作中面临的最大难题，这一难题在基层管理工作中最为严峻。以基层的移民协管员队伍建设和个人发展为例，在对协管员队伍建设存在的最突出问题的调查中（表22），42.2%的城市管理者认为“不能专职专用，经常被挪作他用”，33.9%的城市管理者认为“招不到人、留不住人”。

表 22　协管员队伍建设存在的最突出的问题

队伍建设存在的最突出问题	比例（%）
招不到人、留不住人	33.9
不能专职专用，经常被挪作他用	42.2
专业性不够	20.2
其他	3.7

在对协管员自身面临问题的调查中（表23），52.9%认为工资收入低，低于城镇平均工资，23.5%认为缺少发展空间，此外工作量太大、甚至超过社工的工作量也是较为突出的问题，这些问题严重影响了协管员队伍的稳定。

表 23　协管员自身面临的最突出的问题

自身面临的最突出问题	比例（%）
工资收入低，低于城镇平均工资	52.9
工作量太大，超过了社工的工作量	17.6
缺少发展空间	23.5
其他	5.9

提供的服务与移民的实际需求契合度不够、政策信息不对称也是移民服务管理工作存在的重要问题。在调查移民对可享受待遇的了解程度情况中（表24），除了办理社会保险（50.8%）以及办理机动车驾驶证及注册登记手续（41%）、公园年票（31%）等直接关乎移民切身利益的保障性待遇和生活便民服务项目知晓程度稍高外，大部分移民对可以享受的相关待遇并不十分了解。“创业就业扶持、职业指导、职业介绍等”、“劳动法律法规、安全生产、职业技能等培训教育”、“专业技术资格评定、职业资格考试”是各地政府为促进移民立足城市、融入城市而着力改善、重点扶持的政策项目。近年来，这些政策得到广泛而深入的宣传，按理说广大移民应该普遍了解。但本次调查却发现，对以上三项政策表示了解的分别只有19%、20%和22.4%，均不足四分之一。而对“缴存、提取住房公积金”、“享受大病救助等特殊困难救助”这些含金量较高的亮点政策，移民的了解情况也差强人意，表示了解的只有27.6%和28.2%。

表 24　移民对在杭工作生活可享受待遇的了解程度

了解程度	比例（%）
持临时居住证满足一定条件可以获得居住证甚至杭州户口	38.4
可以享受大病救助等特殊困难救助	28.2
可以缴存、提取住房公积金	27.6
可以参加专业技术资格评定、职业资格考试	22.4
可以享受创业就业扶持、职业指导、职业介绍等	19.0
可以办理机动车驾驶证及注册登记手续	41.0
可以办理市区公园年票等便民服务	31.0

了解程度	比例（%）
可以参加劳动法律法规、安全生产、职业技能等培训教育	20.0
可以参加养老、医疗、工伤、失业、生育等社会保险	50.8
可以享受子女义务教育阶段免费教育权、学前阶段同等教育权	26.6

四、对策建议

（一）树立治理理念，创建综合治理移民问题的工作格局

发展地看，移民问题绝不是一个暂时性的问题，而是今后长期要面对的一个常态性问题。因此，要按照“创新社会治理体制、改进社会治理方式”的要求，坚持治理理念，加快形成政府主导、部门协同、社会参与、区域协作的综合治理城市移民问题的工作格局，促进移民工作向注重统筹兼顾和待遇保障的服务型管理转变。

城市管理者和专家学者一致认为，流入地政府应该在实现移民“安居乐业”和落实移民市民待遇问题上承担首要责任（表25）。相关调查也得出相同的结论。在“让符合一定条件的移民子女享受与流入地市民子女同等的义务教育机会和资源，是不是流入地城市政府应尽的责任”的调查中，城市管理者、专家学者、市民和移民分别有82.4%、88.5%、75.9%和89.2%作出肯定答复。在“让符合一定条件的移民按照与流入地市民同样的条件和门槛来享受保障房政策，是不是流入地城市政府应尽的责任”的调查中，该比例分别为68.8%、77.1%、56.5%和89.1%。

表 25　解决移民在流入地城市市民待遇的首要责任主体

单位：%

责任主体	城市管理者（%）	专家学者（%）
中央政府	39.6	39.4
流入地政府	50.9	53.2
流出地政府	9.4	1.8
移民所在的企业	0.0	1.8
移民自身	0.0	1.8
其他	0.0	1.8

因此，杭州要建立按照常住人口配置建设用地、公共设施等公共资源的制度，将移民工作纳入公共预算，并逐步加大存量和增量投入。建立移民服务和管理工作的经费保障机制，承担相应的财政支出责任，将涉及移民的就业技能培训、社会保障、子女教育、计划生育、治安管理等有关经费，纳入本级财政预算，增强对移民的公共服务保障能力。

除了发挥政府主导作用外，还要注重发挥各类经济、社会组织和移民自身在服务管理中的主体作用。充分调动社会各界参与服务管理工作的主动性，同时依据移民的需要来提供相应的服务内容和方式，发挥移民参与服务管理的主体性、积极性和创造性，鼓励移民自主服务、自我管理。

（二）坚持“两手抓”，统筹解决移民“安居乐业”和市民待遇问题

在目前的发展条件下，移民与流入地市民还难以实现“同城同待遇”。除了42.2%的专家学者认为现阶段“同城同待遇”目标有可能实现外，半数的城市管理者（51.2%）和市民（49.6%）都认为短期内实现“同城同待遇”的可能性并不大。因此，在现阶段还无法实现“同城同待遇”的情况下，解决移民问题就必须务实推进，短期内以实现移民“安居乐业”为主，以“同城同待遇”为辅，待条件发展成熟后，再以实现“同城同待遇”为重点（表26）。

表 26　现阶段实现移民与流入地市民的“同城同待遇”的可能性

单位：%

群体	有可能	有一定可能	一般	不太可能	不可能
城市管理者	5.6	32.0	11.2	40.8	10.4
专家学者	8.3	33.9	18.2	34.6	5.0
市民	6.5	19.0	24.9	40.3	9.3

要按照中央提出的积极稳妥、规范有序、尊重意愿、分类实施的指导意见，树立“两手抓”的战略思路，即将移民问题解决的途径分成“离乡不离土”和“离乡又离土”两类，分别按照两大不同目标、两种不同政策、两类不同办法同时推进。调查中，64%的城市管理者和73.6%的专家学者赞成按照“离乡不离土”和“离乡又离土”两种不同

政策解决移民问题（表27）。

表 27 对“离乡不离土”和“离乡又离土”分类解决移民问题的态度

单位：%

群体	赞同	比较赞同	基本赞同	不太赞同	不赞同
城市管理者	17.6	17.6	28.8	26.4	9.6
专家学者	20.7	32.2	20.7	20.7	5.7

对“离乡不离土”移民，解决途径是在保留移民在原户籍所在地的承包土地和宅基地、保持移民的农村居民户籍身份不变的特征下，实现移民在流入地“安居乐业”，享受“准同城同待遇”。“安居乐业”的目标是流入地城市切实解决“八个有”问题，即实现移民“有收入、有房住、有书读、有医疗、有社保、有安全、有救助、有组织”。

对“离乡又离土”移民，解决途径是在移民自愿放弃原户籍所在地的土地承包经营权和农村宅基地使用权，并将相关土地指标带到流入地城市的前提下，“以土地指标换城镇户籍、换住房、换社保”，享受与流入地城市城镇居民的“同城同待遇”，从而实现真正的市民化。

（三）落实“三个有”，加强对移民的服务管理

一要通过体制机制改革落实服务管理人员，解决“有人办事”。嘉兴市设立“新居民事务局”，将解决移民问题的协调机构转型为实体管理机构。调查发现61.3%的城市管理者和58.6%的专家学者认可嘉兴做法，将其视为一种比较有效的服务管理模式。74.7%城市管理者和55%的专家学者都赞成对杭州市、区两级流动人口服务管理委员会办公室也进行实体化运作（表28）。

表 28 对嘉兴通过实体管理机构开展移民服务管理工作的评价

单位：%

群体	好	比较好	一般	不太好	不好
城市管理者	23.4	37.9	33.1	0.8	4.8
专家学者	4.1	54.5	33.1	5.8	2.5

目前杭州区、县（市）移民服务管理机构按两种模式设立，模式

一是在区府办增挂流动人口服务管理办公室，或在区府办内设流动人口服务管理科；模式二是设立流动人口服务管理非常设机构，日常工作由公安局承担，或在公安局内设流动人口服务管理科。同时，各街（镇）建立集公安、计生、教育、劳动保障等部门于一体的流动人口服务中心，在流动人口密集的村（社区）和企业设立流动人口服务站点，对辖区的流动人口实现全面服务管理。下一步，要按照“定机构、定职能、定编制”的要求，明确各部门在涉及移民服务管理方面的法定职责、权利和义务，以管理责任清晰化来推动各职能部门主动承担起服务管理移民的责任，并适时探索将服务管理机构实体化的可能性和操作路径（表29）。

表 29　对市、区两级移民服务管理机构进行实体化运作的态度

单位：%

群体	赞同	比较赞同	一般	不太赞同	不赞同
城市管理者	46.4	28.0	18.4	4.8	2.4
专家学者	14.8	40.2	32.0	9.0	4.0

二要探索中央财政转移支付和出租屋管理费等新渠道，解决“有钱办事”。在“是否赞同采取中央政府加大对流入地政府财政转移支付的方式，来解决流动人口在流入地城市的市民待遇问题”的调查中，92.8%的城市管理者和87.7%的专家学者都表示赞同。《全国户籍制度改革实施意见》明确指出，要“建立财政转移支付同农业转移人口市民化挂钩机制”，杭州要进一步探索建立财政转移支付与移民市民化挂钩机制（表30）。

表 30　对中央财政转移支付方式解决移民市民待遇问题的态度

单位：%

群体	赞同	比较赞同	基本赞同	不太赞同	不赞同
城市管理者	37.6	25.6	29.6	6.4	0.8
专家学者	27.9	39.3	20.5	8.2	4.1

在服务管理经费方面，征收出租房管理费作为探索移民服务管理资金渠道的创新做法，在深圳实施后取得了显著效果，既在一定程度上缓

解了服务管理资金短缺的难题，也强化了对出租房的管理。在“是否赞同通过征收出租房管理费，专款专用来提高流动人口协管员等基层工作人员的工资待遇”的调查中，城市管理者有48.8%表示赞同，36%表示不赞同；专家学者有53.3%表示赞同，32.8%表示不赞同。杭州可以借鉴深圳等地的做法，探索征收出租房管理费等新形式，缓解服务管理工作资金紧缺的问题（表31）。

表 31　对通过征收出租房管理费提高协管员工资待遇的态度

单位：%

群体	赞同	比较赞同	一般	不太赞同	不赞同
城市管理者	28.8	20.0	15.2	17.6	18.4
专家学者	28.7	24.6	13.9	17.2	15.6

三要落实《杭州市流动人口服务管理条例》，解决“有章办事”。政策待遇的落实有赖于信息的对称，现在很重要的问题就是移民与政府之间信息不对称，许多移民对《条例》知晓不多。因此，要坚持“以民主促民生”，进一步做好《杭州市流动人口服务管理条例》的宣传推广工作。针对当前存在的思想认识偏差、机构和人员不健全、公共服务缺位等突出问题，进一步抓好《条例》的贯彻落实，切实保障在杭移民实现“八个有”。

（四）推进户籍改革，加快移民市民化进程

户籍制度与“人的城镇化”直接相关，是实现“人的城镇化”的一个最基本的方面。杭州要通过分层次、分类别推行多元化户籍制度改革举措，实现人口型新型城镇化。

一要继续落实好人才入户、投资入户、购房入户等特殊政策，同时，放开小城镇户籍限制，推行租房入户、劳动关系入户等政策。近年来，山东、四川等地区先后尝试出台了吸引优秀移民落户的租房入户相关政策，降低了户籍门槛，取得一定成效。劳动关系入户是云南省部分城市加快推进城市化进程的特殊举措，规定在大中型企业就业且签订5年以上劳动合同的，可以在就业单位合法产权的驻地申请入户。杭州市域范围内的小城镇也可以学习借鉴相关城市的做法，推行租房入户、劳动关系入户等特殊政策，加快移民市民化进程。

二要深化完善“居住证+积分制”管理措施。要在落实居住证制度的基础上，加快制定积分制管理政策，设计积分入学和积分入户的操作办法，将达到相应分值、条件较成熟的移民率先纳入城镇居民的基本公共服务体系，逐步推进城镇基本公共服务覆盖更多的常住人口。当前，社会各界普遍赞同移民通过贡献积分获取市民待遇的做法，在“是否赞同采取凭贡献获取积分的方式，即移民在流入地城市工作越久、贡献越大，就可以享受更多的待遇甚至获得流入地城市的城镇居民户口”的调查中（表32），城市管理者、专家学者、市民、移民中分别有85.5%、75.6%、86.7%和96.1%表示赞同。

表 32　对移民通过贡献积分换取市民待遇的态度

单位：%

群体	赞同	比较赞同	基本赞同	不太赞同	不赞同
城市管理者	28.2	25.8	31.5	10.5	4.0
专家学者	21.0	31.1	23.5	14.3	10.1
市民	27.6	21.8	37.3	10.1	3.2
移民	43.1	27.0	26.0	2.5	1.4

（五）坚持统筹配套，逐步解决移民的住房、社保、就业等核心难题

收入低、租房贵、看病贵、劳动时间太长是移民实现“安居乐业”普遍面临的四大难题。而在移民“最希望得到政府哪些方面的帮助”的调查中（表33），住房难、收入低、社保差等仍然是其主要的选择内容。43.2%的移民希望政府能帮助加强社会保障，41.6%的移民希望能帮助改善居住条件，此外子女教育、劳动就业等仍然是移民希望得到支持的重要内容。移民问题的解决，有赖于经济社会领域配套改革的协同推进，特别是当前移民最为关注的住房、就业、社保等问题，亟须创新制定相应的政策以推进统筹。

表 33　移民最希望得到政府帮助的内容

最希望得到政府帮助的内容	比例（%）
改善工作环境	14.2
提供招工信息	12.6
规范劳务市场	9.8
改善居住条件	41.6
加强社会保障	43.2
子女享受与城里孩子同等待遇	38.8
降低各种收费	34.4
帮助维护正当权益	18.4
提供工作技能培训	9.6
其他	1.6

一要制定将移民纳入城镇住房保障体系的支持政策。首先要稳妥推进农村产权制度改革，推进农村户籍移民的财产权利市场化和城乡要素平等交换的进程，探索移民享受城镇保障性住房与农村宅基地退出挂钩的机制，同时加快建立农村集体经营性建设用地产权流转和增值收益分配制度，让移民在自愿基础上探索财产转让的多种方式，带着“可变现”资产进城，为解决住房问题提供资金基础。其次要顺应城镇化发展趋势，稳步推进覆盖移民的城镇保障性住房体制改革。健全覆盖包括移民在内的常住人口住房供应体系，将符合条件的移民纳入住房公积金制度，将在城市稳定就业、居住一定年限的移民纳入公租房保障范围。同时，要创新制定在现行政策法规下移民可以享受廉租房和经济适用房的支持政策。

二要健全移民就业服务制度。首先，规范职业中介机构。目前作为移民寻找工作的重要途径的职业中介机构，还得不到移民的充分信任。调查显示，34.4%的移民希望降低各种收费，12.6%的移民希望提供招工信息，9.8%的移民希望规范劳务市场。其次是整合资源，建立和完善外来移民就业市场，既有利于政府部门对移民进行有效地管理，同时也可降低移民的失业风险。再次是鼓励有条件的移民自主创业，从政策到资金给予扶持。如已经推出的针对大学生自主创业的相关鼓励政策可尝试

逐步放宽到移民。

三要建立有效覆盖移民的社会保障体系，提高参保比例和保障水平。首先，要适应移民流动性大和劳动关系不稳定的特点，坚持分类指导、稳步推进，优先解决移民工伤保险和大病医疗保障问题，逐步解决养老保障问题，努力探索社保关系异地转移与接续的联动政策，确保移民在流动就业中的社会保障权利。其次，以扩大移民社会保障的覆盖面为重点，兼顾移民工资收入偏低的实际情况，实行低标准进入、渐进式过渡，建立适合移民的社会保障体系，调动移民参保的积极性，同时适度降低费率和单位参保比例，让移民能在同等条件下参加城镇职工社会保险，实现同工同酬，提高参保率。再次要抓住移民劳动保护、社会保障等突出问题，加强体制、机制研究，公平处理用人单位与移民的关系，从制度上促使用工单位进一步承担起应有的社会责任，改善移民的生产和生活环境，保证移民得到应有的报酬和待遇。

第四章　待遇系统

待遇是一个完整严密的系统。在待遇系统内部，多质多元的待遇要素相互交织，形成了不同的待遇层次。对这些待遇层次进行深入分析，有助于人们清晰地认识各种复杂的待遇关系，有效地消除各种待遇摩擦，理顺各种待遇关系。

在待遇系统内部，包含着哪些待遇层次呢？从事物的共性与个性关系来划分，可分为共同待遇与特殊待遇；从时空关系来划分，可分为全局待遇与局部待遇，当前待遇与长远待遇；从利益的性质来划分，可分为物质待遇、精神待遇；从地域分布和职业类别来划分，可分为城乡间待遇、行业间待遇；从社会经济活动的环节贯通来划分，可分为生产者待遇、经营者待遇、消费者待遇；从待遇成果的分合关系与领属关系来划分，可分为国家待遇、集体待遇、个人待遇，等等。下面展开分析这些基本的待遇层次。

4.1 共同待遇与特殊待遇

所谓共同待遇，是指人们为满足生存和发展的共同需要而形成的待遇关系。一般来说，共同待遇的范围界定与指向比较宽泛，其外延界限，多指阶级的、民族的、国家的或大的社会群体的共同待遇。在存在着阶级对抗的社会制度下，所谓共同待遇一般都指某一阶级的“共同待遇”，其“国家待遇”也只能是占统治地位的阶级集团的“共同待遇”。但这并不排除在某些特定的历史条件下，某些阶级有暂时联合起来为共同的待遇目标而协同努力的倾向与趋势，尽管这种倾向和趋势具有暂时性和不稳固性。其表现形式是联合起来的各个阶级在一定的时空范围内，暂时地、有条件地就阶级待遇目标的某些追求方面作出一定的让渡，以追求全民族的共同待遇。社会主义初级阶段，国家的待遇和各民族的共同待遇基本上是一致的。但在世界范围内，由于存在着不同性质的社会制度，在社会制度方面性质迥然的国家之间，其待遇目标是不一致的，也就难以存在政治与意识形态方面的“共同待遇”。即便是在社会制度性质相同的国家之间，也不可能完全按照“共同待遇”而步调一致地行事。因为根据待遇的属性来划分，可分为物质待遇和精神待遇。某些社会制度性质相同的国家之间，虽然在精神待遇方面共同点比较多，甚至一致，但在经济待遇方面可能是有严重分歧的。例如某些发达国家之间，就存在着“政治上是伙伴、经济上是对手”的待遇关系。

为什么会有共同待遇的存在？在人们的待遇需要中，有一种能够联结融通和概括各种个别需要的东西，这就是待遇的共同需要。这种共同需要，和每个人都有切身的利害关系，是众人一致所追求的。对这种共同需要的追求和实现，也就是共同待遇的追求和实现。共同待遇对于调整人们的待遇行为和待遇观念具有重要作用。一方面，共同待遇向人们显示出一致性的待遇目标。人们的待遇需要凝结在待遇目标上；同样的道理，人们对待遇的共同需要凝结在共同的待遇目标上，像一面鲜明的旗帜召唤着人们同心协力地抵达此待遇目标。另一方面，共同待遇引导人们在共同目标的基础上形成共同理想，当共同待遇目标清晰地展示在人们面前时，会引发人们产生强烈的目标期望，使人们憧憬未来，期待着待遇成果的获取。这样，人们就会围绕着共同待遇目标而形成共同理想，表现出一种为共同待遇目标的实现而义无反顾的冲荡心胸的情感，为实现共同待遇目标而百折不挠、愈挫愈坚的意志，为实现共同待遇目标而实事求是地评估形势、权衡利弊的理智。共同理想是人们实现共同待遇目标的精神动力。这两个方面的作用汇集起来，就形成了一种调节人们的待遇行为的力量。共同的待遇目标和坚定的理想信念，使人们迅速作出行为选择，即按照共同待遇目标的约束和引导，调整自己有悖于共同待遇目标的观念和行为，正确地塑造自己，使之成为为实现共同待遇目标作出较大贡献的人。

特殊待遇是相对于共同待遇而言的，是指社会的某些团体或个人为满足生存和发展的特殊需要而形成的待遇关系。在共同待遇和特殊待遇

的参照比较中，共同待遇反映和代表的是待遇关系中的共性，特殊待遇反映和代表的是待遇关系中的个性。特殊待遇有两个突出特征：一是相对性。在一定的条件和范围内，特殊待遇具有确切性意义，确定地表现出特殊性，但当条件和范围发生变化时，特殊待遇又表现出事物共性的特点，实际上是一种共同待遇。二是多元性。特殊待遇既指社会各个阶层、团体、部门对于生存和发展的特殊需要，又指单个人对于生存和发展的特殊需求。各个阶层、团体、部门和个人的各自独特的待遇需要，形成了各树一帜、各有所求的待遇需要意向，呈现出多元并存的、平面交叉的待遇需要网络。

特殊待遇的存在，是因为人们总是在具体的社会关系中进行实践活动，任何人都概莫能外的既是社会的一名成员，又是某一具体阶层或团体中的一名成员。作为前者，他是单个的活动分子，有区别于社会其他成员的单独的待遇需要；作为后者，他是群体中的一员，因而和该群体的成员们一道，有不同于其他群体的特殊的待遇需要。而无论是前者还是后者，其待遇需要都有别于社会的共同待遇，所追求的都是特殊待遇。特殊待遇的实现，是各阶层、团体、部门和个人生存、发展、完善的重要条件。当这种特殊待遇需要不能得到满足时，无论是阶层、团体、部门还是个人，其生存和发展都要受到影响。严重时，会中断这些待遇群体或个体的前程。承认特殊待遇存在的合理性，也就是承认上述群体或个体生存与发展的权利；尊重这些特殊待遇，本身也就是对这些群体或个体的承认和尊重。认识到这一点，就会形成一个豁亮的思路：特殊待遇的存在，使社会出现多元化的待遇结构；多元化的待遇结构产生多条谋求待遇的轨迹；多条待遇轨迹之间，或互相沟通连接，或互相摩擦冲撞，成为各项制度变革或体制改革的客观依据和基本动因。制度变革或体制改革又会引起各种待遇关系的更为深刻的调整，从而使特殊待遇进一步增“元”或减“元”。在新的待遇格局奠定之后，各种特殊待遇又延伸至新的发展轨迹。如此循环往复，成为一种动力因素和活力因素，推动着社会的发展进步。

共同待遇与特殊待遇是个矛盾的统一体，两者既具有一致性的一面，又具有非一致性的一面。从一致性方面来说，共同待遇是实现特殊待遇的重要保证，因为它促使人们警醒振奋，求同存异，围绕共同的待遇目标而积极地协调一致地行动。共同待遇的实现，使特殊待遇呈现“水涨船高”之势，并为特殊待遇的实现创造着成功的条件。不然的话，共同待遇丧失了，特殊待遇也难以为继。特殊待遇的存在，是形成共同待遇的基础。因为在各个特殊待遇之间，有着某些相同或相近的需要因素，对这些需要因素加以抽取、归集，就形成了共同需要，因而才能产生共同待遇。所以，特殊待遇是共同待遇的“集成因素”，两者是相互依存的。从非一致性方面来说，由于特殊待遇的多元性特征和特殊待遇在需要方面的独立发展的轨迹趋向，因而它的发展轨迹不但会造成各“元”之间的摩擦冲撞，而且会和共同待遇目标发生偏离趋向。从另一个角度来看，由于共同待遇目标的实现，有时候要以牺牲某些特殊待遇为代价，这也会造成两者之间的矛盾与摩擦。对共同待遇与特殊待遇之间的非一致性倾向，要进行正确的协调、引导和疏通。既要强调共同待遇的重要性，强调特殊待遇服从于共同待遇，应该和共同待遇目标相一致；又要承认和尊重特殊待遇，保障特殊待遇的合法权益，并积极为特殊待遇的发展创造适宜的环境。

4.2 全局待遇与局部待遇
当前待遇与长远待遇

全局待遇与局部待遇，是根据待遇存在的空间对应关系而划分的；当前待遇与长远待遇，是根据待遇存在的时间对应关系而划分的。这两对待遇关系，实际上也是一种时空对应关系。前者揭示的是空间范围内的横向的待遇关系，后者揭示的是时间范围内的纵向的待遇关系。这两种待遇关系的纵横交织，构成了完整的“待遇坐标图系”，这是对广阔的时空范围内复杂的待遇层次的清晰完整的展示。

4.2.1 全局待遇与局部待遇

全局待遇是一种整体性待遇。作为待遇系统来说，它所代表和体现的是待遇系统的综合性、整体性的待遇。全局待遇的存在，是因为在事物系统的构成机制中，系统整体的稳定性对于它的各个子系统和分支系统具有至关重要的影响。因此，对系统整体的稳定性的确认和维护，便决定了全局待遇的存在和发展。全局待遇具有如下一些特点和功能：一是整体性。全局待遇所反映的待遇层次，是一种战略性、总体性的待遇。人们常把一些从总体上获得待遇的手段称之为“战略布局”、“总体布局”，这是有道理的。在这种总格局之下实现的待遇，是系统功能的体现，是一种整体意义上的受益。二是稳定性。全局待遇是一种在平衡和协调局部待遇关系的基础上出现的有序化程度较高的待遇层次，具有减熵性，可以造就一种持续稳固发展的大趋势，在“大局稳定”的客观形势下保证和促进各个局部待遇的发展。三是统领性。全局待遇具有统领局部待遇的作用，因为全局待遇是一种战略性的布局或格局，可以对各个局部待遇进行统筹规划，进行全面的统筹调整，从而使全局待遇保护促进局部待遇，两者之间的关系，是一种统辖与被统辖的关系。就维持系统功能的稳定质态的意义来说，全局待遇高于局部待遇。

局部待遇是系统中代表和体现各个子系统和分支系统待遇倾向的具体层次。局部待遇的存在，是因为作为系统的构成部分的各个子系统或分支系统，具有系统所不能替代的各自独立的功能和作用，因而也就具有生存和发展方面的相对独立的需要。这是局部待遇存在和发展的基本依据。局部待遇的特点和功能：一是相对性，这和特殊待遇的相对性具有相似之处。也就是说，在一定的范围和条件下，局部待遇就是特殊待遇。二是具有启动性。作为构成事物系统的各个子系统或分支系统，其地位和作用是不平衡的，其中的一些关键性的子系统或分支系统，不但对稳定整个系统具有重要意义，而且对相近或相关的子系统、分支系统起着牵引启动的作用。这样，在这些关键性的子系统或分支系统中所形成的局部待遇，就对全局待遇中或相近、或相关的其他局部待遇起着重要的类似中枢作用的影响。三是具有倾斜性。局部待遇由于其自身的相对独立性，其自身待遇在需要数值上有膨胀扩张的趋势，各个局部待遇的不平衡发展，常常使局部待遇表现出倾斜性的特点。一种是局部待遇与局部待遇之间的倾斜，表现为“挤占倾斜”，即由于倾斜，使某些局部待遇挤占另一些局部待遇的生存与发展的机遇和空间，甚至出现兼并现象；另一种是局部待遇与全局待遇之间的倾斜，表现为“离心倾斜”，即由于局部待遇的过度自我膨胀发展所造成的倾斜，使局部待遇偏离全局待遇所规定的目标，导致待遇系统的熵值增加。

全局待遇与局部待遇是相互依存、相互作用的关系，两者之间既对立，又统一。一方面，应坚持全局待遇高于局部待遇、全局待遇统领局

部待遇的观点，认清全局待遇的完整性和稳定性，是局部待遇存在与发展的根本保证。因此，要提倡“顾全大局”的思想，局部待遇要服从全局待遇。必要时，应让渡某些局部待遇，或直接作出牺牲，以换取全局待遇的稳固与发展。要做到这一点，就必须反对各种以局部待遇冲击或抵制全局待遇的偏执做法，认真克服本位主义、分散主义、小集团主义以及相互封锁、相互拆台等狭隘、自私、封闭的行为。另一方面，应尊重和保护局部待遇，为局部待遇的发展创造条件，决不能借口全局待遇的重要性，而随意地、无偿地侵占局部待遇。如同涓涓细流汇成汹涌奔腾的江河一样，全局是由局部汇合而成的，损害了局部待遇而又不采取补偿措施，最终会祸及全局待遇。正确的做法是，统筹兼顾，既从全局的角度加强宏观调控引导，又放权于局部，增强局部的生机与活力，使两个层次的自我发展能力都得到展示，促进全局待遇与局部待遇持续、稳定、协调地发展。

4.2.2 当前待遇与长远待遇

当前待遇是指人们在既定的条件下和现实的活动中所能直接实现的待遇。当前待遇有时也称“眼前待遇”或“短期待遇”。当前待遇的存在，是因为在相互衔接的若干个阶段性待遇目标中，总有一个人们实践活动和视野范围内的、处于起始阶段的待遇目标，人们追求待遇目标的实践活动，就从这个阶段上做起；初战告捷的待遇成果，也在这个阶段上体现出来。这种阶段性目标及其实现，就是当前待遇。当前待遇的特点和功能：一是具有现实性。当前待遇是人们在目前阶段上经过直接实践就能获取的，其待遇目标就在人们的实践范围内，是看得见、摸得着的，是力所能及的。这样，使其最能作为诱发的信号，激起人们的待遇驱动力，使酝酿和期待中的想象待遇变成直接到手的现实待遇。二是具有转机性。时间的推移和人们的实践活动的接续性，不断使现实变成过去，使未来变成现实，相应地也把当前待遇变成既得待遇，把长远待遇渐进地变为当前待遇。这种滚动式的、卷席式的待遇目标的绞合与推进，不断地扩大着待遇成果，也激发人们的进取精神，加速由当前待遇向长远待遇的接近和长远待遇向当前待遇的转化。三是具有选择性。进入人们实践范围的待遇目标，人们可以进行选择，既有利弊选择，又有难易选择。人们一般都选择那些利大弊小并且容易实现的待遇目标，这实际上是对当前待遇实现手段的选择。这种选择是有效果的。但也随之出现一个问题，人们有时会把那些对实现长远待遇有利而与当前待遇关系不密切的目标弃之不理，急功近利，以“现得待遇”为原则，从而使行为出现偏差。

长远待遇是指在较长的时间内持续发挥功效，满足人们生存与发展需要的待遇层次。对长远待遇的追求，表现了人们认识的超前性、预见性和行为的连贯性、完善性。长远待遇的存在，是因为人们在谋求待遇的过程中，需要确定待遇目标，而待遇目标是分为全部活动周期目标和各个阶段分解目标两种的，前者称为“总目标”，后者称为“分目标”。人们谋求实现这些待遇目标，不可能一蹴而就、一步到位，只能是沿着“起始目标—近程目标—中程目标—远程目标—最终目标”的顺序卷席式、渐进式地实现的。这样，由长远待遇目标所凝结或体现的待遇需要，就是我们所谓的“长远待遇”。长远待遇具有如下一些特性和功能：其一，长远待遇由若干个阶段性待遇目标连接而成，具有时序性的特点，决不能打乱目标实现的时序。不能逆向实施目标，也不能合并或跳跃中间阶段的各个目标，急于求成，只能循序渐进，在条件成熟的情况下分步骤地抵达最终目标。其二，长远待遇向人们展示的是一个长过程中待遇生成的大趋势及其目标，因而具有导向性，能够打开人们的眼界，使人们在谋求待遇时有所“远虑”，并及时主动地消除“近忧”，及时按照长远待遇的布局和走向，调整近期内的待遇行为。其三，长远待遇的实现，需要一系列的“前期准备工程”为之作出铺垫，需要人们在现实活动中为未来作出某些“预付性”的努力。因此，长远待遇具有偿付性的特点，即要求人们在目前阶段上付出某些“代价”，最终如愿以偿地实现“小本获大利”的结果。经济建设中的基础设施建设，就是用当前阶段上的一定数量的“支付”换取大大超出“支付”的长远待遇。

长远待遇是与当前待遇密切相连的，两者互为条件，互相依存，决不能割裂或对立。在现实生活中，处理长远待遇与当前待遇关系有一句非常恰当的比喻，就是“一要吃饭，二要建设”。“一要吃饭”，就是要实现当前待遇，使人民群众包括“吃饭”在内的各种待遇需要得以满足；“二要建设”，就是要着眼于长远待遇，打好基础、培植后劲，使人民群众的较长时期内的待遇需要得以实现。坚持“一要吃饭，二要建设”的原则，就要求把当前待遇和长远待遇结合起来，既反对片面强

调生产而忽视人民生活的倾向，又反对脱离国家经济发展水平追求过高消费的倾向，使生产建设和人民生活互相适应、互相促进地向前发展。如果不是这样，只讲当前待遇，忽视了长远待遇，就会出现短期行为，只顾“吃饭”，丢掉“建设”不管，到头来“建设”这一头接续不上，“吃饭”自然也就成为问题；如果只强调长远待遇，而不理会当前待遇，虽然“建设”不耽误，但饿着肚子搞“建设”，终究不是长远之计，因为建设者同时又是吃饭者。所以要把当前待遇与长远待遇很好地结合起来，既有长远的战略目标，又有现实的行之有效的步骤措施，稳定持续地获取待遇成果。

4.3 物质待遇与精神待遇

4.3.1 物质待遇分析

物质待遇也称“经济待遇”，是人们在物质生活方面的需要和满足。物质生活方面的需要是人们最基本的需要。人们要生存下去，首先必须解决衣、食、住、行的问题，然后才谈得上发展，才能进行政治的、精神的、艺术的活动。人们物质需要的极端重要性，决定了对物质待遇的谋求是社会生产的基本动因，是历史活动的基本动因，是推动生产力发展和社会进步的重要杠杆。在社会主义时期，仍然需要重视物质待遇的杠杆作用。这是我们经过几十年的跌跌撞撞，付出了沉重的代价后所得出的极有价值的结论。在20世纪50年代末期，由于片面强调所有制上的“一大二公”，忽视了如何把公有制的形式与经营者的物质待遇紧密结合起来这一重要问题，在“跑步进入共产主义”的错误口号下搞“一平二调”和“穷过渡”，侵犯了群众的物质待遇，在分配问题上搞平均主义，吃“大锅饭”，挫伤了群众发展生产力的积极性。在“文化大革命”中，这种“左”的思想进一步泛滥。在批判“物质刺激”、“奖金挂帅”的政治气候下，否定按劳分配，否定物质待遇的作用，使人民群众的物质待遇受到严重损害，国民经济也由此受到严重破坏。党的十一届三中全会以来，党中央按照马克思主义的物质待遇原则制定了

一系列的方针政策，取得了明显成效。承认物质待遇原则，就要尊重人们的物质享受需要。尊重人们的物质享受需要，具有重要的进步意义，经济杠杆正是凭借人的“物欲”而发挥作用的。不断增长的物质享受需要是现代经济生活赖以运转的重要动力之一。在当前的条件下，人们迫切需要以一种诚实的生活态度去正视和肯定个人的物质享受需要和其他方面的需要。对于个人来说，这是发展健全的人格的基础；对于社会来说，则是发展健全社会所需要的调节机制的基础。进行改革开放和实现现代化，就要尊重人们对于自身物质享受的需要以及其他方面的需要的追求，肯定这种追求的社会进步意义。应当使人们树立这样的观点：在为社会服务的总前提下，争取最好的劳动条件和劳动报酬。危害社会的事情以及由此带来的报酬，再高也不可为；只要不危害社会，哪里能为我提供发挥自己才能的最好条件，能给我最高的报酬，能对我的劳动给予最大的承认，哪里就是我选择定向的地方。

4.3.2 精神待遇分析

精神待遇是指人们在自尊、爱情、创造、成就等思维、情感和意志方面的需要与满足。精神待遇是物质待遇在人的精神层面的体现，同时又是实现物质待遇的价值导向和动力支持。在人们的需要结构中，可分为物质需要和精神需要，对这两种需要的满足与实现，相应地体现为物质待遇和精神待遇。其中，物质需要是基础性需求，精神需要则是为实现物质需要而在思维、情感和意志方面所表现出的进取与平衡。因此，精神需要是待遇需要中层次较高的待遇需要，它已经超出了人们生存本能的狭小范围。这种需要的实现，标明个人价值的自我认识与自我实现。基于对共同的精神待遇的追求或维护，会使群体成员形成强大的精神凝聚力。这里所说的“群体”，是一个“大群体”概念，其外延范围指定为阶级、民族、国家等泛称的“群体”，与“社会”的意义相近。在中国现阶段，这种大群体成员的精神凝聚力指的就是整个中华民族的精神凝聚力，其凝聚结果是民族精神的培植与弘扬。基于对共同的精神待遇的追求或维护，还使群体成员间表现出相互理解、关心、尊重的高尚精神。每个人都有一个完整的情感世界。人们的精神待遇就驻藏在这个情感世界中。对情感世界的任何污损、冲击和破坏，都会导致精神待遇的损伤。尽管这种损伤不像有形实体的损伤那样直接发生形态上的变化，但也实实在在地在人们的心灵世界留下精神瘢痕。在这里，理解是维护精神待遇的前提条件，人们在相互理解的基础上才能相互关心、相互尊重。理解，就是要人们敞开心扉，将心比心，设身处地地理解他人的内心境况和难言的苦衷。只有这样，人们之间才能互相关心，尽自己责任为他人排忧解难；才能互相尊重，重视他人的劳动，敬重他人的品格，承认他人的权利。自从喊出“理解万岁”的口号以后，各行各业的人们都发出了要求被他人理解、同时也理解他人的热切呼声，特别是那些从事被世人以成见相待的职业的人们，这种呼声更为强烈。理解，可以使偏见、曲解如泥沙般流出，可以使冲突、误会如风雨般消逝，可以使人们的精神待遇得到确认、维护和伸展。

第五章　待遇与效应

效应，原义是指物理的或化学的作用所产生的效果，如光电效应、热效应、化学效应等。目前，“效应”一词已经成为社会科学领域中的一个广泛用语，用来说明社会生活中各个方面诸多事物的变化过程和变化形态。这样，“效应”一词在本义基础上，又有了众多的引申意义。在有些应用范围，“效应”指的是“作用”，如“正效应”、“负效应”，指的就是“作用”和“负作用”。在有些应用范围，“效应”指的是“机能+效果”或“功能+效果”，如“市场效应”、“温度效应”等。还有些应用范围，“效应”指的就是“效率”，如“宣传效应”、“改革效应”、“倾斜效应”、“透明效应”等。待遇学科所使用的“效应”概念，指的是“机能+效果”和“功能+效果”。“待遇效应”，也就是待遇的本质机能、社会功能和社会效果。对“待遇效应”的分析和探讨，可以使人们认清待遇的属性、机能、功能和特征，透过大量的待遇现象把握待遇的本质，剖开“待遇效应”的表层，由一般进到特殊，逐一分析待遇的各个具体效应，再由特殊上升到一般，揭示和把握待遇的本质特征。

5.1 互惠效应

所谓互惠，就是作为待遇主体的双方或多方，在相互联系和相互交往中，都得到好处，都获取相应的待遇。互惠的实质就是变独特性待遇为共享性待遇，使之相得益彰、待遇均沾。在互惠的情况下，作为待

遇主体的双方或多方，会在待遇机制的驱动下，自动缓解矛盾、平息纷争，以“大家都有一份好处”作为凝聚力量和协调因素，甘愿往这个互惠互利的待遇共同体中“添薪助燃”，而不是“釜底抽薪”。这样人们由单个的待遇主体，变为联结在一起的待遇共同体、命运共同体，在动机与目标的选择上出现了一个“交切点”，相互间共同谋求待遇，共同分享待遇，这就是待遇的“互惠效应”。

实现互惠要有一个前提条件，就是建立联系和交往的双方或多方必须处于平等的地位，并且以平等的身份进行联系和交往，做到平等互惠。这里所说的平等，是指联系和交往的双方或多方，都能平等地行使权利，平等地履行义务，平等地承担风险和损失，平等地分享待遇成果。在实际生活中常有这样的情形：有些团体或个人，行使权力时往前抢，履行义务时往后缩；遇见待遇往前抢，遇见风险往后缩。这样一种“两抢两缩”的方式，就把“互惠”变成了“独惠”；把“让惠”、“分惠”变成了极其自私的“争惠”。这种只讲待遇独占，不讲待遇让渡的做法，势必造成联系和交往中待遇主体的行为倾斜和心理倾斜，酿成待遇纷争，其结局是减少甚至完全失掉待遇成果。当然，所谓平等地分享待遇成果，不是均等地称量式地对待遇分条割块，搞成“二一添作五”“三一三十一”的绝对平均主义，而是要按照各方实际贡献的大小，公平地进行待遇分配。

要做到平等互惠，需要通过“契约”形式，对参加联系和交往的各方，规定明确的权利义务规范，规定相互间待遇让渡的时间、数量和比例，以此作为对各方的约束。一般来说，体现互惠精神的“契约”都是各方参加者自愿订立的。其中虽有发起者和参加者之分，有倡议者和响应者之别，但相互间都必须信守“契约”，都必须作出待遇让渡。他们之间之所以会自愿签约、自愿遵约，是因为“互惠”的吸引和召唤。为什么不去独占其“惠”呢，因为作为订约者的任何一方，都是长处短处并存，优势劣势同在，单靠自身的力量难以扬长避短，兴优祛劣，而通过签约进行交往和协作，集中起来的是各方的长处，化解的是各方的短处，经过交往和协作，各方都得到了单独活动所无法得到的好处，实现了待遇的“互惠效应”。企业之间的经济联合与协作，就是充分体现待遇的“互惠效应”。参加经济联合与协作的各个企业之间，遵循“扬长避短、形式多样、自愿互利、共同发展”的原则，通过联合投资、相互参股等多种方式，促进人才、资金、技术、资源等各种生产要素合理流动与重新组合，使企业在联合与协作中获得了实惠。

有一点应该引起注意：各个行为主体，通过相互联系和交往，各自得到实惠，是合乎情理的，但在这一过程中，不得损害国家利益和互惠共同体之外的他人的待遇。在现实生活中，有些人发明了一种“互惠法”：你们单位的东西装进我个人腰包，名曰“赠送”；我们单位的财物塞到你手里，名曰“支援”。这种交往，看起来个人得了实惠，但实质上是慷公家之慨。还有一种“互惠”手段更不足取：有的人贩卖假冒商品，有的人则冒充工商人员当众“拍卖”，诱使不明真相的购买者上当，演出“牵驴”的把戏。这种精心导演的默契的“互惠”，是以损害他人待遇为代价实现的。很显然，上述两种“互惠”，都是取公家之“惠”和他人之“惠”为己“惠”，这样的“取惠行为”离情悖理，是应该坚决制止的。

5.2 补偿效应

人们随时都在面临着各种待遇得失的困扰和选择。人们在自身待遇受到损失时，会产生一种补偿期望，希冀这种损失通过相应的补偿形式得以挽回，在待遇持有上能够返归原值，保持待遇归属方面的“能量守恒”。为了满足人们的这种心理渴求，保险业应运而生，各种各样的保险服务也来到人们中间。各种形式的人身保险和财产保险解除了人们对自身安全和财产占有方面的后顾之忧。一旦人们在这些方面遭受意外灾害，保险部门会如数赔偿损失。循着这个现象细心地探究下去，你就会吃惊地发现一个静悄悄的东西在社会生活中潜藏着——待遇的“补偿效应”。其实，通过各种补偿方式的作用，实现人们对待遇损失的追返和偿付，保持人们在待遇得失上的心理平衡和心理满足，这就是待遇的“补偿效应”。通过“补偿效应”，人们之间的待遇关系得以协调、平衡、转换和延伸，这就在一定程度上补充甚至强化了“互惠效应”的作用。

我们不妨冷静地分析一些能够体现“补偿效应”的待遇现象。在实际生活中，人们为什么经常使用奖罚手段？因为这种手段有效。这是不假思索就能够回答的。但是，造成这种手段有效性的深层原因是什

么？这样问下去似乎就有些苛求了。其实这并不苛求，若是熟悉待遇的“补偿效应”，就足以释惑了。奖罚手段，是人们循从待遇的“补偿效应”而采取的一种有效方式。为什么要奖？因为有些人在实践活动中所创造的价值和贡献超出了常人，这些人为此而支付的体力和脑力也高于常人。这个超支付部分需要得到补偿，补偿是公平合理的，是对超支付部分的认定和等价偿还。采用奖的方式，正是以超收益补偿超支付。这种方式，又会激励人们继续采取超支付的进取行为和创造行为，形成一种良性循环。为什么要罚？因为那些受罚者的行为，是以社会的或他人的损，换取一己之利，或以一己之失引发众人之失，或支付值显著低于报酬值，这就要追缴这些人的不正当、不合理的待遇部分以弥补社会或他人的损失，或对这些人进行惩戒以抵偿其过失所造成的后果。罚的手段不仅直接起到补偿的作用，而且是对奖的手段的补充，是奖的手段的“补偿使用”。

待遇的“补偿效应”在经济生活中表现得最为明显和普通。物价上涨了，人们都满腹怨言，但是若相应的给予价格补贴，人们的怨气就逐渐平息了。因为价格补贴是把钱贴在消费者身上，用以抵偿流通领域中物价上涨而使消费者多支付的部分。在社会政治生活中，待遇的“补偿效应”也是广泛发生的。例如，在各种组织机构的调整合并过程中，一些人的待遇可能受到损害，因此这些人常以极其敏感的防范心理认真对付可能来临的“厄运”，极不情愿自己成为“富余人员”。如果决策者简单行事，轻易把他们打入“另册”，这不仅会引发他们消极的待遇心态，而且会造成一定程度的社会震荡。正确的做法是，给予他们相应的待遇补偿，这包括物质补偿和精神补偿。前者是指妥善安排他们的工作，保证他们拥有有效且稳定的职务或岗位，保证他们拥有较为丰厚的工作报酬；后者是指对他们充分理解和尊重，及时消除他们在认识上和情感上的各种淤结，使他们在精神上得到宽慰，心理上保持平衡。这样，这一部分人就会在待遇得失时保持平衡，甚至是在得大于失的基础上，变消极心态为积极心态，对必然发生的待遇调整持认同态度，过好待遇调整关。

5.3 附加效应

待遇的“附加效应”也称“附加待遇”。这种“附加待遇”是人们在获得支配本源性待遇的权利时，产生的一种派生性的要求，是占有权利和支配权利的一种自然伸展。它是人们所热切追求的，就像在银行存款要谋求利息一样。

待遇的“附加效应”是相对于“本源效应”而言的，两者之间的关系确实如同银行存款中的本息关系。一方面，本生息；另一方面，息又固本、扩本。我们可以借商品交换中的一种常见的现象来分析，就是人们对商品的“附加效应”的追求。这种追求通常发生在买者身上。一个买主花钱买来商品，他当然希望这种商品显示其“本源效应”，即显示该商品在使用价值上的功用，同时他也希望这种商品发生“附加效应”。如果他买来是为了进一步出售，他所期望的“附加效应”可能是卖方代培推销员、提供广告、代垫库存、延期付款等；如果他是直接消费者，他所期望的“附加效应”可能是卖方提供技术咨询、安装维修、售后服务和各种使用保证，并要求产品在具有基本功能的同时，有更多的附加功能和附加待遇。一些高明的企业家，正是利用消费者期望“附加效应”的心理，在大力提高产品质量的同时，更加倾向于在生产和销售中为消费者提供更多的附加待遇，从而在市场上占据优势。

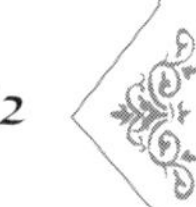

有时候，人们是把“附加效应”和“本源效应”放到并重的位置上加以谋求的。一些政府机关采取的增产节约、增收节支的措施，其“本源效应”，是节省开支、巩固财源。而它的“附加效应”，则是使各级政府机关成为廉洁的机关，使各级干部更好地发扬朴实节俭、艰苦奋斗的优良作风，并在人民群众中树立良好的形象，由此而赢得人民群众的信任和支持。在这里，“附加效应”和“本源效应”具有同等重要的意义。

还有些时候，人们谋求待遇的“附加效应”所激发的情绪和所耗费的精力，甚至超出对“本源效应”的谋求。这可以通过分析参加有奖储蓄的人们的心理和行为而得到验证。人们参加有奖储蓄，本息相加构成储蓄的“本源效应”，但这不是人们的主要期待。人们之所以参加有

奖储蓄而不参加一般的储蓄，其主要待遇动机和心理期待是“有奖”。尽管“有奖”只是储蓄的“附加效应”，但这种“附加效应”很有诱惑力，是人们所竭力追求的。有时候，几千元的储蓄，碰上好运气，居然能获得几万元的奖金，“附加效应”一下子高出“本源效应”几十倍、上百倍，这就是人们所希冀的“幸运之财”。在这种情况下，“附加效应”成了人们的主要追求目标。

但是，需要引起注意的是，人们在谋求待遇的“附加效应”时，不能强求社会或他人为自己承担义务，甚至作出牺牲，不能硬性抢夺别人的待遇，然后“附加”到自己身上。商品销售中的搭配出售就是一种强求“附加”的行为。不接受这些“附加”条件，休想买到畅销紧俏商品。这种不择手段的谋求“附加”待遇的行为，损人以利己，是违背待遇伦理的，是不足取的，它和实现待遇的“附加效应”的要求也是相悖的。

5.4 共生效应

对待遇“共生效应”的含义，可以通过系统论的观点作出解释。20世纪奥地利生物学家、系统论创始人贝塔朗菲（Bertalanffy）曾经提出了一个著名定律：“整体大于各部分的总和。”该定律揭示：在一个系统或整体中，由于其中各个部分的相互联系和作用，它所具有的功能和有序性，将超过各个部分孤立时的相加水平。这一观点启发人们，在谋求待遇的过程中，不仅要靠个人的主观能动作用的发挥，还要依赖于群体、集团乃至社会的智慧和协同。只有取长补短、集思广益、同心同德、群策群力，才能使待遇的“共生效应”充分地显现出来。待遇的“共生效应”，具有以下一些特性。

互补性。由于人类实践活动日益向横向拓展和向纵向延伸，加上现代科学技术的迅猛发展，单个人的实践活动能力的局限性和知识的相对有限性问题日益突出，单个人孤立地谋求待遇所受到的制约性因素越来越多。一个人要想成功地获取某种待遇，往往需要在不同领域或不同层次与他人进行通力协作，在协作中使各种才能相互补充，发挥各自的优势，以实现“共生效应”。有时候，人们为了解决某个科研课题或攻克某项科技难关，常常组成各项科研课题小组。这种“组”的形式，把具有各种专长的人组合在一起，建立既发挥个人优势又实现群体优势的“互补结构”，就能大大地提高工作效率，实现待遇的“共生效应”。

激励性。人们生活在探索、创新、竞争并有与待遇相关的共同目标的环境之中，有利于产生拼搏精神。心理学研究表明：一个人在集体中与单独生活时，行为效果有很大的差异。这说明群体成员彼此的相互作用能满足各个成员的心理需要（主要是自我实现、获得待遇、取得成功的需要），增强自信心，确认自己的作用与价值，激发每个人的进取精神。正如有人所说：“在孤独一人时停滞而无生气，在集体中就相互发生一种类似共生的作用。”这一点在体育运动中表现得最为明显。在体育运动队内，运动员常常通过激烈的竞争来相互激励，从而激发各自的潜力，以促进技术水平的提高，心理品质的完善。这种竞争往往会激发出超越常态的智能，超过日常体能所及的斗志，最终结果是“共生效应”的显示——全队技术水平的提高。

减熵性。熵，表示系统的无组织程度和不稳定性，熵是影响人们实现待遇要求的制约性因素之一。减熵才能促成待遇要求的实现。减熵的有效途径是加强信息交流。因为通过信息交流，使各种信息得到输入、加工、整理、综合，人们的某些思想、见解、设想也通过各种途径和形式得到评判、修正和完善，从而产生新思想和新技术等，使各项工作开展得稳定而有序化，人们的各种待遇要求也就随之顺利实现。

待遇的“共生效应”与“互惠效应”是有着密切的关系。一般来说，“互惠”是“共生”的条件，因为“互惠”所造成的吸引力和凝聚力，能促进人们的联系和协作，创造“共生环境”；而“共生效应”创造的“整体大于各部分总和”的效果，又使参加联系和协作的各方能够对“大于”部分进行分配，实现“待遇均沾”，这又巩固和加重了“互惠效应”。从这个意义上来说，“共生”又成了“互惠”的源泉。二者是相互依存、相互作用的，我们既要以“互惠”作为凝结人心的待遇信号，创造共生的环境和气氛；又要通过“共生效应”的激励作用，最大限度地实现“互惠”的待遇目标。

5.5 连锁效应

待遇的“连锁效应”，是指经过人们的努力，若干相互连接的待遇目标接续性地实现所产生的效果和反应。待遇的“连锁效应”之所以会发生，是因为某些大的待遇目标，是由若干个小的“待遇目标链节”所编织而成的“待遇目标链条”，各个“链节”之间存在着因果传递关系。如果在某个环节上，待遇目标经过人们的努力率先实现，它就会成为一种条件或契机，如同多级火箭中的自燃自推机能，引发最邻近的待遇目标的实现。这个被引发的待遇目标实现以后，又会循序引发下一个目标。这样，实现与未实现的待遇目标，引发与被引发的待遇目标相互承接传递，惯性推进，就实现了待遇的“连锁效应”。待遇的“连锁效应”有以下一些基本的表现形式。

纵向演进式。这种“连锁效应”表现为：各个相继实现的待遇目标相互排列，呈现出向纵深延伸的趋势。比如，20世纪70年代末至80年代初期中国农村推行家庭联产承包责任制的成功实践，拉开了农村改革的序幕。这一率先实现的改革目标，又成了农村第二步改革的契机和先决性条件。农村改革的深入，紧接着对城市改革提出了挑战和机遇。当城乡两股巨大的经济体制改革洪流汇集到一起的时候，又对政府体制改革发出了大声的呼唤。这些改革目标，也正是社会各个阶层所热切期待的待遇目标。这些目标接连实现，呈现出势不可当、向纵深挺进的趋势，其“连锁效应”是令人鼓舞的。

良性循环式。这种“连锁效应”表现为：某一先期实现的待遇目标，在引发和促成其他待遇目标实现时，又反转过来成为巩固和扩充自身发展的条件，形成一个又一个良性发展的循环周期。这种“连锁效应”形式又可称作“滚雪球式”。如中国的一些具有历史名胜古迹的地区出现了“旅游热”，来这些地区游览观光的中外游客日益增多。这些地区不失时机地利用“旅游热”所带来的有利条件，积极发展旅游产品的生产。旅游产品的生产带来明显的经济效益以后，他们又从创收中提取相当数量的资金，用于增添和改善各种旅游设施，以创造吸引游客的良好环境，从而带来了更大规模和更加持续的“旅游热”。

相互引发式。这种待遇“连锁效应”表现为：相互联系的两个待遇目标，互为引发实现的条件，相互制约、相互依存。就物质文明建设和精神文明建设这两个待遇目标来说，一方面，物质文明为精神文明的发展提供物质条件和实践经验；另一方面，精神文明又为物质文明的发展提供精神动力和智力支持。两个文明建设是互为条件、互相依存的。它们之间的“连锁效应”，只能是相互引发式的，是通过横向交错，而不是通过纵向演进来实现其“连锁效应”。不能等到物质文明建设的目标完全实现了，再去搞精神文明建设。也不能先抓精神文明建设，而把物质文明建设当作“二期工程”。必须坚持两个文明建设同步进行，在“一起抓”的过程中实现“连锁效应”。

为了保证“连锁效应”的通畅性和适用性，有一个问题需要注意，就是要按照封闭原理保证系统内待遇目标的衔接和推进，防止“连锁效应”出现“阻塞”现象和“嵌入”现象。有些时候，由于同一待遇目标系列中插进了另外的待遇目标系列的成分，这一待遇目标系列的“连锁效应”便不那么顺畅了，出现了阻抗和梗塞，即“阻塞”现象，或称“短路”现象。社会生活中的名目繁多的“卡、索、摊、敲”等现象，都属于“连锁效应”实现过程中的“阻塞”现象。要消除这种现象，必须对同一待遇目标系列中的插入成分进行清除，或者将其同化，兼并在自己的待遇目标系列中，这样才能通畅地实行待遇的“连锁效应”。

5.6 机会效应

有个菜农总结出一套“种菜经”，叫作“人无我有，人有我好，人好我早，人早我多”。这里单挑出个“早”字来分析。同样都是在种植蔬菜，抢住了“早”字，掌握了“时间差”，就卖上了好价钱。种田人讲究适时早播，认为“一早躲过灾”。看来，“早”字也和待遇结缘。这就是待遇的“机会效应”。所谓待遇的“机会效应”，是指人们掌握机遇，顺势而行，通过积极进取所获得的实际待遇成果。

“机遇”也就是促使人们实践活动获得成功的有利的客观形势。“机遇”通常不是显露无遗地展示在人们面前的，它需要人们具有相当的认识能力，悉心洞察，于毫厘之中看发端。“机遇”也不是常驻不变的，它极难显现，又极易消逝，“机不可失，时不再来”。如果发现机遇而不积极捕捉，机遇也会悄然而逝，这就是人们常说的“时不我待”的道理。

机遇和待遇有什么关系？“机会效应”是怎么发生的？这个问题要作具体深入的分析。可以说人们对某些对象的需要得到了满足，就算实现了某种待遇要求。但是，这些需要不是随随便便就能得到满足的，它必须具备一定的客观条件。这个客观条件就是随机出现的客观形势，它要求人们迅速对此作出反应，把握住这种具有随机性、易逝性的有利形势，随机应变作出决断。应该说，这种随机出现的客观形势，对每个人来说都是均等的，对每个人来说都是一种机遇。问题在于谁的应变能力强，谁就能抓住机遇，如愿以偿地实现待遇需要。古人把成功的因素归结为三条，叫作“天时、地利、人和”。“天时”就是我们所说的“机遇”。古人常讲：“不占天时，难成大业。”这话用待遇学科观点来解释，就是“抓不住机遇，难获得待遇”。只要人们紧紧把握机遇，按照事物发展趋势而行，待遇就握在手中了。从这个意义上讲，机遇就是未实现的待遇，待遇就是变为现实的机遇。“机会效应”就是人们把握机遇所获得的实际待遇。前面提到的那位菜农的“人好我早”的做法，就是一种拼抢“机遇”、从“机遇”中谋财生利的做法。

在“机遇”面前，人们有各种各样的反应形式。一曰“守株待兔式”。有的人把机遇看作是从天上掉馅饼，认为会自然而然地降临到自己头上，因而在机遇面前优哉游哉，满不在乎。你抢你的机遇，我等我的恩赐。这种坐享其成的态度是不能实现“机会效应”的。二曰“保守失策”式。有的人在机遇面前，瞻前顾后，左等右待，老是拿不定主意，下不了决心，不能当机立断，常常坐失良机。这样一种行为，在机遇面前也只能是一种“零效应”。诸葛亮摆设的“空城计”，是一种掩饰虚弱的手段，当时西城的形势对魏军来说却是一种机遇，但是司马懿疑心重，犹豫不决，视良机而不见，让机遇从自己手中溜掉了，成为一件千古憾事。三曰“冒险碰壁式”。有的人把掌握机遇当作下赌注，孤注一掷，铤而走险，或把机遇的前兆看成是机遇本身，贸然行事，超越客观现实。有的人甚至企图人为“制造”机遇，其结果只能是碰壁失败。有时候，这种对待机遇的莽撞做法甚至会导致“负效应”。四曰“审时度势式”。“审时”，就是审视时机；“度势”，就是揣度形势。这是对待机遇的正确态度，是实现“机会效应”的有效做法。经

过审时度势，看准了机遇，掌握了“火候”，人们就能“大踏步地前进”，在主客观条件具备的情况下，俯身摘取待遇果实。

5.7 梯度效应

在揭去“梯度效应”的面纱之前，先谈论一条哲学原理。按照辩证法的观点，事物的发展变化，是由量变到质变，然后在新质基础上继续发生量变，新的量变又引起新的质变的无限循环往复的过程。这就是质量互变规律。质量互变规律是待遇的“梯度效应”的哲学根据。因为质量互变规律向人们揭示：事物在量变基础上发生的质变，不是一下子完成的，而是一个由部分质变到全部质变的渐进变化的过程。待遇的生成与分配过程，就是这样一个由部分质变到全部质变的过程，它表现出渐进生成与渐进分配的特点，呈现出梯次演进和扩展的趋势。这就是待遇的“梯度效应”。

“梯度效应”在实际生活中具有普遍性意义。人们在向待遇目标奋进的过程中，总是有的人先接近待遇目标，率先获得待遇成果，给后续者树立成功的范例，并激励人们进行坚持不懈的努力。我们在社会经济领域中坚持实行并已收到成效的通过部分人先富起来而达到共同富裕的做法，就是一个按梯次格局逐层演进和扩展待遇成果的实践过程。在由部分地区先富到全国范围同富的进程中，国家已经采取和正在采取的做法是：先建立特别试验区，通过这一地区率先繁荣富裕的示范作用，向更广阔的地域递进式地扩展辐射，使富裕地区由沿海延伸向内地、由东部推进到中、西部，渐次形成“特区—沿海开放城市—沿海经济开放区—内地”的滚动式、辐射式扩展富裕空间的轨迹。在由一部分人先富起来到全体人民共同富裕的进程中，各地采取的做法是，通过介绍和推广致富能手勤劳致富的经验，在广大群众中起到典型引路作用，有力体现了待遇的“梯度效应”。有人曾就此提出过诘难：不按照梯次推进的方式，找个“抄近路”的法子，直接实现“共同富裕”不行吗？不行。这方面我们饱尝了苦果，实践证明是行不通的。过去我们在如何实现“共同富裕”目标的问题上，曾实行过“一大二公”的做法，在待遇分配上也搞了“平均主义”模式，吃了几十年的“大锅饭”。结果，看似接近了“共同”，实则却远离了“富裕”，造成全社会普遍的贫穷。事实告诉人们：要实现“共同富裕”，非得从“一部分地区、一部分人先富起来”这个起跑线上发令起步不可。

认识待遇的“梯度效应”，其意义是显而易见的。它可以使我们更准确地把握政策界限，正确处理各种待遇关系。政府所制定的各项方针、政策，其实质内容是通过合理调整各种待遇关系来达到促进生产力发展的目地。这种调整，当然是使每个人都能切实增加待遇所得，但是，不能设想每项政策措施都能够立即生效，使所有的人都得益。实际情况是，政策的作用力只能是一个层次一个层次地扩展，逐步使所有的人都得到待遇。因此，要启发引导人们顾全大局，理解待遇调整中梯次演进的特点，从广大人民群众的根本待遇出发，认真贯彻各项方针政策。同时，在制定具体的政策措施时，既不要搞无梯次的“速效得益”措施，又不要把梯次间距过分拉开，不要让梯次成为固定不变的格局和次序，使人们左等右盼都实现不了，人为地加重心理负荷。正确的做法应该是既划分梯次，又积极推进梯次的演进，让人们觉得待遇有我一份，得来为期不远，道路就在脚下，从而增强对改革的心理承受能力。

5.8 选值效应

待遇的“选值效应”，是指人们在各种利害关系面前所呈现的趋利避害的取舍行为和心理状态。由于人们在谋求待遇的过程中，受到各种复杂因素的制约和影响，常常会面临着各种利害关系的选择。这些利害关系交织混杂，加重了人们获取待遇的复杂程度和艰难程度。这就要求人们以清醒的态度和明智的判断趋利避害、兴利除弊，以获取满足人们需要的对象物。人们在进行各种待遇选择时，通常是参照选择，即选取一定的参照物，进行权衡、对照、比较，按照损耗最小值和获利最大值的经济原则，最后确定其取舍态度。人们的取舍态度依实际情况表现为三种情形：一是当进入参照系统的两个事物具有相反性质，即一利一害时，人们所选择的是对自己有利的待遇因素，同时舍弃或避开对自己有害的那一种待遇因素。这就是“趋利避害”的行为和心理。二是当进入参照系统的两种待遇因素都对自己是有害的，只是对自身危害的程度有所不同时，人们就会选择对自身危害较轻的那一种，而设法避开对自身危害较重的那一种。这就是“两害相较取其轻”的行为和心理。三是当进入参照系统的两种待遇因素对自己都是有利的，只是对自身的受益程度有所不同时，人们就会选择对自身受益较大的那一种，而舍弃对自身受益较小的那一种。这就是“两利相较取其大”的行为和心理。上述几种待遇选择行为和心理，都是“选值效应”的表现。所不同的是，第一种是“性质选值”，第二、三种是“程度选值”。再进一步分析，第二种属于“避害程度选值”，第三种属于“趋利程度选值”。

积极地进行待遇选值，这是主体行为的本能性与理智性交互作用而产生的一种价值观念。待遇的“选值效应”，促使人们在实践活动中注重比较待遇，即在待遇参照系统中，采取对自己损耗最小、收益最大的行为选择。“待遇”的“选值效应”，启发人们在经济生活中采取积极的对策以争取待遇。这里关键是要掌握人们的“选值心理”。拿消费者来说，他们所希望的是物美价廉。“物美”是从商品的使用价值的角度提出的要求，“价廉”是从商品的实际价值的角度提出的要求。这两个方面同时得到满足固然为好，如若不能，人们至少能从一个方面得到满足，或求“物美”，或求“价廉”。有些生产厂家正是针对消费者的心理，采取积极灵活的经营方针。“优质优价”，这是对前一种消费心理的满足，企业也从中获利；“薄利多销”，这是对后一种消费心理的满足，企业通过多销也抵偿了薄利部分的减损。要实现待遇的“选值效应”，就要按照价值规律办事。价值规律是引导人们进行待遇选择的内在机制。价值规律是通过各种经济杠杆引导人们的待遇选择。经济杠杆包括价格、税收、利率、工资等。这些经济杠杆都可以对人们的待遇选择起到调节、导向和控制的作用，使人们的选择行为不致出现失偏失控现象。

5.9 多元效应

谋求待遇是人类积极的实践活动。在这一实践过程中，不同的待遇阶层、团体或个人，会有不同的待遇要求，由此会采取不同的待遇行为。这些作为活动因子的各自独立的待遇追逐力量，使待遇的分解组合表现出多元性的特点，并由此而发生待遇的“多元效应”。

在经济领域中，待遇的“多元效应”表现为多元的待遇主体的独立存在及其相互作用。待遇关系是社会经济关系的直接体现，社会经济关系是形成待遇关系的基础。每一个社会的经济关系又表现为多种经济形式和多种成分并存的特点。在各种经济形式和多种经济成分的背后，是不同集团或个人的待遇所得，它们构成了不同的待遇主体。这些不同的待遇主体，分别代表着不同形态的经济成分或经济形式，构成了多元化的经济运行结构。各个待遇主体之间既有相互协调的一面，又有相互摩擦的一面。应该认真研究各个待遇主体存在、发展和消亡的条件，保护各个待遇主体的合法待遇，尽力增强合作因素，减少摩擦系数。这对于巩固和发展中国的经济基础，保护和促进生产力的发展，是十分必要的。

在政治领域中，待遇的“多元效应”表现为多元的待遇群体的独立存在及其相互作用。现阶段，中国社会的主要矛盾已经由阶级斗争转变为人民日益增长的物质文化需要同落后的社会生产之间的矛盾。因此，在社会生活中，处理对立的阶级关系已不是中国社会政治生活的主题，而处理社会各个阶层和团体关系的重要性则突出起来。现阶段的各个阶层和社会团体，分别代表着社会生活各个层面上人们的具体待遇的要求。同时，各个阶层和社会团体之间又存在着对共同待遇的追求。待遇群体和待遇主体的本质区别，在于前者是从政治关系上代表某一阶层或团体的待遇，后者是从经济关系上代表某一集团或个人的待遇。两者的联系在于：某些待遇主体的愿望和要求，要通过相应的待遇群体得到反映和维护，某些待遇群体的行为要通过相应的待遇主体获得支持。待遇群体的多元并存和健康发展，是社会主义民主的标志。协调多元性的待遇群体间的关系，是社会主义民主建设的重要课题。应从理论和实践上认真地解决好这一有关社会主义制度巩固和完善的重大课题。

在文化领域中，待遇的“多元效应”表现为多元的学术流派和艺术风格的独立存在及其相互作用。学术流派和艺术风格，是通过张扬自己的学术主张和艺术主张的形式，间接地反映某些社会阶层、团体或个人的待遇主张，特别是精神待遇方面的主张。“百花齐放，百家争鸣”的方针，正是待遇“多元效应”体现，其实质是要求多元的艺术形式自由发展，允许多元的学术主张自由争论。围绕着多元的学术、艺术主张，形成了多元的学派、流派，各个学派和流派都有自己的待遇要求，即每一学派、流派之间相互争论、融合、补充和替代的矛盾运动，推动着社会文化事业的发展。

总之，待遇的“多元效应”要求人们认真研究和探索多元的待遇主体、群体和学派、流派存在、发展和消亡的条件，认识它们之间相互联系、相互作用的形式和特点，协调它们之间的关系。这里所要强调的是，对于现实存在的各个待遇单元，不要急于定性褒贬，特别是不要采用急于过渡的形式，人为地“减元”、“并元”；当然，也不要人为地制造新“元”，再干那种拔苗助长的蠢事。

5.10 守成效应

人们经过努力已经获得的待遇成果，一般称作“既得待遇”。在对待既得待遇的问题上，人们往往具有守成行为和心理。这种守成行为和心理的特点是：（1）权利性。人们对已经获得的待遇，有权利占有和享用，这种权利是自身可支配的，也是他人和团体所默认的，并受相应的法律或伦理的规范和保障。（2）患失性。人们对已经到手的待遇，一般都希望其稳固持续地存在，能比较长久地占有和享用，最担忧得而复失，正如《论语・阳货》所说：“其未得之也，患得之；既得之，患失之。”这就是“患得患失”的意思。（3）防护性。人们对可能招致待遇丧失的因素，总是想方设法加以排除，表现出一种出自本能的防护行为。这种行为具有两重性：一方面，人们对既得待遇成果的积极维护，可以产生“亡羊补牢”的效应，可以创造继续进取的基础和积极氛围；另一方面，对既得待遇成果的消极固守，会产生畸形变态的吝啬心理和行为，从而形成保守凝固的心理和行为。上述几种守成的特点集中到一起，在实践活动中就发生了待遇“守成效应”。所谓“守成效应”，就是人们对既得待遇的维护、固守所表现出的行为定势和心理定势。待遇的“守成效应”有各种表现形式，这里主要分析以下三种。

财物守成。这主要是人们对既得的物质待遇的维护或固守。积极的财物守成心理和行为是，主动自觉地维护自己的合法待遇，反对各种非法的侵夺行为，珍惜自己艰辛奋斗的成果，在享用这些成果时，勤俭节约，精打细算，力戒挥霍铺张，在已有的待遇成果基础上思进取，谋发展。消极的财物守成心理和行为表现在，知足常乐，小富即安，沾沾自喜于既得待遇，不思进取；在财物花销上表现出极端的变态性的吝啬，

嗜财如命，俨然一副“守财奴”的形象；对侵害自身待遇的非法行为，又表现出过分的怯懦和退让。

权力守成。这主要是在国家机关和社会管理机构中掌握一定职权的人们对既得的政治待遇的维护或固守。积极的权力守成心理和行为表现在：珍重和爱护社会、团体和人民赋予自己的权力，运用权力更好地为社会、团体和广大人民群众谋待遇；忠于职守，尽职尽责，禁绝各种放任擅权行为；对少数违背上述规范的不良分子侵夺社会公共权力的行为进行坚决抵制和排斥，站在人民群众根本待遇的立场上采取护权护法行为；当政绩平平或者工作失误时，应引咎自责，自觉辞官交权。消极的权力守成心理和行为表现在：把权力当成谋私的工具，贪得无厌地要官要权，达此目的后又握权不放，占位不让，搞权力占有“终身制”；不思改革，不求进取，不创政绩，只图保官保位；嫉贤妒能，任用恭顺平庸之辈，以求“铁交椅”坐得牢靠和长久。

经验守成。这主要是人们对既得的精神待遇的维护或固守。人们的经验守成从积极方面来说，是对自己既有的知识、观点和经验的确认和维护，其意义在于把经验当作精神财富，经常运用，经常总结借鉴，并在既有的知识、经验的基础上确立新的起点，其意义还在于培养自己独立思考、创造的个性思维能力，防止迷信盲从，跟在别人后面人云亦云、以讹传讹。人们的经验守成也有其消极的一面，就是容易形成僵化保守、故步自封的惰性思维，容易出现排斥理论、排斥新生事物的实用主义和经验主义的做法。

待遇的“守成效应”在现实生活中广泛地发生，其意义不可小视。我们历来所主张的勤俭节约和勤俭办一切事业的方针，正是待遇“守成效应”的要求和体现；而铺张浪费的“败家子”作风和讲排场、图阔气的“阔少爷”作风，正是和待遇“守成效应”相对立的，因而是我们所要禁绝的。待遇“守成效应”还要求人们在行使权力时要忠于职守，做到用权守法，用权为公，不滥用权力，不以权谋私。认识待遇“守成效应”的这些基本要求，对于克服官僚主义、消除种种特权现象，都具有重要意义。认识待遇“守成效应”，还有助于社会成员加强学习，积累经验，克服僵化保守的思想观念。这些显而易见的道理就不赘述了。

第六章 待遇与效益

待遇的实现是一个实践过程、运动过程。在不同的时空范围内，待遇以不同的形态表现出来。在生产经营领域中，待遇以效益的形态出现；在分配领域中，待遇以收益的形态出现；在社会领域中，待遇以权益的形态出现。

6.1 效益的层次划分

效益，即效果和收益，这是人们实践活动的基本目标和原初动力，是实践活动所产生的直接成果，是待遇的第一形态。效益是一个综合性的整体范畴，具有多层次交织的特性。这是因为，影响效益的因素是极其复杂多样的，诸多因素既对立又统一地构成了效益的整体，整体内各个部分相互关联、相互制约、相互作用，呈现出多层次交织的状态。

6.1.1 经济效益

经济效益即在经济活动中取得的效果和收益。为了实现经济效益，要求企业的生产者和经营者以尽可能少的自然资源和社会资源的消耗（或投入），生产出尽可能多的供人类消费的财富或使用价值。经济效益的衡量可以采用各项指标，如产值、利润、税金上缴值、资金利用率、设备完好率、产品合格率以及市场销售量等，但其中最重要的指标是企业利润，这是最能反映企业活动实际效果的一项指标，通常称为“企业创利”。最大限度地实现经济效益，这是企业生产经营活动的中

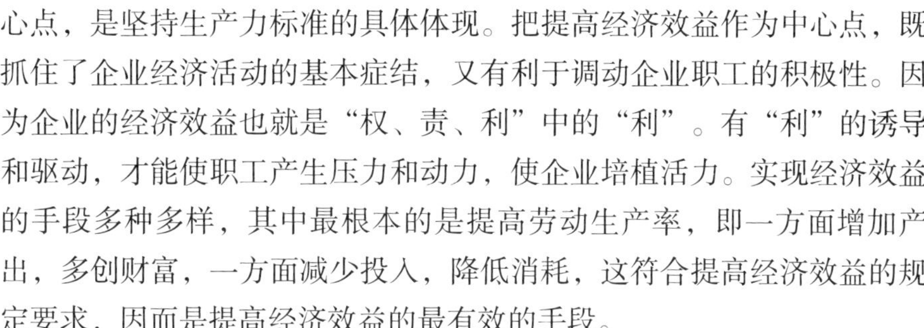

心点，是坚持生产力标准的具体体现。把提高经济效益作为中心点，既抓住了企业经济活动的基本症结，又有利于调动企业职工的积极性。因为企业的经济效益也就是“权、责、利”中的“利”。有“利”的诱导和驱动，才能使职工产生压力和动力，使企业培植活力。实现经济效益的手段多种多样，其中最根本的是提高劳动生产率，即一方面增加产出，多创财富，一方面减少投入，降低消耗，这符合提高经济效益的规定要求，因而是提高经济效益的最有效的手段。

6.1.2 社会效益

社会效益是指从社会总体利益出发来衡量的某种效果和收益。广义的社会效益是相对于经济效益而言的，它包括政治效益、文化效益、生态效益等。狭义的社会效益，不仅与经济效益相对而言，而且也与政治效益、生态效益等并列。待遇学科所研究的社会效益属于后一种，是狭义的社会效益。社会效益的内容主要分为四个方面：（1）是某一社会单元对某外部环境所作的社会贡献。（2）是社会代价（或社会费用）与社会利益（或社会利润）之间的比例关系，是社会单元的“社会净产值”。（3）是社会单元的个别政策与社会的公共政策之间的协调关系。（4）就两类不同的社会单元（赢利性社会单元与非赢利社会单元）而言，社会效益分别是潜功能和显功能的。赢利性社会单元所研究的社会效益是在赢利活动的同时与多方面的社会要素所发生的联系。而非赢利社会单元衡量其效益大小所注重的不是它获利的状况，而是它的社会功能发挥的状况。在改革开放和发展社会主义市场经济的新形势下，各个单位都有一个兼顾经济效益和社会效益的问题，处理得好就可以为改革提供良好的社会环境，处理得不好，势必引起种种社会问题。现在有些单位，一谈改革就是“赚钱”，什么社会效益、主人翁意识、责任感等，都搁置一边，以为赚钱就是企业改革的全部目的。我们提倡的提高企业经济效益，是靠挖掘内部潜力，拓宽经营渠道，改善经营作风，薄利多销，积极竞争呢？还是靠哄抬物价，以次充好，缺斤短两，提供低劣的物质产品和精神产品，提供劣质的服务，转嫁负担，侵犯损害用户、消费者和广大群众的权益呢？正确的做法是，把经济效益和社会效益结合起来，互相兼顾，同步增长。

6.1.3 生态效益

生态效益是指从生态平衡和人与自然协调发展的关系来衡量的某种效果和收益。为了实现生态效益，要求人类从生态学的角度衡量利用自然资源对生态系统的影响，要求在利用各种自然资源进行生产或改变自然资源时，要使生态系统向着良性循环的方向发展，为人类生产和生活创造良好的环境；要求人类的生产经营活动以不破坏环境为前提，并且尽可能做到优化、美化环境。应当进一步明确经济系统和生态系统的运动是密切联系的，必须从整体上看待社会经济的发展，反对用孤立的、片面的观点去看待自然生态与社会经济的相互关系，避免单纯追求经济效益，而不顾生态效益所造成的各种损失。生态系统包括生命系统——各种植物、动物、微生物和环境系统——光、热、水、气、土壤，及其中的各种无机营养元素；经济系统则包括了生产、交换、分配、消费等各个环节和劳力、资金、技术等各种经济要素。只有对两大系统的各个要素统筹兼顾，进行综合性研究，才能避免过去片面追求某种自然资源的单项开发利用，而使其他资源遭受损失的问题，才能取得最大的生态经济效益。

在人们的活动中，除了要注重经济效益、生态效益和社会效益的有机统一外，从建构最佳效益体系的要求出发，还必须兼顾长远效益与眼前效益、宏观效益与微观效益、直接效益与间接效益、纵向效益与横向效益等，使效益体系建立起一种“协调型”的机制，最终实现效益体系的多因子综合目标的追求。这个目标，既不是单纯的经济最优，也不是单纯的生态或社会最优，而是效益体系的整体最优。这样来构建效益体系，是符合利益最大化原则的，也是符合利益生成规律的。

6.2 影响效益生成的客观因素

追求效益的实现，这不是人们活动的目的。但是，效益也不是人们随心所欲就可以实现的，它受主客观一系列因素的制约。只有对这些主客观因素进行科学分析，才能找到实现效益的有效途径，也才能掌握效益生成的规律。

6.2.1 环境

环境，即指周围的情况和条件。人们对效益的追求，总是在一定的自然环境和社会环境中进行的。依其对效益生成的制约性质和特征，环境分为硬环境和软环境两种，这两种环境对实现效益具有不同的影响。

（1）硬环境

硬环境，就是影响效益生成的客观物质条件。这种物质条件包括：资源条件、气候条件、地理位置、现实基础、市场条件等，这些都对效益的生成产生影响。

①资源条件。资源是人们创造效益的物质前提，没有资源，创造效益便成了“无米之炊”。要创造效益，首先要对资源进行合理开发，形成规模经营，并从中求得规模效益。资源分为再生资源与非再生资源。自然界提供的光能资源，就属于再生资源，一些野生植物结出的果实，也属于再生资源，对此人们可以年复一年地持续采集利用。对再生资源的利用，要遵循生态平衡规律，取予有节，适度利用，不能竭泽而渔，毫无限制地开发。毫无限制地过量开采，会使再生资源也变成非再生资源。例如对野生植物，光采集不保护，造成生态恶化，就会使这些野生植物绝根断种，再生资源也就中止了自身的循环。对非再生资源的开采利用，更应坚持适度的原则，要做到有计划的开发，并且要注意节约资源。非再生资源主要是一些矿产品，这些资源数量有限，开采一点就减少一点，因此一定要合理地开采，把主要力量放在资源的深度转化上，拉长加工链节，递次实现资源的价值增值。

②地理位置。也就是人们谋求效益的空间场所。地理位置对效益的实现也具有重要影响。同样的资源条件，处在不同的地理位置可能会产生不同的效益。古人云“天时不如地利”，其中的“地利”就是指地理位置。在当今形势下，好地利是实现经济繁荣的重要条件。中国地区经济中发展较快的区域，首先是那些处于“门户”、“窗口”和“九省通衢”地理位置的省、市、县和借“山海之利”而生财的地区。所以，从创造效益的意义上来讲，地理位置也可称作“市场条件”，搞经济建设，就要利用好这一“市场条件”。一些地方正是从认识地理位置的意义出发，提出“二通”战略，即抓好流通，发展交通。发展交通就是利用地理位置，改造地理环境，以实现更大的经济效益。还有一些地方提

出“四沿一环”的经济发展战略，也是巧借“地利”作文章。“四沿”就是沿海发展、沿江发展、沿线（铁路线、公路线）发展、沿边发展，“一环”就是环域发展。这些做法，都是获取最佳经济效益的有效手段。

③气候条件。气候是一种自然因素，是降水与气温等变动因素的综合。气候条件也直接影响着效益的生成变化。气候条件对工业生产部门创造效益有很大影响。如高寒天气，使人们的生产效率降低；另一方面，为抵御严寒而增加的费用，又加大了生产成本，这些都会降低经济效益。气候条件对农业生产的影响更为明显。按目前的农业科技水平和生产力状况，人们对自然灾害的抗御能力还很低，“靠天吃饭”的状况还没有从根本上得到改变，水、旱、风、雹、霜等自然灾害还在很大程度上决定着农业生产的效益。因此，要提高工农业生产的效益，一方面要加强基础性建设，增强防御自然灾害的能力；另一方面要遵循自然规律，顺应“天时”，不要人为地加剧生态恶化，以致自然灾害频临。

④现实基础。现实基础即人们进行各种活动所要具有的现实物质条件，包括现实的经济实力、科技水平和劳动力素质等，这些基础性条件对效益的实现也具有重要作用。在这三项条件中，科技水平是一种可转化的物质力量。如果把现实的经济实力比作“蛋”，科学技术就是“孵化器”，可以起到把“蛋”孵化为“鸡”的巨大作用。科学技术也可以改造和提高劳动力素质，通过增加智力投入，可以使劳动者大大提高生产经营能力。为了提高效益，人们在现实基础上不断地进行技术改造、产业结构调整和基础建设，以改造和加固现实基础。

（2）软环境

软环境是一种经过人们主观努力并按照一定的意图而创造的保证各种效益顺利实现的协调势能、心理氛围和舆论支持等，是一种人化环境。软环境虽然具有人化色彩，但就它与硬环境相辅相成的特点来看，以它对实现效益所产生的不以人的意志为转移的影响来看，仍然属于客观环境。

①政策环境。政策环境就是人们在各种活动中所获得的政策支持和协调势能。政策环境虽然不像物质环境那样具有物质实体形态，但它对生产经营的外部影响力却是存在的。自然环境中有大气候与小气候、适宜气候与恶劣气候之分，在政策环境中也有这种“气候”现象。人们

常把在较大范围内发生效力的政策环境称之为“大气候”，把在局部的、较小的范围内发生效力的政策环境称之为“小气候”；人们又常把适宜于创造效益的政策环境称之为“良性气候”，而把个别领导者凭主观意志和个人利害、恩怨制造的“土政策”环境称之为“恶劣气候”。为了创造最佳经济、社会和生态环境效益，必须把政策“大气候”和政策“小气候”结合起来，特别要善于形成政策“小气候”；在形成政策“小气候”时，要尽力创造“良性气候”，防止“恶性气候”。政策环境对实现效益的作用，主要表现在可以调动生产经营者创造效益的积极性。各项政策规定，可以改善生产经营的外部环境，完善生产经营单位的内部机制，从而使生产经营者很好地把责、权、利统一起来。“利”，是指经济效益。“责”是对“利”的制约。“权”是实现“利”的保证。良好的政策环境，还可以调节生产要素的合理流动和配置。通过各项政策措施的制定，可以形成良好的投资环境和有利于人才流动、信息沟通和技术交流的宽松环境，从而使物资流、资金流、人才流、信息流、技术流“五流”畅通，实现了各生产要素的优化配置，这就是人们常说的“政策威力”。

②心理环境。心理环境即人们活动过程中的心理氛围及其舆论支持。心理环境也属于软环境的组成部分。心理环境对效益的实现具有重要影响。如宽松和谐的心理气氛，相互理解、相互信任、相互尊重的感情沟通，积极有力的舆论支持，会使生产经营者以更大的勇气和胆略追求效益。反之，若是心理气氛处于紧张状态，人们在思想感情上彼此隔绝，消极的攀比心理时时作祟，舆论宣传旗帜不鲜明，就会出现“干的不如看的，看的不如捣乱的”的反常现象，生产经营的效益自然会下来。因此，要实现良好的生产经营效益，必须创造一个良好的心理环境，使人们在感情、意志上形成一种合力，以减少精神内耗，克服来自思想观念方面的阻力。这样，生产经营的效益就会不断提高。

6.2.2 机遇

机遇就是人们活动中出现的有利的客观形势。高明者善于发现机遇，善于捕捉机遇，以实现“机遇效应”，使效益倍增。机遇具有均等性、易逝性、并存性等特点。

均等性。机遇作为一种有利的客观形势的显现，对任何人、任何组织都是均等的，不是“东边日出西边雨”，是“均等降临”，是“普照的光”。“机遇均等”与“机会均等”是两个既有区别又有联系的概念。机遇带给人们良好的机会，机遇是机会的客观依据，机会是对机遇的捕捉和利用。机遇是客观的显现，不以人的意志为转移，不能任人“创造”，机会可以经过人们的努力去创造。因此机遇是完全均等的，而机会却因一些人为的因素表现出不均等的现象，诸如一些硬环境和组织制度方面的因素，阻碍着人们充分地利用机会，但是任何因素都不能阻碍人们利用机遇。所以，要利用机遇均等的客观情势，积极努力，推动实现机会均等。

易逝性。机遇也可看作是一种良机，它是事物的内部矛盾和外部条件交织作用、演化推进的结果，是事物矛盾运动在某一阶段、某一范围出现的转机性征兆。既然是一种良机，就不是久驻的，而是转瞬即逝的，“机不可失，时不再来”，“过了这村就没这店”。所以，抓机遇必须迅速果断，必须极其敏捷地去捕捉机遇。如果在机遇面前犹犹豫豫，左顾右盼，就会坐失良机。

并存性。机遇与挑战是并存的。机遇在前，驱使人们为之拼抢，这就向人们提出了挑战课题：看谁察知机遇的鉴别力强，看谁捕捉机遇的争夺力强。有的人对扑面而来的机遇懵懵懂懂，视而不见，或者抱着一种无所谓的态度，这就是在挑战面前被动落后的表现；还有的人虽然能察知机遇，但动作反应慢，“起大早赶个晚集”，在挑战面前缺乏实力。只有鉴别力和争夺力俱强的人，才能经得起挑战，经得起考验，才能捷足先登。因此，机遇包含着挑战，机遇预示着竞争。竞争无力者，是不能与机遇结缘的。

机遇是一个很宽泛的概念，其中包括几组有着密切的对应关系的机遇类型，主要有综合机遇与单项机遇，显性机遇与隐性机遇，顺向性机遇与逆向性机遇等。

综合机遇与单项机遇。综合机遇是指对于社会经济、政治、文化的发展提供综合性条件的客观形势。单项机遇是指对某些具体活动有利的客观形势。一般来说，综合机遇所带来的是宏观经济的发展，单项机遇所带来的是中观和微观效益的提高。这两种机遇都应紧紧抓住，并使之兼顾。

显性机遇与隐性机遇。显性机遇是指直接展示在人们面前的有利的客观形势，是人们都能感受到的。隐性机遇是指虽已出现但受某些形式

遮掩和某些因素拦挡的有利的客观形势。这种机遇不是人们凭借直觉就能察知的，需要一定的知识、经验和分析判断力才能有所察知。因此，对于显性机遇，主要是要求人们培养捕捉力、拼抢力，而对于隐性机遇，则要求人们既培养察知能力，又强化竞争能力。

顺向性机遇与逆向性机遇。顺向性机遇即常规机遇，前面所提到的各种机遇，都属于顺向性机遇。逆向性机遇是机遇中的一种特例，即不利的客观形势对人们的行为形成阻抗，砥砺人们作出超常努力，从而获得显著效益。这种逆向性机遇在现实生活中也是时有发生的。如有些单位常因意外的挫折或灾变而处于绝境，在这种情形下，有些高明的领导者以背水一战的精神，凭着异乎寻常的努力，寻找单位生路，最终出现柳暗花明的结局，这就是逆向性机遇的作用，人们常将这种逆向性机遇叫做“坏事变好事”、“因祸得福”等。人们在活动中，不可能都碰上顺向性机遇，有时也会出现逆向性机遇，这就要对逆向性机遇做好充分的心理准备，一旦出现逆向性机遇，要临危不惧、临乱不慌、沉着、冷静、果断地采取应变措施，努力化险为夷，在逆向性机遇面前求得良好效益。

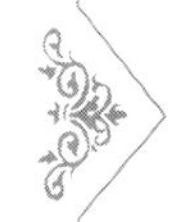

6.2.3 社会影响

社会影响即企业的生产经营在社会上所形成的知名度。企业的生产经营效益与企业的知名度成正比，两者是“利”与“名”的关系，“名”可得“利”，“名”可增值，“名”是影响企业效益的又一客观因素，企业知名度包括以下一些类型：

企业产品知名度是企业知名度的物质实体标志。企业的知名度，往往是通过产品的扩散、辐射而在广大用户和消费者心目中产生深刻影响的。要使产品在社会上形成强有力的知名度，首先要使产品具有质优价廉的特点。缺乏“质优”和“价廉”这两条，产品在用户和消费者心目中就失去了吸引力，自然也就形不成知名度。在质优与价廉这两项指数中，最重要的是质优，质优才能创出牌子。从用户和消费者的消费心理来看，对于优质产品，即便价格不怎么低廉，也情愿购买，这就是一种“吃牌子”心理。

企业信誉知名度主要是指企业通过优质服务、信守合同、兼顾经济效益与社会效益等积极努力的行为而产生的社会影响。对于一些只经营不生产的商业企业来说，创造知名度主要是创造信誉知名度。有了信誉知名度，就会使大批的用户慕名而来，争相问津，企业的效益自然会好起来。因此，一些经营性企业把“顾客至上，信誉第一”作为经营宗旨，是很有道理的。

企业管理者知名度即企业家知名度。企业知名度与企业家知名度有着密切的联系，企业能够创出牌子，闯出名堂，与企业家的正确决策和呕心沥血的艰难经营是分不开的，因此企业家的知名度可以扩大企业的社会影响，企业社会影响的扩大又可以进一步巩固和抬高企业家的知名度。现实生活中常有这样的情形：由知名企业家倡议的横向经济联合容易达成协议，因为人们觉得知名企业家是可以信赖的，和知名企业家搞联合，风险容易控制，利益容易创造；知名企业家倡议发行的股票，人们也愿意认购，因为人们觉得知名企业家领导和管理的企业，前景会很好，经济效益会很高，买这类企业的股票不会吃亏。人们对知名企业家的信赖和拥护，客观上为企业增加效益提供了有利条件。

总之，企业产品知名度、企业信誉知名度、企业管理者知名度，这三者合起来就构成了企业的知名度。企业知名度使企业在社会上产生广泛影响，从而扩大企业销售的市场覆盖面和横向联合的凝聚力，使企业不断取得良好的经济、社会和生态效益。

6.3 影响效益生成的精神因素

人们的精神因素，包括认识水平、思想观念、精神风貌、心理状态等方面，这些方面分别对效益的生成产生不同的影响。

6.3.1 认识水平与效益生成

认识水平即人们对客观事物的认识程度。认识水平的高低与获取效益的大小成正比。因为人们追求效益的活动，是一项实践活动，这项实践活动若是离开了正确认识的指导，就会出现盲目性、片面性，就会降低效益，甚至导致生产经营活动的失败。认识活动对效益生成的作用表现在，通过正确认识企业的经营机制和外部环境，正确认识市场机制及

其变化规律，正确认识影响效益生成的各种因素，正确地制定生产经营决策，合理地进行生产要素的最优配置，扬长避短，兴利除弊，使企业获得最佳效益。在这方面，一些先进的企业已经提供了成功的经验。同时，也有一些企业从反面提供了教训。确实有一些企业，在对实现效益的认识上带有主观片面性，往往采取急功近利的办法追求效益，忽视了当前效益与长远效益的辩证关系，导致了一系列短期行为，其结果“欲速则不达”；也有的企业对有能力获取的微利、薄利不屑一顾，一心只想“捞大钱”，只想寻找“一夜成为富翁”的捷径，忽视了微观效益与宏观效益的关系，其结果是好高骛远，微观与宏观效益都难以实现；还有一些企业一获得初步效益就沾沾自喜，不思进取，不去巩固和扩大效益果实，最终吃光了老本，弄得两手空空。上述几种片面性认识都是有碍于效益生成的，应该摒弃这些片面性认识，在市场经济的海洋中学会正确的游泳术。

6.3.2 思想观念与效益生成

思想观念即人们的思维方式和习惯看法，是人们的认识水平的直观流露和定格化。思想观念有先进与陈旧、开放与保守、活性与僵化等区别。人们常把适应时代潮流的积极进步的观念称之为新观念，与此相对应的则称之为传统观念，或称陈旧观念。思想观念的新与旧，与获取效益的大小呈显著正相关关系。

6.3.3 精神风貌与效益生成

精神风貌是人们的心理状态的外在表现，是精神因素的重要组成部分。精神风貌有振奋与萎靡、旺盛与衰竭之分。为了获得良好的效益，必须具有崭新的精神风貌，即以旺盛的精力、百折不挠的奋斗精神，努力拼搏、奋发图强，再接再厉地取得好效益。如果萎靡不振，拖拖沓沓，一触即溃，那就难得与好效益有缘。人要有点精神，同样的道理，一个企业也要有点精神，这样的企业才是有活力和竞争能力的。近年来，一些企业都在培植和提倡“企业精神”，用以激励职工奋发进取，勇于开拓。“企业精神”一旦形成，就是一种激励人们奋发向上的风气，一股巨大无比的精神凝聚力量。

6.3.4 心理状态与效益生成

心理状态即人们的心理活动的方式和特点。心理状态有积极与消极、健康与畸变之分，积极、健康的心理状态对效益生成具有促进作用，消极、畸变的心理状态对效益生成具有阻碍作用。积极、健康的心理状态表现为：具有旺盛的情绪、坚定的意志，心理活动协调、平衡，考虑问题冷静、客观。这些心理特征，对效益的生成是有积极作用的。消极、畸变的心理状态表现为：对他人获取的待遇成果眼红、嫉妒，习惯于进行消极的攀比；凡事不往主观上找原因，一味强调客观条件；在困难和风险面前，常有恐慌与畏惧的心理。这种心理状态，常使人们变得软弱涣散，无所作为，妒火中烧，是不利于实现最佳效益的。因此，必须从提高人们的思想和精神素质的要求出发，对这种消极的、畸变的心理状态进行认真的清除和矫治，剔除其劣根性，以加强人们对生产经营活动中各种风险和变化的心理承受能力。

第七章　待遇与机制

待遇具有驱动力，能驱动人们走火入魔，甚至铤而走险地争取对自己有利的一切好处。待遇能绷紧人们的神经，激发人们的情感，能为人的意志“加钢淬火”，能使人的认识或是豁亮或是封闭，能诱使人们在行为过程中不断产生热点、敏感点、兴奋点、制动点。有人把待遇的这一作用称之为“杠杆作用”，有人把待遇的这一作用称之为“机制”。我们认为，待遇的驱动作用应称之为“驱动机制”，这样能准确说明待遇的本质属性，解释待遇发生作用的基本因由。待遇的驱动机制是个总体性概念。在这个概念下面，待遇的驱动机制具体表现为显现机制、切身机制、关联机制、风险机制、激励机制、拉动机制、优惠机制、奖罚机制、攀比机制、差别机制、趋“热”机制等，这些具体的机制分别从不同侧面体现和说明待遇的驱动机制。

7.1 显现机制

人们谋求各种待遇，受待遇选择的动机所支配。这种选择动机是如何形成的？人们先是对所追求的目标物有一种印象，然后在印象的基础上进行思维，包括分析、判别、比较等，最后形成动机，决定其行为取舍。一般来说，印象越清晰，人们的选择动机就越容易形成，越会产生坚定不移地实践目标的愿望；反之，印象模糊，人们的选择动机就难以确定，就会产生一种犹豫不决的矛盾心态。待遇的显现机制，就是通过清晰的印象，向人们显示各种确定的待遇信号，使人们有充分的比较和

选择，从而下定决心，积极而为，摘取果实。马克思主义经典作家一再强调要给人民群众以看得见的物质待遇，其中“看得见”的用语，恰恰点明了待遇显现的作用和意义。即使非常重要并和人们十分密切相关的待遇目标，如果处于遮隐状态，不为人们直官感受，也难以成为人们孜孜以求的目标。待遇显现有以下一些类型。

目标显现。清晰的待遇目标，可以指示人们追求待遇的方向、阶段、途径、手段以及抵达该目标所能获得的实际待遇，这样就会激发人们的积极进取精神。如果目标模糊，或是当前待遇目标清楚而长远待遇目标模糊，就会削减人们的积极性或造成行为失误。

结果显现。当人们追求待遇的动机付诸实践之后，总有一定的结果显现出来，这对于人们选择和调节待遇行为也很有意义。“结果”一词包含着双层含义：积极的、已获成功的结果称之为“成果”，消极的、未获成功的结果称之为“后果”。一般来说，成果的显现，使人们认清成功之路，在总结经验的基础上继续进取，以扩大待遇成果；后果的显现，促使人们总结教训，或放弃原有的进取路线，或积极调整行为，变失败为成功。成果也好，后果也好，都是一种待遇信号，前者显现的是有利的信号，启发人们进一步趋利，后者显现的是示警报忧的信号，提醒人们及早避害。两种信号相辅相成，对人们的待遇行为起到很好的调节作用。

情绪显现。情绪显现是结果显现的一条辅线，并和结果显现相对应。在大多数情况下，人们获得了待遇成果，表现为积极乐观的情绪状态；人们的行为失误导致了不良后果，表现为消极悲观的情绪状态。情绪显现是测量某些行为利弊得失程度的晴雨表。

认识和掌握待遇显现机制具有重要的实践意义，可以提高领导部门的工作效率，可以增强思想工作的说服力，可以完善政策并扩大政策效益。待遇显现机制通过向人们展示可望而又可即的待遇目标和诱人的待遇成果，可以收到令人心驰神往的效果，调动人们的积极性。把这一显现机制运用到实践活动中，就产生了典型示范和先进带后进的工作方法。先进典型就是实际生活中的清晰可见的标杆、样板，它向人们显现的是美妙的待遇前景可望而又可即，有作为者已捷足先登，众人可相随奋进。中国一部分地区的率先繁荣和一部分人的率先致富，就对全社会努力奋发、勤劳致富者起到了示范作用。待遇显现机制向人们显现的是真实可信的数据、形象生动的待遇果实，向人们展示出实际生活的“账

本”、“图表”，使人通晓、令人信服。进行思想工作，应恰当地运用显现机制。某些活动，对群众来说本来是有利可图的，但群众还未“明理”，难以形成待遇动机。在这种情况下，思想工作就不应仅限于空讲“重要性”、“必要性”、“紧迫性”之类的大道理，而应和群众一道“掐手指算细账”，用真实可信的数据、图表、实物等形象化手段，对群众“晓之以利害”，这样会大大提高思想工作的实际效果。在制定各项政策时，应利用待遇显现机制，给群众以看得见的物质待遇，这样才能调动群众的积极性。有一些政策，虽然其宗旨和出发点都是要给群众带来实际待遇，但由于“透明度”差，“能见度”低，作为政策的最终受益者的广大群众还蒙在鼓里，不能尽快领悟和接受，这样即便再好的政策也难以发挥其应有的政策效益。

7.2 切身机制

待遇切身机制告诉人们：对群体具有直接待遇关系的事情，对于该群体中的各个成员也会发生同样的影响。但是，群体各个成员除了群体待遇之外，还存在自身的待遇。群体待遇可称之为“我们的”待遇，自身待遇，可称之为“我的”待遇。这两种待遇虽然都是“与己有关”的，但是关联的密切程度有所不同。哪一种更为切身，即对群体成员更具有直接性意义呢？当然是后一种，即群体成员的自身待遇。展示在人们面前的常常是这样一番情景：在一个群体中，各个成员的待遇考虑和待遇所得是呈双向对流循环状态的。各个成员的待遇考虑，或称待遇选择，一般是由近及远的，首先考虑的是自身待遇，然后才推及群体待遇；而各个成员的待遇所得，一般是由远及近的，先是在群体成员的努力下创造待遇成果，然后在群体的各个成员中分配这种待遇成果。这是一种既矛盾又统一的现象。若是只强调由远及近这一循环流程，群体成员会因这种待遇成果是否属于“我的”，或不清楚有多少是属于“我的”而持冷漠态度；但若是只强调由近及远这一循环流程，群体成员会因过分顾及“我的”这一待遇目标而放弃对“我们的”待遇目标的努力。切身机制，就是要求群体成员在待遇选择时，既把“我”融进群体中，又使“我”在群体中有明显的界线和确定的权利，在“我的”与

“我们的”之间建立有机联系。在强调“我们的”时候，让群体成员感受到“有我的”；在确认“有我的”法定权利时，让所有群体成员感受到这就“是我们的”。这样，群体成员才能真实地感受到群体待遇和自己有切身的利害关系。

7.3 关联机制

待遇的关联机制和切身机制有密切联系，都是揭示和说明个人的自身待遇所产生的驱动作用的。两者的不同之处是，切身机制是说明个人与群体间待遇关系的，关联机制是说明群体中个人与个人的待遇关系，或群体与群体的待遇关系的。也就是说，切身机制是从纵向上揭示待遇关系中个人自身待遇的驱动作用的，而关联机制是从横向上揭示待遇关系中的个人自身待遇或群体自身待遇的驱动作用的。另外，切身机制侧重于揭示和说明待遇关系中对个人自身待遇的“利”的方面，例如待遇成果的分配和确认；关联机制侧重于揭示和说明待遇关系中对个人自身待遇或群体自身待遇的“害”的方面，例如风险的承担、忧患的排除、难题的克服，等等。待遇的关联机制说明，当某种特殊的情境使群体中各个成员或若干群体之间形成一种休戚相关的规定情形时，成员之间或群体之间就会出现一种同舟共济的气氛。这个时候，相互关联的群体或个人都正视一损皆损、一荣俱荣的严峻现实，都做好同心协力、共渡难关的心理准备；这个时候，人们首先想到的是责任和义务，而不是索取和享受。在这种条件下创造的待遇成果，人们会感受到“有我的也有你的”、“有我们的也有你们的”、“我的、我们的，和你的，你们的，都是互相包含的”，是一种共同创造的待遇成果。在社会经济生活中，认识和掌握待遇关联机制对于指导和调节人们的实践活动是很有益处的。这里有两种待遇关联现象需要认识。一种是群体内成员之间的待遇关联。群体内各个成员之间在待遇上相互关联，会使这个群体充满奋发向上的活力。但不要把群体成员的待遇关联理解为“捆绑式”、“大锅饭式”的关联，而是要求群体成员寻找待遇共同点，以此为纽带建立待遇共同体。在这里，群体成员中领导者与被领导者的待遇关联尤为重要。

7.4 风险机制

“风险”为什么会促使人们产生“利益驱动力”呢？这里先要从人们所处的“小环境”即具体的社会环境说起。人们谋求各种待遇生成，总是在一定环境中进行的。现在人们所处的具体社会环境，是社会主义市场经济的环境。搞社会主义市场经济就要服从市场经济的基本规律——价值规律。价值规律在人们谋求经济待遇的过程中起着推波助澜的作用，它促使人们参与竞争，并在竞争中优胜劣汰。既然有竞争，就必然有风险。风险是竞争的副产物。风险机制是竞争机制的一条辅线。风险是商品生产和商品竞争中的一种必然的现象，不是人们喜欢不喜欢风险的问题，而是不闯风险就不能获得待遇的问题。风险和待遇呈犄角对顶之势，此进彼退，此退彼进，不顶着风向前进，不脱离风险造成的困境，待遇成果就不能巩固和累积，甚至会前功尽弃。这样严峻的客观形势和具体环境，就促使人们视风险为压力，变压力为动力，坚定不移地化险为夷，寻求取胜之道。这里面包含着“怕风险求保险险象环生，闯风险变保险万象更生”的道理，喻示人们只有敢闯风险，才能从困境中走出，实现待遇的生产转换。以上是就风险机制对个人和群体的待遇生成的作用而言的，如果进一步探讨，我们会发现风险机制具有更为普遍的社会意义，对全社会的待遇生成都有驱动作用。我们需要正视这样一个课题——风险与社会主义。这个课题中包括两个相互承接的子题——搞社会主义需不需要担风险？没有风险的社会主义存不存在？多少年来，在我们的社会中形成了一种观念，社会主义就应该“人人有事做，人人有饭吃”，哪怕是一个人的事五个人做，效率奇低也不要紧，反正社会主义不能饿死人，好像毫无风险就是社会主义的优越性。人们常说，我们生长在新社会里，过着无忧无虑的生活。这种观念，从儿童进入小学校园时就被悄悄地灌入头脑中了。似乎只有资本主义才有风险，似乎风险是吃人魔物，与社会主义不共戴天。殊不知，这种观念，包括形成这种观念的旧体制，正是使人变懒、缺乏创造力、缺乏竞争意识，使社会凝滞的症结所在。社会处于凝滞状态，于国家于个人还有什么待遇而言？随着改革开放的深入发展，各个领域的人们都感受到了风

险的压力。风险到底是好事还是坏事？有些人在风险面前疑惑、彷徨，但更多的人在风险面前警醒和奋起。现在人们认识到，风险机制不但适用于个人谋求待遇的实践，而且对全社会都具有进步意义，引进风险机制，会增进全社会的待遇。因为人类社会的每一次进步，都是经过磨难，适应环境之后才实现的。社会的进步需要有一个存在压力、危机感和风险的社会内部机制。至少直到现在，在任何一个社会中，如果每个人都不必为满足自己的待遇而作出努力，那这个社会就一定毫无生气和活力，它的发展绝不会快。风险，这是人类社会的题中应有之义。它是保证每个人都各尽所能的外部压力，也是社会待遇前进的内部动力。因此，必须抛弃厌恶、害怕风险，不敢勇敢面对挑战的保守心态。

7.5 激励机制

在日常工作中，人们常使用这样一句术语，叫作“激发群众的积极性”。这句术语移植到待遇学科中来，可表述为“激发群众谋求待遇的动机和热情”。需要深入研究的问题是：人们谋求待遇的动机和热情，凭什么激发？怎样才能激发得当？激发有哪些形式和手段？这就要研究待遇激励机制问题。待遇激励机制说明，人们为了获取待遇，首先需要激发精神方面的能动作用。精神方面的能动作用由三个环节构成：一是认识环节，要求有正确的谋求待遇的动机；二是情感环节，要求有炽烈的谋求待遇的热情；三是意志环节，要求有坚定的谋求待遇的信念。人的精神方面的能动作用是怎样激发和调动的呢？根据能动的反映论的观点，首先需要由激发物作为一种信号，向人们显示待遇前景，以引起人们的关注、重视和渴求，这样才能激发人们谋求待遇的积极性。

待遇激励机制还说明，当激发物作为待遇显示引起人们的积极反应时，精神方面的三个环节需要各司其职，协调运作。在这里，认识环节是个引发环节。当激发物向人们作出某事或某种行为“有利可图”的显示时，就会引发人们对此进行分析判断、权衡比较，使人们萌生“为之取之”的积极动机。情感环节是个传递环节，也就是在动机的基础上形成热情。热情起着类似“加压”、“助燃”的作用，它把动机选择变成激昂的情绪、亢奋的心境。在认识环节上，需要“冷”的态度——冷静沉着地权衡利害得失；而在情感环节上，则需要“热”的驱动相传递——以激奋的热情，把向往变成渴求，把关注变成企盼。意志环节是个固着环节，也就是把动机、热情变成执著的信念。信念的特点是个“恒”字，就是以百折不回的意志，执著地、始终不渝地向着既定的待遇目标前进，经得起挫折，抗得住风险，锲而不舍，持之以恒。由此看来，这三个环节犹如三级推进火箭，动机→热情→信念，激励着人们以积极进取的精神最大限度地获取待遇。而“冷”、“热”、“恒”，正是成功三要素，需要很好地协调兼顾。只“冷”不“热”，获取的待遇成果低微，甚至会因“热”度不足而功亏一篑。只“热”不“冷”，容易盲目行事，造成行为失偏。只讲“冷”、“热”，不讲守“恒”，难有持续的待遇成果，也难以克服各种困境。所以，要把“冷”、“热”、“恒”有机连接起来。

待遇激励机制还启示人们，要恰当地运用激发量。激发量，就是各种待遇激发物对人们所产生的一定的刺激强度。组织动员和宣传发动工作，实质上就是通过施加激发量，向群众显示各种待遇信号，激发和调动群众的积极性。在施加激发量时，一定要坚持适度的原则。如果激发量过小，引不起人们注意，也就不能达到激发的目的；如果激发量过大，会引起人们的盲目冲动，导致“跟风”、“起哄”等失偏行为。施加激发量，还必须抓住“火候”，掌握好“时间差数”，既不能频繁施用激发量，也不能漫无目的滥用激发量。古人云“一鼓作气，再而衰，三而竭”，说的就是激发要一举奏效，不能滥用激发量。在现实生活中不问效果滥奖滥罚的做法，都属于施用激发量失当，应当纠正这种偏向。在运用待遇激励机制时，应区分不同情况，采用不同的激发形式。待遇的基本激发形式有三种。

目标激发。就是通过向人们显示一定的待遇目标，激起人们对这一待遇目标的向往和追求。在采取目标激发形式时，所选择的待遇目标应是可望而又可即的。如果待遇目标不可望，人们就会感到没有奔头，前途渺茫，也就激发不起积极性；如果待遇目标不可即，人们就会感到缺乏现实性，既不可信，又不可行，容易产生失落感。根据现阶段大多数群众的觉悟程度，不应不分层次地一律强调人们“胸怀大目标”，而应用现阶段能给人们带来实际待遇的目标来调动人们的积极性，从而激发人们努力奋斗以求“达标”。当某一现实待遇目标实现以后，应不失时机地提出下一个目标，引导人们进行连续的渐进的有节奏的奋发进取。

样板激发。就是通过树立样板，以样板的真实的示范作用，激发人们谋求待遇的动机和热情。在采用样板激发形式时应注意，不应人为地拼凑“样板”，不应失去样板的客观真实性。既要使样板具有先进性，产生激励作用，又要具有群众性，使大多数人能够学得来，做得到。

危机激发，这是一种特殊的激发形式，就是通过向人们指出危机的征兆，或把人们置于一种充满危机气氛的险境之中，使人们居安思危，励精图治，激发起人们的生存意识、竞争意识。古人曾有“破釜沉舟”、“背水一战”的范例，曾经起到“置之死地而后生”的激发效果。在当代世界，危机感可以起到醒警世人的激励作用。一个人有落后感，才能“悬梁刺股”求上进；一家企业有倒闭感，方能“卧薪尝胆”去竞争；一个国家在某些方面有了危机感，才可能励精图治、发愤图强。改革开放以来，中国所发生的沧海桑田般的变化，正是和举国上下日益增强的“不改革就没有出路”的危机感有密切关系。危机感能激励人们在获取待遇的实践中长思远虑，化不利因素为有利因素，变被动局面为主动局面。

7.6 拉动机制

拉动机制所显示的是一种利用待遇驱动力，对人们追求待遇的行为加以引导、调整、控制的行为。人们在追求待遇的过程中，其行为有时会出现失偏失控的现象，即人们的关注和人们的行为过于偏重于某一方面，而这种过分的关注和行为反而实现不了既定的待遇目标。在这种情况下，运用拉动机制原理，人们可以调整自己的行为，或者是造成一种客观形势“拉动”人们就位于某种行为规范。人们在这种“拉动力”作用下，及时矫正各种极端行为，有效地强化各种相符行为，从而获取待遇的最大值。在待遇实践中，拉动机制有四种基本表现形式。

向下拉动。有些时候，某些能够产生急功近利的待遇信号，或者多个待遇主体对交叉出现的待遇目标的惯性的追逐，都会使社会生活的某些领域、部门、环节和层次出现“热点”。人们在这些方面超常规地施加行为，超密度地投放各种形态的劳动，从而导致这些方面出现人们始料未及的畸形变态的膨胀式的“发展”，如经济建设中某些部门的

"超高速"发展，基建规模的膨胀，物价的过猛上涨，都不是发展的好兆头，而是与表明经济持续、稳定、协调发展的爬升曲线相悖的"黑色曲线"。这就必须运用拉动机制，将这种过猛过快的势头"拉"下来，使之回复到常规的水平。其拉动的手段，包括行政的、法律的和经济的手段，主要的还是经济手段，即综合运用各种经济杠杆，使人们过于集中的注意力分散开，过于密集的投入适当调整，过于膨胀的势头加以控制。

向上拉动。当社会生活中的某些领域、部门、环节和层次成为人们竞相追逐的"热点"时，相应地必然会有另外一些领域、部门、环节和层次成为"被人遗忘和冷落的角落"。这些方面会出现停滞或跌落的势态。因此，应运用拉动机制向上拉动，"加热升温"，促其发展。其根本手段是根据经济运行规律，恰当运用价值规律，减少这些方面实现待遇需求的难度，增大待遇生成机会和待遇实现值，使这些方面成为有吸引力、有牵动力的"磁场"。

两端拉动。就是根据待遇杠杆的启动原理，造成一种"浮动"阈限，形成上升与下沉的必要的"波幅"，给人们提供更为广阔的待遇选择和施展能力的余地，使人们在"劳"与"得"、"支付"与"收入"的函数变量关系中，实现最大的函数值。在现实生活中，工资浮动制、价格浮动制等，就是"两端拉动"的具体形式。拿工资浮动制来说，其实质就是把"劳"作为自变量，把"得"作为因变量，鼓励人们多劳多得。这样，原有的工资基数就成为起参照作用的"基准线"。根据人们实际的劳动支付，可以越过这个基准线而上升，也可能不及这个基准线而下滑。这就打破了"干多干少一个样，干好干坏一个样"的"铁饭碗"工资制度，在待遇的拉动力和牵引力作用下，奖优罚劣，调动人们的积极性。特别是"上不封顶，下不保底"的浮动制，使待遇与风险共存，机遇与厄运同在，更能激发调动人们的积极性。而效益工资则打破了原有的工资基数，使职工工资与企业经济效益直接挂钩，更能体现"两端拉动"的特点和作用。

平衡拉动。这是促进待遇目标稳步实现的常规拉动。平衡拉动的作用是，在引发人们的待遇驱动力的同时，提供各种稳定性、有序性的保障条件，使人们的行为受到相应的约束，减少各种由摩擦、碰撞所形成的内耗。

7.7 优惠机制

优惠，意即较一般优厚。在人们谋求待遇的过程中，某些优惠条件的创造和显示，能够为人们顺利实现待遇目标提供有利形势，能够加大待遇实现值。因此，优惠作为一种待遇信号，作为一种待遇驱动手段，可以调节人们的行为，使人们择“优”而从，选取最为有利的待遇目标。优惠机制，就是揭示“优惠”在人们的待遇生成中的牵动作用和表现形式。在实际生活中，“优惠”是个使人振奋、令人向往的字眼，是一个诱人的待遇信号。两利相较取其重，人们当然希望选择那“重”的部分。有了优惠条件，可以形成良好的投资环境，可以创造有利的销售形势，可以建立密切的协作联合，可以提高目标的成功率。人们走进百货商场，面对琳琅满目的各色商品，脑海中跳跃出来的是两个择货要点：一求物美，二求价廉。在质量、款型都大致相同的众多商品中，有一种赫然标明“优惠价”，可能马上就会使购买者动心，停下来看一看、挑一挑。是什么力量使购买者萌生购买此货的动机？就是这个“优惠价”，因为这个“优惠”条件使购买者占了折价的好处。卖主是九折出售，买主就少支付一折的价钱；卖主是七折出售，买主就沾了三折的光。优惠的条件，会使接受此条件的人们沾光受惠。但是作为出让优惠条件的一方，是否也会得到利益呢？这是需要进一步探讨的问题。毋庸置疑，出让优惠条件的一方，也是有明确的求利动机的。他把优惠条件让给别人，是不是傻瓜的做法？不是的。用理性的观点来认识人们出让优惠条件的动机，就会看出，人们施用“优惠”这一手段，是一种“予”的方式，“有所予必有所取”，“予”是“取”的手段，“取”是“予”的目的。分“惠”于他人，这是“予”，但自己也留“惠”在手中，双方都是受惠者，都有所“予”，也都有所“取”，这就是“互惠”效应，互惠是以优惠条件的施加和接受为前提的。还是回到前面那个喧嚣的商品销售的环境中，分析一下以优惠价出售商品的卖主的心理。从形式上来看，这类卖主少获得了一些利益，让买主少掏了腰包。但进行实质的分析后发现，这类卖主是很有算计的，他们用优惠价招揽顾客，让顾客占些便宜，而他们达到了薄利多销的目的。这些微利累积

起来，也是一笔大利，这正是运用了“优惠机制”的结果。正确地掌握和运用优惠机制，可以促进竞争，提高效益，搞活经济。但是，也要防止一些人打着“优惠”的旗号，干营私舞弊的勾当。目前名目繁多的“优惠”，有不少已经成为“忧患”。优惠机制是在增强人们的待遇驱动力的同时，调解人们的待遇行为，为人们正当的待遇追求创造有利条件，而绝不是利用“优惠”手段保护落后，扼制先进，或给个人捞“外快”提供方便。总之，我们需要优惠机制，但要谨防这种充满“忧患”的“优惠”做法。

7.8 奖罚机制

奖罚机制，是控制论原理和待遇学科原理交汇融合所产生的机制。按照控制论原理，当活动者行为退化时应适度采用负刺激，即加以惩罚，使其行为得到强化或矫正；当活动者行为得到改正时，或活动者行为本身具有积极的、强化的意义时，则应适度采用正刺激，即加以奖励。正负刺激用得好，都会起到正作用。按照待遇学科原理，为了激励人们获取更大的待遇，并调整人们的待遇行为，需要一定的激发物和适度的激发量，对其积极的、强化的待遇行为，给予肯定的、支持性的激发；对其消极的、弱化的待遇行为，给予否定的、警醒性的激发。这就要区分各种情况，采用或奖或罚的手段。无论是奖还是罚，都关系到人们的切身待遇，涉及待遇的得失，因此都具有一定的激励作用。适当地运用奖罚手段，可以对人们谋取待遇起到很好的“推进器”和“调节器”的作用。

运用奖罚机制，必须坚持奖罚并用的原则。奖与罚，是性质相反的两种手段，但同时又是相辅相成的统一的手段。奖罚必须并用，若只奖不罚，消极的、有害的行为不能及时阻断，奖的效果也就被抵消殆尽；若只罚不奖，虽然能暂时克服一些消极的、有害的行为，但难以激发人们的积极行为，奖罚机制也就失去了意义。拿企业来说，企业是相对独立的经济实体，任何一个职工都不能享有奖罚方面的“豁免权”，企业必须坚持鼓励和惩罚两种手段并用，不但给职工好处，同时要使他们承担后果。不仅如此，企业的负责人也必须受奖罚机制的制约，要做到奖

罚面前机会均等、人人平等。因为竞争规律就是优胜劣汰规律，每个人都成为优胜劣汰的对象。必须区分优劣，有奖有罚，奖罚并用。

运用奖罚机制，还必须坚持奖罚适度的原则。施用奖罚手段必须适度运用“刺激量”或“激发量”，防止“刺激量”、“激发量”过大或过小的现象发生。如果“刺激量”、“激发量”过小，达不到刺激和激发的目的，就会出现“疲沓”现象，奖罚手段就失去了效用。心理学家研究表明，奖金的数额在超过其收入的25%以上时才能生效。至于惩罚的“刺激量”、“激发量”达到什么数值才生效，目前尚无定论，但有一点是清楚的，就是轻罚具有消极作用。轻罚，名惩实纵，它甚至不如不罚。看起来罚了款，但所罚极微，所得颇丰，被罚者两相权衡，对处罚反而增强了承受力。如此抓抓痒却不伤筋骨，只会吊起被罚者更加违法违纪的胃口。如果“刺激量”、“激发量”过大，也会产生副作用。罚的“刺激量”使用过大，会使被罚者产生“破罐子破摔”的自暴自弃心理，甚至会使矛盾激化，产生对抗行为；奖的“刺激量”超过了限度，也会失去激励人们奋发向上的作用，会使非受奖者产生不公平感，会人为地在受奖者和非受奖者之间制造隔阂，也会助长人们的侥幸心理和弄虚作假的行为，等等。坚持奖罚适度，除了在“刺激量”的使用上要防止“过”与“不及”外，还要防止滥用奖罚手段。所谓滥用，就是不分场合，不问对象，频繁使用。这样做也失去了奖罚的意义。像评奖中的交叉奖、重复奖和人人有份的“惯例奖”，只会使奖励手段成为“大家乐”，而不能激励人们奋发努力地谋求待遇。

运用奖罚机制，还要注意恰当地采用多种奖罚形式。奖罚就是正确运用“刺激量”、“激发量”，但刺激量、激发量有物质的，也有精神的。用哪种形式的能奏效，要依具体情况而定。现在有一种倾向，就是偏重于“物质刺激”。使用物质“刺激量”固然有效，但一般来讲，人们对物质的需求只会愈来愈高，若达不到人们对物质的需求，会造成人们的心理失落感，刺激的作用就会消失，变成恶性循环，形成“没钱不干”的逆反心理。单纯地靠物质刺激的手段来调动人的积极性，只是权宜之计，还必须加强“精神刺激”的作用。有一些事业，本身是奉献的事业。从事这种崇高的事业，在许多时候，需要更多更好地施以精神“刺激量”，而且，这种精神“刺激量”是物质“刺激量”所不能替代的。

7.9 攀比机制

人们对待遇需要的满足，会在心理上产生一种满足感。这种满足感使人们在心理上进行张弛交错的调节，从而鼓起精力谋求新的待遇目标，这也是待遇驱动力的一种表现形式。现在要探讨的是这种满足感是如何产生的。人们的待遇需要是否得到满足，以及满足程度的大小，虽然是一种主观的认定，但这种主观认定是以某种客观的参照物为依据的。人们进行比较对照的这种心理过程，心理学上称之为"攀比"。攀比，可以使人们获得待遇需要的满足感和待遇分配的公平感，可以加速待遇动机的生成和转变，从而产生新的"待遇驱动力"。人们的攀比行为具有双重性，既有积极的作用，又有消极的作用，这里将两种类型分别称之为"积极的攀比行为"和"消极的攀比行为"。积极的攀比行为主要表现在，与他人进行比较时，比的是贡献的数量、发展的速度、进步的程度，通过比较，取长补短，找出自己的差距，从而激励自己调整行为，以获取更大的待遇成果。消极的攀比行为，专在金钱、地位、名气、享受等方面上比。这种消极的攀比，越比越使一些人牢骚满腹、欲壑难填。因此，对人们的攀比行为必须正确地引导，张扬其积极的方面，抑制其消极的方面，使人们通过攀比激发其进取精神，产生积极的"待遇驱动力"。对人们的攀比行为进行正确引导，最重要的是确定攀比标准。一般来说，人们的攀比是这样进行的：先用自己的投入（劳动）和所得相比，产生第一个公平与否的感觉，然后再和其他人的投入与所得相比，产生第二个公平感。两个比较都是平衡的，那就是公平，否则就感到不公平。在上面的比较过程中，涉及许多攀比标准：衡量和比较收入差别的标准；衡量和比较投入劳动的标准；其他相关的标准，主要是是非标准。对这些标准要在具体分析的基础上确定其较为精确的比照系数，绝不可简单类比。对人们的攀比行为进行正确引导，还必须消除造成消极攀比的"示范物"。引起人们的消极攀比，多半是存在着可以比照的诱发物在"示范"，诱发人们盲目追随、"跟风"、"起哄"。因此，要消除消极攀比现象，必须运用经济、行政、法律和思想教育等多种手段，消除这些"示范物"，切断"传染源"。同时，引导

人们进行积极攀比，激发其进取精神。

7.10 差别机制

正如自然界中一定的位差可以产生相应的位能一样，在谋求待遇的过程中，一定程度的“反差”造成一种差别境界，这种差别境界也可以形成压力和动力，激励人们奋发向上。这就是待遇差别机制所显示的作用。待遇差别机制表明，给予不一定能让被给予者得到满足，受到激励。被给予者的满足程度，不一定取决于给予的数量，而在很大程度上取决于给予的方式和给予形成的差别境界。搞清这个问题，需要认真分析待遇需要的特点。人的待遇需要的满足具有双重性，即客观上的满足和观念上的满足。观念上的满足才是一种获得公平感的心理上的满足。过去实行“大锅饭”式的分配制度时，贡献大的职工与贡献小的职工拿到同样的报酬，贡献大的职工不仅没感到满足，还认为吃了亏，而贡献小的职工拿到同样的报酬，也不会感到满足，认为是理所当然。在这样的分配制度下不仅出不了能人，在消极参照系数的影响下，能人也会变成庸人。观念上的满足只有在群体待遇差别境界的比较中才能感受到。人们在领取报酬时，不但关心报酬的绝对值，即工资、奖金等数额的总和，更关心与群体其他成员相比较的报酬的相对值。绝对值只能使人得到客观上的满足，相对值才能使人得到真正的满足，即观念上的满足。如果在比较中，人们发现比自己贡献小的人的报酬高于或等于自己的报酬，那么，即使其报酬的绝对值再高，也不会得到真正的满足。

待遇差别机制原理，是分配制度改革的基础依据之一。改革就是通过形成群体待遇的差别境界，在差别境界形成压力的作用下，向群体成员注入新的价值观而产生作用的。价值观是在人的意识与其他群体成员信息参照相互作用中形成的。改革使有贡献有作为的人通过待遇差别境界脱颖而出，成为引人注目的信息参照系数，即收入增加，形象改善；使非奖励对象感受到一种负压力，在现实待遇的驱使下，使自己的言行向奖励对象靠拢，逐渐形成新的价值取向，即形成为群体做贡献光荣、碌碌无为不足取的浓厚的心理氛围。这种新的价值取向，能激励人在奉献中实现自我价值的增值。也就是使勤人更勤，使懒人逐步变勤，使每个人都在有意义的社会劳动中找到自己的坐标位置。待遇差别机制还可以作为待遇调节的一种手段来使用。目前在收入分配方面的“级差方式”，就是根据待遇差别机制原理而确立的。所谓级差方式，就是在劳动强度、劳动条件有所不同的工种之间、企业之间、行业之间和地区之间，真正形成一定的（或拉大）收入差别及其他劳动待遇差别。譬如，对人们不愿意去的企业和其他劳动场所，可采取给予优惠待遇——提高工资、奖金和补贴标准，降低所得税和奖金税税率，缩短劳动时间，增加休假日和提供免费疗养等办法；对人们争着去的劳动场所，则采取相反的做法。这样，既可以促成劳动力的合理流动，又可以使人们的待遇所得得到适当调节。

在运用差别机制时，和运用奖罚机制一样，也应掌握适度的原则，差别过大或过小都会产生副作用。这里涉及适度掌握基尼系数的问题。基尼系数是衡量收入分配均等化程度的指标，当收入分配绝对平等时，其数值为0，绝对不平等时，其数值为1。在运用差别机制时，应合理调控基尼系数。如果基尼系数接近或等于0，人们收入分配方面的差别就基本消失了，差别机制也就失去了效力，平均主义倾向就会主导一切；如果基尼系数过高，甚至接近于1，就会使群体成员之间收入差距过于悬殊，不符合待遇公平原则，不但得不到群体心理认可，而且会引起群体逆反心理，差别机制的运用就会出现负效应。

7.11 趋“热”机制

在社会生活中，常常会出现各种“热”现象。这些“热”现象引起人们的关注和思索，并使众多的人卷入这种“热”潮流中。人们不禁要问，这些“热”是怎样热起来的？又是缘何冷下去的？这些“热”是对是错？这就需要认真探讨待遇的趋“热”机制问题。

待遇的趋“热”机制说明，对各种“热”现象的关注、追逐和趋往，是人们待遇需要的一种本能。人们在谋求待遇的过程中，有一种渴望捷足先登的心理和多多益善的心理。当客观形势给人们造就了实现待遇需要的某种有利时机，或者当某些易于实现并且会使人们有较多受益的待遇目标显现出来时，会迅即引起人们的争先恐后的追逐。围绕这个众人瞩目的关注点，人们常常超常规地耗费精力，超密度地投放劳力。先是少数人获得实惠，继而引起更多的人奔向这个拥挤的、熙熙攘攘的“战场”。于是，社会生活的“恒温”现象在这些“追逐点”上烘烤成了“高温”，各种各样的“热”现象就出现了。待遇的趋“热”机制还说明，价值规律是推动人们趋向“热点”的一只无形的“大手”。人们追求待遇的行为，总是自觉或不自觉地受着价值规律的支配。价值规律是市场经济的基本规律。它在发展市场经济中主要表现为两方面的作用：一是刺激生产者努力改进生产技术，提高劳动生产率，千方百计地增加产出，降低成本。二是能够自发地调节生产资料和劳动力等生产要素在社会生产各部门中的配置，使社会生产得以保持合理的比例和分布。上面所列举的第二个方面的作用，正是驱使人们趋“热”的自发力量。在价值规律的作用下，人们把各种生产要素投向那些获利较高的部门，即投向那些求大于供、价格曲线高于价值轴心线的部门。由于众多生产者的竞相投入，很快使这些部门成为“热”点。当这种追逐竞争和投入竞争使这些部门变得无利可图时，这些部门就逐渐“冷却”，人们又会在价值规律的作用下在其他一些部门寻找“热点”。

趋“热”行为具有双重性，既有积极的作用，又有消极的作用。从积极的一面来说，人们的趋“热”行为，是进取精神和价值选向的积极表现，是谋求待遇的巨大热情的迸发，如果引导得当，可以形成积极有效的投资热潮、建设热潮、学习热潮等，可以造成人人奋进、千帆竞发的局面，可以加速各种待遇目标的实现。从消极的一面来说，趋“热”行为是一种从众行为，这种行为常常带有一定的盲目性，一旦“热”现象走向极端，就会出现“哄”现象。过度的、不加引导的“热”，容易失偏，容易使时尚变成时狂。在急剧的“热”现象过后，常常是骤然的“冷”环境。这样，一“热”一“冷”，造成了人们心理上的迷惘和行为上的手足无措，使很多盲目的趋“热”者由此而吃亏赔本。怎样才能正确地引导趋“热”现象向积极的方面发展呢？这需要人们正确地分析形势，冷静客观地研究市场变化，并树立全面地、动态地看问题的思维方式。同时，要按照价值规律办事，学会利用波动适应市场，对各种“热”现象，当趋则趋，当止则止，当反则反。比如，反周期的经营决策方法，就是一种反其“热”而行之的经营方法。这种方法就是：面对周期性市场波动，即交替出现的“热”、“冷”现象，作出反周期的经营决策，不是简单地根据价格涨落信号去决定生产什么和不生产什么，

而是预见价格涨落后的供求变化，根据市场的实际需要来决定生产。在价格陡涨、陡落时，学会反向思维，不去赶浪头，不盲目地一哄而上或一哄而下，而是反其“热”而行之，躲过波峰和波谷，实行均衡生产，或者慢半步，或者快半步。按这样的思路进行生产决策，往往可以避免由于市场波动而带来的经济损失，于国于己都有利。此外，还要善于发现商品生产的缺门，去填补空白，比别人先行一步。所谓“物稀方显贵，占俏生意隆”就是这个道理。

第八章　待遇与竞争

待遇与竞争存在着密切的联系。竞争是实现待遇的重要手段，待遇是开展竞争的出发点和归宿。谋求待遇为什么会有竞争？怎样才能在竞争中取胜？竞争会产生哪些效应？应该怎样组织竞争、完善竞争？这些都是亟待回答的问题。

8.1 待遇竞争的缘起

待遇竞争，即指待遇主体或待遇群体为了自身的待遇而与其他待遇主体或待遇群体争强竞胜的行为与过程。竞争的出发点是待遇，竞争的动力也是待遇，作为竞争的结果，仍然是待遇的增加或减损。竞争关系所反映的是待遇关系，待遇关系的调整在一定的条件和范围内要通过竞争来实现。

人们之间的待遇竞争缘于何时？自从人类社会出现私有制以后，围绕着财产关系的归属，形成了一系列的待遇关系。于是，各种争利现象就出现了。“争名于朝，争利于市”，“无利不起早”，这是人们自几千年以前就成为习惯定势的行为，并由此而产生了相应的争利观念。但是，在传统的自然经济的环境下，竞争从本质来说是被压制和排斥的。统治阶级让人们信奉“与世无争”、“安贫乐道”的观念。因此，严格地说，自然经济条件下不存在竞争，有一些争利现象，虽然属于待遇方面的纷争、奋争，但不能归入竞争的范畴。竞争是商品经济的产物，是商品内在矛盾的表现和结果。在商品经济的条件下，商品的使用价值和

价值的内在矛盾在市场上转化为商品和货币相对独立的外部矛盾。商品生产者要通过市场让渡商品的使用价值来实现其价值；而商品购买者要通过市场让渡价值来实现商品使用价值，双方都有独立的待遇追求。但是，在商品经济中，同一种商品不是由一家生产，而是由许许多多独立的商品生产者生产经营的，同时商品的价值量又不是由个别生产者的个别劳动时间决定的，而是由社会必要劳动时间决定的；商品的价格又是随着市场的供求关系的变化而围绕着价值上下波动的。这就不仅使商品生产者和商品购买者之间为着自身的待遇而展开竞争，而且使商品生产者和商品生产者之间也要通过竞争来实现各自的待遇需要。前者的竞争表现在商品买卖的价格上，卖者要贵卖，买者要贱买；后者的竞争表现在商品生产的个别劳动时间上，谁的商品个别劳动时间低于社会必要劳动时间，谁就能在市场上处于优势，获得较多的盈利；反之，就会处于劣势，获利较少，甚至会亏损，直至倒闭破产。由此可见，竞争是一般商品生产的基本特征，有了商品生产及其所表现的待遇关系，就必然会有竞争，竞争成为各个商品生产者实现自己待遇需要的重要手段。

在社会主义条件下还存不存在竞争？这个问题的答案只能到现实的经济关系中去寻找。在现阶段，中国实行的是社会主义市场经济，但这种市场经济也具有一般市场经济的特征。其一，社会主义企业是相对独立的经济实体，是以相对独立的商品生产者和商品经营者的法人资格从事生产经营活动的。其二，社会主义企业具有相对独立的物质待遇需要，各个企业都是以相对独立的待遇主体身份出现的，各个主体之间在具体待遇目标上存在着某些差异。其三，社会主义企业生产的商品也有使用价值和价值的矛盾，商品生产者通过市场让渡商品的使用价值而实现商品的价值，商品购买者也通过市场让渡商品价值实现商品的使用价值。商品的使用价值和价值的矛盾表现在买卖者间的矛盾上，前者要少花钱，后者要多卖钱。其四，社会主义企业生产的商品也存在着个别劳动时间与社会必要劳动时间的矛盾。企业生产商品的劳动时间是个别劳动时间，而商品生产者要实现的商品价值量不是由个别劳动时间而是由社会必要劳动时间决定的。所以商品生产者要取得更多的价值量，要创造更好的经济效益，就必须使自己生产的商品的个别劳动时间低于社会必要劳动时间，低得越多越符合待遇最大化原则，低得越多获利就越多。其五，价值规律在社会主义商品生产和商品交换中仍然发挥作用。价值规律要求社会主义商品交换也必须遵循等价交换的原则。价值规律

使个别劳动时间低于社会必要劳动时间的商品生产者处于优势，能获得较多的盈利；而个别劳动时间高于社会必要劳动时间的商品生产者则处于劣势，造成亏损，严重的可能破产，或被其他企业所兼并。上述情况，决定了各个生产经营企业，为了争取获得更多的经济待遇，就必须在商品生产和交换中，争取对自己有利的生产条件、购销条件和市场形象。这样，在各个企业之间就必然有竞争。这种竞争，既有商品生产者与商品生产者之间的竞争，也有商品生产者与商品购买者之间的竞争；既有同一所有制内部企业和企业之间的竞争，也有不同所有制企业之间的竞争；既有花色品种、服务态度、商品价格等方面的竞争，也有产品种类、规格、质量和服务条件方面的竞争。同时，竞争机制引入生产经营单位内部，又会造成所有成员都参与竞争，在竞争中大显身手。

既然在社会主义条件下不可避免地存在着竞争，既然各种待遇需要的实现和各种待遇关系的调整离不开竞争，人们就必须认真研究各种待遇竞争，积极地参与竞争，正确地组织和完善竞争，使竞争机制充分发挥作用，成为谋取待遇的有效推进器。

8.2 待遇竞争的意识

社会主义市场经济的客观环境和市场经济优胜劣汰的本质要求，促使人们形成与之相适应的竞争意识。所谓竞争意识，就是为实现既定的待遇目标而勇于进取、敢闯风险的观念和认识。和竞争意识紧密联结并对竞争意识起着烘托和强化作用的是时间观念、效率观念、人才观念、信息观念以及开拓精神、求实精神、拼搏精神等。一个人或者一个企业、一个群体，有了待遇竞争意识，就会在情感、意志和心理状态方面，保持一种旺盛的志气、坚韧不拔的开拓精神和永不止息的进取信念，就会有一种令人生畏的气魄，就会变压力为动力，化风险为契机，一如既往地朝着既定的待遇目标奋进。

树立待遇竞争意识是十分必要的，但是在目前的情况下，树立待遇竞争意识又不是一件容易的事。树立待遇竞争意识，需要克服来自各个方面的阻力。要克服传统的“大锅饭”体制下所形成的“社会主义就是人人有活干，人人有饭吃”的观念。这种观念，是一种平均主义的观念，也是排斥待遇竞争的观念。反正是待遇成果人人有份，谁也不多，谁也不少，干吗非要竞争？干吗非闯风险？在这种观念的支配下，工作节奏可以是慢慢腾腾，工作效率可以是少慢差费，工作实绩可以是一笔糊涂账。在这种观念支配下，懒汉可以怡然自得，混事者可以滥竽充数。有谁看不惯吗？看不惯也得看惯，有气也得忍着。有谁想竞争、想有所作为吗？对不起，没人陪你，你也不要和众人过不去。所以，当经济体制改革开始搬掉“铁饭碗”、“铁交椅”时，当社会主义市场经济的发展呼唤竞争机制时，立即有人提出疑问，这样搞，社会主义的优越性哪里去了？当各项改革深化到“动真格”的程度时，一些企业破产了，还有一些企业被兼并了，一些职工变成失业者了，这时，有些人更是诅咒竞争了。在这种情况下，要求人们树立竞争意识，可以想象是多么艰难！但是，再艰难也得冲破这一思想禁锢，没有强烈的竞争意识，缺乏过硬的竞争本领，人们就无法在社会主义市场经济的角逐竞争中立足安身。所以，树立竞争的意识，是“势使之然也”。同时，也要克服百载千年一贯制的旧的伦理观念。旧的伦理观念是禁忌人们跨入“奋斗进取、争强好胜”这一“道德坐标”的，因而造成了进取性道德的畸形、萎缩和弱化，再加上曾经在道德领域中批判“个人主义”、“锦标主义”、“致富冒尖”等，在实际生活中推行“掐尖政策”，使得人们的积极性、创造性受到压抑。名利虽有求不得，富裕虽好行不得，进取性精神成了名存实亡的东西。人们的思想行为趋于愚钝、麻木、保守和凝滞，形成了一种积淀甚久的惰性力量，使趋进力受阻，牵制力增大，摩擦力加强。因此，要树立竞争意识，必须从这种劣根性中挣脱出来，必须克服不显山不露水的“不显露主义”，担心出头椽子先烂的“缩头主义”，习惯于明哲保身、但求无过的“安全主义”，安贫守穷的“穷光荣主义”，以及别人出头就妒忌的“红眼病”，等等。

当然，树立竞争意识，还有一个质的规定性问题，就是要树立良性的竞争意识，反对落后的、狭隘的恶性竞争意识。所谓良性的竞争意识，就是按照社会主义市场经济的内在要求，千方百计地捕捉市场信息，以最大的努力提高生产效率、降低生产成本，以质量取胜，以信誉取胜。这种竞争意识是适应社会主义市场经济发展的，也是符合道德规范的。所谓恶性的竞争意识，就是损人利己，把自己的赢利建立在对他人拆台的基础上，以不正当手段进行竞争。譬如，一个生产厂家推出一种优质产品，闯出了牌子，打开了销路，产品在市场上成为抢手货。按照正常的经营思想，生产同类产品的厂家，应该采取积极的对策，从更新技术、降低成本、提高质量等方面入手，推出更有竞争力的新产品参与市场竞争，迎接挑战。但是，现实生活中有不少厂家却不是这样做的，他们参与竞争的手段是不高明的：或挂羊头卖狗肉，在自家出产的劣质产品上贴上他人的商标，鱼目混珠；或以次充好，采用种种不正当手段坑害消费者；或者干脆无中生有，造谣诽谤，败坏别人产品的声誉，以达到独霸市场的目的。近几年，侵犯名优产品商标权的纠纷，以及骇人听闻的假药、假酒等恶性案件屡屡发生，究其根源，无一不是这种恶性的竞争意识的反映。为了推进社会主义市场经济的发展，为了正确地开展竞争，我们必须进行一番扶正祛邪的工作，大力提倡良性的竞争意识，同时要反对并且不断揭露落后的、狭隘的恶性竞争意识，使竞争成为各个待遇主体和待遇群体互相促进、共同发展的重要手段。

8.3 待遇竞争的条件

要使竞争能够发展起来，除了竞争者具有竞争意识外，还需要相应的社会外部条件为竞争者提供支持。离开了这种外部条件，竞争者就不能充分地释放能量，竞争也就不能持续进行，不能取得良好的成效。正确地开展竞争需要哪些外部条件呢？

竞争的机会要均等。所谓机会均等，就是为竞争者提供的竞争机会，应该具有普遍性、公正性，人人都可以参与竞争，人人都能在公正的条件下参与竞争，不能只把竞争机会留给少数人，也不能在缺乏公正性规则的情况下开展竞争。机会均等的竞争，既是社会主义市场经济的客观要求，也是社会生活民主化的重要课题。在旧体制下面，很多竞争机会是不均等的。同样是搞工业生产，有些企业的原料、销路和资金都是由国家包下来的，而有些企业在这些方面得自己想办法。一个是国家包，一个是自己跑，竞争机会显然是不均等的。城乡二元制的格局，使得城市和乡村的青年在转干、招工、毕业分配等方面也存在着不均等竞争的状况。上述种种情况，前者限制企业生产经营的积极性，后者压制人才的成长，使分配不公正的程度更为加剧，客观上起到了限制竞争、保护落后、培植惰性的作用。因此，要改变竞争机会不均等的状况，必须扩大竞争的范围，完善竞争的规则，公开竞争的内容、条件，使人们都能获得竞争的机会，都能参加公平、公正、公开的竞争。例如，国家选任业务类公务员，通过法定考试公开竞争，会使一大批竞争优胜者进入公务员队伍。在经济生活和社会生活的其他方面，也应按照机会均等的原则，积极组织和推进各种形式的公开竞争。这样，就会激发社会各阶层的创造精神和进取精神。

竞争的环境要宽松。宽松的社会环境，可以为竞争者提供宽广的舞台，使竞争者充分发挥智慧才能，在竞争角逐中大显身手。宽松的竞争环境，包括宽松的舆论环境、政策环境和服务环境。宽松的舆论环境，就是指社会外界为竞争者提供有力的舆论支持，对竞争行为的必要性和正确性给以充分的论证，对竞争者的积极成果进行大力的宣传，引导人们树立与社会主义市场经济发展相适应的竞争意识，破除各种妨碍竞争的旧观念，使人们能够理直气壮地参与竞争。宽松的政策环境，是指社会外界对竞争者给予政策上的支持，并对竞争者的行为进行政策引导。这种宽松的政策环境，既可以使竞争者借助于政策的力量闯破竞争道路上的阻力和障碍，又可以使竞争者依据政策的规定设计自己的竞争方略，调整自己的行为。因此，宽松的政策环境为竞争者充分施展竞争才干和减少竞争中的内耗及失误，提供了可靠的保证。宽松的服务环境，是指社会外界为竞争者提供各种优良服务，解除竞争者的一些后顾之忧，从而卸掉包袱、放开手脚地参与竞争。为竞争者所提供的服务，包括咨询服务、劳务服务、技术服务、维修服务等。这些服务，有的可以弥补竞争者的短处，有的可以加固竞争者的长处，有的可以为竞争者排忧解难，排除干扰竞争的因素，便于竞争者集中精力去竞争。上述列举的宽松的舆论环境、政策环境和服务环境，统称为“软环境”。这种“软环境”是和竞争者所面临的自然环境、生产经营环境、市场环境等“硬环境”相对应的，它既对“硬环境”的改善起着保证作用，又对竞争者的行为起着强化、激励和调节作用，因而是竞争者获取成功所必备的“人文环境”。

竞争的气氛要友善。各种竞争，其根本目的都是为了提高劳动生产率，进一步发展生产力，因此竞争应该在一种友善、平和的气氛中进行，要造成一种在竞争中互相促进、共同发展的积极的心理氛围，要在竞争中优化人际关系，而不是使竞争的气氛变得剑拔弩张，人人战战兢兢、如履薄冰，处处以邻为壑，时时倾轧角斗。目前有一种倾向值得注意，有的人看见别人工作上取得成就，经营上取得成果，事业上有所进展，或者看见他周围的人比自己收入高了、学术科研成果多了，这些人不是为别人的成绩感到高兴，并以此激励自己，发愤图强，力争做出更好的成绩超过别人，相反，这些人妒火中烧，心生歹念，由羡慕、嫉妒、不服气发展为莫名的仇视，于是他们不择手段、不顾人格，或散布流言蜚语以中伤，或罗织莫须有的罪名以诽谤，或利用手中权力处处刁难，或拨弄是非搞得竞争者不得安宁。这样一种紧张、恶劣的气氛，是不利于开展竞争的。在现实生活中，一批在竞争中占据上风的企业家，由于遭到红眼病者的嫉妒，不得不付出巨大的精力应付各种意想不到的攻击和诬陷，有的人甚至因此身陷囹圄；一些有事业心的知识分子，顺应时代的潮流，施展才华，决意竞争，却无法招架种种看不见摸不着的诽谤和中伤，因而心灰意冷，竞争进取的欲念逐渐消退。由此可以看出，这种人为制造的紧张气氛是不利于开展竞争的，必须坚决改变这种局面，使竞争在友善、和谐的气氛中进行。

8.4 待遇竞争的类型

生产经营竞争。这种待遇竞争在各个生产经营者之间展开，竞争主要围绕着这样一些内容：其一，商品品种，这是竞争力的源泉。一般来说，生产经营厂家的商品若是品种单一、样式陈旧，竞争力就弱；若是品种齐全、样式新颖，并有名、优、稀、特、高、精、美等“创牌子”的拿手货，其竞争力就强。其二，产品质量，这是竞争力的核心。在产品结构、价格基本一致的情况下，消费者总是要选择质量好的产品。因此，围绕产品质量的竞争是相当普遍的，各生产经营者必须不断采用新技术、新工艺、新材料，努力提高产品质量，以“物美”去吸引用户，靠货真价实、经久不衰的“牌子”占领市场。其三，商品价格，这是竞争力的条件。在“物美”的标准基本一致的情况下，消费者总是选择“价廉”的商品，谁的商品价格便宜些，谁就能赢得更多的用户。我们常常看到，有些生产经营者会看行情，实行薄利多销，适当降低价格，产品销售就很顺利，取得较多的盈利。其四，服务工作，这是竞争力的保证。服务工作是生产经营的组成部分。服务工作的核心是服务质量，这里边既包括服务态度，又包括服务方式和服务内容。把服务工作做好了，既可以使生产经营厂家增强信誉，又可以满足用户对商品的附加待遇的追求，这也是提高竞争力的一个重要手段。

市场竞争。市场竞争是生产经营竞争的延续，也是对生产经营成果的实现。市场竞争包括三种形式：其一，卖者之间的竞争，其实质是争夺销路。在市场上出现的各个商品生产者，受自身的独立经济待遇的驱使，都要极力争取有利的销售地位。因此，在比较经济效果和经济利益的基础上，必然产生卖者之间的竞争。在许多卖主供应同一商品的情况下，谁以最便宜的价格出售同一质量的商品，谁就会在竞争中销路畅通。这种竞争办法，迫使其他卖主也采取杀价措施，结果将促使整个商品价格的下降。这种现象，常出现在“买方市场”的形势下。其二，买者之间的竞争，其实质是争夺货源。在市场上以购买者或消费者身份出现的单位或个人，为了自身的待遇，必然要为争取最有利的购货条件而展开竞争。如果某种商品的需要超过了供给，那么，在一定限度内，一个买者就会比另一个买者出更高的价钱，这样就使这种商品价格昂贵起来，提高到市场价格以上。这种竞相抬价争夺货源的现象，常在“卖方市场”的形势下出现。其三，卖者与买者之间的竞争，其实质是争夺货币。在市场上实现商品与货币交换的过程中，买卖双方都有自己的待遇追求，都希望自己的待遇要求得到贯彻。卖方希望在最短的时间内有最好的价格卖出自己的商品，从而获得最多的货币；买方恰恰相反，希望以有限的货币购买尽可能多、尽可能好、尽可能便宜的商品。这样，形成了买卖双方之间的竞争。竞争的形势如何，要依市场供求关系的具体形势而定。如果某种商品供不应求，这种商品的卖者之间的竞争就会很弱，甚至完全没有竞争，卖者占据着市场的主动权，形成了“卖方市场”。相反，买者之间的竞争加剧，使这种商品价格上涨，出现抢购现象。如果某种商品的供应超过需要，卖者就会因供大于求而激烈竞争，买者少，商品只得贱价出售，市场的主动权在买方，形成了“买方市场”。如果商品供求平衡，市场上买卖双方的竞争就比较平缓，买卖双方可以平和地讨价还价。这时候，高超的销售手段和高明的消费手段，有利于提高自身的竞争能力。

机会竞争。机会竞争是指竞争者为获得有利于自身发展的良好时机而展开的竞争。机会竞争分为两种类型：一种是优胜劣汰型。在优胜劣汰的机会竞争中，虽然机会对每个人都是均等的，但由于某些客观条件的限制，由于竞争者之间素质上的差异，机会不可能与所有的人结缘，机会只会落在捷足先登、高人一筹的竞争者头上，其他竞争者则处于被排除、被淘汰的地步。这种情况常出现在排名次、争名额的场合。例如各种体育竞赛，参赛者很多，但需要通过竞争角逐排出名次，这就必须淘汰一部分竞争者，也就是使一部分竞争者丧失其获得名次的机会，而使另一部分优胜者获得名次。升学考试和招聘干部等，也是一种优胜劣汰的机会竞争。在这种场合，也是参加竞争者众，而实际录取或聘用者寡。由于名额有限，谁能进入录取或聘用范围，就看谁的本事大、实力雄厚、竞争力强。即便都是强者，而且狭路相逢，也仍然是“两强相遇勇者胜”。另一种是优劣差异型。参加竞争的各方，具有均等的机会，而且机会也与所有的竞争者结缘，谁的竞争能力强，谁获得的机会就多一些；谁的竞争能力差，谁获得的机会就少一些。竞争各方不存在相互淘汰，但在竞争的结果上存在着优劣差异。所不同的是，竞争力强的人们获得的报酬高一些，竞争力差的人们获得的报酬低一些，在竞争者之间不存在相互排斥和淘汰的问题，只是存在着优劣差异。这种竞争，有利于优胜者继续大显身手，也促使竞争能力暂时低下的人们迎头赶上，积蓄实力成为后来居上者。

8.5 待遇竞争的手段

为了在待遇竞争中取胜，必须灵活运用各种竞争手段，必须讲究竞争的策略。但是，灵活运用各种竞争手段，并不是不择手段地搞不正当竞争。区别正当竞争与不正当竞争，正当竞争手段与不正当竞争手段的标准是什么呢？这就是要看竞争是否合乎法律和政策的要求，是否合乎生产经营者的职业道德，是否促进社会主义市场经济的繁荣和发展，是否促进各个竞争者提高自身素质、实现共同发展的目标。合乎上述要求并起到上述促进作用的，就是正当竞争，其竞争手段就是正当竞争手段，反之，就是不正当竞争，其手段就是不正当竞争手段。那么，正当的竞争手段包括哪些内容呢？

靠创新取胜。我们常说的“名、优、新”产品，其中“新”是产品的生命力的标志。人无我有，胜券在握。这里的“有”，就是有创新的产品。企业只有不断创制新产品，发展新品种，研制新工艺，才能不断提高市场竞争能力。而有些竞争者不努力研制新产品，却挖空心思冒充、伪造他人的注册商标、标记、包装；或者盗用其他企业名义，生产、销售冒牌产品；不标明生产单位、名称或地址；利用广告及其他方式陈述或标志虚假的产品性质、品质、原料、产地等。这些都属于不正当的竞争手段，是必须坚决制止的。

靠物美价廉取胜。“物美”，也就是要有优质产品，“价廉”，也就是对用户和消费者具有吸引力的价格。有了这两条，在市场竞争中就掌握了主动权。但是有些竞争者不是这样，他们的产品够不上优质，但在评选名牌产品时，他们靠各种不正当的手段拉选票，换得虚假的“名牌”称号；他们的产品也够不上价廉，但他们公然采取违反国家物价管理规定的手段，任意提高或降低价格，竞购竞销。这种竞争行为也是不正当的。

靠快速取胜。市场供求关系瞬息万变，要求竞争者采取灵活迅速的手段和方式，以变应变，以快制快，利用市场变化过程中形成的“空档”，迅速推出新产品，占领市场。“人无我有”，是提高竞争力的一大诀窍；“人有我早”，是提高竞争力的另一诀窍。“早”字当头，抓住了“时间差”，就可以在竞争中处于主动地位。要“早”必须“快”，无“快”早不了。如果面对市场变化反应迟缓、慢慢腾腾，拿不定主意，那就难以在竞争中获胜。

靠信誉取胜。良好的信誉是扩大企业知名度和产品知名度的重要条件，也是吸引用户和消费者，扩大市场覆盖面的重要因素。要提高信誉，必须在生产方面坚持创名牌、保质量，履行合同，信守交货期；还必须在销售方面坚持文明经商，提供各种优良的服务。现实生活中有些竞争者的做法有悖于这些要求，他们信奉的是只要能赢利，管他信誉不信誉。他们不但自己不守信誉，还采用损害其他企业的信誉的手段，排挤竞争对手。

靠优势取胜。一般来说，竞争者都有自己的强项，也都有自己的弱项。发挥优势，就是发挥自己的强项，做出高人一筹的举动。实践证明，谁能发挥自己的优势，扬长避短，形成自己特有的“拳头”产品和经营策略，谁就可以在竞争中取胜。但有一点要注意，发挥优势，是指发挥竞争者特有的优势，而不是空泛地谈论优势。有的竞争者是在资源方面占有优势，有的是在技术方面占有优势，有的是在资金方面占有优势。每个竞争者都应从自己具体的、特有的优势出发，去确定自己的竞争方略，且不可“误把劣势当优势”，以短击长。如果这样做，只会导致竞争的失利。

靠联合取胜。表面上看来，竞争与联合是相互对立、相互排斥的，联合不可能成为竞争的手段。其实，联合与竞争是既相互对立又相互统一的。联合之中有竞争，竞争之中有联合。首先，联合是为了更有利地展开竞争。由于联合扩展了自身协作的广度，加深了协作的深度，可以产生更强大的新生产力。联合还扩大了自身的优势，增强了自身的竞争能力。此外，在社会主义市场经济的条件下，联合还可以减少竞争的盲目性，防止破坏性。其次，竞争需要联合。要想在市场竞争中立于不败之地，只靠自己单枪匹马，独身作战，其力量显然是不够的。为了增强自身的竞争能力，就需要加强横向联合，以联合加强自身的优势，缩小自己的劣势。没有联合作基础的竞争，是低层次的竞争；没有竞争的联合，也是缺乏生命力的联合。

靠信息取胜。“知己知彼，百战不殆。”“知彼”，就是要及时准确地掌握信息。在商品竞争过程中，掌握信息是十分重要的。一条信息可以救活一个企业，一条信息可以引出一个新兴产业。这是因为，谁先得到信息，并对信息进行收集整理和综合分析，谁就能够及时掌握市场供求动态、价格动态，适时推出新产品，在市场竞争中取得好的经济效果。

靠人才取胜。市场竞争是以产品销售为形式、以人才汇集组合为实质内容的竞争。高明的竞争者，不但会打购销争夺战，而且会打人才争夺战，善于借“才”生“财”、培“才”生“财”。为此，一些竞争者不惜重金培养人才，不惜采用优惠政策吸引和招聘人才，广聚天下群贤以争强自己的竞争能力。

8.6 待遇竞争的规律

同其他任何事物一样，待遇竞争也是有规律可循的。正确地认识和运用待遇竞争的规律，可以在竞争过程中增强自觉性，减少盲目性，化被动为主动，取得良好的竞争效果。待遇竞争的基本规律有下列几种：

8.6.1 优胜劣汰律

在竞争过程中，优者胜，劣者汰，优胜者获得促进自身发展的良好机会，低劣者则失去这种机金，被淘汰下去。例如，一个生产经营单位要在竞争中获胜，必须行“以优取胜”之道，一要产品质量优，二要职工素质优，三要服务质量优。有了这“三优”，就消除了被淘汰的隐患因素。在这方面，一些成功的生产经营者的体会是：企业要想在市场竞争中不被淘汰，必须经常对企业自身的限制竞争力的“劣质”进行剔除，固优祛劣，保持强大的后劲。这样做，是一种自觉的自我汰劣，看似做出了一定的舍弃，实际上是消除了导致竞争失败的隐患，可以有效地防范企业被外界强制性淘汰。一些企业自我汰劣的做法是，加强企业的技术改造，在技术上和设备上汰劣；抓紧产品的结构调整和更新换代，在产品档次和质量方面汰劣；抓好企业思想工作和职工的技术业务培训，在企业人员素质方面汰劣。汰劣可以强优，使企业立于不败之地。

8.6.2 博弈对策律

博弈对策律，就是根据对方的行动采取相应的对策。例如，一些企业在竞争中采取的“人无我有，人有我优，人优我廉，人廉我转”的对策，便是“博弈对策律”的绝好体现。其特点是以变对变，以快对快，以活对活，以放对放，加强信息反馈，根据对方行为的变化采取灵活多样的应变措施。“博弈对策律”产生的结果有两种，一种是零和博弈，即一方赢，另一方输；另一种是非零和博弈，即一方的成功并不导致对方的失败。在社会主义条件下的竞争，从本质上来说是使竞争者在竞争过程中达到互惠互利，而不是以互相损害对方的待遇为目的。但既然是竞争，就必须有胜负，场场“握手言和”的平局状态是不可能的，胜者就要多分享待遇成果，负者就要少分享待遇成果，甚至只品尝失败的苦果。因此，按照“博弈对策律”参与竞争，就应允许和预料到“零和博弈”局面的出现，决不能人为地保护落后、中止竞争。

8.6.3 关联互动律

关联互动律揭示的是竞争双方在竞争中相互联系、相互制约的规律。即一方的行动，可能会牵涉到另一方做出相应的行动。这是由于竞争双方存在一种互动的联系，并且这种联系经常是动态的、十分敏感的。因为市场主体的联系常常是千丝万缕、错综复杂的，“互动”的对象便不像“集合”概念中的单值对应，而很可能是交叉的多值对应。竞争者在做决策时，必须要有“互动”观念，通盘考虑，全面衡量。例如某些新产品一旦成为紧俏商品，立即会引起其他厂家争相仿效，造成同类产品在市场上大量充斥。在这种情况下，作为生产这一新产品的厂家，就要按照关联互动律的要求，及早调整自己的行为，或是继续提高产品质量以增强其竞争力，或是加强广告宣传攻势以扩大其产品知名度，或是购置足够原料以防止原料大战，或是及早转产开发更新的产品。总之，应未雨绸缪，居安思危，防患于未然，牢牢掌握竞争的主动权。

8.6.4 柔性管理律

“柔性”管理是相对于“强硬”管理而言的，它强调竞争过程中的灵活性和适应性。例如“柔性”管理对企业的生存、发展，提高竞争能力起着至关重要的作用。企业“柔性”管理的主要内容是：确立灵活的经营思想；建立对市场能作出灵活反应的组织；开展多元化经营；加强新技术和新产品开发。

8.7 待遇竞争的效应

竞争机制的引入会给整个社会的经济、政治和文化的发展带来许多积极的效应。这种效应，可以称作“竞争机制效应”或“竞争的效应”。竞争的效应主要表现为：

8.7.1 激励效应

在改革开放和发展社会主义市场经济的条件下，竞争机制开始发生效力，它促使人们为自身待遇而拼搏进取，激励人们在优胜劣汰的角

逐中占据上风。比如，通过竞争选拔领导干部的做法，就为大批优秀人才脱颖而出提供了舞台和机会，激励人们在竞争中获胜。在同一个选聘招标的标准面前，不管你的身份是干部、工人、农民，或是其他人员，都有同等的参赛机会，都以平等的身份去进行答辩、论证、竞争，优胜劣汰，公平合理。实践证明，这种竞争有利于在干部队伍中形成能上能下、能官能民，自我淘汰的制度。把竞争机制引入干部人事管理，通过竞争使能者上，差者下，每个人以自己的实际才能找到合适的工作岗位。竞争可以加强并不断培养干部的竞争意识，使每一个人经常处于你追我赶、奋力拼搏的激流中。这就大大增加了人们的上进心和积极性，从整体上提高了人们的工作热情和工作效率。

8.7.2 增值效应

实际上，任何社会的进步，都离不开也不可能离开个体生产和服务效率的提高。鼓励竞争，就可以充分调动个体提高生产和服务效率的内趋力。因为在竞争的环境和气氛中，差别境界原理起着作用，它驱使人们比高低、争胜负、决雌雄，诱发人们实现待遇最大化和待遇最优化原则。通过竞争，每个竞争者都会比以前提高工作效率。各个竞争者的新增效率集合起来，就是一种显而易见的“增值效应”，它表现为社会生产力的提高和社会总财富的增值。

8.7.3 优化效应

竞争机制的引入不仅促进了物质成果的增加和效率的提高，而且会使个体的自身素质得到优化。因为竞争规律的本质要求，就是优胜劣汰。从表面上来看，造成优胜劣汰的只是“物”，与“人”不相干，实际上，优胜劣汰的深层次目标，恰恰是“人”。这样，竞争的客观形势逼迫人们去提高自身素质，不提高就没有出路。为了适应竞争并在竞争中争得主动，各类人才都进一步激发了进取精神，积极自觉地提高自身的素养和水平。而提高了素质的人才的竞争，又可以使整个社会得到最优化的发展。从这个意义上来说，竞争是提高整个中华民族精神文化素质和能力素质的具有深远意义的一招。

8.7.4 扼制效应

竞争不但可以扼制平均主义等倾向的蔓延，而且可以扼制选人用人问题上的不正之风。过去，在人事管理上，单位所属，部门所有，当然就难以避免拉关系、走后门等不良倾向。而实行公正、公开、平等、竞争、择优的原则，在用人问题上的不正之风就可以受到一定程度的扼制。因为竞争选人的特点在于：一是应聘者必须具有真才实学，平庸无能、不学无术之辈是难以滥竽充数的；二是被选聘者要能够不断努力进取做出工作成绩，不然，在任几年政绩平平，只靠“关系学”讨好上级也难以继续受命；三是用竞争方式选聘上来的，一般都通过公开的方式，选拔的过程就是群众公开监督、民主监督的过程，不是靠个人或少数人说了算。公开竞争的原则一实行，有人想搞不正之风就受到扼制了，论资排辈、攀比嫉妒等观念和做法也就逐步失去了市场。

第九章　待遇与心态

心态，即人们的心理状态，包括心理活动、意念与愿望、情绪反映等等。心态是人们的意识活动的一部分，由社会存在所决定，是社会存在的反映形式。人们的心理状态具有多样性、复杂性、多变性等特点。单就个性心态来说，人们常讲“人的内心世界”，就是说每个人都有一个完整的、丰富的内心精神世界，至于社会心态，由于它是众多的个性心态的汇集，其纷繁复杂的程度，更是显而易见了。对各种心态的分析和研究，属于心理学的任务，待遇学科只是在和心理学的交叉点上，侧重分析研究人们的待遇心态。待遇心态是人们的基本的心态反映形式。因为人们之间的社会关系，从本质上来说是一种待遇关系，而人们的各种实践活动，归根到底也是一种谋求待遇目标的活动。因此，作为社会存在的反映形式，人们的心理无时不受到待遇关系、待遇得失等因素的冲击和影响。受此外力作用，人们的内心世界就经常反复地出现与待遇现象缠绕交织的心理状态，这就是待遇心态。

9.1 谋求待遇的心理活动过程

人们在谋求待遇的过程中，从萌生动机到调整待遇行为，直至最终实现待遇目标，始终相伴相随的是微妙复杂、变动有致的心理活动过程。这个过程包括心理萌发、心理权衡、心理期成、心理协调、心理满足等一系列心理活动的环节和程序。

9.1.1 心理萌发

人们谋求待遇的发端环节，是谋利动机的形成。人们的谋利动机是怎样形成的呢？人们谋求某种待遇，首先在内心中产生“有所求”的念头，这种念头就是人们对自身需要的最初的心理萌动。此时，人们的心理状态表现为，对能够满足自身需要的某种待遇目标，动心动情，向往之，欲求之。目标对人的心理产生一种振动，引起“磁性现象”，人的心理情绪处于积极活跃的状态，需要欲念油然而生。

人们的这种向往和追求待遇目标的心理萌发，其振动力来自客观外部环境。只有当客观环境向人们显示了引人注目的待遇目标，对人们的心理形成刺激时，才会引发人们的需要念头，因此客观环境是心理萌发的诱因。但是，仅有外部的待遇显示还不能使每个人毫无例外地都引起心理萌发。引起心理萌发的另一个因素是人们在内心中把某种客观对象当作待遇需要。人们内心中的待遇需要，通常指“七情六欲”中的“六欲”，即满足人们的生存和发展需要的各种欲望、欲念。人们的这些欲望、欲念，在一般情况下处于潜意识状态，只有在外界条件的刺激下，首先激起“七情”，然后才能传导性地引发“六欲”，促成人们对某种待遇需要的心理萌动和苏醒，使人们产生“想干什么”或“想要获得什么”的欲望。由此看来，人们的待遇愿望的心理萌发，是外部待遇目标的诱发与内心中待遇需要的冲动交互作用而产生的心理共振现象。譬如，让一部分人通过诚实劳动先富起来的政策，无疑是给亿万劳动群众树起了明确的待遇目标，激发人们的致富热情。这就是促使人们萌发致富愿望的外部条件。同时，对富裕美满生活的向往和追求，这本身也是人们内心中出自本能的待遇需要。这样，外部条件与内心需要相结合，就使人们在内心中萌发了勤劳致富的愿望。假如没有富民政策所树立的待遇目标，人们就会像过去的一些年代那样，“言富色变”，谈不上萌发致富热情。但另一方面，如果人们在内心中没有致富的需要，外部条件再好，也不会开启人们的思想门窗。

9.1.2 心理权衡

人们在内心中萌生对某种待遇目标的向往和追求，这仅仅是人们待遇心理活动的开始，属于“念头闪现”的阶段，还没有形成较为确定的谋利动机。事实上，人们的内心中经常闪现出这样或那样的念头，但有的念头只是一闪而过，有的念头却促使人们打定了主意，成为人们执著的追求。这是为什么呢？要说明这一点，必须接下来分析人们在谋利动机形成前的心理权衡过程。

可以说，心理权衡是心理萌发的自然接续。在心理萌发阶段，人们产生了“想要干好某些事情”、“想要获得某些东西”的念头。在心理权衡阶段，人们开始进行冷静的分析：这种待遇对自己是直接的还是间接的？凭借自己现有的能力，是否能实现这一待遇目标？获取这种待遇，是否会连带地引起一些消极后果？人们通过细致分析和反复权衡，在认识利弊得失的基础上，就能够判断出哪些待遇目标是有利无害的，应该积极争取实现；哪些待遇目标是有害无利的，应该避开或摒弃之；哪些待遇目标是利弊并存的，应该采取积极的措施兴利除弊。有了这些认识，人们就能够打定主意，认准方向干下去，这样，人们的谋利动机就在心理权衡的基础上形成了。

不难看出，在心理权衡阶段，人们的认识活动参与其中，起着积极的辨识和选择的作用。这种认识活动是一种清醒的理智性的心理活动。一个人的认识能力越强，对认识能力起着支持性作用的知识面越宽阔，在心理选择和心理权衡过程中的自觉性就越强。反过来说，如果一个人孤陋寡闻，认知能力低下，在心理选择和心理权衡阶段上，就会处于迷惘的状态，常常会作出错误的判断和选择，形成错误的谋利动机。

在心理权衡阶段上，人们的各种情感活动也参与其中，同样对选择和权衡产生作用。值得指出的是，人们的情感活动在进行心理权衡时有时会和认识活动发生冲突。当人们情感兴奋时，能够加快心理权衡的节奏，能够促进谋利动机的形成和巩固，这是值得肯定的方面。但另一方面，人们在情感过于亢奋的情况下进行心理权衡，往往会排斥或遮掩清醒的理性分析，出现“利令智昏”的情形：或者是只求急功近利而忽视长远的和根本的待遇；或者是见利忘义，谋不义之财；或者是采取极端化的态度，把利弊关系看得绝对化、凝固化，只追求纯粹的有利无弊的东西，不能积极地兴利除弊。因此，当人们的情感淹没或排斥了理智思考的时候，心理权衡就表现为头脑发热、心血来潮、忘乎所以，就不能清醒地、客观地进行利弊得失的权衡与选择。我们必须谨记，心理权衡一定要克制盲目的冲动，要接受理智的驾驭，要心平气和地进行心理权衡。

9.1.3 心理期成

人们经过心理权衡阶段，便进入角色期待过程。所谓角色期待，就是人们作为有明确的谋利动机的行为角色，希望自己的待遇追求能够实现，并期待着能够获得更圆满、更理想、更丰厚的待遇成果。在角色期待过程中，人们有强烈的期成性愿望，憧憬未来，充满着希望，把谋利的动机燃烧成期待之火，并确立明确的企盼目标，作为努力的方向和最终归宿。这种角色期待也叫作心理期成。在心理期成阶段，情感活动占据主导地位，人们心存美好的愿望，希冀和期待着完满性的待遇目标得以实现，常常出现“望眼欲穿”、“夜不能寝”、“朝思暮想”、“渴求至极”、“千呼万唤”等情形。人们的这种心理期待，包括各种具体实在的期望内容，如丰收期望、创优期望、成功期望、吉祥期望、健康期望、团圆期望、安全期望、升华期望等。在这些期望中，有些是包含各种数量指标的期望，如丰收期望、创优期望等。有的是希冀完满的期望，如团圆期望、安全期望、健康期望等。前者比较具体，后者比较抽象，但期望的情感特征都是相同的。

人们对待遇目标实现程度和需要满足程度的期望称为“期望值”，待遇目标的最终实现程度和需要的最终满足程度称为“实现值”。期望值在人们待遇行为之前确立，实现值在人们待遇行为之后显示。一般来说，人们的心理期望值应该和实现值基本一致，只有这样才能保持待遇心态的基本平衡。要做到这一点，必须不断提高认识能力，摒除盲目的情绪冲动，克服异想天开的幻想式的期望和急于求成的浮躁式的期望，使期望值和客观实际相符合。符合实际的期望，是一种内在动力，可以促人奋发；而脱离实际的期望，则是一种心理障碍，可能使人消沉。因此，一定要使心理期望值与客观实际相符合。

9.1.4 心理协调

当人们确立了谋取待遇的动机，并产生强烈的期成愿望，开始朝着待遇目标前进时，心态是平衡的，表现为心境开阔、心绪稳定，情绪积极振作，理智的制约力较强。在这种情况下，人们谋求待遇的效果也是很好的。但是，人们的待遇行为也有遭受挫折的时候，诸如待遇目标不能如期实现，或者是不能如愿实现，或者是完全不能实现。这表明在人

们的待遇期望与待遇目标之间出现了偏差。当这种不尽如人意的情况出现时，有些人的待遇心态便发生颤动和倾斜，或是灰心失望，或是怨天尤人，或是莽撞急躁。针对这种情形，必须自觉地、适时地进行心理协调。

进行心理协调应侧重于两个方面。一方面，要在认识上进行自我反省，分析客观形势发生了哪些变化，这些变化给人们实现待遇目标带来了哪些影响，其中哪些影响是积极的，哪些影响是消极的，还要分析行为主体者本身努力程度如何，是否遵循了客观规律，是否对发展变化的客观形势作出了积极的反应。通过这种冷静客观的自我反思，就可以顺应形势发展调整人们的待遇行为。另一方面，要适当调整和修正心理期望值，特别是要把超越现实可能的过高的心理期望值压下来，要把期望值建立在现实可能的基础上，使之经过努力基本上变为实现值。改革之初，很多人对改革的期望值是这样的：改革的步骤一实施，就会马到成功，随着改革的成功，人们欢天喜地地分享待遇，人人都能得到实惠。但实际情况却是，改革遇到了许多始料未及的困难，并且出现了各种各样的失误，被迫进行各种迂回停顿和修订。改革在给人们带来实惠的同时也造成了人与人之间待遇所得不平衡的状况，甚至使一部分人在待遇调整过程中付出了相应的“代价”。这种过高的期望值与现实所形成的强烈反差，撞击着人们的心理，一部分人因待遇上的攀比导致心态失衡，进而对改革产生疑虑。要消除这种心态失衡状况，就需要及时调节期望值，使升高的指数降到合适的坐标上来，根据现实和可能确立新的待遇选值，形成新的行为规范，以适应变化了的新形势。

9.1.5 心理满足

心理满足是人们谋求待遇的心理活动的最终环节。人们在确立谋利动机以后，经过积极努力，最终抵达待遇目标，在获取待遇成果的同时，也获得心理上的满足。用行为科学的观点来看，满足分为绝对满足和相对满足两种。绝对满足一般用于受生理条件左右的物质生活上，例如吃饱穿暖，丰衣足食，就是一种绝对满足。相对满足则是更复杂的心理活动，它要通过各种比较进行。一是和自己的期望相比，达到期望感到满足，低于期望感到没有满足。行为科学和心理学用一个公式来表达这种心理活动：情绪指数等于实现值除以期望值。当实现值小于期望值时，情绪指数小于1，情绪低落，便会呈现各种消极心态，诸如牢骚、埋怨、愤愤不平等等。二是和纵向与横向的待遇成果相比。纵比，就是拿自己现在获得的待遇成果与过去的待遇成果相比，如果比的结果是年年有增多，人们就会获得一种满足感；如果纵比的结果是今不如昔，人们就会发泄不满情绪。横比，就是和与自己的投入与奉献大致相同的其他人相比，如果比的结果是自己的待遇所得高于或等于其他人，就会获得一种相对满足感；如果比的结果是自己的待遇所得低于他人，就不能产生满足感。因此，要平衡人们的待遇心态，满足人们的待遇需要，进一步调动人的积极性，需要从两方面入手：一是提高实现值，尽量满足人们的需要期望；二是调整期望值，并引导人们进行正确的待遇比较，从而使人们得到相对满足。

人们在待遇方面的心理满足，既是一个完整的待遇心理活动的终点，又是引发人们萌生新的待遇需要的起点。很多人为什么能在谋求待遇的道路上不断进取呢？就是这些人在获得一次心理满足之后，心态获得了平衡，然后又瞄准新的待遇目标，确立新的行为动机和心理期望值，以追求新的心理满足。这种以进取心态为基础的心理满足，称之为“活性的心理满足”。相反，有些人在获取少许的待遇成果之后，便分外知足，并从此故步自封、一劳永逸，不再考虑新的进取。这种“见好就收”的心理满足，称之为“惰性的心理满足”。我们应该提倡“活性的心理满足”，克服“惰性的心理满足”现象。

9.2 待遇心态形成与变化的社会心理机制

人们的各种待遇心态，是怎样形成的？又是如何变化的？这要寻找深刻的社会经济根源与政治根源，又要分析在外界待遇信号的刺激和影响下，人的待遇心态形成与变化的心理机制。研究待遇心态形成与变化的社会心理机制，应着眼于以下一些内容。

9.2.1 态度的特性及态度改变的理论

态度，是社会心理学的一个重要范畴。所谓态度，是个体对待人或事物的稳定的心理倾向。态度是由三个要素构成的，即认知、情感和意向。态度具有以下特性：①社会性。态度是个体通过与他人的交往和相互作用，通过社会环境持续不断地影响而逐渐形成的。②对象性。任何态度都是针对某一具体对象的，或一个人或一种事物，因此具有主体与客体的对应关系。③稳定性。态度形成以后，将持续较长的时间而不轻易地改变，有些态度已经融为人格的一部分。④抽象性。态度同其他的心理现象如思维、想象一样，是不能直观把握的，即是看不到、摸不着的。态度是内隐的，态度不等于行为。⑤系统性。个体的所有态度合起来称为态度群。态度群中各态度之间是彼此联系、紧密相关的，可以叫作态度系统。⑥价值是态度的基础。所谓价值是指事物对于人所具有的意义。人们对于某个事物所具有的态度取决于该事物对于人有哪种意义以及意义的大小，而事物对人有哪种意义和意义的大小是受个人的需要、兴趣所制约的。

态度在什么因素影响下可以改变？这里介绍社会心理学家的几种态度改变理论：①平衡理论。这一理论认为，当人们在人际关系中处于不平衡的状态中时，会产生一种心理的压力与焦虑。这种压力与焦虑将驱使人们改变其原先的态度，以使不平衡的关系重新平衡起来。②认知不协调理论。这一理论认为，认知元素之间常发生矛盾，产生不协调。认知不协调是一种不愉快的心理感觉经验，具有动机的作用，会驱使个体设法减轻或消除失调的状态，使关联着态度与行为的认知变得比较协调。③功能理论。这一理论认为，人们之所以持某种态度，是因为那种态度可以满足个人一定的心理需要。要改变一个人的态度，应当先了解支持该种态度的需要是什么。在此基础上，可以针对个人的特殊需要进行相应的工作（譬如进行说服改变其需要），以达到改变态度的目的。

人们的待遇心态是态度的一种，即个体对待待遇的稳定的心理倾向。待遇心态除了具有态度的一般特性外，还具有自身的个性，主要是功利性、期成性、选择性、驱动性等。要改变人们的心态，一方面需要从改善外部环境入手，如优化人际关系，净化社会风气，强化法制和秩序，弱化“官本位”体制等，使人们以积极的态度去追求各种待遇目标。另一方面是要改善人们的心理环境，如提高人们对待遇生成与变化的规律性的认识，加强待遇伦理教育，调整人们的心理期望值，排除问题上的各种偏见，增强心理承受能力等，使人们在健康心理情绪的支配下确立正确的待遇行为。

9.2.2 偏见的产生与消除

偏见是态度系统中的一个类型。所谓偏见，是指个人对某一群体或该群体成员所持有的缺乏以充分事实为根据的态度。偏见是一种消极态度。偏见有如下特征：①偏见以有限的或不正确的信息来源为基础。②偏见的认识成分是刻板印象。③偏见有过度类化的倾向，一个持有偏见态度的人会因为某个人属于他不喜欢的群体，而把所有他附加于该群体的不好的评价完全加到这个人身上去，也会因为某个人属于他喜欢的群体而给予其以良好的评价。④偏见含有先入为主的判断。

偏见产生的原因主要是群体间的待遇冲突，即群体间地位的差异及其待遇分配上的差异所造成的冲突，这是造成偏见的基础。偏见产生的另一个原因是社会化影响，也就是后天学习和外界影响所造成的。假若一个小孩子的父母、兄弟姐妹、朋友伙伴都持有对某群体的偏见，他可能经过直接学习、间接学习和环境气氛的感染等三种历程而习得同样的态度。

消除偏见，应侧重从以下几个方面入手：①消除刻板印象。刻板印象是偏见的认知成分。在待遇问题上，长期以来人们一直存在的刻板印象是，认为“无商不奸”，进而对从事经商活动的人们产生偏见；再一个刻板印象是，认为“义”与“利”相互排斥，进而对获利较多的人们产生偏见，认为是发了“不义之财”。另一个刻板印象是，认为谋利就是谋私，进而把获利较多的人看成是“私心杂念”严重，等等。要消除这些刻板印象，必须引导人们树立正确的待遇观，树立社会主义市场经济的观念，正确认识“义”与“利”的辩证关系，正确认识“自私”与正当的个人待遇的区别，从而消除刻板印象，敢于言“利”争“利”，敢于在风险中竞争。②共同的命运与相互鼓励。一些企业为了消除这种偏见，采取了“全员风险租赁承包制”，即企业经营者与生产者结成“待遇共同体”，风险大家担，经营大家管，待遇大家享，经营者与生产者相互依赖的行为及面临的共同命运，使双方增强了休戚与共的信任感，彼此间消除了偏见与隔阂。实践证明，这是消除偏见的一剂良方。③平等地位的接触与对话。目前在各个待遇群体之间，由于缺乏相互间的平等对话，存在一些封闭隔绝的状况，这种状况也易于使一些人产生偏见。如有些执法人员秉公办事、坚持原则，反被一些人说成是“官衙作风”。上述看法都属于偏见。消除这些偏见，最有效的办法就是加强

各个群体间横向的接触和对话，使各个待遇群体间能够相互理解、相互尊重，求同存异，消除封闭隔绝状态下所形成的偏见，逐步建立共识。这样，就能够使群体间的待遇摩擦不断得到消除。

9.2.3 暗示、模仿、感染、时尚等社会影响的作用

社会影响是社会心理学的重要研究领域之一。社会影响是指那种能够改变个人或群体的态度和行为的压力。通过社会影响，个人会按照在自己所生活的社会环境中占优势的模式来改变自己的待遇心态或行为。社会影响的表现方式有暗示、模仿、感染、时尚等，它们都对人们的待遇心态和行为发生影响。

（1）暗示。暗示是指人或环境以含蓄、间接的方式向他人发出某种信息，以此来对他人的心理和行为产生影响。这种影响具体表现为使人不自觉地按一定的方式行动，或接受一定的意见或信念。暗示在人们的待遇交往中起着一种若隐若现的待遇信号的作用。

（2）模仿。模仿是指个人受非控制的社会刺激所引起的一种行为，这种行为以自觉或不自觉地模拟他人行为为其特征。通过模仿这样一种群众性影响手段，某一群体的人们表现出相同的行为举止。在人们的日常交往中，模仿行为往往会产生“超热效应”。某种时装设计获得消费者的喜欢，人们觉得有利可图，便纷纷模仿生产；某些地方种养经济效益较高的动植物，也会引起人们的争相效仿。

（3）感染。感染是指个人的情绪反应受到他人或群体的影响，因而对他人或群体的某种心理状态的无意识的、不自主的遵从。感染的特征在于受感染者并不是接受某种信息或行为模式，而是通过某种情绪状态的传播而产生心理影响的。在人们的日常交往中，感染的作用在于使人们认同某种待遇目标或待遇行为，并振奋人们的精神状态，通过相互刺激产生相互强化反应。

（4）时尚。时尚是社会生活中产生的一种非常性的行为模式的流行现象。它通过社会成员对某一事物的崇尚和追求，达到身心等多方面的满足。时尚和流行是同一事物不可分割的两个方面。流行是时尚得以普及、扩展的必要手段，而时尚则是流行的必然结果。时尚有两个显著的特点，即新颖性和珍贵性。对时尚的追求，既能满足人们的待遇需要，又能引导人们的待遇行为，使人们在追求待遇的方式上达到“树异

于人”与“求同于人”的统一。

9.2.4 牢骚的社会心理机制

牢骚，是人们的郁闷不快情绪的宣泄。人有七情六欲，这些情绪和欲望都会通过相应的方式表露出来。在构成人们情绪的喜怒哀乐爱恨等情绪中，牢骚带有“怒”、“哀”、“恨”等特点，包含着“怒”、“哀”、“恨”等感情色彩。人们在发牢骚时，心理处于激奋状态，理智性的分析思考受到压抑和排斥，情感喷突而出，郁结的胸臆得以抒发。人们发牢骚时，往往都有一个用来宣泄情绪的标的物，这种标的物成为发牢骚人贬损斥责的对象，如人们就物价问题发牢骚，物价上涨现象就成为人们贬损斥责的对象。人们在发牢骚时，情绪感染作用明显，对环境气氛的冲击力很大，最易引起相同心态人们的共鸣，使牢骚进一步扩张蔓延，从而造成消极的社会心理氛围，又会引发人们的新的心理不平衡状态。但需要指出的是，发牢骚与一般的发表议论是不同的，发表议论虽然也会带有感情色彩，但人们总是心平气和的，或者虽然心不平（感情激动），但气是和的，而且对所议论的问题具有较强的理智分析，情绪与心态也是积极的。发牢骚则不然，人们在发牢骚时，心不平气也不和，处于“心里有气，话里有刺”的状态，思考问题不够冷静，缺乏理智，情绪与心态也是消极的。当然，发牢骚又不同于一般的生气发火，生气发火往往有生暗气、生闷气、发无名火的情形，发牢骚则是明发直泄，并且毫不遮掩贬损斥责对方。另外，生气发火通常是怒气冲冲，并且有可能导致吵骂角斗，而发牢骚通常表现为怨天尤人，只是宣泄一下情绪了事，并不是吵闹不休。牢骚的成因是什么呢？牢骚的形成与宣泄，是由外部的引发因素与内部的冲击因素两个方面促成的。

从促成牢骚的外部引发因素来看，当社会生活中的某些不公平现象、不透明现象、超前性现象以及某些宣传失偏所引起的社会震荡现象，反映到人们的思想观念中来，与人们原有的价值观念、待遇观念发生冲突时，就会引起人们心理上的困惑不安，从而引发出各种牢骚情绪。这种外部引发因素具体来说有三种情形：一是不平而鸣。当社会生活中某些不公平、不合理的现象突现在人们面前，并且旷日持久未能解决，直接妨碍了社会的发展进步和社会成员的待遇时，就会引起社会成员的关注，其中包括社会成员对这种不公平、不合理现象的情绪反应，

牢骚就是这种情绪反应之一。二是不明而鸣。有些时候，社会政治经济方面某些政策措施的制定和出台，由于缺乏一定的透明度，人们对此不能透彻地理解和领会，摸不透是否和自己有切身关系，甚至担心会损伤自身的待遇。在这种情况下，有些人就会针对这些政策措施发牢骚，表示不解和埋怨。三是不谙而鸣。有些时候，社会上出现某些偏激的观点，或流传某些片面的、缺乏根据的、不负责任的说法，有些人不谙内中实情，只是道听途说、人云亦云，以讹传讹，并不进行认真的理性思考，也会产生先入为主的偏见，并就此发泄牢骚。

从促成牢骚的内部冲击因素来看，首先应当说明，并不是任何一种不公平现象、不透明现象、超前性现象以及某些宣传失偏所引起的社会震荡现象都能引发人们的牢骚情绪，也不是任何人都会在这些现象面前宣泄牢骚，而是在特定的条件下，在具有某些心理素质的社会成员中才酿成牢骚情绪。一般来说，人们的心理承受能力面对外部影响和冲击会呈现出明显的三个阶段性变化。第一个阶段，称为可以承受阶段。在这个阶段上，人们对各种社会生活现象，包括不公平现象，能够进行比较分析，能够正确对待，人们的情感、意志与理智处于比较平衡的状态，心境平静舒缓，通情达理。第二个阶段，称为心理冲击阶段。在这个阶段上，人们或由于某种社会不公平现象的加剧，或由于某些社会现象所引起的心理上的眩晕、迷惘，或由于自身观念体系中渗进了某些外来的因素，在内心中开始出现冲击和震荡，情感、意志与理智开始呈现不协调、不平衡状态，造成了心理紧张和心理矛盾。在这种情况下，有的人能够保持清醒的认识和坚强的克制力，能够对各种社会现象和观念做客观公正的分析，因而在心理冲击过程中进一步增强了心理承受能力。而有的人在心理冲击阶段上，虽然还能保持一定的克制力，但认知能力被骚动的情绪所抑制，对外部冲击力表现出惶惑和浮躁不安的情绪，心理负荷加重，心理冲撞加剧。第三个阶段，称为心理变形阶段。在这个阶段上，原来那些对外部冲击表现出惶惑和浮躁不安情绪的人们，由于对愈益强化的外力冲击表现出严重的不适应，认识上的郁结进而转为情绪上的郁结，心理撞击进而转变为意志上的松垮，于是迷惘、浮躁和惶惑的心态凝积为郁闷不快的情绪，这种消极情绪顺着意志力松垮所开裂的缝隙，一无阻拦地直泻出胸口——这就是牢骚宣泄的内部原因和基本过程。

要矫治牢骚这种消极的待遇心态，必须采取一系列积极的对策，

其中包括：要在促进效率提高的前提下采取各种体现待遇分配公平的措施；要提高社会生活的公开程度和透明程度，创造民主、平等、和谐的社会环境，使广大社会成员明了社会生活的进程，对关系切身待遇的政策措施有比较透彻的了解，树立正确的待遇观念和参与意识；要努力实现思想工作的科学化、现代化，通过协商对话等多种形式，有针对性地及时排解人们在认识上和情绪上的郁结，使人与人之间相互理解、相互体谅、相互尊重，这样就可以有效地消除社会成员的牢骚情绪。

9.3 待遇调整与社会心理震荡

人们的待遇心态的形成与变化，发源于社会生活。目前，中国社会中正在进行的改革是一次深刻的社会变革，它已经引起并将继续引起人们各种待遇关系的调整，从而形成了一系列的社会心理震荡。当前形势下社会心理的主要特征就是呈现出各种矛盾的心理状态。首先，在政治心理上，表现为开拓创新意识与因循守旧心理的矛盾。其次，在经济心理上，表现为高期望值与低承受力的矛盾。第三，在伦理心理上，表现为市场意识与传统道德观念的矛盾。任何重大的改革都必然要引起人们经济待遇的调整，从而必然引起整个社会心理系统的震荡。如果我们对此有充分的思想准备，能及时采取措施减少震荡，解决矛盾，就能防止可能出现的社会结构性的失调，以求得经济和社会的协调发展。

9.3.1 攀比心理

攀比是一种进行比较的心理过程。攀比有积极攀比与消极攀比两种，其结果分别产生正效应和负效应。

所谓积极的攀比，是指在攀比的过程中，先用自己的投入（劳动）和所得相比，产生第一个公平与否的感觉；然后再和其他人的投入与所得相比，产生第二个公平感。两个比较都是平衡的，那就是公平，否则就感到不公平。积极攀比的特点是，既注意横比，又注意纵比，在横比过程中既比收入，又比投入。当通过比较获得公平感时，能够更加积极地工作；当通过比较产生不公平感时，不是消极埋怨，而是在攀比造成的不公平心理驱使下，对待遇目标和自身价值做新的追求，努力寻找新的机会去改变现状。这就是攀比的正效应。这种价值取向与改革的目标是一致的。

所谓消极的攀比，是指在攀比的过程中，只进行横比，不进行纵比；在进行横比时，又只比收入，不比投入。这种攀比使人们产生消极情绪。这种不同社会待遇群体的互相攀比，提高了人们对改革的期望值，以至于每个人都感到自己吃亏了。还有一种消极攀比发生在某些待遇群体的内部，比如，职工之间的攀比，在劳动方面进行低攀比，在收入方面进行高攀比，造成了劳动积极性的下降。要打破这种消极的攀比心理，关键在于要为社会全体成员提供均等的竞争机会。当有人在这种公平的竞争中证明自己缺乏本事无法获得高收入时，他就会心甘情愿地去从事相对低收入的工作，或者奋发图强，提高自己的竞争本事。

9.3.2 嫉妒心理

在中国，流传了几千年的“不患寡而患不均”的传统心理，在近几十年来又和“大锅饭”体制掺合在一起，形成了超稳固的心理状态——对致富冒尖的人们嫉妒眼红，必欲“掐尖”而后快。带有这种消极的心态的人，对拔尖的、先富的、待遇所得优厚的人们感到愤愤不平，并在行动上设障作梗，阻止别人冒尖致富。最突出的表现就是搞“拉平效应”——我不行，让你也不行；你上去了，说什么也要把你拉下来。“拉平效应”的奥妙就在于，它可以在各种竞争场合发生作用，把能人拉下来，把自己拉上去，因而一些嫉妒心理作祟的人乐此不疲。

9.3.3 隐富心理

隐富心理是在嫉妒心理、守旧心理以及平均主义观念挤压与排斥之下而生成的一种畸形的待遇心理。发财致富，这本是人们正当合理的待遇需求，但是由于长期流行的“为富不仁”的观念，加上“红眼病”的流行，使一些人谈“富”色变，明明真的富起来了，却又不敢露富，仍要作出穷酸相，生怕富裕了会被别人掐尖。

9.3.4 “红脸病”心理

那种在奖励面前左推右挡，生怕惹起别人“红眼”的心理状态，可以称之为“红脸病”心理。究其成因，还在于“大锅饭”虽然在改革中受到了某种程度的冲击，但“大锅饭”的心理、“不患寡而患不均”等旧的观念还远远没有扫清。隐富心理与“红脸病”心理的病根就在这里，所不同的是，前者是战战兢兢地“藏富”，后者是心怀负疚地“辞富”。“红脸病”与“红眼病”也源于同一病根，所不同的是后者见别人富了先“红眼”，前者是怕人家嫉妒先“红脸”。同是一个“红”字，但却有进攻与退让之分，似乎“红眼”更硬气一些。

9.3.5 “歹活着”心理

“歹活着”心理，是在社会主义市场经济条件下出现的一种退避畏缩的消极待遇心态。这些人的处世哲学就是：“担风险不如歹活着。”“歹活着”心理反映了在社会主义市场经济迅速发展、市场竞争日益激烈的新形势下，一些人心灰意懒的心理状态。这种“担风险不如歹活着”的惰性心理，从近因上讲，产生于平均主义“大锅饭”的社会环境。在那种情势下，好活歹活相差无几，也就没多大争头了。但随着改革的深入和社会主义市场经济的发展，竞争机制正在引入各个领域，惰性心理已经成为社会发展的一种阻力，心甘情愿“歹活着”的人迟早是要落后的。不管人们情愿不情愿，改革的根本意图和社会主义市场经济的本质要求，就是迫使每个人都树立竞争意识和风险意识。这个“争”字，可以激发人们开拓进取、建功立业，以自己的独创精神为社会作出贡献，也为自己争得更大的待遇。至于风险，那是一切竞争者必然要碰到的课题。创新，就有探索前进的风险；探索，就有失败、挫折的风险。事实上，风险越大的事业，往往越有较大的社会价值，社会也就给予了更大的报偿。“歹活着”心理是与竞争意识、风险意识相对立的，应该坚决摒除。

9.3.6 “小富即安”心理

几千年自然经济的缓慢发展，给我们民族留下了许多沉重的包袱。

“男耕女织”的生产方式，“日出而作，日落而息”的生活节奏，“小国寡民”式的社交圈子，培养出一种易满足、低追求的心理和“知足者常乐”的人生价值观。如在农村改革之初，穷极思变的农民，很少有这种惰性。因为他们要满足最起码的生存需要，他们穷怕了，要尽快脱贫致富。但当他们解决温饱之后，当最初的待遇目标刚刚实现的时候，他们中的一些人满足了，表现出一种“小富即安”的心理。

9.3.7 “肥水不流外人田”心理

“肥水不流外人田”心理的实质，就是怕吃亏。这是一种背离现实的、封闭保守的、狭隘片面的心理状态。这种心理状态源于长期以来的封闭体制，也和一些人的传统的自然经济、小农经济的思想意识有关。要消除“肥水不流外人田”的心理，必须引导人们破除传统的小而全的封闭体制，破除在这个体制上所形成的“自给自足”、“万事不求人”等陈旧观念，树立社会主义市场经济意识和开放意识。同时要教育人们懂得“互利互惠”是经济交往与协作的基本原则之一，参加经济交往与协作的双方或各方，只有相应地“让利”，才能相应地“受惠”；只有让利一方把“肥水”流到别人“田”里，才会引起“投桃报李”的效果，使别人的“肥水”也流进让利者的“田”里。

9.3.8 “夸富夸穷”心理

“夸富夸穷”心理是一种弄虚作假以捞取不正当待遇的消极心态。“夸富夸穷”心理有两种极端的形式：一种极端形式是夸富。不顾实际情况，任意拔高，掺“杂质”、加“水分”，随意捏合数字。另一种极端形式是夸穷，把贫穷当作一种值得夸耀的事实。是什么心理动机驱使一些人竭力夸富、另一些人竭力夸穷呢？就夸富者来说，炫耀“富裕”，可以显示自己的“政绩”，可以向上级邀功领赏。就夸穷者来说，哭诉“贫困”，可以戴上“贫困县”、“贫困乡”等帽子，这类帽子一戴，各种“好处”也会接踵而来，这样的“贫困”帽子，戴上又何妨？要消除这种“夸富夸穷”心理，需要在完善制度和政策上下功夫，要反对在经济建设中盲目攀比产值和速度的倾向，要制定完善的措施考核经济发展指标，纠正各种弄虚作假现象。在扶贫问题上要建立正确的

扶贫政策，纠正那种“吵闹的孩子多吃奶”的倾向。同时要对干部群众进行实事求是的教育，鼓励人们说真话，讲实情，要采取切实有效的办法考核干部的政绩，防止添枝加叶硬拼凑“政绩”。

9.3.9 “不捞白不捞”心理

“不捞白不捞”心理，是某些人的自私心理、侥幸心理和补偿心理的奇妙结合。自私心理使之然——有些人“捞”字当头，常“捞”成癖，一见到有东西可捞就来了精神，管它个人的、公家的，捞到自己手里再说。侥幸心理所支配——有些人捞了一回二回，觉得挺太平，尝了甜头，壮了胆子，越发放心大胆地捞下去，还自信捞得巧妙，捞得隐秘，安全系数是高的，别人抓不住把柄。补偿心理起作用——有些人看见别人在捞，心里发痒，产生一种“兴别人捞就兴我捞”的情绪，捞不着钱财，就通过捞吃喝等来补偿。这种“不捞白不捞”心理，与新旧体制轮换时期某些制度、政策、措施的不完善有关。在一些地方，白捞者利用职权，钻政策的空子，连闯“红灯”，捞足了油水。这种行为诱发了一些人消极的从众心理，争相效仿，使“不捞白不捞”渐成风气。因此，要消除“不捞白不捞”的心理，除了要向人们特别是掌权者进行职业道德教育、用权宗旨教育外，更重要的是要加强党纪、政纪与法纪教育，对白捞者严厉判裁，绝不手软，以此来净化社会风气、净化人们的心理环境，以彻底消除“不捞白不捞”心理。

9.3.10 “端起饭碗吃肉，放下筷子骂娘”心理

“端起饭碗吃肉，放下筷子骂娘”心理，是在改革开放新形势下出现的一种比较复杂的待遇心态。应当如实承认，改革开放以来，人们“饭碗”里的“肉”确实多了，但是人们的“骂娘”声也确实不少。这是两个基本的事实。初看起来，这两个事实是矛盾的，“饭碗”里的“肉”多了怎么还能“骂娘”呢？但是仔细分析就会看到，“端起饭碗吃肉”，仅仅是人们在物质需要方面的生理上的基本满足。要使人们情绪顺畅不去“骂娘”，还必须有心理上的满足。心理满足的一个突出标志就是获得一种公平感。如果人们认为某些事情是公平的，就获得了心理上的满足，就积不成“骂娘”的情绪了。而中国当前的社会状况是，

随着改革的深入发展，延续了几十年的“大锅饭”、平均主义等不公平现象消除了，但是还有一些隐蔽的不公平现象在新形势下显露出来了，诸如“体脑倒挂”、“城乡二元制结构”以及各个社会阶层之间收入差距过于悬殊等等，这些不公平现象掺杂在一起，难免要引起人们“骂娘”。要使人们既能继续“端起饭碗吃肉”，又不至于“放下筷子骂娘”，出路在于继续坚持改革开放，切实发展生产力，并在保证效率提高的前提下体现社会公平，采取实际措施消除各种不公平现象。同时，还要调整人们对改革的心理期望值，提高实现值，使人们获得心理满足，减缓以至完全消除“骂娘”情绪。

第十章　待遇与伦理

人们的各种待遇行为和待遇观念，是否合乎道德伦理的要求？道德伦理对人们的待遇行为和待遇观念有何约束？怎样才能使道德行为与待遇行为统一起来？回答这些问题，必须运用伦理学的知识来解释各种待遇行为规范，划清各种待遇观念的是非界限，同时运用待遇学科的原理对一些伦理观念进行重新认识，使待遇行为与道德行为统一起来，使待遇观念与道德观念统一起来，为人们追求目标确定正确的行为规范和价值观念。

10.1 析“责任感与责任线”

责任感是社会和其他人对一个人的客观要求的主观认识和内心体验。一个人生活在社会之中，对民族、国家、家庭和其他人都必然负有一定的责任。马克思说过：“作为确定的人，现实的人，你就有规定，就有使命，就有任务，至于你是否意识到这一点，那都是无所谓的。”这里所说的“规定”、“使命”、“任务”等，就是责任，一个人意识到了自己的责任，就是确立了责任感。

责任感也称作“社会责任感”。社会责任感是一个人利他行为的出发点，是激发一个人行动起来以实现一定道德目的的内在动机。认识到“天下兴亡，匹夫有责”的人，认识到他人有难，理应鼎力相助的人，都是具有高度的社会责任感的人。

树立社会责任感对人们的待遇行为具有积极的影响。一个人要实现待遇目标，必须使责、权、利三者很好地统一起来。要行使权利，就应履行相应的义务，遵守契约的规定，也就是要承担责任，这就是权利与责任的相互制约。当然，行使了权利，就应获得相应的待遇；承担了责任，就意味着承担了风险，风险和待遇也应挂起钩来：这就是权利与待遇、责任与待遇的相互制约。在责、权、利这三个要素中，责任相对于权利来说是一种担保，相对于待遇来说是一种偿付。因为个人的生存和发展离不开社会，个人谋求待遇的行为也需要借助于各种社会条件。社会责任感，就是在正确认识待遇生成的制约因素、正确认识个人对社会的依赖关系的基础上，确立起为社会待遇和他人待遇履行义务和作出奉献的内在动机，从而在奉献的前提下取得个人的正当待遇。树立了社会责任感，就能正确处理个人待遇与社会待遇、自身待遇与他人待遇的关系，就能调整自己的待遇行为，积极为推动社会前进、满足社会需要作出自己应有的贡献，履行自己对社会、对民族、对人民、对集体、对同志和家庭所应负的职责，并在这一过程中，也使个人的待遇需要得到满足。

与责任感相对应的是责任线。所谓责任线，就是通过制度和纪律等形式，规定哪些责任必须由哪些部门、行业或个人承担。责任线是对责任感的强化、制约和扩充。在我们的社会里，并非没有提倡责任，但是责任是作为一种感觉，即责任感而提出来的，它只对具有道德完善愿望的人具有约束力量，对只求待遇不尽义务、只捞好处不负责任的人来说却缺乏应有的制裁力量。常常出现这样的情形：一个人的责任感很强，被认为是一种好品质，而不认为他是做了他应该做的事。同时对社会责任感很强的人，又多被人们认为是“好管闲事”。对责任的这种认识，实际上是对责任的否定。对某种社会问题，似乎社会各界都应该承担责任，这不过是告诉人们谁都没有责任罢了。因此，必须建构以责任线联系起来的社会，必须把树立责任感与建构责任线统一起来。只有当社会中的所有人都负有明确的责任，并承担应尽的义务时，社会才能朝着较为正常的秩序这一方向前进；也只有在有序化的社会环境中，人们的各种正当的待遇需要才能充分地实现。

10.2 析“功利价值与道德价值”

为了认识功利价值与道德价值的关系，首先应从人的价值谈起，价值，一般来说，它是指事物满足人们的需要的属性。人的价值，则是从社会关系的意义上来确定人的社会属性的，即指处在一定社会关系中的人所具有的某种社会意义。人的价值包含三方面的意义：第一，与自然界相比较，人具有人类学价值。第二，在个人与社会的关系上，人的价值首先表现在个人对社会的责任与贡献，可以称之为“社会价值”。第三，人与社会历史相比较，社会历史发展的目的是为了人本身。社会应该尽可能创造物质精神条件，尊重和满足个人的合理需要。人的价值从狭义上说来，是指人的社会价值。

现在具体分析一下人的社会价值这一层面。人的社会价值可分为功利价值和道德价值。所谓功利价值，是指人们为了追求个人的而在客观上对他人或社会所作出的贡献。一个人，从为私的动机出发，对他人或社会作出了贡献，他就具有功利价值，这种贡献越大，功利价值就越大，反之亦然。所谓道德价值，是指个人对他人或社会所具有的道德责任心以及道德实践的效果，即个人的言行对于他人或社会所具有的道德意义。一个人，只有抱着为公的动机和社会责任感，并且在实践中作出了对他人或社会有益的效果，他才有道德价值。

功利价值与道德价值是密切相关的，但两者之间有层次高低之分，其中道德价值处于较高层次，而把两者对立起来是错误的，看不到它们之间的质的差异也是不正确的。过去强调人的社会价值时只是片面地强调道德价值，似乎强调功利价值就是使个人主义和名利思想膨胀，似乎道德价值是人人都应达到并且非达到不可的。人们追求个人功利的行为也遭到了批判和否定，个人的正当待遇被当作“私”字而视为“万恶之源”。其结果，既损害了正当的个人待遇，也压制了人们的进取精神。而对道德价值的宣传，又脱离了现实的经济条件，超越了人们的觉悟程度，脱离了现实生活的土壤，成为人们可望而不可即的一种虚幻的境界。在发展社会主义市场经济的潮流中，这些待遇观念受到了冲击，正当的个人待遇得到了承认和尊重，人们讲求效率，注重实绩，敢于追求功利。“让一部分人通过诚实劳动先富起来”的号召，就是对人们追求功利价值的有力保护和鼓励，“致富光荣”的口号，就是对功利价值的最好的脚注。但在新形势下，也有一种值得注意的倾向，就是在强调功利价值的同时，一些人忽视了道德价值的意义和作用，有的人还对道德价值发出责难，认为宣传道德价值条件不成熟，担心宣传道德价值会影响社会主义市场经济的发展，还有人认为追求道德价值是“犯傻行为”。由于忽视了道德价值的作用，一些人见利忘义、不择手段满足个人私欲的现象正在滋生蔓延，为社会尽义务、作奉献的思想逐渐淡薄。这种思想倾向是需要及时纠正的。

怎样才能正确处理追求功利价值与道德价值的关系？根据人们待遇需要的特点和现阶段人们的觉悟程度，应当鼓励人们大胆地追求与社会主义市场经济发展相适应的功利价值，但要引导人们处理好急功和缓功、近利与远利的关系，防止只求急功近利、忽视长远待遇的倾向。同时，要引导人们把追求功利价值与追求道德价值统一起来，在道德价值的指导下实现功利价值，逐步提高人们的道德水准，端正各种待遇行为。

10.3 析“道德义务”

义务，是指个人对他人、对社会应尽的责任。个人作为一定社会、民族、国家、阶层、集团和家庭等组织的成员，对这个社会、民族、国家、集团和家庭负有一定的责任，这就是义务。从义务的形态上来看，在社会生活的不同方面，人们有着不同的义务，例如政治义务、法律义务、道德义务等。伦理学所讲的义务，主要是道德义务。在伦理学上，责任、职责、使命、职分同义务基本上是一个意思。

道德义务同政治、法律等领域中的义务概念相比，具有如下特点：第一，道德义务不以享有某种权利为前提。政治、法律中所说的义务，是与权利相联系、相对应的。第二，履行道德义务是一种自觉自愿的行为，而政治和法律方面所提出的义务具有一定的强制性。

在道德上尽义务，就是要做出有利于他人、有利于社会的行为，不仅不是为了获得个人的待遇，而且总是要或多或少地牺牲个人待遇甚

至是生命。当然，道德义务并不否认个人待遇，也不是为尽义务而尽义务，而是说，人们尽义务，是以排斥利己主义为目的，坚持以他人或群体待遇为目的，为了他人或社会的待遇而牺牲自己的待遇。在道德上尽义务，意味着在个人待遇与社会待遇、个人待遇与集体待遇的关系上，个人待遇要为社会的和集体的待遇的实现，作出必要的让渡和牺牲。这里有两个问题是必须搞清楚的。

问题之一：在道德上尽义务同商品交换的原则是否矛盾？要回答这个问题，先要分析商品生产和交换的一般特征。商品生产是以价值增值为目的，通过解决个别生产与社会生产的矛盾，通过让渡使用价值而换取价值的，商品交换是以等价交换为原则的，如果说有让渡，也是有条件的，以相应的偿还为代价的，而道德义务，则是无条件的、只讲让渡不求偿还的。这样看来，在道德上尽义务同商品生产与交换的原则似乎是矛盾的。但是，作进一步的分析就会看到，这两者在本质上是不矛盾的，是可以在待遇行为者的行动中得到统一的，因为，我们现在所进行的商品生产与交换，是属于社会主义市场经济的范畴。发展社会主义市场经济，要求每个商品生产者与经营者，必须遵守社会主义的道德规范，其中包括履行必要的道德义务，以保证社会主义市场经济的有序性。如果人人都不履行道德义务，而是见利忘义、唯利是图，人人只顾及个人待遇，不去考虑社会和集体待遇，甚至挖空心思损害社会待遇和集体待遇，那只会造成经济秩序的混乱和经济环境的恶化，到头来，只能是阻碍社会主义市场经济的发展。因此，一定要把履行道德义务同遵循商品等价交换原则统一起来，既要按照商品等价交换的原则和价值规律，追求商品生产和经营的经济效益，又要遵守社会主义道德规范，积极履行道德义务，追求社会待遇，维护社会待遇。这样做的结果，又会反过来促进个人待遇的实现。

问题之二：履行道德义务是不是对所有社会成员的普遍性要求？有的人认为，履行道德义务是社会上先进分子的事情，是需要党员干部做到的，与一般百姓无关。这种说法是值得商榷的。固然，党员干部应该履行道德义务，并且应该起表率作用，但这并不等于其他人就可以不尽道德义务了。在道德上尽义务，这是社会向每个社会成员提出的普遍性要求，是维持社会秩序、促进社会待遇实现的一般性条件，每个人都具有这种责任和使命。党员干部只占社会成员的少数，他们履行道德义务是必要的，但他们的行为只是一种示范，一种号召，还需要广大社会成

员的配合响应，这样，才能使履行道德义务蔚然成风，使社会待遇和集体待遇在众多社会成员的维护和支持下得以巩固和发展。当然，要使绝大多数社会成员都能履行道德义务，需要一个过程，需要创造一系列条件，不能操之过急，不能强制人们尽道德义务。

10.4 析“良心荣誉”

良心、荣誉是伦理学的重要范畴，这两个范畴和义务范畴是紧密相联的，并且和义务范畴一样，对人们的待遇行为起着调节和规范的作用。

良心，就是人们在履行对他人和社会的义务的过程中所形成的道德责任感和自我评价能力，是一定的道德观念、道德情感、道德意志和道德信念在个人意识中的统一。人们在追求待遇目标的过程中，要不要讲良心？要不要树立道德责任感并时时进行自省反思？有的人说：“现在是发展市场经济的年代，唯有金钱最重要，讲良心有什么用？”有的人甚至说：“良心能值几个钱？良心换不来钱。”这种把金钱与良心对立起来的观点是不正确的。其实，讲良心就是要树立道德责任感，用社会主义道德规范来约束自己的行为。这样做，并不排斥人们争取自身待遇，也不妨碍人们获取金钱，只是要矫正在个人待遇与集体待遇、自身待遇与他人待遇关系中的不道德行为，清除各种不健康心理，使人们的待遇行为符合社会主义道德规范的要求。那些不讲道德、见利忘义、昧良心挣黑心钱的人，也可能会暂时赚到钱，但他们的行为是受人鄙视的，是遭人谴责的。应该加强道德监督的力量，发挥舆论批评的作用，树正气，树新风，使不负道德责任的人无地自容，内心羞愧，从而唤起反省与自责的情感，净化自己的心灵，逐步树立起道德责任感。

荣誉范畴一般包括三个方面：一是完成和履行社会义务；二是由此而得到社会的公认（敬重和奖励）；三是由此而产生的个人的尊严感、自豪感。也可以说，荣誉表现在履行义务过程中的两个方面：其一是由于履行社会义务而得到社会的褒奖和尊重；其二是由于履行社会义务而产生的个人道德感情上的满足与自豪。荣誉对人们的待遇行为有哪些制约作用呢？荣誉作为一种道德范畴，也可以规范或矫正人们的待遇行为，其具体作用形式是：人们在谋取待遇时，要顾及自身行为的后果，对那些得到社会公认，受到社会舆论敬重和奖励的行为，即能够得到荣誉的行为，在充分认定或预见后继续下去，对那些有损荣誉、有失尊严的行为，努力加以克制。有人说，“荣誉好坏无所谓，物质待遇最实惠”。这种只要实惠不要荣誉的观点，把荣誉与物质待遇对立起来，也是片面的。荣誉，应该成为人们追求物质待遇的精神动力，应该视作人们的精神待遇的组成部分，不但不能放弃，而且应加倍重视。一个声名狼藉的人，一个把荣誉丢得一干二净的人，是很难实现待遇目标的，即便捞到一些“实惠”，也是有悖于道德要求的，是难以达到心理平衡的。因此，一定要珍视荣誉，一定要把个人实现待遇目标的满足感和自豪感，建立在完成和履行社会义务的基础上，建立在社会公认和社会奖赏敬重的基础上。

10.5 析“从众行为”

从众行为是人的相符行为中的一种形式，与顺从行为和服从行为等既相区别又相联系，共同作为相符行为的组成部分而存在。从众系指在实际存在或想象存在的群体压力下，个人改变自己的态度，放弃自己原先的意见，而产生和大多数人一致的行为。为了认证从众行为，这里仅列举19—20世纪美国作家詹姆斯·瑟伯（James Thurber）描写的20世纪早期美国一个城市中发生的一桩有趣事情：

在井然有序的街道上，突然，一个人跑了起来，也许是他猛然想起了与情人的约会，现在已经过了时候，于是，他向东，向马拉莫饭店跑去，那是情人见面的最佳地点。另一个人也跑了起来，他是一个兴致勃勃的报童。第三个人，一个有急事的胖胖的绅士，也开始了小跑……十分钟之内，这条大街上所有的人都加入了跑动的行列。嘈杂的声音逐渐清晰了，可以听到“大堤”这个词。“决堤了！”这充满恐惧的声音，可能是电车上一位胆怯的老妇人说的，可能是一个交通警说的，当然也可能是别的什么人说的。没有人知道究竟是谁说的，也没有人知道真正发生了什么事。但是两千多人突然都溃逃起来。“向东！”人群喊了起来。这东面远离大河。“向东去！向东去！”人人都遵循着这无声的命

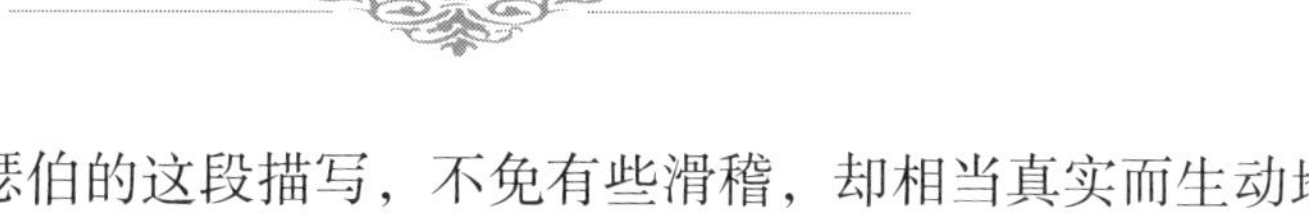

令向东疾奔……瑟伯的这段描写，不免有些滑稽，却相当真实而生动地说明了人们的从众现象。一两个人由于自己个别的原因开始以跑代步，没多久，所有的人都跑了起来。为什么呢？因为别人在跑。这就是唯一的原因。在我们的周围，类似的事情也时常可见，例如，大街上的某个商店门前突然会排起队伍，而且很快能延绵成长龙。你问排在后面的人买什么，他们往往摇头答曰不知。那又为什么要排在那里呢？因为许多人都排着。人们就这样认为：许多人愿意做的事情，准没错。产生从众心理的原因主要在于：从众行为使人获得一种安全感，什么事情有人陪着总比没有陪着，心里来得踏实。同时，法不罚众，恐怕也是人们的一种心理考虑。从众行为使人容易为群体所接受，因为人是在群体中生活的，作为群体的一员，人同群体发生着各方面的互动，人希望自己为群体所接纳，所承认，所信任，所尊重，同时还希望从群体中获得自己所想获得的信息与感情满足。

人们的从众行为有积极与消极之分。遵从、依从正确的社会规范、舆论导向，属于积极的从众行为；遵从、依从不正确的或过时的群体规范、舆论导向，属于消极的从众行为。人们在实现待遇目标的过程中都会有从众行为，问题是要确立积极的从众行为，谨防消极的从众行为。确立积极的从众行为，就是要遵循万众一心所追求的待遇目标前进，接受新思想、新观念，积极仿效和学习先进人物的行为。要做到这一点，必须努力增强对是非善恶的分辨能力，培养独立思考的本领，凡事不能人云亦云、一味盲从；要提倡做一个有主见的人，做一个站在时代前列的标新立异的待遇开拓者。

10.6 析“援助行为”

援助行为，这是社会心理学、伦理学交叉使用的概念。从社会心理学方面来看，援助行为是指与攻击行为相反的行为，即“帮助有困难的他人的行为”。日本心理学家竹村对援助的基本分类是：

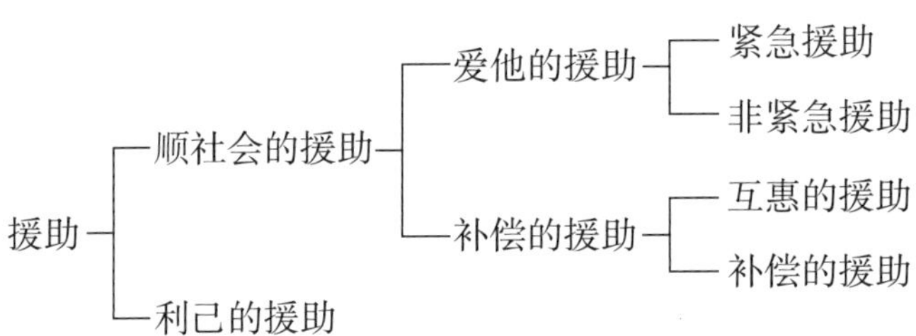

援助行为的心理学基础是什么呢？20世纪日本心理学家古烟和孝引用20世纪美国社会学家霍曼斯（George Casper Homans ）的社会交换理论和20世纪美国心理学家斯塔西·亚当斯（J. Stacy Adams）的公平理论来加以说明。霍曼斯认为，人类的行为是以受益最大而损失最小作为方向的。因为帮助他人有遭受具体的、时间的损失的一面，根据这种看法，如果没有某种更大的待遇，援助就不会发生。因此，援助就成了期待将来得到社会的承认或赞赏等待遇而进行的手段性行为。这种想法能够充分说明利己的援助，但是不能说明顺社会的援助，即爱他的行为和补偿的行为。社会交换理论在这方面作了说明和解释。霍曼斯认为，在重要的社会交换过程中自己价值的满足也就是受益，认为帮助有困难的他人具有价值时，援助本身就成为受益。因此，即使不期待外在的受益也要自发地进行援助。社会交换理论还认为，使他人受益的人在期待将来得到报答的同时，在他自己受益的时候，也认为必须报答对方。根据这点可以说明补偿的援助。上述这类社会交换的看法，由斯塔西·亚当斯在公平理论中予以发展。斯塔西·亚当斯认为受益最大、损失最小的原则不只是对个人方面，对社会整体来说也有作用。社会中个人的受益和损失差别太大，出现极端的不平均时，就产生不公正感。为了消除这种不公正感，就会出现援助，例如，碰中特等彩的人捐赠其中的一部分，这是因为与他人相比自己受益太多，为消除这种不平均而进行的援助。对遭受战乱或天灾的难民进行救济活动，是以消除损失太大而受益小的人们的不公平感为目的的。

从伦理学的角度来分析，援助行为是指人际交往中个人或团体对他人和社会所履行的道德责任。当社会上某些成员或团体遭到损失或遇到困难时，其他社会成员或团体在道义上应该给予援助，这既是维系人际关系和社会的生存发展所必需的，又是社会成员应该履行的道德义务。人们常说的“一方有难，八方支援”、“为解除他人忧难舍得倾囊相助”、“面对邪恶势力挡道见义勇为挺身而出”，就是对这种合乎道

德规范的伦理行为的肯定和褒赞。如果社会广大成员和团体都能这样去做了，都能对排除他人或个别团体的忧难义不容辞地采取援助行为，那么整个社会的凝聚力就强，人际关系就能不断优化，正义就能弘扬，邪恶就能祛除，整个社会风气也就日益净化。在伦理学上，与援助行为正相对立的是自私苟全的行为，主要表现为事不关己，高高挂起；对他人的疾苦患难漠不关心，无动于衷，“只扫自己门前雪，不管他人瓦上霜”；面临他人的疾苦，吝啬得连自己的一根毫发都舍不得赠予。这种冷漠自私的心态行为，只会浊化社会风气，造成人情冷漠、世态炎凉。

从待遇学科的角度来分析，援助行为是援助者对被援助者所实行的待遇让渡。人们在实现待遇目标的过程中，由于各种原因，有的实现得早一些、快一些、圆满一些，有的实现得迟一些、慢一些，甚至带有几分缺憾，还有的则实现得不尽顺利，有些时候还需要外力的某些援助，不然就会夭折。当最后一种情形出现时，需要其他社会成员，特别是获取待遇方面“捷足先登”者和“尽如人意”者给予相应的援助。在这种情况下，援助者就要将一部分自身待遇让渡给被援助者，使被援助者借助于这部分“转让”得以实现自己的待遇目标。一般来说，这种待遇让渡分为有偿与无偿两种。对因水灾、火灾而造成无家可归的难民捐赠食品和衣物，这种援助就属于无偿转让。以无息或低息的借贷形式援助困难的社会成员或团体，使其摆脱困境，这种援助就属于有偿转让。

待遇学科所讲的援助行为与伦理学上的援助行为是有区别的，伦理学上的援助行为一般侧重于精神的、舆论方面的援助，即道义支持、舆论褒贬等，而待遇学科上的援助行为一般侧重于经济的、实物形态的援助和支持。当然，待遇学科上的援助行为与伦理学上的援助行为也有相通之处：伦理学上的援助行为带有待遇让渡的特性，待遇学科上的援助行为也是合乎道德规范的行为。待遇学科所讲的援助行为与社会心理学上的援助行为也是既相联系又相区别的。从相互联系的一面来看，两者都强调援助所带来的受益对象，都将援助区分为有偿和无偿两种形式，从相互区别的一面来看，社会心理学上的援助行为侧重强调此行为的社会价值和公平价值，目的在于建立心理平衡机制；待遇学科上的援助行为则侧重强调待遇目标的实现和待遇成果的协调，目的在于建立待遇协调机制。

10.7 析“职业道德”

职业道德，这是伦理学上的一个重要范畴。所谓职业道德，就是从事一定职业的人们在其特定的工作或劳动中所应遵循的行为规范。职业道德是一般社会道德或阶层道德在职业生活中的特殊要求，又带有具体职业或行业活动的特征。职业道德与一般社会道德相比，具有三方面的特点：一是范围上的有限性，它表现在走上社会开始工作的成年人的意识与行为中，并且只对从事本职业的人们适用，对从事其他职业的人们则往往不适用。二是内容上的稳定性和连续性，往往表现为世代相袭的职业传统，形成人们比较稳定的职业心理和职业习惯。三是形式上的多样性。职业道德的形式，因行业而异，有多少种行业就有多少种职业道德。由于职业道德具有上述这样一些特点，所以它能够对人们的行为发生经常的、深刻的影响，形成道德约束力量，促进各项事业发展。

待遇学科也很注重职业道德的作用。人们对各种待遇目标的追求，总是通过一定的工作岗位，即通过从事具体的职业来实现的。人们不能脱离某些具体的职业，抽象地、凭空地实现某种待遇目标。人们在具体的职业范围内追求某种既定的待遇目标，首先就要遵守这一职业范围内的行为规范即职业道德。比如，在经商活动中追求“经商致富”待遇目标的人们，就应当遵守商业工作者的职业道德规范，即为生产服务，为人们生活服务；严格执行政府有关经商活动的政策和法令；买卖公平，货真价实，对顾客主动、热情、耐心、周到；接受消费者的批评监督等等。

遵守职业道德，对人们顺利实现待遇目标具有积极的促进作用。有人认为，要谋求待遇就得不择手段，就得抛开职业道德，遵守职业道德只会束缚自己的手脚。这种看法是需要纠正的，遵守职业道德，只会使自己的行为更规范化、更有效化，从而放开手脚，协调有序地实现待遇目标。这是因为，如果人们有高尚的职业道德，能够较正确地认识和使用自己的权利，履行自己的义务，能遵循自己的职业道德规范，那么就可能在从事各自职业的同时，产生出良好的社会关系和社会风尚来，这是人们实现待遇目标所不可缺少的社会条件。相反，如果人们没有高尚

的职业道德，就可能在生产经营的同时，自觉不自觉地产生出尔虞我诈等种种不良社会风尚来，这显然是不利于人们实现待遇目标的。从进一步分析上还可以看到，职业道德能促使人们自我完善，激励人们在更高层次上实现待遇目标。职业生活中的失职、利己、怯弱、傲慢、浮躁、虚伪、懒惰、狭隘、狡诈、推诿、游移、固执、猎奇、虚荣、嫉妒等不良品质，往往使人碌碌无为、一事无成或者走向与待遇目标相反的道路以至最终身败名裂；而职业生活中的忠于职守、无私、责任心、勇敢、互助、勤奋、诚实、谦虚、守信、大度、细心、顽强、坚定等优良品质，则使人们在追求待遇目标的道路上不断前进，取得成功。

10.8 析“环境道德”

环境道德是指人们在开发和利用自然资源的过程中对待自然生态环境所应遵循的行为规范。环境道德的主要要求是：每个人和每个社会集团应以造福于而不是遗祸于子孙后代的高度责任感，从社会的全局待遇和长远待遇出发，去开发和利用自然资源，发展社会生产，维持生态间的平衡；反对“竭泽而渔”、“杀鸡取卵”、“斩草除根”式的资源开发，反对转嫁公害和生态灭绝，要尽一切努力使人类的生活环境包括河流、土地、海洋和大气层等不被污染。

重视环境道德的功用、加强环境道德的教育，这是生态环境学、伦理学和待遇学科共同研究的重要内容。从待遇学科的角度来分析研究环境道德，主要是认识环境道德对于人们获取待遇的必要性和制约性，从而把谋取待遇同遵循环境道德有机地结合起来，使环境道德成为人们实现待遇目标的促进手段。

正像人们谋求待遇的活动总是在一定的职业范围内进行，因而要遵循一定的职业道德一样，人们谋求待遇的活动，又是在一定的空间环境内进行的，因而也必须遵循一定的环境道德。人们要在一定的空间环境中进行物质生产活动和其他活动，就必须注意保持生态环境的平衡。如果只讲从环境中索取，不讲对环境的偿付性的建设，只讲改造自然、利用自然，不讲顺应自然、与自然协同进化，就会使环境成为人们谋求待遇的对立物。即便是从自然环境中获取了一些暂时的、局部的待遇，但最终会损害长远的、全局的待遇。因为人类与环境是相互依赖的，人类源于自然，其本身也是自然进化的产物。生态系统中生物与生物、生物与环境之间的协同进化是非常重要的。由于人类在生态系统中的特殊地位，所以协同进化的主要内容是人与自然两者之间的、和谐的共生共荣。人类在环境面前也必须讲“道德”，即必须约束自己的行为，对自然环境也必须既行使权利，又履行义务。要把保持生态平衡作为首要的义务。如果违反了“人——环境”协同进化的要求，就会招致自然界的严酷的报复，迫使人们偿付已获得的待遇。

第十一章　待遇与公平

公平，这是社会科学各学科从不同角度交叉研究的一个课题。政治学研究的是政治公平，社会学研究的是社会公平，法学研究的是法律公平，而从待遇学科角度研究公平（包括“公正”和“平等”）问题，主要是研究待遇公平，其中包括研究待遇公平的社会制约因素、公平得以实现的诸种要求、保证待遇公平的政策措施等等。

11.1 待遇公平的制约因素

研究待遇公平问题，正像研究其他社会现象一样，不能脱离一定社会的物质生产方式和社会政治制度。待遇公平，实质上是社会的政治公平、法律公平和社会公平的综合性反映，是对社会关系和生产关系的公平性的反映。人类自从出现私有制以后，人们之间的公平的待遇关系便出现了倾斜。从奴隶社会直至资本主义社会，待遇分配不公平的状况延续了几千年，而被剥削、被压迫阶级的社会理想，也正是要改变这种不公平的待遇关系，建立一个人与人之间待遇公平合理的社会制度。社会主义制度的建立，使实现待遇公平成为可能。应该说，社会主义的宗旨就是要消灭以待遇分配不公平为特征的剥削制度，建立以公有制为基础的生产关系，从而创造待遇公平的社会经济条件。事实也是如此。社会主义的实践证明，社会主义制度确实为实现待遇公平提供了保证，并且逐步把待遇公平变为现实。

但是也应当看到，在社会主义制度下实现待遇公平，要受到一系列社会经济、政治、文化等因素的制约，因此是一个渐进的过程，只能逐步创造条件，有步骤、分阶段地最终实现待遇公平。新中国成立以来，我们在这个问题上是有过教训的，主要是脱离具体国情，超越社会的经济政治和文化条件，企图一下子实现待遇关系与待遇分配上的绝对公平，结果压制人的积极性、阻碍劳动生产率提高。实践证明，按照这种做法实现待遇公平，是行不通的。但近年来，在改革开放的新形势，又出现了另外一种值得注意的倾向，就是在新旧体制接替转换过程中，待遇分配不公平的现象又突出表现出来，引起了人们的社会心理的震荡。这和一些地方和部门推行的“牺牲公平、保证效率”的片面做法有关。

上述两种错误倾向的产生，都是由于脱离国情、脱离实际。我们必须汲取这些教训，真正在社会主义社会现实条件的基础上研究和解决待遇公平问题。当前中国社会的基本状况是，一方面，以生产资料公有制为基础的社会主义经济制度、人民民主专政的社会主义政治制度和马克思主义在意识形态领域中的指导地位已经确立，国家经济实力有了巨大增长，教育科学文化事业有了相当发展。根据这种具体的国情，我们在实现待遇公平问题上要有明确的目标、坚定的信心和积极的对策，要在已有的物质基础和社会政治进步的基础上把待遇公平问题解决得更稳妥、更扎实些，决不能任由待遇分配不公平的现象扩大和蔓延。因为当前中国人口多，底子薄，人均国民生产总值仍居于世界后列。一部分现代化工业，同大量落后于现代水平的工业，同时存在；一部分经济比较发达的地区，同广大不发达地区和贫困地区，同时存在；少量具有世界先进水平的科学技术，同普遍的科技水平不高的状况，同时存在。生产力的落后，决定了在生产关系方面，发展社会主义公有制所必需的生产社会化程度还很低，社会主义经济制度不成熟，不完善；在上层建筑方面，建设高度社会主义民主政治所必需的一系列经济文化条件不够充分，习惯势力在社会上还有广泛影响，并且经常侵袭党的干部和公务员队伍。在这种情况下，我们必须充分估计到实现待遇公平的长期性、复杂性和艰巨性。要实现待遇公平，只能从社会主义社会的具体实际出发，从大力发展生产力入手，为实现待遇公平打下坚固的物质基础。同时，要继续深化改革，加强社会主义民主政治建设和精神文明建设，为全面实现待遇公平创造政治、文化等方面的条件。如果脱离了具体国情，那么实现待遇公平只能是一种空洞的道德理想。

由此看来，在现阶段解决待遇公平问题，应当着眼于两个方面：一

是要把实现待遇公平作为坚定不移的目标，采取行之有效的措施保证这一目标的实现，防止和克服待遇分配不公平的现象；二是要立足国情，从现有的条件出发，从办得到的事情做起，稳步推进，积小胜为大胜，循序渐进地实现待遇公平的目标。这两个方面不能对立起来，不能顾此失彼，要互相衔接、密切配合，制定正确的方针和步骤，使待遇公平真正有可能变为现实。

11.2 待遇公平的奋斗目标

为了社会成员有尊严地生存和更好地发展，为了满足每一个社会成员不断增长的物质和精神待遇的需要，为了社会的安全运行和健康发展，我们必须有一个共同的准则，这个共同的准则就是社会公平，即社会公正和社会平等。社会公平（公正平等）是人类社会具有永恒价值的基本理念和基本行为准则。正如20世纪美国政治家约翰·罗尔斯（John Bordley Rawls）所说："正义是社会制度的首要价值，正像真理是思想体系的首要价值一样。"社会公平对一个社会来说是至关重要的。

第一，社会公平是现代社会的基本制度设计与安排的基本依据。一个社会的"正常运转"有赖于体系化规则的存在。一个社会没有规则，就意味着社会秩序的脆弱，意味着社会民众的行为安全、心理安全缺乏基本的保障；没有规则，就意味着社会成员之间的互动缺乏必要的信任；没有规则，就意味着民众的"长期化行为"缺乏制度层面的支撑。而一个社会中最为重要的规则体系就是制度。就制度的设计与安排而言，需要有基本的价值理念作为其依据。现代社会中的制度设计与安排，必须以社会公平等的基本理念为依据，否则，便会成为一个"不定型"的社会，或是一个畸形化的社会。约翰·罗尔斯指出："一个社会，当它不仅被设计得旨在推进它的成员的利益，而且也有效地受着一种公开的正义观管理时，它就是组织良好的社会。亦即，它是一个这样的社会，在那里：（1）每个人都接受、也知道别人接受同样的正义原则；（2）基本的社会制度普遍地满足、也普遍为人所知地满足这些原则。"

第二，社会公平对于效率的生成与促进具有举足轻重的意义。对社会潜能的激发、人力资源的充分开发而言，社会公平的机会平等规则和按照贡献进行分配规则具有不可替代的作用。对此，至少可以从两个方面来理解。一方面，在参与财富等社会资源分配之前，机会平等的规则要求摒弃先赋性的因素（如特权、身份、等级）等不公平因素的影响，保证每一位社会成员能够有一个平等竞争的条件，能够得到公平的对待，能够通过自致性的努力最大限度发挥自己的能力。另一方面，在参与财富等社会资源分配时，遵循按照贡献进行分配的公平规则，就能够使社会成员得到自己所应得到的那一份。如是，便可以将社会成员的待遇驱动纳入一个良性的轨道之中，充分地激发社会活力。

第三，社会公平是社会实现安全运行的必要条件。只有遵循公平的规则，社会的各个阶层才能实现良性的互动，才能形成有效的、持续的整合与合作。对一个社会来说，最大的潜在动荡因素是来自社会内部各个阶层之间的隔阂、不信任、抵触和冲突。通过对社会成员基本待遇和基本尊严的保证，通过必要的社会调剂，社会各个阶层之间的隔阂能够得以最大限度的消除，至少是缓解，进而可以减少社会潜在的动荡因素。一个社会只要能够提升其公平程度，那么，社会问题出现的种类与强度均会减少或减小，同时社会也可以增强解决已经出现的社会问题的力度。比如，只要一个社会有效地实施公平的社会调剂规则，就会使中等收入群体成为社会的主流群体，成为一种维护社会安全运行的强大力量。

第四，社会公平可以保证社会的健康发展。社会的发展应当是以人为本的发展，这一看法已被广泛认同。这里所说的“人”，是指绝大多数社会成员，而不是少数的社会成员。这一观点还可以进一步转换为这样的说法：社会发展的基本宗旨是人人共享、普遍受益。这里又出现了一个问题：怎样才能实现社会发展的基本宗旨？显然，只有遵循社会公平的基本规则，方能实现这一宗旨。一个社会遵循社会公平的基本规则，就能够使绝大多数社会成员受益，从而实现真正意义上的发展，避免只有少数人受益的“有增长无发展”的情形，遵循社公平的基本规则，可以充分激发各个阶层以及绝大多数社会成员的潜能，使社会成员按照各自具有的贡献得到有所差别的回报，从而在总体上杜绝平均主义出现的可能性；遵循社会公平的基本规则，可以实现社会的有效整合和社会的团结。所有这一切，毫无疑问，可以从总体上保证社会的健康发展。

社会公平的精义是给予每个人他所应得。社会公平对于整个社会、对于每一个社会成员都具有首要的价值意义，而且，随着现代化进程和

市场经济进程的推进，公平的作用越来越凸显，同时公平也越来越被赋予更多更新的含义和内容。那么，我们究竟需要一个什么样的公平社会呢?

我们需要一个人人共享普遍受益的社会。社会的发展应当是以人为本位的发展。正如马克思所说："任何一种解放都是把人的世界和人的关系还给人自己。"以人为本的发展有两层含义：一是指相对于人类物质层面上的事物如科学技术以及经济方面的内容而言，人类应当具有主体的意义，而不能沦为其附属物；二是指在社会发展基本宗旨的层面上，应当以每一个社会成员的基本待遇为基本着眼点。显然，以人为本理念的后一层含义同社会公平有着直接的关系。在现代社会的条件之下，以人为本的发展应当具体表现为人人共享、普遍受益。人人共享、普遍受益的含义是，社会发展的成果对于绝大多数社会成员来说应当具有共享的性质，即随着社会发展进程的推进，每个社会成员的尊严应当相应地更加得到保证，每个社会成员的潜能应当相应地不断得以提高，每个社会成员的基本待遇应当相应地持续不断地得以满足，其生活水准应当相应地得以不断提高。相反，如果社会财富越来越集中在少数社会群体、少数社会成员一方，那么就说明社会发展的成果只是为少数社会群体、少数人所享用。而这样的发展不是真正的发展，只是另一种意义上的"无发展的增长"。既然社会发展的基本宗旨是为了绝大多数的人，那么，人人共享、普遍受益就必然成为社会发展的终极目标。

我们需要一个人人具有尊严的社会。在人尚未脱离动物界的时候，是谈不上尊严问题的。人一旦脱离了动物界而具有人的自我意识之后，人便具有人的种属尊严（"类尊严"）即"人的尊严"。人的尊严程度、人的尊严感是随着社会的逐渐进化而逐渐强化的。人的种属尊严存在于每个人那里，是通过每一个具体的社会群体、每一个具体的个人体现出来的。在现代社会和正在走向现代社会的国家，这种尊严更是应当为每个人所具有，应当为整个社会所重视。社会共同体中的每一个成员都应当具有同样的尊严，换言之，在现代社会，尊严也是每一个人的基本的，而且极其重要的待遇。所以，当一个社会的基本制度存在缺陷的时候，如果某个社会群体（一般来说是弱势群体）、某些人甚至某个人的尊严受到践踏，比如基本生活状态的极度贫困导致人的基本尊严丧失，人身依附关系造成了个体人独立性的缺乏，等等，那么，需要我们注意的是，这不单单是某个社会群体、某些人、某个人的尊严受到了践踏的问题，而是我们整个人类的尊严受到了践踏。对于一些群体、一些人、一个人尊严的践踏，就必定意味对于人类尊严的践踏，就意味着把人降到了“非人”的地步。如果这种践踏是跟社会制度的重大缺陷直接相连的话，那么，这就说明：本来，我们每个人都有可能是受践踏者，只是出于某些偶然性的原因才避免了这种践踏。只要我们稍微理性一些的话，便不会把这种偶然的“幸运”看作是一件极为正常、十分必然的事情，而会引起一种普遍的警惕。可见，维护每个社会成员的尊严，是现代意义上的公平的基本功能。

我们需要一个平等自由的社会。由人的种属尊严必定会引出人人平等的观念。对于现代意义上的平等理念，恩格斯是这样解释的：“一切人，作为人来说，都有某些共同点，在这些共同点所及的范围内，他们是平等的，这样的观念自然是非常古老的。但是现代的平等要求与此完全不同；这种平等要求更应当是从人的这种共同特性中，从人就他们是人而言的这种平等中引申出这样的要求：一切人，或至少是一个国家的一切公民，或一个社会的一切成员，都应当有平等的政治地位和社会地位。”自由与平等这两个理念密切相关，难以分割。人们往往把自由、平等、博爱这三个词连为一个固定用语。没有平等的自由，就像没有自由的平等一样，是不能想象的。如果说两者还有差别的话，那就是，平等侧重于对个体人基本种属的肯定和保护，而自由侧重对个体人所具有的个体差异的尊重和保护。马克思、恩格斯对于自由问题极为看重。1894年，也就是在恩格斯逝世的前一年，恩格斯在答复19世纪末20世纪初意大利社会主义者朱塞佩·卡内帕（Giuseppe Canepa）时说：“我打算从马克思的著作中给您寻找一行您所要求的题词。马克思是当代唯一能够和伟大的佛罗伦萨人相提并论的社会主义者。但是，除了从《共产党宣言》（意大利刊物《社会评论》第35页）中摘出下列一段话外，我再也找不出合适的了：‘代替那存在着阶级和阶级对立的资产阶级旧社会的，将是这样一个联合体，在那里，每个人的自由发展是一切人的自由发展的条件。’”显然，平等和自由是现代意义上社会公平最为基本的理念依据，也是现代意义上社会公平的一项重要内容。舍此，则无法区分传统意义上的社会公平与现代意义上的社会公平两者之间的差别。

我们需要一个机会均等的社会。机会，是指社会成员生存与发展的可能性空间和余地。对于每一位社会成员而言，机会是一种资源，而所谓的机会均等，是指社会成员在解决如何拥有作为一种资源的机会问

题时应遵循这样的原则，即平等的应当予以平等的对待，不平等的应当予以不平等的对待。由于从理论上讲这一原则是在社会财富等资源形成之前就应当具有的，因而不妨将之视为社会公平的事前原则。大致地说，机会均等具有这样两层具体的含义：第一，生存与发展机会起点的均等，这就是说，凡是具有同样潜能的社会成员应当拥有同样的起点，以便争取同样的前景。这是机会均等原则的最为基本的要求。第二，机会实现过程本身的均等。起点的均等固然很重要，但如果仅仅限于此，则是远远不够的。机会的实现过程对于最终能否实现机会均等的原则也有着重要的意义。机会的实现过程必须排除一切非正常因素的干扰。这至少要做到：一是阻碍某些人发展的任何人为障碍，都应当被清除；二是个人所拥有的任何特权，都应当被取消；三是国家为改进人们之状况而采取的措施，应当同等地适用于所有的人。只有起点和过程均是公正的，才有可能保证结果也是公正的。从机会对于不同层面社会成员所具有的不同意义的角度着眼，可以把机会均等分为“共享的机会均等”（共享机会）和“有差别的机会均等”（差别机会）这样两种类型。所谓共享的机会均等，是指从总体上来说每个社会成员都应当具有大致相同的基本发展机会。而所谓有差别的机会均等，是指社会成员之间的生存与发展的机会不可能是完全相等的，应有程度不同的差别。在现代社会，这两者是一个有机整体，共同构成了机会均等的理念与准则。作为一种重要的价值取向，机会均等的理念与准则对于现代社会有着十分深远的影响。它以个体人为基本出发点，主张确立一种自致性的努力方向以开发每个社会成员的潜能，并为社会成员提供一种平等竞争的公平环境，而力图消除先赋性等影响个人发展的不正常因素。机会均等的理念与准则为社会成员提供了广阔的选择余地和有效的发展空间，提供了更高的发展期望，同时还提供了发展的基本规则，从而激发了现代社会的活力，提升了社会进步的质量。

我们需要一个按贡献分配的社会。对现有的社会资源如何进行分配，最直接地体现了社会公平原则的兑现程度。由于从理论上讲这一问题是发生在社会财富等资源形成之后，因而可将之称为社会公平的事后原则。在社会财富等资源形成过程中以及与此有所关联的事情中，每个社会成员所投入劳动的数量和质量、所投入的生产要素不可能是相同的，因而各自对于社会的具体贡献是有差别的。根据每个社会成员的具体贡献进行有所差别的分配，一方面体现了平等的理念（尤其是平等的劳动权利），另一方面更体现了自由的理念，充分尊重并承认了个体人对于社会各自不同的具体贡献。按照贡献进行分配，是把个体人对社会的具体贡献同其切身待遇紧密地结合在一起。从实际效果来看，这有利于调动每个社会成员的积极性，有利于激发整个社会的活力。这是同现代社会完全相适应的一种分配原则，也符合市场经济的现实规则。在是否将按照贡献进行分配作为分配的一项重要原则方面，是没有多少歧义的，关键在于对按贡献分配这一分配原则的重要程度存在不同看法。约翰·罗尔斯的有关看法带有明显的福利社会主义的色彩。他在谈论分配时重心明显地放在“最少受惠者”的一边，而对在分配过程中居于优势的社会成员有着一种本能的防范。例如，其“差别原则”主张，在许可的范围内，使社会待遇的分配做到使最少受惠者得到最大待遇。这种看法得到不少人的称道。应如何看待约翰·罗尔斯的这种见解？需要我们注意的是，约翰·罗尔斯的看法有一定的道理，但他是在现代化程度较高、市场经济相对成熟的背景下提出这一见解的。类似于中国这样的发展中国家，目前所面临的主要问题是怎样才能够把社会财富等资源的“蛋糕”做大，否则，其他一切将无从谈起。在发展程度、市场化程度都比较低的条件下，如果不加分析地照搬约翰·罗尔斯的观点，那么很有可能会产生一种“削峰平谷”的社会效果，保护甚至是强化平均主义的已有痼疾，从而削弱了社会的活力。当然，我们也不应当走向另一个极端，将分配的中心放在“最大受益者”的一边。

我们需要一个具有完善调剂功能的社会。社会资源分配结构的不完善、市场经济的风险、家庭“遗传”优劣势的不同以及个人能力的不同等诸种因素的存在，致使初次分配之后社会成员在财富的占有方面不可避免地存在着贫富差距过大等不公现象，并进而导致社会成员生存与发展的具体处境极不相同。而过于悬殊的贫富差距背离了社会发展的基本宗旨，即人人共享、普遍受益的原则，必定会给社会带来一系列负面的效应，如降低社会的整合程度，引发社会的隔阂和冲突，阻碍工业化以及民主化进程的顺利推进，阻碍现代化的正常成长，等等。因此，社会有必要也有责任进行初次分配之后的社会调剂。作为社会公平重要内容之一的社会调剂原则，其主要内容是，立足于社会的整体待遇，对于初次分配后的待遇格局进行必要的调整，使社会成员能够普遍地不断得到由发展所带来的待遇，从而使社会的质量不断地有所提高。社会调剂的方式包括多方面的具体内容，如实现充分就业，建立完善的税收机制，

实现大众化的教育，为社会成员提供必不可少的社会保障与社会福利，营造公平的社会环境，等等。显然，只要社会调剂是有效的，那么贫富差距完全有可能被控制在一个合理的范围之内。比如，对于现时十分富裕的个人或是家族来说，往往是富不过几代人。之所以这样说，是因为他们在世的时候，需要缴纳累进税；去世时，其后人又必须缴纳遗产税。这样一来，不论一个人在世拥有多少财产，经过缴纳累进税和遗产税，几代人之后，这些财产的大部分最终将归社会所有。

我们需要一个现代发达的公平社会。在不同的历史阶段，人们对于社会公平有着不同的理解，而且，随着历史进程的推进，社会公平的含义也在逐渐地丰富并与人的“本性”越来越接近。我们所追求的是现代意义上的、真正的社会公平。这里，就涉及一个极为简单却容易被人们忽略的常识性道理：高度发达的生产力，是实现真正的、现代意义上的公平社会所必不可少的前提条件。只有以高度发达的生产力为基础，一个社会才具备相应的社会经济资源，才能为社会公平的实现提供必需的方式和途径。发达的物质基础是现代意义上社会公平的基本支撑。我们注意到，马克思、恩格斯在谈论社会公平时，总是把高度发达的物质条件作为最为重要的前提性条件。“通过社会生产，不仅可能保证一切社会成员有富足的和一天比一天充裕的物质生活，而且还可能保证他们的体力和智力获得充分的自由的发展和运用。”1992年，邓小平在其著名的南方谈话中，也明确地指出：“社会主义的本质，是解放生产力，发展生产力，消灭剥削，消除两极分化，最终达到共同富裕。”显然，邓小平是把解放生产力、发展生产力视为实现社会公平的根本前提。需要特别注意的是，在生产力落后的条件下，也就是在社会经济资源匮乏的条件下，如果要刻意地制造一个公平社会的话，那只能制造出一个貌似“平等”的平均主义社会。就本质而言，平均主义也是一种剥削，是贡献较小者、能力较弱者对于贡献较大者、能力较强者的一种剥削。平均主义所强调的是一种每个人最终结果的均等、最终状况的相似，而不是机会的平等；它所强调的是以社会整体为本位，漠视个人的价值，甚至借口社会整体的待遇而牺牲个人正常而合理的待遇。平均主义这种不公的社会现象对社会必定会造成极大的危害。在这方面，中国曾有过惨重的教训。因此，中国若想建成一个公平的社会并避免重蹈平均主义的覆辙，就必须极为重视公平社会得以确立的前提性条件——大力发展生产力。舍此，事关社会公平的一切问题将无从谈起。

11.3 待遇公平的基本规则

现代意义上的待遇公平的具体内容和规则主要表现在以下四个方面：

11.3.1 基本待遇公平的保证，亦即底线的规则

这一规则强调的是，只要一个人来到世上，他就具有不证自明的基本待遇公平，这些包括生存待遇公平、就业待遇公平、社会保障待遇公平、受教育的待遇公平等等。社会对社会成员的这些基本待遇公平，必须予以切实的保证。只有对社会成员的基本待遇公平予以切实的保证，才能够从最起码的底线的意义上体现出对个体人缔结社会的基本贡献和对人的种属尊严的肯定，才能够从最本质的意义上实现社会发展的基本宗旨亦即以人为本的发展的基本理念，也才能够从最有实效的意义上为社会的安全运行确立起必要的条件。必须看到，在谈论人的基本待遇公平时，人的基本待遇公平所包括的内容并非一开始就如此全面，而是随着时代的发展逐渐丰富和不断提高扩大的，对于每项基本待遇公平的要求程度也是在逐渐提高的，如各个国家贫困线标准（绝对贫困标准）就说明了这一点。还必须看到，对发展中国家来说，社会成员基本待遇公平在全社会范围内的全面确立还需要经历一个过程，不宜笼统地完全以现代社会的标准来衡量。但无论如何，生存待遇公平、就业待遇公平、受教育待遇公平以及社会保障待遇公平，是发展中国家的每个社会成员所必须拥有的，而且这几项基本的待遇公平的重要意义要明显超过发达国家相应待遇公平的意义。比如，同样是生存待遇公平，对发达国家来说已经是不成问题的事情了，但对发展中国家尤其是发展程度较低的发展中国家来说，往往是至关重要的问题。

11.3.2 机会均等，亦即事前的规则

在社会财富形成或目标达到之前，人们应当遵循什么样的规则？这

就是机会均等的规则。由于这一规则是在社会财富形成或目标达到之前起作用的，因此，可以将这一规则称为事前规则。机会实际上是指社会成员发展的可能性空间和余地。机会直接影响着未来的分配状况，机会的不均将导致未来发展可能结果的不均，因而从分配的意义上讲，机会的条件是一种事前就有所“安排”的规则。不应低估机会问题对于整个公平体系的重要意义，它是在为每个社会成员的具体发展提供一种统一的规则。20—21世纪美国经济学家詹姆斯·麦基尔·布坎南（James M. Buchanan）指出：“促使经济—政治比赛公正进行的努力在事先比事后要重要得多。”机会均等有两个层面的含义：一是共享机会，即从总体上来说每个社会成员都应有大致相同的基本发展机会；二是差别机会，即社会成员之间的发展机会不可能是完全相等的，应有着程度不同的差别。根据平等的理念，每个社会成员应当具有相同的发展，因而在发展机会面前也应是人人平等。从现实的角度讲，就社会成员所面对的最一般的（非复杂的）劳动等机会而言，社会成员有着相似的发展潜能，其基本的劳动技能能够大致具备。可见，在属于社会成员共享的发展机会的层面上，应该而且能够实现平等。

11.3.3 按照贡献进行分配，亦即事后的规则

对于现有的社会资源如何进行分配，最直接地体现了社会公平原则的兑现程度。由于从理论上讲这一问题是发生在社会财富等资源形成之后，因而可将之称为社会公平的事后原则。在社会财富等资源的形成过程中以及与此有所关联的事情中，每个社会成员所投入的劳动的数量和质量、所投入的生产要素不可能是相同的，因而各自对于社会的具体贡献是有差别的。根据每个社会成员的具体贡献进行有所差别的分配，一方面体现了公平的理念（尤其是公平的劳动权利）；另一方面更体现了自由的理念，充分尊重并承认了个体对于社会各自不同的具体贡献。按照贡献进行分配，是把个体人对社会的具体贡献同其切身待遇紧密地结合在一起。从实际效果来看，这有利于调动每个社会成员的积极性，有利于激发整个社会的活力。这是同现代社会完全相适应的一种分配原则，也符合市场经济的现实原则。从学理的角度看，问题的关键在于如何理解社会合作的作用。反对在分配过程中出现明显差距的学者如约翰·罗尔斯等人往往都坚持这样一种理由：社会财富等社会资源的形成，

都离不开社会合作，而且，在社会合作过程中每个社会成员的作用难以区别大小。每个对社会贡献比较大的个体人都是充分使用了社会合作这一形式，否则，他们将一事无成。基于这样的考虑，自然也就得出了结论：在社会合作基础之上的分配就不应当有过于明显的差距。社会财富等社会资源固然离不开社会合作，但应当注意的是：第一，在同样一种社会合作中，每个社会成员的作用不可能是完全一样的。在社会合作中，有的社会成员起着一种创造性的、组织的主要作用，有的社会成员则仅仅起着一种参与的相对次要的作用。第二，社会合作有现实的和可能的之分。并非所有可能的社会合作都会变成现实的社会合作，一些可能的社会合作可能由于无人去具体组织而归于消失，而这对于社会来说无疑是一种潜在的浪费。如果能有人将可能的社会合作变成现实的社会合作，那么，这个人在社会合作中的作用肯定会大于别的社会成员。显然，即便是从社会合作的角度来谈论分配，也应充分地将个人在社会合作中的不同贡献反映出来，不应以每个社会成员在社会合作中的不可或缺性为理由，而将每个社会成员的作用一概地予以平均化的处理。

11.3.4 社会调剂，亦即社会调剂的规则

这一规则的主要内容是，立足于社会的整体待遇，对于初次分配后的待遇格局进行一些必要的调整，使社会成员普遍地不断得到由发展所带来的待遇，进而使社会的质量不断提高。同社会公平的第一项规则即保证规则不同的是，这一规则所强调的是“发展型”或“增长型"的救援。为了实现有效的社会合作，每个社会成员对于社会整体而言，不仅具有一定的权利，同时也必须负有一定的责任，尽一定的义务。具体到分配方面，社会有责任对在初次分配过程中处在明显不利境地的社会成员进行必要的调剂，以推动社会的整体化发展。社会公平的调剂规则有着重要的意义。一方面，通过调剂规则，众多的已得到保护原则支援的那部分社会成员可以进一步改善自身的生活环境，增强自身的发展能力，社会公共生活领域的范围不断扩大、质量不断提高。于是，从全社会的范围来看，社会成员的整体生活与发展水平便会因之普遍得以上升，并使整个社会的发展能力与整个社会机体的质量得以提升，进而实现社会的整体化发展。另一方面，通过调剂规则，社会成员由于初次分配所出现的一些诸如在收入方面的差距可以程度不同地得到缩小，群体

与群体之间、阶层与阶层之间许多由于物质待遇而引发的抵触和冲突也可以程度不同地得到缓解，有些潜在的抵触与冲突甚至可以被消除，从而使整个社会最大限度地降低事故率，实现一种相对稳定的正常运转。社会公平调剂规则与保证规则在层次上有着明显的差别。社会公众的保证规则是立足于确保社会成员的基本待遇，而公平的调剂规则则是注重在相对较高的层面上推动广大社会成员的进一步发展。比如，同样是重视教育，公平的保证规则强调的是普及全民的初级教育，而公平的调剂规则侧重通过加大奖学金的力度等方式来尽可能地扩大社会成员接受高等教育的面。当然，还应看到，这两个规则又是有所联系的，调剂规则的实施是以保证规则的实施为前提条件的，即从时序上看，是一前一后。我们在谈论社会公平的调剂规则时，应防止出现两种比较常见的由于过度强调整体而出现的偏颇。一种偏颇是，由于过分强调社会整体的待遇，而轻视个人的待遇，将后者视为前者的依附物，认为为了社会整体的待遇可以随时牺牲个人的待遇。另一种偏颇是，一切均从社会整体的角度出发从而形成一种绝对平均主义，对社会成员进行整齐划一的处理，人均一等份，消除社会成员之间的一切差距。这两种偏颇在新中国成立后都曾存在了很长的时间，给中国社会造成了深远的负面影响。

11.4 待遇公平的价值取向

理清待遇公平的基本价值取向问题至关重要。在这个问题的理解上稍有偏差，就会导致对待遇公平基本规则的理解以及对基本待遇公平而进行的制度安排和社会政策的制定的重大偏差。可谓是差之毫厘，谬以千里。从待遇公平的基本规则的分析当中，我们可以看到，在现代社会和市场经济条件下，待遇公平的基本价值取向实际上包括以下两个相辅相成、缺一不可的基本内容：

第一，让全体社会成员能够共享社会发展成果。社会经济的发展应当是以人为本的发展，而且应当是以全体社会成员为本的发展。邓小平认为："我们是社会主义国家，国民收入分配要使所有的人都得益。"如果一个社会的发展结果只是少数人受益、多数人受损，那么这个社会的发展便失去了最为基本的意义，这个社会的发展不是真正的发展，这

个社会必定是一个病态的社会，而不是一个健康的社会。社会成员共享社会发展成果包括这样几层含义：其一，每个社会成员的基本尊严和基本生存条件能够得到维护和满足。其二，每个社会成员的基本发展条件能够得到保证。其三，每个社会成员的生活水准和发展能力能够随着社会经济发展进程的推进而不断地得以提升。

第二，为每一个社会成员的自由发展提供充分的空间。寻求人的“自由而全面的发展”，是马克思一生孜孜以求的目标。马克思指出：“代替那存在着阶级和阶级对立的资产阶级旧社会的，将是这样一个联合体，在那里，每个人的自由发展是一切人的自由发展的条件。”在现代社会和市场经济条件下，每一个社会成员都是一个具有自主意识和独立选择权利的“自然人”，是一个同他人一样的独立的个体人。在法律允许的范围之内，每个社会成员是自由、自主的。同时需要看到的是，社会成员之间是有差异的。由于种种先天性的因素以及资源的有限性，个体人在诸如禀赋、能力等自然条件方面以及社会生活环境、机遇等社会条件方面不可避免地存在着种种差异，因而个体人各自的发展机会和发展潜力很不相同。这也就导致个体人在以后各自发展的结果如财富、声望、地位等方面的许多差别。正是基于前述两个方面情形，保护每个社会成员自由发展的空间，以求得每个社会成员“各尽所能、各得其所”便成为社会公平的另一基本价值取向。为每一个社会成员的自由发展提供充分的空间，亦即社会成员“各尽所能、各得其所”的主要内容包括：其一，机会均等。机会均等是指，生存与发展机会起点应当是均等的，即凡是具有同样潜能和相同意愿的社会成员应当拥有同样的起点，以便争取同样的前景；机会实现过程本身应当是均等的，机会的实现过程必须排除一切非正常因素的干扰。其二，按照贡献进行分配。在社会财富等资源的形成过程中以及与此有所关联的事情中，每个社会成员所投入劳动的数量和质量、所投入的生产要素不可能是相同的，因而各自对于社会的具体贡献是有差别的。所以，应当按照每个社会成员贡献的具体状况进行分配。

必须看到的是，对于社会的安全运行和健康发展来说，社会公平的两个基本价值取向各有其重要功能：一是“保底”，二是“不封顶”，两者缺一不可。社会公平第一方面的基本价值取向就是让全体社会成员能够共享社会发展成果的主要功能在于，确保并不断提升全体社会成员生存与发展的基本底线，以此最大限度地消除社会成员之间的隔离因

素，使发展成为全体人民的共同事业，增强整个社会的团结合作，从而最终实现发展的目的。社会公平第二方面的基本价值取向，就是为每一个社会成员的自由发展提供充分空间的主要功能在于，把每个人的具体追求以及对社会的具体贡献同自身的切身待遇紧密地结合在一起。从实际效果来看，这有利于调动每个社会成员的积极性，激发整个社会的创造活力。社会公平的这两项基本价值取向是一个有机整体，相辅相成、缺一不可。前者的功能在于为每个社会成员提供一个“兜底”、“保底”的东西，后者的主要功能在于“不封顶”，鼓励每一个社会成员自由而充分的发展，激发整个社会的创造活力。缺少其中的任何一项，社会公平便不具备完整的意义，就会走向不公平。一个社会如果只是遵循了第一方面的基本价值取向，换言之，只是强调让全体社会成员能够共享社会经济发展成果，而忽略了使每一个社会成员都能够拥有充分的自由发展空间的基本价值取向的话，那么这个社会必定会成为一个平均主义的社会、一个没有活力的社会。相反，一个社会如果只是遵循使每一个社会成员都能够拥有充分的自由发展空间的基本价值取向，而忽略了让全体社会成员能够共享社会经济发展成果的话，那么这个社会必定是一个贫富差距越来越大、动荡不安的社会。人们对于社会公平基本价值取向的理解，有时只是注意了其中的一项内容，因而很容易对社会公平做出以偏概全的理解。比如，有人只是强调共享是社会公平的基本价值取向，有人只是强调机会均等或是按照贡献进行分配是基本价值取向，这些都是对社会公平基本价值取向的片面理解。而建立在对社会公平片面理解基础上的制度设计和政策制定必定是片面甚至有害的。

11.5 待遇公平的立足点

在谈论待遇公平的基本问题时，还有一个问题十分重要，这就是待遇公平的基本立足点问题。这个问题如果不搞清楚，那么对于待遇公平的理解同样也会出现重大的误差。

待遇公平应当是以维护每一个社会成员或是社会群体的合理待遇为基本出发点，而并不意味着一定要刻意地站在哪一个特定社会群体的立场上来制定带有整体性的社会经济政策和设计基本制度。这是因为，一旦站在特定社会群体的立场来制定带有整体性的社会经济政策或设计基本制度，那么便会不可避免地使基本政策或基本制度带有明显的倾向性，从而损害其他社会群体的合理待遇。

待遇公平的基本精义是给每个他所“应得”，即维护每一个社会成员和社会群体的合理待遇。无论是哪一个社会群体，只要其待遇需要是合理的，那么都应当予以一视同仁的保护。具体言之，既要确保每一个社会群体、每一个社会成员基本的生存底线，又要为每一个具有发展潜力的社会群体和社会成员提供充分的自由发展空间，以求得每一个社会群体和每一个社会成员“各尽所能、各得其所”，实现社会群体之间、社会成员之间的互利互惠。在现代社会和市场经济的条件下，由于社会分工的职业化，由于结构的多样化，由于构成社会群体的每个社会成员都有着均等的机会，因此，社会的每一个群体对于现代化建设和市场经济运行来说都是不可替代的，同时各个社会群体相互间是平等的。在现实社会中，每一个群体都有可能遇到不公平对待的问题，尽管角度不尽一致。有鉴于此，基于待遇公平，国家对于社会各个群体的基本态度应当是，不能厚此薄彼，不宜刻意地站在哪一个特定社会群体的立场上，抬一个，压一个。待遇公平应当是站在社会整体待遇的立场上，以维护每一个社会成员的基本平等与合理为基本出发点，不管这个人是穷人，还是富人，是多数人群体中的成员，还是少数人群体中的成员，是黄肤色人，还是白肤色人，是城市人，还是农村，只要属于基本待遇范围内的事情，都应该得到一视同仁的保护。而且，在解决某一社会群体所面临的不公平对待问题时，不能损害另外社会群体的合理待遇。

我们甚至还不能笼统地说，在任何情况下一切以多数人的意见为标准来制定政策，或者是通过简单多数的表决形成的意见就一定是合理公平的。理由是：其一，少数人少数群体也有自己的合理待遇，而从法理上讲，这些待遇与多数人多数群体的基本待遇是平等的，不能随便剥夺。任何人、任何群体的待遇，只要是合法的，就应当得到国家一视同仁的保护。换言之，社会成员的待遇是否应当得到国家的保护，取决于其待遇是否合法，而不是取决于其人数的多少。其二，少数人少数群体的平等待遇与合理待遇如果得不到应有的保障，那就往往意味着，从长远角度看多数人多数群体的平等与合理待遇都不会有着稳定的边界，都不会具有安全的保证，都不会具有一种确定性。今天牺牲这批少数人，明天牺牲另一批的少数人，后天牺牲再一批少数人，加起来就是一大批人。可以说，在未来一段很长的时期里，多数人当中的每一个人都有可能成为少数人。所以，正是从这个角度上讲，如果对少数人少数群体的平等待遇与合理待遇进行了有效的保护，就意味着所有社会成员的平等与合理的待遇都会得到长远的、制度化的、常态化的、根本性的保护。

由此可见，只有将待遇公平放到一个相对客观、“中立”的立场上，以维护每一个社会群体和社会成员平等与合理待遇为基本出发点，才能制定“不偏不倚”和“相对客观公平”的社会经济政策和制度，才能做到公正平等，才能有效地促成社会各个群体“各尽所能、各得其所”以及互惠互利，才能实现富裕群体的待遇增进与弱势群体的生活改善两者之间的同步化，才能有效防止公权不恰当的越界扩张，才能既充分开发社会活力，又提升整个社会的信任程度和整合程度。

具体到现实社会，对于待遇公平如果把握不当，容易造成两种可能的有害倾向：一种可能的有害倾向是，可以站在能力较强、处在某种“强势”位置的少数人群体的立场上，来制定事关全局的社会经济政策。比如，在某个特定的时期，出于迅速拉动经济的考虑，某些部门、某些地区过于重视对富裕群体的“激励”，从而制定了某些对富裕群体过分优惠的政策。这种做法在短期内或许带来某种积极的效应，但是，一旦将之固化成为常规化的制度安排和基本政策，那么势必会造成少数人群体受益而多数人群体待遇受损的情形。在这样的情形下，社会成员共享社会经济发展成果的基本宗旨就不可能实现，社会经济的总体发展就有可能出现一种“有增长无发展”的状态。另一种可能的有害倾向是，刻意站在能力较弱、处在某种“弱势”位置的多数人群体的立场上来制定事关全局的社会经济政策。比如，出于片面地对共享社会发展成果理念的理解，将弱势群体提出的所有要求都视为合理的，一切以弱势群体的要求为标准，并据此制定过于平均化的社会经济政策。这种做法会直接导致平均主义的抬头，损害少数人群体的合理待遇，损害经济的发动机，并最终导致社会活力大幅度降低的局面，从而延误整个国家的发展进程。

需要注意的是，在某个特定的时段，由于具体历史条件的不同，因而不同的社会群体所遇到的不公平对待的种类和严重性程度是不尽相同的，对于社会所造成的负面影响也是不尽一致的。所以，在不同的历史条件下，维护与实现待遇公平具体任务的重心应当是有差别的。比如，在改革开放初期，为了破除平均主义和计划经济体制的负面影响，出于维护社会公平和激发社会活力的考虑，社会有必要对从数量上看是少数

的、能力较强的人予以保护和鼓励；而在现阶段，由于中等偏低收入者和低收入者人数比重比较大，贫富差距过大的现象比较严重，已经对中国社会经济的发展造成了许多不利的影响，因此，维护与实现待遇公平的一项重要任务便是要解决这一问题，以实现社会成员共享发展成果的基本宗旨。但是，无论是哪一种任务的实施，都不能同时损害另外群体的合理待遇，否则，便会造成新的不公平现象。

11.6 待遇公平的基本关系

实现待遇公平除了上面所讲到的要具备经济、政治、文化等条件外，还要根据待遇的生成变化及其关系转换的特点，处理好有关待遇公平的具体关系。

11.6.1 待遇公平与提高效率

待遇公平与效率的关系问题，是一个古老而崭新的课题。在原始社会，由于效率低下，生产力处于极不发达的状况，注定了只能实行以“共同劳动，共同占有生产成果”为特征的原始共产主义制度。这是一个低效率与低层次公平相结合的社会。在奴隶社会和封建社会，一极是少数人占有大量的待遇成果，另一极是多数人被剥夺了艰辛劳动创造的待遇成果。这两个社会都缺乏效率，更谈不上公平的社会，因此理所当然地被社会的发展所否定。在资本主义社会里，少数人垄断了社会生产资料的绝大部分，从而造成了新的不公平现象。社会主义应该是一个公平与效率和谐一致、共同发展的社会形态。然而由于各种原因，我们在实际过程中并没有完全做到这一点。我们在过去一段时间内，误把待遇公平看成是分配上的绝对平均，因而采取“一平二调”、“抑富济贫”的行政手段，以牺牲效率为代价来维持公平，这样就否定了社会主义条件下市场经济的发展，否定了收入分配受市场调节这一客观规律。而这种强制性干预的方式，同时又助长了小农平均主义的社会意识，其结果不但没有达到共同富裕的目标，反而导致了共同贫困。为此我们不得不改弦易辙，允许一部分人先富起来，收入先多起来，然后通过相应的经济传递和带动作用，使越来越多的人走上富裕之路。但近年来在实施这一政策的过程中，由于新旧体制重叠，加之宏观调控手段不够有力，不仅固有的公平效率问题未能得到解决，而且新的竞争机会不均等、分配不公等问题日益突出。由此看来，必须正确处理待遇公平与提高效率的关系，真正使两者协调发展。

按照待遇学科的观点来认识公平与效率的关系，我们可以看到：一方面，公平是效率的源泉。人们对公平的判断，主要是通过自己所获报酬与他人所获报酬的社会比较而作出。当认为待遇分配不公平时，就会产生不满情绪，导致以下行为：泡——出工不出力；咬——减少他人所得；绊——使他人多花气力，增加投入，以获得自己没吃亏的公平感；闹——通过各种非正常的争取方式增加自己所得。这些都是由不公平感而导致的效率降低的后果。只有人们对所接触的事物有一种合乎公平的主观认定，人们的积极性才能调动起来，才能促进效率的提高。另一方面，效率是实现待遇公平的基础。在生产力较好发展的条件下，社会才具备普遍增进全体成员待遇，巩固和改善公平的物质基础。也只有在效率提高，社会生产力较发达的条件下，竞争才比较充分，竞争的范围才能扩至全社会。这是因为：工作效率的提高、社会的进步能增强人们的竞争意识，有助于培养人们的竞争能力；较高的效率水平，又能促使全社会范围内每一个真正具备某种主观能力的人参加到与其能力相适应的某项事业中，公平地参与竞争。总之，只有在较高的劳动生产率条件下，生产资料充裕、信息渠道畅通，才能把全体劳动者都适时配置到最佳岗位，使每一个人的每一种潜能、每一种需要都能得到充分发挥和满足，从而也才能使公平真正实现。保障公平与提高效率的关系，是生产关系与生产力之间相互关系的集中表现。社会主义经济体制和政治体制改革的核心任务，就在于寻求公平与效率的最佳结合。我们在实践过程中，必须坚持以待遇公平来保证效率的提高，以效率提高所建立的物质基础来促进待遇公平的充分实现。

11.6.2 待遇公平与实现平等要求

平等有两种含义：第一种含义，是指分配结果上的平等，社会心理学上称作“平等的分配”。从这个意义上讲，平等与公平是有差别的，平等的分配不等于公平的分配。虽然平等的分配与公平的分配都属于“公正的分配”的表现形式，但是公平的分配是对应于在协作活动中各自的贡献程度所进行的报酬分配，平等的分配就是不管贡献多大平均地进行的报酬分配。一般来说，以提高经济效果为主要目的的协作关系中选择公平的分配，以促进和维持愉快的社会关系为主要目的协作关系（例如朋友之间）中选择平等的分配。平等的第二种含义，是指起点的平等，其中又包括两层意思，一是劳动机会的平等，即符合用人单位要求的劳动者都有机会参加社会劳动，但这并不排斥用人单位择优使用劳动力，更不否定劳动者劳动能力的差别和由此带来的劳动收入的差别。二是市场竞争环境的平等，而不是竞争结果的平等。这种平等原则并不否定优胜劣汰的竞争，也不排斥合法的非劳动收入的存在。可以看出，第二种含义上的“平等”，与待遇公平原则是一致的，是实现待遇公平所不可缺少的必要条件。过去，我们在对“平等”的理解上，片面地强调了结果的平等，并把它作为待遇公平的标志。在认识上产生偏差的同时，在行动中搞了“大锅饭”、“一平二调”，想以此消灭“三大差别”。结果，差别虽然未见扩大，但却导致了共同的贫困。因为这种只强调“平等的分配”的平均主义做法，抑制了人们相互竞争的内在动力，牺牲了效率，从而也就丧失了共同富裕的基础。鉴于历史的经验教训，我们在公平与平等的关系上，要根据平等所包含的两种含义，提倡在社会市场经济条件下实现起点上的平等，并把这种平等要求的实现，作为促进待遇公平的实际步骤。同时，要用待遇公平的要求来约束平等，使平等的竞争成为提高效率和保证公平的重要手段。

11.6.3 待遇公平与拉开收入差距

在市场经济的条件下，社会成员之间通过平等竞争，多劳多得，少劳少得，在收入结果上拉开一定的差距，这是不违背待遇公平原则的，也是有利于效率提高的。收入差距可通过基尼系数（它是衡量收入分配等化程度的指标，收入分配绝对平等时，数值为0，绝对不平等时，数值为1）来衡量。从世界各国经济发展的历程来看，一些国家在经济起飞前收入差距都适当拉大，这有利于经济发展。随着经济发展到一定阶段之后，收入差距开始缩小。在这一过程中，基尼系数呈现由小变大，又由大变小的趋势。拉开收入差距，可以刺激生产，克服平均主义，促进经济效率的提高。那么，是不是收入差距愈大愈有利于经济发展呢？

有关方面的研究人员认为，收入分配的合理性评价基本准则是效率——公平公式。即通过收入分配刺激人们发展生产，提高生产效率，但同时也要维护整个社会的公平和安定。从提高效率的角度看，收入分配变动应满足以下几个条件。一是有能力的人获得更多的报酬，鼓励人们才华的施展，刺激人们不断提高生产经营能力。二是通过收入分配的差异，调整产业结构，使之优化。三是通过拉开收入差距而使收入更为集中，促进高收入者不断进行积累，扩大生产规模。这样通过收入分配这一经济杠杆，就可使人才、产业结构、资金积累协调发展。这种收入分配的变动是对经济发展有积极贡献的，是良性的、合理的。从公平角度看，收入分配应保障低收入层居民的基本生活和生产能力。只有这样才能使低收入居民得以生存，保证社会安定，更重要的是使他们有生产能力，有机会参与生产与竞争。如果收入分配差异过大，就会破坏公平原则，会产生收入分配的两极分化。上述分析是有道理的。我们决不能把待遇公平与拉开收入差距对立起来。不能因为保证待遇公平就在收入分配上搞平均主义，那样会“牺牲”效率，到头来还是不能保证待遇公平的真正实现，也不能因为拉开收入差距就放弃待遇公平的目标，那样会引起社会成员的心理振荡和社会的不安定，会导致贫富悬殊，这是不符合社会主义性质和共同富裕的方向的。我们必须把坚持待遇公平原则同合理拉开收入差距统一起来，以适当拉开差距来保证效率的提高，进而促进待遇公平的实现；以待遇公平原则来制约收入差距拉开的限度，进而防止两极分化现象的发生。

11.6.4 待遇公平与机会均等

机会均等是实现待遇公平的前提，待遇公平是机会均等的必然结果。没有机会均等的社会环境，就不能有真正的待遇公平。当然，机会均等并不是结果的均等。它不允许机会的差异，但允许结果的差异。机会均等包括竞争的机会均等和成功的机会均等两个方面。一是竞争的机会均等。就是允许每个人都参加竞争，而不因为某些先天的（如出身）或后天的（如政治面貌）条件而被划在圈外，失去比赛资格。应该使每个人都有平等的待遇增进机会，使每个人都为之而奋发努力。经验证明，被人为规定排斥于角逐圈外的不战而败者，是不公平感最强烈的人。他们往往感到自身的能力和价值被简单、粗暴地否定了，主体自豪感和主人翁地位丧失了。因此，保证人人得以参加竞争是公平的开始。现在人们对待遇分配不公的抱怨、牢骚，其实更多的是集中在机会不均等上。许多人收入低下并不是因为“劳”和“能”不行，而是没有平等的机会显示才能和获得多劳的成果。如果大家都在平等的条件下展开竞争，优胜者收入较离，劣汰者相对来讲收入较低，也就无从怨天尤人。二是成功的机会均等，就是要求每个参加竞赛的人，使用公平的竞争手段，坚持同一竞赛规则和同一评判标准，决不能使竞赛手段、竞赛规则和评判标准带有主观随意性和感情倾向性。否则，即便是有了均等的竞争机会，但竞争手段的不公平和竞争过程的不公正裁判，也会使人产生强烈的不公平感，仿佛自身成了他人掩饰不公、装点门面的玩偶，体验到被愚弄的感觉，进而产生激烈的对抗情绪。比如企业间的竞争，本来应该平等竞争，优胜劣汰。但是一些企业靠的不是这些手段，而是靠各种歪门邪道，这些不公平的竞争手段，其神通之大可以让优质产品为伪劣货让道，使优胜劣汰竞争规律黯然失色。因此，要实现待遇公平，必须提倡竞争，特别是提倡机会均等的竞争。要努力为实现机会均等的竞争创造条件，因为这本身就是为实现待遇公平创造条件。

11.6.5 待遇公平与坚持公开原则

某些待遇转换和待遇分配是否公平，需要与之相关的社会成员或团体参与评判、参与监督。这就必须公开该项转换和分配的过程的原委，增加透明度，让人们获悉事情的真相，以作出是否公平的主观认定。另外，只有在公开的情况下，某些不公平的现象才无处藏身。因此，坚持公开原则，增加透明程度，同坚持机会均等的原则一样，也是实现待遇公平的重要前提。公开对公平具有重要的保证作用。公开和公平，首先是公开。过去干部工作习惯于神秘化，选拔干部往往由少数几个人关起门来搞。这种做法的缺点很明显：第一，几个人不过几双眼，视野有限；第二，几双眼睛看人，而且主要是从上往下看，总不如千百双眼睛从各个角度看得全面、清楚。更值得正视的是，神秘化给拉关系、走门子等不正之风以可乘之机，这种不正之风最容易利用不透明状态乘“黯”而入。在缺乏公开性的情况下，不公平现象是难以避免的。只有增加透明度，变神秘化为公开化，把选拔干部工作置于群众监督之下，并且采取各种有效方式让群众参与，做到公平、公道才比较有保证。有

一段时间，人们对伯乐相马津津乐道，近年来兴趣大减，大约是觉悟到伯乐也不那么可靠，因而“相马不如赛马”的呼声日高。赛马所以优于相马，就在于它是在众目睽睽下进行的，让众人在同一条起跑线上迈步，谁跑得快谁得胜，机会均等，“关系”不灵，“靠山”失效，真正体现了公开和公平。坚持公开性原则，也便于各社会阶层的成员来表达自己的待遇愿望。在现代化的进程中，待遇关系和待遇分配中不公平的事情常有发生。但在封闭的情况下，大多数社会成员虽然对某些现象表示不满，但处于“有意见没处提，有委屈没处诉”的状态，只好以发牢骚的方式宣泄。这种发牢骚方式，并不能真正改变待遇不公平现象，反而会使人们形成消极的心理氛围，加剧人们的心理震荡。只有实行公开性原则，才能使各个待遇群体的成员自由地、充分地发表意见，对各种不公平现象进行讨论协商。这样做的结果，会使各个待遇群体间的摩擦和冲突及时消除，各种不公平现象也随之得到有效整治。

第十二章　待遇与需要

需要是待遇的起点和动因。待遇是需要的主要实现形式。**从某种意义上而言，待遇是需要主体之间、需要客体之间、需要主体与需要客体之间所有关系的总和。**研究待遇必须首先研究需要，把握待遇必须首先把握需要。

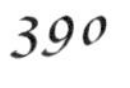

12.1 需要的实质

需要作为人的“天然必然性”，是人进行生产劳动的前提，是人进行一切活动的动机。那么，人为什么具有如此众多的需要呢？这就要回答需要的客观基础问题。

12.1.1 人的需要与动物的需要的主要区别

需要不是人这一“社会动物”所独有的本质。在地球上物质运动的生物形式产生以来就具有一定的需要。需要是任何生物物种对于外部环境的物质要素、能量要素和信息要素的依赖关系，而掌握这些要素是它们得以存在和发展的必要条件。也就是说，任何生物都必须通过摄取同化、新陈代谢与外界环境进行物质、能量、信息的交换，才能维持自身与环境的平衡，生命形式才得以存在和延续。生物对维持其存在和发展的要素能够作出独立的、有选择的反应能力，即对需要的对象作出反应。同时，需要还表明生物——需要的体现者与它所依赖的外部环境的

要素——需要的对象之间的一种矛盾状态，即生物还没有掌握需要的对象，这种矛盾需要生物通过积极的行动掌握需要对象、满足需要来得到解决。需要与生命是同一的。没有需要，就没有生命。这是任何生命有机体的共性，也是人的需要的客观物质根源。

但是，人作为自然界最发达的生物物种、崭新的需要体现者——需要主体，也使生物的需要发生了根本的飞跃，从而与自然界一般动物的需要区分开来。造成需要发生根本飞跃的契机，在于人具有新的满足需要的方式。众所周知，动物是通过本能活动来满足自身需要以维持其生态平衡及生命的延续。动物的需要虽然对外界环境能作出相应的反应，但只限于与其生命形式直接相关的范围之内，永远不会超出维持生命存续的自然生理需要，它的需要对象（在没有人干预的情况下）也永远指向自然物。而人是通过生产生活资料的劳动活动来满足其需要的，尽管这种劳动在人类祖先那里是极其原始和简单的，但当他们举起第一块石头朝另一块石头砸去，以便使它更加锋利合用的时候，就砸开了动物本能活动的牢笼，使他们超越了动物的自然生理需要，需要的对象超出了自然物的范围，使人的需要具有了动物需要所不具有的崭新而广阔的内容和属性。

（1）人的需要具有社会性。人是通过劳动来满足自己的需要的，而进行劳动必须结成一定的社会关系，满足需要方式的社会性决定了人的需要的社会性。①人的需要是社会地生产出来的需要。动物的需要是由动物的生理结构和本能决定的。人的需要虽然以其自然生理需要为基础，但主要的是由社会环境决定的，是社会地生产出来的需要。这些需要首先取决于当时的生产力水平，不同的生产力水平决定了人们必然具有不同的需要。如封建社会的帝王，虽然“普天之下莫非王土”，住则琼楼玉宇，食则山珍海味，“管乐之声不绝于耳”，但由于生产力水平所限，他们不可能产生现代人的需要，如对电脑、彩电、冰箱、音响设备等的需要。就个人需要而言，也是由他在社会中所处的经济、政治地位、所受的文化教育以及社会、家庭等各种环境所决定的。同时，人的需要不仅指向自然界现成存在的东西，还愈来愈多地指向新的、并不现成存在于自然界的东西——社会劳动的产物。②人类个体的需要必然上升为社会需要。个体需要是人的需要的基础，但由于个体需要必须通过社会形式来满足，必然形成社会需要，如对经济、政治、文化等的需要。社会需要是个体需要的有机总和，它制约着个体需要，制约着个体需要的内容及其满足程度。从历史上看，除原始社会以外，社会需要总是在社会中居于统治地位的阶级的需要，这种社会需要和个体需要之间存在着不可避免的矛盾，有时这种矛盾甚至是极其尖锐和根本对立的。但社会需要依然是个体需要的必然形式和实现个体需要的必然中介。

（2）人的需要具有无限发展性。这种需要的无限发展性是由满足需要的方式和能力——生产力的无限发展所决定的。生产力的无限发展为人的需要的无限发展创造了广阔的前景。没有需要，就没有生产。而消费则把需要再生产出来。已经得到满足的第一个需要本身、满足需要的活动和已经获得的为满足需要用的工具又引起新的需要。生产力的发展是人的需要无限发展的基础，但就人的全部需要而言，其无限发展的过程实质上就是社会实践无限发展的过程。人们通过社会实践（生产实践是基础）来满足需要。第一个需要的满足和满足这一需要的实践活动又会产生新的需要，新的需要又会促使人们去进行新的社会实践，这是一个不断反馈、永无止境的发展过程。

（3）人的需要具有无限丰富性。人的需要的无限发展，必然导致人的需要日益丰富和全面，这是人的需要在历史发展过程中不断产生和沉积的结果。从物质需要看，就是维持人生存的自然需要也摆脱了其原始形式而不断丰富。如食物不仅仅满足充饥的需要，还有适合各种口味的需要，因而使食品的种类繁多；衣服也不仅仅是遮体御寒的需要，还必须以其款式、色彩等满足一定的审美需要，成为美的需要，使服式新潮不断涌现，争奇斗艳。此外，人还具有日益丰富和全面的精神需要，如社会交往、感情交流、审美情趣、文化教养以及实现自我等需要。人的需要的无限丰富性以生产和其他社会实践的全面发展为基础，同时也促进生产及其他社会实践的全面发展。这样，人以其需要的无限性和广泛性区别于其他一切动物。

（4）人的需要具有积极能动性。这种积极能动性就表现于上述的需要与实践之间的不断发展过程之中。在这一过程中，人们不断地创造出自己新的需要，而且创造出新的满足需要的方式。这种积极能动性的根源，就在于人的需要总是通过人的意识来实现的。就是那些与人的肉体生存直接相关的需要如饥则食、渴则饮等需要，都要通过人的头脑，通过头脑感觉到饥渴引起的，并且是由于同样通过头脑感觉到的饱足而停止。也就是说，人的需要的心理形式发生了根本性的变化。动物的需

要只是对它所依额的物质、能量、信息要素作出有选择的反应，而人则是对这些依赖的要素进行反映。在这种反映的基础上，制定出思想上的行动计划以至纲领，然后进行有计划、有目的的行动来满足人的需要。经过这样的亲身实践和需要满足的体验，人们会在思想上对自己的需要有更加深刻的反映，又会产生新的需要，即创造出新的观念上的需要对象（这种需要对象也许在现实世界中根本不存在），进一步推动人们为满足新的需要而进行实践。动物的需要至多在机体需要的基础上，产生有方向的探求需要，而在人的需要中则产生了认识世界的需要和对世界进行实践改造的需要。因此，人的需要具有极大的积极能动性。

12.1.2 人的需要的实质

综上所述的是人的需要与动物的需要的主要区别。那么，到底什么是人的需要？人的需要的实质是什么？对此众说纷纭，其说不一。总括一下，可大致分为两种不同看法：一种把需要看作是人的一种心理状态，是人的一种匮乏感，即“人感到缺少点什么”；一种则把需要定义为“人们对外界对象的依赖关系”。前者重在强调需要的主观性，后者着重强调需要的客观性。我们认为，人的需要是从一般动物的需要发展而来的，与动物的需要既有联系，又有着质的区别。如果对人的需要做一分析，它也是由如下三个方面所构成：

（1）人的需要以人对物质生活条件和精神生活条件的依赖关系为客观基础

人作为有生命的物质实体，必定和一般动物一样，依赖于外部环境的物质、能量、信息的要素，只有同外界进行物质、能量、信息的交换，人才能存在和发展。但是，人作为自然界高度发达的生物——社会动物，对客观外界的依赖关系比一般动物要复杂得多。人不仅直接依赖外界的诸多要素，还必须依赖各种社会生活条件；不仅依赖社会物质生活条件，还必须依赖社会精神生活条件。这样，人对外部环境的依赖具有更广泛的内容和更复杂的关系，这些是动物所不具有的，从而使人对客观外界的依赖关系与动物对客观外界的依赖关系区分开来。这也是人的需要比动物的需要复杂、丰富的客观基础。

（2）人的需要是对物质生活条件和精神生活条件的依赖关系的自觉反映

这是人的需要与动物的需要的根本区别。动物只是对那些与其生命存续的至关重要的条件做出反应，这一反应的基础是其生物本能和动物心理，所以，作为同一种类的动物，其需要是同一的，正如马克思所说："一窝蜜蜂实质上只是一只蜜蜂，它们都生产同一种东西。"这是因为它们的需要是同样的。而人的需要则是对物质、精神生活条件的反映，它是以人脑的意识活动为基础的，因而使人的需要带有主观性。如前所述，这是人的需要具有能动性，从而使人的需要具有无限丰富和无限发展的趋势的原因。同时，这也是在周围环境大致相同的情况下，人们的需要内容和层次千差万别的原因。这是由于不同的人对客观外界的依赖关系反映的程度不同而造成的。所以，人的需要不会像动物那样，同一种类的动物，需要都是同一的，而是不同的人有不同的需要。也正是由于人的需要是对客观外界依赖关系的反映，所以人才有那些虚幻的需要，如宗教信仰的需要、神奇幻想的需要等。这些需要有的是因为对客观外界的依赖关系做了颠倒歪曲的反映，有的则在反映客观外界时插上了幻想的翅膀，这更是动物的反应所不能产生的。

有人担心，承认人的需要的这种主观性，会"滑到历史唯心主义的泥潭中去"。我们认为这种担心是不必要的。这与承认人的意识的主观性、能动性，并没有否定它具有客观性是同样的道理。我们承认人的需要的主观性，并不等于说需要是一种主观的产物，更不是说需要是一种任意的想象和人们的随心所欲。作为对物质生活条件和精神生活条件的反映，它的内容必定受到这些条件的制约。不同的社会历史条件决定着人们的不同需要。如果只承认人的需要的客观基础，看不到它的主观性，就不能说明人的需要与动物的需要的根本区别，就不能说明人的需要为什么会具有无限丰富和发展的趋势，也不能说明在大致相同的条件下人的需要何以千差万别。这样就会走上机械唯物主义的老路。

（3）人的需要是对需要对象的明确指向

这是任何需要的基本特征。最基本的生理需要是如此。饥饿是自然的需要；因而为了使自己得到满足、得到温饱，他需要在他之外的自然界、在他之外的对象。精神需要也是如此。为了满足人的精神需要，就需要能使其满足的物质对象（如电脑、电视机）、社会交往活动（如参加舞会、走亲访友）等。总之，人的需要都是明确地指向物质的、精神的需要对象以及相关的活动。这一切也是以人对物质、精神等生活条件的反映为基础的。这也进一步表明需要的主观性。需要是需要主体与他所依赖的外界环境诸要素之间的一种矛盾，是需要主体对这些要素感到匮乏，因而需要它们，这些要素还没有被需要主体所掌握，因此需要只是对这些要素的自觉地指向。它表明主观和客观仍处在相互分离的状态。要克服这一矛盾，就必须使需要主体积极的活动，掌握其需要对象，这就是需要的满足。这使我们想起18世纪德国哲学家伊曼努尔·康德（Immanuel Kant）在讲到主观和客观的区别时曾举过的一个生动例子：我想我兜里有一百元钱——主观，并不等于兜里真的有一百元钱——客观，更不能用这想象中的一百元钱去购物或还账。同样，我需要一百元钱，和我真的有了这一百元钱完全是两回事。

综上所述，我们认为，人的需要与一般动物的需要的根本区别之点即人的需要的实质是：人的需要是人对物质生活条件（要素）和精神生活条件（要素）的依赖关系的反映，表现为对物质需要对象、精神需要对象的自觉指向。

12.2 需要的层次

人到底有多少种需要？恐怕无法一一列举。因为需要是一个无限发展过程，它会日益丰富，只要人类存在和发展，需要就会存在和发展，永无终结之日。对这样一个纵向无限发展、横向不断拓宽的需要体系，机械的列举是无能为力的。那么，只能依靠理论的抽象来辩证地把握需要整体。应该说，全面地了解人的需要是困难的。这是因为可以根据不同的研究角度和分类标准，对人的需要进行不同的归类整合；在归类整合时，不同种类的需要又会有交叉重合的现象。

马克思主义创始人没有系统论述过需要问题，但他们在讨论经济学、哲学、科学社会主义等问题时，经常涉及人的需要问题。马克思在《政治经济学批判大纲》中也曾提出要讨论“需要体系”。根据马克思的有关论述，大致可以把人的需要概括为三大类基本需要：①自然需要或生存需要。这类需要主要是指对衣食住等方面的需要，这是维持人作为生命物质实体得以生存的需要。但是，这类需要作为人的需要并不是僵死的、纯粹的、固定不变的，它也是随着一定的文化水平而发生变化的自然需要。②社会需要。马克思论及的社会需要有几种含义：一是指“社会地生产出来的需要”。这种社会需要是与自然需要相对而言的，它是在社会生产和交换中产生出来的需要，这类需要不再以直接维持肉体的存续为目的。二是指共产主义的人的需要。这是从人类社会整体利益引申出来的需要，是社会按照比例进行生产而满足的需要，这是真正的社会需要。③精神需要。它包括的内容相当广泛，如工人阶级宣传的需要，受教育的需要，社会交往的需要以及思想感情交流的需要等等。此外，马克思还根据需要的历史发展过程提出许多具体的需要形式，如必要需要和奢侈需要、对货币的需要或一般需要以及劳动从谋生的手段变为人的第一需要等等。

今天，许多心理学家和行为科学家较为系统地研究了人的需要，其中最具代表性的应属20世纪美国心理学家亚伯拉罕·马斯洛（Abraham H. Maslow）的层次需要理论。马斯洛把人的需要分为七个层次：①生理需要：这是最基本、最强烈的需要，如对食物、饮料、住所、性交、睡眠和氧气的需要，这是对生存的需求。②安全需要：要求生活有保障而无危险，如对生活有序与稳定的需要。③归属和爱的需要：与他人亲近，建立友情，相互信赖，“在自己的团体里求得一席之地”，有所依归。在此，马斯洛的爱与性是有所区分的，性可以作为纯生理的需要去研究，至于爱，20世纪美国心理学家卡尔·罗杰斯（Carl Ransom Rogers）的定义是“爱是深深的理解和接受”。④尊重需要：马斯洛认为人们对尊重的需要可分为两类——自尊和来自他人的尊重。自尊包括对获得信心、能力、本领、成就、独立和自由的愿望。来自他人的尊重则包括威望、承认、接受、关心、地位、名誉和赏识。⑤认知需要：对认识和理解的欲望，或者按照通俗的说法就是好奇心。马斯洛认为：“应该假设人有一种对理解、组织、分析事物、使事物系统化的欲望，一种寻找诸事物之间的关系和意义的欲望，一种建立价值体系的欲望。”⑥审美需要：人们对美的需要，如对称、秩序、和谐等的需要。马斯洛发现，从最严格的生物学意义上说，人需要美正如人的饮食需要钙一样，美有助于人变得更健康。⑦自我实现的需要：这是人的成长、发展、利用潜力的需要。马斯洛把这种需要描述为“一种想要变得越来越像人的本来样子、实现人的全部潜力的欲望”。这样，马斯洛就为我们建造了一个需要的金字塔。马斯洛指出，当低级需要得到基本满足以

后，“其他（高一级的）需要就立刻出现了，而且主宰生物体的是它们，而不是生理上的饥饿。而当这些需要也得到了满足，新的（更高一级的）需要就又会出现。以此类推。我们所说的人类基本需要组织在一个有相对优势关系的等级体系中就是这个意思”。马斯洛还提醒人们不要过于拘泥地理解诸需要的顺序。不能以为只有当人们对食物的欲望得到了完全的满足，才会出现对安全的需要；或者只有充分满足了对安全的需要后，才会滋生出对爱的需要。一般说来，很多人的多数基本需要都部分地得到满足，而有几种基本需要不能得到满足，正是这些尚未得满足的需要能强烈地左右人的行为。因为“一种需要一旦得到满足，它就不再成其为需要”。

马斯洛的层次需要理论概括了人的需要种类，指出了人的需要由低级到高级的发展规律，他尤其着重研究了需要与个人行为之间的密切关系。这对于我们了解人的需要，根据人的需要进行科学的行为管理具有重要的启发意义。但马斯洛主要是从个人行为发生的角度来了解、研究人的需要，把需要仅仅作为一个心理现象，旨在充分发挥人的潜能（他认为这些潜能是每个人都固有的），对于人的需要与社会的关系以及社会需要等则研究得不多，也就是说，他并没有把需要作为一个广泛的社会范畴来加以研究（也许，马斯洛作为心理学家认为这样的研究超出了他的职责范围）。因此，有必要把需要放在广阔的社会背景即作为一个社会范畴来加以分类和研究，这正是今天社会科学工作者的任务。

人的需要是可以根据各种理由来进行分类的，如按照满足需要的客体属性、按照需要主体的集合程度和生命活动类型、按照需要的规模和可实现的程度等进行分类。下面，我们把人的需要作为一个广泛的社会范畴进行一下分类，以便对人的需要有一个较为全面的概观。

12.2.1 个体需要、群体需要、社会需要

需要作为人对物质生活条件和精神生活条件依赖关系的反映，必有其反映者或需要的体现者，这就是需要主体。毫无疑问，人是人的需要的体现者。但是，人既以个体的形式存在，又必须与他人结合形成不同的群体，每个人又是整个社会的一分子，构成整个人类社会。这样，以需要主体的集合程度为标准，就可以区分为个体需要、群体需要和社会需要。

（1）个体需要是人类个体维持生存和发展的需要

单独的个人是构成人类的基础，这就使需要必然具有个体的形式，我们不能因个体需要的社会性而否认个体需要。个体需要在任何情况下都不能被舍弃或替代。因为人的需要总是由个体开始发生，它的满足和发展都必然以个体的形式表现出来。个体需要是其他主体需要的基础，没有个体的需要就不会有群体需要和整个社会的需要，不包含个体需要的群体需要和整个社会的需要，只能是毫无意义的抽象概念。没有个体需要的满足就不会有人类社会的存在和发展。

（2）群体需要是以某种纽带联结起来的个体的集合体所具有的需要，这是由人的社会本性所决定的

无论是原始的人类祖先还是高度发达的现代人，绝对孤立地进行生产和生活的人是不存在的，他们必然以这样或那样的形式结合起来从事生产和生活，甚至一个人可能同时与几个群体建立联系，这样的群体必然具有其共同的需要，否则，就不会发生联系而形成群体。由于构成群体的亲和力不同，就会形成各种各样的需要群体和形形色色的群体需要。如以共同的社会经济地位结合而成的需要群体——阶级和阶层，就会产生阶级需要和阶层需要；以血缘为亲和力组成的需要群体——氏族、部落、宗族、家庭等，都会形成各自的群体需要；以共同职业为纽带结合起来的需要群体，就产生职业群体的需要，“三百六十行”，行行都有各自的群体需要；还有以生产单元结合成的群体即各种企业群体，也会有该企业群体的需要。此外，还会有成千上万、不胜枚举的正式的和非正式的群体及群体需要。还可以根据研究的需要划分出若干种类的群体以研究他们的群体需要。如按性别特征就可划分出男子和女子以及各自的需要，还可按年龄划分出婴幼儿、儿童、少年、青年、成年、老年等不同群体和他们的不同需要。根据地域划分的国家，是更大、更具有综合性的需要群体，它是人类社会中极为重要的需要群体，其国家需要无论在国内还是在国际都有着极其重要的地位。

（3）整个社会的需要是人类整体作为需要主体而具有的需要

整个社会的需要有如下两层含义：第一，个体需要和群体需要中的共同需要。无论是个体还是群体，作为人类的一员或一部分，必定具有

共同的需要。如生理需要和安全需要就是每一需要主体都具有的需要。救济灾民、支援难民正是人们对人类这一共同需要自觉认识的表现。从当今人类社会来看，接受文化教育也正在成为人类所有成员的共同需要，联合国教科文组织在世界范围内进行的普及教育的工作，也正是对整个社会这一共同需要有所认识的表现。第二，人类社会发展的整体化趋势，决定了人类终有一天将形成一个整体，按照马克思的设想，将是自由人联合体。科学的进步和技术的发展正在为这一天的到来积极地创造条件，对于这一趋势可以说是有目共睹。那时，真正的整个社会的需要必将形成。这也就是马克思所讲的共产主义社会的需要。共产主义社会还会有各种需要的差别，但人类整个社会的需要将成为最高的需要，社会需要与个别需要将不再处于矛盾和对立的状态。

（4）在个体需要、群体需要和整个社会的需要之间存在着个别与一般、特殊与普遍的关系

个体需要相对于群体需要和整个社会的需要而言是个别或特殊需要，群体需要和整个社会的需要则是一般、普遍的需要。群体需要和整个社会的需要，前者是个别、特殊的需要，后者是一般、普遍的需要。在群体需要中，小群体的需要相对于它所从属的大群体的需要是个别、特殊的需要，后者是一般、普遍的需要。大群体之上还会有更大的群体，也还会有这种个别和一般、特殊和普遍的关系。个别、特殊的需要是一般、普遍的需要的基础，它们的有机总和构成一般、普遍的需要，一般、普遍的需要反映、包含着个别、特殊的需要，这些需要的满足必然是满足个别、特殊需要的前提。因此，一般、普遍的需要又高于个别、特殊的需要，制约着个别、特殊的需要。正确理解这些需要的辩证关系，是我们正确处理个人、集体、国家和整个社会的需要的理论基础。

12.2.2 物质需要和精神需要

无论是个体需要还是群体和整个社会的需要，从满足这些需要的客体以及对需要主体的功用来分析，这些需要基本上可以分为两大类：物质需要和精神需要。任何需要主体的需要都不会超出这两大类需要之外。

（1）物质需要是以物的使用价值来满足的人的各种需要

这里所说的物，不仅指解决人们衣、食、住、行的各种物品，也包括大自然赋予我们以维持生命的物，如空气、阳光等。物质需要是人们对物质生活条件依赖关系的反映，是作为生物有机体的肉体存在物的人不可或缺的需要。随着人类的进步发展，有些物质需要不是直接以各种物的使用价值而是用各种劳务来满足，如医疗、修理、运输以及各种满足人的物质需要的劳务。这种劳务之所以能满足人的物质需要，实质在于人作为特殊的物质实体具有使用价值。此时，这些劳务活动实际上是一种特殊形式的消费品。马克思所说的维持人的肉体的存在的自然需要和马斯洛所说的生理需要都属于物质需要。

（2）精神需要是通过人与物、人与人之间的联系以及人的各种活动形成的感情、友谊或某种心理状态来满足的需要

它是人作为有意识的存在物所独有的需要。马斯洛所说的高层次的需要——爱和归属的需要、尊重需要、认知需要、审美需要、自我实现的需要等等都属于精神需要。具有精神需要是人的需要与动物需要的根本区别之一。

物质需要和精神需要是相互影响、相互促进的。首先，物质需要是精神需要的基础，只有在基本的物质需要得到一定程度的满足之后，才会产生一定的精神需要。物质需要的满足和发展促使新的精神需要的产生。精神需要虽然有自己的相对独立性，但从总体上说是受物质需要制约的。其次，精神需要的满足和发展也刺激物质需要的发展。如精神需要中的认知需要，就为进一步有效地改造环境、创造新的物质使用价值提供了科学、智力的条件，使人们产生新的物质需要。另外，物质需要和精神需要往往是相互结合、相互渗透的。这已经体现在生活的各个方面。如建造房屋及高楼大厦，主要是满足住的需要，而人们不仅要求它们防风挡雨、温暖舒适，还要求美观大方，体现各种风格，以至成为一门建筑艺术，体现出人们的审美需要。可以说，审美需要渗透在物质需要的各个领域。人们的精神需要也往往以物质需要的满足为手段。如人们欣赏歌舞音乐、陶冶情操是精神需要，这就产生了对歌剧院、音乐厅等的需要。

12.2.3 经济需要和非经济需要

人的物质需要和精神需要，从其现实性来看，都直接或间接地与社会经济活动相联系，从而产生经济需要和非经济需要。

（1）经济需要是对经济活动或其结果即物质使用价值的需要，这是一种与社会再生产过程直接联系的需要，是以经济形式表现出来的物质需要和精神需要。这样，物质需要与经济需要既有联系，又有区别。大多数物质需要必然表现为经济需要，因为人的物质需要对象绝大部分通过人的经济活动创造出来并通过一定的经济关系进入消费领域。但也有些物质需要对象不与社会再生产过程相联系，而是自然界赐予人类的具有使用价值的自然物，如空气、天然水、阳光等，对这些自然物的需要则不是经济需要。这样的物质需要也能转化为经济需要。如人们很少饮用天然水，而是饮用经过加工的自来水，这时，饮水这种物质需要就转化为经济需要。又如，对天然水的占有和分配，用天然水灌溉农田和发电等，也往往与社会经济关系相联系，这时，对天然水的需要也转化为经济需要。另外，有些精神需要也属于经济需要。因为有些经济活动不仅创造物质需要对象，而且本身还会给人以乐趣、喜悦、感情交流的快感以至使参加经济活动者的自我得以实现等等。如没有强制、剥削和异化的劳动，对艺术品的加工劳动等。

（2）非经济需要则是那些不直接与社会再生产相联系的需要，其需要对象不是经济活动及其经济活动的成果。大多数精神需要属于非经济需要，如对文学、艺术的需要等。非经济需要在存在商品经济的社会中很容易转化为经济需要。如艺术家创作艺术品、作家写作时，不是在追求精神享受或给人以精神享受，而是急于或主要目的在于把艺术品和作品当作商品出手，换取货币，这时，非经济需要就转化为经济需要。同时，在商品经济社会中，非经济需要总是间接地与经济活动、经济关系发生联系。所以经济需要及其满足是非经济需要的基础，它为人们从事非经济活动创造物质前提和提供自由时间。非经济需要以及非经济活动也有其相对独立性，同时对经济需要和经济活动发生反作用。这就要求社会在制订发展规划时，不仅要考虑人们的经济需要，也要考虑人们的非经济需要，使经济的发展与人的需要一致起来，这样才有利于人类的进步。

12.3 需要的发展机制

人的需要是一个不断变化发展、无限丰富的历史过程，也是一个从低层次需要向高层次需要发展的过程，这就需要研究需要发展的机制。

12.3.1 满足需要的能力和方式是需要发展的动力

需要是人行为活动的动机，人的需要又是通过活动——劳动、生产、社会实践来满足，并且产生新的需要。这样，我们似乎遇到了一个“悖论”。如何来解决这个所谓的“悖论”呢？我们必须辩证地理解人的需要和人的活动之间的相互关系，把它们看作一个过程，一个辩证发展的过程。需要同满足需要的能力和方式是相互依存、相互影响、相互促进的，而当我们探讨需要发展的动力时，只能说满足需要的能力和方式——生产力、生产方式以及社会实践是需要发展的动力。

（1）生产方式决定了人的需要的内容和水平

不同的历史时期，人们的需要对象是不同的，造成这一差别的正是不同的生产方式。丰富的、高层次的需要只有在先进的生产方式的条件下才能产生。古代帝王尽管穷奢极欲，却无法想象现代人的需要对象，而限制他们的想象力的就是当时的生产方式和实践水平。

（2）只有生产和社会实践满足了人的需要，需要才能发展

需要是人行为活动的动机，但需要不能脱离满足需要的活动自行发展。只有当人们的生产、社会实践满足了人们的需要，才能使人的各种感觉得到确证、丰富和发展，从而引起新的需要。人的需要的满足程度则是由生产力和生产方式以及实践水平决定的。需要作为人对物质生活条件和精神生活条件依赖关系的反映，就有可能产生一些虚幻的根本不能满足的需要，如制造永动机就是人们的这样一种需要，当人们进行一段实践之后，并不能使这一需要得到满足，它也就不能再成为人们活动的动机了，更谈不上新的需要的产生了。即使是真实的需要，如果人们

的生产和社会实践不能使之得到满足，也同样会失去活动的动力，也不会产生新的需要，并使需要不断丰富和发展。如“文化大革命”时期，在生产关系上盲目追求“一大二公”，不适应生产力发展状况，政治上“以阶级斗争为纲”，政治运动一个接着一个，全国人民正常的物质需要和精神需要都不能得到满足，也就不可能产生大量的新的需要。十一届三中全会以来，调整了生产关系，实行了各种责任制，把工作重心转移到经济建设上来，人们的物质需要和精神需要得到相应的满足，物质需要和精神需要的水平有很大提高，内容也在不断丰富，需要的层次也越来越高。

所以，我们认为满足需要的能力和方式是人的需要发展的动力，只有当人们的社会实践不断满足人们的需要，才会刺激新的需要产生，需要才能不断丰富和发展。随着满足需要的能力和方式的提高，人的需要也日益丰富和发展。

12.3.2 直接需要派生出间接需要，使需要不断丰富和发展

直接需要派生出大量的间接需要，这是人的需要不断丰富和发展的原因之一。直接需要与间接需要是相对而言的一对概念。直接需要是在需要主体与需要对象的矛盾中直接产生的需要，为满足直接需要而产生的需要则是间接需要。由于需要主体所处的社会经济、政治地位的不同，生活环境的不同，在一需要主体为直接需要，在另一需要主体则可能是间接需要。同一需要主体的直接需要也不是一成不变的。随着需要主体自身状况的变化和直接需要的满足等，直接需要也会随之改变。所以同一需要主体在一定时期的直接需要，在另一时期则不再是直接需要或根本不再有这种需要。人的直接需要之所以派生出大量的间接需要，在于人的需要大多不能由自然界提供的物来直接满足。自然界永远不会满足人，人也永远不会满足于自然界。比如，在生产力水平较为低下的情况下，人们的直接需要大都是求得饮食温饱等生理需要或自然需要，但要满足这一需要，不得不进行生产劳动，于是，产生出劳动的需要，只有劳动这一间接需要得到满足之后，才能满足生理的直接需要。在资本主义社会，工人阶级为争取工作的权利而斗争，正是因为认识到只有满足有工作这一需要之后，才能满足其他的需要。要进行生产，又必须

与社会其他成员发生联系，这时社会的交往和交换又会成为一种需要。在市场经济社会中，人们的直接需要大多要通过货币这个一般等价物才能得到满足，因此对货币的需要则成为一般的、普遍的间接需要。为了得到货币又会产生许多间接的需要。从直接需要能够而且必然产生出间接需要，再生产出第二、第三、第四等更多的间接需要，从而使人的需要趋于无限丰富和无限发展。

12.3.3 奢侈需要向必要需要的转化，使人的需要层次不断提高

人的需要内容日益丰富，需要层次也不断提高，其实际进程正是奢侈需要向必要需要的转化过程。必要需要与奢侈需要也是一对相对的概念。必要需要是在一定的社会条件下，维持人作为肉体存在物和社会存在物的必不可少的需要。必要需要以外的需要则为奢侈需要。不同的历史时期，人们的必要需要的内容和层次是不同的。必要需要与奢侈需要并不是一开始就是对立的，它们经历了直接同一到相互对立的辩证发展过程，历史发展的辩证规律决定了它们在未来社会中，还会在更高的基础上统一起来。

在原始社会，人们的必要需要主要表现为自然需要，即维持生命存在的生理需要，作为社会存在物，成为社会成员的一分子也是其必要需要。这时还未出现必要需要与奢侈需要的分化，它们是直接同一的。人们只要能够饱餐一顿兽肉，有较温暖的巢穴、健康的身体就已感到是最大的享受了。进入私有制社会，出现了贫富差别，必要需要与奢侈需要才发生分化，并处于对立的状态之中。社会经济、政治地位低下的被统治阶级，只能具有维持其生命存续以便能给统治阶级创造财富的最低的生活需要；那些经济、政治地位较高的统治阶级和社会上层才具有奢侈需要并使其得到满足。尽管如此，奢侈需要向必要需要的转化仍在进行，并呈现出转化进程不断加快的趋势。最易观察到这一转化的明显事实就是奢侈品向必需品的转化。中国封建社会的农民，他们的理想——最高需要不过是“三十亩地一头牛，老婆孩子热炕头”。当今社会主义中国的农民，特别是十一届三中全会以来一部分先富起来的农民，需要水平和层次发生了重大变化，已不再将各种家用电器、高档衣料、时髦家具等高档消费品看作是什么奢侈品，而视之为生活的必需品。在一些

发达的资本主义国家，工人阶级过去认为是奢侈品的东西如家用电器、汽车等高级消费品，也已转化为生活必需品。精神需要也是如此。接受文化教育，在封建社会是一种奢侈需要，只有社会上层才得以享受，广大劳动人民连做梦也不敢想。参与社会政治、国家大事，更被看作是“肉食者谋之”的事情。在当今，接受文化教育已成为人们的普遍需要，广大人民的参政意识也大为提高，日益成为人们生活的必不可少的组成部分。如果仔细审视一下人们需要的各个领域，就会发现奢侈需要向必要需要转化的趋势。正是由于这种转化使人的需要日益丰富，需要层次不断提高。随着科学技术的进步、生产力水平的提高和社会制度的变革，奢侈需要向必要需要的转化还会不断进行，并呈现出加速转化的趋势。当人类社会消灭了私有制、不存在贫富差别、生产力高度发达之后，奢侈需要与必要需要的对立终将消失，人们在“自由王国”里按比例进行生产来满足人的需要，促进需要的丰富和发展。那时，需要的差别还会存在，但它将被看作是必要需要。奢侈需要和必要需要将会在更高的基础上统一起来。

12.4 需要的评价标准

需要按其价值，可分为正当的合理的需要和不正当的不合理的需要。所谓正当合理的需要，是指那些有利于人和人类的生存、享受、发展的需要，相反就是不正当的不合理的需要。如何区分合理需要与不合理需要呢？关键是找出决定需要性质的客观根据和标准，并以此对人的需要作出评价。

12.4.1 生产力发展水平是评价人的需要的首要根据

只有首先通过生产创造出产品来，人的需要才能得到实现和满足。因此，归根到底是生产力的发展水平决定着满足人们需要的量。而在一定时期内，受生产力发展水平的制约，人的各种需要（尤其是享受和发展需要）的提出和满足总有一定限度，在限度范围内就是合理的。反之，超出此限度，盲目追求超前的过量的消费，就是不合理的。

12.4.2 以人为本是衡量需要合理性的基本原则

人民是历史的创造者，既是生产的主体，又是整个社会需要和消费的主体。社会发展生产，进行各种建设事业，其最终目的都应该是满足全体人民的物质文化需要，因此，以社会基本矛盾为核心的社会运动的客观过程，和以人民为主体的各种需要的产生和满足过程，是一致的。评价需要的合理性应当贯彻以人民为本的基本原剧。社会的现实情况是复杂的。由于受生产力和生产关系矛盾运动的制约，在人群分裂为阶级的社会里，不同阶级和社会集团的人们，基于各自所处的经济地位和在社会生活中的不同作用，会有不同的具体的需要，他们的价值标准和道德尺度也都不是一样的。这就给评价需要的合理性带来了复杂性。我们认为，根据人类社会活动的合规律性和合目的性能统一的观点，以人民为本为基本原则，对评价需要合理性的标准可作以下的表述：对每个人来说，应看它是否有利于保持和改进身心健康，有利于个人素质和能力的提高，有利于个人事业的发展和幸福的实现；对社会来说，则应看它是否有利于保护、解放和发展生产力，有利于促进社会进步，有利于改善全体人民的物质和精神生活，有利于提高所有社会成员的素质和全面发展。当然这是普遍性的标准，具体应用则既要注意个人和社会两个方面的结合，又要注意普遍和特殊的结合。只有对不同历史时期、不同国家、不同个人的具体实际情况进行具体分析，才能作出客观的公正的评价。

必须指出，不断提高和满足人民群众的物质文化需要，是社会主义的本质要求和各项改革和建设事业的根本目的。国家要加快完善社会保障制度，千方百计扩大就业，不断增加居民的收入。在分配上要坚持效率优先、兼顾公平的原则，贯彻以按劳分配为主体、多种分配方式并存的制度。一方面要鼓励资本、技术等生产要素参与待遇分配，另一方面要特别关注增加低收入者的收入，防止收入差距过分扩大。明确建设社会主义的最终目标是实现全体人民的共同富裕和全面发展。因此，在现阶段，人们需要的提出和实现，只要是以自己的劳动和合法收益为经济来源，其行为遵守法律和道德，就是正当合理的。反之，凡属损害他人和群众利益、破坏社会秩序的需要，以及用损人利己、损公肥私等违反国家法律和

社会公德的手段实现个人需要的行为，都是不正当不合理的。

12.4.3 社会文明状况以及历史文化传统对满足需要的方式的影响，是评价需要合理性的尺度

现实的人的生活总是历史的、具体的。不同的国家、民族，甚至不同地区、不同阶层的人们，由于社会文明状况和历史文化传统（包括宗教信仰、风俗习惯等）的差异，在满足需要的方式和消费习惯上，也会有所不同。

12.4.4 创造性活动的需要是人的最有价值的需要

生存需要和享受需要对人来说是有重要价值的，但比较而言，最有价值的是创造性活动的需要。这种需要的提出和实现，一方面说明人们开始把实现自我价值和为社会作贡献作为需要的重要内容，并为此而努力提高自己的素质和能力，追求人的全面发展；另一方面则将促进整个社会的可持续发展和社会财富的不断增加，为理想社会的实现创造必要条件。应该承认，迄今为止，由于生产力发展水平的限制，劳动对绝大多数人来说主要还是谋生的手段，满足生存需要几乎成了人的全部目的。但当代情况开始发生变化，在中国，随着社会主义建设和改革开放取得巨大成就，社会劳动生产率、综合国力的不断提高，社会得以大幅度地缩短劳动者的必要劳动时间和增加闲暇时间，加上人民生活的不断改善，文化教育的迅速普及和提高，创造性活动的需要开始从少数人的专利逐渐变为越来越多的人的追求，创造性成果也开始大批涌现。一个重要标志就是科技发明和创新成果转化为现实生产力的速度在日益加快，不久将成为中国生产力发展的首要因素。回顾历史，人对各种需要的评价标准是不断变化的，但变中有不变，这就是创造性活动的需要及其实现，在任何时代、在所有国家和民族中都被公认为具有最高价值。

以上是评价人的需要的几条标准。此外，对个人需要的评价，还要注意鉴别“虚假的需要”、“过量的需要”等一些不合理的需要。“虚假的需要”，即主体自以为正当合理，而实际上只是由于外部的错误导向和主体主观盲目追求而产生的不正当不合理需要。如吸毒、赌博等的需要，并不是主体生存和发展的正当合理需要，而是为了片面追求刺激

和时髦而染上的恶习，是后天形成的使人腐化堕落的嗜好。这种需要的满足，不仅对个人极端有害，而且危害社会。“过量的需要”，即超出个人身心健康所允许的限度和人的社会行为规范的需要。人的任何一种需要的满足都不是无止境的，而是有一定限度的。在限度之内，有利于个人的身心健康，有利于或无害于社会秩序，属于正当合理的需要；超出限度，就是不正当不合理的需要。人的食欲、性欲等自然生理需要是如此，人在后天的社会实践中所形成的各种社会性的需要更是如此。总之，人的各种需要并非都是正当合理的，都是值得维护和肯定的。在现实生活中，人们既有健康、有益、合理的需要，也有不健康、有害、不合理的需要，应该从认识上和实践上加以鉴别、引导和规范。

12.5 需要的基本内容

随着人类社会的发展，人的需要的种类越来越多，情况越来越复杂。在这里就一些特殊种类、特殊群体的需要作一分析。

12.5.1 工作待遇需要

就业是民生之本，工作待遇需要及相关的失业保障需要是基本的待遇需要。工作待遇所保障的首先是劳动权，所满足的是劳动者在工作中的待遇需要。

（1）工作待遇需要的内容

广义上，劳动者的工作待遇需要包括一切与劳动者工作相关的待遇需要，如平等就业、工资收入、职业培训、职业安全、各种社会保险、单位福利待遇等等；狭义上，劳动者的工作待遇需要主要指社会保险和福利待遇。

①收入保障与最低工资制度。工作以获得收入为首要目的，工作待遇首先要以收入保障为基础，保障合理的经济收入。合理的经济收入可以由国家规定，也可以由市场调节。多数国家的工资形成所采取的是国家调控下的市场机制。20世纪英国行为科学家本杰明·西伯姆·朗特

里（Benjamin Seebohm Rowntree）关于家庭匮乏期的分析中认为，在当时生育率、抚养比都比较高的情况下，大约需要够6个人生活开支的工资才能避免贫穷，这是当时工资的较低程度的“合理”水平。随着时代的发展，家庭生活开支随着家庭人口的减少、消费结构的变化会有相应的调整。西方国家的最低工资制度是工人阶级通过工会长期的斗争获得的战果，而学者对此褒贬不一。一个争议是：最低工资如果高于自发形成的市场价格，是否会带来弱势人群的失业。因为雇主会放弃本来可能采取的低价雇用低能力职工的策略，代之以最低工资水平之上的雇佣价格来雇用能力较高的职工，这样避免了法律冲突而生产效率也比较高，虽然利于提高企业员工的素质，同时也带来了市场对弱势人群的整体性排斥，最终造成他们永久性失业。另一个争议是：最低工资制度是否固化了工作待遇的刚性，使得企业在经济周期的低潮或者突发性经济危机条件下减少了应对策略及其效率。受宏观经济环境影响，生产量和经济效率低下，但企业缺乏工资下调的空间，结果不仅增加了职工裁员的可能，而且增加了企业倒闭的危险。

②职业保障。第一，职业培训。为了顺利开展工作，企业有义务对员工进行必要的职业培训。职业培训内容不仅包括必要的劳动技能，而且包括职业安全、职业卫生、劳动保护等内容。也就是说，企业对新员工在工作中可能遇到的问题都有义务给予有必要的告知。对于老员工或到新岗位，同样面临再培训的需求，负责的企业会给予满足。第二，职业安全。职业安全是必要的工作待遇需要。这种需要在工作之前往往显得并不重要：一个需要养家糊口的成年人，在经历长期失业之后，首先想的是获得工作机会，因此在签订劳动合同时缺乏对职业安全的足够重视。但是企业有义务给予员工职业安全的待遇，维护正常的生产秩序。人命关天，责任重于泰山。职业安全的管理必须渗透到生产的每个环节，才能避免事故的发生，也保护了职工的工作待遇，也同时保护了企业。第三，职业卫生。职业卫生同样是职工的基本职业保障。卫生关系到健康权益，属于基本的需要，自然应该在工作过程中给予维护，但是由于职业卫生的损害往往需要一个过程才能看到，而一些中小企业职工的流动性大，企业对职工健康福利需求相对漠视，结果和职业安全问题一起，造成了大量的“工伤者”。

③社会保险和福利待遇。作为一个现代企业，至少应该依法给职工上养老、医疗、工伤等社会保险，甚至还要有失业社会保险，女职工生

育保险等。同时，还应该给予带薪休假等福利待遇。但是，在企业主导而政府监管不力的情况下，中国不少企业还没有自觉给所有职工缴纳社会保险费，而带薪休假更似乎是一种奢求。按照法律规定，企业不得在职工孕期给予辞退，这既是女职工的福利待遇，又是企业善待女职工的重要标志。但是在一些企业，女职工怀孕之后，面临的选择是要么辞职，要么干对身体不适的工作。

（2）工作待遇需要中的不公平问题

①垄断行业的高工资、高福利。在建立市场经济体制的过程中，要注重在发挥市场配置资源的基础性作用，提高经济效率，把“蛋糕”做大的同时，更加注意防止因为垄断导致的收入分配差距进一步扩大。无论是行政性垄断或市场垄断，垄断企业或行业必然利用其垄断地位提高价格获得高额的利润。这不仅有害于市场公平，降低了经济效益，而且损害了普通大众的待遇，有害于社会公平。如果我们回避问题和听任垄断发展，将会使得整个国家行业垄断升级、垄断所造成的恶果显性化，并对经济和社会的正常发展造成相当程度的损害。垄断行业提高了少数本行业职工待遇水平的同时，公共服务的高成本、高价格必然提高财政支出的水平，损害了所有纳税人的待遇，更严重地损害了多数低收入人群的待遇。

②公务员、事业单位和企业单位的待遇差距。中国是单位制国家。中国就业人口按照单位的性质可分为公务员、事业单位和企业职工三种人。这三种人的收入分配差距不仅体现在工资水平上，更重要的体现在福利待遇上。即使待遇需要类似，但待遇供给差别却很大。

③企业的高待遇与低待遇。有些高端企业为了吸引人才，非常注重改善员工的待遇，待遇跟着需要走，员工的工作待遇需要也随着人力资源市场情况的涨落和自身条件的改变在不断变化。但是，总体上我们生活在一个经济上加剧“沃尔玛化”的时代，即便大型的盈利企业也只提供最低限度的待遇。经济的萧条导致雇佣保险开始急速下降，尽管经济在复苏，但员工保障的下降却不断加剧。世界最大的零售商沃尔玛以低价优质的服务长期主宰着零售业，仅在美国就雇有140万名员工。目前，沃尔玛作为一个高度全球化的跨国企业，之所以能维持其低价，除了得益于廉价的“中国制造”之外，另一个技巧就是尽量不雇全职员工，大量使用小时工，这样能省下各种医疗保险等福利开支。为此，他

们阻挠其员工组织工会，违反员工基本的劳动条例。比如，美国各州对企业员工的休息时间、午饭时间都有严格的法律规定，但沃尔玛的一些基层经理在这些时间内还给小时工派活。一些经理让小时工在规定的时间外多干，甚至把多干的时间从小时工的时间卡中去掉。这些小时工为了保住自己的工作，敢怒不敢言。

（3）失业中的待遇需要

失业状态中的待遇需要除了领取失业保险金之外，就是领“低保”和再就业培训。

①“低保”需要是理性选择的结果。当前，有些城市“低保”制度在设计上就有诱导服务对象待遇依赖的缺陷。例如，劳动工资标准太低，与低保福利标准相差不大，是待遇依赖的最主要的经济原因。劳动工资标准较低与低保福利金增长的差距正在缩小，形成比较效应。低保人员在劳动与不劳动当中进行选择，一个能够正常思维的人，都会选择享受低保待遇而放弃劳动，就算受到良心和舆论的谴责也在所不惜。同时，劳动执法部门不能够对于用工单位进行执法监督，导致一些部门和单位用工实行超经济强制，在很大程度上打击低保人员的工作积极性，最后不得不使低保人员放弃工作而依赖低保。

②再就业培训。以就业的形式参与社会，不仅可以提高城市弱势群体的收入水平，而且可以增加其与主流社会接触的机会，消除“社会排斥”的距离因素。但是，就业参与社会的基础是能力的提升，而不是国家强制性分配。只有能力才能保证机会的平等；没有能力，所谓机会平等只是一句空话。

12.5.2 保健待遇需要

（1）保健待遇需要的内容

保健待遇需要来源于人的健康需要。为了维持良好的健康状况，提高生活质量，卫生保健——预防性的、治疗性的、延缓性的服务——总是一种必要的投入。按照20—21世纪美国经济学家吉恩·格罗斯曼（Gene M. Grossman）的理论，健康是一种增进快乐且能获得回报的消费和投资：健康不仅是一种使得消费者感觉良好的消费商品，而且是

一种投资商品，一个人的健康状况将决定其可利用的有生产力时间的长短。对提高人们健康水平起决定性作用的，不是医疗服务，而是行为方式的转变、公共卫生环境的改善等非治疗因素的变化，因此，初级卫生保健对满足人们的保健需要发挥了基础性作用。但是，不管从职业规范还是从人道主义考虑，无论是综合性医院还是专科医院，都不能拒绝初级卫生保健之外的医疗服务需要。现代社会中大部分人一生中的保健费用主要花费在老年时期，其中大部分花费在医院里。

（2）保健待遇需要的影响因素

相比于其他的需要，保健待遇的需要因为要通过别人的服务来实现，因此受患者、医生等多种因素的影响。患者的健康状况、保健意识、文化生活习惯（如对疼痛的忍耐、对中医的信任）、经济状况等都影响到就医行为发生的地点、次数、类型和质量。影响医疗服务需要的经济因素有收入、价格以及患者的时间价值。经济因素对低收入家庭的影响可能是主要的，因病致贫与因贫而不看病之间容易构成贫病之间的恶性循环。因为经济因素，这些低收入群体的健康需要很大程度上被压抑，不能转化成为有效的保健待遇需要。高收入群体对患者的时间价值相当敏感，他们宁愿花高得多的价格挂专家号或走“绿色通道”，也不愿意在大医院排长队等候。在影响患者的社会人口因素中，教育是一个促使合理保健需要及时得到满足的重要连带关系。接受过较好教育的家庭成员能够及时辨别出疾病的早期症状，因而及时预防和治疗，避免以后在急性疾病发生时的生理伤害和经济损失。医生在保健待遇需要实现的过程中，作为患者的代理人和服务的提供者，对患者保健待遇需要的影响也是巨大的，甚至是决定性的。作为代理人，医生根据患者的保健需要、经济状况、社会人口学特征，以及医疗资源状况，作出维护患者待遇的临床决策。但是，医生本身作为社会中的一员，也有自身待遇的考虑。如果有“第三方付费”，医生或许会作出患者待遇和医生待遇都最大化的选择。如果是患者付费为主，医生与患者之间的经济待遇冲突会损害医患之间基础性的信任，造成恶劣的社会影响。

（3）保健待遇需要与社会工作

健康是一个生理—心理—社会的三维概念，疾病不仅仅是身体上出了毛病，患者作为一个社会成员，有诸多社会角色以及情感上的困扰。

这些都有可能成为患者保健待遇需要的重要内容。因此，保健不仅是医院里医生和护士的工作，而且也需要有社会工作者的参与，这一点在中国往往被忽视。保健社会工作或医务社会工作是在健康照顾工作中实施的社会工作，目的是协调那些受到实际的或潜在的疾病、失能或伤害影响的服务对象、家庭和群体，增加、促进或恢复尽可能好的社会功能。保健社会工作不仅是针对医院内的患者，而且是针对医院外的患者；不仅是针对普通人群，而且还针对保健从业人员，甚至社会工作本身。根据服务对象的需要不同，可以划分为预防性的、发展性的和补救性的保健社会工作；根据服务内容可以划分为医院社会工作，公共卫生社会工作和精神健康社会工作等。

12.5.3 养老待遇需要

（1）养老待遇需要的内容

养老待遇需要不仅是经济保障问题，即是否有子女赡养、是否能领取到足够的养老金的问题，也不仅是“低保”和健康保障问题的加和，而且还包括满足以下老年人的需求：①健康维护：老年期是疾病多发时期，健康维护是最为关注的需要。②就业休闲：如果有能力和意愿，能否再就业；如果有闲暇，是否能休闲；培养一些业余爱好，丰富文化生活。③社会参与：表达老年人的意愿、诉求，为社会和谐发挥余热；能否维持正常的社会交往。④婚姻家庭：维护好现有的婚姻以及有个别人如何处理好离婚、重新结婚。⑤居家安全：家居条件的改善，居住环境是否安全。⑥后事安排：包括子女的生活、财产的分割、墓地的购置、后事的操办等。简单地说，养老待遇需要就是要“老有所养，老有所医，老有所教，老有所学，老有所为，老有所乐”。

（2）中国养老待遇需要的问题

以上养老待遇需要的满足，在传统社会主要是资源贫乏带来的问题，在现代社会也不是一件简单容易的事情，在从传统向现代转型的中国当代社会，养老问题更为严重。①人口结构“老龄化”带来的挑战。由于多年来计划生育政策的推行，人均预期寿命的延长，中国人口结构也朝向老龄化方向转型，而中国作为一个不平衡的发展中大国，属于

“未富先老”。随着人口结构的转变，人群的疾病谱从以传染性疾病为主转变为以慢性非传染性疾病为主，疾病负担大为增加，如何解决老年人看病难、看病贵问题，实现“健康老龄化”是一个重要任务。②家庭转型带来的挑战。家庭的少子化、核心化带来的就是老年人所居住的旧家庭的空巢化，家庭成员四分五裂，家庭养老功能残缺不齐，孤单老人如果不能生活自理、不能自得其乐，那么一般都是晚景凄凉。随着社会变迁的节奏加快，代际隔阂和冲突加深，这是老年人烦恼的重要根源。③城市化带来的生活方式的挑战。城市的繁杂、喧闹、快节奏、多污染，以及城市居住环境的单元化和封闭性，并不适合老年人的生活方式，尤其是不适合跟着子女到城市生活的农村老年人。他们往往随着职业的终止，压缩社会交往的圈子，晚年生活往往比较寂寞和孤独。④对社会保障制度建设的挑战。在现代社会，家庭养老是不够保险的，即使子女再多，也会受到忽视和虐待。而新的以社会保险为基础的社会保障制度，不仅忽视了社会边缘人群的待遇，最终会出现对老年人制度覆盖的空白和社会排斥现象。

12.5.4 安全待遇需要

（1）安全待遇需要的内容

安全是个人或社会共同体免于威胁的一种存在状态。广义上公共安全涵盖了自然生态、教育、卫生、农业、区域、人口、民族、监狱、心理、网络等不同方面、不同群体、不同事件。狭义上的安全对内指社会治安相关的人身安全，对外则指国家安全。与现代公民的待遇直接相关的是人身安全、健康安全、收入安全。安全是非常重要的。如果人身安全、健康安全、收入安全都得不到保护，其他的待遇都无从谈起。随着人类对森林、湿地的过度利用和破坏，全球气候变暖、土地沙化、湿地缩减、水土流失、干旱缺水、洪涝灾害、物种灭绝等一系列严重的生态危机日益加剧，成为人类面临的最大威胁。生态危机比金融危机对人类的危害更大。金融危机持续时间不会很长，经济萧条过后还可以再次繁荣。但生态危机的危害不是几年、几十年，甚至上百年都很难逆转。20世纪中叶起，涉及生态环境、发展难题、贫困、饥饿等“非军事安全问题”越来越引起关注，这类安全被置于次国家、国家、跨国家以及全球的多重时空之中进行研究。反映这一新的安全境况的范畴被界定为“非传统安全”。这一概念的核心内容包括三个方面：①强调安全领域的拓展，经济安全、文化安全、环境安全和社会安全等被纳入国家安全范围；②强调安全层次的多元化，全球安全、地区安全、共同体安全和公民安全等都被予以考虑，凸显出了当代人的人身安全、社会安全和全球安全的重要意义；③强调共同体的核心价值、结构秩序、生存方式不受侵害，不仅仅是国家没有外来入侵的威胁、没有战争的可能的和平状态，也包括人的身体上没有受伤害、心理上没有受损害、财产上没有受侵害、社会关系上没有受迫害的无危险的存在状态。鉴于中国的非传统安全问题已经从偶发性转向密集性，又往往以危机突发的形式爆发，公共危机事件呈现出高频次、大规模特征和常态化趋势，中国政府已经建立了突发公共卫生应急机制、突发公共事件应对机制。中国应对非传统安全威胁始于改革开放之初的解决贫困问题、人口问题，到如今更关注金融危机、恐怖主义、能源问题、生态环境问题、复合性自然灾害等。

（2）为什么安全是一种基本待遇?

安全需要植根于我们这个“不安的时代”。不安的根源是什么？主要与风险社会的形成有关。从金融风险到环境破坏，从核危机到社会失范，从流行性疾病到个人的存在性焦虑，从全球恐怖主义到日常的饮食安全，人类所有行动都被卷入到风险社会的生产和再生产之中，风险成了当代人类的一种基本生存环境。

①当风险成了当代人类的一种基本生存环境，安全就是一种基本待遇。从未来的发展趋势看，粮食与能源价格日益高涨、水资源短缺、气候变化加剧和人口迁移增多等问题，可能促使全球未来趋向更动荡、暴力冲突更多。

②在社会迈向现代化的发展阶段，安全逐渐凸显为一种重要的基本人类需要。按照亚伯拉罕·马斯洛的需要层次理论，安全属于人类基本的需要之一。在一个生活水平相对较低的社会，人们的注意力主要停留在解决温饱问题上，难以注意到由此带来的人造风险，人们宁愿“搏命”，也不愿饿死，因为“贫困有时候比死亡更可怕”。但随着社会发展，在温饱问题得到保障以后，人们的注意力开始转移，就开始关注由科学技术、由人追求自身自由和自主所带来的各种风险事实，批判各种风险产生机制，积极寻求风险规避的有效方法。

③安全逐渐成为政治合法性的根源。如果在简单现代化阶段，经济增长是一个国家政治合法性的来源；那么在晚期现代性阶段，风险处理也将成为一个国家政治合法性的来源之一。在全球化、信息化时代，中国已经逐步从简单现代化阶段向晚期现代化过渡，各种安全问题成为群众最为关心的焦点问题，对政府来说也是严峻考验。

④社会结构转型的“时空压缩性”导致人们心理行为失序，进而对公共安全造成严重影响。中国面临的这场社会结构急剧转型，是在全球化、城市化、工业化加速推进背景下进行的，明显具有“时空压缩”特征，即我们用几十年的时间走完工业化国家二三百年走过的路程。这种压缩型结构转型，必然对全体社会成员的心理态度、行为方式、思想观念等造成巨大的压力，难免在心理上产生不适感、焦虑感、浮躁感、失落感（过高期望与过低现实间的），行为取向难免过激化、情绪化、趋利化、工具化等，思想观念转变为较强的独立性、主体性、多样性等，这些都会对既有的公共安全发展路径造成冲击。

⑤安全问题造成了巨大损失，改善安全也就意味着减少了待遇损失。经测算，仅2005年中国内地因自然灾害、事故灾害和社会安全事件等突发公共事件造成的人员伤亡就逾百万，综合经济损失高达6500亿元，占国内GDP的6%。

12.5.5 教育待遇需要

（1）教育需要的内容

①基础教育。基础教育的具体内容在不同时期是有所差别的，总的趋势是随着政府投入增加，教育内容和时间都不断扩展。中国目前基础教育指从小学到初中毕业的九年制义务教育。这段时期的学校教育对培养一个孩子的基本文化素质是必需的，因此国家从保障国民基本素质出发，要求所有适龄儿童、少年必须接受义务教育。按照《义务教育法》的规定，义务教育是国家的义务，也是监护人和孩子的义务。国家将义务教育看作公益性事业，统一实施，负担教师的工资和学校运转的经费，不收学费、杂费，至多只收少量书本费。如果循环使用课本，则课本费也可省略掉。国家实施义务教育的费用由各级政府分担，对于贫困地区、边远地区，中央政府通过强有力的转移支付方式给予保障。对家

庭经济困难的适龄儿童、少年，国家政策要求免费提供教科书并补助寄宿生生活费。总之，是为了每一个孩子都能上得起学。教育是待遇非常重要的需要。家长们对孩子教育的认识不同，待遇需要也有差异：有的非常重视，脱离国家义务教育体系，到所谓“贵族学校”上学；有的则不重视，以家庭经济困难或上学无用论为借口，不让孩子入学或让孩子辍学。在经济落后地区，不入学和辍学问题依然是个很严重的问题。此外，另一个障碍是贫穷地区的教师队伍问题，由于工作条件艰苦、收入低、艰苦贫困地区补助津贴有限，教师队伍素质低、人员不稳定、工作积极性不高，这都影响到义务教育的质量。

②职业教育。中国作为制造业大国和人口大国，劳动力素质要求不断提高，就业压力日益增加。为了实施科教兴国战略，提高劳动者素质，国家在20世纪90年代就制定了《职业教育法》，将职业教育纳入国家教育体系。职业教育为什么也要作为一种待遇性事业？主要原因有两点：第一，因为职业教育与劳动者素质和就业流向密切相关，通过职业教育提高劳动者的素质既可以提高劳动生产力，也可以合理引导就业流向。第二，职业教育成为促进劳动就业的重要途径，尤其对于解决中低层次的就业问题非常有价值。提供合适的职业教育可以提高低收入家庭子女的就业机会，而国家补贴可以减轻这类家庭的经济压力。依照法律规定，根据不同地区的经济发展水平和教育普及程度，实施以初中后为重点的不同阶段的教育分流，建立、健全职业学校教育与职业培训并举，并与其他教育相互沟通、协调发展的职业教育体系。

③高等教育。高等教育是指在完成高级中等教育基础上实施的教育，其直接目标是培养具有创新精神和实践能力的高级专门人才，适合高层次就业和未来新兴产业发展的需要。国家举办高等教育，或者将高等教育也作为一种待遇需要来对待，原因是多方面的：首先，是国家发展战略的需要，实施科教兴国、人才兴国战略的成败，都取决于高等教育质量的高低。在目前中国的条件下，如果国家不支持，高等教育的质量很难保证。其次，高等教育直接关系到大学生的就业，是未来高端行业竞争的必经之地。国家举办高等教育可以让更多的人上得起大学，这不仅可以有效缓解低端就业的压力，而且能创造高端就业机会。最后，因为高等教育的成本昂贵，在中国除了中高收入家庭，让一般家庭去负担都非常沉重，由此有可能产生的社会分化的后果将会非常严重：许多因为经济原因上不起大学的孩子失去了向上流动的机会，不仅是重大

的社会损失，而且对社会稳定来说威胁很大。所以政府应给予贫困孩子助学贷款，保证每个孩子不因为经济原因上不了大学从而维持正常的向上流动的社会秩序。

（2）教育为什么是一种需要

教育是“树人”的事业，让每个人（尤其是幼儿和青少年）通过学习活动获取自身必需的信息和知识，提高理解和行为能力，更好地工作和生活以及适应社会发展的需要。教育在人的社会化和人格发展中发挥着关键的作用。教育改变人生，让每个子女接受良好的教育，是每个家长都深有体会的重要需要。但是，教育为什么是一种需要？这要从教育为什么是一种待遇性事业说起。现代教育是由政府主导进行提供，政府要么作为直接的提供者，要么作为有力的监管者，最终对公民的教育负有重要的责任，这有多方面的缘由：①教育作为公共产品或准公共产品提供比较有效率。从经济学考虑，教育作为一种服务，符合公共产品或准公共产品的特性，排他性较差，规模效应较好，通过政府补贴由公共组织提供可以获得转好的整体经济效应。②教育是国家发展和社会控制的大计。因此，任何国家都对教育有相对严格的控制，这是其不同于一般服务业的特点之一。开明的教育可以培养为人民服务的人才，“愚民”的教育可以培养为统治者所利用的蠢材。总之，政府历来可以通过举办、资助或特许经营等方式通过教育对民众心理进行控制。③教育投入可以起到防贫扶贫的效果。在现代社会，教师的人力成本提高，教育的内容复杂，使得教育过程复杂而漫长，如果按照成本付费，现代教育具有“高消费”特点。如果没有政府的支持，这部分开支完全由家庭来支付，将是一笔普通家庭难以承受的巨额负担，尤其是家庭处于“上有老，下有小”，主要成员收入不高的情况下。如果家庭成员还有失业或病患的情况，必然会入不敷出，生计陷入困顿。政府投入减轻了家庭的负担，对这些收入不高的家庭自然能起到防贫扶贫的效果。④为了维护基本的社会公平和有效选拔人才，政府有必要进行干预。政府不能给予合理的干预，而是按照市场的逻辑进行提供，必然将大多数贫穷人家的孩子拒于校门之外，进而阻碍其向上的社会流动。这不仅破坏了基本的社会公平，而且扼杀了大量的来自基层家庭的人才，不符合国家发展的需要。此外，向上的社会流动受阻，底层社会的社会不满蓄积着，长期来看必将成为社会动乱的根源。总之，无论从经济效率、社会效果，或

者从社会公平、社会治理来说，现代国家的政府都将教育（尤其是基础教育）作为一种待遇性事业给予提供，而公民的教育需要自然是一种待遇需要。

12.5.6 居住待遇需要

（1）居住待遇的理念

①合格的居住场所。居住待遇是公民基本人权的重要组成部分。居住条件往往被认为是经济性资源分配的结果，其实也是维护健康的重要资源。满足居住待遇需要的住所应该具备以下三个基本条件。首先，合格的住所应该是安全的。包括建设在安全的地方，经受得住风吹雨打，能给居住者提供适当的保护，使居住者免受日晒雨淋、蚊虫叮咬、寒冷等自然环境的伤害。这使得住所与桥洞、人行道或其他露天场所有所区别。其次，合格的住所应该有基本的设施，尤其是卫生设施。合格的住所应该适合人基本的生活需要，没有通常的下水道、自来水、卫生厕所的住房是不合格的住所。最后，合格的住所应该给予居住者足够的空间。过于狭窄拥挤的空间也会损害健康，容易导致各种疾病，如呼吸系统疾病、儿童身体和认知能力发育迟缓，增加成年人的压力和抑郁，妨碍社会交往。在现代社会，负责的政府需要树立居住待遇的理念：所有的人都有获得合格住所的权利，政府有责任和义务来做出努力。通过树立以“以民为本”为基础的居住待遇理念，以广大中低收入居民为重点，采取多供给适用中低收入者的住宅等有效措施，出台相关的社会保障政策，使不同收入、不同条件的公民都能居住合格的住房。

②居住待遇与经济条件密切相关。在许多发达国家，工业区周边通常都是劳工阶层和城市贫民的聚居区，处在社会阶层中上层的人们往往居住在基本没有工业污染的地域，占据着环境优美的城郊山地和水滨。不同居住地的待遇条件有天壤之别。随着福利国家的兴起，西方国家公民的居住条件在“二战”以来有了很大改善，但贫民区的居住条件还是很差。而在广大发展中国家，遍布城乡的贫民窟往往建设在不安全的地方，缺乏必要的卫生设施，而且居住拥挤，更谈不上空调或暖气了，总之，缺乏合格的居住条件。对于不符合居住待遇的理念的住所，如贫民窟，政府如果不能消除，就应该给予改造，至少帮助公民给予改造。

③居住待遇与社会排斥密切相关。政府在坚持正确的居住理念的前提下，应逐步消除由于居住待遇不同而产生的社会排斥。当前，无论是城市，还是乡村，都还有许多处于不利条件的弱势人群，特别是老人、儿童、残疾人、病人、低收入者、单亲家庭、受灾者。他们的居住条件都达不到合格的标准，居住条件恶劣成为社会排斥的重要表现。因此，政府要把解决弱势人群的居住问题，满足这些人的居住待遇需要，作为推行居住待遇的“重中之重”，逐步消除居住中的社会排斥。

（2）中国居住待遇需要问题

①居住待遇需要与供给水平的倒置。在计划经济时代，国家的住房建设资金都拨给“单位”，按“负福利”原则实行“单位分配制”：有特权的“好单位”收入高、房子更好，无特权的“差单位”收入低、住房差甚至无住房。目前，符合条件的一般工薪阶层可以购买经济适用房或租赁其他保障性住房。而农民工不仅买不起流入地城市的商品房，也不能享受该城市对本地居民提供的保障性住房的相关政策。

②贫民区和无家可归者的居住待遇状态低下。如果由于资金和能力有限，政府不能满足他们的居住待遇需要，那么至少应该给予这些人群自身建造陋室的自由，在极端气候条件下给予无家可归者适当的居住救助。

（3）居住环境的待遇问题

在居住待遇需要方面，我们所需要的不仅是一间挡风遮雨的住房，而且还有住房外生活的环境。自然环境不仅是作为可利用的资源，而且是作为居住待遇的重要内容与我们联系在一起，讲究人与自然的和谐不仅是经济学意义上的重要原则，而且是与人的待遇密切相关的社会学原则。因此，在国土开发中要充分保全森林、湿地、河海湖泊等生态环境。居住环境必须坚持人与自然和谐共处原则。中国古代人选择建房用地时讲究“风水”，而现代人在选择居所时，也要充分考虑阳光、风向、水道、绿荫、临水空间等自然条件。环境美好是基本的居住待遇需要。人们对居住环境的待遇需要越来越强烈：要呼吸清新的空气，要生活在不被污染的环境中，要过放心和舒心的日子，要有一个美丽的家园。

12.6 弱势群体待遇需要的基本内容

从社会群体视角看社会待遇需求，不同社会群体有不同待遇需要。如果按照市场分配的逻辑，弱势群体的待遇需要往往难以有效表达，政府和社会必须对弱势群体的待遇需要给予特别的关注。

12.6.1 弱势群体及其待遇需要

（1）弱势群体的概念

弱势群体主要是指在社会生活中比较弱势和易受伤害的群体。弱势群体的参照群体是普通民众，比较的标准是社会认可的一般生活状况。只有他们相比而言低于一般社会状况，处于易受伤害的状态，才划入弱势群体。一个相似的概念是劣势群体，这主要是指在就业和社会生活中处于不利社会境况的群体。这种不利社会境况主要是市场分配的结果，这个概念主要相对于比较优势的人群而言。劣势优势都是相对的，可能会随着时间的变化而变换地位，而无论优势、劣势，未必会影响到其基本的社会生活，但长期看很容易就使其本人及其家庭成为弱势群体。弱势群体具有一定的相对性。例如，农民工在城市里就处于弱势状态，他们容易受到伤害，生活质量低下。当他们回到农村自己的家里，在周围人群中就不再是弱势群体，相反可能会处于较有利的地位。而作为农村人中的一员，他们和城市人相比总体上还是处于不利的地位。弱势群体不是一个特定群体，而是多种群体结构成的，因此还具有一定的层次性。在社会分层中，尽管都处于不利的社会底层，但是其中又可以细分不同层次、不同群体。

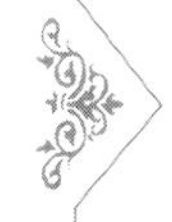

（2）弱势群体待遇需要的特点

①待遇需要是多方面的。弱势群体的弱势性是多方面的，因此，他们的待遇需要也是多方面的，而且多方面的待遇需要之间并不一定层次分明。以往的认识往往以为弱势群体的待遇需要以经济需要为主，这

种认识有一定的局限性。固然基本的经济需要是基础，不能满足基本的经济需要就谈不上其他需要，但是其他方面的需要如果不被认可，如尊重的需要，他们的反应可能更为强烈。这种认识的局限性产生于两方面原因：首先，是在对亚伯拉罕·马斯洛需要层次论的理解上存在着片面性，人的需要并不是按照七个分明的层次递进满足的。其次，有限政府责任理论倾向于满足弱势人群的基本需要，这样使得政府的责任最小化获得了合理性。现实中，弱势群体的其他需要是不容忽视的重要内容。我们应该给像照顾家人一样去重视弱势群体的其他需要。

②待遇需要的表达有障碍。弱势群体的待遇需要在表达、申诉、求助的过程中往往会有障碍。这主要有不会求助、不求助和求助过度三种表现。“不会求助”指有求助需要的时候，不知道找什么人、什么部门帮助，也不知道如何利用现有的制度自我帮助。“不求助”指即使有这样的需要，但是由于长期受社会排斥，或者碍于“面子”不习惯于向外界求援，最终让待遇需要落空。“过度求助”指夸大自己的待遇需要，要求援助方给予超出实际需要的服务。这三种情况都是待遇需要在表达中的障碍。不同群体在待遇需要表达上的障碍是不同的，这与其求助的经历有关，“过度求助”往往是不合理救助过程中长期博弈的结果。

③待遇需要的满足依赖国家和社会。弱势群体由于自身的弱势状态，其自身待遇需要的满足依赖于政府或社会的力量，有权利单向性特征。这固然是特定政府和社会的责任所在，但如果针对弱势群体的增权措施不得力，也有使弱势群体患上过渡需要依赖症的危险。因此，还必须在满足他们基本需要的过程中建设一种模拟的“权利—义务”双向对等的模式，采取与就业相关联的策略。

（3）满足弱势群体待遇需要的条件

①诉求渠道或政治条件。在专制体制下，君主经常通过微服私访的方式征求民意，包括弱势群体的待遇需要。但这是没有制度保障的期望。在民主体制下，弱势群体首先是通过选举表达民意，将选票投给最能给自己带来待遇的领导人。从政治制度上说，政府不仅要给予他们投票的权利，而且要鼓励和帮助他们实现投票的行为。在政治权利的博弈中，不参与就是退出，消极参与就是放弃。这种退出或放弃并不是独善其身，而是被边缘化、被遗忘，甚至被歧视、被侵犯、被欺压。弱势群体参与能力较低、影响力较小。如果他们不能够积极参与选举，其原有

的社会弱势地位就会被政治弱势地位所强化。这是现代民主制度必须正视的问题。根据宪法和法律的规定，中国公民直接参与政治、表达利益诉求，主要有如下几种方式：（1）直接选举和罢免；（2）对国家机关及其工作人员活动的监督；（3）信访；（4）基层群众自治；（5）听证会；（6）行使《立法法》第九十条规定的违宪和违法审查请求权，请求修改或撤销某项行政法规或地方性法规。

②待遇需要主体的诉求能力。弱势群体的诉求能力低下主要表现在：没有感到自己的待遇需要，也没有待遇诉求的愿望和意识，甚至缺乏表达的能力；或者即使有诉求意愿和能力，但是没有话语权，说了没有人听。缺乏社会资本也是弱势群体待遇诉求能力低下的重要原因。由于声望和职业地位低下，弱势群体往往只会被关注、被关心、被扶持、被救助。而他们自己却缺乏主动表达待遇需要的机会，缺乏引导社会舆论的资源。总之，弱势群体的诉求表达能力低下是其弱势群体地位的反映，实质是主体性的丧失。要提高弱势群体的诉求能力，我们需要通过增权策略提高弱势群体的主动性。增权可以从个体层面、人际关系层面和社会参与层面着手。

12.6.2 传统弱势群体的待遇需要

（1）儿童待遇需要

①儿童待遇一般规定

第一，儿童的待遇特点。《世界儿童权利公约》中，儿童“系指18岁以下的任何人”，就是“未成年人”。中国根据儿童生理、心理、社会发展的特征以及我国儿童工作的具体情况，一般将儿童的年龄界定为0岁—14岁，这是一个狭义的儿童概念。人类的婴儿比其他物种的幼仔更加无助。儿童或未成年人作为个人生命中的一个阶段，在生理、心理上都处于幼稚的时期；作为社会人群中的一个部分，具有区别于其他人群的特殊弱势性。因此，需要给予特别的照料和保护，包括法律上的特殊保护。儿童期是人的生理、心理发展的关键时期。为儿童成长提供必要的条件，给予儿童必需的保护、照顾和良好的教育，将为儿童一生的发展奠定重要基础。

第二，儿童的待遇问题。儿童的问题主要表现在环境对儿童的伤害和儿童发展障碍两个方面：一方面是环境问题，包括社会环境和自然环境；另一方面，是儿童发展障碍问题。这实质是社会本身的快速变革，成人社会自身的压力及误区，造成儿童行为和心态偏差。这实质是重要的社会问题。后者表现为以下几个方面：一是学习压力和智力发展问题。由于文化传统、教育体制、教育理念、家庭结构等多种原因，儿童从小就会感受到越来越强烈的升学和考试的压力。学习过程中，如果学习方法和教育方式不得当，会损害儿童的智力发展，更重要的还会造成儿童的创造性、自主性障碍。二是儿童道德发展的问题。现代社会中，道德冲突、价值冲突不仅是成年人常常面临的严重问题，而且也是儿童成长中需要辅助的重要问题。如果得不到妥善解决，就会导致适应不良，甚至形成反社会的价值观和道德观，影响儿童的健康成长，甚至导致未成年人违法犯罪行为。三是社会化问题。主要表现在与同伴交往过程遇到的困惑。儿童与同伴的交往使得儿童有机会进行社会交往的技能练习，强化自我观念。交往中的不快容易导致儿童的情绪问题。如果得不到解决，孩子在社会交往中就会退缩，造成社交能力发展不足，将来就是社会化的问题。

②儿童待遇需要的主要内容

第一，基本生活照顾的需要。家庭或社会对儿童成长过程中的基本生活和养育方面的需要，应该给予满足。这是儿童身心发展阶段的特点所决定的基础性需要，它从乳儿期开始一直贯穿整个童年。

第二，健康需要。由于缺乏自我照顾能力，处于快速生长期的儿童，尤其是5岁以下儿童，是疾病的易感人群，因此，需要给予儿童健康特殊的照顾。儿童的健康需要，应该从儿童营养这个基础开始重视，否则发育不良、免疫力低下，将来的健康就更容易成问题。

第三，受特殊保护的需要。儿童比成年人更弱势和敏感，更缺乏自我保护的能力，这种特征导致儿童更容易受到伤害，也更需要受到特殊保护。这不仅是家庭的责任，而且也是全社会的责任。创造一个良好的社会环境、构建儿童安全保障机制，这应该是和谐社会建设中的应有的任务。

第四，教育需要。儿童处于迅速成长期，教育尤其是系统的学校教育对于儿童的身心发展有至关重要的作用。教育待遇不仅是一般意义上的社会待遇，而且是中国已经受法律保障的基本权利。此外，教育应该是为孩子全面发展服务的，心理发展和社会交往能力的发展也应该包含

在教育待遇需要之中。

第五，文化娱乐需要。游戏是孩子的人生。它不仅能寓教于乐，而且是儿童社会化、接受社会文化价值观的重要途径，而且也是儿童缓解压力、获得快乐的重要途径。出于竞争压力而过度削减儿童娱乐的时间，结果不仅是不能满足儿童的文化娱乐的待遇需要，而且长期看来会影响到儿童的身心健康，影响到成年期的生活质量。

③留守儿童的待遇需要。家庭是儿童待遇需要得到满足的主要途径。在当今中国，尤其是经济落后地区的农村，父母由于家庭经济需要而外出打工，将未成年孩子留在老家由自己的父母或亲戚朋友照顾，造成了大量的“留守儿童”。“留守儿童”的主要问题不仅表现在基本生活照顾或者文化娱乐的待遇需要上，而且表现在健康待遇需要、教育待遇需要和受特殊保护的待遇需要上。

第一，健康待遇需要。这突出体现在营养问题和心理问题上。由于代理监护人照顾不周，或者到条件艰苦的寄宿学校生活，缺乏父母关怀的“留守儿童”营养不良发生率要高于同龄人孩子，而其心理问题也必须得到社会的关注。

第二，教育待遇需要。家庭教育和家庭环境对个人的影响是至关重大的，而代理监护人往往由于根本无法切实感知和了解孩子的心理发展动态，难以实施正确的引导教育，不利于儿童的心理健康成长。在心理发展和社会能力的发展方面，“留守儿童”更容易被忽视，问题得不到及时解决，长期看也会影响到学习成绩。尤其是隔代老人思想观念相对保守落后，重养不重教、重物质轻精神，很少去关注孩子的心理变化，这无疑严重影响孩子的健康成长。

第三，受特殊保护的待遇需要。留守儿童比其他儿童更容易受到伤害。对于留守儿童来说，亲子互动的缺失，抚养代理人模糊的职责意识，造成儿童缺乏对信任的感受和体验，因而容易产生焦虑和对别人的不信任。这种童年期形成的焦虑和不信任会影响到孩子成年期的社会合作能力和生活满意度。

（2）妇女的待遇需要

①女童时期的待遇需要。女人，尤其是未成年的女童，往往更为弱势，更为容易受到伤害。她们应该得到与男孩一样的待遇，但是往往在受教育、被保护和免于奴役方面没有得到相应的待遇。这些待遇正是

她们核心的待遇需要。女童受教育的待遇往往被父母或监护人剥夺。由于社会歧视的存在，女孩子上学往往被认为是不必要的，或者相对于男孩来说是次要的。因此，贫困家庭往往选择让女孩子不上学，或者上几年之后就辍学在家干活，作为童工来使唤。在没有实施义务教育之前，这个问题非常严重，目前有一些贫困地区问题依然严重。女童受特殊保护的待遇，尤其是性安全，往往会成为一个严重问题。由于监护人忙于工作而疏于看护，天真而无戒心的孩子遭受不法分子伤害，甚至失去生命。在落后地区，女童在失学之后往往过早地从事苦力工作。每天十多个小时的工作不容许她们有娱乐嬉戏的时光，辛苦的工作剥夺了她们童年的快乐。

②生育期的待遇需要。女性进入生育期，作为未来的父母，社会应该提供一个安全的环境，让她们幸福地恋爱、结婚、生育。

③寡居期的待遇需要。受传统文化的影响，男性结婚年龄高于女性，而平均寿命低于女性，也就是说结婚晚而去世早，结果就产生许多女性中老年“未亡人”。由于女性受教育程度低，在就业方面处于劣势，这些丧偶女性很少有工作机会，缺乏保障制度的照顾，本主要仰仗丈夫的工资、退休金和子女的赡养费。丈夫去世后，丧偶女性在经济上更依赖于子女。此外，受“男主外，女主内”的家庭分工的影响，这些女性在情感和社会交往方面也依赖丈夫，在承受丧偶之痛的同时，在社会交往上也陷于孤寂。

④“留守妇女”的待遇需要。农民工进城的负外部性就是“留守妇女”的困苦。随着农村男劳动力大量进城打工，农村“留守妇女”作为一个特殊群体正在形成。她们忍受着与丈夫长年分居的孤寂，承担着家庭的重担，赡养老人，照顾孩子，承受着多重压力。

(3)残疾人的待遇需要

①残疾人现状概述。按照中国《残疾人保障法》的界定，残疾人是指在心理、生理上某种组织、功能丧失或者不正常，部分或全部丧失以正常方式从事某种活动能力的人。残疾人包括视力残疾、听力残疾、言语残疾、肢体残疾、智力残疾、精神残疾、多重残疾和其他残疾的人。

②残疾人的待遇需要。残疾人不仅在满足一般性的待遇需要方面，而且还有一些特殊的需要，主要在康复、无障碍环境和法律援助方面，需要社会给予帮助，才能得到较好的待遇满足。第一，治疗和康复需

要。残疾人有部分是先天性疾病导致的，更多的是后天因病残疾、因伤致残。无论属于哪一种情况，伤病不仅使得他们的机体功能丧失，而且还会继续纠缠他们此后的生活，他们为了追求健康，必须顽强地和疾病和残疾做斗争。治疗和康复是残疾人最重要的待遇需要，也是生活的重要内容。残疾人的治疗和康复待遇需要得到外界的帮助。政府应当采取措施，为残疾人康复创造条件，建立和完善残疾人康复服务体系，并分阶段实施重点康复项目，帮助残疾人恢复或补偿功能，增强其参与社会生活的能力。广义上残疾人的康复常划分为医疗康复、教育康复、职业康复、社会康复等多种类型，这些类型既展示了残疾人康复的丰富内涵，也是残疾人康复的重要途径。交流不便、运动不便的残疾人，为了能与人交往、交流，需要有一些基本的设施条件。应当采取措施，逐步完善无障碍设施，推进信息交流无障碍，为残疾人平等参与社会生活创造无障碍环境。特别是公共服务机构和公共场所应当创造条件，为残疾人提供语音和文字提示、手语、盲文等信息交流服务，并提供优先服务和辅助性服务。公共交通工具应当逐步达到无障碍设施的要求。有条件的公共停车场应当为残疾人设置专用停车位。组织选举的部门应当为残疾人参加选举提供便利，有条件的应当为盲人提供盲文选票。无障碍环境的需要属于残疾人特有的待遇需要，在残疾人需要体系处于非常重要的基础地位。

③认可和尊重的需要。残疾人也是人，只不过更为不幸。他们一样有人的尊严和权利，需要得到社会的认可和尊重，他们也可以追求完美。这样的需要不是补偿性的慈善需要能给予满足的。如果说过去残疾人重视的是物质待遇需要的补偿，那么在现代社会，他们更重视对公民权利的诉求，更渴望获得社会的认同、接纳与尊重。

（4）贫困者的待遇需要

①贫困及其原因。第一，贫困有绝对与相对之分。绝对贫困的划分依据的是19—20世纪英国改革家布思（Charles Booth）（1903）提出的生存需要线，或者最低限度生活水平线。绝对贫困指在特定的社会生产和生活方式下，个人或家庭所获得的收入难以满足最基本的生存需要。目前常用的标准是世界银行1981年提出的：当某些人、某些家庭或者群体没有足够的资源去获取那个社会公认的，一般都能享受到的饮食、生活条件、舒适和参加某些活动的机会，就是处于贫困状态。简单地说，

就是缺少能力去满足基本需要的状态。人们曾乐观地认为，随着社会财富的增长，绝对贫困能逐渐消除。但社会发展情况是，社会财富分配不均匀，绝对贫困没有能逐渐消除，而相对贫困概念成为主要标准。相对贫困是与参照群体比较而言的贫困，一般以某个人收入标准的百分比为标准，体现的是收入的劣势和社会参与的不足，包含着社会分层的观念。从绝对贫困到相对贫困，反映了贫困者的待遇需要在提高，同时也逐渐得到社会的承认。中国的最低生活保障制度所确定的贫困线，最初以最低生活水平为基准，后来逐渐随着社会生活水平的提高而不断提高，如果加上连带的待遇，已经越来越具有相对贫困的内涵。第二，贫困的原因是多方面的。对于贫困成因的理论解释是多方面的，如有社会分层论、个人素质论、贫穷文化论、传统经济论、权力支配论和经济剥削论。社会分层论把贫穷看作社会下层人士生活的常态；个人素质论把贫穷看作个人素质低下、能力不足、动机不足等原因导致的结果；贫穷文化论则将贫困归因于可代际传递的“贫困文化”；传统经济论认为贫困是过分依赖传统经济生产方式导致的结果；权力支配论和经济剥削论都是从政治经济学视角认识贫困，把贫困看作社会结构不平等的反映。第三，贫困的影响也是多方面的。贫困的影响不仅在于生存层面将人饿死这么简单，贫穷会影响到健康状况、认识能力，影响到居住、教育、医疗保健、婚姻、就业等多方面需要，还会影响到社会交往，造成广泛的社会排斥。因此，要满足贫困者的待遇需要，必须依靠多方面的努力。

②资产建设：一种有效的贫困的救助方式。除了传统的投资、教育、文化、就业、科技等扶贫策略外，社会政策界目前最为关注的是资产建设思路，其中以20—21世纪美国学者迈克尔·谢若登（Michael Sherraden）和20—21世纪孟加拉国银行家穆罕默德·尤努斯（Muhammad Yunus）两位教授的成就最为引人注目。第一，资产建设思想。迈克尔·谢若登认为：收入是资源的流动，而资产则是资源的存储，是人们长期积累与持有的，资产为提高长期状况的投资提供了保障与资源。收入和消费确实是必要的，但是它们并不能改善长期状况。发展必须通过资产积累与投资来实现。第二，穷人的银行家。穆罕默德·尤努斯创办了给穷人小额贷款的乡村银行，并因此荣获2006年诺贝尔和平奖。他注意到一个普遍的现象：银行的法则是只给有钱人贷款，绝不给穷人贷款，尽管穷人最需要贷款。穆罕默德·尤努斯也认为解决贫穷

问题需要资产建设，于1983年创立了格莱珉银行，专注于向最贫苦的孟加拉人提供小额贷款。目前全球已有100多个国家的250多个机构效仿格莱珉银行的模式运作。其一，穆罕默德·尤努斯采取了贷款的方式去扶贫，而不是传统的慈善方式，如施舍、捐赠等。贷款需要偿还，权利和义务对等。其二，他没有简单地向所有穷人贷款，他只向需要创业的人贷款。他认为向穷人发放贷款帮助他们个体创业是最有效的方法，其他的情况不是他们的业务范围。1976年，他自己拿出27美元借给村子里42个制作竹凳子的农妇。只需要这一点点钱，她们就能够购买原材料，从而做起生意。穆罕默德·尤努斯的小额贷款帮助他们永远摆脱了贫困。其三，他重视妇女的作用。借钱给最穷的人，其中大多数是贫穷的妇女，无须抵押，无须担保，不用签署法律文件，也不存在连带责任。穆罕默德·尤努斯发现妇女更讲信用，更节俭，创业积极性高。其四，他在提出了解决贫困方案的同时，还采取了一系列简单有效的财务保障原则。传统银行业难以解决向穷人贷款的问题，原因在于两方面：一方面，穷人没有抵押品；另一方面，单笔贷款金额较小，相应而言，放贷成本太高。格莱珉模式的巨大贡献，在于独创了一套向穷人贷款的体系和技术，解决了上述两大技术瓶颈。穆罕默德·尤努斯最初的目标是：通过资本建设，帮助穷人实现个体创业，从而使他们永远地摆脱贫困生活。目前他的乡村银行业务范围已经从最初的创业信贷向住房等待遇的贷款发展，向穷人的待遇改善政策提供越来越多的经验。

12.6.3 移民的待遇需要

（1）非自愿移民的待遇需要

移民可以分为自愿性移民和非自愿性移民。自愿性移民遵照市场的逻辑，他们多数的收入和待遇可以在市场中实现；而非自愿性移民主要遵照政治的逻辑，政府应该对其生计和待遇负起更多的责任。工程移民、环境移民、灾害移民都属于非自愿移民。

①工程移民的待遇问题。工程性移民是由于国家或政府兴建某项工程而征用土地、房屋及土地附着物，使得这些土地及其财产所有者或使用者被迫进行迁移，人们通常称之为非自愿性移民。大至三峡工程的移民、水库的移民、南水北调工程的移民、核电站工程的移民，小至各

地普遍的交通、基础设施建设工程的征地移民，往往经济补偿措施都不足以弥补非自愿移民所带来的损失。世界银行研究表明，工程性迁移对移民所造成的影响是多方面的，包括：生产体系解体，失去生产资料或收入来源；亲族被疏散，社区团体和社会网络力量削弱；文化特性、传统权威及互助的可能性减小或丧失。移民在搬迁后将面临8个方面的风险：丧失土地；失业；无家可归；边缘化；食品不安全；发病率增加；失去享有公共财产和服务的权利；社会解体。以社会公共利益为目的而进行的公共工程建设，在实践中有时会损害移民们的待遇，这往往成为社会动荡的严重隐患。长期以来，我们强调工程建设给国家、集体和受影响人口可能带来的正面效益，要求受影响人口服从国家建设的需要，而对非自愿移民的相关待遇的落实重视不够，在工程性移民的安置工作中出现了一些失误。

②非自愿移民的社会整合。由于非自愿移民的特殊性，其社会整合成为移民社会重构和发展的核心议题，其中待遇需要满足的是社会整合的重要途径。分散移民对移民的冲击最大，政府在待遇方面的差别很容易引起移民的反感和反抗。如果是整村移民，村庄内部的社会关系保存得相对完好，但也存在着移民迁入地社会排斥的问题。

（2）农民工的待遇需要

农民工既不是传统意义上的农民，也不是真正的工人，这种特殊性使他们生活在农村与城市的夹缝中。他们虽然在城市工作，却缺乏合法的城市身份。

①农民工的工作境遇。他们的工作境遇主要表现在以下几个方面：首先，劳动就业受限制、工种较差，而且同工不同酬，拖欠工资。有的城市制定了外来劳动力就业分类目录，把脏、乱、差、累的工作留给农民工。作为“廉价劳动力”，工资水平低，拖欠工资时有发生。其次，超负荷工作影响到职业健康和安全。作为“超时劳动力”，农民工的工作时间一般都很长，几乎是超负荷从事繁重工作。农民工极易患职业病，工伤事故严重。同时，他们发生职业病和工伤事故后很难得到合理的赔偿，农民工把伤、残、病带回家乡，社会矛盾由城市转嫁到了农村。

②农民的社会权利贫困。中国农民工的贫困主要不是表现为饥寒交迫，也不是他们的能力不够，更不是工作积极性不高，而是他们在城市

里没有落实应得的权利。首先，不能享受和本地职工同等的保障和福利待遇。由于中国各种待遇是与户口紧密联系在一起，而农民很少享受同城镇职工相同的待遇。其次，在城市无安身之所，居住状况较差。相当多的农民工居住在工棚或集体宿舍里，地方狭窄拥挤，室内肮脏零乱，除了被褥衣物，几无他物。再次，子女教育问题。一些民工子弟学校，不仅教学质量不高，而且受政策干扰而稳定性很差。最后，是社会认同问题。来自城市居民的歧视加剧了农民工对城市生活的不适应，产生孤独感、疏离感，难以融入城市的主流社会中而被边缘化。滋生的“过客”心理使得他们对城市缺少归属感和责任感。这不仅阻碍了农民工自身市民化的进程，也加剧了短期行为和越轨行为的发生，增加了城市的不安定因素。

③新生代农民工的待遇问题。农村劳动力向城市的非永久性迁移是在现有约束条件下的一种理性选择，是在收益和成本进行理性比较的基础上进行的自主决定，这种在寻求自身待遇的过程中自动进行的劳动力资源配置也提高了全社会的待遇水平。但新生代农民工，因为他们有不同于其父辈的特点，更倾向于永久性迁移：一是他们年轻且文化素质高于父辈，具备城市工人的劳动技能。二是他们的价值观不同于其父辈，对农村存留的眷恋比较少，更倾向于经过自己的奋斗在城市定居。三是他们经受的磨难少于父辈，自尊心和社会公平意识强烈，更容易形成抗争态度，甚至会采取极端维权措施。因此，政府要在城市化推进过程中实现社会的长治久安，已经到了考虑新生代农民工的新的待遇需要的时候了。

第十三章　待遇与供给

待遇供给是待遇运行过程中的关键环节，只有通过这个环节，才能切实满足社会成员的待遇需要，提高社会成员的待遇水平。待遇供给是一种系统性的社会行动，包括供给主体、供给对象、供给内容和供给方式四个基本要素。社会组织是提供和传递待遇的载体，社会组织的多样性塑造了待遇供给主体的多元化，其中最主要的是家庭、政府、单位和慈善组织。不同的待遇供给主体在待遇供给中既有分工又相互补充，共同构筑起待遇供给的组织网络。推进不同待遇供给主体之间的有机整合，是实现待遇供给有效性的基本途径。

13.1 待遇供给主体

待遇供给主体是待遇的提供者。在待遇供给中，待遇供给主体解决的是“谁提供待遇”的问题，没有供给主体，就无所谓待遇供给。

13.1.1 供给主体的形态

在待遇发展进程中，待遇供给主体的类型和数量不断增加，并日益呈现出多元的趋势。待遇供给主体根据其规模，可以分为组织主体和个人主体两大类型；组织主体在待遇供给主体中占据绝对的优势地位，是待遇供给的主导力量。

（1）家庭

家庭是建立在婚姻关系、血缘关系或收养关系基础上的生活共同体，承担着经济功能、人口再生产功能、教育功能、保障功能和情感功能等，其中的保障功能就是待遇供给功能。家庭作为最早的待遇供给者，包括两层含义：一是指家庭是人类发展史上产生最早的待遇供给者。在社会组织的发展史上，家庭是产生较早的社会组织；在社会制度的演进中，家庭制度属于“原本的社会制度”，是产生最早、影响最深刻、最广泛的社会制度。在人类社会早期，对于个体社会成员而言，家庭不仅是最初的待遇供给者，有时甚至是唯一的待遇供给者。家庭作为原初待遇供给者的地位，是其他社会待遇供给主体无法比拟的。二是指家庭是为个人提供支持的最先者。在这层意义上，家庭作为待遇供给优先者的作用与时代无关，无论是古代还是近代和现代，莫不如此。

（2）政府

政府是掌管公共权力、实行公共管理的政治组织。政府在待遇供给中的地位经历了一个历史发展过程，在待遇发展的不同时期，政府的地位不尽相同。在国家产生以前，待遇供给主体中没有政府的位置；国家产生以后，政府在待遇供给中逐步成为一个供给主体，其地位越来越重要，作用越来越突出，并在现代社会中成为最重要的待遇供给主体，发挥着主导作用。总体而言，政府在待遇供给中的作用经历了一个从小到大、从补缺到主导的演变过程，并在今天的时代达到顶峰。

（3）单位

单位是以业缘关系为纽带建立起来的社会组织。在高度分化和日益专业化的现代社会，根据社会分工需要而产生和建立的各种专门性的社会组织——工作单位已承担着重要的待遇供给功能。一方面，它们对外参与公益活动，面向社会成员提供广泛的待遇支持；另一方面，它们面向自己的职工提供待遇，构建单位（职工）待遇制度。

（4）慈善组织

慈善组织是以慈善精神为思想基础建立起来的非政府和非营利的社会组织，慈善组织作为待遇供给主体的历史源远流长。在传统的农业社

会中，当政府无暇、无心和无力顾及弱势群体的待遇需要时，慈善组织已经行动起来，发挥了很好的补缺作用。在现代化待遇社会中，慈善组织仍然是一个重要的待遇提供者，具有不可替代的待遇供给功能。

13.1.2 供给主体的角色

（1）待遇生产者

待遇生产者是指具体从事待遇生产的组织。待遇生产者是待遇供给主体最重要的角色，没有待遇生产，待遇提供就成为"无源之水"。一般而言，政府并不直接从事待遇的生产，主要是为待遇生产提供或创造条件，或者通过购买方式提供待遇。待遇生产者主要有两类：一类是实物性待遇的生产者，主要指从事物质生活资料生产的经济组织；一类是服务性待遇的生产者，如医疗、教育、文化、体育、教育机构等。

（2）待遇输送者

待遇输送者亦即待遇传递者，是指把待遇传递或送达待遇需要对象的组织。待遇输送者是连接待遇生产者和待遇使用者的中介和桥梁，具有"承上启下"的作用。在现实生活中，承担待遇输送者角色的主要有四类：第一类是政府内部设立的专门机构；第二类是非政府组织；第三类是专业的社会工作者；第四类是社会成员个人。

（3）待遇筹集者

待遇筹集者是指筹措和收集各种待遇资源的组织和个人。通过待遇筹集者的活动，把分散的待遇资源集中和整合起来，既可为待遇输送者提供便利，也有利于高效率地发挥待遇资源的作用。政府由于其动员能力强，影响力大，信任程度高，号召力大，而成为最具权威的待遇筹集者。此外，公司企业、民间组织和公民个人也是筹集待遇资源的重要力量。

（4）待遇分配者

待遇分配者是指把各种待遇资源分配给待遇需要者的组织和个人。待遇分配者在待遇供给中具有重要的作用，缺少了待遇分配者，各种待

遇资源就难以公平有效地分配给待遇需求者。最主要的待遇分配者仍然是政府，但在政府系统内部，不同级别的政府所拥有的分配权力不同，中央政府的权力最大。在同级政府内部的不同部门，所拥有的分配权力也存在着差异。科学合理地划分不同级别的政府及其部门内部的分配权力，是一个需要深入研究的问题。

需要说明的是，在理论分析中，我们可以比较清晰地区分待遇供给主体的四种具体角色；但在现实生活中，不同的待遇供给主体可能承担相同的角色，同一供给主体也可能承担不同的角色，两者之间存在着相互交叉的关系。

13.2 待遇供给客体

待遇供给客体即待遇供给对象，具体指待遇的需求者、接受者和使用者。待遇供给客体解决的是“待遇给谁”的问题，没有待遇客体，待遇供给就失去了目标和指向。待遇供给客体根据其范围和重点，可分为一般客体和特殊客体两类。

13.2.1 一般客体

待遇供给的一般客体是指一个国家的全体社会成员。理由有四：一是待遇的本质要求。社会性是待遇的本质属性，待遇对象包含全体社会成员正是社会性的集中体现。二是全体公民存在着共同的基础性待遇需要。尽管一个国家的社会成员可以依据不同的标准化分为不同的人群，但是，不同的人群在基础性的待遇需要方面是相同的。如，解决温饱的需要（生存需要）、基础教育的需要（发展需要）和公共卫生和医疗救助的需要（健康需要）。这三项基本待遇需要是人人躲不开，人人都需要的“重叠性需要”。全体社会成员的“重叠性需要”的存在，使满足全体社会成员的基础性待遇需要成为待遇供给中的一条“底线”。在这条“底线”上，全体成员都是平等的。三是全体公民都享有平等的待遇权。从社会公平和社会公正的角度讲，一个国家的全体社会成员在接受待遇时享有平等的权利。尽管存在着待遇的事实不平等，但这并不影响法律上的平等权利。因此，从法律的角度看，待遇遵循的是“普遍主义”原则而非“特殊主义”原则。四是符合待遇公平公正的宗旨。待遇公平公正的宗旨就是提升全体公民的生活品质，而不是部分公民的生活品质，这是人类社会发展的目标和追求。

13.2.2 特殊客体

待遇供给的特殊客体是指社会成员中的弱势群体。所谓弱势群体，是指拥有社会资源较少、抵御风险能力较弱、社会经济地位低下、需要外部力量支持才能参与正常社会生活的社会群体。回顾人类社会发展的历史时可以发现，弱势群体作为一种客观存在的社会事实并非今天才有，而是任何时代、任何国家都普遍存在的一种社会现象，是社会分化和社会分层的必然产物。优先满足他们的待遇需要，不仅符合人类待遇发展的传统，也真正体现了人类社会发展的公平公正原则。

弱势群体根据其成因，可分为四类：第一类是自然性弱势群体。自然性弱势群体是由于自然条件恶劣（如不适宜人类生存的自然环境）或自然灾害（如地震等）造成的弱势群体，主要包括自然条件和生态环境恶劣地区的居民和自然灾害造成的灾民两个群体。第二类是社会性弱势群体。社会性弱势群体主要是由于社会条件造成的弱势群体。造成社会性弱势群体的社会原因主要有社会转型、体制转换、结构调整和国家政策四类因素。社会性弱势群体主要包括城镇的下岗失业人员、城市农民工、库区移民和高校贫困生等群体。第三类是生理性弱势群体。生理性弱势群体主要指那些由于生理性的原因而在社会生活某些方面有所依赖、在社会竞争中处于弱势或容易被伤害的人群，包括老年人弱势群体、残疾人弱势群体和儿童弱势群体。第四类是心理性弱势群体。心理性弱势群体主要是由于心理疾病直接导致的弱势群体。在社会的急剧变迁时期，社会风险增加，社会生活中的不确定性因素凸显，社会适应能力较差的部分社会成员不能有效协调各种外在的社会关系，导致心理陷入冲突混乱。

13.3 待遇供给内容

待遇供给内容解决的是“提供什么待遇”的问题，没有可以提供的具体待遇，供给行动只能是“画饼充饥”。从历史上看，待遇供给的内容具有动态性和历史性，主要由社会成员的基本需要、经济发展水平和社会政策的价值理念所决定。

13.3.1 货币待遇

货币形式的待遇即现金。现金是最直接、最方便的待遇形式。现金待遇具有多方面的优点：对于待遇提供者而言，可以节省非现金支持的各种成本费用，手续简单方便；对于待遇对象而言，手中握有现金，就可以根据自己的实际需要购买最紧迫的生活必需品或者用于其他支出事项。当然，现金待遇也可能产生一些负面作用：有的待遇对象不一定能够合理开支甚至浪费金钱，有的待遇对象可能手中有现金也不能买到自己急需的物品或服务。因此，现金待遇不是万能的，没有现金待遇也是万万不能的；关键不是现金的有无或多少，而是现金产生的实际效果。

13.3.2 实物待遇

实物待遇是最常见和最普遍的待遇形式，主要满足待遇对象日常生活中吃、穿、住、行等基本需要。对于缺乏生活必需品的待遇对象而言，实物待遇是最有效的社会支持。对于处于绝对贫困的弱势群体，生活必需品的支持非常重要，这是维持他们最低生活甚至生命最有效的保障。实物待遇的局限性主要有二：一是成本费用高，二是传递系统内部存在“滴漏效应”。

13.3.3 服务待遇

服务形式的待遇是指为待遇对象所提供的各种免费或低费的待遇

服务。待遇对象的需要是多方面的，有的待遇对象最需要的可能不是现金，也不是实物，而是社会服务。服务待遇具有鲜明的行动特征，实际是一种行动支持，在现代待遇体系中越来越成为一项重要的内容。

13.4 待遇供给方式

待遇供给方式是提供待遇的方法和手段，它所解决的是“怎样提供待遇”的问题，没有针对性的供给方式，待遇就不能有效地分配和传递给待遇对象。

待遇供给方式具有灵活多样性，在实践中采取何种供给方式，主要取决于供给主体、供给客体和供给内容三个因素。待遇供给方式可依据不同的标准划分为不同类型：

13.4.1 免费供给与付费供给

免费供给即供给主体免费向供给客体提供待遇支持，接受待遇支持的对象不需要支付任何费用。免费的待遇供给主要有三类：一是政府提供的社会救助。社会救助的资金来源于政府的财政预算和财政支出，接受社会救助的对象只要达到国家和法律规定的救助条件，就可获得免费的待遇支持。二是社会提供的慈善捐助。自愿的慈善捐助本身来源于捐赠者的无偿奉献，接受慈善捐助的社会成员，本身也不需要支付任何费用，免费享受慈善捐助。三是社会福利机构提供的免费服务。

付费供给即待遇对象必须通过预先缴费才能在有需要时获得供给主体的待遇支持，是以付费为前提的供给方式。付费的待遇供给主要有两类：一是政府提供的社会保险金。社会保险是一种强制性的社会保障，遵循权利义务对等原则，待遇需要者只有先尽缴费义务，才有享受保险的权利。二是社会福利机构提供的付费服务。付费服务是社会福利机构提供的待遇服务形式之一，待遇需要还者在使用或享受相关的待遇服务时需要支付一定的服务费用，至少是支付服务的成本费用。

13.4.2 临时供给与固定供给

临时供给是一种非制度化和不定期的待遇供给方式，主要适用于应对重大自然灾害和重大生活事件中的短期救助。自然灾害中产生的灾民，是一个暂时性的弱势群体，需要得到政府和社会的及时帮助，才能渡过突如其来的难关。重大生活事件（如经济危机、交通事故、重大疾病等）可能导致部分社会成员在短期内陷入生活困境，需要政府和社会提供短期内的待遇支持。临时供给虽然不是制度化的供给方式，却是一种非常灵活有效的待遇支持，是现代社会中不可或缺的待遇供给方式。

固定供给是一种制度化、正式化和长期化的待遇供给方式，主要适用于解决常规性的社会问题。固定供给既有免费的（如最低生活保障制度），也有付费的（如社会保险制度）。固定供给方式有一套成熟的运行机制和工作程序，有利于提高待遇供给的规范化和制度化水平。同时，由于受到既定制度框架的约束，固定供给方式在应对突发的重大生活事件时难以作出迅速反应成为其最大弱点，并且在制度变革中容易受“路径依赖”的束缚。

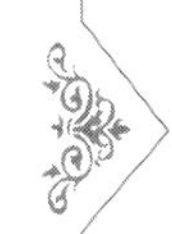

13.5 家庭待遇供给

家庭是一个极为重要的待遇供给主体，在任何时代和社会，家庭都是最基本的待遇供给者。

13.5.1 家庭是待遇供给的基石

考察家庭在待遇供给中的地位，需要充分考虑时间变量的因素。在现代社会中，家庭的待遇供给功能发生了某些变化，但尚未足以动摇家庭作为待遇供给的“基石”地位。

（1）家庭是传统社会最重要的待遇提供者

在传统农业社会，以国家和政府承担主要责任的正式待遇制度尚未产生和建立，社会成员基本上依靠非正式待遇制度的支持。在非正式待遇制度的供给网络中，家庭是最重要的供给主体。在农业社会中，家庭是一个集多种功能于一身的社会群体，既是一个生产共同体，又是一个消费共同体，还是一个待遇共同体。家庭作为一个待遇共同体，是满足家庭成员各种待遇需要的“保护伞”。一是维持生计。家庭成员的吃、穿、住、行等日常生活完全由家庭统一负责和安排，家庭成员之间在物质生活方面是真正的“同甘共苦”。二是哺育子女。子女的抚养和教育基本上由家庭承担，父母不仅教育子女如何“做人”，而且培养子女如何“做事”，子女的生活技能和生产技能也主要从父母那里习得。在多子女的家庭中，长子女甚至还承担了一些抚育弟妹的任务。三是赡养老人。中国文化中的“养儿防老”集中体现了家庭的养老保障功能，为了提高养老的保险系数，最有效的办法是多生孩子，这也是农业社会中大家庭占主导地位的重要原因之一。四是供养残疾。由于没有专门的机构或组织收养残疾人，供养残疾人成为家庭义不容辞的责任。五是照顾病患。在传统农业社会，规模化、专业化和正规化的医院尚未出现，疾病治疗主要依靠民间医生，病患者的饮食起居和日常照料完全由家庭中的其他成员承担。家庭待遇保障的全方位化与家庭规模的大型化之间形成了一种互为因果的关系：家庭规模越大，保障功能越强；保障功能越强，家庭规模越大。

（2）家庭是现代社会不可缺少的待遇提供者

在现代工业社会，随着工业化、城市化程度的提高，待遇社会化进程的加快，以及待遇供给主体的多元化，家庭的待遇供给主体角色及其待遇功能确实存在弱化现象，这是一个不可否认的客观事实。但是，家庭作为待遇供给主体的作用绝不可因此而被忽视和低估。一方面，家庭依然是现代社会的细胞和基本单位，人们的童年和少年时代主要在家庭中度过，个人完成基本社会化的成本主要靠家庭承担，大多数老年人的赡养也在家庭中进行，家庭仍然具有不可替代的待遇支持功能。另一方面，家庭待遇是社会待遇的补充与补偿。在现代社会待遇制度比较发达的国家，政府主导的正式待遇制度是社会成员最大的待遇保障。但是，统一化的正式待遇制度既难以完全覆盖社会成员待遇需要的所有领域，也难以完全满足社会成员多样化、层次化的待遇需要。这既为发挥家庭的待遇补充功能留下了空间，也给家庭的待遇供给提出了要求。更为重要的是，当今世界上真正建立“从摇篮到坟墓”都有保障的国家凤毛

麟角，绝大多数国家的正式待遇制度远远不能满足社会成员的需求，甚至还存在着不少社会待遇供给的“盲点”和“空白”，家庭的待遇供给在这些地方尤其重要。总之，无论将来的待遇制度如何发达，覆盖面再宽，保障能力再强，也不可能完全取代家庭作为待遇供给主体的地位。

13.5.2 家庭待遇保障的形式

在不同的社会发展阶段，家庭待遇的形式并不完全相同，家庭保障功能的重要性也不一致。总体而论，可把家庭待遇保障的形式分为三类：

（1）物质支持

物质支持是家庭待遇保障中的基础内容，主要包括货币与实物。从代际关系的角度看，中国家庭的物质支持有三种形式：一是父辈对子辈的支持。父母对子女的物质支持几乎贯穿子女的一生，重点是子女获得独立生活来源之前的日常生活费用、接受教育的费用以及医治疾病的费用，父辈对子辈的最后物质支持是留给子女的遗产（动产和不动产）。二是子辈对父辈的支持。子辈对父辈的物质支持主要是父辈年老体衰阶段即赡养阶段的物质生活支持和疾病治疗支持，这既是父辈的期待和权利，也是子辈的义务和责任。三是同辈之间的相互支持。在多子女的家庭中，同辈兄弟姐妹之间的相互支持不可忽视。同辈之间的支持具有阶段性特征：同属一个定位家庭阶段，兄弟姐妹之间的相互支持是直接的；各自成家建立独立的生育家庭之后，兄弟姐妹之间的相互支持具有间接性的特征，相互支持的频率和程度也会产生变化。独生子女家庭的出现，宣告同辈之间的相互支持“退出”家庭支持的舞台。

（2）服务支持

服务支持是家庭待遇保障中的重要内容，体现为家庭成员之间的相互服务。如父母在子女成长中的照护，子女对老人日常生活的照料，夫妻之间的相互照顾，家庭对疾病患者的长期护理，等等。在家庭成员之间的相互服务中，父辈的付出永远是最多的，他们不仅为子辈服务，还要为孙辈服务。正如中国人所常说的：“子女永远是欠父母的。”家庭成员之间的相互服务是“无偿的”和“免费的”，完全与金钱无关，这是家庭服务支持的崇高性之所在。家庭成员之间的相互服务是一种很重要的家庭保障形式，长期以来被人们有意无意地忽视，在家庭待遇供给研究中也经常被“遮蔽”。

（3）情感支持

在各种社会共同体中，家庭是情感因素最深厚的共同体，家庭内的人际关系是最亲密的，家庭是思想感情交流最为充分的场所，其情感支持功能主要包括三个方面：其一，通过相互理解、表露与交流内心深层的情绪与感受，形成共同的思想情感基础。其二，通过相互关怀与支持，消融家庭外的社会生活中带来的各种苦恼和挫折，得到从家庭外无法得到的精神寄托与安慰，缓和与协调个人与社会的某些紧张关系，形成和谐的心理状态。其三，通过共同的家庭娱乐活动，调节身心，恢复体力，增进家庭成员之间的亲密程度，和睦温暖的家庭可以激发工作中的上进精神。

13.5.3 家庭待遇保障的特点

（1）基础性

家庭待遇保障的基础性体现在三个方面：首先，家庭永远是社会结构的基本单位。自家庭产生以来，家庭一直是社会的细胞，在社会结构中处于基础性的地位。家庭的稳定既是社会稳定和谐的基础，也是社会稳定和谐的标志。只要家庭存在，家庭作为待遇供给原初者的作用就不可能被其他组织所取代。其次，家庭永远是个体社会化的起点。在个体从“自然人”成长为“社会人”的过程中，家庭是个体遇到的第一个社会化执行者，是个体接受社会教化的最初场所。通过家庭的社会化，个人基本掌握了日常生活技能，懂得了待人接物礼仪；学会了扮演基本的社会角色，基本具备了参与社会生活的基本知识和能力。再次，家庭永远是待遇传递的落脚点。家庭是其他待遇资源输送和传递的终点，是外部待遇资源的最后“接收站”。家庭能够把各种待遇支持有机整合起来，进行最有效的分配，以满足家庭成员的实际需要。强调家庭在待遇供给中的基础性，目的在于提醒现代社会待遇政策的制定者不能忽视家庭的待遇保障功能。

（2）伦理性

从家庭待遇保障的思想基础看，家庭的待遇供给主要建立在伦理道德的基础之上，离开了家庭伦理与家庭道德的约束，家庭的待遇供给难以维系。首先，家庭成员之间的相互支持是一种道德义务。在中国的家庭关系中，渗透着很强的道德力量，特别是子女对老人的关系，这种关系使家庭中形成了以“孝”为基础的伦理秩序，强调尊老和敬老。在中国的家庭伦理观念中，比较强调家庭整体的待遇与价值，强调家庭成员之间的互助。因此，家庭成员之间的相互扶助与支持，首先是一种道德义务。其次，家庭待遇供给的实现依靠道德力量。在中国，家庭待遇供给功能的发挥，主要依靠道德的力量来实现。我们看到，中国家庭成员之间的相互支持主要依靠的是家庭成员内在的自觉自愿，而非外在的强制力量。而且，在中国家庭中，父母不养育子女或子女不赡养老人，父母遗弃子女或子女遗弃父母等行为，首先受到的是道德评判和道德谴责，而非法律的追究与惩罚。强大的社会舆论和道德压力，对没有“良心”的父母或子女最具有威慑力。同样，受到社会褒扬的父母和子女，最初也是来源于道德评判。总之，离开道德力量的维系与约束，家庭的待遇供给功能将难以发挥和实现。

（3）效率性

从待遇供给的效率看，家庭的待遇供给是效率最高的。首先，家庭的供给及时、快速。在满足社会成员待遇需要时，家庭成员的反应速度是最及时和最快的。当一个人遇到困难需要帮助时，最先想到的是家人，最早得到的支持也来源于家庭。其他主体在提供待遇支持时，有的需要募集过程，有的需要统一传递过程，有的需要申报、审核与拨付时间，这些环节大大影响了待遇供给的及时性和快捷性。其次，家庭的待遇供给简便易行。家庭成员之间的相互支持和待遇供给源于血缘关系和情感关系，一般情况下不存在任何手续，也不需要办理任何手续。相反，其他主体尤其是政府在提供待遇支持时，受助者需要办理一系列的正式手续。再次，家庭的待遇供给没有管理成本。政府、工作单位、慈善组织的待遇供给需要专门的管理机构，需要支出一定的管理成本。相反，在家庭的待遇供给中，并不发生管理成本的问题。

（4）社会性

从整个社会范围的角度看，家庭待遇不仅仅使家庭成员受益，还使整个社会受益，家庭待遇保障具有社会性的功能。家庭待遇的社会性功能主要体现在四个方面：首先，家庭为社会培养接班人。在一个社会中，所有其他社会系统都依赖于儿童的成长，他们在长大成人时承担起各种功能系统的任务，家庭对儿童的培育实质上是为社会培育接班人。不仅如此，家庭养育孩子的费用还以无偿的方式参与了国民经济的构成。其次，家庭是人力资源的培育者。人力资源指从属于一个社会的所有个人能向社会各个方面（经济、文化、国家、家庭等）提供的能力的总和。人力资源不仅涉及在经济中被利用的能力即专业才能或职业技能，而且还涉及用于人类生活其他方面的各种能力，如承担父亲或母亲、消费者等社会角色的能力。在这些能力的形成和提高过程中，家庭作出了贡献。再次，家庭是人力资源的维护者。人力资源的维护与家庭密切相关，因为直系亲属是我们倾向于与其保持终身关系的仅有的人，他们对个人的情感支持、自我形象的强化，以及对自身体验的延续具有重要的意义。人们投入各个不同领域的能力和意愿，首先依赖于家庭的肯定和支持。最后，家庭是培养团结互助潜能的场所。家庭成员之间的关系是个人之间最稳定、最多样和最有效率的网络关系，亲属之间的团结互助会在全社会范围内产生效果：人们接受代际契约，是以每一个人在其较亲密的家庭环境中对待遇保障体系的功效体验为基础的。

13.5.4 家庭待遇保障面临的挑战

随着中国社会的快速变迁与发展，中国的家庭待遇保障功能面临着越来越严峻的挑战：一方面是家庭的待遇供给能力日益下降。家庭待遇供给能力下降原因主要有：（1）计划生育政策的实施和生育观念的变化导致中国家庭规模的小型化和核心化，家庭成员数量的减少，弱化了家庭内部的相互支持能力；（2）妇女就业比率的上升虽然带来家庭收入的增加，同时也导致家庭照顾力量的减弱；（3）离婚率持续上升导致家庭稳定性下降和单亲家庭增加；（4）大量农村青壮年劳动力流入城市，产生大量的“留守儿童”和“留守老人”，导致农村家庭的抚育功能和养老功能弱化，等等。家庭待遇保障功能的下降，造成家庭成员之间的关系紧张和家庭社会问题，两者之间的恶性循环势必带来更为严重的涉及待遇的家庭问题。另一方面是家庭承担的待遇责任越来越重。

在农村地区，家庭联产承包责任制实施以后，农村家庭的待遇保障功能又重新得到了强化。集体经济的衰落导致分散农户失去了“集体帐篷”的保护，需要独立面对自然风险、市场风险和其他社会风险；农村社会保障制度的不健全和市场化导致农村家庭的经济压力增加；人口老龄化和高龄化给家庭带来养老和医疗的双重压力。在城市，“单位办社会”体制的逐步解体和企业制度的改革，许多职工及其家属从单位中获得待遇支持的数量和种类正在减少，个人或家庭不得不承担从单位剥离出来的部分待遇保障责任，如住房、养老、医疗、教育、再就业等。总之，家庭待遇供给能力下降与家庭待遇责任增加同时并存，使中国家庭处于十分“尴尬”的境地，解决中国家庭待遇供给所面临的困境已迫在眉睫。

13.6 政府待遇供给

国家产生以后，政府日益成为一个重要的待遇供给主体。在现代社会中，政府成为供给的主导者，是最重要的待遇供给主体。

13.6.1 政府在待遇供给中的地位

（1）传统社会中的补缺地位

在传统社会中，制度化的待遇体系尚未建立起来，社会成员主要依靠传统的待遇供给主体（家庭、社区和慈善组织）满足待遇需要。政府既不是最重要的，也不是最主动的待遇供给主体，在待遇供给中扮演着“补缺性”的角色。具体表现在两个方面：一是政府待遇供给行动的“消极性”。在传统农业社会中，政府主要是一种政治控制和政治统治工具，为全体社会成员提供待遇支持尚未成为政府的职能，也非政府的义务。处于待遇供给“前台”的主要是家庭（家族）、社区和慈善组织，个人首先依靠家庭（家族）、社区和慈善组织来满足自己的待遇需要。政府在待遇供给中处于“后台”位置，扮演着“最后出场”的消极角色，政府提供的社会待遇仅是对家庭、社区和慈善组织的补充。通常

情况下，政府只有在这些组织和渠道失灵的情况下才会介入。二是政府待遇供给对象的“选择性”。在传统农业社会，不得不为公民提供待遇支持的政府，在待遇供给对象的选择上主要是针对社会中的少数人即弱势群体特别是贫困人群。

（2）现代社会中的主导地位

在现代社会中，政府在待遇供给中承担了前所未有的责任，成为最重要的待遇供给主体，扮演着待遇供给主导者的角色。政府之所以在现代社会的待遇供给中居于主导者地位，主要源于两个方面的原因：一方面是国家责任的转变。现代国家的理念强调国家的权利源于公民的权利，国家不得干预公民的个人自由权，国家充当“守夜人”的角色，其公共职能被限定在国防、公共安全和税收等领域。19世纪末20世纪初，随着自由资本主义向垄断资本主义转变，经济危机导致社会问题增多，社会矛盾加剧，市场和社会风险激增，个人和家庭的抗风险能力面临严峻挑战，要求政府积极干预社会事务以保护全体公民特别是社会弱者的生存权和发展权。由此，政府在待遇供给中从“后台”走向“前台”，为公民提供社会待遇成了政府的重要责任，同时也是政府获得合法性和民众支持的重要基础。另一方面是政府能力的增强。从传统农业社会到现代工业社会转变的过程，是一个政府能力日益增强的过程。在现代工业社会，由于待遇需要的增加，待遇的供给需要大量的社会资源，仅仅依靠民间组织和慈善机构，远远不能解决待遇供给资源的筹集与调动问题；只有通过政府的力量，才能调动和整合各种待遇资源，保障待遇的供给。在工业化的现代社会，随着国民经济的增长，国家拥有广泛的税源，财政收入不断增加，政府拥有足够的财力为民众提供待遇。总之，传统社会网络无力应对市场给人们生活带来的不确定性危机，只有国家有能力运用手中的权力保护人民免于社会风险。

13.6.2 政府在待遇供给中的责任

（1）选择待遇制度

社会待遇制度的选择是一个国家社会待遇发展中最为重要和最为关键的问题，选择一个适合本国国情的社会待遇制度，是现代政府作为

社会供给主体最首要、最重要的职责和任务。在现代社会的任何一个国家，社会待遇制度的选择权和决策权只可能由政府行使，也必须由政府行使。现代社会待遇制度已有170多年的历史，并经历了形成、发展、普及与改革调整四个时期。目前，世界上已有172个国家和地区建立了不同形式、不同程度的社会待遇制度。根据不同的标准，这些国家和地区的待遇制度可分为不同的类型。面对五花八门的社会待遇模式，后发国家的政府面临着严峻的考验和挑战：一旦社会待遇制度选择不当或者失败，所带来的不仅仅是社会待遇事业发展的挫折问题，很可能是国家的社会动荡与政局稳定问题。中国政府正面临着重构和完善中国特色待遇制度的历史任务，高度重视这一问题具有重要的现实意义和深远的历史意义。

（2）制定待遇法规

通过国家立法推动现代制度的建立和完善，是世界各国发展史上的共同做法。以立法方式促进待遇事业的发展，保证了待遇法制化和制度化，符合现代社会日益法治化的要求。

（3）制定待遇政策

待遇政策是国家为了实现各类资源的合理分配，维系社会稳定和促进社会公平而进行的一系列政策活动。政府通过制定和实施待遇政策，既能把待遇法规具体化，又能为待遇实践提供行为规范和准则。制定和实施待遇政策既是现代政府的重要职责，也是现代政府公共政策能力的体现。在待遇立法比较滞后、法律制度不完善的国家，待遇政策具有十分重要的作用。待遇政策的领域比较广泛，主要包括就业政策、生活保障政策、医疗卫生政策、教育政策、住房政策、社会救助政策、社会保险政策和公共福利政策等。

（4）提供待遇资金

待遇资金是落实待遇的财力资源，没有财力支撑，待遇制度的目标就难以实现。待遇资金主要有四个来源渠道：一是雇主和雇员缴纳的社会保障费；二是社会保障基金的运营收益；三是国家的财政支出；四是其他渠道，包括发行福利彩票、社会捐赠和服务收费。政府的财政支持是待遇资金的重要来源之一，也是政府作为待遇供给主体的重要职责。

政府通过财政转移支付对待遇进行投入是世界上许多国家的普遍做法。实践表明，一个国家的待遇支出占财政支出的比重，反映该国政府对国民待遇的重视程度。衡量一个国家的待遇支出水平，最有效的指标是分析待遇支出占国内生产总值（GDP）的比重，它不仅反映一个国家将财富的多大比例用于国民待遇，还反映该国的待遇发展水平。

（5）兴办待遇设施

待遇服务设施是保障全体社会成员特别是弱势群体基本生活权益的物质基础，是为社会成员提供待遇服务的“硬件”。待遇服务设施的数量和质量是衡量一个国家待遇服务水平的重要指标，也体现一个政府对待遇服务发展的重视程度。待遇服务设施属于非营利性设施，具有“公共物品”的属性，完全依靠市场组织（公司企业）投资兴办不切实际，完全依靠民间力量难以满足社会需要，政府应该成为兴办待遇服务设施的主体力量。

（6）整合其他待遇主体

待遇供给主体的多元化为满足社会成员的各种待遇需要提供了丰富的渠道，有利于改进和提高社会成员的待遇水平和生活品质。同时也要防止待遇供给主体的多元化演变为分散化和重叠化，降低福利供给的“合力”功能。为此，需要高度重视多元待遇供给主体之间的整合待遇，减少内耗，增进和谐，实现待遇供给能力的最大化和最优化。在待遇供给主体中，由于政府的特殊地位，唯有政府才具备对其他主体进行整合的资格和能力。政府对其他待遇供给主体的整合主要包括三个方面：一是组织整合。所谓组织整合，就是政府要加强与不同待遇供给主体之间的联系，在不同待遇供给主体之间建立通畅高效的沟通交流机制，及时协调与处理不同待遇供给主体之间的关系特别是冲突关系，形成一个关系密切的组织网络。二是功能整合。所谓功能整合，就是政府应该为其他待遇供给主体划定相对的功能边界与空间，明确各自的角色和作用，保证各个待遇供给主体之间既相互分工，又相互配合、互相补充。三是行为整合。所谓行为整合，就是政府应该综合协调不同待遇供给主体的行为，主要是待遇资源的筹集行为与传递行为，避免和减少待遇资源筹集中的“待遇争夺现象”，减少待遇分配中的“待遇不均”、“待遇扎堆”和“待遇缺失”现象。

13.6.3 政府在待遇供给中的错位现象

政府在待遇供给中的主导地位并不意味着政府一定能够为社会成员提供良好的待遇保障。在待遇供给实践中，存在着各种各样的政府错位现象，分析和研究政府错位的表现、成因和改进对策，具有重要的现实意义。

（1）政府错位的表现

在待遇供给中，政府错位主要有三种表现：一是政府缺位。所谓政府缺位，就是政府“该做的事不做”，属于“放任型”的不作为。二是政府越位。所谓政府越位，就是政府“做了不该做的事”，属于“包办型”的过度作为。如政府在有的待遇项目上大包大揽，排斥非政府力量的进入；在有的待遇项目上既是“运动员”又是“裁判员”，角色混同。三是政府失位。所谓政府失位，就是政府“既不知道做什么，也不知道怎么做”。尽管政府失位与政府缺位的后果比较类似，但政府失位与政府缺位之间仍然存在着明显的区别：政府缺位是“知道该做什么却不做”，政府失位属于“不知做什么和怎么做”。

（2）政府错位的原因

导致政府在待遇供给中错位的原因很多，主要有四个因素：一是认识因素。即对待遇在整个社会结构中的定位不准确，对待遇与待遇发展的关系认识不透彻，对政府在待遇供给中的主导地位认识不明确等。思想认识不到位，行动必然有问题。二是制度设计因素。政府在待遇项目的设计上考虑不周密，实地调查不深入，公民参与不足，缺乏充分的民意基础；相关政策的科学性不足，操作性不强，针对性不够。三是执行因素。从待遇政策的运行过程看，有好的政策不一定就有好的效果。政府是最主要的待遇政策执行主体，由于政策执行体制、政策执行者、政策执行客体和政策执行资源等因素的影响，经常出现“政策变形”和“政策走样”，从而产生政府错位。在中国，特别需要指出的是政策执行中的“对策行为”即“上有政策，下有对策”，这种政策运行中根深蒂固的“反文化”和“潜规则”，致使一些政策在执行过程中偏离预定目标，产生“目标置换”现象。四是行政伦理失范。一些政府工作人员“官本位”意识浓厚，服务意识不强，宗旨意识和公仆意识淡漠；滥用权力，以权谋私，权力寻租，导致权力变异，腐败丛生。

（3）政府错位的纠正

政府在待遇供给中的错位，不仅直接影响待遇供给的质量与效果，还影响政府在广大民众中的权威性和公信力，甚至削弱损害政府的合法性基础，必须采取针对性措施加以纠正。一是以“补位”纠正“缺位。“补位”属于履行本来就有的职责，承担本来就应该承担的责任。其关键在于政府要真正做到“在其位，谋其政”，不逃避、不回避、不推诿。通过政府的“补位”，及时填补社会生活中的“待遇空白”和“待遇盲点”。二是以“回位”纠正“越位”。通过“回位”，政府可以从“不该做、做不好和做不了”的事务中“抽身”，既避免了“越权越界”中的“摩擦”与“浪费”，又可以集中精力做好“本职工作”，更好地为广大民众提供待遇。三是以“定位”纠正“失位”。政府在待遇供给中失位的主要原因在于没有定位或定位模糊，通过重新定位和明确定位，可有效减少“失位”现象。

13.7 单位待遇供给

工作单位是现代社会中占主导地位的业缘组织。单位待遇制度的产生和发展增加和丰富了现代社会的待遇供给主体。工作单位面向所属职工提供各种待遇保障，成为劳动者获得职业待遇和职工待遇的重要渠道。

13.7.1 单位待遇的含义与功能

（1）单位待遇的含义

所谓单位待遇，是指以工作单位（企业、事业、国家机关等）为主体，为改善和丰富职工的物质文化生活，举办集体生活和设立服务设施，建立各种补贴制度，向职工提供物质帮助和服务活动的总称。由于单位待遇受益对象主要限于单位的职工或职员，单位待遇也可以称为职工待遇。单位待遇的性质可以从三个角度理解：

①单位待遇是一种“职业待遇”。从劳动属性看，单位待遇与社会成员的工作或劳动就业高度重合，成为某个单位的成员并且参加单位的集体劳动（脑力劳动和体力劳动）是享受单位待遇的先决条件。换句话说，一个没有进入单位、没有固定单位或退出单位的社会成员，是不能享受单位待遇的。同样，一个没有就业的社会成员，也就无所谓职业待遇。单位待遇作为一种职业待遇，在分配原则上不同于职工的工资。工资的分配主要遵循“效率原则”，实行按劳分配；职业待遇则主要遵循“公平原则”，按就业身份进行分配。

②单位待遇是一种“公益待遇”。从本质属性看，单位待遇属于公益性事业，具有非营利性。一般而言，单位兴建的各种待遇服务设施和项目不以营利为目的，而以免费、低费或者成本收费的方式提供给单位职工。单位待遇的公益性主要是针对职工及其家属而言的，对于单位外的社会成员，既可以是非营利性的，也可以是营利性的。当然，单位待遇的公益性并不意味着不讲成本核算，不计经济效益。

③　单位待遇是一种“集体待遇”。从社会属性看，单位待遇虽然有一定的社会属性，但实质上却是一种封闭性的“集体待遇”。单位也是一种集体，是构成宏观社会的组织细胞，是一种“小社会”。众所周知，在任何国家，单位待遇都是有边界的，能够享受单位待遇的社会成员是有限制的。不同单位的职工不能享受同一单位的职业待遇，同一单位的职工也不能享受不同单位的职业待遇。这种社会成员的单位身份限制，使得单位待遇的社会性具有封闭性，或者说是一种“小社会待遇”，这一属性使之显著区别于普遍性（开放性）的国家待遇或政府待遇。

（2）单位待遇的特征

①平等性。从权利的角度看，凡是在举办职业待遇的单位工作的职工，都平等地享有单位待遇的权利。同一单位的每个职工，在享受单位提供的待遇服务和分配待遇津贴时，地位和权利是平等的。当然，权利的平等并非意味着每个职工之间按照平均主义的原则分配单位待遇，事实上的不均等是客观存在的，但不违背权利平等的特点。

②差异性。从单位的类型看，单位福利存在鲜明的差异性。其一，不同类型的单位之间存在着待遇差异，如中国的国家机关与事业单位和公司企业之间，在待遇上存在着比较大的差距。其二，同一类型不同所

有制的单位之间存在着待遇差异。如在中国的事业单位内部，全民所有制、集体所有制和私人所有制单位之间就存在着差别。其三，同一单位在不同时期的职工待遇也可能存在着差异。如中国的住房待遇经历了从计划经济时代的“福利房制度”向社会主义市场经济时代的“商品房制度”转型的过程。

③广泛性。从内容角度看，单位待遇涉及职工生产劳动和日常生活的方方面面。生产劳动方面的待遇主要包括改善工作条件和劳动环境，提供特需的防护用品，降低职业危害，减少职业病的发生率。日常生活待遇涉及职工生活中的吃、穿、住、行、用等诸多方面，涵盖生、老、病、死、穷等领域。在计划经济时代，有的单位待遇不仅为职工所享受，还惠及职工的家属。

④不可逆性。从发展水平看，单位待遇具有“待遇刚性”特征，是一种“刚性待遇”，集中表现为单位职工对自己的待遇具有只允许其上升不允许其下降的心理预期。这种心理预期要求单位待遇的规模只能扩大不能缩小，待遇项目只能增加不能减少，待遇水平只能升高不能降低。单位待遇这一属性告诉我们：要根据单位的经济实力设置待遇项目，不能超越现有实力“好高骛远”。待遇项目只能由少到多逐步增加，待遇标准由低到高逐步提高，待遇范围由窄到宽逐步扩展。

（3）单位待遇的功能

①增强职工的凝聚力。单位待遇是增强职工归属感和凝聚力的重要因素。首先，单位待遇是吸引优秀人才的重要前提。在越来越激烈的人才竞争中，单位待遇的高低是吸引优秀人才的重要“筹码”，也是优秀人才选择工作单位的重要指标。其次，单位待遇是留住优秀人才的基本条件。人才流动是现代社会流动中的常见现象，一个单位要想留住现有的优秀人才，除了“感情留人”和“事业留人”外，“待遇留人”也是关键要素之一。再次，单位待遇能够增强职工之间的向心力，有利于培育职工的“集体意识”，更好地维持职工之间的团结。最后，单位待遇还有助于化解职工之间的矛盾与摩擦，缓解职工与单位之间的冲突与对立，改善职工之间、职工与单位之间的关系，增进和实现“单位和谐”，构建“和谐单位”。

②改善职工的生活品质。单位待遇的好坏，直接关系到职工的切身待遇。通过向本单位职工提供各种待遇项目（集体待遇和个人待遇），

拓展了满足职工待遇需要的渠道，增加了职工的待遇资源，提高了职工的待遇水平，有利于改善职工的物质生活条件和精神生活状况，有利于改善和提高职工的生活品质和生活满意度，增强职工的幸福感。

③提高单位的竞争力。当今世界，核心竞争力已经成为一个单位特别是企业可持续发展的关键，是一个单位的生命力之所在。单位待遇虽然不能直接提高单位的核心竞争力，但是，单位待遇搞好了，能够有效地稳定职工队伍，激励职工士气，有助于激发职工的创新精神，提高工作效率。所有这些，正是一个单位不断增强和提高核心竞争力的基础和前提。

从单位待遇的功能可以看到，虽然待遇属于消费基金，但提供单位待遇并非仅仅是一种消费行为，同时还具有很强的生产性。按照发展型社会政策的观点，职工待遇具有“社会投资”的性质，发展职工待遇是一种社会投资行为。在公司企业等经济组织中，职工待遇的生产性尤为明显，发展职工待遇归根到底是为了更好地提高企业的劳动生产率和经济效益，这是公司企业的“命根”和“轴心”。

13.7.2 中国的企业待遇制度

由于中国的单位类型具有多样性，中国的单位待遇制度也是多元化的，其中最主要的是国家机关待遇制度、事业单位待遇制度、企业待遇制度和军队待遇制度，不同的单位待遇制度之间既有共性，也有个性。企业是市场经济中最重要的活动主体，企业待遇制度是最有代表性和典型性的单位待遇制度。

（1）中国企业待遇制度的演变

新中国的企业待遇制度建设始于20世纪50年代初期，随着中国经济政治形势的变化，企业待遇制度经历了一个复杂的演变过程。20世纪80年代以来，随着经济体制改革和社会主义市场经济体制的逐步建立，企业待遇制度发生了重大调整，主要表现为职工集体待遇的供给减少，供给方式变化，相关法律、法规不断增加。

（2）中国企业待遇的构成

企业职工待遇的内容由两大部分构成：职工集体待遇和职工个人

待遇。①职工集体待遇。职工集体待遇是指为职工提供必要的集体消费、共同性消费设施以及集体服务。职工集体待遇是职工待遇的主要内容，包括两个部分：一是集体生活待遇。企业为职工兴建集体生活服务设施，以优惠方式为职工使用，为职工提供生活上的便利，解决生活上的困难，以解除工作的后顾之忧。集体生活待遇发放范围广、项目多，主要有职工食堂、职工医院、职工宿舍、托儿所、幼儿园、子弟学校、洗澡室和理发美发室等。在市场经济条件下，这些项目中的一部分在改变“企业办社会”的过程中，已经逐步与企业“分离”和“脱钩”，不再具有企业待遇的性质。二是集体文化待遇。企业为职工兴建文化、体育、娱乐等设施，以免费或减费的优惠方式供职工享用，主要包括文化馆、俱乐部、图书馆、电影院、业余学校、体育场馆等设施，以及开展各种文化、体育、文艺和娱乐活动等。②职工个人待遇。职工个人待遇主要是指用于职工个人生活方面的各种待遇项目，一般称为职工待遇补贴。补贴的形式主要是发放现金（如过节费等），有时也发放实物（如水果、大米、鸡蛋等）。职工待遇补贴的项目主要包括职工生活困难补助、职工住房补助、职工冬季取暖补贴、职工探亲期间的工资和往返车船费补贴、职工上下班交通补贴、职工电话通信补贴等。此外，还包括水电补贴、卫生费、书报费等待遇补贴。

（3）中国企业待遇制度的改革

中国的企业待遇制度是在供给制和传统计划经济体制下形成和发展起来的，其基本特征是：国有企业和城镇集体企业在全国统一的待遇基金制度的支撑下，通过设置庞杂的待遇补贴项目和兴办各种封闭的自我服务体系，将职工日常生活中的大量消费需要由企业包揽下来，形成典型的“企业办社会”。这种职工待遇制度在“低工资、高福利”的特定历史时期，在满足职工的物质文化生活需要、推动社会经济发展、稳定社会秩序等方面发挥过积极作用，但在市场经济条件下暴露出了一系列的问题：抑制第三产业的发展；弱化了工资分配的激励作用；阻碍了全国劳动力市场的形成和劳动力的合理流动；待遇资金的管理和使用存在大量问题，降低企业效率，拖累企业发展，等等。这些问题表明，随着经济全球化的挑战、社会主义市场经济的发展和企业改革的深入，企业待遇制度的改革与创新势在必行。在中国企业待遇制度的改革中，需要特别注意解决好以下三个问题：一是企业待遇制度的价值问题。提出这个问题是有针对性的：在计划经济时代，“企业待遇制度”发展到了“极致”，成为社会主义企业优越性的重要体现而被人颂扬；在市场经济条件下，“企业待遇制度”的弊端和“企业办社会”的待遇模式因成为企业发展的“包袱”而受到一些学者的非议甚至彻底否定。从辩证法的角度看，这两种观点都具有浓厚的形而上学色彩，至少是有失偏颇。企业待遇制度的产生有其自身的必然性与合理性，问题的关键不在于需不需要企业待遇制度，而在于怎样构建企业待遇制度；历史将证明，只要还有企业存在，就必然存在着企业待遇制度。二是企业福利制度改革中的“路径依赖”问题。制度经济学的研究表明，社会制度的演进具有很强的“路径依赖”特性，中国企业待遇制度的演变也不例外。在改革企业待遇制度的过程中，我们必须尊重历史，正确处理好继承与创新的关系。要从中国经济社会发展趋势中，从中国企业待遇制度演变的脉络中，从广大企业职工的民意中，寻求中国企业待遇制度的创新之路，而不是简单地照搬照抄国外的企业待遇制度。三是“企业待遇社会化”的问题。今天，“某某社会化”在中国已经成为一个被“用滥”的词语，成为一些人解决社会问题的“灵丹妙药”和“万能处方”。在企业待遇制度改革问题上，仅仅开出“企业待遇社会化的药方”是远远不够的，还需要深入研究和回答很多问题，如哪些企业待遇需要社会化，哪些企业待遇能够社会化等。

13.8 慈善组织待遇供给

慈善组织属于非营利性组织，主要针对弱势群体提供待遇支持。慈善组织的待遇供给，能够有效地弥补家庭待遇、政府待遇和单位待遇的不足。

13.8.1 慈善组织概述

（1）慈善组织的含义

何谓慈善组织？学术界的定义不尽相同。有的学者认为，慈善组织是“基于慈善和公益等非营利目的而设立并从事各种慈善或公益活动的组织或机构”。有的学者认为，慈善组织是“以做慈善事业为目的不以营利为目的并为社会提供服务的非政府组织”。由于学术研究和现实称谓中有一系列概念与慈善组织概念密切相关，只有从比较的角度才能把握慈善组织的基本内涵。①慈善组织与民间组织。慈善组织属于民间组织，但并非所有的民间组织都是慈善组织。②慈善组织与社团。社团是自愿结社行为与活动的结果，它们也承担一定的慈善功能，但并非所有的社团都承担慈善功能。③慈善组织与非营利组织。慈善组织属于非营利组织，但并非所有的非营利组织都是慈善组织。④慈善组织与非政府组织。慈善组织属于非政府组织，但非政府组织并不都是慈善组织。⑤慈善组织与第三部门。慈善组织属于第三部门，但第三部门包罗万象，并非所有的第三部门都是慈善组织。⑥慈善组织与公民社会。慈善组织属于公民社会的主体之一，但并非公民社会中的所有主体都是慈善组织。⑦慈善组织与志愿组织。慈善组织属于志愿组织，但并非所有的志愿组织都是慈善组织。

根据上述辨析，我们可以把慈善组织定义为：从事各种慈善活动以扶助社会弱势群体的非营利的民间组织。这一界定表明，同时具备四个特征（条件）的社会组织才是慈善组织。①以弱势群体为对象。从慈善组织产生之日起，它就以扶助社会中的弱势群体为己任，直到今天也不例外。社会中的弱势群体主要有穷人、老人、病人、残疾人、孤鳏、灾民、乞丐等人群，慈善组织提供的待遇支持主要就是针对和满足这些人群的待遇需要。在当今社会，还有可能不断产生新的弱势群体如失业人群，他们将构成慈善组织新的扶助对象。②以非营利性为目的。慈善组织的成立完全基于非营利的目的，非功利性正是慈善事业的无私性和高尚性之所在，这一特征使慈善组织区别于公司企业等营利性组织。③以慈善活动为基础。开展慈善活动是慈善组织得以生存和发展的基础，也是慈善组织存在的意义和价值之所在。只有开展慈善募捐和慈善救助等慈善活动，才能为扶助对象提供实物和服务，真正帮助和支持弱势群体，实现慈善组织的使命。④以民间性为归属。慈善组织是一种民间组织，慈善组织的民间性（非官方性或非政府性）使慈善组织区别于官方组织或政府组织。在政府部门中，也有一些机构接受社会捐赠，为弱势群体提供非营利性的服务，但由于它们自身的官方性而不属于慈善组织之列。

（2）慈善组织的类型

关于慈善组织的分类，仁者见仁，智者见智。有的分类体系比较合理，有的分类体系比较杂乱，以慈善组织所承担的任务或职责为标准的分类框架具有一定的参考价值。根据慈善组织的任务和职责的不同，可以分为五类：①混合型慈善组织。混合型慈善组织是指同时提供慈善服务和从事公益事业的慈善组织。②综合型慈善组织。综合型慈善组织是指提供多种慈善服务的慈善组织，例如配合政府有关部门在紧急救援、扶贫济困、安老助孤、医疗救助、助学支教等方面开展工作。③专一型慈善组织。专一型慈善组织是指专门为某一项慈善事业建立的慈善组织，其特点是任务和援助对象比较单一。④协调型慈善组织。协调型慈善组织是指协调慈善组织与政府的关系、募捐机构与实施机构的关系以及各种慈善组织之间关系的慈善组织。⑤附属型慈善组织。附属型慈善组织是指附属于企业而设立的慈善或公益机构。

13.8.2 慈善组织在待遇供给中的作用

（1）募集慈善资源。募集慈善资源既是慈善组织的首要任务，也是慈善组织提供待遇支持的根本保障。慈善资源是慈善组织从事慈善活动的物质基础，也是慈善组织提供慈善待遇的“根基”；没有慈善资源，慈善组织的待遇供给就成了“无源之水、无本之木”。慈善资源存在于广大的民众之中，需要有专门的组织和个人去开发和募集，才能成为现实的待遇资源。在多元化的慈善募集主体中，慈善组织是重要的主体之一。慈善组织通过多种募集方式，面向企业、政府、社会团体、福彩发行机构、海外机构和个人募集慈善资源。慈善组织募集的慈善资源主要有资金（现金、支票、有价债券等）、实物（日常生活用品和医疗用品等）和劳务（慈善义工或慈善志愿者的志愿服务行为等）。通过慈善募集，慈善组织获得大量的慈善资源，为慈善待遇的提供奠定了坚实的基础。从这个意义上说，募集慈善资源是慈善组织在待遇供给中最重要和最基础的作用。

（2）实施慈善救助。慈善救助在慈善组织的待遇供给中占有十分重要的地位，一部慈善事业的发展史就是一部慈善救助史。慈善组织产生于慈善救助的需要，唯有通过慈善救助行动，慈善组织才能把募集到

的慈善资源输送给最需要的人群，真正兑现“取之于社会，用之于社会”的慈善承诺。因此，离开了慈善救助行动，慈善组织既无产生的必要，也无产生的可能，更没有存在的意义和价值。慈善救助的对象主要是社会弱势群体，在不同的国家和同一国家的不同历史时期不尽相同。现代慈善救助的对象主要有四类：一是慈善助贫。包括贫困老年人慈善救助、贫困儿童慈善救助和失业人员慈善救助。二是慈善助残。包括改善残疾人的居住环境，为残疾人提供志愿服务，兴办助残实体，组织残疾人职业培训等。三是慈善助学。目前，中国慈善组织的助学对象主要包括城乡低保和特困家庭子女、农民工子女、家庭贫困的中小学生和大学生等。慈善助学的形式主要有发放慈善助学金、岗位助学、结对子帮扶和设立助学基金等。四是慈善救灾。慈善救灾主要指慈善组织在自然灾害发生后所进行的抢救、补救和救助，慈善救灾的对象是灾民。在慈善救灾中，慈善组织通过慈善募捐筹集救灾款物并及时发放给灾民，保障灾民的基本生活。

（3）嫁接慈善桥梁。慈善组织在社会待遇供给中具有沟通功能，发挥着桥梁和纽带作用。首先，慈善组织是连接政府与民众的桥梁。一方面，慈善组织通过接受政府部门“委托”或“购买”服务项目，帮助政府有针对性地制订待遇计划项目，把政府提供的待遇传递和输送给有需要的待遇对象，成为政府待遇的输送者和落实者。另一方面，慈善组织调查和收集社会成员特别是弱势群体的待遇需要并反映给政府，为政府的待遇政策决策提供民意基础。慈善组织与社会成员之间具有“天然的联系”，这种关系为了解社会成员的待遇需要提供了良好的基础。慈善组织通过及时、深入、快速、细致地了解民情民意，汇集社会成员的待遇需要，为政府提供针对性的待遇支持提供准确的信息。其次，慈善组织是连接慈善捐助者与受助者的桥梁。慈善捐助者与受助者之间的关系有直接关系和间接关系两种，而且绝大多数属于间接关系。在间接关系中，慈善捐助者与慈善受助者之间存在着“信息不对称”的问题，无论是慈善捐助者寻找受助者还是慈善受助者寻找慈善捐助者，都需要付出很高的成本。在两者之间，慈善组织通过扮演“中间人”的角色，把两方连接起来：慈善组织通过收集慈善捐助者的信息或资源，为援助慈善受助者做好准备；慈善组织通过收集慈善受助者的信息和需要，为慈善捐助者提供帮助对象。总之，慈善组织的“牵线搭桥”和“穿针引线”，既能提高慈善救助的效率，也能降低慈善救助的成本。

（4）传播慈善文化。慈善文化是指人类在长期的慈善行动和慈善事业发展过程中形成的思想价值观念和行为规范的总和。慈善文化的深层结构是人类在慈善实践中形成和提出的慈善思想与价值观念，它是慈善行动的“精神家园”和“精神动力”，是慈善行为生生不息、世代延续的“精神源泉”。慈善文化的表层结构主要是指人类在慈善实践中形成的用于调整慈善行动或行为的规范和准则，包括通过“自发秩序”产生的非正式规范和准则（主要蕴含在民间的习俗、道德和宗教之中）和通过“人为秩序”产生的正式规范和准则（如国家或政府制定的调整慈善行动和慈善事业的法律、法规和政策），它们构成调整和规范慈善行动的准则。慈善文化产生于人类的慈善实践之中，反过来又影响和作用于人类的慈善实践本身。慈善文化是促进慈善事业发展的内在动力，没有慈善文化作为支撑的慈善事业犹如“无根的浮萍”。慈善文化是待遇文化的重要组成部分，慈善组织传播慈善文化就是为社会成员提供待遇文化。实践表明，在社会成员中普及待遇文化有时比提供有形的实物待遇更为重要。在这个意义上，传播慈善文化就是慈善组织在待遇供给中的重要作用之一。慈善组织既是慈善文化发展的产物，也是慈善文化的物质载体。慈善组织的慈善募集和慈善救助行动，本身就具有浓厚的慈善文化色彩，是实践慈善文化的最好体现。从传播的角度看，慈善组织是慈善文化的“播种机”，它所开展的各种慈善活动，既是对慈善参与者的慈善教育活动，也是慈善文化的宣传活动，应该高度重视慈善组织在慈善文化创造、传播和普及中的作用。

13.8.3 加快中国慈善事业的发展

（1）中国慈善事业发展的现状。慈善事业在中国具有悠久的历史。新中国成立后，慈善事业在中国走过了一个曲折的发展过程，先后经历了1949年—1954年的调整与改造时期、1954年—1984年的衰歇与停滞时期、1984年—1994年的复兴时期和1994年以后的快速发展时期。1994年4月12日，新中国成立以来第一个全国性的民间组织——中华慈善总会在北京成立，标志着中国内地的慈善事业进入一个新的发展时期。20多年来，中国慈善事业得到快速发展，主要体现在两个方面：一是民间慈善机构纷纷建立，慈善组织呈现多元化发展趋势，不仅有混合型和综合型慈善组织，还有专门型和附属型慈善组织，这些慈善组织构成了中国慈善事业的主体。二是开展形式多样的慈善救助活动。全国各地的慈善机构和组织，发动和依靠社会各界力量赈灾救难，开展形式多样的慈善救助活动，帮助社会弱势群体。中国慈善事业发展的时间比较短，总体上还比较落后。目前存在的主要问题有：慈善捐赠水平较低，占GDP的比重不到1%；慈善组织和机构的发展刚刚起步，组织数量少，动员社会资源的能力弱，社会公信力不高；公民慈善观念落后，个人主动性慈善捐赠参与率较低；发展慈善事业的法律、法规和政策不健全。

（2）加快慈善事业发展的思路。发展慈善事业是中国待遇体系建设的重要组成部分，是提高慈善组织待遇供给能力的有效途径，对于促进共建共享、缩小贫富差距、化解社会矛盾、增进社会和谐、实现社会公平具有重要的现实意义。加快中国慈善事业发展需要树立系统思维，采取整体推进的策略。一是健全慈善法律制度。中国目前的慈善法律法规数量少，没有系统性，要加快慈善捐赠法律制度、慈善组织监管法律制度和慈善信托法律制度的建设，实现慈善事业的法制化。二是完善慈善财税政策。优惠的财税政策有利于鼓励社会捐赠，加速慈善事业发展。中国目前的慈善财税政策比较分散，原则性过强，灵活性和操作性不足，需要进一步修改、调整和完善慈善组织和慈善捐赠人享受的税收优惠政策，扩大优惠范围，提高优惠比例。三是推进慈善组织的专业化。要进一步加强对慈善组织的监管，特别是帮助慈善组织提高公信力，加强慈善组织队伍建设，提高慈善组织的能力。四是推进慈善财务的透明化。加强慈善组织和慈善机构的财务审计和财务监督，确保慈善资金使用的合理化和公开化。五是加强慈善文化建设，实现慈善事业的普及化。慈善文化是慈善事业的内在动力，通过宣传和普及慈善文化，增强公民的慈善意识和慈善行为的自觉性。六是加快慈善事业的国际交流与合作，学习国外的先进理念与经验，拓宽获取国际资源的渠道。

第十四章 待遇与分化

现代化是多层面的社会变迁过程，20世纪美国政治学家塞缪尔·P.亨廷顿（Samuel P. Huntington）认为“它涉及到人类思想和行为所有领域里的变革”。这个过程，还可以由“现代”（modern一词源于拉丁字modo，意指“正在、现在”）揭示其某些突出的内涵。20世纪美国社会学家西里尔·爱德华·布莱克（Cyril Edward Blake）认为现代化是“在科学和技术的影响下，社会已经发生了变化或正在发生着变化”。20世纪美国社会学家丹尼尔·勒纳（Daniel Lerner）认为这个持续的过程是社会各个方面的扩展过程，“是一个具有其自身某些明显特质的过程，这种明显的特质足以解释，为什么身处现代社会中的人确能感受到社会的现代性是一个有机的整体”。“城市化、工业化、世俗化、民主化、普及教育和新闻参与等，作为现代化进程的主要层面，它们的出现绝非是任意而不互相关的”。而在这一过程中所有变化的原动力特征上，则是待遇分化、社会冲突和待遇协调成为现代社会生活的重要普遍现象。

在社会分工的基础上，随着社会的进步，就个人而言，增加了个人间待遇冲突的可能；就群体而言，也造就和增加了群体间的待遇对立和待遇冲突，由此形成了现代社会中突出的待遇分化问题。而整个人类的生存和发展史证明，凡是存在待遇关系的地方，就会有基于这种待遇关系的嬗变而来的社会冲突，因而社会冲突亦就成为我们社会生活的正常组成部分。“现代”本身就包含着一个人要与无数的人共同产生待遇关系、社会分工范围扩大、待遇关系范畴拓展、待遇分化领域延伸等问题，由此导致待遇矛盾的加剧和量增，形成了现代社会待遇分化的基本动因。

14.1 待遇重构

尽管用“天下熙熙，皆为利来；天下攘攘，皆为利往”来形容我们的现实有些过分，但是以市场经济体制为导向的改革开放也恰似一阵强劲的春风，宣告了一个时代的结束，吹来了一个理直气壮地追求待遇的时代。捧惯了铁饭碗、吃惯了大锅饭的人们，如今是八仙过海各显神通，想方设法追求起自己的待遇来。农民们办起了乡镇企业，工人们搞起了第二职业，知识分子也动起了致富的脑筋……的的确确，我们已经进入了一个追求待遇的时代。作为一个含义广泛的社会范畴，待遇关系反映了一种社会关系的实质。根据马克思主义的基本观点，每一个社会的经济关系首先是作为待遇关系表现出来的。待遇分化正是在这种过程中表现出来的一种重要的社会现实。分析起来，这样的一个现实是通过如下的一些基本因素而发生的：

首先是改革开放的基本方针。改革开放的一个基本出发点，就是把个人待遇与他对社会所作的贡献结合起来，把人们对于待遇的获得与其创造的社会财富挂起钩来。而且，改革开放的一个基本思路，也就是通过待遇的差异激发人们追求待遇的积极性，并最终促使待遇的增长。正是出于这样的考虑，邓小平才一再强调，要让一部分人先富起来，让一部分地区先富起来。尽管改革不是以追求待遇的差别为目的，其最终目标是实现共同富裕，但至少我们是以待遇的差别为前提和手段的。

其次是现代化的效应。伴随着改革开放的进程，我们的社会正经历了一个从传统社会向现代化社会转变的时期。现代化进程意味着整个社会财富的迅速增长，因而它本身为人们对于待遇的追求提供了条件。在改革开放以前，由于收入水平的相对平均，也由于社会生产力的相对不发展，人们的待遇欲望受到了一定程度的压抑。而改革开放的进程完全改变了原有的状况，人们在收入水平以及由此决定的消费层次上迅速拉开档次。待遇动机驱使着人们去忙碌，去经营，去竞争。每一个人似乎都懂得，只有不断地提高自己的趋利动机和趋利能力，才能不断地满足自己的待遇欲望。现代化进程孕育着人们获利欲的形成，而人们的获利欲又反过来成为现代化的重要动力。

再次是文化观念的更新。改革开放打开了中国的国门，扩大了人们的视野。在这种背景下，人们不再“谈利色变”，不再“言义而不言利”，而是理直气壮地追求起待遇来。

市场经济最重要的特征是利用市场自主地调配社会资源，与此同时，市场本身也不断地进行着对社会的待遇重构。尤其是在中国，在从计划经济体制向市场经济体制转轨的过程中，原来由计划经济体制所决定的待遇格局必将为一种新的即由市场经济体制所决定的待遇格局所取代。这种待遇格局发生根本性变化的过程，也就是一种待遇重构的过程。从政治学的角度看，这种待遇的重构也是日益提高社会成员通过公私机构动员和分配资源与待遇的能力，把知识的增长和技术的进步由各种可能变成现实的过程。同时，通过一系列的制度化与非制度化的措施，使社会的发展得以持续下去。我们可以从以下几个角度来分析市场经济带来的待遇重构问题：

14.1.1 从人的需要看个体待遇的生成以及满足个体待遇的功能

社会中人的需要，无论是经济需要还是非经济需要，都是构成社会经济发展的必要成分；一个稳定的、成功的社会总是通过某种机制不断地去满足人们的各种需要。因此，表征社会发展的最重要的试金石就是人们需要的满足状况，而人拥有的待遇是表达需要发展的重要形式。与此同时，待遇的重要意义及其相关的不同诠释，便构成了不同社会组织所依据的不同原则。在计划经济时期，我们不注重待遇的问题。这种情况下，待遇的问题成了人类活动中最受忽视和被掩盖的一个领域，特别是经济待遇和政治待遇，它们是人类活动最重要的动力。因为这些待遇给人们带来重大刺激力。另一方面，市场是激活人的需要的重要手段，由此带来的待遇重构必然加剧现代化过程中制度的形式演化，加剧制度的内部张力，不同的待遇选择，必然导致不同的价值标准和制度要求。在这个意义上，是人们的待遇选择驱动了制度改革。由此，待遇分化、待遇冲突对社会发展无疑就表现为正向的力量。当然这基于以下的基本假设，即待遇分化是有限度的，并被控制在可协调的范围之内。市场的资源调配功能分化着各待遇主体，社会成员的不同类型包含着不同的待遇，待遇的分明和细化，导致了不同的待遇群体不同的组织形式。从行为科学的角度分析，人的待遇追求是人类行为的基本动因，社会由无数个体组成，没有每一个个体的待遇，自然就无法形成群众和社会的待遇共识，亦就无法形成良好的社会秩序。政府行为在这里和市场一样，只是起着对待遇进行分配和调整的作用。

待遇的观念必然涉及对各相关领域的界定，例如我们说某一个人或某一群体在一种政策中占有待遇或具有待遇优势，那就意味着他或他们将在这一公共行为之后获得待遇的数量与质量的增加。我们论述分工和专业化给人们带来的待遇，大致可分为直接的经济性和间接的经济性两种。这两种经济性又具有共同点。在现代化过程特别是在市场体制的条件下，随着待遇的个人化程度的提高，一个个体对传统的依附性被削弱，确立具有明确法律角色与地位的待遇主体，变得越来越重要。在这样的社会里，待遇关系同权利、义务、合理性、责任等概念相关联。通过法律行为和法律体系，在自我制约和其他制约的过程中，这些概念把待遇主体界定为公民或公民群体，并在法律上以个人和公民作为待遇的承受者——这在法律上暗示着，一个人具有某种待遇，实际上是为这一待遇提供足够的保障理由。

19—20世纪德国社会学家马克斯·韦伯（M. Weber）在谈到人类群体中的服从理论时曾指出：社会中占主导地位的关系在其最抽象和最根本的形式中，包括发布命令的统治者和遵守命令的服从者。20—21世纪美国社会学家安东尼·M. 奥罗姆（Anthony M. Orum）认为“害怕丧失物质报酬和社会荣誉是最终的、决定性的因素”。其实在待遇的合理化程序上，他指出了待遇所必然表现的最根本的形式，待遇的两个基本要点之一——政治待遇，而且这涉及待遇归属和待遇支配准则的一般性争论。对待遇的通俗解释离不开物质报酬和与人们受尊重程度有关的社会名誉，它也许无形中在人们的“选择”行为中表现出来。从这一层面上来理解，市场经济条件下的待遇分化也是一种选择分化。这一“选择”的层面可以让我们具有观察的优势，但往往缺乏消除待遇偏向的道德优势。首先，我们之所以采取这样的行为而不采取那样的行为，我们之所以有这样的选择而不是那样的选择，是因为这一行为或这一选择对我们有利或者不利，这使得行为选择本身不可避免地具有待遇偏向。这要求我们，在讨论待遇分化的理论层面和道德层面时，必须将我们的待遇诉求放在同一层面上。其次，市场是优胜劣汰的，它往往使待遇分化造成的选择有时并非能够带来真正的待遇，由此而带来了待遇分化和待遇重构的复杂性。20世纪美国政治经济学家查尔斯·林德布洛姆（C. E. Lindblom）说过："一个政府同另一个政府最大之不同，在于市场取代政府或政府取代市场的程度。无论是亚当·斯密还是马克思都懂得这一点，所以政府与市场的关系既是政治学又是经济学的核心问题。"现代国家的重要特征就是政府和市场共同调配着社会资源的流向，共同控制着待遇分化的程度及态势等，只不过是政府与市场在各自调配资源的作用方面有所不同而已。由此可见，简单的待遇分化概念必然随着人们认识的深化而被抛弃，但要断定它的概念更新程度却不是容易的事。从待遇归属的角度看，它必然导致对社会阶层以及待遇集团的行为研究，当然也可以被假定为引导人们进行待遇自我评价的预设方式。待遇是政治评价中的关键性因素，它使政策选择具有可能性与可行性。

对于一个社会来说，无论是有意识的还是无意识的，其基本的政策面都是建立在一定的待遇关系基础上的，问题只是如何激发人们的待遇需要以及如何配置既定待遇的总量而已。可以说，改革开放政策的制定以及改革开放政策的推行，都充分注意到人的待遇需要及其对于社会发展的意义，并通过政府积极的待遇配置功能，来重构社会的关系，增强社会发展的动力。

14.1.2 从个人待遇与群体待遇的关系看个人待遇的意义

对市场经济条件下待遇重构的抽象转移，便是讨论个人待遇和群体待遇之间关系的问题。这又使我们回到政治理论经典传统的问题上来。在待遇的评价上，出发点有两个：一种是个人优先；另一种在考虑个人待遇时，优先考虑普遍的善或说普遍的待遇。对这两个不同的出发点的选择，直接影响到社会待遇分化进程。可以肯定地说，在从计划经济体制向市场经济体制转变的过程中，我们的出发点是偏向于前者的，正是在待遇的个人优先这一指导思想支配下，人们才开始了以待遇为驱动的社会作为。

对某一特定的待遇行为和待遇分化，肯定有一个能赋予它特征的框架。任何一个具有特定理想、标准、待遇和原则的人，他必须是一个特定社会的成员，个人所参与的那些生活方式，就给他人提供了一种既定的标准，这种既定的标准是他做出行为以及待遇判断的出发点。从这一角度出发，公益当然高于私利。但是另一方面，主张群体待遇必然包括个人待遇的看法，似乎又包含着一条无法自证的辩证法。我们通常所言是“大河有水小河满”，其实这仅仅说明了问题的一个方面，从另一个角度看问题，很多情况下也恰恰是“小河有水，大河才满”。在现代市场经济条件下，经济增长是良好生活的前提，也是良好生活的一部分。因此，改善个人的收入正是其待遇之所在。当然也有这样的可能，有的个人甚至不在乎改善的方法和在范围上所有的限制，即通常所说的不择手段，这就要求在待遇分化的过程中，除了培养有益于群体待遇的公共秩序和道德外，还必须塑造理性的、有责任的待遇主体。

在现代社会中，如果我们缺乏必要的制度去抑制过分的个人或集团的获利欲望，就会如塞缪尔·P. 亨廷顿所言，“社会便缺乏去确定和实现自己公共利益的手段，创建政治制度的能力就是创建公共利益的能力”，因为“政治制度具有道德和结构两个范畴”。同时，在自由竞争的过程中，确立某种适当的待遇界线，无论它是抽象的或实体的，必然要与自然法规、正义、正当理由、责任等这一类的价值标准和规范连在一起。实际上这是对待遇分化的责任溯源。失序和程度失控的待遇分化，会使这些价值标准因内部张力太大，超越自身的承载而成为不可行之物，以致把这种责任溯源看成是乌托邦。任何价值标准都是有限的存在。对待遇分化的各主体的责任认定是十分重要的，因为待遇主体的多元性已是客观事实。在中国，在20世纪90年代乃至更早，已出现了三资企业、私营企业以及股份制企业等多种待遇主体，诸如此类的群体待遇主体具有的多元性，很难让这些群体待遇主体的群体待遇在群体待遇或个人群体待遇之间简单地归类。私营企业的所有者，与其他形式的所有者，往往会在政策选择上有很大的差异。这时候如果否认了某些待遇要求的合理性，就必然会陷入自身逻辑解释的紊乱，也必然导致社会中各待遇主体社会责任感的丧失。如塞缪尔·P. 亨廷顿所说“政治制度具有道德和结构两个范畴”自然也包含了这样的忠告。因为责任感的普遍丧失，将会使道德和结构首先在制度内颠覆自身而成为“反道德和反结构”的问题。

20世纪英国经济学家弗里德里奇·哈耶克（Friedrich August Hayek）指出：“现代社会中，责任感之所以被削弱，一方面是因为个人责任的范围被过分扩大了，而另一方面则是行为者对其行动的实际后果不需要负责。”这在我们的社会中，无论是对个体本身，还是公共政

策部门，都是需要反思的问题。一个社会中普遍的责任感丧失，一方面是待遇主体和公共职能部门的责任被无限扩大，几乎涉及人们社会生活的所有方面，影响并控制所有的待遇行为，从而使社会失去了必要的社会自主性；另一方面，行为者无论是个体还是公共职能部门，由于在转型期缺乏必要的责任和角色认定，往往对选择行为的实际后果难以负责。这样一来，社会良知普遍退化，缺乏能应对危机的制度创新，便只能以严密控制的方式来面对市场经济加剧的待遇分化所带来的一系列问题，这就是常说的“一收就死，一放就乱”的情况。

个人待遇与个人责任是统一体，而个人待遇的总和就构成了群体待遇或者说公共待遇。良好的群体待遇又是个人待遇得以健康发展的基础。全面的制度创新是责任限定的必然，市场经济无形中提出了这样的要求。待遇分化的载体是待遇主体，待遇主体的认定便是责任，欲使责任有效，就必须让它明确而有限度，且必须与待遇主体的所能承受相适应。正如弗里德里奇·哈耶克所言，“欲使责任有效，责任还必须是个人的责任”。因为无论在什么样的社会里，所有真正的责任承载必须亦必然是个体的，个体是责任溯源的最终待遇承受者，也是法律上产权归属的最终且具体的行为主体。只有针对社会个体，责任才能够严格限定，才能够重建应对待遇分化所必需的社会弹性，使许多维持公共秩序所必需的道德原则和价值标准不丧失其存在的意义，以有助于我们所进行的必要社会整合。法律的功能体系有助于在待遇分化过程中限定责任主体，同时责任主体的待遇表达构成了权利。任何特定形态的自我和公共待遇，都是一种强加于物质之上的社会人造物；由于自我被当作待遇的载体，因此它必定以一种特殊方式被组织起来，于是就出现了这样一种政治，通过它，自我的待遇既得到实现，也受到规范条件的抑制。待遇分化后，待遇冲突各方就根据他们的自我待遇来解释其行为，社会秩序就以此作为契合点，以有组织的强制作为功能基础，获得功能的常态发挥。市场经济正是强调待遇分化和待遇冲突的积极作用，从而揭示在社会生活中这些分化和冲突能为现存社会体系的实质性需要服务。

14.2 待遇分化特点

在待遇分化这一社会变迁中，我们可以把体系在成长过程中和发挥作用时所表现出来的特质，用来表征社会现代化过程某些领域的特点。待遇分化并不一定是显著的社会运动，但是它的存在和加剧意味着社会资源在公众中的重新分配，从而导致社会结构的变化和转型。这种变化和转型又突出反映在上层建筑和经济基础的互动作用上。或许我们可以从社会学、经济学、人口学、心理学等角度阐释待遇分化的基本特点，但从政治学的角度，我们必须追溯与政治待遇或社会待遇相关的那些基本公共价值的存在，诸如自由、民主、公平、权利、义务、合理性等。在某种意义上，这些价值体系的嬗变包含着整个社会秩序合法性的演化。在现代化对传统社会的冲击中，这些价值的更改又常常反馈到待遇分化对传统结构的离异作用上。

另外，在大大小小的关于政治、经济、家庭、安全、宗教及社会福利等社会现象背后，待遇分化扮演着对社会进行再整合、寻找再认同的推动者角色。从区域意识、宗教意识、阶层意识、行业意识和社会团体意识之后增长起各自的待遇需要，现代化意味着所有个体和群体——无论是已存的、新生的，还是传统的、现代化的——都以某种形式的组织参与到待遇分化和待遇诉求中去，而且在它们与其他组织发生关系（如待遇冲突和待遇协调的关系）时是作为一个有特定公共价值的组织存在。市场经济和现代化助长了在社会个体与群体中待遇分化的趋势，也引起它们日益增长的自我意识、内聚力、组织形态、参与行为的改变。在现代化过程的早期阶段，社会发展对某种价值观念的依赖性十分明显，因为这可能达到潜在和实际的重新认同。

一个社会进行待遇协调的方式和原则与特定的公共价值分不开，同时这些公共价值制约着并影响着待遇分化的特点和社会功能，两者与现代性和稳定性都密切相关。在现代化进程中，待遇分化带来的第一个同时也是最为重要的特点是：由于待遇分化，社会提出了重新整合的需求。比如在一个传统的村落社会，村民们最初的简单的认同是这一传统共同体得以传承的基本途径和保障。但在现代经济条件下，这一村落社会就会在个人认同、社会福利和经济发展等方面走向复杂的契约认同，人们会把伦理型、道德型或宗教型的组织认同演化为法律型、协会型甚至超越这一村落社会原有基础的各种可能方式上。这一切演化的基础便是待遇分化的现实，而这一切演化的过程就是寻求重新整合的过程。因为待遇分化——客观上需要我们对各种社会势力和社会阶层的待遇进行有效的制度制约。除了价值嬗变和制度化的整合外，待遇分化还造成社会动员上的整合。待遇的重构是一种社会分化型动员，人们因为各自待遇获得、待遇倾向、待遇行为而进行参与和选择，社会动员和特定待遇需要是相互促进的。很明显，在普及教育、提高大众传播、加速工业化和城市化以及促进经济增长和政治发展等现代化行为中，社会动员是待遇驱动的必然，但它亦蕴含着失序的可能性。这一过程所需的稳定必须由整合来提供，提供这类整合功能的两个主要因素是法治和公共职能的执行者——政府。

从整合的价值形态看，待遇分化造成的历史变迁之所以可以达到一个新的平衡状态，乃是由于人们的思想具有传递性。马克思从社会结构的生产力角度阐释平衡状态与生产关系的相关性；另一个很典型的阐释则是马克斯·韦伯在《新教伦理和资本主义精神》中的论述。价值形态对一个社会的整合作用至关重要，它影响现存的合理性、权威性和有效性。马克斯·韦伯确认，新教的改革促成了资本主义精神的形成，而资本主义精神又在整合资本主义的待遇分化和人们的社会行为方面，起着重要的作用。于是，新教所倡导的精神原则，已经内化为现代西方社会的基本价值观念体系。

在制度化的整合层面上，尽管我们承认在制度化政体和非制度化政体之间，需要对待遇行为规范的界线作出界定是很难的，事实上也没有任何制度可以对社会体系的分化作出事先的标准设计。但有一点是肯定的，在现代化过程中，在一个分化急剧的社会里，社会的稳定性依赖于进行待遇调整的具有“复杂性、自治性、适应性和内聚力”（塞缪尔·P. 亨廷顿语）的制度。制度化过程是多层次参与活动的调适过程，它的主要责任主体是政府。因此，在制度化过程中，政府行为和立法过程是其重要的组成部分。从另一个角度看，制度化水平和整个社会动员能力密切相关。现代政体与传统政体之间的区别之一就是社会动员能力和社会参与水平的不同，待遇分化的各主体参与政治范围的扩大已是现代政治的趋势。

从政治上看，待遇分化造就了一大批有参与愿望和参与能力的个体精英和集团。待遇的对立和冲突意味着：获得参与或积极参与就能获

得待遇。因此，待遇分化激活了待遇载体，同时也给待遇载体造就了屏障：无论什么程度的参与，待遇主体在分化过程中的获利与参与机会都具有排他性（当然不是简单的排他性）的特征。合法政治秩序的基础和有效的政治共同体，都是建立在这样一些待遇分化的载体上；个体、群体、阶层之间，形成数量众多的各种社会势力存在，而且每一个待遇载体在通向自己的待遇优化的途中，都会在参与形式、行为、价值观念和态度上适应共同的行为准则。这种待遇及其主体的多元化与共同的行为准则的共存，便是在复杂社会的现代化进程中一个相当突出的特点。这个特点用另一个命题来表述，那就是待遇分化造就的各种个人、集团、阶层必须高度社会化。正是这一点，既是待遇分化的结果，但又反过来成为待遇分化的前提。

当然，社会化必然包含不同时代积累的差异，反映了由于种种先前的因素所带来的待遇分化之背景。例如在中国广泛存在的小城镇中，经济的增长更加有利于地方的少数企业精英，他们在小城镇上的待遇行为往往比城市里的企业精英社会化程度低，因而不大容易引起社会的关注或者是作出某种反应。城市经济增长和资源配置权，在现代市场的竞争条件下则倾向于分散在各待遇分化的主体（个体、集团、阶层等）本身。那些构成社会引导性政策的提出，大多发生在诸多的待遇主体都能提出倡议的社会中。

尽管分化导致了不同待遇主体的产生，而且不同待遇主体在社会的待遇行为中往往就是待遇冲突和待遇矛盾的制造者；但是，在很多情况下，不同待遇主体在社会的政策创建上又往往具有一致性的倾向。这是待遇分化条件下的又一个显著特点。怎么理解待遇主体之间在距离扩张的同时又能保持在社会化和政策创建上的一致？对此我们可以作这样的判断，在公民和国家之间，存在着一些中介性的因素（或组织）。这些中介性的因素对于整个社会协调和合法性认同上具有趋同的倾向。这首先表现在集团等组织形态和组织行为上的一致性上。其次表现在资源分配上是竞争的，同时又是共享的，如市场规则、参与行为等。再次在任何有所作为的市民社会，都存在着两种机制，在两种机制中，其中一种是公共领域内的机制，它通过公共媒体交换各待遇主体之间的意见，削弱对抗和冲突，减小差异性并达成共识，由此达到社会化和政策创建的统一；另一种是市场领域内的机制，它主要是因各待遇主体的待遇优势之差异选择资源配置流向，并由规则和妥协达到互惠的协定。在这两套机制之间，伴生的是中介性因素（或组织）的发展，并能在蕴含自主自治的情况下改变或者限制政府权力造成的不利影响。由此可见，待遇分化本身也要求同时有利于政府职能作出调整。

作为一种常识化的理解，我们从整个社会的价值嬗变、社会整合及社会化等方面论述待遇分化，其实还包含着一些基本事实和基本假设在其中，对待遇分化的特点分析亦包含着对这些基本事实和基本假设的认同。其中这样一个基本事实是很重要的：一方面，市场经济分析的两个最基本假设为个人决策行为的假设和个人基本权利的假设。对个人行为的基本假设是：人是“理性”的。“理性”意味着每个人都会在既定的或特定的（法规、政策）约束条件下去谋求自身的最大待遇，并由此导向集团或阶层待遇的最大化趋势。另一方面，市场经济学假定交易者具有完全的选择自由，在市场机制为每个人提供了自由选择和平等竞争的机会的同时，也需要人们自己承担风险，承担选择的后果。因此，在这样的假设上的分化必然要求组织的多样化和权力的相对分散。在现在这样的复杂社会里，待遇分化客观上提供了这样的可能性，而对待遇分化所作的评价，则是这个社会的正义、公平与合理性的判断问题。如果社会的不公平是大范围内的存在，而导致不公的根源又缺乏合理性，那么这样的社会往往就不能适应市场经济的良性运作和发展。

如何在待遇分化日益扩大的情况下寻求公平和合理？这是一个相当困难的判断和抉择。在任何一个变革着的社会里，抵制变革的势力都会从待遇本位出发。传统的社会势力、习惯和制度间接或直接地交叉于传统待遇或既得待遇。这种情况下待遇分化的不公平是根源性的，它往往先于市场经济的待遇分化而进行资源垄断和待遇独占。在待遇分化过程中，本来是基于市场经济的个人理性假设，即个人的理性的自由选择行为可以通过市场机制而协调起来，增进交换各方的待遇，达到“互利”的结果。然而分化的事实却并非如此。因为在一个类似我们这样的社会里，除了对资源的垄断性不公外，更重要的是可以参与和允许参与的差异是超越人们想象的，而这并非是市场选择的结果。

参与或者说机会平等是人们在待遇分化过程中对公平的合理诉求。要变革传统待遇，需要动员新的社会势力参与社会事务，需要提供参与的机会和组织上的保障，因为组织本身是人们获得主体待遇和安全感的形式。在某些情况下，一些社会势力必然是待遇分化和待遇重构中的社会团体，例如新兴企业家或城市工薪阶层。团体意识是待遇分化评价中必须积极面对和加以引导的重要社会结构因素，日益增强的待遇分化、经济的不安全感、对失业和疾病的恐惧、各种预期消费对人们心理形成的压力、各种社会不稳定和人们意志的局限性等，要求人们寻求新的形式作为保护和保障措施。一方面，大量的社会团体在个人与国家之间形成缓冲带，有了这个缓冲带的存在，社会矛盾不至于过度激化，社会危机不至于过度蔓延，社会不公正可以在相当大的程度上得以缓解。因此可以说，社会培养理性的社会团体就意味着培养了社会的稳定性。另一方面，待遇分化必然造就新的社会势力寻求政治参与，从而给传统政治体制带来了压力。一个成熟的政治体制应有相当强的适应能力接受并同化它们，在规范的框架内接受它们合理的价值观念和权利要求。待遇分化还将导致个人或集团的新政治思想的产生，从各个方面推进政治体制的变革以增强其适应社会的能力。

讨论如何适应中国待遇分化的现实问题，尤其要在建立法治和完善政府职能上下功夫。在现代的经济条件下，一个决策往往会影响大量待遇主体的待遇，而提高法治水平和完善政府职能，一方面是要在制度和静态中提供保障机制，另一方面是要在待遇分化需要自我调整时，获得一个非人格化的和动态的、功能相对自主的保障机制。从长远来看，待遇分化还是社会势力参与政治的原动力，并促使政治体制在分化的基础上得到发展。

14.3 待遇分化形态

待遇分化往往表现为不同的方式和形态。分析这种方式和形态，可以从待遇分化的根据、原因、过程、结果等多种角度来进行。当然，这些角度又互相交叉，难以形成明确的界限。从中国的社会实践来看，通过待遇分化的缘起来分析其分化的形态，应该更具有研究的价值。

社会的结构需要自身的自我调整，待遇分化可以充当这种调整的驱动器。首先，单个的待遇主体属于活动的特殊类型，从产权的角度，单个的待遇行为往往是“委托—代理”关系的基石（法学上的定义为：如果A的行为影响了B的，两者之间就存在“委托—代理”关系）。中国的国企改革面临的最重要的一步，就是一旦国家无法人格化自然人，就不可能真正建立类似西方市场经济的“委托—代理”关系。因此，在待遇分化中，所有制结构的变更起着相当重要的作用。其次，一个新型的社会共同体，往往是在与传统结构相决裂的变革力量作用之下促成的。这使我们在强调价值观的同时应更多地考虑“待遇”，考虑造成不同待遇力量之间社会冲突的固有因素。社会结构被许多社会学家用以表示系统的各部分之间的相互关系，“正如马克斯·韦伯所强调指出的这种关系‘至少’总是包含着所涉及到的行为者的‘最低限度的互相取向’”［20世纪美国社会学家西摩·马丁·李普塞特（Seymour Martin Lipset）语］。这些最低限度的“互相取向”，在被用来谈及一些团体或制度具有的组织特征时，“一般指的是标准化的规范模式、权利和行为的准则等”。当我们谈到待遇分化在社会结构变迁上的形态时，则是指这些准则的维持、决裂、异常、创新、破坏或反叛等。也就是说，待遇分化把稳定因素和变革因素同时变成人类社会的内在属性。单个待遇主体的待遇形态更多地表现为收入和支出，在消费形式和消费行为趋同的现代社会，收入结构的变化更能反映特定的待遇取向。更为重要的是，在一个自由且强调机会均等的社会里，人们有不同的收入就意味着参与不同的社团模式、不同的社会地位和社会成就感。当然，就民众而言，在现代社会体系里，收入结构的变化最终意味着自由和权利的变化。与此同时，待遇分化造就的不公正状态往往是变革的动因，虽然它会不会导致新的公正的社会状态，还很难确定。我们可以从以下几个角度来探讨待遇分化的形态。

14.3.1 由所有制结构调整引起的待遇分化

由所有制结构的变化引起的待遇分化是最为实质性的一种待遇分化。人们注意到，在中国改革的整个过程中，所有制结构的调整是一个重要的方面。毋庸讳言的事实是，无论是有偿的还是无偿的，也无论是主动转移的还是被动流失的，过去那种单一国有产权的相当一部分已经改换了所属关系。而这个过程也意味着待遇分化的过程。在过去，“国家待遇”、“个人待遇”、“集体待遇”这些概念，看上去比较清楚地界定了社会待遇主体，其实这内含着产权的极大模糊。在现代待遇多元化的市场环境中，广泛的模糊产权有利于缓解社会冲突的迅速激化，但也由此带来了社会调节将产生严重的失控，并有可能演变为社会生活和社会秩序带来剧烈的震荡。

在竞争和市场发育完善的地方，客观上要求对产权的界定，足以达到法律提供的各种契约性保障能够充分发挥其约束作用的程度。传统的理论认为，经济活动最好都用“看不见的手”来不受公共权力干预地发挥作用，让生产者和消费者对自己的资本和财产拥有自由的决策权，资源因此能被配置到最能创造价值的场所，个人追求待遇最大化的同时，也使整个社会待遇最大化。在这样的待遇行为系统中，法律和政府只是保护自由产权的手段。但现代经济系统已经不是这样一个完全自由竞争产权的工具环境了。现代经济的主要载体也不仅仅是将最大化方案投入到价格 / 数量矩阵中去，人们在市场中的交易行为，除了单纯的价格因素外，心理因素、交换因素、法律因素、政策因素等都会介入到产权的市场行为中。事实上，完全界定的私有产权是一种理论期望，一个国家或一个特定阶段的所有制结构往往是多重的，而不是单一的。而且从待遇分化的形态上说，它还会发生权利的重组和产权安排的变迁。

近20年来，中国社会发生了极其深刻的变化，在所有制结构上，由原来单一的公有制，变为以公有制为主体、多种经济成分并存的所有制结构，肯定了以公有制为主体、多种经济成分共同发展的经济结构模式。这些新增加或出现的形式有个体产权形式（个体经济、私营经济、家庭经济等）、复合产权形式（三资企业产权、合资企业产权）、独资企业（主要是外商独资型）产权形式等。尤为重要的是，在产权变更的过程中，是以比较成功和较少社会震荡的方式，以渐进改革为解决产权问题的逻辑出发点。它防止了旧的形式突然瓦解，因为新的结构形式难以在此同时迅速建立。在此基础上整个社会的资本总量，得到比较大和比较稳步的增长，从而缓解了中国的许多方面的社会问题和社会矛盾的激化。中国待遇分化（伴随着整体改革）的一个基本特征是，待遇重组和转移的不公开性，也可以说是在一定诱因下的隐蔽性自我改革。我们在此讨论的所有制结构的变化，实际上根源于改革行为背后的待遇转移和再分配。这时候待遇分化、待遇重组和待遇转移的特点是这些改变往往也伴随着某种公正性的因素，它至少释放了正在积聚和有可能激化的社会矛盾，并有可能导向一个较为合理的社会秩序。

由待遇转移和待遇再分配促成的所有制结构的变化，在中国的现在并不一定会造成社会结构的根本变化。虽然渐进改革也有它自己无法绕开的障碍，因为在现有的经济秩序下，这种所有制结构之变易并不具有界定的清晰度，而且产权界定的范围和幅度也是十分模糊的。或者可以说，中国产权制度改革一个内在的矛盾就是权力资本的扩张，而不是讲求权利的界定和权利的安排在经济交易中的重要性，从而同样很难真正确立现代市场体系的众多至关重要的活性因素。

一个社会所有制结构的选择以及从一种所有制结构向另一种所有制结构的变迁，首要的因素，是看它能否为受它支配的人们提供将外部性影响和刺激转变为较大的内在化激励。在一个公共产权的形式下（公共产权意味着共同体内的每一成员都有权分享这些权利，它排除了国家和共同体外的成员对共同体内的任何成员行使这些权利的干扰）。由于共同体内的每一成员，在分享共同体所具有的权利时是平等的，如果对他使用共有权利的监察和谈判成本不为零，他在最大化地追求自己的待遇时，就会使成本的自我承担变成共同体其他成员的承担。在这一过程中，那些在计划经济下掌握资源的人，就会利用政治和法律的特权，在市场经济发展初期的待遇分化过程中，占有资源垄断和从产权变更中获利。除了这个方面外，当然它还受到很多方面的影响，例如：①一个政府产权形式的偏好，这一偏好又主要以它所能给政治家带来的收益而定；②一个社会群体对一种所有制结构或一项具体产权安排的接受程度；③促进人们将外部性内在化的技术状况和技术创新；④在面对新的获利动机时，原有所有制结构下的受益者和受损者所能做出的反应。

由此看来，现在的问题已经十分清楚，市场经济条件下的待遇分化和社会多元化的待遇格局是互动性的，经济领域内的多元格局，反映了所有制结构变化的趋向和现状。而且正如前面所说，这样一来，在建立协调待遇关系的制度和机制时，也将在待遇分化各主体讨价还价的基础上，通过各方的妥协和协商，获得一个现实可能、且能为双方接受的有效形式。

14.3.2 由制度安排引起的待遇分化

待遇分化与制度安排存在着相辅相成、相互促进的关系，但更为重要的是，一种新的制度安排必然地导致了一种新的待遇分化。社会变化的特征在一定程度上正是表现为一种新的制度安排，而且，在一特定的市场状况和产权状况下，新的制度安排又是必然要产生的。社会结构，是指一个社会中各种社会力量之间所形成的相对稳定的关系。在这样的

基本背景之下，中国各种社会力量的组合发生了一些什么样的变化呢？有些力量在崛起，有些力量在衰减，这些力量之间冲突和结盟的可能性，影响与制约着待遇分化中的中国社会的发展趋势，并将促使它在结构、制度和组织层面实现历史性重建。改革前的社会，是一个结构分化程度很低、社会成员自主性丧失的“总体性社会”。国家对经济以及各种社会资源进行全面的垄断性控制，政治、经济和意识形态高度重叠，互相制约，形成了所谓纵向的“国家—民众二层结构”。改革开放以来，“总体性社会”的一系列特征发生了很大的变化。一种新的制度安排，例如高度的社会整合与动员，缺乏缓冲性的中产阶层，个人待遇和整体社会势力相比处于受支配的、软弱的、非法律保障及非制度化地位等的嬗变，都使一个适应于多元待遇格局的、高度复杂的、自主的、有内聚力和灵活的制度，处于稳定的形成过程中。社会秩序的发展有了一定的自主性，不再完全依赖国家的强力刺激与高度控制。社会阶层的变化在形式和模式上，开始出现多元特征。阻碍社会变革的一些重大障碍渐渐地得以消除；社会自治能力和自组织能力有了相当大的提高。在政治参与的扩大和较为复杂的现代结构兴起过程中，一般情况下，自主性的制度安排得以形成可能是因为创新改变了潜在的待遇结构，创新成本的降低使制度的变迁变得合算了；同时，正是获利能力无法在现存的待遇安排结构中实现，才导致了一种新的制度安排的可能性（或变更旧的制度安排的形式的可能性）。这种演变，在政治参与扩大化和政治现代化的过程中发生得越早，社会付出的代价也就越小。反过来说，社会越复杂，要创建统一的制度就越困难。社会结构变迁的最终结果是寻找一种完备的控制系统，社会的整合不能依靠行政性的、结构僵硬、缺乏应变能力的控制系统，它亦不应再寻求社会高度的一体化，那样将只能意味着国家充当唯一的驱动器。

在市场机制的驱动下，以产权变迁、资产配置体制变更、制度重新安排为新的社会发展动力，改革的重要结果之一就是“自由流动资源”和“自由活动空间”的出现，从而增加了导致一个新的公正的社会状态的机会。在此基础上，无论是民营企业的发展（许多过去的政府官员、知识分子弃仕从商、弃学从商，不仅壮大了民营经济的力量，也使这一阶层的整体素质有了明显的提高），还是“三资”企业的发展，随着新的经济力量的发育，带来的社会结构变迁的意义不仅仅是经济上在原来的单一所有制结构中增加新的成分，更重要的是由此形成新的社会结构主体。这些新的社会结构主体，构建了一个社会的合理的非平衡状态。在给定的条件下，这些新的社会行动者和社会经济生活的组织者，给现存的制度安排提供结构上的变革资源，他们的经济行为和待遇意图将在“成本—收益”的不均衡变动中诱致着制度安排的再变迁。

社会结构变迁这种现代市场经济条件下待遇分化的特征，往往是一种比较和反应的滞后模型。在这种模型中，社会结构的调整，有利于各种资源产生的所有潜在收入的全部正增量，但同时又在旧的（或已有的）社会结构中衍生出制度安排创新的压力。例如中国大中型国有企业的股份制改革，相当大程度上是试图不对制度环境作充分的改变，而使实现创新的潜在收入的可能性增加，除相当程度上已经获得自主性的结构因素外，随着组织或者操作一个新制度安排的成本可能会发生变化，在新社会结构主体中（主要指出现的社会中间层），如何构造健康的社会结构，如何处理其基本关系（一是中间层在政治参与和待遇自主化中与国家的关系，二是中间层在基础性作用上与社会普遍的民众的关系）。法律上或政治上的某些变化，可能会影响制度的生长环境。现实过程中，市场规模的变化能够改变现有制度安排的待遇，这使得一些集团或阶层构成待遇行为上的互动关系（对抗与一致），这一互动关系在多大程度上通过各阶层之间的紧张关系来表现，并由社会结构变迁的层次和时间选择的条件所决定。

如果从广义上来理解，制度安排包含了十分广泛的领域。而无论是政治的层面，还是经济的层面，也无论是宏观的制度调整，还是微观的制度设计，都会带来待遇分化的事实。在农村率先实行土地承包责任制会带来待遇的调整，改变领导干部的选拔任用制度也会带来待遇分配格局的变化，一个具体的单位实行新的薪金分配和奖金发放制度当然更能带来新的待遇格局，如此等等。而在一个转变着的社会中，这样的一种新制度安排发生的频率是非常之高的。

14.3.3 不同社会结构层次的待遇分化

社会本来就是由不同的结构层次组成的，而待遇分化又在不同的社会成员间造成新的社会结构层次。分化的一个来源就是“收入”——用人力或物质资源换取的收益。收入结构的变化直接反映为待遇获得或遭受损失的程度。中国产业结构的调整，使得市场向高技术产业的方向发展，知识技术阶层与市场结合的局面使该阶层立即从市场获得了待遇。同样，那些充分利用市场资源的特殊受益阶层和普通受益阶层，都因“收入”的差异而形成不同的待遇阶层。在待遇分层结构和收入差异扩大的同时，政府今后要面对的，是如何在促进社会整体发展的同时，使收入差异不至于扩张到危及社会稳定的程度。伴随上述社会结构的分化，中国社会各阶层、各群体之间以收入水平为标志的差距有以下的一些特征：城乡居民之间的收入差距扩大；地区之间的收入差距扩大；行业之间的收入差距扩大；不同所有制职工之间的收入差距扩大；社会高低收入者阶层之间收入差距扩大。收入结构的这些特点反映了待遇分化中不同待遇取向的社会分化。人们因收入的不同而表现出不同的社会行为和不同的结构属性。

所有制结构、社会结构和收入结构等的改变是待遇分化的物化形态表现。通过这些嬗变，我们能大体上把握社会发展的趋势和走向，重塑待遇群体的社会行为。这些结构的变化一方面刺激和催生着社会的矛盾和冲突，另一方面又促使社会往良性循环的轨道上发展，促进社会健康的自我调整。社会中广泛存在着互动关系和相互作用，这些互动关系和相互作用的基石是各种结构中的“人”的待遇。当然，以上对待遇分化形态的分析并非全方位的。综合目前研究的成果，我们可以将当前中国待遇分化的特点归纳为十个方面：

新时期我国待遇关系的十大特点

（1）待遇观念普遍化。改革开放前，由于中国传统的“重义轻利”思想的影响，由于“左”的片面强调“政治挂帅”，人们往往忌讳谈论待遇，回避待遇关系的研究，似乎一提待遇就是宣扬个人待遇至上，似乎谈论待遇就是与“政治挂帅”或者社会主义精神文明建设背道而驰的。改革开放三十多年来，随着计划经济体制向市场经济体制的转变，人们的待遇观念发生了巨大变化。随着社会主义市场经济体制的建立和发展，马克思所说的，人们奋斗所争取的一切，都同他们的利益相关，已经深入人心。这是马克思主义基本原理在中国实践中的运用与创新。

（2）待遇主体多元化。在中国经济体制改革过程中，随着中央与地方的分权、政府对国有企业的放权让利、发展多种经济成分，以及国民收入分配向居民个人倾斜等，出现了一个与计划经济时期待遇统合相反的变动趋势，即待遇分解。这种待遇分解不仅将原先强制统合到整体

待遇中去的特殊待遇分解出来，而且还产生了不少新的待遇主体，造成待遇主体多元化。待遇主体的多元化使待遇关系成为一个多维的、有机的系统。

（3）待遇来源多样化。在经济转型阶段，待遇来源日益多样化，有包括工资、奖金、各种津贴等在内的劳动收入，有包括存款利息、股票红利、资本利润、不动产租金等在内的财产性收入，还有身份收入（指部分国家干部、知识分子等凭借其优势身份所获得的部分货币和实物收入）等。

（4）待遇表达多维化。待遇表达是待遇主体为实现其待遇利益而进行的活动，它的实质是待遇主体的态度、意见等转变为向社会和国家提出要求的方式。待遇表达渠道多维化是社会进步的表现。目前，待遇表达的渠道主要有待遇组织表达、公共舆论表达及行动表达三种，决策者应对不同渠道的待遇表达予以重视。

（5）待遇差距扩大化。在改革开放的过程中，各待遇主体的自我意识日益强化，都首先追求自身待遇。但是，各待遇主体的内在和外在条件不同，导致其待遇的实现程度不同，形成不同待遇主体的待遇差别，并且待遇差距有扩大的趋势。

（6）待遇关系复杂化。随着改革开放的不断推进，待遇主体增多，待遇来源多样，待遇表达多维，以及待遇差距的扩大，中国转型时期的待遇关系变得越来越复杂，呈现出纵向权威性待遇关系与横向契约性待遇关系相互交叉与渗透的趋势。待遇关系复杂化，以及由此导致的待遇矛盾冲突的公开化等，使待遇关系问题成为当前人民内部矛盾的主要问题。

（7）待遇诉求全面化。待遇是具体的、历史的，不同的主体有不同的待遇诉求。不同时空同一主体所追求的待遇也是不断变化的。而且待遇主体所追求的待遇不是单一的，而是多种待遇的综合，主要包括经济、政治、社会、文化、生态等方面。人们追求的首要待遇是经济待遇，但随着社会的进步和人类文明的发展，在追求经济待遇的基础上，人们对非经济待遇的追求将会愈来愈迫切。待遇诉求的全面化是必然趋势。

（8）待遇矛盾公开化。改革实质上是待遇关系的调整。改革越深化，各种待遇关系的矛盾就越突出。由此，中国的待遇关系变得越来越复杂，待遇关系问题已经成为当前人民内部矛盾的主要问题，处理得好可以促进生产力的发展，处理不好可能造成严重的后果。

（9）待遇协调关键化。待遇关系历来是社会和谐的晴雨表、风向标。历史经验证明，待遇关系紧张之日，就是社会不稳定之时，而协调待遇矛盾，实现待遇共享，是构建稳定社会的关键，让人民共享社会发展的待遇，这既是历史经验的总结，又是对马克思主义待遇理论的新发展。当前，中国社会总体上是稳定的。但是，也存在一些影响社会稳定的矛盾和问题。这些矛盾和问题集中起来讲就是待遇关系的失衡。解决问题的办法之一就是通过深化社会主义市场经济体制改革，为构建稳定的待遇关系提供制度支持。

（10）待遇研究深入化。待遇问题是一个古老的问题，又是一个新颖的问题；是一个重大的理论问题，又是一个重大的现实问题。它与各门社会科学相通，它与人民生活息息相关。对中国新时期待遇理论和现实的研究方兴未艾。马克思主义经典作家关于待遇的理论，是我们研究新时期我国待遇变化发展的理论基础；西方学者关于待遇的理论，也可供我们研究时借鉴。

14.4 待遇分化走向

经济学假设每个人都是有理性的经济人，他们自动地选择对自己有利的方案。而社会是多个人的社会，一个个体的待遇最大化追求必然与另一些个体的待遇最大化追求相抵触甚至冲突。同时，以损害社会整体待遇为导向的待遇分化方式，亦不可真正获得每个个体的待遇最大化。所以制度可以被理解为所有人之间的集体最佳的稳定对策。如果人们发现了更有效率的导致制度形成的交易方式，又会出现新一轮的人与人之间的互动过程，从而使新的制度安排从旧的制度安排中脱颖而出，这就是制度变迁。

待遇分化，它往往在制度上，对一些初始条件具有很强的依赖性，而且因行为主体具有的不同选择方式（如价值判断方式、待遇主导方式、公共选择方式、受刺激和驱使的方式等）而导致了社会的多元化、多极化、多层化，导致了特定的待遇断裂或失序，导致了体制内和体制外待遇的分化。同时，在不同群体之间，同一群体内外，也因这些分化的出现而导致社会从无序状态向有序状态演进。这又将是分化的有序性和无序性对作为公共权力代表的政府发挥其整合待遇功能的现代诉求。

由于待遇主体的各不相同，社会结构的多元化必然形成待遇格局的多元化。结构的多元化又同存于多层化，使得社会变革所针对的稳定性制度的制度非稳定性往往更强调“待遇”而非“价值观”，否则这将导致对造成不同待遇力量之间社会冲突的固有因素作用的低估。因而我们讨论多元化和多层化时，并不急于去表现一个系统各部分之间的某些稳定或变易的关系，而是关心一些行为模式所反映的普通社会期望。在待遇一体化的时代，虽然从表面看，社会冲突的数量很少，但这种冲突一旦发生，就似乎具有很大的危险性。另一种情况，待遇的多元化虽然会造成许多社会问题，比如社会冲突的数量会大大增加，但这些冲突对社会的威胁却明显减轻了。

中国市场经济体制驱动的待遇分化，起始于20世纪70年代末80年代初的农村改革。农村经济体制的改革，在初期推动农村市场和农村经济的迅速兴起和蓬勃发展，同质结构的农村社会因而发生了剧烈的变化，新的角色群体大量涌现。80年代中后期，因为工业化影响和市场对资源的配置效率，农村与城市的差距也日渐扩大，这种社会待遇分配格局导致城乡待遇上的分化。

另外，社会中待遇分化引起的社会结构和职业结构的变化，在城市首先表现为体制性分化，它既包括体制外的分化，也包括体制内的分化，其中体制外的分化占整体待遇分化的主导地位。体制内外的分化具有很强的联系性，是因为这种分化首先发生在原体制的最边缘部分，如个体工商业、民营企业等，由于充分利用市场，他们一开始的收入明显高于体制内的职业收入。由此，体制外的分化牵发了体制内的进一步分化。尤其在市场经济进程的加速与分配制度的进一步改革中，市场对资源配置的作用和能力进一步加强。效率、效益的分化与收入分化之间的联系更加明显，这尤其在发生产权制度和工资制度也有了较大的改变之后。从实施效果看，体制内外分化的这一走向将会因改革的进一步深入而强化。

分化不仅发生在个体与个体之间，而且也发生在群体与群体之间。产业结构、职业结构、政治和经济上分权的改革，不同的教育层次等等，产生着不同的“待遇群体”。沿海和内陆、东部和中西部、城市和农村、体制内外的分化，这些分化使群体和个体的待遇分化交叉并存，分化取向错综复杂。市场经济强化了待遇分化，由于这些分化走向十分复杂，又加上中国政治经济制度正处在转型期，使得待遇分化在很大程度上具有“无序性”的特点。

从社会学的角度来看，待遇分化实际上带来了所谓社会结构的变化。一般的社会结构理论认为，社会结构的组成部分由个人所组成的不同群体或阶层在社会中所占据的位置，以及他们之间表现出来的交往关系构成。改革开放以前，中国是一个身份制社会，那个时候，按血统（出身）选择精英是中国社会的准则。与改革开放初期相比，中国社会阶层结构已发生了深刻的变化，最根本的原因是精英选择除了“血统原则”之外，“财产原则”与“成就原则”也开始起作用。在这种情况下，待遇分化的走向将表现为以下几个基本的方面。

14.4.1 待遇团体的多元化趋势

改革开放以前，中国是个大一统的一元化社会，政治、经济、意识形态三个权力中心高度重叠，价值判断也呈一元化状态，这种状况的形成主要由资源的占有状态决定。整个社会没有中介组织，形成了“国家—民众”这种二层结构。农民生活在人民公社体制下，生计主要靠工分来维持。城市居民生活则依赖于政府人事与劳动两大部门确立的级别工资。在这种大一统的一元化状态下，没有办法形成任何有独立待遇诉求的社会团体。改革开放以及经济发展的实质，就是通过待遇调整逐渐改变社会资源的占有状态。尽管改变资源占有状态一开始采取了非市场化的方式，从而使待遇重构的基础具有某种不公正的特征，但是我们首先关注的主要是待遇重构与待遇分化的事实。正是这种基本事实，使得待遇团体多元化的趋势开始呈现并将继续得以发展。

14.4.2 社会精英集团特别是政治精英与经济精英开始形成

由于待遇分化的发展，社会将逐步形成精英层集团，这些精英集团在改革开放中得到发展，同时也逐步成为社会发展的中坚力量。具体来说，社会精英层可以由三类精英组成：一是政治精英，二是经济精英，三是知识精英。三者占有的资源各不相同，其中最为主要的是政治精英

和经济精英。政治精英的形成具有延续性特点，不少是原来在计划经济体制中的政治阶梯中占有一定位置的人。还有一批是技术官员化过程中进入政治精英集团的知识精英人士。经济精英集团主要由国有企业负责人、民营企业家等组成。

14.4.3 知识精英及其待遇集团化

知识精英是改革开放以来分化得相当严重的一个群体，而且它的产生与循环具有与政治精英及经济精英不同的路径。从某种意义上来说，知识精英们由于本身的知识结构决定了他们在市场化过程中的价值，这种价值使得他们有一部分人能与新兴待遇集团结合，有一部分人则无法将自己的知识市场化，因而发生了待遇分化。改革开放以来，随着市场化过程的推进，科技知识及一些与改革密切相关的社会科学如经济学、法学都成了一种重要的文化资本。有能力的专家、律师、经济学家、工程师很快进入了社会机构中的高层，甚至进入了核心。这部分知识精英非常成功地把原来的能力资本转化为社会资本。

14.4.4 农民阶层的待遇将更加面临挑战

中国的农民在改革之初是受益者，最早的家庭联产承包责任制曾让他们获得解放的感觉。但到改革的重心转移到城市之后，农村出现了许多问题。这些问题直接影响到农民的待遇。根据一般的分析，中国农民面临的问题可以概括为三个方面：一是负担重，二是收入低，三是农村基层政权与农民的矛盾。

14.4.5 社会边缘群体的扩大

随着改革开放以及由此带来的待遇分化过程，社会边缘群体有扩大的趋势。社会边缘群体直接成了社会的问题群体：一方面，保证他们的正常稳定的生活成了社会的重大责任；另一方面，这个群体又给社会稳定带来了沉重的压力。在考虑到中国的人口与劳动力结构以及正面临的产业结构转型的基础上，对社会边缘群体的问题应当有一个清醒的认识。

14.4.6 待遇分化的程度将日趋复杂

中等收入群体占主流的社会，是一种较稳定的社会。中等收入群体是社会高层与社会底层之间的缓冲层，当中等收入群体成为社会主体时，社会高层与底层的冲突会缓和，这是社会稳定的政治原因。同时，中等收入群体在社会上代表温和的、保守的意识形态，当这种意识形态占据主导地位时，极端的和激进的思想和冲突很难有影响力，这是社会稳定的思想原因。此外，中等收入群体是引导社会消费的主要群体，当中等收入群体占社会的多数时，中等收入群体的生活方式就保证了社会庞大稳定的消费市场，这是社会稳定的经济原因。现状表明，中国现在还没有形成以中等收入群体为主的橄榄形结构社会。控制待遇分化的程度，缩小群体外的待遇分化，适当拉开群体内部分的收入档次，促使分化向“有序”和“有利”的方向发展，是政府提高工作效率和工作能力的主要目标。因此，在遵循市场运作规则的同时，必须强化法律手段和积极进行制度创新，加大民主建设，推进法治的进程。制度的创立和变迁都是既有外部性，也有内部性作用的；也就是说，制度安排作为一种公共物品，主要是针对社会生活的秩序化，在中国现代化的改革过程中，现实条件下的待遇分化控制，更应该走以法治方式来确立社会秩序的道路。

14.5 待遇分化特征

社会学家，特别是结构—功能主义者认为，现代社会和传统社会之间的根本差别在于社会分层化和整合的程度。宏观社会学方法中社会系统是分析的基本单位，在其分析“泛能化”传统社会向“功能专门化”现代社会发生转变的各个阶段时，提出了三个基本方面的内容，即：结构的分化，功能的专门化和社会整合。由此可见，待遇分化下的现代社会所具有的特征最明显的也就是结构的变易，社会功能专门化的发展，以及社会整合形式和整合能力的改善和提高。这一方法来源于20世纪美国社会学家塔尔科特·帕森斯（Talcott Parsons）的社会行动理论。塔尔科特·帕森斯从最简单和最基本的角度出发，将社会体系解释为社会角

色存在的一种环境，并且在这样的环境中，这些角色的承担者发生相互作用。这种相互作用，特别是经社会公认的与各角色相关并且是由社会成员共同分担的权利和义务，受着行为规范准则的支配。这些行为规范，是构成许许多多人格行为体系的综合要素，维持着社会固有的行为模式和社会系统的整体性，完成着社会所确定的各项目标，促进着社会的适应能力。我们从待遇主导、待遇驱动和待遇矛盾等方面探讨待遇分化的社会特征，也就是要探讨特定的社会中处于主导地位的社会价值、公民文化、冲突调解方式、政府和市场行为哲学、待遇驱动的刺激类型、社会矛盾表现方式等方面所反映的社会特质，以及由此而来的整个社会体系表现出的一致与冲突的调整方式和对立程度。

14.5.1 待遇主导

在待遇充分分化的社会里，待遇主导成为社会的基本准则。就是说，在这样的社会里，待遇是主导群体行为以及个体行为的基本依据。

社会制度及某一种类特定的社会行为规范，不仅是形成社会秩序、调节社会待遇、缓解社会矛盾和冲突的重要工具，它还是这个社会的公民“政治社会化”的基本因素。社会制度和社会行为规范一旦确立，它就在特定的待遇行为和格局中扮演重要的角色，人们不会去轻易破坏它，而是必须适应它，维护它。同时，如果把各种各样的行为体系整合成一个健全而合理的社会行为规范，就会有助于形成良好的公民文化和社会主导价值，也有助于形成和建立一种合理的社会制度和整合社会秩序，从而有助于引导社会行为，使其成为协调、和谐的行为。共有的价值影响着对手段和目标的选择，并且帮助保证个人对目标的追求，而不会导致一切人反对一切人的战争状态，不至于破坏社会秩序。针对中国现实的情况来说，由于待遇主导，需要处理的是这样两个方面的基本关系：一方面，强调个人行为具有的合理性诉求（个人权利、私有财产等）是十分必要的；另一方面，强调公共待遇也有非常现实的意义，因为中国文化和政治传统并不十分注重公共待遇，中国人对公共事务相对冷漠，缺乏公共精神已经是政治发展的一个相当大的制约因素。社会主导价值存在于更广阔的文化环境里，反过来又在文化精神体系里规定权利和义务的内容，规定可行或不可行的活动形式。例如作为中国体制改革的一个重要结果，中国的社会结构发生了变化，社会流动已成为一种

“社会—人口”特征；而社会流动意味着这样一种过程，其中大量的旧的社会、经济和心理方面的信仰都失效和崩溃，人们可利用的社会化和行为的新方式大量出现。这本身不仅反映了社会结构的变化，个人活动和制度结构的高度分化和专门化，而且反映人必须在社会体系和生存环境中，在社会体系的三种相关体系中——文化体系、个体人格体系和行为有机体构成的环境——不取决于以任何固定的血缘、等级等为依据的亲选原则，而是以成就为依据的自由浮动的社会现实。

在实际社会中各种因素完全一致的社会体系是几乎不存在的，在一个待遇主导的社会更是如此。现实中总有一些社会因为宗教信仰，或其他原因更强调道德化的行为规范；一些社会因为文化传统更强调服从或社会平等的价值观；另一些社会则因更强调个体的差异性和拥有的财产，因而更强调自由作为政府行为或社会共同体的价值观；不同社会的社会对抗形式及不满的表现形式也千差万别。价值观、规范、角色集合体所构成的社会氛围以及文化精神和社会主导价值的主要成分之间的差异性会不断增强，这要归功于近现代以来文化的传播和教育的普及。中国有自己的政治传统和价值观念体系。自古以来，政府都在待遇控制、待遇主导、待遇刺激等问题上充当着重要的角色。在现代经济条件下，这种作用同样会得到加强和发展。但非常值得注意的是，政府的作为始终必须承认待遇主导的基本准则。

我们可以看到一代人与另一代人之间的文化心理差距是十分明显的，这本身就是一种文化观念上进步的社会特征。它强调进步和改善，强调社会基本价值的合理性（这些基本价值模式和社会主导价值充当社会体系中成员的维护者、规定者。同时它也潜在于立法组织和立法机构的调整和协调行为中，即它也借用法律作为履行自身的功能的手段，所以它首先就应具有合理性）。另外，我们把工业化和城市化作为现代化的重要特征：在财富增加、技术多样化、差异化和专门化等方面的作用下，导致了新型的社会分工；国家权威和政府职能合法性的依据，从超自然转向世俗认同；社会待遇扩散、政治权力扩大并将在更广泛的范围内散布，由此而来，法律的最高权威置于其他规范制度之上；人们的社会地位以私有财产、收入和以个人的成就和劳动为基础；前契约性的社会原则向契约社会原则演进；“泛能化”的社会职能体系向单向专职的复杂职能体系演化。

与此同时，一种主导价值，即尊重个人合法的待遇（包括私有财产），已经在中国社会中获得普遍的认同；因为这种个人的待遇是个体理性的物质基础（当然我们也反对把利己主义的待遇需要看成是一般待遇的最重要表现），正是基于此才构成可以理解待遇（主要指经济待遇）的相互关系；或许可以这么说，经济待遇的获取过程和相互关系在财产权的基础上，把我们对待遇的理解同满足现实需要联系起来，是使我们接近认识待遇的实质不可避免的步骤。作为直指个体生存的主导价值，首先得确立个体生存的日常抉择；为了享有一定的生存空间，人们必须有一定的行使选择权和决定权的空间。其次，它还涉及人的精神体系、文化体系、个体人格体系和行为有机体系构成的生存价值选择，如它还将确定人的根本义务，维护和繁衍自己的生命，使他认识到改善生存的质量首先是自己的事，责无旁贷。一个社会尊重财产权，尊重个人的待遇，正是赋予人们以责任，没有财产就没有责任，或者说，责任就失去了其具体的内容。这种价值观是我们管窥待遇分化的一个重要的途径和基本点；很显然，这种社会主导价值构成了我们这个待遇分化条件下的社会的基本特征之一，而且应该被视为健康的合于理性的社会特征。

在待遇高度分化的社会，具有社会一体化功能的社会主导价值，往往具有多方面的含义。待遇分化同时带来了社会分层和多元化，也意味着社会鼓励那些具有较高价值角色的承担者去占据较高的社会地位。马克思和塔尔科特·帕森斯等人都认为，任何一种社会价值都要受到特定待遇的制约。在塔尔科特·帕森斯看来，社会价值同时还表示某些个人和群体承担哪些事关社会生存的角色，或是某些个人或群体承担哪些尤其是与一般社会价值观相一致的角色。马克思和塔尔科特·帕森斯都认为规范思想在社会生活中具有重要作用，但是，两人的侧重点不一样。马克思侧重于规范思想意味着规范意识形态，意识形态是对根植于经济中的主要社会力量的反映；他的两个社会体系是抽象的同时又是具体的，社会体系由经济基础与上层建筑两个主要部分组成；社会价值作为上层建筑的一部分是社会体系次生和派生的内容。根据马克思主义的观点，在不同的所有制形式上，在生存的社会条件下，耸立着由各种不同情感、幻想、思想方式和世界观构成的整个上层建筑。这样，一个社会的主导价值实际上是占统治地位阶级的利益和意志的表现。

如果说待遇分化使一个社会价值取向多元化，那么这种多元化始终围绕着待遇主导这个轴心而展开。在待遇主导的社会里，由于自由流动资源的形成（包括人口和资本等），增加了社会的自组织程度，城乡各类经济的增长，从长远看，将有利于走向更有活力和效率的经济组织形式。其实这也是社会制度的自我积累和自我完善。待遇分化和社会转型是互动的关系，变革社会包含原有要素的变革，社会因素从而获得转型和重组。角色的重新定位，要素的重新组合（包括从“纵向”到“横向”，从“群”组合到“类”组合，从“刚性”组合到“弹性”组合）所折射的社会特征以各种机制行为来表现，诸如社会自发机制、自觉机制、社会理性化机制、系统内制度机制、阶段性机制（包括社会动员机制、启动机制、持续强化机制、定形机制等）；更重要的还包括新要素的生长和发展，在原有结构的断裂、分层或联结点出现一些全新中介要素、类要素或专门化要素，使社会的发展具有多轨化、多层化、多方向化、多重制度化等特征。由此，中国社会群体越来越多元化，原有的刚性群体结构的特征逐渐消失，一个具有高度的总体联动性的社会，已逐渐在分权和分化中发育起一些自组织的机构。在待遇分化的同时，社会群体在分化，产业在分化，地域在分化，原有的中介组织和社会中介因素，以及新增的中介组织和社会中介因素进一步被激活。现代社会的社团组织应具备三种功能：一是协调劳动者与国家的关系，二是协调劳动者与市场的关系，三是充当待遇表达的工具。

这些新的组合可能将随着政府控制面的缩小而加强，政府行为由此将面临新的适应和调整。由于国家的意志和政策只有依靠各级政府，才有可能成为现实，而政府行为又离不开各级政府官员的行为，政府一直处在公共待遇和自身待遇的交汇矛盾之中；各级政府及其官员都不同程度地被其部门待遇所困扰，于是一些地方和部门导致了权力与经济之间的不正当联姻。在现实中我们注意到，尽管政府始终如一地在提倡一种个人美德、集体活动中的利他主义以及严格的自我约束，但还是摆脱不了公共道德低下、生产效率低下以及日益增多的腐败行为。同时，一种社会整体的待遇主导价值的丧失，还意味着整个社会失去人文关怀、精神原则和公共生活，并将因此而使整个社会秩序化和待遇协调增加了难度。社会的待遇分化是使社会冲突和待遇矛盾成为常规现象，但倘若政府，本来应该是调节待遇分化、缓和社会冲突的行为主体，整个社会公共价值的实践者，社会公共领域的提供者，如果也被待遇主导着其全部的公共管理行为，这个社会将因此而增加待遇分化的负面影响并使整个社会陷入一种脆弱的状态，更不可能形成能够有效应对危机的

制度安排。

14.5.2 待遇驱动

待遇主导表明的是这样的一个基本事实，即政府的、群体的以及个体的行为背后都存在着待遇方面的原因，并且很多社会现象和社会问题与待遇主导之间存在着相辅相成的关系。而待遇驱动的问题是要说明，在一个待遇分化的社会里，待遇的问题是激发人们行为的直接或间接的源泉。

正是待遇的驱动，使农村改革推动了农村社会体系的嬗变与农村工业化的迅速兴起和蓬勃发展，使同质的均等农业经济也参与了市场的竞争体系；在城市改革的进程，市场化的进程与分配制度的进一步改革（例如在价格制度、财税体制、金融体制、国企经营机制转换以及宏观调控等方面的一系列改革措施；在企业分配制度改革的同时，机关、事业单位的工资制度也进行了改革等）使市场对资源配置的作用与能力进一步加强，效率、效益的分化与收入分化之间的联系更加明显。这些城乡之间、体制内外、群体内外的待遇分化，是市场秩序和经济自由的选择行为。很多人认为，个人和公民受待遇驱动的行为是社会发展最基本的原动力。人们在追求自己的待遇时，必然要求与之相配套的制度创新。待遇驱动是指社会中行为主体（个人或群体）形成自己的待遇取向、待遇选择、待遇判断、待遇参与和获得，以及追求待遇行为背后的关键性因素（心理和行为）。这一普通的常识，是建立在假定人们都有追求幸福（当然也包括待遇）这一首要的人的权利之上的。尽管自古以来的哲学家和政治思想家在对人的权利和人性的认定上千差万别，但一般都承认人的欲望和需要是他们在思考人在社会生活中的地位的预先经验判断。欲望和需要可以形成人类行为的动机，例如工资改革就可以刺激人们的欲望，满足了受益人群的需要。这一简单的表述当然无法反映在长期而曲折的过程中发生的一系列必然变革上。变革的关键是适应过程，变革使社会增加了弹性和协调性，各种待遇分化的相互协调可以直接使社会的适应能力大大提高。

人类有两个基本问题为许多学科所关注：一是“资源的稀缺性”，二是“人的积极性”。资源有限，欲望无限，这就要求有效地配置资源。调动人的积极性，就是如何通过制度安排来促使人们努力工作，激发其成员的积极性，而不是相反。市场竞争机制利用价格体系有效且迅速地传递经济信息，使资源达到有效配置；正是以待遇驱动为出发点，人类通过市场机制，成功地解决了激励问题，即如何调动人的积极性的问题。市场机制给“主观为自己”的个人以激励，使他们“客观为社会”工作。通过这种“激励相容”，市场机制所提供的激励，使自利的个人和人们之间的互利统一起来；在现在的社会分工条件下，要求用市场关系来满足经济待遇的激励和制约；通过市场关系，消费和生产在有效率的状态下得以完成。

社会学和政治学在有关的社会机构建制的各种功能中，找到人们行为后面的另一些驱动因素（显性的或隐性的）。除个人所受的待遇最大化驱使外，还要通过个人的需要、待遇和愿望来实现社会的整体动态发展。社会由个人而组成，个人既是社会的一部分，同时又具有一定的独立空间。个人的待遇亦包含着特定的社会施加于成员的一般客观特征。交换是无处不在的，因为它是市场制度赖以建立的基本关系；权威关系是在正式组织中标明成员身份特征的基本关系，政府是正式组织，权威关系是政府合法性的支柱；说服，例如商业广告的形式，是对大众进行控制的主要方法。这些社会主要控制形式，金钱、地位、报酬、惩罚、利用资源或其他决策行为，同时也辩证地成为待遇驱动的因素。

待遇驱动可以决定人在许多方面的行为，而市场为人的待遇驱动提供了广阔的空间。市场赖以建立的交换关系，是一种审慎的契约形式。交换自古就有，在最简单的交换中，两人偶尔学到了一个知识，那就是，他们各自拥有对方所需要的某样东西或者可以做的事情。交换不仅是变换物的方法，也是控制行为方式和组织人们协作的形式。在此，生存或安全的需要驱使人们在交换中达成契约，形成规则，人们离开了契约和规则，就没办法靠关于个人自由和财产的法律来保证他们自己劳动的权威。这一点是他们决定其财产的使用及转让权利的基础。如果没有交换，整个社会便失去待遇的牵引；然而，假如交换仅仅是个别的或偶然的，它就很难成为社会组织的一个重要方法。1620年，为避英国教祸，一批新教徒到美国普利茅斯开辟殖民地，他们在前往美国的渔船“五月花号”上就建立一个未来的政府的问题达成了协议，这便是有名的“五月花号契约”。实际上，从社会契约中找到政治权威的起源和合法性基础，隐含着以市场原则来提供权威和服从的规则。“五月花号契约”提供了一种待遇保证和规避风险的典范形式，这便是待遇驱动中的

互惠义务。

除了市场的作用之外，政府在待遇驱动的社会中往往起到一种平衡与抑制的作用。这也正是我们要探讨待遇分化条件下待遇协调的根据之所在。在市场取向的制度下，管理社会公共事物的权利一般都掌握在政府手中。而且，从政治与经济关系的角度来看，一个可以考虑用来制止市场垄断的力量就是政府。在政治经济学的层面上，政府是一个处于自然垄断地位的产业职能部门，它主要向社会提供两种产品：秩序和政策。我们在前面所提到的政府出现的某种困境，在一定程度上表明它所提供的两种产品，有那种被削弱以及一些结构和制度弊端限制其发挥正常功能的情况。要真正解决中国的各种问题，化解各式各样的危机，除了在待遇分化中要利用制度创新来进行社会整合外，还需要从社会发展的长远战略上，为各个社会集团确立明确表达意见的合法渠道。通过这些渠道，沟通国家、社会、个人之间的待遇关系，形成良性的沟通和互动，促进各种自主性社会组织的重建。在这方面，需要充分发挥作用的正是政府本身。

14.5.3 待遇矛盾

在待遇分化的过程中，由于待遇重构改变着几乎所有待遇相关者的待遇，所以新的待遇差别以及由此产生的待遇矛盾甚至冲突也就必然要产生。有待遇矛盾就有待遇反应机制以及协调机制。社会多元论者始终认为，社会由不同待遇集团组成，包括阶级阶层、政治集团、自治团体、经济组织等。这些不同的集团不断向国家领导和官员提出要求并力求对他们施加影响。在此，政府的作用是在各待遇集团之间进行调解，求得相互妥协，通过或批准反映妥协的法律，从而维护社会的秩序。因此可以看到，所谓的待遇矛盾和待遇冲突，其本身就必然包括这些待遇调解方式，包括表达以及缓和待遇矛盾的各种社会行为。在一个待遇分化的社会中，待遇矛盾成为社会的常态。在这种情况下，作为公共权力的国家，其协调待遇矛盾的职能就得到了强化。在一定意义上，协调待遇也就是解决矛盾。国家通常具有通过政治过程来调解待遇关系、完成社会待遇一致化的功能。而这些政治过程实际上是一个在各待遇集团之间不断地讨价还价或相互交换意见的过程，社会的规则和秩序就是以这样的方式获得的。

待遇矛盾的制度化形式就是待遇集团问题的产生。尽管我们国家至今还没有真正形成待遇集团的概念，但是那种集团化的现象已经是一个不争的事实。待遇集团作为待遇矛盾和待遇冲突的重要表现组织形式，理论上被人们看作是民主多元主义制度的本质内容。现在普遍的观点是，待遇集团是位于公民个人和国家这个庞然大物之间的缓冲器。从社会控制和分层的角度看，这个观点证明了个人与国家之间存在着中介性的组织，是保证公民自由和财产的有效方式，具有一定的社会合理性。待遇矛盾的对抗形式由直接的个人——国家对抗形式变成多角的待遇冲突，现代政治是建立在社会中间层稳定且庞大的基础上的，中间层待遇表达形式和待遇集团化，表现为待遇分化基础上的自主和秩序化取向。很显然，与现代化、新价值观和新行为相关联的社会变革，其实是对旧待遇秩序和价值观提出的挑战，并试图达到新的一致性和秩序化的行为。由此，人们不再把待遇集团看成是政治安全的威胁，也不再把待遇集团看成是整个社会秩序的破坏者，甚至在某种意义上，待遇集团化本身也具有协调待遇的功能。

旧的待遇秩序向新待遇格局的转化本身是待遇分化不断推进的过程。20世纪美国学者西摩·马丁·李普塞特（Seymour Martin Lipset）指出，“他们所发现的共同基础是变革时代的某些象征与实际方面：生活方式的改变、权力的衰落、团体声望的下跌，社会景观令人痛心的变化，稳定感和归属感的失落”。这些是旧的待遇格局的获利者所见到的社会事实；某些团体感觉到自身的重要性、影响力与权力在渐趋弱化的时候，也正是待遇矛盾寻求新的适当的调解方式的时候。对待遇集团的活动分析，一种常识认为，所有的人都可以自由地组织待遇集团，当持有这样或那样意见的集团产生时，持有相反见解的集团也将因此而产生并达到平衡。然而，待遇集团之间的不平等因素受到人们更多的注意，那些享有特权待遇集团和政府之间相互依存且具有相对稳定的关系，有可能发展到可以垄断政策性待遇的程度，这在原来的待遇矛盾上增加了新冲突因素。这些现象，反映了现代社会的复杂性质，以及在待遇冲突中为了共同的需要，而促成不同行为者寻找社会共存的努力的必要性。作为一个治理社会的政府，对待现代社会的待遇矛盾和待遇冲突的复杂性，已经不能简单地用阶级矛盾和阶级冲突的观念来处理了。在一个承认待遇矛盾的社会中，注重协调待遇和缓解待遇矛盾，是现代政府的重要功能。

我们把待遇矛盾的制度化表现和非制度化表现，与相应的社会系统结构相联系，这一分析待遇矛盾的范涛，是价值和行为的相对统一，并包含有适当的政治操作程序。20—21世纪美国经济学家詹姆斯·麦基尔·布坎南（James M. Buchanan）指出，如果要作政治调整的话，政治比赛本身必须体现公正的准则，甚至比有时属于市场交易的公正准则更为紧要。对价值要求中的待遇矛盾的政治调整（主要指政府行为，包括政策行为和立法行为），只有以契约作为根据才能显得公正。待遇矛盾和待遇冲突在不同的社会形态甚至是在不同社会发展阶段采取了不同的形式。在现代社会，待遇矛盾、待遇冲突均体现出了一种全新的方式，正是这一点规定了待遇矛盾在社会价值观上总的方向，即在差异之中求共同，在分歧之中求协调，在对立之中求一致，在对抗之中求共存。这与过去传统上我们理解的那种“你死我活”的结构模式完全不一样，而这种不一样正说明了社会以及政府在协调待遇方面的目标差异及其操作难度。与此相适应，解决社会冲突的程序也在发展和进化。

随着现代化程度的增长，待遇分化的程度也在增长，协调待遇矛盾的机制也在发展和完善。但是，待遇分化的社会也并不因此而停滞不前。相反，待遇分化以及由此带来的矛盾甚至恰恰是推动社会发展的动力，并且通常还会在许多原先的社会差异上增长出结构的相对一致性。在这一点上，我们也许并不需要持历史的必然逻辑原则，而是只要持哈耶克所指称的“自发社会秩序的规定性”。哈耶克认为，一个社会秩序能够较好地服务于待遇的个体性载体和较好地运用参与其间的个人知识，那么就一般意义上讲，这个社会秩序就是有助益的。由于中国渐进改革的特点是避免让待遇矛盾激化，待遇转移比较隐蔽，所以待遇再分配格局中的不公平现象，还往往不很凸现。在所有市场化的社会中，应该说待遇分化和待遇矛盾并不那么可怕，因为它可以根据政府权力机构的调节来建立并维持秩序，这是许多后工业社会的特征。“角色”通过“专门功能”的组织化可以把社会的差异与对抗减少到最低限度。但在待遇的群体化过程里，我们知道，由于中国历来的传统，总希望把社会生活更多的方面都归于政府，实际上当代政府不能承受传统的“负担标准”，即政府在市场化中也只能负有限责任。而关键的是，待遇矛盾的各方对政府的期望值一直是相当高的，待遇矛盾在将来的发展，可能与政府能力和信任危机并存。可以肯定地说，中国目前待遇分化以及待遇矛盾总体上还是可控制的正向社会发展，但是由于待遇分化的进程给社

会带来的危机也是存在的。任何一个社会的进步都是在应对危机的挑战中获得的。在待遇分化与待遇矛盾中必然存在一些制度上的缺陷，这给政府行为改善既带来了压力，也提供了机会。实际上，在培养体制性因素的同时，有必要更加注重培养社会的内在因素的发展和社会控制危机的能力。无论是政治结构层面上的加强法治等，还是经济方面的产权改革、产业结构调整、国有企业改革等，都需要培养社会在稳定和消化危机上的能力。实际上，当代政治行为研究表明，政府所能承担的责任、能应付的问题应该是有限度的。在私人待遇和公共待遇的矛盾中，适当增加社会和市场的责任，这样有利于分解政府的责任而提高整个社会应对危机的能力和水平。这应该也是社会协调待遇的基本思路。总之，一个社会存在着待遇差异和待遇矛盾，本质上是冲突——整合的必备条件，同时也在一个方面反映了社会制度的进步。

第十五章　待遇与冲突

待遇冲突是人类社会实际生活中普遍存在的社会现象。无论一个人是否认识到、是否愿意、是否喜欢，实际上都不可能完全置身于当代人类社会的待遇矛盾和待遇冲突之外。一个人，在生活中、工作中、学习中、娱乐中，在国家、政府、军队、学校、公司、群众组织以及许多其他部门中，处处都会碰到待遇冲突。凡是有群体生活的地方就有待遇冲突的存在。待遇冲突是人类生存和发展不可避免的事实，每一个人在生存的过程中都会以某种方式卷入到待遇矛盾和待遇冲突之中。

近现代以来，一方面，随着资本主义生产方式的确立，人类社会开始驶上了高速发展的快车道，人类的待遇尤其是物质待遇获得了前所未有的满足，但是，一系列全球性问题空前凸显；另一方面，工业经济正在衰落，知识经济初露端倪，人类社会正处于一个由工业经济向知识经济急剧变换的时代。全球性问题的凸显，人类社会的急剧变动，以及长期以来待遇冲突问题未得到合理有效协调的累积，使得当代人类社会待遇冲突不断加剧，不仅使待遇协调问题的重要性空前凸显，也使当代人类社会的发展面临着前所未有的压力。因此，能否合理有效的协调当代人类社会中的待遇冲突，已经成为制约我们解决当代一系列社会问题的关键所在。

15.1 待遇冲突的形成

当代人类社会待遇冲突与协调问题的凸显是社会发展与变化所必然伴生的现象。目前，人类社会正处于一个急剧变化和发展的时代，一方面，肇始于近代资本主义的对外扩张和人类社会全球化浪潮正在以前所未有的速度席卷着整个人类社会的各个角落、各个地域。民族和国家之间政治、经济、文化的互动以及信息、商品、资金、人员的流动越来越频繁、越来越快，相互之间的依存关系也越来越紧密，一个全球性的人类社会已经形成。另一方面，以机器化大生产为标志的工业经济时代正在逐渐衰落，以信息化为标志的知识经济时代正在向我们走来。对信息的系统利用始于古代，但只是到了大约一百年以前，信息加工技术才真正起步。从此，人类获取、加工和传递信息的方式发生了巨大的变化。过去，我们对信息的加工主要靠人脑来完成，但在20世纪人脑中加工的信息已越来越由技术系统中加工的信息所补充和替代。今天，在政治、经济、军事、文化甚至私人生活中，我们都感受到了整个社会正在向一个以信息为基础的社会转变。因此，可以说，人类社会已经到达了一个决定自身命运的历史关头：我们正在脱离建立于第一次工业革命之初、以国家为基础的工业社会，走向在新的技术、新的威胁和新的机遇影响下出现的，相互联系并以信息为基础的全球社会的经济体制。在这样一个重要的历史转折关头，人类社会原有的待遇格局正在被打破，新的待遇格局正在形成，人们的待遇关系正在面临着前所未有的大调整，原有的待遇协调机制已经无法对新的待遇冲突作出有效的协调，各种各样的待遇冲突，已经变得更为激烈和尖锐了。

与此同时，各种各样的全球性问题也以前所未有的方式凸显了出来：环境污染、生态平衡、人工膨胀、粮食不足、能源短缺、资源枯竭，核军备竞赛、经济危机、局部战争以及人的本质异化、信仰危机、道德失范等等。这些问题的集中爆发使人类社会的待遇冲突从未像现在这样激烈、尖锐。一般来说，全球性问题的凸显与人类社会长期以来形成的不合理的待遇实现方式，以及生长在该方式上的待遇观念、待遇行为密切相关。如果说近代以前人类社会一般都把节制个人的待遇需要作为“善”加以肯定，而把对个人待遇、物质待遇的追求看作“恶”甚至“罪”的话，那么近现代资本主义社会则反对节制个人待遇，强调通过增加待遇对象的有效供给来缓解人类社会的待遇冲突。应该承认，资本主义社会对待遇供给总量无限增加的追求和对个人待遇最大化的认肯，确使人们的待遇尤其是物质待遇获得了空前的满足，人类社会的待遇冲突也因此在表面上有所缓解；但与此同时，物欲横流、道德水准下降、个人私欲恶性膨胀，人与自然、人与人的关系日趋紧张，一系列全球性问题也开始以前所未有的方式爆发了出来，人类社会因此陷入了深深的困境之中。目前，全球性问题已经引起了人们的普遍关注，走出人类所面临的困境已经成为当代思想家、政治家和普通民众必须面对的时代课题。然而，不难发现，当我们试图采取统一行动来缓解或者彻底解决全球性问题时，人类社会中的种种待遇冲突却成了我们必须面对并需要首先加以解决的问题。一些国家、集团、个人为了自身的既得待遇和特殊待遇，要么寻找种种理由减缓甚至阻碍人类社会解决全球性问题的努力，要么借维护全人类待遇之名来拼命地获取自身的特殊待遇，从而使人类的整体待遇继续处于危险之中。因此，全球性问题不仅使人类社会中的待遇冲突空前凸显，而且这种待遇冲突已经成为制约当代人类走出困境的主要障碍，如果我们不能对人类社会的待遇冲突，进行全面、深刻的分析，不能迅速探求到一种更为合理有效的待遇协调之道，那么，解决甚至协调全球性问题，走出当代人类的困境，将是一句空话。

待遇冲突与协调问题在当代中国的凸显，虽然与当代人类社会的历史进程密切相关，但更为主要的是与中国正在进行的改革开放和社会主义市场经济建设的实践紧相伴随。长期以来，“君子喻于义，小人喻于利”、“正其谊不谋其利，明其道不计其功”等“贵义贱利”思想不仅在中国传统文化中一直占据着主导地位，而且深深地影响着人们的观念和行为，因此，在中国传统社会中，待遇冲突似乎并不十分明显。新中国成立后，我们消灭了剥削阶级，建立了社会主义公有制和计划经济体制，社会主义的待遇结构随之建立，社会主义的待遇观念逐渐形成。但是，在计划经济体制下，国家成了各种待遇的总代表，几乎包揽了全社会的各种待遇，集体待遇也只是国家待遇的一个附属，并没有独立地位。至于个人待遇也是由国家统一规定和统一分配的，因此，即使承认个人待遇的存在，个人待遇的地位实际上也是非常低下的。应该说，在这种待遇总体相对单一的体制下，即使国家、集体、个人待遇之间存在某些矛盾，这些矛盾也并不突出，更不会演变成激烈的冲突。随着中国进入改革开放新时期，原来那种单一的待遇主体模式被打破，各种待遇主体之间的冲突也随之而起。尤其是随着改革开放的深入发展，中国的改革已经从释放被束缚的生产力的“松绑时期”进入了实质性的待遇调整时期，各个阶层、集团以及个人之间的待遇冲突也随之空前激烈和尖锐起来。如何合理、有序并及时、有效地协调各种待遇冲突，不仅关系着国家的安定、人民群众积极性的发挥，而且关系着改革开放事业的健康发展。因此，对当代中国社会待遇冲突问题进行全面而系统的分析，努力探求合理有效的待遇协调之道，不仅是一个重大的理论问题，而且是一个重大的现实问题。

15.2 待遇冲突的内容

与传统社会相比，当代人类社会日益凸显出来的待遇冲突及其协调问题主要表现在以下五个方面。

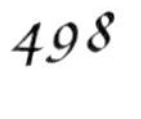

第一，人类的共同待遇与其他特殊待遇之间的冲突空前尖锐，人类共同待遇与各种特殊待遇之间的冲突与协调问题已经成为当代人类社会必须面对的时代课题。实际上，全球性问题所揭示的实质，就是人类的共同待遇在与其他特殊待遇的冲突中所面临的严重威胁。近现代以前，由于社会生产力水平相对低下，人们获取待遇的能力相对有限，即使某些集团和个人为了自身的待遇，对人类的共同待遇构成了某种威胁或者造成了某种破坏，这种威胁和破坏对整个人类而言既不是毁灭性的，也不是全球性的。但是，到了近现代，随着全球化时代的到来，人类在不断增强获取自身待遇能力的同时，也在不断地积聚着毁灭整个人类生存基础的能量。因此，历史上任何时期的人类整体待遇都没有像现在这样处于各种特殊待遇的巨大威胁之下。因此，人类待遇与其他特殊待遇的冲突也从来没有像现在这样尖锐和激烈。如果我们仍然无法找到合理有效的协调人类的共同待遇与其他特殊待遇冲突的途径和方法的话，那么不仅全球性问题无法缓解和解决，而且整个人类社会都将始终笼罩在巨大的危险之下。

第二，人类社会代与代之间的待遇冲突日趋突出，人类社会代与代之间的待遇协调问题空前迫切。近现代以前，由于生产力水平相对低下，人们获取的待遇也相对有限，因而，上一代人获取待遇的增加不仅不意味着下一代人待遇的相对减少，而且在某种程度上可能为下一代人获取更多的待遇奠定了基础，上一代人与下一代人之间的待遇冲突不仅不明显，而且还存在着某种程度的一致性。但是，近现代以来，随着社会生产力水平的不断提高，人类获取待遇的速度已经超过了自然界存在的待遇对象的自我更新速度，因此，当代人类在获得空前的待遇满足的同时，却对整个人类的生存环境造成了前所未有的破坏，下一代人的待遇也因此而面临着严重的威胁。从这种意义上说，当代人类所拥有的许多待遇是以牺牲人类的长远待遇、牺牲下一代人的待遇为代价的，我们的所谓“满足”只不过是对人类未来待遇的“提前消费”。现在的问题在于，人们现在的一些待遇协调机制中对下一代人的待遇缺乏足够的重视，“儿孙自有儿孙福”等思想在许多人的心目中仍然根深蒂固，许多人不仅把这种代与代之间的待遇冲突的协调简单地寄希望于下一代人，而且盲目地以为这是社会进步的表现。显然，如果当代人类仍然对这种代与代之间的待遇冲突熟视无睹、不闻不问的话，那么我们给下一代人所留下的就不仅仅是一个巨大的毫无用处的“垃圾场”，而且很有可能就是整个人类自我毁灭的“坟场”。就国内情况而言，近年来，随着中国经济的快速增长，代与代之间的待遇冲突也开始成为当代中国社会中待遇冲突的主要内容，环境污染、资源浪费、能源紧缺、森林植被破坏严重、生态失衡等问题也开始凸显在国人面前。可以说，我们的下一代人的生存和发展环境已经为我们今天的经济增长付出了高昂的代价，中国社会的持续发展已经面临着严峻挑战，因此，如何合理地协调代与代之间的待遇冲突已经成为中国现代化建设亟待解决的迫切问题。

第三，个人待遇与共同待遇之间的冲突日趋激烈，个人待遇与共同待遇之间的协调问题空前凸显。个人待遇与共同待遇在本质上是一致的，他们之间并不存在根本性的冲突。只是随着社会分工的产生与私有制的出现，共同待遇才与个人待遇相分离并与之相对立。近现代以前，个人待遇与共同待遇之间的冲突就已经存在。近现代以来，随着个人权利意识的觉醒以及个人主义价值观在社会生活中的逐渐主流化，个人待遇与共同待遇之间的冲突，无论就其范围而言，还是就其激烈程度而言，都是传统社会所无法比拟的。从当代人类社会的现实状况来看，个人待遇与共同待遇之间的冲突主要表现为两个方面：一方面是由于人们

片面地强调个人待遇的至上性而置共同待遇于不顾，从而使共同待遇面临着个人待遇的威胁；另一方面则是由于人们片面地强调共同待遇的至上性而置个人的正当待遇于不顾，从而使个人的正当待遇受到了不合理的侵害。就国内的具体情况而言，个人待遇和共同待遇的冲突，主要表现为个人、集体和国家三者之间的待遇冲突。具体来说：一是个人待遇与集体、国家待遇之间的待遇冲突时有发生。这主要表现在两个方面：一方面，个人的正当待遇被随意侵犯的情况时有发生。改革开放以后，尽管个人待遇的合理性已经被人们所认可，因为社会主义市场经济体制的建立事实上就是以承认个人追求自身待遇的合理性为前提的，但是，在现实社会生活中，个人正当待遇得不到应有的认可和足够尊重的情况仍时有发生，尤其是一些人把国家、集体待遇与个人待遇对立起来，片面强调国家、集体待遇的至上地位，否定个人的待遇要求，从而严重挫伤了个人的积极性。另一方面，有些人置集体、国家待遇于不顾，片面地追求个人待遇，有利则为之，无利则不为，利大则大干，利小则小干；更有甚者，为了个人待遇，置国家待遇、集体待遇、他人待遇于不顾，铤而走险，以身试法。二是集体与国家争利的问题比较严重。改革开放以来，集体作为待遇主体的地位明显增强，这当然有利于调动和提高集体创造社会财富的积极性。但是，值得注意的是，有些部门和单位，为了小集体的待遇，置国家法律和政策于不顾，巧立名目，强取豪夺，有时甚至不惜与国家执法机关相抗衡。这种集体待遇本质上只能是一种集团待遇，但是，由于它打着集体待遇的招牌，并且容易使那些和待遇相关的人形成一定的集团力量，因而，既具有一定的迷惑性，又具有极大的危险性和破坏性，必须引起高度的重视。当然，从根本上讲，社会主义社会中的国家、集体、个人待遇三者在本质上是一致的，它们之间的矛盾和冲突虽然有时候和在一定范围内呈现出激烈化的趋势，但总的状况比较缓和。

第四，既得待遇者与争取待遇者之间的冲突日益凸显，既得待遇者与争取待遇者之间的待遇协调问题已经成为制约社会发展的现实难题。一般来说，在一个发展速度相对缓慢的历史时期，既得待遇者与未得待遇者之间的冲突并不明显、突出，而在一个快速变化的历史时期，整个社会的待遇结构面临着巨大的调整，既得待遇者和争取待遇者之间的冲突就会迅速的凸显出来。当代人类社会正处于一个快速变化和发展的时代，整个人类社会的待遇结构都面临着前所未有的大调整。在这样一个历史时期，一部分人原有的待遇就有可能丧失，另一部分人的待遇则有可能增加。面对这种待遇调整，一方面，既得待遇者，除非迫不得已，否则是不会主动放弃自己的既得待遇的，为了维护自身的既得待遇，他们往往会对当今社会的待遇结构调整持反对的态度；另一方面，争取待遇者则希望通过待遇结构调整来增加自己的待遇，一般来说，他们对待遇结构的调整则持拥护和支持的态度。如此一来，在社会结构面临大的调整时，如何协调既得待遇者和争取待遇者之间的冲突问题就日益凸显出来。就中国的现实状况而言，这种待遇冲突不仅表现得非常明显，而且对改革的深入进行有着非常大的制约作用。我们常说，改革的过程其实就是一个待遇再调整的过程。在这个调整过程中。一些人的待遇势必受到影响，而另外一些人的待遇则有可能增加。这样就必然会出现既得待遇者与争取待遇者之间的矛盾与冲突。一些既得待遇者为了维护自己的既得待遇，或者反对进一步的改革，主张维持现有的待遇分配机制，从而逐渐成为进一步改革的阻力；或者借助现有的待遇优势，在支持改革的名义下，使改革进一步走向有利于自身待遇实现的发展方向。一些争取待遇者则对现有的待遇分配体制不满，他们希望尽快通过改革，建构新的更为合理的待遇分配体制，从而能够有效地增加自己的待遇。因此，如何合理地协调既得待遇者与争取待遇者之间的冲突，避免改革过程中出现“马太效应”和社会失衡，已经成为我们继续改革开放必须跨越的一道障碍。

第五，物质待遇与精神待遇之间的冲突日渐严重，使得实现物质待遇与精神待遇之间的协调空前急切。从本质上讲，物质待遇和精神待遇应该是现实的人的待遇不可缺少的两个方面，即使他们之间存在着某种矛盾，也应该统一在现实的人的实践活动之中。现实的人在获取其中某一方面待遇的过程同时也应该是获取另一方面待遇的过程。但是，在当代人类社会生活中，物质待遇和精神待遇被一些人视为两种性质完全不同的待遇，它们彼此之间原有的联系已经被割断，甚至有人把物质待遇与精神待遇置于对立的两极。有些人常常为了获取物质待遇而不得不牺牲掉精神待遇，从而沦为“没有灵魂的机器”［20世纪德国社会学家卡尔·曼海姆（Karl Mannheim）语］，抑或为了精神待遇就不得不放弃甚至牺牲某些物质待遇，从而使追求精神待遇的人不得不成为精神上的富翁、物质上的乞丐。当然，当今人类社会中物质待遇和精神待遇的冲突，则主要是由于人们片面地追求物质待遇而放弃或牺牲精神待遇所产生的冲突。当代人类社会中普遍出现的精神空虚、心态失衡、个性扭曲、道德沦丧、信仰缺失等现象就是这种物质待遇与精神待遇冲突的集中体现。但是，这并不是物质待遇与精神待遇冲突的唯一表现。实际上，物质待遇和精神待遇都是现实的人的待遇不可缺失的两个方面，任何片面地追求其中一方面而置另一方面于不顾的行为都会导致物质待遇和精神待遇的冲突，当人们把那种牺牲物质待遇而片面地追求精神待遇的行为奉为高尚的时候，就充分体现出了这种待遇冲突的另外一面。物质待遇和精神待遇的冲突并非始自今日，只不过是到了当代社会之后，随着人类获取物质待遇能力的急剧提高，人类在物质待遇获得极大满足的同时，精神待遇却极度贫乏，这种不平衡性使得物质待遇和精神待遇的冲突比起人类历史上任何时期都更为激烈和尖锐。就国内的情况来看，如果说改革开放以前，物质待遇和精神待遇的冲突并不明显的话，那么改革开放以后，人们在物质待遇获得快速满足的同时，精神待遇却面临着前所未有的危机，物质待遇和精神待遇的冲突也空前尖锐起来。

15.3 待遇冲突的根源

待遇冲突起源于人的待遇与待遇实现方式之间的矛盾，起源于制度安排的缺陷，它是人的待遇实现方式的不合理性所引起的不同的待遇主体在自身待遇的实现过程中彼此之间存在的待遇矛盾激化的结果，是人的待遇实现方式本身的内在缺陷所造成的。这些缺陷主要有以下三个层面的内容。

15.3.1 社会分工的固定化

社会分工是一种重要的社会现象，在人类社会生活中起着十分重要的作用。可以说，分工是联结人类社会各个层次、各个领域、各种活动的契机和枢纽。就其对人自身的作用而言，分工有助于提高每个人的专业知识、技能和技巧，从而有助于社会生产力水平的提高和社会劳动产品总量的增加，有助于人们待遇的实现。

而每个人个人的能力却是有限的，任何人都无法仅仅凭借自身有限的能力来满足自身需要的无限性，分工不仅能使每个人具有专门的技能，创造出专门的产品，而且能够使整个社会的不同个体相互协作，生产出多种多样的产品，从而满足人们的多种多样的需要，使人的多方面的待遇能够在更高的水平上得以实现。在人类历史发展的长河中，社会分工大致可以分为四个发展阶段：以地理自然和生理自然为基础的自然分工；从原始社会后期开始出现，存在于奴隶社会、封建社会、资本主义社会的自发分工；社会主义社会的半自觉分工；共产主义社会的自觉分工。在历史唯物主义看来，自发分工是造成人类社会不同待遇主体之间的待遇冲突的制度缺陷的基础性因素。所谓自发分工就是指具有固定专业划分的社会分工形式。在这种分工形式中，人们被迫长期从事社会总劳动中的一种劳动或者一件复杂工作中的一部分工作，而不能轮流或轮换从事各种劳动或工作。社会分工的固定化扩大了社会总体劳动的集体力，增加了待遇对象的供给总量，但是，分工却使任何人的待遇实现必须依靠整个社会的分工体系和分工制度。只有在一定的社会分工体制下，人们才能创造出劳动产品，人们所需要的待遇才能变为现实。待遇是社会地位的伴随物。一部分人由于在社会分工体系中处于有利的地位，他们不仅能够使自身的待遇实现起来容易又方便，而且在出现剩余产品的情况下还能获得某些特殊待遇；而另外一部分人则由于在社会分工体系中处于劣势地位而使得自身的待遇实现相对复杂和困难。因此，在自发分工的条件下，人们必然会因为在社会分工体系中所处的地位不同而出现待遇上的差异。如果人们的活动是交替进行的，社会分工体系中的不同地位能够为人们交替占有，那么人们在社会分工体系中由于所占地位不同而产生的待遇差异就会消失，人们之间的待遇冲突也就不可能发生。问题在于，分工的固定化使得一部分人永远占着社会分工体系中的有利地位，不断地享受着这种地位在现在和将来所提供的特殊便利和特殊待遇，从而形成了社会中的特权阶级；而另外一部分人则丧失了占有这种特殊待遇的机会和权利，沦为被剥夺的对象。这就从根本上决定了在自发分工的条件下，人们必然会为争夺有利的社会地位而彼此之间发生激烈的冲突，从而使不同待遇主体之间的待遇矛盾必然演化为激烈的待遇冲突。为了获得特殊待遇，人们要么为了得到有力的社会地位极尽钻营之能事，丧失人格，沦为地位的奴隶；要么采取极端的方式使整个社会的地位彻底进行重新分配，这就是我们所说的革命。我们从奴隶社会、封建社会以及资本主义社会中不断凸显的待遇冲突中不难发现

这一点。为了更好地实现人们的待遇，人们采取了分工固定化的模式，但是，正是这种社会分工固定化模式的内在缺陷，使得人们在自身待遇实现的过程中彼此之间发生待遇冲突成为可能，这显然不是由某一个人的品德、欲望等诸多此类的主观因素所能决定的和所能解释的。

15.3.2 直接参与权的丧失

在人类历史的发展过程中，分工不仅使物质活动和精神活动、享受和劳动、生产者和消费者由各种不同的人来分担这种情况成为可能，而且成为现实。在这种情况下，一方面，人们的生产并不直接就是为了自身的消费，在许多情况下，人们必须通过交换才能满足自身的需要，生产与消费之间存在着以交换为中介的环节。这不仅意味着人们丧失了对所生产的产品的部分参与权，而且意味着处于不同生产领域中的人们丧失了对其他产品的参与权。他人生产什么，如何生产，对于在社会分工体系中承担其他具体工作的人们而言，是没有直接的参与权的。一种产品一旦生产出来，那么它如何实现自身的价值，如何被他人所消费或者享用，对产品的生产者来说是一个与己无关的事情，人们往往只是为了交换而生产。另一方面，一些人开始脱离具体直接的生产劳动，专门担任一定的公职，从事社会的组织、管理等与共同待遇直接相关的活动，其他绝大多数的人则逐渐丧失了对共同待遇的直接参与权，于是，这些共同待遇便立刻作为个人待遇的对立面而与个人待遇相冲突。作为共同待遇，本质上是和共同体内每个成员的个人待遇是一致的，但是，对共同待遇的直接参与权却逐渐被共同待遇的具体承担者所垄断，而共同体内部的大多数成员则丧失了对共同待遇的直接参与权，有时甚至连间接的参与权也丧失了，共同待遇也由此沦为一种特殊待遇并与个人待遇相冲突。分工的固定化与参与权的丧失是一个过程的两个方面。如果说分工的固定化虽然使人们在实现各自待遇的过程中不可避免地产生对立，但是在某种意义上它还能够使社会中最重要的职位由最合格的人来承担的话，那么由于参与权的丧失，人们失去了彼此之间的沟通以及对共同待遇实现的监督和制衡的权力和机会，人们之间的待遇冲突就不可避免了。别人生产什么，如何生产，生产出来的产品又如何分配等等，所有这些对于自己来说，是无法直接参与和沟通的，每个人只是为交换而生产，甚至连共同待遇的生产和分配的权力也被一部分人垄断了。如此一

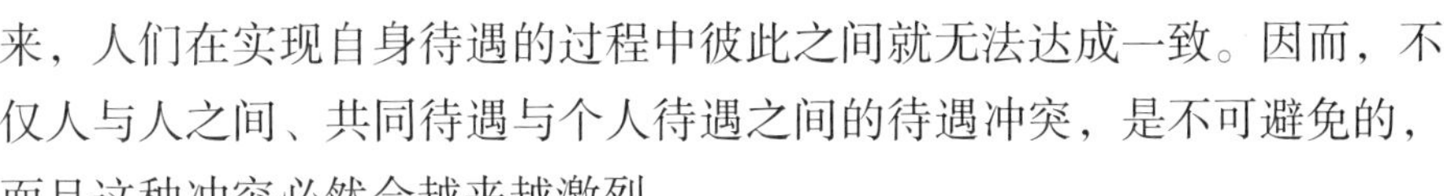

来，人们在实现自身待遇的过程中彼此之间就无法达成一致。因而，不仅人与人之间、共同待遇与个人待遇之间的待遇冲突，是不可避免的，而且这种冲突必然会越来越激烈。

15.3.3 待遇分配不合理

人是社会的人，人们通过劳动所创造出来的待遇对象必须通过社会分配才能最终为人们所享有。可以说，与人的待遇实现关系最为直接的环节就是待遇的分配。人们最终所享有的待遇对象的多寡直接取决于社会分配给个人的待遇对象的多少。正因为如此，把待遇冲突的根源归之于待遇分配是否平等就成了许多思想家的共同观点。早在中国先秦时期，儒家思想的创始人孔子就曾经指出："闻有国有家者，不患寡而患不均，不患贫而患不安。盖均无贫，和无寡，安无倾。"当代美国社会学家乔纳森·H. 特纳（Jonathan H. Turner）在他的《社会学理论的结构》一书中，通过对现代西方社会学中的许多冲突理论的分析之后也指出："冲突理论强调不平等是冲突的最终根源。"需要指出的是，虽然对于大多数人来说，待遇分配是否平等最为直接的就是人们最终所占有的待遇对象是否均等，但是，正如我们在前面指出的那样，待遇对象是在一定的生产过程中并通过一定的分配方式才为人们所享用的，一个人所能获得的待遇在产品分配之前已经由人们在社会生产和分配体制中所占的地位预先决定了，因此，人们所占有的待遇对象是否均等其实只是待遇生产和分配体制是否合理的外在表现形式和结果，待遇生产和分配制度的不合理才是人类社会中待遇冲突的真正根源。这显然和一般思想家把待遇分配不公仅仅理解为人们所占有的待遇对象不均存在着一定的差异。例如，中国古代思想家在大多数情况下就把待遇分配不公等同于待遇对象分配不均等，这一点对广大民众的思想和行为也产生了极为深远的影响。我们知道，以"均贫富"为核心的平均主义思想，始终是贯穿中国封建社会农民起义的一根主线。但是，由于人们把贫富不均仅仅归于占有待遇对象的不均等，而不是归于待遇生产和分配制度的不合理，更不是关于待遇生产方式的不合理，因此，历代的农民起义几乎都是以争夺待遇对象为目的而没有触及待遇生产和分配制度本身。如此一来，经过激烈的农民起义，人们虽然在待遇对象的占有上暂时达到了某种均等，但是产生不均等的生产机制却原封不动地保存了下来，并在新

的条件下得以重生和发展，其结果必然是出现新的不均等，于是经过一定的时间之后，又出现新的农民起义。如此循环，形成了天下大事合久必分、分久必合的历史怪圈。直到今天，把分配不公仅仅等同于待遇对象的占有不均而非分配制度不合理的人员不在少数，追求对待遇对象的平均占有仍然是许多人心目中不可动摇的理想之一。从人类历史的进程来看，待遇分配制度的建立的最初功能，是为了协调人们之间的无序的待遇冲突，保护人们的劳动所得。但是，由于自发分工的存在和参与权的丧失，待遇分配制度在事实上保护了特权阶级的既得待遇，因而，这种分配制度本身存在着某种缺陷。正是这种内在缺陷，才引发了人们占有待遇对象的不均等和不合理性，才引起了待遇冲突。

总之，待遇冲突根源于人类社会待遇实现方式本身的内在缺陷。这些缺陷首先是分工的固定化，其次是直接参与权的丧失，再次是待遇分配的不合理。分工的固定化是这些制度缺陷中的基础性层面。由于分工，一些人占据了有利于自身待遇实现并获取特殊待遇的优势地位，分工的固定化使得这种优势地位固定化，从而为一些人谋取特殊待遇提供了客观便利；而一些在社会分工中处于劣势地位的人则由于这种固定化丧失了通过占有优势地位获取特殊待遇的权利。由于分工的固定化，人们失去了对他人生产和共同待遇生产的直接参与权，这使得人们不仅失去了参与其他待遇生产和分配领域的权利和机会，而且也失去了对处于优势地位的人获取待遇的行为进行有效监督的可能性，从而使处于优势地位的人获取特殊待遇不仅成为可能，而且成为现实。在自发分工和人们参与权丧失的基础上，待遇分配的不合理也就势在必然了。待遇分配不合理事实上只是分工固定化和参与权丧失的结果，只是前两个层面上的制度缺陷的外在表现罢了。

15.4 待遇冲突的展开

如果说待遇冲突的历史发展是指待遇冲突随着人类历史的演进而表现出来的纵向过程的话，那么待遇冲突的展开过程则是指待遇冲突如何从较不激烈到激烈、从局部到整体、从某一方面到多方面的横向展开过程。可以说，待遇冲突的展开过程就是待遇冲突的升级过程。概括起来，这种升级过程一般是在两种意义上展开的：一种是指待遇冲突在激烈程度上的展开过程，即待遇冲突从起点到激烈对抗的强度展开过程；另一种是指待遇冲突在层次上的展开过程，即待遇冲突从某一方面扩展到其他各方面，从某一层次扩展到其他层次的展开过程。当然，在现实待遇冲突的展开过程中，待遇冲突的强度展开与待遇冲突的层次展开并不是截然分离甚至截然对立的，相反，它们之间往往相互缠绕，相互交织，表现为一个过程的两个方面。就此而言，我们对待遇冲突展开的两种划分仅仅具有理论上的意义。

15.4.1 待遇冲突的强度展开

19世纪德国社会学家格奥尔格·齐美尔（Georg Simmel）指出，冲突本身就是一个表明不同强度和刺激性的变量，这一变量的连续统一体的两极分别是“竞争”和“搏斗”。竞争是指当事人双方互相排斥的努力，搏斗则意味着当事人之间直接的行为对抗。如果当事人双方是国家的话，那么这种搏斗就是战争。应该说，格奥尔格·齐美尔的这个观点比较准确地揭示了待遇冲突在冲突强度上的展开过程。当然，格奥尔格·齐美尔本人并没有就此过程进行详细的阐述，但是，他把冲突看做是一个过程、一个变量的观点确实激起了许多争论。这里涉及到的一个核心问题就是：这个过程有哪些阶段？换句话说，这个过程的起点是什么？终点又是什么？实际上，这就涉及到了什么是冲突、什么不是冲突的问题，即冲突的概念是什么的问题。冲突是对立双方之间的矛盾继续趋于激烈所表现出来的一种对抗性的互动过程。在这里，对立双方之间的待遇矛盾是冲突的起点，而行为对抗或者说暴力冲突则是待遇冲突的高级形式和最后形式。这样，待遇冲突在冲突程度上的展开过程就是一个从待遇矛盾到暴力对抗的过程。待遇冲突一般首先表现为两个或两个以上的待遇主体对各自目标或多或少的不相容的确认；其次表现为一个待遇主体的要求和行动构成对另一个待遇主体的待遇威胁；最后表现为一个待遇主体为了保护自身的待遇，抵制他方待遇要求，而采取一定的敌对行为。这三个阶段基本上概括了待遇冲突从矛盾到对抗的三个依次渐进的阶段：对峙阶段、威胁阶段和暴力对抗阶段。

（1）对峙阶段

这是待遇冲突在强度上展开的起始阶段，它是待遇双方在获取待遇的过程中彼此之间所出现的对立态势。待遇对立基于待遇差别。在原始社会后期，正是邻人的财富刺激了各民族的贪欲，从而使以掠夺为主的战争成了一种经常性的行为。但是，待遇差别并不等于待遇对立，待遇差别只是待遇对立的基础和必要条件，而非充分条件。在某些情况下，待遇主体之间的待遇差别并不必然会引起彼此之间的对立。只有当待遇的一方对这种差异不认同时，对立才会出现。就此而言，待遇双方的对峙首先应该是双方对彼此之间待遇差异的互不相容的确认。当然，这种待遇差异并不是指待遇双方各自追求的待遇目标、待遇对象有所不同。实际上，如果说某一待遇目标仅仅是某一特定待遇主体追求的目标，而不是其他主体所追求的待遇目标，那么他们之间是决不会产生待遇对立的，而当两个或者两个以上的待遇主体追求同一个待遇目标时，彼此之间才会产生对立。就此而言，待遇对立，包括后来继续展开的待遇冲突并不是人们通常所认为的那样，是人们所追求的待遇目标不同而造成的，而恰恰是人们所追求的待遇目标相同所造成的。当然，如果有所不同的话，那就是人们对同一待遇目标的归属权具有不相容的确认，只有这种意义上的不同和差异，才能使人们在追求待遇的过程中彼此之间形成对立，甚至冲突。不仅如此，人们在追求自身待遇的实现过程，既不认同彼此之间的待遇差别，也不认同他人对同一待遇目标的所属权。如果某一待遇目标对于不同的待遇主体不具有普遍性，并且无法在不同的待遇主体之间转移的话，那么人们在追求自身待遇实现的过程中也不会产生对立。因此，待遇对立的形成还必须具有另一个条件：待遇对象可以在人们之间相互转移。冲突不仅由于人们对待遇目标归属权的互不相容的确认，而且由于待遇对象本身可以在不同的待遇主体之间转移。因此，现实生活中，人们之间的待遇之所以常常会彼此对立，一个重要的原因就在于，某一待遇主体的待遇对象同时又可以是另一主体的待遇对象，待遇对象可以在不同的待遇主体之间转移。正是从此出发，如何使人们之间的待遇对象有序转移和保持人们对待遇对象的所有权的稳定，就成了解决人们之间待遇冲突的关键所在。问题在于，在社会现实生活中，这一愿望并不是总能实现的，人们对于彼此之间的待遇差别以及对同一待遇对象的归属权的不认同并不总是能够和平解决的，人们之间的

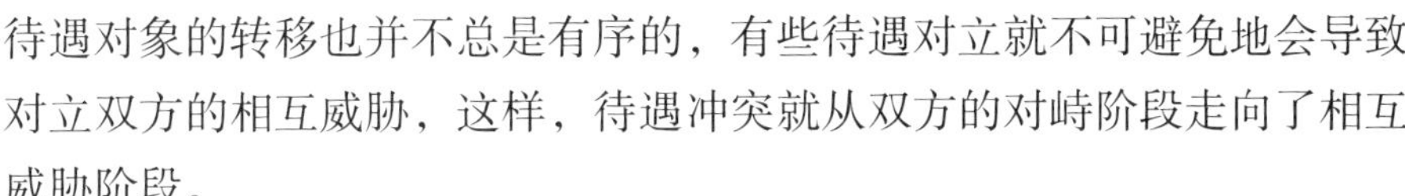

待遇对象的转移也并不总是有序的，有些待遇对立就不可避免地会导致对立双方的相互威胁，这样，待遇冲突就从双方的对峙阶段走向了相互威胁阶段。

（2）威胁阶段

威胁阶段是对峙阶段的进一步升级，是一方待遇主体的要求和行为对另一方构成直接威胁的阶段，是一方通过显示实力、声明、通牒等方式恐吓对方，促使对方让步的阶段。在对峙阶段，待遇双方只是在追求自身待遇的过程中出现了彼此对待遇差别和待遇对象归属权的不认同，这时，一方的待遇要求与行为还没有对另一方构成直接的威胁，也就是说，还没有对另一方的待遇要求和行为表示出明确的不满，更没有表现出一种要采取一定的方式来改变彼此之间的待遇对峙的态势。与对峙阶段不同，在威胁阶段，情况发生了变化，对立中的一方不仅表现出对另一方的待遇要求和待遇行为的明确不满，表现出对待遇差别和他人待遇对象所有权的不满和愤怒，而且通过采取一定的语言或者行动方式表现出了要求改变现状的态势。在这一阶段，一方的待遇追求已经对另一方的待遇构成了直接的威胁。一般来说，言语威胁和行为威胁是人们在待遇冲突中通常所采用的两种主要的威胁手段。所谓言语威胁就是通过运用语言的手段表明自己追求待遇的决心以及对方争取待遇可能会产生的不良后果，从而使对方做出让步，使自己的待遇得以顺利实现。政治战、心理战、宣传战就是这种手段的具体体现。所谓行为威胁就是通过具体的行动，显示自己争取待遇的实力，从而使对方充分意识到如果不作出让步的话将面临强制性打击的后果。例如游行、示威就是工人对资本家在待遇冲突中所采取的一种行为威胁。与此相似的还有罢工等。通常情况下，这两种手段虽然在威胁的程度上存在某种差异，但是，它们往往是被结合在一起使用的。言语威胁如果没有行为威胁做后盾就会苍白无力，行为威胁如果不配合语言威胁同样无法达到威胁之目的。当然，行为威胁并不就是行为冲突，而是对立的一方对自己行为的一种调整和升级。只有当威胁无效时，待遇冲突才会升级到双方的暴力对抗。

（3）暴力对抗阶段

暴力对抗阶段是待遇冲突的最高级阶段，是待遇冲突的最高体现，是待遇对立各方为了争取自身待遇的实现而发生的直接行为接触、行为互动，是一方对另一方争取待遇行为的强制性限制，是一方剥夺、控制、伤害或者消灭另一方的直接行为对抗。真正的暴力对抗是一场战斗，其目标是限制、压制、消灭，否则将受到对方的伤害。对于个体之间的待遇冲突而言，这种暴力对抗可能仅仅是一场身体冲撞、扭打，甚至是肉体的消灭；而对于集团之间、国家之间的冲突而言，暴力对抗就是械斗、武装冲突或者战争。纵观人类文明的发展史，我们可以清楚地看到，人类的文明进程始终伴随着血与火的洗礼，战争像文明的影子一样追随在人类左右。虽然每一次战争都具有不同的历史条件、不同的战争结局、不同的具体原因、不同的历史人物，但是，就其实质而言，任何战争都源于敌对双方的待遇上的冲突，是敌对双方为了争夺待遇而进行的暴力对抗活动，是敌对双方待遇冲突不断升级的最高表现形式。古希腊有一个关于“金苹果”的神话传说，在这个神话传说中，阿尔戈英雄珀琉斯（Peleus）同海中女神忒提斯（Thetis）结婚时大宴宾客，奥林匹斯山上的诸神都被请去参加，唯独没有邀请不和女神厄里斯（Eris）。为了报复，厄里斯在婚宴之际把一个金苹果扔在了宴席上。金苹果引起了天后赫拉（Hera）、智慧女神雅典娜（Athena）和爱神阿芙罗狄蒂（Aphrodite）之间的争端。为了得到金苹果，她们在请牧童帕里斯进行裁决时分别许给帕里斯不同的好处。其中爱神阿芙罗狄蒂许他得到最美的女子为妻，帕里斯愿意得到美女，就把金苹果断给了阿芙罗狄蒂。后来，阿芙罗狄蒂帮助帕里斯引诱斯巴达王的妻子海伦（Helen）弃家私奔到特洛伊。斯巴达人为了夺回海伦发动了特洛伊战争，围困特洛伊城达10年之久，最后用木马计攻陷了特洛伊城。在这里，“金苹果”就成了引起斯巴达和特洛伊之间战争的罪魁祸首。如果说古希腊神话中只是隐约透露出了一定的待遇争夺是战争爆发的诱因的话，那么，在后来公元前4世纪古希腊历史学家修昔底德（Thucydides）所著的《伯罗奔尼撒战争史》中，修昔底德则比较明确地把战争看作是斯巴达人与雅典人所代表的待遇冲突的最高表现形式，是他们双方待遇冲突不断升级的结果。这一点，在战争历史的研究中也一再为人们所提及。

值得注意的是，待遇冲突在强度上的展开过程并不是必然的，也就是说，待遇对立并不必然会导致相互威胁、导致彼此之间的暴力对抗，待遇冲突的升级并不是必然的，而是有条件的。事实上，从待遇对立到暴力对抗是一个双向互动的过程。待遇冲突的升级过程是对立双方相互作用的一种正反馈过程。一方的敌对行为引起另一方的反行动，作为一个正反馈信号重新输送回来，从而成为下一轮、下一个阶段冲突升级的新起点。如果一方的敌对行为使另一方屈服，那么，待遇冲突就无法升级；如果敌对双方由于种种原因而相互妥协，同样，待遇冲突也很难升级。那种以为只要有待遇对立的就必然导致暴力冲突的想法片面地扩大了待遇冲突升级的可能性，把这种升级的可能性当成了必然性。在格奥尔格·齐美尔看来，冲突的升级或者冲突强度的增加是与以下三个方面的条件密切相关的：以冲突双方投入的感情越大，冲突就可能越激烈；冲突群体成员对冲突的理解超出个人目标和待遇的程度越大，冲突就越可能更加激烈；冲突越是作为一种达到清楚规定的目标的手段，冲突激烈的可能性就越小。应该说，齐美尔的论述不乏精彩之处，尤其是他研究待遇冲突升级的相关条件的努力，给我们控制待遇冲突升级指明了一个方向。长期以来，对待遇冲突升级的相关条件缺乏深入研究，一直是我们待遇冲突研究流于空泛的重要原因之一。当然，齐美尔所揭示的三个相关条件是值得进一步深究的。例如，他认为，冲突双方的待遇目标表达得越清楚，冲突就越有可能被当成达到目标的手段之一，在这种情况下，冲突激烈化的可能性就会减小。我们认为，冲突的升级并不完全与冲突双方的待遇表达是否清楚有关，即使有某种关系，这种关系也不会太大，应该说，冲突的升级与冲突双方所表达的待遇要求能否为双方所接受密切相关。如果说，一方的待遇要求大大超出了另一方所能接受的限度，双方的冲突也会升级。

15.4.2 待遇冲突的层次展开

管子说过：“仓廪实则知礼节，衣食足则知荣辱。”人的需要存在着高低不同的层次，它们依次渐进，在满足低一层次的需要之后，又会产生新的高一级的需要。马克思主义的创始人把人的需要分为三个层次：生存需要、享受需要和发展需要。生存需要是人为了维持自身的存在而产生的需要。生存的需要是人的需要中最基本、最强烈、最明显的需要，也是人们最低级的需要。享受的需要包括了生存的需要，但不仅仅是生存的需要，因为在生存需要得到满足的情况下，人们还会对生活的品质提出更高的要求。恩格斯在《致彼·拉·拉甫罗夫》的信中就明确表示同意拉普罗夫的“人不仅为生存而斗争，而且为享受、为增加自己的享受而斗争”的提法，并且认为“人类的生产在一定的阶段上会达到这样的高度：能够不仅生产生活必需品，而且生产奢侈品，即使最初只是为少数人生产。这样，生存斗争——我们暂时假定这个范畴在这里是有效的——就变成为享受而斗争”。享受的需要包含物质和精神两个方面的内容，随着生活的发展，精神享受在人的享受中所占的比重越来越大。除了享受的需要外，人还有发展的需要。发展的需要是人对自身各方面才能能够不断增长的需要。是对自身的潜能能够不断得到发挥的需要。20世纪美国心理学家亚伯拉罕·马斯洛（Abraham H. Maslow）运用心理学的研究成果对个体的人的需要层次进行了较为系统的阐述。他把人的基本需要分为七个层次：生理需要、安全需要、归属和爱的需要、尊重的需要、认知需要、审美需要和自我实现的需要。他认为，当人的生理需要得到满足之后，其他（高一级的）需要就立刻出现了，并且主宰生物体的是它们，而不是生理上的饥饿。而当这些需要也得到满足之后，新的（更高一级的）需要就又会出现。以此类推，应该说人的需要的确具有层次性，并且，低级层次需要的满足是高级层次需要满足的基础和根本，低级层次需要满足之后，就会有新的更高层次的需要出现。就此而言，马斯洛关于人的需要由低到高依次递进的思想符合人的需要的发展规律，这对于我们了解人的需要，并根据人的需要进行科学的行为管理无疑具有重要的启发意义。但是，马斯洛的需要层次理论主要是针对个体的行为而言的，是从个体行为发生的角度来了解、研究人的需要的，在马斯洛看来只是一种心理现象。但是，事实上，人的需要并不仅仅是一个心理学问题。与马斯洛的需要层次理论不同，马克思主义的需要层次理论更侧重于从社会历史的角度来研究人的需要。就此而言，马斯洛的需要层次理论并不能代替马克思主义的需要层次理论。当然，这并不意味着它们两者之间没有共通之处。实际上马斯洛和马克思主义对需要层次的划分基本上是一致的。马斯洛的所谓生理需要、安全需要其实就是马克思主义所指的生存需要，而后面的几种需要就属于享受需要和发展需要的内容。所以，吸收马斯洛需要层次理论的合理成分无疑是发展马克思主义需要层次理论的题中应有之义。与人的需要具有层次性相适应，人的待遇也可分为三个层次：生存方面的待遇、享受方面的待遇和发展方面的待遇。对于现实生活中的人来说，生存方面的待遇当然是最基本的待遇，其次是享受方面的待遇，最后才是发展方面的待遇。如果人的生存方面的待遇无法实现，那么，享受方面的待遇、发

展方面的待遇就无从谈起。而生存方面的待遇得到实现之后，人们就会继续争取享受方面和发展方面的待遇。人的待遇实现的层次性，使得人类社会中的待遇冲突也存在着一个由低到高渐次展开的过程。一般来说这个展开的过程也可以分为三个层次：生存方面的待遇冲突、享受方面的待遇冲突和发展方面的待遇冲突。

（1）生存方面的待遇冲突

这是待遇主体为了满足自身的生存需要、实现自身在生存方面的待遇而与其他待遇主体之间发生的冲突，是待遇主体为了维持自身的生命存在而做出的努力。生存方面的待遇冲突既包括人为了获得维持自身生命存在所必需的物质资料（即满足自身基本生理需要的物质资料）而与其他主体发生的冲突，也包括人为了维持自身的生命安全而与其他主体发生的冲突，即基本生理需要方面的待遇冲突和安全方面的待遇冲突。马克思说过：“一切人类生存的第一个前提，也就是一切历史的第一个前提，这个前提是：人们为了能够‘创造历史’，必须能够生活。但是为了生活，首先就需要吃喝住穿以及其他一些东西。”人作为一个生命体，他的存在必然以消耗一定的外物、一定的能量为前提，只有在自身的一些基本的生理需要得到满足之后，人才能生存。虽然某些纯动物性的生理需要也部分地为人所具有，但是，人的基本生理需要与动物的生理需要有着本质的不同。人的基本生理需要，是一种社会性的需要，也是必须在社会活动中才能得到满足的需要。在一定的社会历史条件下，由于自发分工的存在，人在满足自身基本生理需要的过程中，在实现自身基本生理需要方面的待遇时，不可避免地会和其他待遇主体发生矛盾和冲突，一些人的基本生理需要的满足会受到其他待遇主体实现其自身待遇的直接威胁。这种层面上的待遇冲突在人类生产力水平低下，物质资料极端匮乏的情况下屡见不鲜。除此之外，人类社会中的生存待遇冲突还表现在人的生命安全直接面临着其他人、其他社会力量的威胁，表现在人直接为了自身的生命安全而与其他待遇主体发生冲突。例如，在秦末农民大起义中，陈胜、吴广等人起初是被征去戍守渔阳的，当他们行至大泽乡时，“会天大雨，道不通，度已失期。失期，法皆斩。陈胜、吴广乃谋曰：‘今亡亦死，举大计亦死，等死，死国可乎？’”显然，陈胜、吴广等人的生命安全直接受到了威胁，这是他们揭竿而起，伐无道、诛暴秦，与秦王朝之间展开激烈对抗的直接动机。总之，马克

思曾经说过："全部人类历史的第一个前提无疑是有生命的个人的存在。"离开了有生命的个人的存在，任何历史都将荡然无存。维持人自身的生命存在是人的根本待遇所在，是人类历史得以延续的根基。当人的生存受到威胁时，活下去的需要将压倒其他一切需要，人将会为了生存而竭尽全力，由此而发生的待遇冲突的激烈程度将是其他层面上的待遇冲突所无法比拟的，是人类社会所有冲突中最为激烈的冲突。生存方面的待遇实现是享受方面的待遇冲突和发展方面的待遇冲突的基础，只有在生存方面的待遇冲突得到解决的基础上，才会有享受方面的待遇冲突和发展方面的待遇冲突的渐次展开。

（2）享受方面的待遇冲突

这是待遇主体为了实现自身在享受方面的待遇而与其他待遇主体之间发生的冲突，是在人的生存待遇得到实现的基础上展开的高一级的待遇冲突。在这里，应当指出的是，享受需要是人正常合理的需要，是人的生存需要得到满足之后的更高层次的需要。人不仅满足于要活下去，满足于吃饱穿暖，而且在物质生活条件允许的情况下，还会对生活品质提出更高要求，需要吃好、穿好，需要活得更好。这样，就如恩格斯在《致彼·拉·拉甫罗夫》的信中所说的那样："人类的生产在一定的阶段上会达到这样的高度：能够不仅生产生活必需品，而且生产奢侈品，即使最初只是为少数人生产。这样，生存斗争——我们暂时假定这个范畴在这里是有效的——就变成为享受而斗争。"就此而言，为了自身享受方面的待遇实现而与其他待遇主体发生冲突是社会进步的表现，是社会生产力水平提高的表现，是人类社会待遇冲突进一步展开的历史必然，而不是什么羞于见人的丑恶动机或者资产阶级思想作怪。在很长一段时间内，我们把"享受"当成了资产阶级生活方式的同义语，讳言享受，更不会为了享受方面的待遇而与其他待遇主体发生冲突，从而把享受拱手让给了富人，似乎只有富人才能享受，而普通民众则注定了要过只予不取的"苦行僧"式的生活才算是正常的。这显然既不符合马克思、恩格斯的本意，也有违于人类历史的发展。当然，我们认为，享受不是富人的特权，但是，我们所追求的享受并不就是一种过度的享受，而是一种正常的享受。正常的享受是对自身劳动成果的享用，它和我们所强调的艰苦奋斗并不矛盾，而是一致的，从本质上讲，它是有利于人们身心健康和社会协调进步的。从中国当前的情况来看，随着人们物质

文化生活水平的提高，生存方面的待遇冲突已经基本上不再是待遇冲突的主要内容，而享受方面的待遇冲突和发展方面的待遇冲突正逐渐上升为当前和今后待遇冲突的主要内容。如果我们仍然停留在过去，把待遇冲突仍然仅仅理解为生存方面的待遇冲突，显然已经远远落后于时代的发展了。在今天，仍然要求人们满足于基本的生存待遇的实现，而不要去追求享受和发展方面的待遇，已经没有太大的市场了。当然，与人们在生存方面的待遇冲突相比，人们在享受方面的待遇冲突的激烈程度已经大为降低，也就是说，人们在享受方面的待遇冲突与人们在生存方面的待遇冲突相比，在冲突的程度上已经大为缓和了。当人们的生存待遇受到威胁时，人们往往会采取更为激烈的冲突方式，而当人们在享受方面的待遇受到威胁和冲击时，他们更倾向于采取妥协、退让的方式。当代社会劳资冲突之所以缓和，一个重要的原因在于这种冲突并不是在生存的层面上进行的。随着社会生产力水平的提高，富人在获得巨额利润的同时，穷人的实际生活状况也在改善，生存问题已经大大缓和了。

（3）发展方面的待遇冲突

这是待遇主体为了满足自身的发展需要，实现自身在发展方面的待遇而与其他待遇主体之间发生的矛盾和冲突，是不同的待遇主体对有利于自身发展的社会地位的争夺。与动物不同，人是一种未完成的存在，人具有未完成性。人是怎样的，并不是像动物一样更多的是先天决定了的，而是后天发展起来的。每一种动物都只能生活在一个或多或少是由它们的天生结构完全决定的世界中，这是一个封闭的世界，它的种种可能性仿佛已由动物自己的结构安排好了。而与动物形成对比，人在本质上是不确定的。就是说，人的生活并不遵循一个预先建立的进程，而大自然似乎只做完一半就让路了。大自然把另一半留给人自己去完成。因此，人除了具有生存和享受方面的需要之外，人还具有发展方面的需要，具有成长、完善自我和发挥潜能的需要。用马斯洛的话来说，就是自我实现的需要。在马斯洛看来，当一个人对爱和尊重的需要得到合理满足之后，他的自我实现的需要就出现了。也就是说，一个人的生存需要和享受需要得到满足之后，发展的需要也会随之出现，发展的需要是人的高层次的需要。发展的需要不仅包括人的体力和智力等各方面不断成长的需要，而且也包括人的创造和超越的需要。我们认为，如果说人的能力中有先天遗传因素的话，那么，这种遗传因素的作用也是十分有

限的，人就其本质而言，具有未完成性，人的体力和智力以及其他各方面的能力，并不仅仅是先天遗传而来的，更为主要的是在后天发展起来的。只有通过后天的学习和受教育，通过现实的实践活动，人的各方面的能力才能成长起来，从一种潜能变为现实的力量，才能在不断的创造中实现对自我的超越，人才能不断地发展。创造和超越是人发展的本质所在。人们参加各种各样的体育活动，创造出一个又一个纪录，又一次次打破这些纪录，就是人的能力不断发展的最直接也是最典型的体现。人的能力的成长以及能力的实现并不是单纯的个人意志的自我满足，它必须借助于一定的外部条件，借助于一定的物质条件才能达成。简单地说，就是要有学习和受教育的条件，要有发挥自我能力的社会舞台。但是，在自发分工占统治地位的现实生活中，每个人所面对的受教育的环境和条件是各不相同的，每个人发挥自身能力的社会舞台也是有很大差异的。在相当长的一段历史时期内，受教育只是某些人的特权。对于生活在现实生活中的人而言，即便人人平等已经成为社会的主流意识，但是，平等的发展条件、公平的发展机遇仍然是人们梦寐以求的壮丽日出。因此，同人们获取自身在生存方面的待遇和享受方面的待遇一样，人们在实现自身发展方面待遇的过程中，彼此之间的矛盾和冲突仍然不可避免。在自发分工的条件下，这种冲突主要就是人们对有利于自身发展的社会地位的争夺，是对接受教育和再教育的机会和条件，以及实现自身才能的社会舞台的争夺。一般说来，人们在实现自我发展过程中所发生的冲突的激烈程度是远远低于人们为生存而做的抗争的，这种冲突一般说来也是比较缓和的。当然，这并不排除有时人们在发展方面的待遇冲突也会非常激烈，尤其当人们对社会所提供的发展机会、发展条件感到极度不公时，激烈冲突的可能性更大。

例如，在无产阶级与资产阶级的斗争中，无产阶级与资产阶级待遇冲突就存在一个从经济待遇冲突到政治待遇冲突，再到思想文化待遇冲突的展开过程。由于这一点在我们以往研究阶级斗争的许多论著中，包括许多教材书中都有详尽的论述，故在此不再赘言。

15.5 待遇冲突的形式

研究待遇冲突、必然要考察待遇冲突的形式。在现实生活中存在着形形色色、各式各样的待遇冲突。长期以来，我们习惯于从待遇对象的角度来对待遇冲突的形式进行划分，似乎待遇本身就能相互冲突。事实上，待遇本身并不具有能动性，待遇本身并不能自己发生冲突，待遇冲突是待遇主体在追求自身待遇实现的过程中彼此之间发生的冲突。

由此出发，我们认为，待遇冲突的形式主要可以从待遇主体、待遇对象以及待遇冲突的性质三个层面来把握，从而可以把待遇冲突的形式划分为：不同待遇主体在实现自身待遇的过程中彼此之间发生的冲突、同一待遇主体在实现不同的待遇时所存在和发生的冲突以及不同性质的待遇冲突，即构成形式、表现形式和类型。我们通常所说的个人待遇与各种各样的共同待遇之间、个人待遇与个人待遇之间、各种各样的共同待遇之间的冲突。如：个人待遇、集体待遇、国家待遇、阶级待遇、民族待遇、社会待遇、人类待遇之间以及个人之间、集体之间、国家之间、民族之间、阶级之间的待遇冲突，以及既得待遇者与争取待遇者之间的待遇冲突，都是指不同的待遇主体在实现自身待遇的过程中所发生的冲突，即待遇冲突的构成形式。而所谓的眼前待遇与长远待遇之间、根本待遇与非根本待遇之间、整体待遇与局部待遇之间、物质待遇与精神待遇之间，甚至政治待遇、经济待遇与文化待遇三者之间的矛盾和冲突则是指同一待遇主体的各方面待遇无法同时实现的冲突，是待遇冲突的表现形式。至于对抗性待遇冲突、非对抗性待遇冲突则是根据待遇冲突双方的根本待遇是否具有对抗性质而划分的两种不同类型的待遇冲突。

15.5.1 待遇冲突的构成形式

所谓待遇冲突的构成形式，就是指人在实现自身待遇的过程中彼此之间所存在的待遇冲突形式。当然，这里所说的人既不是黑格尔哲学观念中的人，也不是19世纪德国哲学家路德维希·安德列斯·费尔巴哈

（Ludwig Andreas Feuerbach）所设定的抽象的人，而是现实的人，是从事实际活动的人。虽然，全部人类历史的第一个前提无疑是有生命的个人的存在待遇，但是，在人类社会中，任何个人都不是作为单独的孤立的个人存在的，他们在获取生活资料的过程中，在实现自身待遇的过程中不可避免地要与他人结成一定的社会关系，形成一定形式的共同体。因而，个人是社会中的人，是属于一定共同体的个人。在阶级社会中，个人是一定阶级的人，是作为阶级的成员处于各种社会关系中的人。在自发分工条件下，这些不同性质、不同层面的共同体都有其相对的共同待遇，都是现实待遇主体。这样，在自发分工占统治地位的社会中，虽然个人是待遇主体的最基本的单位，是最小的待遇主体，但是个人并不是唯一的待遇主体，家庭、阶级、民族、国家、社会整体等不同形式的共同体都是处于不同层次上的待遇主体，除此之外，如各企事业单位、工会、俱乐部等各种社团，也都是一定意义上的待遇主体。因此，在现实社会中，待遇冲突就不仅仅只有个人之间的待遇冲突这种单一的构成形式，而是一个由纵向的个人、集体、国家、民族、人类社会等不同层次的待遇主体在追求各自待遇过程中所发生的待遇冲突，与横向的个人之间、集体之间、阶级之间、国家之间、民族之间在实现自身待遇的过程中所发生的冲突所构成的立体的待遇冲突网络。下面我们将分别从纵向构成和横向构成两个层面对待遇冲突的形式进行一些探析。

（1）待遇冲突的纵向构成

在现实社会中，待遇的主体是多种多样的，根据主体的集合特征、民族特征、阶级特征、生理特征、职业特征、地域特征、文化特征等等，可以把待遇主体划分为多种不同的类别。如果按照待遇主体的集合特征来划分，主体就可以划分为个人、群体和社会整体三个最为基本的层次。待遇冲突的纵向构成就是指这三个不同层次的主体在实现自身待遇的过程中，彼此之间所发生的冲突。它既包括我们通常所说的个人待遇与群体待遇之间的冲突，也包括个人待遇与社会整体待遇之间的冲突，同时也包括群体待遇与社会整体待遇之间的冲突。群体待遇的表现形式是多种多样的，其中有几种群体待遇是极为重要的，它们在人类社会的现实生活中占有极为重要的地位。这些群体待遇就是：集体待遇、阶级待遇、民族待遇和国家待遇。在这里，集体待遇是一种特殊的群体待遇。所谓集体待遇不是指一般的个人集合体的待遇，而是一定数量的劳动者集合体待遇，是那些以某种经济关系为纽带，参与社会经济过程，独立进行核算的劳动者的集体，它是进行社会生产的基本单位。在社会主义社会中，集体是把社会中的个体组合起来进行生产的最重要的劳动组合形式，是联结国家与个人的中介和纽带。社会个体在这个劳动集合体里进行劳动，并取得自己的劳动报酬和其他收入，使个人待遇得以实现。阶级待遇是指在一定的经济结构中所占地位相同的个人或集团所具有的共同待遇。民族待遇则是指在历史的长期发展中形成的具有共同政治和经济生活，以及共同社会心理的稳定的社会共同体所具有的待遇。国家待遇，在马克思主义看来，其实质就是统治阶级的待遇，是阶级待遇的一种特殊形式。除此之外，国家待遇还应包括生活在一定地域上的所有居民的共同待遇。因此，要在各种具体的群体待遇之间划分出一个等级层次来是一件非常困难的事情。当然在社会主义社会中，集体待遇因其特殊的含义而成为个人待遇与国家待遇之间的中介环节，集体待遇服从国家待遇是社会主义社会的一项基本的道德原则和政治原则。如此一来，待遇冲突的纵向结构将会呈现出许多具体的表现形式。首先是个人待遇与群体待遇之间的冲突，由于群体待遇的多样性而呈现出各种具体的形式，其中，个人待遇与集体待遇之间的冲突、个人待遇与阶级待遇之间的冲突、个人待遇与民族待遇之间的冲突、个人待遇与国家待遇之间的冲突是其最主要的表现形式。群体待遇与社会整体待遇之间的冲突也表现出了阶级待遇与社会整体待遇之间的冲突、民族待遇与社会整体待遇之间的冲突以及国家待遇与社会整体待遇之间的冲突等各种具体形式。

应该说，相对于个人待遇而言，群体待遇和社会整体待遇都是个人在不同层次上的共同待遇。相对于群体待遇而言，社会整体待遇则是不同群体待遇之间的共同待遇。因此，待遇冲突的纵向构成其实可以概括为特殊待遇与共同待遇之间的冲突。从理论上讲，共同待遇只不过是特殊待遇的共同性而已，因此，特殊待遇与共同待遇之间本不应该存在根本性的矛盾，更不应该存在冲突。虽然它们之间在一定的条件下也存在着对立。并且，如前所述，特殊待遇与共同待遇之间的矛盾和冲突并不是本来就有的，它们之间的对立与冲突是随着原始社会后期自发分工的确立才登上人类历史舞台的。在人类历史上也曾经有过共同待遇与特殊待遇并不对立，个人待遇与共同待遇也不存在冲突，而是完全一致、融合的美好时期。那么，特殊待遇和共同待遇之间的冲突是如何出现的呢?

历史唯物主义认为，特殊待遇和共同待遇之间的矛盾和冲突是随着人们之间的社会分工的发展而产生的。原始社会后期，随着社会生产力的发展，人们之间具有固定专业划分的自发的分工逐渐取代了最初的自然状态的分工。一方面，每个劳动者只有通过相互交换自己的产品才能满足自身的需要，这使得不同个人的不同活动相互依存，从而形成了所有相互交往的人们之间的共同生活和共同待遇。这些共同待遇的出现就需要创立新的公职和机关来处理这些待遇。另一方面，自发的分工使每个人的活动有了明确的界限，不论他是猎人、渔夫或牧人，还是一个批判的批判者，也不论是从事具体生产劳动的人，还是一个担任社会公职的人，每一个现实的个人所追求的都是自己分工界限之内的特殊的、片面的待遇。在这种分工的界限内进行活动，个人总是并且也不可能不是从自己本身出发的。这样，随着自发分工逐渐取代原始的自然分工，一些人开始脱离具体直接的生产劳动，专门担任一定的公职，从事社会的组织、管理等与共同待遇直接相关的活动，其他绝大多数的人则逐渐丧失了对共同待遇的参与权。社会公职开始从其他职业中分离出来，社会公职人员就逐渐成了共同待遇的承担者、维护者和代表，成了社会的统治阶级。共同待遇因此也就脱离了单独的个人而获得了某种现实的独立性，变成了一种对个人来说是外在的，有时甚至是与他们的个人待遇相对立、相反对的东西，沦为了特权阶层的特殊待遇，因而变成了一种虚幻的共同待遇。因此随着虚幻的共同待遇的出现，特殊待遇与共同待遇之间的原始一致性就被彼此之间的对立和冲突所取代了。就此而言，个人待遇与“虚幻的共同待遇”之间的冲突无疑就是在自发分工的条件下人类社会纵向冲突的实质之所在。

在这里，之所以说共同待遇是因为在自发分工的条件下，当共同待遇作为彼此分工的个人之间的相互依存关系在现实中以“普遍待遇”的姿态出现时，它实际上是一种和人们的实际的共同待遇相脱离的、不完全一致的东西。虚幻的共同待遇并不是指一种根本不存在的东西，它是在自然分工条件下共同待遇的现实表现形式。只是由于它虽然采取了“普遍待遇”的形式，但在内容上并没有真正体现出彼此分工的个人之间的相互依存关系，因而我们说它是一种虚幻共同待遇。在自发分工的条件下，作为彼此分工的个人之间的相互依存关系的共同待遇，在其实现的过程中必然表现为虚幻的共同待遇。这是因为，随着自发分工逐渐取代原始的自然分工，共同待遇脱离单独的个人而获得独立也随之成为现实，这无疑在一定程度上促进了共同待遇的发展。但是，在自发分工的条件下，由于各人所追求的仅仅是自己的、特殊的、对他们来说是同他们的共同待遇不相符合的待遇，即使是担任公职的个人也不会例外；与此同时，共同体内的其他非公职人员则逐渐丧失了对共同待遇的参与权，因而在其脱离单独个人而获得独立性的过程中以“普遍待遇”形式出现的共同待遇，必然逐渐化为共同待遇承担者的特殊待遇，亦即变成了虚幻的共同待遇。正是在这个意义上，马克思、恩格斯指出：“普遍的东西一般来说是一种虚幻的共同体的形式。”换句话说，在自发分工的条件下，为统治阶层所宣称的、以“普遍待遇”的形式出现的共同待遇，本质上并不完全等同于作为彼此分工的个人之间的相互依存关系的真实共同待遇。

由于在自发分工的条件下共同待遇采取了虚幻的形式，所以，现实生活中的个人待遇和共同待遇之间的矛盾，亦即纵向的待遇冲突也就不仅仅是一个个人待遇与共同待遇之间的平面式冲突，而是一个个人待遇、真实的共同待遇和虚幻的共同待遇三者相互缠绕的矛盾和冲突的复合体。在这里，如何使真实的共同待遇得以实现，同时有效地防止虚幻的共同待遇借共同待遇之名行特殊待遇之实，就成为全部问题的关键。这一点在今天关于人类待遇、国家待遇等的争论中表现得尤为突出。我们知道，环境污染、生态失衡、军备竞赛、能源和原材料危机等当代各种各样的全球性问题已严重地威胁着全人类的生存与发展，维护全人类的共同待遇的要求从来没有像今天这样迫切。但是，我们不难发现，一些国家凭借自身在当今世界格局中的优势地位，在维护全人类待遇的幌子下，以国家待遇冒充整个人类的待遇。

当然，我们也不难发现有些个人待遇与共同待遇的冲突，就其直接原因来看，的确是个人私欲的恶性膨胀所致。对此，我们并不否认。但是，个人私欲的膨胀并不就是人类社会中纵向待遇冲突的实质所在。就其本质而言，个人私欲的恶性膨胀是在自发分工的基础上形成的，是社会制度本身的缺陷所造成的。在历史唯物主义看来，在自发分工的条件下，每个人的活动是有明确界限的，这个界限是他无法超越的，正因为如此。马克思、恩格斯才指出，“个人总是并且也不可能不是从自己本身出发的”，他们奋斗所争取的一切都与他们自身的待遇相关。因此，如果说自发分工只是个人不可能不追求个人私利的条件之一的话，那么，他所处的社会制度的内在缺陷（主要是由于人们对共同待遇事务的参与权的丧失）则为某些个人的私欲恶性膨胀并进而危害真正的共同待遇提供了另一个重要条件。只不过在漫长的历史发展过程中，由于有意或者无意的原因，人们已经习惯于把纵向待遇冲突的原因归之于个人的私欲膨胀，归之于人性的自私。如果从此出发，面对纵向待遇冲突，人们除了慨叹之外，就只剩下对“人性本恶”的无奈了。

（2）待遇冲突的横向构成

在人类社会中，待遇冲突除了纵向的个人待遇、群体待遇和社会整体待遇之间的冲突之外，还有横向的待遇冲突，亦即相同层次的不同待遇主体实现各自的待遇过程中所发生的彼此之间的冲突。与纵向的冲突一样，横向的冲突也是人类社会中普遍存在的冲突。具体来说，这些横向的待遇冲突主要表现在个人之间的待遇冲突和群体之间的待遇冲突两个层面。而群体之间的待遇冲突主要表现在阶级之间的待遇冲突、民族之间的待遇冲突，以及国家之间的待遇冲突三个方面。

首先是个人之间的待遇冲突。个人之间的待遇冲突是横向待遇冲突中最为普遍的一种形式。也是人类社会中经常存在的一种待遇冲突形式，它是个人在实现自身待遇的过程中与其他个人待遇之间所发生的冲突。与纵向待遇冲突的形成一样，个人之间的待遇冲突同样根源于人类社会自发分工的出现和发展。随着商品生产的出现，一方面，人们不再是为了自己消费而进行生产，而是为了交换才进行生产；另一方面，人们也只有通过交换才能实现自身的待遇。这样一来，个人待遇的实现不仅要依赖于其他个人待遇的实现，而且受制于其他个人待遇的实现，与他人的待遇实现处于对立和冲突之中。尤其是在某些待遇对象有限的情况下，一些人的待遇实现会直接导致另外一些人获取待遇的可能性空间受到挤压，甚至使另外一些人根本丧失待遇，在这种情况下，个人之间的待遇冲突就不可避免了。冲突与依赖是个人之间待遇关系不可分割的两个方面。只有彼此之间存在待遇关系的个体之间才有可能存在着待遇冲突，两个毫无利害关系的个体之间是无所谓待遇冲突的。一些学者只看到了个人待遇之间所存在的冲突，从而片面地认为人与人的关系就是狼与狼的关系，没有看到个人待遇之间的共同性，没有看到个人在实现自身待遇的过程中彼此之间的依赖性。正是这种依赖关系使得个人待遇必然表现为群体待遇，从而使得个人之间的待遇冲突也必然随之上升为群体之间的待遇冲突。

其次是阶级之间的待遇冲突。阶级之间的待遇冲突是阶级社会中群体之间的待遇冲突的主要表现形式，是不同的阶级为了实现本阶级待遇而与其他阶级之间发生的冲突。

再次是民族之间的待遇冲突。民族待遇的内容非常广泛，对于任何一个民族而言，它都具有许多方面的待遇，其中，维持民族的生存和发展是任何一个民族的根本待遇之所在。在人类历史的进程中始终伴随着激烈的民族待遇冲突。时至今日，民族之间的待遇冲突仍然是许多地区动荡的根源之一。民族之间的待遇冲突实质上就是不同民族为了争夺有利于自身的生存空间、维护和发展本民族待遇而与其他民族所发生的冲突。由于在同一个民族中，人们彼此之间存在着比较深厚的感情，因此，一旦民族待遇受到冲击，处于危险的境地，那么，这种民族感情就非常容易被调动和激发起来：一方面，民族内部的各个阶级、阶层、组织和个人就有可能暂时放弃彼此之间的待遇冲突而一致对外；另一方面，正如格奥尔格·齐美尔所说的那样，冲突双方投入的感情越大，冲突就可能越激烈，因此，民族之间的待遇冲突往往是比较激烈和残酷的，械斗、战争都是不同民族之间待遇冲突经常采取的方式。

最后是国家之间的待遇冲突。国家之间的待遇冲突是当今国际社会中普遍存在的一种群体待遇冲突，是不同的国家为了维护自身的既得待遇或者为了实现自身的潜在待遇而彼此之间发生的冲突。由于国家掌控公共权利，拥有暴力机关，因此，国家之间的待遇冲突无论就其所涉及的范围，还是其激烈程度都远非其他群体之间的待遇冲突所能比拟，国家之间的待遇冲突是人类社会中群体之间待遇冲突的最高形式。

（3）待遇冲突过程构成

如果说待遇冲突的纵向构成与待遇冲突的横向构成只是勾勒出了待遇冲突的静态表现的话，那么待遇冲突的过程构成则是指待遇冲突的动态表现。从动态的角度来看，待遇冲突的过程构成其实主要就是指人们在获取待遇的过程中由于主体所处的位置不同所发生的冲突，也就是我们通常所说的既得待遇者与争取待遇者之间的冲突。从人类社会的待遇实现过程来看，总有一部分主体处于既得待遇的位置上，属于既得待遇者阶层，是既得待遇者，而另外一部分人则处于争取待遇的位置上，属于争取待遇者阶层，是争取待遇者。当然，占据既得待遇位置的人与占据争取待遇位置的人并不是固定不变的。在一定条件下的既得待遇者，随着社会的变革，他们就有可能丧失既得待遇而变为争取待遇者。从某种意义上讲，以往的人类历史就是在既得待遇者与争取待遇者之间的转换中实现的。在人类社会中，人们待遇的实现过程一方面是人们创造物质财富的过程，另一方面也是待遇对象在不同的待遇主体之间重新分配的过程。所谓既得待遇者与争取待遇者之间的待遇冲突其实就是人们在待遇重新分配过程中所产生的冲突，是维护自身待遇的一方与争取自身待遇的另一方之间的冲突。

应该说，在自发分工的条件下，任何一种社会制度的建立都必然会造就一批既得待遇者，他们凭借自身在这种社会制度下的特权地位，大肆攫取非常待遇。由于这些非常待遇是一种只取不予的，是这种特殊的社会制度造成的，因此，拼命维护这种社会制度以及这种社会制度赖以存在的思想基础，就成了既得待遇者在社会变革中唯一的选择。除非迫不得已，既得待遇者是不会自动放弃他们的特权、放弃他们的既得待遇的。于是，当争取待遇者为了获得待遇而要求改变现状时就会遇到来自既得待遇者的反对，既得待遇者和争取待遇者之间的冲突也就势在必然，不可避免，尤其是在当他们两者之间的待遇差别过大，甚至超过了争取待遇者的耐受限度时，既得待遇者和争取待遇者之间的冲突就会更加激烈。

在社会主义社会中当然也存在着既得待遇者与争取待遇者之间的冲突，这不仅仅是一个理论问题，而且是一个现实问题。从理论上讲，社会主义社会处于半自觉分工时期，自发分工仍然有其存在的土壤，因此，一些人仍然可以通过占据特殊的分工地位而获取非常待遇。当一些社会权力缺乏有效制约和一些当权者缺乏自律时，这种情况尤甚。只不过在社会体制未出现巨大变革时，这种既得待遇与争取待遇之间的冲突并不被人们意识到罢了。随着社会主义社会的深入进行，当改革需要对人们之间的待遇关系进行重新调整时，这种冲突就凸显了出来。并成了进一步改革的阻力。

在中国的改革开放过程中同样也存在着既得待遇者与争取待遇者之间的冲突。早在改革开放初期，邓小平就意识到了这一点。他指出："在实现四个现代化的进程中，必然会出现许多我们不熟悉的、预想不到的新情况和新问题。尤其是生产关系和上层建筑的改革，不会是一帆风顺的，它涉及的面极广，涉及一大批人的切身利益，一定会出现各种

各样的复杂情况和问题，一定会遇到重重障碍。例如，企业的改组，就会发生人员的去留问题；国家机关的改革，相当一部分工作人员要转做别的工作，有些人就会有意见，等等。”这里所说的“一大批人的切身利益”其实就是人们的既得待遇。有些人害怕丧失自身的既得待遇而会自觉或不自觉地成为改革的阻力。

改革是一种待遇关系的调整，在这个调整过程中某些既得待遇者必然会受到冲击，一些争取待遇者的待遇则会得到某种程度的实现，就此而言，在整个改革的过程中都将面临既得待遇者与争取待遇者之间的冲突。如何迅速有效地协调他们之间的冲突无疑是我们继续改革所必须加以解决的问题。值得注意的是，在这个调整过程中，我们既要防止既得待遇者成为进一步改革的阻力，也要坚决反对某些既得待遇者借改革之名，行使自身既得待遇合法化之实的企图，从而保证我们的改革能够始终沿着正确、健康的轨道前进。

15.5.2 待遇冲突的表现形式

现实的人的待遇并不是由某一方面单独构成的，而是由许多方面的待遇所构成的统一体。我们通常所说的物质待遇、精神待遇、眼前待遇、长远待遇、经济待遇、政治待遇、内在待遇、外在待遇等等，事实上都是针对一定的待遇主体而言的。离开了特定的待遇主体，所谓的上述种种待遇都会失去存在的根基。但是，如前所述，长期以来，我们习惯于对待遇进行单纯的对象化研究，从而把待遇本身在某种程度上人格化，似乎单纯的待遇本身就能如何。这显然不符合事实，也不利于对问题的深入研究。在这里，我们强调把待遇置于人的活动中，主张从人的存在和发展的角度来对待遇进行研究。从人的视阈来研究人的待遇在实现的过程中所表现出来的各方面待遇之间的冲突，我们认为，所谓物质待遇与精神待遇的冲突、眼前待遇与长远待遇的冲突、经济待遇与政治待遇的冲突、内在待遇与外在待遇的冲突事实上是指同一个待遇主体的各方面待遇无法同时实现的冲突，而非这些不同方面待遇本身就能彼此对立和冲突。我们把这种同一主体的多方面待遇无法同时实现的冲突就称之为待遇冲突的表现形式。从表面上看来，待遇不同方面之间的冲突似乎并不是不同的待遇主体之间的冲突，然而，就其本质而言，它们所反映的正是不同的待遇主体之间的冲突，是不同待遇主体之间的冲突关系在某个特定主体的待遇实现过程中的反映。

（1）物质待遇与精神待遇的冲突

所谓物质待遇和精神待遇的冲突，其实就是人的物质待遇和精神待遇无法共同实现的冲突，是人们为了实现物质待遇而对精神待遇追求的削弱甚至牺牲，或者是人们为了实现精神待遇而对物质待遇的放弃。应该说，人在实现自身待遇的过程中，物质待遇和精神待遇应该是相互渗透、同时实现的，人的物质待遇的实现过程同时也应该是精神待遇的实现过程，它们两者之间本不该产生矛盾和冲突。即使最基本的如吃、喝、住、行等方面的物质待遇的实现同时也应该是精神待遇的实现。例如人类的饮食业就并不仅仅是胃的生理需要，不仅仅是纯粹的物质需要的满足，饮食本身就是一种文化，人们在享受吃喝的同时也可以同时得到赏心悦目的精神待遇方面的享受。同样，人的精神待遇的实现也应该蕴含在物质待遇的实现过程中，离开了物质待遇的实现就只能是一种自欺欺人的精神幻想。虽然精神待遇的实现和发展具有某种相对独立性，但精神待遇的实现总是依赖一定的物质对象，并且也只有在实现一定的物质待遇的基础上，人的精神待遇才会不断丰富和发展。邓小平指出：“不讲多劳多得，不重视物质利益，对少数先进分子可以，对广大群众不行，一段时间可以，长期不行。革命精神是非常宝贵的，没有革命精神就没有革命行动。但是，革命是在物质利益的基础上产生的，如果只讲牺牲精神，不讲物质利益，那就是唯心论。”实际上，人不仅有精神需要，而且有物质需要，这就决定了现实生活中的人不仅要实现自己的精神待遇，而且要实现自己的物质待遇。精神待遇和物质待遇应该是现实生活中的人实现自身待遇过程中不可缺少的两个方面。

人的物质待遇和精神待遇的冲突，是随着人的活动被分割为物质生产和精神生产两个不同领域而产生的。在原始社会，由于生产力水平极其低下，人们整天为之操劳的就是如何解决温饱等基本的生存需要问题，精神待遇和物质待遇一样，都被局限在非常狭小的范围内。虽然如此，人们在物质活动领域和精神活动领域是重合的。人们实现物质待遇的过程同时也就是实现自身精神待遇的过程，同样，人们在实现自身精神待遇的同时也就实现了自身的物质待遇。人们的物质活动和精神活动并不是两个不同的活动领域，而是一个过程的两个方面。因此，原始社会中人的物质待遇和精神待遇是一致的，人们并不需要在物质待遇实现之外去追求精神待遇的满足，也不需要在精神待遇的实现之外再去实现自身的物质待遇。人们并不存在物质待遇和精神待遇无法同时实现的矛盾，更不存在为了物质待遇而牺牲精神待遇，或者为了精神待遇而牺牲物质待遇的冲突。人们据以生活的终极意义和价值就蕴含在人们实际的、现实的物质生活过程中。当然，这种一致是以物质待遇和精神待遇的同时贫乏为代价的。随着社会生产力水平的提高和自发分工的出现，人们的活动被分割成了不同的领域。随着物质活动和精神活动分别由不同的人承担成为现实，人的物质待遇的实现与精神待遇的实现不同步的问题开始出现了。物质生产和精神生产成了两个不同的领域，人们再也无法在从事物质活动的同时也从事精神活动，物质待遇的实现并不意味着精神待遇同时也得到了实现，而精神待遇的实现同样也并不等于物质待遇的实现。人们只有通过劳动的交换，才能实现自身的另外一方面的待遇。事关人生的终极意义和价值的精神待遇从人们的物质生产中分离了出来，物质待遇的实现成了一种丧失终极意义和终极价值关怀的纯粹工具化过程，从此，物质待遇和精神待遇之间那种原始的、朴素的一致性终于被两者之间的分裂和对立所代替了。

由于人们的物质活动和精神活动被分割为不同的领域，人们的物质待遇和精神待遇已经无法同时实现，于是，人们常常为了实现精神待遇而不得不放弃物质待遇，或者为了物质待遇的实现而不得不放弃精神待遇。这样，对于劳动者而言，劳动不再是为了满足自身的需要，而是一种自我牺牲、自我折磨，劳动者在劳动的过程中所感到的不是精神的愉悦和满足，而是一种痛苦。劳动者与自己劳动产品的关系不再是统一的关系，而是一种主体与异己力量的关系，劳动者生产出来的产品越多，他们所创造出来的反对自身的力量就越大，他们所受的精神苦难就越深重，而对于统治阶级而言，虽然他们的物质待遇得到了实现，但是，靠剥削他人劳动所实现的物质待遇也使他们根本无法体会到蕴含在创造物质待遇过程中的精神愉悦，在物质待遇实现的背后是深深的精神空虚。到了资本主义社会，一方面，社会生产力水平大幅度提高，人们的物质待遇和精神待遇在新的更高的水平上得到了实现；一方面，物质待遇和精神待遇的冲突也越来越激烈。

当然，物质待遇和精神待遇的冲突并不仅仅表现在人们追求物质待遇的过程中对精神待遇的放弃或者牺牲，长期以来，我们一直习惯于把物质待遇和精神待遇的冲突归于人实现自身物质待遇的同时对精神待遇追求的削弱甚至放弃，归于个人主观的选择不当，甚至思想境界不高，片面追求物质享受。事实上，物质待遇和精神待遇的冲突同时也表现在人们在追求精神待遇时对物质待遇的放弃和牺牲，伯夷、叔齐之“不食周粟”，陶渊明之“不为五斗米折腰”，所有这些都是物质待遇和精神待遇冲突的表现。单纯地把物质待遇和精神待遇的冲突等同于人们为了追求物质待遇而牺牲精神待遇，不仅无意中把精神待遇抬到了评判一切的地位上，而且也没有真正反映物质待遇和精神待遇冲突的全部内容。事实上，物质待遇和精神待遇的冲突，并不像其表面所展现的那样，是人的待遇的不同方面之间的冲突，就其实质而言，它是人与人之间的冲突，是在自发分工的条件下，人与人之间的对抗关系在个人待遇实现中的反映。就此而言，如果不把物质待遇和精神待遇的冲突置于人的社会活动中去研究，而是一味地强调个人主观因素的负面影响，那么，就根本无法把握物质待遇和精神待遇冲突的实质。

（2）经济待遇与非经济待遇的冲突

从抽象的层面来看，人的待遇的全部内容可以概括为物质待遇和精神待遇两个方面，而物质待遇和精神待遇必须在一定的社会关系中，通过各种经济活动和非经济活动才能得以实现，因此，在现实社会生活中，人的待遇又可以概括为经济待遇和非经济待遇两个方面。当然，从待遇的现实性来看，虽然绝大多数物质待遇采取了社会经济关系的形式，因而与经济待遇相重合，但是，经济待遇并不完全就是物质待遇。在物质消费品还不十分丰富的条件下，经济待遇主要表现为物质待遇，但是，经济待遇是比物质待遇更为一般的待遇，它不仅限于物质待遇。随着商品经济的发展，对货币的追求和占有就成了最普遍的经济待遇形式。因此，不能把经济待遇仅仅归结为对物质消费品的待遇。因此，经济待遇和非经济待遇的冲突，是指人们在实现自身待遇的过程中所发生的经济活动与非经济活动之间的对抗和抵触，是人们为了追求经济待遇而对非经济待遇的放弃甚至牺牲，或者是人们为了实现某些非经济待遇，例如政治待遇、军事待遇或者文化待遇，而对经济待遇的放弃或者牺牲，是人的经济待遇和非经济待遇无法同时实现的冲突。

应该说，经济待遇是非经济待遇的基础，是人的所有待遇中最为重要、最为基本的待遇，人们的许多非经济利益归根结底都与他们的经济待遇密切相关。不同的集团追求政治权利的最终目的就是实现和维护自身的经济待遇。正是从自身的经济待遇出发，某些集团才产生了要求维持或者改变一定社会关系、社会结构、政治体制或者意识形态等方面的政治待遇。当不同集团的经济待遇发生改变以后，其政治待遇必然会发生相应的转变。当然，我们说其他非经济待遇的最终目的都是直接或间接地为一定的经济待遇服务的，这并不是说人的非经济待遇本身直接就是经济待遇，也不是说人除了经济就再也没有其他方面的待遇。实际上，人除了经济方面的待遇之外，还有政治、文化、生态、道德等方面的待遇。这些待遇都有机地统一在人实现自身待遇过程中，成为人的全面待遇中不可缺少的重要内容。

当然，在现实中人的待遇实现过程中，人们的经济待遇和非经济待遇存在着矛盾和冲突。这种矛盾和冲突主要表现在两方面：一方面，经济待遇统治了一切，挤占了非经济待遇的空间，人的政治、文化、生态、道德等方面的待遇都沦为了经济待遇的“奴隶”；另一方面，某些非经济待遇，如政治、道德或者道德价值、文化方面的待遇挤占了经济待遇的空间，人们为了某些政治需要或者道德价值、文化价值而抑制自身经济待遇的实现，甚至牺牲自己的经济待遇。在人类历史的发展过程中，后一个层面上的冲突一直是资本主义社会以前经济待遇和非经济待遇之间的冲突主要内容。这在中国封建社会的漫长发展史中表现得尤为突出。早在春秋战国时期，就提出“君子喻于义，小人喻于利”，从而把“为利”和“为义”对立了起来。我们不难发现蕴含其中的为了某些非经济待遇而牺牲经济待遇的价值取向。而这种压抑人的经济待遇实现的价值取向，在某种意义上既铸成了中国封建社会长期的稳定与曾经的辉煌，也导致了中国近代以来的落后。

如果说近代以前人类社会中经济与非经济待遇的冲突，主要表现为某些非经济待遇实现对经济待遇实现的挤占和压抑的话。那么，近代以来，经济待遇对非经济待遇空间的占领，政治、道德甚至文化方面的待遇逐渐沦为经济待遇的“奴隶”，则成了经济待遇和非经济待遇冲突的主要内容。随着商品经济时代的到来，一方面，人们的经济生活不仅开始摆脱政治的束缚，而且政治待遇开始屈从于经济待遇，成了实现经济的工具。经济摆脱道德的合理性，现代人必须做出这样的论证：尽管贪婪是市场的驱动力，而且从传统的道德观看，这种贪婪本是十恶不赦的罪过，但这些功利却有利于普遍的善的实现。这一点可以从18世纪荷兰学者贝尔纳德·孟德维尔（Bernard Mandeville）的《蜜蜂的寓言》一

书中的名篇“私恶即公利”中得到充分的说明。于是，在市场上不受传统道德约束地追求经济待遇的行为不仅在现代道德上可以接受，而且还得到了现代道德上的证明。另一方面，人们常说“在商言商”、“商场如战场”，这在某种意义上就体现了经济摆脱传统道德束缚并得到现代道德支持的现状。因此，人成了单纯的经济动物，道德观被经济观所替代，经济学霸权主义在社会科学的广泛领域开始弥漫。虽然这的确在某种意义上促进了近代资本主义社会经济实力的快速增长，并导致了资本主义式的繁荣的出现，但是，这同时也使资本主义社会陷入了片面追求经济待遇增长，使人类社会陷入了全球冲突和全球危机的怪圈。

（3）眼前待遇与长远待遇的冲突

人类社会并不是某种固定的存在物，而是一个不断从自然界获取能量的动态发展过程，是在时间的流逝中不断进化的过程，时间是构成人类社会的不可缺少的要素之一。所谓眼前待遇就是人当下的需要与需要对象之间的对立统一关系，所谓长远待遇则是人将来存在和发展的需要与需要对象之间的对立统一关系。眼前待遇与长远待遇就是把时间要素纳入人的待遇实现过程而对人的待遇所进行的划分，是人的需要与不同时间的需要对象之间的对立统一关系，是人的待遇在时间中的不同表现形式。在眼前与长远待遇的关系中，眼前待遇是待遇基础，没有眼前待遇的实现，人们当下的需要就不能满足，人们的生存就会受到威胁，也就谈不上与未来发展有关的长远待遇的实现了。但是，长远待遇与眼前待遇之间并无绝对的界限，今天的长远待遇有可能就是明天的眼前待遇，如果人只顾眼前待遇而不顾长远待遇，那么就无异于自断发展之路，自取灭亡。因此，人们的眼前待遇应该服从长远待遇，只有这样，人类才能走上可持续发展的健康之路。

但是，由于眼前待遇常常是与人的迫切需要密切相关的，因此，眼前待遇的实现往往是激励人们行动的主要动力，人们总是自觉或者不自觉地根据眼前的需要来确定自己所追求的待遇目标。而另一方面，长远待遇又常常在人们的视野之外，长远待遇的实现也并不像眼前待遇的实现那样迫切，因此，在人们实现自身待遇的实际活动中就会发生眼前待遇与长远待遇之间脱节的现象。从而使人们的眼前待遇与长远待遇之间产生矛盾和冲突。具体而言，一方面，人们往往会为了眼前待遇的实现而自觉或不自觉地危害到自身的长远待遇，从而使眼前待遇与长远待遇产生冲突；另一方面，人们有时也会为了某种长远待遇而牺牲人们的眼前待遇，这样也会使眼前待遇与长远待遇之间产生冲突。正如不能为了眼前待遇而伤害长远待遇一样，我们同样不能为了长远待遇而置人们的眼前待遇于不顾，否则，同样会导致眼前待遇与长远待遇之间的冲突。

在人类历史的发展过程中，眼前待遇与长远待遇之间的冲突更主要地表现为人们为了某些眼前待遇而置长远待遇于不顾，从而对人们的长远待遇造成了伤害。近代以前，由于人类的生产力水平相对低下，人类征服自然的能力还比较弱小，所以人类获取眼前待遇的能力十分有限。在这种情况下，虽然人类追求眼前待遇的行为也会对人们的长远待遇造成某种伤害，但是，这种伤害的程度和范围还是相对有限的。换句话说，在近代以前的资本主义社会中，眼前待遇和长远待遇之间的冲突虽然存在，但是无论就其范围而言，还是就其激烈程度而言都是十分有限的。进入近代社会以后，一方面，随着人们获取眼前待遇能力的空前增强，人们为了获取眼前待遇而对长远待遇造成危害的可能性空前增加；另一方面，激进的个人功利主义的盛行，也使近代以来人们在追求自身待遇实现的过程中不仅割断了与过去的联系，而且也最终削弱了人们对未来的关注。对此，当代美国哲学家大卫·雷·格里芬（D. R. Griffin）指出："现代性的激进的个人主义最初是以未来的新名义使人们摆脱了过去，但它却最终削弱了人们对未来的关注。使他们毫不夸张地说是自我拆台式地专注于目前。"对于个人主义者而言，个人的合理的待遇是不会超出他的有限的生命之外的，未来待遇对他而言只不过是和自己关系不大的他人的待遇而已。这样，人类社会前后相继的时间关联就在激进的个人主义冲击下变得若断若续甚至可有可无了，于是，在近代以来人类的眼前待遇活动空前满足的同时，人类的未来却陷入了深深的危机之中。能源危机、资源枯竭、生态环境空前恶化等，整个人类的生存和发展都面临着严峻的挑战。在这种危机之中，如果我们仍然沉醉于通过长远待遇的消耗来实现眼前待遇而不能自拔，如果我们仍然认为未来只是属于未来而与当代人无关的话，那么，我们整个人类就真的无可救药了。

（4）内在待遇与外在待遇的冲突

所谓内在待遇就是某种实践活动本身所具有的，除了这种实践活动，其他任何类型的活动都无法获得的待遇。每一种实践活动都有它的内在待遇，这种内在待遇就是人们在追求这种实践活动本身卓越的过程中获得的。所谓外在待遇就是在一定的社会条件下，人们可以通过任何一种形式的实践都可以获得的待遇，如权势、地位、金钱等等。外在待遇所获得的总是某种个人的财产和占有物，它的特征是某人得到的更多，则意味着其他人得到的更少。内在待遇其实就是人们对某一种实践活动本身的爱好、兴趣和贡献，而外在待遇则是附着在这种实践活动结果中的、社会对这种社会实践结果的报酬。对于内在待遇而言特定的实践活动本身就是目的，它所追求的是人在特定活动中的超越和创造，以及在这种超越和创造中所获得的满足；而对于外在待遇而言，任何时间活动都只不过是一种手段而已。内在待遇和外在待遇并不总是统一在人们的实践活动中的，而往往是对立和冲突的。拥有内在待遇并不意味着拥有外在待遇，而拥有外在待遇同样也不意味着拥有内在待遇，尤其是近代以来，一些人往往是为了某些外在待遇而把内在待遇牺牲掉了，其实践活动因此也就成了他们获取外在待遇的“诡计”而已。的确，近代以来，在资本主义社会中，人们的活动在很大程度上成为获取外在待遇的工具，蕴含在人们活动中的对内在待遇追求的热情已经逐渐消退，人们孜孜以求的多是权势、金钱、声望、地位等外在待遇。全面的功利化已经成为近代以来西方社会的重要特征之一。同时，既然外在待遇和人的特定的活动并无直接的联系，人的实践活动已经退居到了工具的地位，那么，一些人为了获取外在待遇而不择手段就不足为奇了，这在某种意义上也可以说揭示出了当代西方社会中人与人之间关系日趋紧张的一个重要原因。

15.5.3 待遇冲突的两种类型

人类社会中的待遇冲突不仅有构成形式上的差异和表现形式上的不同，而且还有性质上的区别。根据人类社会待遇冲突性质上的差异，待遇冲突可以分为对抗性待遇冲突、非对抗性待遇冲突两种类型。对抗性待遇冲突是对抗各方的根本待遇无法相容的待遇冲突，是一方的待遇实现必然会对另一方的待遇实现造成伤害的冲突；非对抗性待遇冲突则是指在根本待遇一致的前提下的待遇冲突。当然，对抗性待遇冲突与非对抗性待遇冲突的区分是相对的、可变的。在一定的条件下，对抗性待遇冲突可以转化为非对抗性待遇冲突，非对抗性待遇冲突也可以转化为对

抗性待遇冲突。

（1）对抗性待遇冲突

对抗性待遇冲突是冲突各方的根本不相容和对立所造成的冲突，是待遇冲突的一方把否定、排斥、夺取另一方的根本待遇作为保证和实现自身待遇的充分必要条件的待遇冲突，是冲突双方势不两立的待遇冲突，它不仅会危及冲突一方的根本待遇，而且还会危及到对方主体的存在，其结果必然会导致待遇关系的重新调整和待遇主体的重新组合。对抗性待遇冲突是人类社会中普遍存在的一种待遇冲突类型。一般说来，不同待遇主体之间的待遇冲突，如个人之间、集团之间、国家之间，以及个人与共同体之间的冲突都有可能因为彼此之间根本待遇的不相容而形成对抗性的待遇冲突。

在人类社会中，对抗性的待遇冲突常常会因对抗双方力量变化而存在两种不同的表现形态：一种是对称性的待遇冲突；另一种是非对称性的待遇冲突。所谓对称性的待遇冲突是指对抗双方势力相当，势均力敌，其中任何一方都无法立刻将对方的待遇据为己有，双方处于对峙状态。所谓非对称性的待遇冲突是指对抗双方力量对比悬殊，其中一方的力量远远超过另一方的力量。应该说，对称性的待遇冲突和非对称性的待遇冲突都是人类社会中普遍存在的两种对抗性待遇冲突的形式。但是，它们之间的界限并不是固定不变的，随着冲突双方各自实力的不断变化，对称性的待遇冲突有可能变成非对称性的待遇冲突，非对称性的待遇冲突也可能演变成对称性的待遇冲突。一般来说，当冲突双方势均力敌，处于对称状态时，或许彼此之间的冲突十分激烈，但是，暂时还不会引起社会结构的变迁，待遇对象和待遇主体之间的结构性重组也暂时不会出现，而只有当冲突双方力量对比悬殊时，待遇对抗双方的冲突才会引起待遇对象和待遇主体的重新组合，才会出现社会结构的变迁。当然，由于冲突双方的根本待遇是相互对抗的，一方待遇的存在与实现是以对方待遇的丧失作为充分必要条件的，因此，对于对抗性待遇冲突而言，对称性的待遇冲突只是非对称性的待遇冲突的一种特殊情况，对称性在本质上是暂时的，非对称性才是对抗性冲突的经常状态。正因为如此，对抗性待遇冲突最终必然会引起冲突双方对立统一关系的解体，引起待遇对象和待遇主体的重新组合，甚至社会结构的变迁。

对于对抗性待遇冲突而言，妥协、共存最终是没有地位的。虽然冲

突双方当下势均力敌，或者因害怕同归于尽而能够暂时达成某种妥协，但是，这类冲突的最终结果只有两个：要么一方战胜、消灭另一方；要么双方同归于尽。当然，这并不意味着待遇对抗的双方在面对可能同归于尽的结局时仍然会无动于衷、无所作为，人并不是历史预定目标的单纯执行者，历史是在人的活动中发展和延续的。因此，当待遇冲突双方可能因冲突而同归于尽时，冲突双方是可以在某种程度上作出主观的努力来延缓或者避免这种结局的。

（2）非对抗性待遇冲突

非对抗性待遇冲突是人类社会中另一种最为常见的待遇冲突类型，它是根本待遇一致的不同待遇主体之间的待遇冲突，是冲突双方可以通过适当的方式加以协调的待遇冲突。与对抗性待遇冲突不同，非对抗性待遇冲突不会造成冲突双方的激烈对抗，更不会危及到待遇冲突双方的生存安全。非对抗性待遇冲突是社会主义社会中待遇冲突的主要类型。在社会主义条件下，人们之间的待遇冲突从根本上已经不再具有以往私有制社会中待遇冲突的对抗性质，虽然各领域、各方面、各阶层、各团体之间，以及个人、集体、国家之间也存在着这样或那样的待遇冲突，但是，根本待遇是一致的，因而这些待遇冲突在本质上是非对抗性的。个人在获取自己待遇时，能促进集体待遇和国家待遇的发展；集体待遇增长了，对国家待遇和个人待遇也有好处；而国家待遇扩大了，也能够增加集体和个人的待遇。少数人的待遇实现了，先富起来了，可以带动其他大多数，共同富裕。

在非对抗性待遇冲突中，协商、对话、调整原有的待遇结构都是解决冲突的基本办法，由于非对抗性的待遇冲突各方的根本待遇是一致的，因此，这种待遇冲突可以通过冲突各方的协商、对话进行自我调整。这也是非对抗性待遇冲突与对抗性待遇冲突的根本区别之一。对于局部待遇与整体待遇、眼前待遇与长远待遇、个人待遇与集体待遇、集体待遇与国家待遇，以及个人之间、集体之间、各种群体之间的待遇冲突，我们都必须通过对话和协商的办法，通过待遇结构的自我调整加以解决。对于由于认识原因所造成的待遇冲突，要坚持批评与自我批评相结合、说服教育、疏通对话渠道等民主方法，在坚持团结—批评—团结的原则下加以解决，在这里尤其需要注意的是绝不能采取解决对抗性待遇冲突的办法来解决非对抗性待遇冲突。

第十六章　待遇与协调

待遇协调理论实质上是对时代问题的理论解答，不同的时代具有不同的时代问题，因而也必然会有不同的待遇协调理论。在中西方社会各自历史发展的不同阶段上，由于面临的时代问题不同，它们各自的待遇协调理论自然也就不同。时至今日，随着人类社会全球化进程的日益加快，一方面，整个人类相互之间的联系日益紧密，作为待遇主体的“人类”已经不再是一个与非人类相对立的纯逻辑意义上的存在了，“人类”这一概念已经充分获得了它的现实规定性，整个人类已真正作为一个整体存在而生存、活动和发展；另一方面，长期以来，尤其是近代以来积累下来的待遇矛盾和待遇冲突也以前所未有的方式空前凸显，诸如环境恶化、生态失衡、能源危机、资源枯竭、人的本质异化、信仰危机、道德失范等一系列全球性问题迎面袭来，成了人类全球化时代不得不予以认真关注的重大时代问题。全球化时代有着全球化时代的时代问题，全球化时代也有与之相适应的待遇协调理论。在这种背景下，能否探寻到一条能够适应当代人类社会发展需要的待遇协调之道，就成了研究待遇协调问题所必须回答的问题。在展开待遇协调问题的阐述前，必须首先明确待遇协调的九条原则：

待遇共建的原则。今天的中国，待遇冲突产生的原因是多种多样的，而其中相对落后的社会生产力所导致的待遇客体匮乏则是最主要、最根本的原因。这决定了现阶段的待遇关系的矛盾归根到底还是相对落后的生产力发展水平与人民群众不断增长的待遇需要之间的矛盾，也决定了中国基本路线、基本纲领、发展战略的设计必须以经济建设为中心，不能离开这个中心。而待遇关系的协调作为建设有中国特色社会主义的有机组成部分是与这样的发展战略、基本路线、基本纲领紧密联系在一起的。因此，协调和解决待遇冲突问题，其基础还在于发展生产力，做大“蛋糕”。

待遇兼顾的原则。兼顾社会不同待遇主体的待遇，并在兼顾各主体待遇的基础上突出弱势关怀，以维护社会待遇关系的均衡。

待遇共享的原则。共享待遇是广义的、全面的，包括中央与地方之间、不同区域之间、不同城乡之间、不同产业之间、不同群体之间都能够共享经济发展和社会进步带来的待遇。“共同占有、权力共使、利益共享、风险共担”是待遇共享制度设计的基本原则。

待遇综合的原则。待遇首先包括经济待遇、政治待遇、文化待遇等。待遇关系也是一个复杂的体系，包括经济待遇关系、政治待遇关系、文化待遇关系等。因此，协调待遇关系，还必须综合考虑以上各种待遇和待遇关系，亦即坚持待遇综合的原则。在这种待遇关系体系中，首要的、核心的就是经济待遇关系，经济待遇关系是政治待遇关系的基础，政治待遇关系是经济待遇关系的集中表现。文化待遇关系与经济待遇关系、政治待遇关系一样，是社会待遇关系不可或缺的组成部分，人类社会越进步，文化待遇及文化待遇关系的地位和作用就越重要。对于协调人们之间的社会待遇关系提出了新的、更高的要求，即遵循经济待遇、政治待遇、文化待遇等待遇综合的原则。

待遇保障的原则。待遇保障的原则，是指打造由个人、单位、社会保障组成的“三驾马车”，从多个角度和层次满足人们日益增长的待遇保障需要。

待遇补偿的原则。在中国的改革进程中，部分主体由于待遇受损而逐渐成为弱势群体。弱势群体的存在，使待遇差距扩大，待遇矛盾激化，危及社会稳定。因此，对改革中形成的弱势群体采取适当的待遇补偿，缓和待遇分化的加剧。

待遇制衡的原则。在社会主义市场经济条件下，待遇关系错综复杂，必须建立社会主义市场经济下待遇关系的制衡机制。待遇关系制衡机制主要包括：个人待遇服从集体待遇，局部待遇服从整体待遇，暂时待遇服从长远待遇，保障大多数人的合理待遇与限制少数人的不合理待遇。

待遇公平的原则。社会公平是人们普遍而基本的追求，待遇分配必须注重社会公平，正确反映和兼顾不同方面群体的待遇。

待遇调整的原则。中国目前正处在社会转型的关键时期。社会待遇

关系的整合、新旧观念的冲突、社会结构的重组、改革和发展的不平衡引发的社会矛盾尖锐。能否妥善调整好这些待遇关系、正确处理好各种待遇冲突，关系到国家是否能够长治久安。

16.1 待遇协调的目标

待遇协调的过程其实就是人们对彼此之间关系进行重新调整并使之秩序化的过程。所谓待遇协调的目标，也就是指人们对彼此之间原有的待遇关系进行调整之后所要达到的秩序化状态。待遇协调的目标是待遇协调活动的核心，它统摄着整个待遇协调过程，决定着人们对待遇协调途径和手段的选择。合理的待遇协调目标既是人类社会待遇协调活动应该追求的目的，也是人类社会待遇关系是否协调的判定标准。因此，选择并确定合理的待遇协调目标就成了研究待遇协调问题首先必须回答的问题。毫无疑问，待遇协调是人类为了解决待遇冲突问题而进行的有意识、有目的的活动，其根本目的就是解决待遇冲突问题，并使人们之间的待遇关系得以秩序化。但是，待遇冲突的解决、人们之间待遇关系的秩序化并不是一蹴而就的，而是一个过程。在这个过程中。人们实际上追求的待遇协调目标是一个由直接目标、核心目标和最高目标所组成的目标体系。如果说待遇协调的直接目标是追求待遇冲突缓解的话，那么，建立合理的待遇制度则是人类社会待遇协调的核心目标，而人的待遇全面而自由的实现则是人类社会待遇协调的最高目标。

16.1.1 待遇协调的直接目标

我们知道，现实社会生活中的待遇冲突不仅存在于不同的待遇主体之间，如个人之间、集团之间，以及个人与集团之间，而且存在于同一主体的不同待遇层面之间，如物质待遇与精神待遇之间、眼前待遇与长远待遇之间等等。在自发分工的条件下，虽然低烈度待遇冲突的存在，能够在某种意义上激发人们实现自身待遇的潜能，并进而促进人的待遇在更高水平上得以实现，但是，随着人们之间或者人的不同待遇层面之间的冲突不断激烈化，人们常常会忘记冲突其实只是人们实现待遇的一种手段，而错把冲突本身当成了目的，从而导致为了在冲突中占据有利地位或者为了在冲突中获得胜利而不惜一切代价、不计一切后果而倾力相争，这不仅会使冲突双方在冲突中耗损大量的既得待遇，而且会使冲突各方面临同归于尽的危险。另一方面，人们也常常会为了自身某一方面待遇的实现而不惜牺牲其他方面的待遇，从而导致人的待遇实现出现畸形化的现象，导致人本身在实现某一方面的待遇时内心处于极大对抗和冲突之中。当代人类在物质待遇极大满足的同时却出现了严重的精神危机就充分说明了这一点。如此一来，人类在实现自身某一方面的待遇时所感到的并不是快乐和幸福，而是痛苦和不安。作为人类对自身逐利行为进行有意识、有目的的调整的过程，待遇协调的直接目标就是缓解包括上述两个方面在内的待遇冲突，即一方面使人类社会的待遇冲突处于缓和状态，而不是激烈对抗状态，也就是说，使人类社会的待遇冲突保持在低烈度的范围之内；另一方面使人类社会待遇冲突的发展趋向从激烈对抗转化为相对缓和，而不是相反。

从人类社会待遇协调的历史来看，待遇冲突的缓解往往是待遇冲突各方妥协、退让的结果。当然，这种妥协和退让既有可能是被迫的，是不得已而为之的，也有可能是待遇冲突各方自觉自愿的选择。一般说来，当待遇冲突各方迫于某种外在强制力量的压力，或者是迫于对方的强制压力时，他们往往会不得不对自身的冲突行为有所收敛，不得不对自身的待遇要求作出某些妥协和退让，如此一来，人们之间的待遇冲突将会保持在一定的限度内，待遇冲突的激烈程度也会得到缓解，一种以强制力量为基础的新的待遇关系和待遇秩序将会随之建立。当然，当待遇冲突各方出于对待遇冲突结果的理性权衡，或者出于某种情感因素而对自身的某些实际待遇或者获利机会主动放弃时，人们之间的待遇冲突也会得到缓解。毫无疑问，通过强制达成待遇冲突的缓解是冲突各方屈服于强制压力而暂时对自身的冲突行为有所收敛的结果。因而，这种建立在强制力量之上的协调只能是表面的、暂时的。一旦待遇冲突各方的力量对比发生了变化，或者所依靠的强制力量有所削弱，这种表面上的“待遇协调”就会被新的待遇冲突所代替。而当待遇冲突的缓解是建立在理性权衡或情感的基础上时，待遇冲突各方的妥协和退让就是自觉自愿的，由此所达到的待遇协调自然要比强制协调稳固得多。当然，既然是妥协和退让，那就证明了他们的待遇要求起码在他们自己看来是合理的，只不过由于某种外在的原因，例如冲突各方实力均衡，对冲突后果是否会有利于自己无法把握，或者把握不大，冲突各方的共同情感等等，他们才不得不让出自己的某些待遇或者享有某种待遇的机会，因此，即便是建立在自觉自愿妥协和退让基础上的待遇协调也具有表面性和暂时性，它本质上同样是人的待遇由于无法得到全面自由的实现而作出的无奈的选择。

所以，一方面，无论待遇冲突各方的妥协和退让是强制的、被迫的，还是自觉自愿的，妥协和退让都没有使原有的待遇冲突得到解决，隐藏在经过妥协，退让所达到待遇协调背后的仍然是待遇冲突，由此而达到的待遇协调也就只能是表面的、暂时的、不稳定的，随着妥协和退让所赖以生存的基础的改变，原有的待遇冲突将会以新的形式再次爆发出来，待遇冲突的缓解并不等于待遇冲突的彻底解决，而只是待遇冲突激烈程度的减弱，存在于冲突各方之间的原有的对抗性待遇关系在本质上并没有得到解决。因此，待遇冲突的缓解只是待遇协调的开始。另一方面，待遇冲突的缓解也是人类社会实现其他待遇协调目标的基础，是待遇协调目标体系中的基础性目标。如果说人类社会的待遇协调过程实际上就是一个人与人、人与待遇对象以及人的不同待遇层面之间的关系从无序走向有序的过程，那么，待遇冲突的缓解就是这个有序化过程的起点。离开了待遇冲突的缓解，任何层面上待遇关系的有序化都将无从谈起。一个待遇冲突尖锐激烈的社会无论如何不能称之为一个待遇协调的社会，在一个待遇冲突尖锐激烈的社会里无论如何也是无法实现待遇协调的。因此，待遇冲突的缓解只能是待遇协调的初级目标，只有在待遇冲突缓解的基础上，人类才能建立起合理有序的待遇制度，才能实现最高的待遇协调目标，人类社会待遇冲突的缓解才能够秩序化、稳定化和持久化。

16.1.2 待遇协调的核心目标

任何待遇冲突的缓解如果没有与之相应的内在待遇制度、待遇格局或者待遇结构的支持，这种缓解注定就是暂时的、短命的。只有依赖于合理的待遇制度，人类社会的待遇冲突才能实现持续的缓解。马克思主义认为，个人是社会存在物。作为社会中的人，他活动的范围、性质和水平直接受制于他所处的社会历史条件向他所开放的可能性空间的性质和大小，尤其受制于他生活于其中的社会制度本身为他提供的人生舞台的大小。人是制度化的产物，尽管社会制度是由人制定的，是人为了实现自身的待遇而设计出来的，但是，一种制度一旦制定并付诸实施，那么，生活于该制度中的人，他的思想、他的行为、他的评价尺度和价值准则便不可避免地要受到这种制度的规范和引导。人的社会化过程实质上就是一个不断制度化的过程。人们在实现自身待遇的过程中之所以会发生排斥、对抗和冲突，就其实质而言，无疑是由于人们赖以实现自身待遇的制度本身造成的。因而，待遇协调最为关键和最为本质的是制度协调，是对人们赖以实现自身待遇的社会制度本身的合理化调整，或者换句话说，就是对人与人之间的待遇关系进行新的更为合理的重新定位。

既然待遇协调的核心和实质是对待遇制度的重新调整，或者是对人们之间待遇关系的重新合理定位，那么，待遇协调就决不仅仅是对原有待遇制度的单纯摧毁和破坏，而且是在摧毁和破坏的同时对新待遇制度的建立和发展。我们知道，制度本身不仅是有规范和约束的功能，而且也具有对符合制度要求的行为和思想的肯定和激励作用。就此而言，待遇协调除了我们通常所理解的诸如待遇协调是对人的逐利行为的约束等消极的意义之外，待遇协调同时包含着另外一层积极的意义，即通过建立新的待遇制度而对某些人或者人的某些方面的逐利行为进行肯定和支持。随着旧待遇制度的消亡，新待遇制度的建立，一些原来被否定或者被忽视的待遇行为可能会得到肯定和支持，而一些原来被肯定的待遇行为则有可能遭到抛弃或者彻底否定。可以说，制度本身正是通过对人的行为本身的这种规范和引导制约着社会发展的方向。当然，到底何种人的待遇或者人的何种待遇受到肯定和支持，抑或何种人、人的何种待遇遭到抛弃和否定，关键就取决于新制度到底是一种什么性质的制度。显然，作为人类社会待遇协调的核心目标，人们所追求的无疑应该是一个更为合理的待遇制度。

那么，什么样的待遇制度才是合理的待遇制度呢？应该说，所谓“合理”事实上是一个历史性概念，在不同的历史条件下“合理”概念的实际所指并不完全相同。就目前情况而言，作为人类社会待遇协调的核心目标，合理的待遇制度至少应该包括以下两个方面的内容：一是和谐的待遇关系。待遇制度实际上就是待遇关系的制度化，待遇关系是待遇制度的基本内容。一个合理的待遇制度首先应该是一个待遇关系和谐的制度。这种和谐，不仅是指不同的待遇主体之间关系的和谐，而且包括人的待遇的不同方面之间的和谐，以及待遇主体与待遇对象之间关系的和谐。通俗地讲，就是人与人之间、人与社会之间，人与自然之间，以及人的物质待遇与精神待遇、经济待遇与非经济待遇、眼前待遇与长远待遇等不同方面的待遇之间关系的和谐。一个待遇关系真正和谐的待遇制度，不仅是一个能够为每个人提供均等机会，保证所有职位向所有的人开放的制度，而且是一个顾及弱势集团的待遇，使处于社会最不利地位的人最有利的制度，也就是以20世纪美国政治哲学家约翰·罗尔斯（John Bordley Rawls）的正义原则为基础的待遇制度。一句话，一个待遇关系真正和谐的待遇制度，应该是一个机会均等和结果平等兼顾的制度。二是有利于促进人的待遇实现。人们之所以要协调彼此间的待遇行为，理顺相互间的待遇关系，其根本原因就在于为了更好地实现人的待遇，而不是相反。因此，越是合理的待遇制度就越有利于人的待遇的实现，而不是越来越成为人实现自身待遇的羁绊和障碍。总之，实现待遇关系的和谐与促进人的待遇更好地实现是合理的待遇制度不可分割的两个方面，缺一不可。当然，作为待遇协调的核心目标，既不应该直接就是待遇关系的和谐，也不应该直接就是个人待遇的增长，而是决定着待遇关系是否和谐以及人的待遇能否更好实现的内在待遇制度。一个人的待遇实现不断趋好的过程及一个人与人、人与自然以及人与自身之间关系不断和谐的过程，本质上应该是而且必然是一个待遇制度不断合理化的过程。

我们知道，在人类待遇协调的历史上，西方社会，尤其是近代资本主义社会曾经把个人待遇的增长作为待遇协调的目标。但是，从本质上讲，西方社会之所以会在追求个人待遇增长的同时造成人与自然、人与人以及人与自身关系的全面紧张，则是由西方社会待遇制度的内在缺陷造成的。近代以来，随着西方社会生产力的发展，人们的物质待遇获得了前所未有的满足，待遇对象有效供给的快速增加暂时掩盖和缓和了西方社会待遇制度的内在矛盾和缺陷。但是，随着资本主义社会的进一步发展，当人类社会跨入现代社会的门槛之后，这种待遇制度本身的缺陷所造成的矛盾和冲突开始以激烈的方式爆发出来，这就使各种各样的全球性问题空前凸显。事实上，全球性问题的凸显都是人类社会原有待遇制度本身的缺陷造成的必然结果，是同一条藤上的两个苦瓜。建立在自发分工基础上的旧的待遇制度既是造成多数人的待遇实现服务和服从于少数人的待遇实现的根源，同时也是人类社会全球性问题空前凸显的根源，正是这种旧待遇制度，不仅从根本上决定了生活于该制度之下的人们在实现自身待遇的过程中必然会产生人与自然、人与社会以及人与自身之间关系的紧张与冲突，而且决定了人的待遇实现必然是片面的、畸形的。因此，从本质上讲，要真正走出当代人类所面临的全球性问题的困境，根本之道就是要改变造成人类社会陷入全球性问题困境的旧待遇制度，建立一个即有利于所有人以及人的各方面待遇顺利实现，又有利于人与自然、人与社会以及人与自身关系和谐的新待遇制度。

总之，一句话，在这里，所谓合理的待遇制度就是指能够真正促进人们之间以及人的待遇不同方面之间实现良性互动的待遇结构或者待遇制度。它不仅决定着人与自然、人与社会以及人的各方面待遇之间的关系是否能够日趋和谐，而且决定着所有人的以及人的所有方面的待遇能否顺利、有效地实现。合理的待遇制度应该是一个和谐与发展两种价值取向有机统一的待遇制度，是一个把发展与和谐之间的动态平衡规范化的待遇制度，是一个以可持续发展为灵魂的待遇制度。以牺牲人的待遇实现为代价追求所谓的人与自然、人与社会以及人与自身之间的关系和谐，或者为了人的待遇实现而牺牲人与自然、人与社会以及人与自身之间关系和谐的制度都不能称之为合理的待遇制度，因而也就不应该成为人类社会协调所追求的核心目标。

16.1.3 待遇协调的最高目标

待遇协调的最高目标既是人类社会待遇协调应该追求的最高目的，也是判定人类社会待遇关系是否协调的最高标准和最高尺度。这个最高目标就是人的待遇全面而自由的实现。一方面，人类追求彼此之间待遇关系的协调归根结底应该是为了人的待遇的全面实现，而不是为了某个人或者某一部分人的待遇的实现，也不是为了人的某一方面的待遇的实现，更不是为了要人类放弃对自身的待遇实现的追求。同时，待遇协调也是为了追求人的待遇的自由实现，亦即为了人的待遇能够不受任何束缚或者阻碍地得以实现。另一方面，能否促进人的待遇的全面而自由的实现也是判定某种待遇关系是否协调的最高尺度，凡是能够促进人的待遇全面而自由实现的待遇关系就是协调的待遇关系；反之，则是不协调的待遇关系。也正是在这个意义上，待遇协调的最高目标无疑也是待遇协调的直接目标和核心目标是否具有合理性的判定尺度。

追求自身待遇的实现是一切活动的动因，离开了对自身待遇实现的追求，离开了人的待遇的实现，人类社会将无法发展，人类也将面临灭亡的危险。因此，追求待遇实现是人之为人一个不可缺少的重要特征。当然，作为现实的人，他应该是自然因素、社会因素和精神因素构成的有机整体，他的需要也是一个包括自然性的需要、社会性的需要和精神性的需要等多方面需要的统一体，因此，他的待遇也应该是物质待遇与精神待遇、经济待遇与非经济待遇、内在待遇与外在待遇、眼前待遇与长远待遇等各方面待遇的有机统一，他追求的待遇实现也应该是各方面待遇的全面实现。不仅如此，人的待遇实现也应该是自由的。人的待遇的全面实现与自由实现是紧密相连的，一个人的待遇要得到全面实现，他的待遇实现也必定是全面的。所谓自由实现不仅是指人的待遇可以不受任何阻碍而得到实现，而且是指人们的待遇实现将不再是强迫的，而是自愿的。正如马克思和恩格斯所描述的那样，"在共产主义社会里，任何人都没有特定的活动范围，每个人都可以在任何部门内发展，社会调节着整个生产，因而使我有可能随我自己的心愿今天干这事，明天干那事，上午打猎，下午捕鱼，傍晚从事畜牧，晚饭后从事批判，但并不因此就使我成为一个猎人、渔夫、牧人或批判者"。

我们知道，待遇协调本身是对人们逐利行为的规范与约束，是对人们之间原有待遇关系的调整，但是，这和待遇协调的最高目标并不矛盾。从表面上看来，待遇协调似乎是一种单纯的否定，然而，事实上，人们之所以要对彼此之间的待遇关系进行协调，最终是为了人的待遇的全面而自由的实现。就此而言，借口待遇协调而提倡禁欲主义，阻碍人的待遇实现，这本身就背离了待遇协调的最高目标。在这里，需要特别指出的是，待遇协调的最终目标不仅是人们整体待遇全面而自由的实现，而且也是个人待遇全面而自由的实现。应该说，待遇协调的最高目标是社会整体待遇全面而自由的实现，这是许多人都认可的，并且，为了社会整体待遇的实现，牺牲个人待遇在许多人看来也是合情合理的。但是，作为待遇协调的最高目标，人的待遇全面而自由的实现并不仅仅是指社会整体待遇全面而自由的实现，而且更为主要的是指个人待遇全面而自由的实现。这是因为，一方面，社会是由个人组成的，任何人类历史的第一个前提无疑是有生命的个人的存在。因此，不仅首先应该避免重新把"社会"当做抽象的东西同个人对立起来，而且应该避免把个人待遇与社会整体待遇对立起来，应该避免把社会整体待遇全面而自由的实现建立在牺牲个人待遇实现基础之上的错误做法。事实上，离开了个人待遇全面而自由的实现，社会整体待遇全面而自由的实现也只能是一句空话。另一方面，个人待遇与社会整体待遇的对立本身就是人类社会待遇冲突的反映，依靠牺牲个人待遇来使社会整体待遇得以实现，本身就是自发分工条件下人的待遇无法全面实现的具体体现，因此，作为待遇协调的最高目标，所谓人的待遇全面而自由的实现绝不是建立在牺牲个人待遇实现的基础之上的。当然，我们强调个人待遇全面而自由的实现是待遇协调最高目标的实质内容，并不意味着每个人都可以随心所欲地追求自身待遇的全面实现。自由本质上是对规律的认识和对规律的自觉遵从。因此，我们把人的待遇全面而自由的实现作为待遇协调的最高目标，既不意味着把待遇协调等同于对人的逐利行为的单纯否定，也不意味着把待遇协调看作是对个人逐利行为的单纯肯定，而是意味着人类社会的待遇协调归根结底是为了人的待遇实现能够有序化、合理化。

人的待遇全面而自由的实现，是作为共产主义社会基本原则和基础特征的“每个人的全面而自由的发展”在待遇协调目标上的具体体现，也是这一基本原则得以成为现实的基础性前提。马克思、恩格斯曾经提出，共产主义社会是一个以每个人的全面而自由的发展为基础原则的社会形式，因此，共产主义者的目的是“把社会组织成这样：使社会的每一个成员都能完全自由地发展和发挥他的全部才能和力量”。待遇协调的最高目标与共产主义社会的基本原则这种内在的一致性，是由人类社会发展的合规律性与合目的性的内在统一决定的。在马克思主义看来，一方面，与自然界的发展一样，人类社会的发展具有不以人意志为转移的客观规律性；但是，另一方面，人类社会的发展又与自然界的发展有所不同，人类社会发展的规律不是自发实现的，而是在人有意识、有目的的实践活动中形成和实现的，离开了人的有意识、有目的的实践活动就没有人类社会的历史，更没有人类历史发展的内在规律。人类社会的发展是合规律性与合目的性的有机统一。如果说共产主义社会作为人类社会发展的未来形式反映了人类社会发展的内在的客观规律性，是人类社会发展的必然趋势的话，那么，这种必然趋势并不能自然而然地实现，它必须通过人有意识、有目的的活动才能得以实现。在这里，所谓人活动的有意识和有目的性是指：一方面，在社会历史领域内进行活动的，是具有意识的、经过思虑或凭激情行动的、追求某种目的的人；任何事情的发生都不是没有自觉的意图，没有预期的目的的。不仅个人

的行为具有目的性，而且人们还可以根据社会的发展趋势自觉地调整自己的行为以及彼此之间的关系，从而使整个人类历史的发展也表现出某种合目的性来。另一方面，正如恩格斯指出的那样："历史是这样创造的：最终的结果总是从许多单个意志的相互冲突中产生出来的，而其中每一个意志，又是由于许多特殊的生活条件，才成为它所成为的那样。这样就有无数相互交错的力量，有无数个力的平行四边形，由此就产生出一个合力，即历史结果，而这个结果又可以看作一个作为整体的、不自觉地和不自主地起着作用的力量的产物。"这就是说，个人的活动是有意识的、有目的的，而这些目的却是相互冲突的，正是在这些目的的相互冲突中整个人类社会的发展才展现出了一种不以人的意志为转移的客观性、规律性。这样，所谓人类社会的发展是合规律性与合目的性的统一，就不仅仅表现为个人行为的合目的性与社会历史合规律性的内在统一，表现为人们根据社会历史发展的内在规律性有目的地对自身行为以及彼此间待遇关系的主动调整。待遇协调的过程就是人类通过对彼此待遇关系有意识地协调，从而使人的待遇行为更加符合社会发展规律的过程。因此，人类社会的待遇协调自然应该根据共产主义社会的基本原则，即每个人的全面而自由的发展来规定自己的最高目标。不仅如此，人的待遇全面而自由的实现是人的全面而自由的发展的基础和前提，离开了人的待遇全面而自由的实现，人的全面而自由的发展就是一句空话。在自发分工的条件下，由于人们被固定在特定的分工体系内，甚至个体本身也被分割开来，成为某种局部劳动的自动的工具，每个人都只熟悉个人生产的某一部分，从事社会的某一项固定的工作，他们所实现的待遇也只能是人的某些方面的待遇而已。并且，每个人都被强制性地固定在一定的范围内，从事着特定的工作，这个范围是强加给他的。人们常常被迫为了追求某一方面的待遇而不得不牺牲其他方面的待遇实现，常常被迫实现着某种特定的待遇，只要他不想失去生活资料，他就始终是这样的人。因而，所谓人的发展也只能是片面的、畸形的和不自由的。近代以来，人类社会所遇到的物质待遇和精神待遇的冲突、眼前待遇与长远待遇的冲突、经济待遇与非经济待遇的冲突，以及各种不同的待遇主体之间的矛盾和冲突事实上就是人们的待遇没有得到全面自由的实现而引发的冲突。因此，只有使人的待遇得到全面而自由的实现，人的全面而自由的发展才能实现，也正是在这个意义上，追求人的待遇

全面自由实现无疑应该是人类社会待遇协调的最高目标。

16.2 待遇协调的根据

如果说在前面关于待遇协调目标的研究中，我们集中阐释了待遇协调的标准和目的“是什么”的问题的话，那么，在对待遇协调根据的研究中，我们则要集中回答待遇协调“何以能”的问题。我们知道，在人类社会的历史发展过程中，不同的待遇主体之间以及同一主体的不同待遇方面之间不仅存在着矛盾和冲突的一面，而且存在着互相协调的一面，那么，人是根据什么来进行待遇协调的呢？我们认为，协调是一切生物得以存活和发展的基础性功能，离开了对自身与环境之间关系的协调功能，任何生物的存在都是不可能的，人也不例外。当然，人的协调功能虽然是从生物协调功能的基础上发展起来的，但是，人的协调功能又与单纯的生物协调有着本质区别，人的协调功能本质上是一种社会性协调，待遇协调就是建立在人的这种社会性协调功能之上的。待遇协调的过程是人们对自身的待遇观念、待遇行为以及彼此间待遇关系进行有意识调整的过程，待遇协调的主体是人，待遇协调的过程就是一个把人的主体尺度运用到待遇关系协调之中的创造性活动的过程，亦即最无愧于和最适合于他们的人类本性的过程，因此，待遇调整之所以能够进行，其根据还在于人性本身，在于人本身的理性、情感，当然，更主要的在于人们需要的互补性。当然，人是社会中的人，是在社会中从事实践活动的人，人类社会的待遇冲突之所以能够协调，归根结底是建立在人们的实践活动上并通过人们的实践交往活动实现的，因此，待遇协调的根据归根结底就在于人类社会的实践活动，在于人们实践活动之中存在的交往活动。只有在人类交往活动中，人类社会的待遇协调才找到了最为坚实的根据。

16.2.1 待遇协调与人的协调功能

应该看到，待遇协调是人们为了更好地实现自身的待遇而对自身的待遇观念、待遇行为以及彼此之间的待遇关系所进行的有意识、有目的的调整过程，那么，人为什么能够对自身的待遇观念、待遇行为和彼此之间的待遇关系进行协调呢？其根源何在？

显然，社会是人的社会，创造这一切、拥有这一切并为这一切而斗争的，不是历史，而是人，是现实的、活生生的人。在人类社会之外既没有社会历史的创造者，也没有人类社会待遇冲突的协调者，人是人类社会待遇协调的唯一主体，而人之所以能够对自身的待遇观念、待遇行为及彼此之间的待遇关系进行有意识的调整，其根源首先在于人具有从动物协调功能发展而来的特殊协调功能。

我们知道，协调功能是一切动物都具有的功能。例如，一只猎豹为了捕获一只正在草原上不断改变奔跑方向的羚羊，它就会相应地不断调整自己的奔跑速度和方向，直到抓获猎物，而羚羊为了逃命，也不得不拼命地调整自身的奔跑速度和方向，以求能够摆脱猎豹的追捕，猎豹和羚羊的这种不断改变自身速度和方向的过程，就是动物调整自身行为的过程。事实上，不断调整自身与环境的关系，如趋近食物、绕过障碍、躲避有害刺激是一切动物都具有的协调功能，就连单体细胞动物如变形虫也能够依靠自身所具有的刺激感应性而不断地调整机体同环境之间的关系，更不用说高等动物了。人的协调功能就是从动物的这种协调功能发展而来的。直到今天，在人的协调功能中，仍有一些协调功能与高等动物相同或相近，对此，当代科学进行了大量的研究。在生理学、心理学、医学等学科的研究中，对人的生理协调功能的研究已经引起了学者们的极大关注。他们的一些研究成果已经为人类消除某些协调障碍提供了理论依据。

当然，人除了和其他动物一样具有生物性协调功能外，还有着其他动物所不具有的协调功能，这就是社会性协调功能。对于人而言，要生存和发展，仅靠生物性的协调功能，仅靠人的生物本能是远远不够的，他还需要具有社会性的协调功能，社会性是人的协调功能的本质所在，这种协调是一种建立在社会劳动的基础之上、依靠社会性力量进行的协调。动物可以单纯地靠适应和利用现有的自然资源来生存和发展，而人则必须在适应自然界的同时通过劳动改造自然界来获得生存和发展的条件。一句话，动物仅仅利用外部自然界，简单地通过自身的存在在自然界中引起变化；而人则通过他所作出的改变来使自然界为自己的目的服务，来支配自然界。这便是人同其他动物的最终的本质的差别，而造成这一差别的又是劳动。人的劳动显然并不是单纯的动物式的本能活动，

而是一种社会性的活动，是人与人之间分工合作的过程。人们在生产中不仅仅影响自然界，而且也互相影响。他们只有以一定的方式共同活动和互相交换其活动，才能进行生产。为了进行生产，人们相互之间便发生一定的联系和关系；只有在这些社会联系和社会关系的范围内，才会有他们对自然界的影响，才会有生产。为了更好地支配自然界，人在不断地协调与自然之间关系的过程中，必须同时不断地协调人与人之间的社会关系，促进人们之间的合作，这是同一个过程的两个方面。因此，虽然人的这种社会性协调功能是以生物性功能为基础，是从生物性的协调功能发展而来的，但是，社会性协调毕竟和生物性协调存在着本质的差异。社会性协调和生物性协调存着四个方面的根本区别：第一，社会性协调是在人的意识支配下进行的，生物性协调则是生物的本能活动；第二，社会性协调以制造工具和使用工具，特别是运用制造工具的工具为基础，这是人类劳动区别于动物式本能的劳动的根本特点，也是社会性协调与生物性协调的根本区别之所在；第三，社会性协调的内容，不仅包括生产性协调，而且包括对社会关系的协调以及对人类精神世界的协调，而生物性协调，就其自身而言，虽然也存在对彼此关系的协调，但是，这种协调依然是由生物的遗传因素所决定的，属于本能性活动；第四，社会性协调随着社会实践的发展而迅速发展，而生物性协调只能在适应自然环境的过程中通过遗传性的改变而缓慢地变化。

事实上，人具有的这种社会性协调功能早就为思想家所察觉。中国战国时期的思想家荀子就曾经说过，人不同于牛马，人能群，彼不能群也。也就是说，在荀子看来，除了“人性恶”之外，人性还有社会性的一面，即“人能群”，正因为如此，人们之间的待遇冲突才是能够协调的。在西方，也有许多思想家在论及待遇协调何以可能的问题时，涉及到了人所特有的社会性协调功能。例如，亚里士多德就曾经明确认为，人天生是政治动物，对此，马克思曾经指出：“人即使不像亚里士多德所说那样，天生是政治动物，无论如何也天生是社会动物。”进化论的创始人19世纪英国生物学家查尔斯·罗伯特·达尔文（Charles Robert Darwin）曾经就认为人具有“社会本能”，这种“无论什么动物，只要它具有明显的社会本能（包括亲子的和孝顺的本能），当它的智能发展到人的水平或者接近人的水平时，它就一定能获得道德感或良心”。在他看来，“人的社会本能，必定是人在很原始的状态就已经获得了，甚至看来是类猿人祖先时期获得的”。显然，以往的思想家虽然触及到了

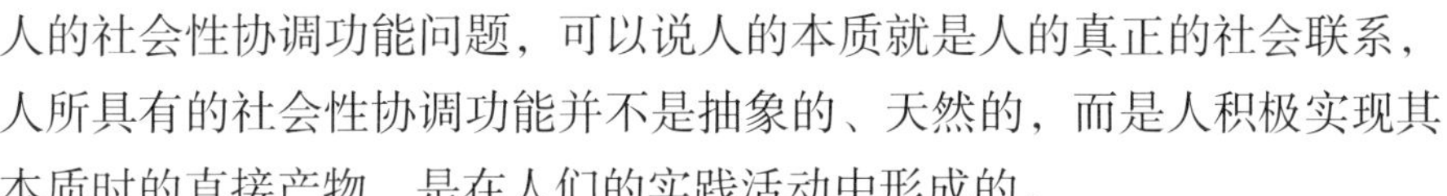

人的社会性协调功能问题，可以说人的本质就是人的真正的社会联系，人所具有的社会性协调功能并不是抽象的、天然的，而是人积极实现其本质时的直接产物，是在人们的实践活动中形成的。

总之，人类社会的待遇协调就是建立在人的社会性协调功能基础之上的协调。在人类社会的待遇协调过程中，人类一方面通过社会性的物质生产活动不断地协调着人与自然之间的关系，改善人的待遇实现方式；另一方面也通过对人们之间社会关系的直接调整实现着人与人之间待遇关系的协调。我们只有把待遇协调置于人的社会性协调功能的基础之上才能把握人类社会待遇协调的根据。如果离开了人所特有的社会性协调功能，离开了人的社会性劳动，我们就有可能简单地把人类社会的待遇协调当作一种纯粹的生物性协调，当成人的生物性本能的表现，甚至把待遇协调看成是人类社会之外的某种力量的表现，那么，我们就失去了正确把握待遇协调根据的根本方向。

16.2.2 待遇协调的人性根据

我们知道，待遇协调是人们为了满足自身的待遇需要而对自身的待遇观念、待遇行为以及彼此之间待遇关系进行的有意识、有目的的调整过程，人是待遇协调的主体，而人首先是根据自身的主体性来认识、把握和调整待遇关系的，他们处处把人的内在的主体尺度运用到待遇协调的过程中，在最无愧于和最合适于他们的人类本性的条件下，使人的待遇以更适合人的形式得以实现。因此，人类社会的待遇冲突之所以能够协调还有其内在的人性根据。

实际上，从人类社会待遇协调理论的历史演进来看，自从人类抛弃了把待遇协调的根据归之于人类社会之外的观念之后，思想家们便把目光投向了人性本身。在他们看来，人类社会的待遇冲突之所以能够协调，其根据就在于人本身所具有的人性。但是，由于不同的思想家对人性的具体理解并不相同，因此，在对待遇协调人性根据的认识上始终存在着情感论和理性论的对立与纷争。情感论认为，人类社会是根据人所具有的共同情感，如道德感、共同利益感、爱、同情、善端等来实现待遇协调的；而理性论则认为，人类社会的各种待遇之所以能够协调的根据并不在于人的情感因素，而在于人的理性，待遇协调就是建立在人的理性对情感冲动控制的基础之上的，是人理性选择的结果，离开了人的

理性，离开了理性对情感冲动的控制，就无所谓待遇的协调。那么，待遇协调的人性根据到底是什么呢？

情感论和理性论的对立和纷争并非始自今日，而是根植于中西方传统思想的肥沃土壤之中。早在古希腊时期，苏格拉底（Socrates）、柏拉图（Platon）、亚里士多德（Aristotle），甚至包括早期的毕达哥拉斯（Pythagoras）、赫拉克利特（Heraclitus）等人就把待遇协调的根据归之于人的理性或者德行，在他们看来，人类正是依靠自身所具有的理性对感性冲动的控制，使人的行为合理化，人类社会的待遇冲突才得以协调的。近代以来，西方资产阶级思想家们在反对宗教神学的同时开始从人性本身探寻待遇协调的根据。在他们看来，人性是自私的，人之所以能够应用自身的理性实现彼此之间的待遇协调，只不过是一种计算和选择的结果。因为如果人人都为了自身的待遇而奋斗，那么，所有人的待遇都会因为彼此之间的争斗而无法实现，为了避免这一结局，人们才不得不依靠自身的理性对自身的待遇行为进行约束，进而达到了待遇的协调。也就是说，虽然人是自私的，自私是人的本性，但是人类能够依靠自己的理性能力，通过经济的、政治的和道德的手段调整人们之间的待遇关系，维护社会秩序的和谐，实现彼此之间的待遇协调。17世纪荷兰哲学家贝内迪特·斯宾诺莎（Benedictus Spinoza）就曾经指出：凡受理性指导的人，亦即以理性作指针寻找自己的利益的人，他们所追求的东西，也即是他们为别人准备的东西。而在中国的先秦时期，被后人尊为“亚圣”的孟子则把待遇协调的根据归于人本身所具有的“善端”。在他看来，人与人之间的待遇关系之所以能够协调，其根据就在于人性本善。正因为人生来具有天赋的“善端”，因此，只要不断地扩充、发展人的恻隐之心、善恶之心、恭敬之心、是非之心，人就可以成为君子、圣人，人与人之间的待遇关系也就可以协调了。如果离开了人所具有的这种“善端”，那么，任何道德行为都是不可能的，任何协调也同样是不可能的。显然，在这里，我们并不能简单地把孟子所谓的“善端”理解为人的一种情感因素或者理性因素。尽管如此，有以下两点也是值得注意的：一是中国古代的先哲们和西方的思想家们都不约而同地把待遇协调的根据归之于人的某种先天因素，不论是从西方的理性论还是中国的性善论看来，待遇协调得以可能的根据都是人所具有的某种先天性的因素；二是从中西方待遇协调的历史演进看来，如果说西方社会侧重于把待遇协调的内在根据归之于人的理性，强调理性在待遇协调中的基础

性地位的话，那么在中国，随着孟子提出的性善论为思想界所认同，并且为寻常百姓所接受而逐渐成为中国社会的主流文化，中国社会事实上就把待遇协调的根据建立在了人所具有的先天“善端”之上。尽管存在于中国传统社会中的诸如“己所不欲，勿施于人”、“以度己之心度人，以度人之心度己”等观念也蕴含着某种“算计”在内，但与西方社会的理性相比，它并不具有西方理性的算计和权衡的内容，而是具有浓厚的道德情感色彩。因此，在中国传统社会中，待遇协调之所以可能，绝不是如近代资产阶级般权衡和算计的结果，而更主要的是人们之间共同情感的流露，是人们根据彼此之间的共同情感而作出的选择，就此而言，中国传统社会待遇协调的根据论无疑具有更多的情感论色彩。

现实社会中一些待遇冲突的协调的确是建立在人们之间共同情感的基础之上的，而有些待遇协调则是人们根据理性所作出的选择，因而，无论是西方的思想家们把待遇协调的根据归之于人的理性、社会本能，抑或是归之于人的情感，还是像中国古代哲人那样把待遇协调的根据归之于人的“善端”，都有一定的合理性。但是，需要指出的是，我们并不能因此就把待遇协调的根据归于人的某个方面或者某个具体的属性，例如情感因素或者理智因素，抑或社会本能。这是因为，单纯的情感论或者单纯的理性论都是片面的。情感论观点虽然突出了人们之间的情感在待遇协调中的基础性作用，强调了人的自然欲望的合理性以及人在待遇协调过程所具有的自愿性一面，但是，它弱化了人类理性在待遇协调中的作用，忽视了待遇协调过程同时必须具有的合理性一面；而理性论观点虽然突出了人的理智或者理性在待遇协调过程中的基础性作用，突出了待遇协调的强制性特征以及人在待遇协调过程中所具有的自觉性的一面，但是，它同时却忽视了人类的情感在待遇协调中的作用，同时，对理性的推崇使得待遇协调带有了某些禁欲主义的色彩，似乎待遇协调的过程就是一个单纯地约束自我欲望，牺牲自身待遇的过程。我们知道，人之所以成为人就在于人是自然的、社会的和精神的统一体，因而，现实的人性也应该是人的自然属性、社会属性和精神属性，情感与理性的复杂统一体，而不只是其中某一个方面的属性。单纯的自然属性或者单纯的社会属性、单纯的精神属性都不是现实的人性。同样，单纯的感性或者单纯的理性也不是现实的人性。因此，人性中的任何一个属性都不能构成待遇协调的人性根据，现实的待遇协调过程应该既是一个人根据彼此之间的情感而作出的调整过程，同时也是一个人根据理性选

择而进行的活动过程，是情感活动过程与理性活动过程的统一，是一个既合情又合理的自觉自愿的过程，而绝对不应该是一个单纯地基于共同情感或者单纯地基于理性选择作出的调整过程。

更为重要的是，不论是人们之间的共同情感还是人所具有的理性，都是在人们满足自身需要的活动过程中形成的，都是具体的、历史的。马克思曾经指出："真正的社会联系并不是由反思产生的，它是由于有了个人的需要和利己主义才出现的，也就是个人在积极实现其存在时的直接产物。"与人们之间真正的社会联系一样，人类社会的待遇协调并不是建立在某种抽象原则的基础之上的，而是建立在人们的共同需要、共同待遇之上的，人们的共同需要、共同待遇才是人类之所以能够协调的最终根据。因此，以人性为根据的待遇协调过程，本质上就是一个人类根据自身的共同需要进行的待遇协调过程。当然，我们认为共同需要、共同待遇是待遇协调的人性根据，这并没有否定人的理性或者情感在人类社会待遇协调中的重要作用。事实上，不论是人的情感还是人的理性，都是在实现共同需要、共同待遇的活动过程中形成的，并随着这种活动的变化而变化，因而，人的情感和理性都是具体的、历史的。在不同的历史条件下，随着人们共同需要和共同待遇的变化，他们所具有的共同情感及理性的具体内容是不一样的。如果把待遇协调的根据简单地归之于人的理性或者情感因素，那么，这种情感和理性事实上就是一种脱离社会、脱离历史的抽象情感和理性，就不再是人的情感与理性，从而，它们也就无法成为人类社会待遇协调的人性根据。

16.2.3 待遇协调的实践根据

毫无疑问，待遇的协调有其生物学根据，也有其人性层面上的根据，但是，待遇协调过程既不是单纯的生物本能过程，也不是人性的自然流露的过程，而是一个实践活动过程。待遇的协调归根结底要通过人的实践活动才能达成。离开了人类实践活动的待遇协调只能是纸上谈兵。而人类的实践活动既是一个客观的物质活动过程，也是一个人的意志参与其中的、有意识、有目的的创造过程。一方面，人是历史的"剧作者"，人类的历史就是在人类世世代代连续不断的、有意识、有目的的实践活动中创造的，是人的主体意识对象化的过程；另一方面，处于一定历史条件下的创造活动，又受到了前人所创造的既定历史条件以及

自身所碰到的既定环境条件的制约，人并不能随心所欲地进行创造活动，而必须根据历史本身的内在规律进行创造。也就是说，人同时又是历史的“剧中人”，他们的活动又要受到自己所创造的剧本的制约。人类社会的待遇协调就是在这种能动性与受动性统一、合规律与合目的性一致的实践活动中实现的。正是在实践活动中，通过人与物、人与人之间的物质交往、语言交往，人类一方面协调着待遇主体与待遇对象之间的关系，另一方面同时协调着不同待遇主体之间的关系。可以说，存在于人类实践活动之中的交往活动就是人类社会待遇协调得以可能的根本依据。

我们知道，劳动是人类最基本的实践活动，而劳动首先是人和自然之间的互动过程，是人以自身的活动来引起、调整和控制人和自然之间物质变换的过程。从待遇协调的角度来看，劳动的过程事实上就是人为了满足自身的需要，实现自身的待遇，通过自身的活动直接或间接地作用于外部自然界，实现人自身与外部自然之间物质、能量和信息交换的过程，也就是一个协调待遇主体与待遇对象之间的矛盾和冲突的过程。当然，人类只有以一定方式共同活动和相互交换其活动，才能进行生产。为了进行生产，人们相互之间便发生一定的联系和关系；只有在这些社会联系和社会关系的范围内，才会有他们对自然界的影响，才会有生产满足待遇需要的产品的可能。于是，人们的劳动不仅是个体的，而且是社会的，不仅具有特殊性，而且具有普遍性和互动性，例如科学研究工作，表面上看来似乎纯粹是个人的独立活动，但是，当我们从事科学之类的活动，即从事一种我们只是在很少情况下才能同别人直接交往的活动的时候，我们也是社会的，因为我们是作为人活动的。不仅我们的活动所需的材料，甚至思想家用来进行活动的语言本身，都是作为社会的产品给予我们的，而且我们本身的存在就是社会活动的产物。不仅如此，从劳动的目的来看，每个人虽然表面上为了满足自己的需要而劳动。但是，实际上，他的劳动内容已经超过了他自己需要的范围，是为了许多人的需要进行的。正如18—19世纪德国哲学家格奥尔格·威廉·弗里德里希·黑格尔（Georg Wilhelm Friedrich Hegel）所说的那样：“个别的人在他的个别劳动里本就不自觉地或无意识地在完成着一种普遍的劳动，那么同样，他另外还当作他自己的有意识的对象来完成着普遍的劳动：这样，整体就变成了他为其献身的事业的整体，并且恰恰由于他这样献出其自身，他才从这个整体中复得其自身。”因此，通过劳

动，一方面，个人为他人、为社会而劳动，而献身；另一方面，他人、社会又因此而使个人回复了自身。一句话，在劳动中，个人与他人相互承认，相互作用，互换其活动。正是在这种相互作用、相互确认的基础上，人类社会的待遇协调才能得以进行。在这里，虽然格奥尔格·威廉·弗里德里希·黑格尔在论述人与人之间的社会关系时有这样或者那样的缺陷，但是，他第一次把人类社会的待遇协调置于人类劳动的基础之上，从劳动的社会性解释人类社会的协调之所以可能却是非常正确和深刻的。可以说，人类社会的待遇冲突之所以能够协调，归根结底，其客观的根据就在于人类的劳动，在于劳动中形成的人与物，人与人之间的物质、能量和信息交换，在于人与物、人与人之间的互相确认、互相作用，离开了人类的劳动，离开了人类的交往活动，人类社会的待遇协调就无从谈起。

在这里，我们需要对20—21世纪德国哲学家、社会学家尤尔根·哈贝马斯（Jürgen Habermas）的交往行为理论，做一些简要的阐述。尤尔根·哈贝马斯的交往行为理论实质上就是一种协调理论，或者说是一种关于人们的交往行为合理化的理论。我们从尤尔根·哈贝马斯对“交往行为”的概念解释中不难发现这一点。如果说尤尔根·哈贝马斯早期把“交往行为”看成仅是以语言为媒介以理解为目的的行为，那么他后来把通过合法性的协调达至社会统一和个人、社会纳入“交往行为”的规定中去，是他从合理化理论角度对“交往行为”概念的解释作出了重要补正。综合尤尔根·哈贝马斯以上所说，我们可以把他关于“交往行为”的概念解释归纳如下：交往行为是至少两个或两个以上的主体间，以语言或符号为媒介，以言语的有效性要求为基础，以达到相互理解为目的，在意见一致基础上遵循（语言和社会的）规范而进行的、被合法调节的、是社会达到统一并实现个人同一性与社会化相统一的合作化的、合理的内在活动。应该说，待遇的协调过程就是一个人们之间交往行为的合理化过程，因此，从交往行为的角度来解释和把握人类社会的待遇协调，寻找待遇协调的合理化道路无疑是可取的。就此而言，可以说，尤尔根·哈贝马斯的交往行为理论实际上拓宽了待遇协调问题研究的思路，代表了当代待遇协调理论研究的前沿水平。但从交往理论的发展史来看，哈贝马斯并不是交往理论的鼻祖。早在17世纪英国哲学家约翰·洛克（John Locke）的理论中就已经包含着现代交往理论的雏形了。洛克的理论已经涉及了人与人之间的社会交往，交往的社

会目的与功能，交往的主要手段和形式以及交往的容忍原则。值得注意的是，一直把自己视为马克思主义者的尤尔根·哈贝马斯，他的交往理论和马克思主义的交往理论有着不可调和的分歧。其中，最为根本的分歧就在于，对于马克思主义而言，在人的一切交往活动中，最基本的交往是“物质交往”，而在尤尔根·哈贝马斯看来，最基本的交往是“语言交往”，他的交往行为理论就是以对人的言语行为的研究为出发点的理论，因此，在他看来，对交往行为“只有进行语言学的分析才是适宜的”。尽管如此，我们仍然应该看到，一方面，人们之间的语言沟通在待遇协调中的确占有非常重要的地位，因此，从语言哲学的角度来探讨待遇的协调无疑有其内在的合理性；另一方面，人类社会的交往活动是人类社会待遇冲突之所以能够协调的客观根据，因此，从交往行为的角度对待遇协调进行研究是合理的。就这两个方面而言，尤尔根·哈贝马斯的交往行为理论对于我们系统深入地梳理马克思主义的交往理论，并从马克思主义的交往理论出发对待遇协调问题进行深入研究具有非常深刻的启发意义。

16.3 待遇协调的途径

待遇协调，就其涉及的协调对象而言：一是对人的待遇观念和待遇行为的调整；二是对待遇对象有效供给的调整；三是对人与人之间待遇关系的调整。当然，这三个方面是密切联系的，对人的待遇观念、待遇行为的调整和对待遇对象有效供给的调整必然有利于待遇关系的改善，而待遇关系的协调也必然会促进人的待遇观念、待遇行为的变化和待遇对象有效供给水平的提高。同样，人们的待遇观念和待遇行为的变化必然会促进提高待遇对象的有效供给，而提高待遇对象的有效供给也会促进人们待遇观念和待遇行为的调整。由此出发，我们认为，待遇协调的基本途径包括三个方面：一是经济途径，即通过提高待遇对象的有效供给水平，促进人们的待遇尽可能地得到实现来达成待遇协调的途径；二是观念途径，即通过直接调整待遇主体的待遇观念和待遇行为动机来实现待遇协调的途径；三是制度途径，即通过直接调整人们之间的待遇关系，完善社会制度来达到待遇协调的途径。从中西方待遇协调历史的演进来看，如果说中国传统社会和西方中世纪坚持的主要是一种观念协调途径的话，那么，近代以来，西方社会所提倡的则主要是一种经济协调途径。应该说，单独的观念协调或者单独的经济协调都不能构成人类社会待遇协调途径的全部内容。只有把这两个方面有机地统一起来，相互协调，并在此基础上形成合理的社会制度，走制度协调之路，才能真正实现人类社会的待遇协调目标。片面地强调其中任何一种途径或手段的重要性，不仅无法真正实现人类社会的待遇协调，而且会影响到社会历史的发展进程，这在中西方社会的历史发展过程中已经充分地显现出来了。

16.3.1 待遇协调的经济途径

人类社会的待遇冲突实质上是人在满足自身需要的过程中产生的人与物、人与人之间的冲突，是人自身的待遇无法实现的冲突。待遇冲突的协调过程，归根到底就是解决需要主体与需要对象、待遇主体与待遇对象之间矛盾和冲突的过程。人的需要是人的“内在的必然性”或者“天然必然性”，因此，为了满足人的需要，为了解决人的待遇在实现过程中出现的矛盾与冲突，最为根本的办法就是尽可能地满足人对外在对象的占有和消耗，尽可能提供充足的待遇对象。这种力图通过努力提高待遇对象有效供给水平来实现人类社会待遇协调的途径，我们就称之为待遇协调的经济途径，或者称之为待遇冲突的经济协调。

待遇冲突的经济协调途径是人类社会待遇协调的基础性途径，是待遇冲突得以协调的根本，离开了经济协调的待遇协调只能是一种暂时的幻想。在人类社会中，待遇冲突的经济协调是通过发展社会生产，努力提高人类社会待遇对象的有效供给水平来实现的。我们知道，人的需要及其满足方式和动物有着本质的不同。尽管人的需要的满足，待遇对象的生产都离不开自然界，但自然界并不会给人提供现成的需要对象和待遇对象。人为了满足自身的需要，就必须进行生产劳动，只有通过生产劳动，创造出劳动产品，才能把“自在之物”转换为“为我之物”，才能使自然物满足自身需要，才能创造出人所需要的待遇对象来。马克思指出：“正如任何小动物一样，他们首先要吃、喝等等，也就是说，并不是‘处在’某一种关系中，而是积极地活动，通过活动来取得一定的外界物，从而满足自己的需要。”就此而言，人类的生产活动本质上就是解决人的需要与需要对象之间、待遇主体与待遇对象之间矛盾和冲突的活动，是创造待遇对象、创造社会财富的活动。如果没有生产，无法创造出一定的待遇对象，人的需要就无法满足，人的待遇就无法实现，人类社会待遇冲突也就无法协调，人和人类社会也就丧失了存在的前提和基础。不仅如此，人的需要与动物不同，动物的需要永远不会超出维持自身生命存续的自然生理需要，其需要对象是有限的，而人的需要超越了动物式的自然生理需要，人的需要对象也超出了自然物质的范围，人的活动也冲破了本能活动的牢笼，人以其需要的无限性和广泛性区别于其他一切动物。已经得到满足的需要本身以及满足这种需要的活动和手段，又会引起新的需要。因此，一方面，如果人类社会仍未达到物质财富极大丰富的阶段，待遇冲突作为一种社会现象就一直存在；另一方面，人类只有不断地进行生产和再生产，发展社会生产力，努力提高待遇对象的有效供给水平，才能缓解人类社会存在的待遇冲突，并为实现人类社会待遇冲突的最终协调解决准备条件。

社会生产是人和人类社会得以存在的前提和基础。任何民族，如果停止生产劳动，不用说一年，就是几个星期，就会灭亡，这是一个连小孩都知道的道理。因此，任何一个民族，如果不想灭亡，就一刻也不能停止生产劳动，停止经济活动，停止创造新的待遇对象。但是，在人类社会的发展过程中，由于生产方式、价值取向各异，中西方民族在各自不同的历史阶段上对待遇协调经济途径的评价和取舍并不相同。在中国古代和西方中世纪时期，尽管社会生产一刻也不能停止，但是通过发展生产，提高待遇对象的有效供给水平来实现待遇冲突的协调，至少在他们的待遇协调途径中并没有占据应有的地位，受到应有的重视。在中国古代，尽管从先秦早期的管仲、法家，到西汉的司马迁，再到王充，以及后来的事功派，都曾不同程度地凸显了提高待遇对象的有效供给、发展经济在待遇协调中的重要作用；但是，从总体看来，它们并没有成为中国传统社会待遇协调途径的主体，而欧洲的中世纪，禁欲主义盛行，待遇冲突的经济协调更是无从提起。这种情况的出现，固然与人们的价值取向有关，但更为重要的是与人们尚未掌握实现待遇冲突的经济协调手段密切相关；换句话说，与人们的生产手段、生产工具落后紧密相关，由于生产工具相对落后，人类还不能创造出更为丰富的待遇对象来满足人们的待遇要求，缓解人类社会的待遇冲突，因此作为待遇协调的根本途径和手段，经济协调的重要性尽管已经为人类所察觉，但是为了

社会的稳定，为了人类不至于在待遇冲突中毁灭，人类还不可能把经济协调作为待遇协调的基础性途径加以认肯和加以宣扬。相反，对待遇主体需要的约束和批判，努力压缩人的需要使之与并不发达的生产力水平和待遇对象供给水平相适应，就成了这种历史条件下唯一合理的选择。到了近代，随着科学技术的快速发展和广泛运用，蕴藏在科技之中的巨大力量被人类唤醒，从此人类掌握了能够创造出巨大物质财富和待遇对象的工具，待遇冲突的经济协调才作为人类社会待遇协调的基础性途径为人们所认可和坚持。可以说，近代以来，资本主义社会的待遇协调途径本质上就是一条依托科技发展的经济协调之途，在短短的几百年间，资本主义创造了比人类历史上所有物质财富的总和还要多的物质财富，人类的物质待遇获得了极大的满足。

时至今日，作为人类社会待遇协调的基础性途径和手段，社会生产和社会经济又在经历着翻天覆地的变化，这些变化概括起来讲，一是经济全球化时代已经到来。目前，经济全球化浪潮正以前所未有的方式和速度席卷整个人类社会的各个角落。面对这股浪潮，不管你赞成不赞成，是支持还是反对，都不能置身其外。在这种情况下，经济能否发展对任何一个国家都生死攸关，待遇协调的经济途径在待遇协调中的战略意义和政治意义空前凸显。尽管在经济全球化的进程中，发达资本主义国家以其强大的经济、科技实力的其先发优势，不仅占据了有利的跑道，而且形成了有利于自身发展的一套规则，但是，发展中国家除了无路可退之外，并非无路可走。它们必须而且只能充分利用经济全球化带来的机遇，在经济全球化的大背景下谋划实现待遇协调的经济之途，发展经济，创造更多的待遇对象，才能迎头赶上，再创辉煌。二是科学技术在经济发展中的地位愈来愈重要。“科学技术是第一生产力。”这是邓小平对科学技术在人类社会发展中重要地位的准确概括，是当代人类社会生产力发展的显著特征。没有科学技术参与其中的生产力就不能称之为现代社会的生产力，没有科学技术发挥重大作用的经济就不能称之为现代经济。如果说近代资本主义社会运用经济途径协调待遇冲突取得了巨大成就，是充分发挥了科学技术在经济发展中的重要作用的话，那么，现代社会要实现待遇冲突的经济协调，就更离不开科学技术的发展与运用。这对于发展中国家意义更为巨大。发展中国家只有充分重视和发展科学技术，正确认识科学技术在经济发展和社会进步方面的重要意义，才能发挥后发优势，实现经济和社会的跨越式发展。当然，这并

不意味着我们就是科技乐观主义者，对科学技术可能出现的安全问题、伦理问题我们同样需要给予高度的关注，要未雨绸缪，早做准备。三是知识经济时代初露端倪。世纪之交，曾经给人类带来辉煌的工业经济正在为知识经济所取代。知识经济是科学技术在经济领域、在社会生活中广泛运用的必然结果，及时抓住知识经济带来的机遇，积极推动知识经济的发展，是人类在新时代运用经济手段实现待遇协调的历史必然。但是，值得注意的是，作为一种新经济形态，知识经济的嫩芽才刚刚露出地平线，依靠知识经济的发展来实现人类社会待遇冲突的经济协调仍然存在着一定的风险，并且，知识经济和工业经济存在着千丝万缕的联系，它本身就是从工业经济的沃土中生发出来的，因此，以为彻底抛弃工业经济就能进入知识经济时代是一种不切实际的幻想，是某些人的一厢情愿。事实上，一方面，作为知识经济核心的知识、人才，如果没有工业经济提供的强大财力和物力，就根本无法生成，如果没有工业经济、农业经济提供的广大场所，知识、人才就丧失了最大的用武之地；另一方面，从人类历史不同经济形态的更替来看，从农业经济时代到工业经济时代，再到知识经济时代，新经济时代的到来并不是以抛弃传统经济为前提的，恰恰相反，在新经济时代，传统经济不是被削弱了，而是由于运用了新经济时代的手段而空前加强了。工业时代到来，使得农业也进入了工业化时代，同样，知识经济时代的到来，也必然会使工业进入知识化、信息化时代。因此，人类要在知识经济时代实现待遇冲突的经济协调，归根到底，就是要用知识化、信息化提升传统产业，使传统产业在知识经济时代焕发出新的活力，创造出更多的待遇对象，以满足人类的待遇需求。这一点对工业经济欠发达的国家显得尤为重要。

尽管待遇协调的经济途径是人类社会待遇得以协调的基础性途径和手段，但是，经济协调并不是待遇协调的唯一途径，人类社会还需要其他的待遇协调途径。尤其是在经济快速发展引发了一系列的环境问题的当代社会，情况更是如此。单纯地依靠经济发展，依靠待遇对象有效供给水平的提高来实现人类社会的待遇协调，更是受到了人们的普遍诘难，追求“稳态经济”、“零增长”成了许多环保主义者不遗余力为之奋斗的理想目标。应该说，就其对人类生存环境的关注而言，这些观点自然有其存在的合理性。但是，在一个人类发展并不平衡的世界里，这些观点却是不现实的，因为，经济发展是人类尤其是发展中国家实现待遇协调的基础性途径，离开了经济发展，离开了经济发展带来的待遇对象有效提供水平的提高，人类社会的待遇协调就丧失了物质基础，待遇协调就会成为一句空话。因此，对于发展中国家而言，发展经济仍然是社会生活中压倒一切的大事。如果经济不发展，所有的一切都无从谈起，这是一再被历史证明了的真理。问题的关键不在于发展不发展经济，而在于以什么方式发展经济。进一步而言，发展中国家应该走可持续发展之路，而不能走以牺牲生存环境为代价的发展之路。

16.3.2 待遇协调的观念途径

在社会领域内进行活动的，是具有意识的、经过思虑或凭激情行动的、追求某种目的的人；任何事情的发生都不是没有自觉的意图，没有预期的目的的。因此，人具有什么样的意识、什么样的激情无疑将对人的行为产生极大的影响，而人的行为能否被限定在一定的范围内，则直接决定着不同待遇主体之间发生待遇冲突的可能性和冲突的激烈程度。就此而言，如果能够对人的意识、动机或者激情进行有效的调控，如果能够对待遇主体的待遇观念、待遇行为直接进行有效控制并使之规范化、合理化的话，那么，人们的行为就会相应地得到调整，人与人之间的待遇关系自然趋于协调。这种力图通过直接规范和调控人的待遇观念来调整人的待遇行为，并进而实现待遇协调的方式，就是待遇协调的观念途径。显然，这种途径或者手段其实就是通过有效调整人的待遇观念、逐利动机及求利的价值取向来实现人类社会待遇协调的一种待遇协调形式。不难看出，待遇主体自身的待遇观念是这种调整的直接对象和主要对象。在这种形式的待遇协调中，人们总是力图通过对人的行为动机、思想观念和人的行为的直接调整和约束，使人的待遇观念能够适合待遇协调的要求，使人的待遇行为能够自觉地符合社会规范的要求。这样，人们在追求自身待遇实现的过程中就能够在这种观念的指导下自觉地调整自身的待遇行为，使自身的待遇实现与整个社会及其他人的待遇实现相协调。应该说，这种内在的待遇协调突出了人的行为具有有意识、有目的性的特征，突出了待遇主体在待遇协调中的主体地位。就此而言，这种形式的待遇协调无疑有其存在的合理性。

在人类社会中，待遇冲突的观念协调主要是通过宗教牵引和道德规范两条具体的途径来实现的。如果说前者以西方社会为代表的话，那么，后者则以中国传统社会最为典型。当然，这并不是说西方社会不追

求道德规范在待遇协调中的作用，也不是说中国传统社会的待遇协调就没有宗教的牵引作用。我们知道，宗教是人类社会发展到一定阶段时出现的一种社会现象。在宗教的最初形式——自发宗教阶段，宗教是人们出于对自然界的广袤无垠、自然现象的无法理解以及对自然力量的敬畏而形成的一种心理意识。到了阶级社会以后，随着人为宗教逐渐取代了自发宗教而成为宗教的主要形式，宗教的性质和功能逐渐发生了变化。如果说西方早期的原始基督教反映了犹太民族反抗压迫、寻求心灵慰藉的理想和观念的话，那么，随着基督教被定为“国教”，它开始成了统治阶级维护自身待遇而对人们的思想进行调控和钳制的工具。通过现世与来世、地狱与天堂、惩罚与奖赏等一系列说教，基督教宣扬上帝是宇宙的最高统治者，是社会秩序的源泉和人们之间关系协调的最终尺度，诱导人们放弃、逃避、蔑视人的现世待遇，转而追求天国的幸福和来世的待遇，其实质无非是转移人们追求的待遇目标和对人的来世生活神圣化，使人们放弃对现实不合理待遇制度的反抗，并使人们在神圣的名义下自觉自愿地调整自身的待遇行为以维护社会的长治久安。进入近代以来，宗教神学在近代思想家的连续批判和挞伐之下，其社会地位和影响力已大为降低，但是，直至今日，宗教信仰、宗教精神所奉行的对世俗生活的超越性仍然是西方社会实现待遇内在协调不可缺少的思想基础之一。如果说西方社会待遇冲突的内在协调主要是通过对人的宗教意识的提升而使人超越对世俗待遇的追求来实现的话，那么，在中国传统社会中，待遇的内在协调主要是通过社会的道德教化和个体的“反躬内省”，使外在的道德规范内化为人的道德自觉并通过个体自身的主动调适来实现的。在中国古代哲人们看来，待遇协调的对象是个人的思想和动机，如果能够对个人的逐利动机进行调整和约束的话，那么，人们之间的待遇关系自然也就会趋向协调，就会天下太平。为此，他们非常强调德育，亦即“学为人”的重要性。例如，《论语·述而》中记载：“子以四教：文、行、忠、信。”四教之中，行、忠、信都属于德育内容，都是教如何做人的，而文在当时也主要是指礼乐制度，因而，学“文”也包括了德育的内容。当然，德育的过程并不是一个单向的道德规范的灌输过程，同时也是一个个体的“反躬内省”的过程。这样，外在的道德规范就会逐渐内化为人的道德自觉意识和自律意识，从这种意识出发，人们就会主动地对自身的待遇行为进行调整和约束，人类社会的待遇关系就会趋向协调了。

如果真的能够使每个个体的待遇观念和逐利动机自觉地与其他个体、与整个社会的逐利趋向相协调，那么，人类社会的待遇冲突将不再存在，人类将生活在和谐与幸福之中。但是，这显然是一种理想状态。事实上，单纯的观念协调存在着两个致命的缺点：一是它以不触动社会现有的待遇协调规范的合理性为前提；二是对待遇内在协调的过分强调非常容易导致禁欲主义的产生和制度规范的弱化。观念协调是对人的待遇观念和待遇行为的直接调整。而这种调整在很大程度上是以承认一定待遇制度的合理性为前提的，观念协调的过程事实上就是调整人的行为观念使之符合这种待遇制度的过程。但是，问题在于，一方面，这种待遇制度的合理性是有待论证的，并且，事实上的确有许多待遇冲突就是由于这种待遇制度的不合理造成的。当然，强调观念协调的重要性和唯一性无疑在客观上暂时有利于维护现存待遇制度的稳定。一部分依附于原有待遇制度而获得某些特殊待遇的人将继续自己的“美好”生活，而另外一部分人不得不努力提高自己的“道德修养”来心甘情愿地遵守这种待遇制度和规范。如此一来，整个社会将在旧的待遇制度下“永享太平”。另一方面，出于对现有待遇规范自觉与不自觉的维护，人们追求自身待遇的合理性非常容易被忽视，人们往往会为了适合某种既定的待遇制度而牺牲自己的某些甚至大部分待遇，这就使得待遇的内在协调往往陷入了禁欲主义的泥潭。这一点在人类社会待遇协调史上已经表现得非常明显，并且，出于对个体道德自觉意识和自律意识的过分依赖和推崇，反过来又会弱化制度规范在待遇协调中的重要作用。这不仅掩盖了待遇协调制度需要不断合理化的问题，而且容易减弱对一些道德自觉意识不强的人的调整效用。因此，仅仅依靠观念协调是无法实现待遇协调的。

当然，从本质上讲，对观念协调的过分强调与社会生产力水平不高密切相关。在生产力水平相对低下的历史条件下，人作为个体的获利能力是相对有限的，他只有直接依靠社会全体才能满足自身的待遇要求。在这种条件下，每个人的待遇追求不仅在行为上而且在动机上都要与整个社会整体的待遇保持一致，只有这样，每个人的待遇才能够得以更好地实现，并且，在这种条件下，待遇对象并不丰富，只有对每个人的逐利动机进行调节，才能有效避免人们由于逐利而产生激烈的对抗和冲突，才能实现整个社会的待遇协调和社会稳定。随着社会生产力水平的不断提高，个人获取待遇的能力也随之增强，尤其是随着现代生产方式的确立和发展，个体在获取待遇的过程中对社会整体待遇实现的直接依赖性相对减弱，个体作为获取待遇的独立主体地位日趋突出。在这种情况下，为了更好地实现人们的待遇，一方面需要对个体的逐利动机的合理性加以确认以调动个体追求自身待遇实现的积极性，另一方面也需要对人们之间的待遇关系进行适当的调节以使人们能够明确自身逐利行为的界限，从而使人在追求自身待遇实现的同时不至于牺牲他人的待遇和社会的整体待遇。为此，人类社会所需要的待遇协调就不仅仅是对个人逐利动机、观念和行为的直接调整，更重要的是对人与人之间待遇关系的直接调整，是理顺人们之间的待遇关系，从而确保在承认个人逐利行为合理性的前提下，使人的逐利行为能够保持在合理的程度之内以实现彼此之间的协调。

16.3.3 待遇协调的制度途径

与待遇协调的经济协调和观念协调不同。待遇冲突的制度协调是指针对协调关系直接进行协调。是通过对人们之间待遇关系的重新定位和对人的待遇行为范围的限制来实现待遇协调的。如果说待遇冲突的经济协调对象是待遇对象，而观念协调的直接对象是待遇主体的观念的话，那么，待遇冲突的制度协调则是针对人们之间的待遇关系进行直接调整。我们知道，人是社会中的人，是处于一定待遇关系之中的人，尽管这种待遇关系是在实现自身待遇的过程中所结成的人与人、人与物以及人与自身之间的关系，是人自身活动的产物，但是，这种关系一旦形成，它就能够对生活于该待遇关系之中的人，包括他的思想、他的行为、他的评价尺度和价值准则起到规范和引导作用。一旦人们之间的待遇关系不再协调，那么无论作为待遇主体的人具有多么崇高的道德意识和自律意识，无论如何强调待遇的内在待遇协调，要实现人类社会的待遇协调目标都是不可能的。因此，如果说待遇冲突的经济协调和观念协调是基于一定待遇关系而进行的微调的话，那么待遇冲突的制度协调则是直接针对人们之间的待遇关系所进行的带有根本性和宏观性的调整；如果说待遇冲突的经济协调力图通过提高待遇对象的有效供给，而观念协调力图通过直接调整人的待遇观念来实现待遇协调的话，那么待遇冲突的制度协调则力图直接通过调整人与人之间的待遇关系，建立合理的待遇实现制度，从而使人能够在协调的待遇关系框架内调整自身的待遇

观念和待遇对象的有效供给，以实现人类社会的待遇协调。待遇冲突的经济协调和观念协调分别突出了待遇客体和待遇主体在待遇协调中的重要地位，而待遇冲突的制度协调则更为关注待遇关系对人的待遇观念、待遇动机和待遇行为的规范和制约作用；待遇冲突的经济协调关注的是待遇对象的有效供给是否充足，待遇冲突的观念协调关注的是人的待遇行为动机是否端正、待遇行为是否正当，而待遇冲突的制度协调关注的则是人们之间的待遇关系是否合理。

从人类社会待遇协调的历史来看，待遇冲突的制度协调通常是以国家协调的形式表现出来的。恩格斯指出："确切说，国家是社会在一定发展阶段上的产物；国家是承认：这个社会陷入了不可解决的自我矛盾，分裂为不可调和的对立面而又无力摆脱这些对立面。而为了使这些对立面，这些经济利益互相冲突的阶级，不致在无谓的斗争中把自己和社会消灭，就需要有一种表面上凌驾于社会之上的力量，这种力量应当缓和冲突，把冲突保持在'秩序'的范围以内；这种从社会中产生但又自居于社会之上并且日益同社会相异化的力量，就是国家。"因此，国家就是在控制阶级之间待遇冲突，实现待遇协调的需要中产生的，解决冲突、实现社会的待遇协调是国家的重要职能。这一点也已经为近现代许多思想家所认同。例如，当代意大利政治学家诺伯托·博比奥（Dialogo Intorno alla Repubblica）就认为："我们可以把社会看作经济、团体、意识形态和宗教的冲突发源和发生之地，而国家机构的任务则是通过或者调和、或者阻止、或者压制的方式来解决秩序冲突。"自从国家产生之后，人与人之间待遇关系的直接调整主要就是通过国家的调控来实现的。一般来说，国家通常是通过推进一系列的经济、政治、社会、文化、生态创新以及制定和执行一系列经济、政治、社会、文化、生态政策来进行待遇协调的，制度和政策是国家协调待遇冲突、调控待遇关系的主要手段。任何一项具体制度的建立或者一项政策的制定和执行都将使原有的待遇格局受到冲击甚至被打破，人与人之间的待遇关系也必将随着新制度建立和新政策的推行而发生新的变化。一般说来，新制度的建立和新政策的制定与执行既可以通过统治阶级的主动改革达到，也可以通过被统治阶级的革命来实现。当新制度和新政策不危及统治阶级的统治权时，这个过程就表现为改革，而当新制度的建立和新政策的制定与执行必须以推翻旧的统治阶级为前提时，这个过程就是一个新制度取代旧制度、新政策取代旧政策的过程，也就是一个待遇关

系重新调整的过程，是一个待遇冲突的制度协调过程。

值得注意的是，从本质上讲，国家所进行的待遇协调就其实质而言不过是为了统治阶级的需要而进行的协调，它在本质上是有利于统治阶级的，即便是国家所进行的待遇协调在客观上可能有利于国家内部各个阶级待遇协调、均衡地实现，但是，这种协调本质上仍然是为实现统治阶级特殊待遇服务的。这一点在人类社会的待遇协调史中已经得到了充分的体现。到了社会主义社会，国家进行的待遇协调，不论是在内容还是在性质和特征上都有了本质的区别。社会主义国家所进行的待遇协调归根结底是为了更好地实现广大劳动人民的待遇，而不是为了实现一小部分当权者的待遇，因此，社会主义国家所建立的一切制度和制定的一切政策归根结底是为广大劳动人民服务的，它们不是也不应该是少数人实现自身待遇的工具。就此而言，从理论上讲，社会主义国家所建立的一切制度和制定的一切政策与广大人民群众的根本待遇是一致的，不矛盾也不抵触的，即便是在实际的操作过程中偶尔也会出现一些冲突，但是，这种冲突也不具有对抗性质。

在对人类社会待遇冲突的制度协调中，法律制度是其中的核心内容之一。我们知道，法律和政治有着密切的联系。一方面，广义的政治本身就包括法律，任何社会的政治都不能离开法律而独处，法律是统治阶级推行和实施自己政治政策、维持有利于自身待遇的社会秩序的有力工具。正如19—20世纪法国哲学家马里旦（Maritain）所说：“每一种法律，从自发的、不加规定的集团条例到习惯法再到道道地地的法律，都有助于建立政治社会的重要秩序。”另一方面，法的关系实质上也就是政治关系，法律必须依靠国家政权才能得到执行。但是，法律并不完全等同于政治。从待遇协调的角度来看，如果说政治制度处理的主要是社会中具有宏观性质的待遇关系，如阶级之间的待遇关系，那么法律制度所要协调的则是社会生活各个方面的待遇关系；如果说人们力图通过政治手段来确立一种待遇制度的话，那么这种待遇制度只有通过法律的形式才能固定下来，也才能具有政治的形式和普遍的意义，这样，人们在待遇协调中的主观随意性就可以大大降低，从而最大限度地保持了待遇制度和整个社会的稳定。因此，法律作为一种比较定型的社会规范和准则体系在进行待遇冲突的制度协调中具有独特的优势，它与其他具体的制度和政策相比应该更具有稳定性和权威性。从人类历史的发展进程来看，法律和国家一样在实质上是统治阶级意志的体现，是维持有利于

统治阶级共同待遇的工具，但是，法律在执行其政治职能的同时，客观上也在执行着一定的社会职能，它能够使全体社会成员在一定的法律框架内实现自身的待遇而不至于因某些特殊原因出现激烈冲突和对抗，因此，强调法律制度的权威性对于整个社会的稳定具有至关重要的意义。早在古希腊时期，柏拉图就曾经指出："如果一个国家的法律处于从属的地位，没有权威，我敢说，这个国家一定要覆灭；然而，我们认识一个国家的法律如果在官吏之上，而这些官吏服从法律，这个国家就会获得诸神的保佑和赐福。"当然，保佑和赐福于国家的并不是神，但是，追求法律制度的权威性却是事关国家安危的大事。

总之，与待遇冲突的经济协调和观念协调相比，制度协调克服了它们的片面性，它不再是基于单纯的待遇客体或者待遇主体进行的协调，而是待遇关系的直接协调，制度协调是实现人类社会待遇协调的根本保证，离开了合理的制度作为依托，待遇的协调将无从谈起。当然，制度是人类行为的固定化，而人的行为却是不断变化发展的，因此，一方面，制度协调的范围总是落后于人的行为的范围，换句话说，在人的逐利行为中总有一些制度鞭长莫及的地方；另一方面，制度和政策的合理性总是相对的，在一定条件下合理的制度和政策，随着条件的变化就有可能变得不合理，并且，制度和政策是人制定的，也是由人来执行的，即便是合理的制度和政策，如果执行制度和政策的人本身素质不高，如果待遇对象有效供给不足，再合理的待遇制度和政策也无法达到协调待遇冲突的目的，因此，待遇冲突的制度协调并不排斥待遇冲突的经济协调和观念协调。但是，从以待遇冲突的观念协调、经济协调为主向以待遇冲突的制度协调为主是人类社会待遇协调方式和途径演变的基本趋势。随着社会生产力水平的提高，个人作为待遇主体的直接获利能力大为增强，尽管人们之间的联系随着分工的发展而日益密切，但是，个人已经不再需要通过直接为群体生产，然后再通过群体的分配才能满足自身的待遇需要了。个人直接地成了自身待遇的生产者、分配者和消费者，他们所需要的其他方面的待遇直接以自己为交换主体通过市场就能实现了。于是，人们开始直接为交换而生产了。尤其是在市场经济体制下，个人追求自身待遇的合理性为人们所认可，并且成了现代精神的一个重要特征。正如当代美国哲学家大卫·雷·格里芬（D. R. Griffin）所说的那样，"现代精神的一个独特的特征是：它已经逐渐地把人们通常所理解的那种自我利益看做至少是生活的某个层面（譬如说经济层面）

的可接受的基础。允许在市场上不受道德约束地追求自我利益的做法，其合理性当初竟然得到了道德上的证明”。因此，从本质上讲，待遇冲突的制度协调正日益成为人类社会待遇协调的主要方式，事实上适应了市场经济兴起和发展的要求。

当然，从不同的视角来划分待遇协调形式的具体表现是不同的。例如，从待遇协调运作的手段是否具有强制性以及强制性的程度来划分，待遇协调可以分为强制性协调、诱导式协调和自主式协调三种；根据待遇协调双方实力的强弱，待遇协调可以分为对称性协调和非对称性协调；从需要协调的待遇冲突的性质来划分，待遇协调还可以分为对抗性待遇冲突的协调和非对抗性待遇冲突的协调；从待遇协调的主体是否来自冲突主体本身，待遇协调可以分为内在协调和外在协调等等。在此，我们并不打算对待遇协调的所有形式进行详细阐释，而只是根据本书的宗旨，针对当代人类社会待遇协调存在的问题，从寻找适合当代人类社会待遇协调需要的待遇协调途径这一维度出发，对待遇协调的三种主要途径和方法进行了阐释。

16.4 待遇协调与发展

任何理论归根结底必须为一定的现实服务。我们认识世界最终是为了解决现实问题，为了改变世界，而不仅仅是为了理论本身而进行研究。对待遇协调问题的研究更是如此。如果我们的研究只是落实到抽象的理论层面，而没有对现实社会生活中的待遇协调问题作出必要的解答，那么，我们关于待遇协调问题的研究就只进行到了一半。所以，在对待遇协调问题进行了必要的理论层面的研究之后，我们有必要对当代中国社会的待遇协调问题作出一些自己的回答。我们知道，党的十一届三中全会以来，中国社会发生了翻天覆地的变化。当代中国社会已经进入了一个从自给、半自给的产品经济社会向社会主义市场经济社会，从农业社会向工业社会，从乡村社会向城镇社会，从同质的单一性社会向异质的多样性社会，从伦理社会向法理社会的全面转型期，一句话，进入了由传统社会向现代社会全面转型的时期。在这个时期内，中国社会转型中的城乡分离、结构转型和体制改革同步进行，以及人口超载和人

均资源相对匮乏等特点，使转型中出现的结构冲突、机制冲突、规范冲突、待遇冲突、角色冲突和观念冲突更加复杂，也使转型和发展中的稳定机制、协调机制和创新机制变得更加重要。一部分待遇主体的既得待遇将会受到消减，而另外一部分待遇主体的待遇将因他人待遇的减少而增加，人们之间的待遇冲突将不可避免地表面化、激烈化和尖锐化。改革开放初期通过放权让利使改革参与者普遍获利的时代已经基本结束，同一项政策能够获得所有人支持已经不现实，相反，因为直接涉及自身待遇的增减，它有可能得到了一部分人的支持，而导致另一部分人的反对，改革开放的难度将明显地增加。因此，能否建立和完善适合社会主义市场经济要求的待遇协调机制，使当代中国社会各待遇主体的待遇能够在彼此协调的基础上稳定快速地得到实现，已经成为关乎当代中国社会主义事业、关乎改革开放进一步健康发展的重大的历史课题。

早在18世纪，英国哲学家、经济学家大卫·休谟（David Hume）就提出了一个对后来西方哲学发展产生了深远影响的哲学问题，即事实与价值的关系问题。他指出："在我所遇到的每一个道德学体系中，我一向注意到，作者在一个时期中是照平常的推理方式进行的，确定了上帝的存在，或是对人事作了一番议论；可是突然之间，我却大吃一惊地发现，我所遇到的不再是命题中通常的'是'与'不是'等联系词，而是没有一个命题不是由一个'应该'或一个'不应该'联系起来的。"在休谟看来，"是"并不等于"应该"，从"是"并不必然能够推出"应该"，这就是著名的休谟问题。自从这一问题问世以来，"是"与"应该"、事实与价值之间的关系便成了此后西方伦理学讨论的重要课题。当然，在这里，我们并不想进一步讨论是否真的如休谟所说的那样，从"是"并不必然能够推出"应该"来，或者如后来的学者所进一步研究的那样，在何种情况下，从"是"的确推不出"应该"，而在何种条件下又能从"是"推出"应该"。我们只是认为，与休谟问题相关的是，在社会领域，许多"应该"最后都演变成了"是"，许多价值最后都成了事实。恩格斯曾经指出在社会历史领域内进行活动的，是具有意识的、经过思虑或凭激情行动的、追求某种目的的人；任何事情的发生都不是没有自觉的意图，没有预期的目的的。因此，如果人们认为是"应该"的话，那么，人们便会利用一切有利条件使这种"应该"变为现实，变为一种"是"，从而对整个社会历史的发展产生深远的影响。我们知道，待遇问题是关涉到人类社会生存和发展的根本性问题，因此，

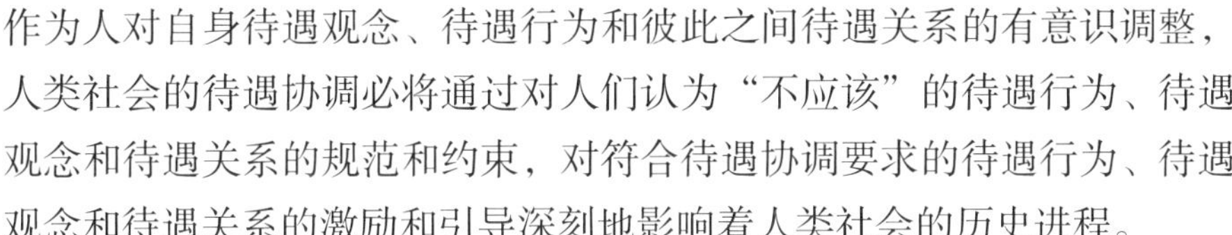

作为人对自身待遇观念、待遇行为和彼此之间待遇关系的有意识调整，人类社会的待遇协调必将通过对人们认为“不应该”的待遇行为、待遇观念和待遇关系的规范和约束，对符合待遇协调要求的待遇行为、待遇观念和待遇关系的激励和引导深刻地影响着人类社会的历史进程。

16.4.1 待遇协调与中国传统社会的历史演进

打开一部中国社会史，我们不难发现，中国传统社会的演进史主要就是一部封建社会的发展史。自周、秦直到鸦片战争，中国社会经历了长达两千多年的封建时期。在这个漫长的历史过程中，封建社会为了维护自身的稳定逐渐形成了具有鲜明的中国封建社会特色的待遇协调模式。如果说这种待遇协调模式在其建立的初期尚能促进封建统治的稳定和中国社会的发展的话，那么，随着这种模式的日趋成熟和僵化，曾经对中国社会的发展起过促进作用的待遇协调模式则逐渐走向了自己的反面，成了中国社会进一步发展的羁绊。

任何形式的待遇协调模式实际上都与人们的待遇实现方式密切相关，待遇协调模式在本质上就是为人们的待遇实现服务的。《国语·周语上》云：“夫利，百物之所生也，天地之所载也。”就连孔子在倡扬“君子喻于义，小人喻于利”的同时，也认为“富而可求也，虽执鞭之士，吾亦为之”。只不过在传统社会中，中国人所采取的待遇实现方式是间接的、集体化的，是建立在群体待遇实现的基础之上的。只有在群体待遇（主要是家族待遇）实现的基础上，然后再通过群体的分配，个体的待遇才能最终实现。换句话说，中国传统社会选择了一种人人为群体，然后群体再把待遇分配给个体，个体待遇的最终实现是经过群体实现和分配来间接达成的待遇实现方式。与这种待遇实现方式相适应，中国传统社会的待遇协调模式必然要以维护整体和谐和整体待遇的权威性为依归，而与之相反或者相对立的观念、行为则必然属于被抑制和被抨击之列。从先秦开始，对共同体待遇的维护，以及对能够给共同体造成巨大威胁的个人私利的抨击和批判就不绝于耳。如果说在先秦时期，人们只是把求义与求利的区别等同于君子与小人之间的差别，主张“先义而后利者荣，先利而后义者辱”的话，那么，到了汉代，董仲舒则进一步提出“正其谊不谋其利，明其道不计其功”，把人们对“义”和“利”的追求直接推到了绝对对立的两极。到了宋明时期，理学家们更

是将抨击的矛头直指“人欲”，主张“存天理，灭人欲”。从表面上看来，中国传统社会似乎对人们追求“利”的动机和行为持坚决反对的态度，“利”和“欲”一直是中国传统文化竭力剿灭的对象，但是，“饮食男女，人之大欲存焉”。南宋陈亮也说：“人生何为，为其有欲。”人不可能没有欲，人的待遇不可能不去实现，问题只在于到底应该采取什么方式去实现。实际上，在中国传统社会里，人们并不是也不可能对所有的“利”都反对，对所有的“人欲”都禁绝。严格意义上的禁欲主义在中国传统社会中是不存在的。他们反对的只是人们的“私欲”和“私利”，对于“公利”，他们非但不反对，而且是极力倡扬的。任何公利，如果最终不能落实到个体，落实到个人，那么，这种公利就只能是一个美丽的幻象，因此，中国传统社会反对“私利”，并不意味着反对任何个体待遇的实现，而只是反对个体对自身待遇的意识追求，只是反对人们在求利的价值取向上把个人私利作为唯一的和直接的行为动机。如同孟子所言，“为人臣者怀利以事其君，为人子者怀利以事其父，为人弟者怀利以事其兄，是君臣、父子、兄弟终去仁义，怀利以相接，然而不亡者，未之有也”。这就是说，如果人们都以追求自身的私利作为自身行为的准绳，那么，人们就会彼此相争而导致共同体的解体。是故，朱熹写道：“程子曰：君子未尝不欲利，但专以利为心则有害。”因此，“凡事不可先有个利心，才说着利，必害于义”。至于个人利益的最终实现，“正其谊，则利自在；明其道，则功自在”。这就是说，只要你能够为“义”而奋斗，那么，个人待遇便在其中了。换句话说，个人只需要完全彻底地为共同体的待遇而努力就足够了，至于个人待遇能否得到实现，那是共同体的事情，随着共同体待遇的实现，共同体自然就会把待遇分配给个人，个人的待遇也就得到了实现。因此，在中国传统社会里，待遇的协调是通过对人们逐利价值取向的矫正和规范，使其能够自觉地以共同体待遇为价值取向的方式来实现的。它所强调的是对个人追求自身待遇的动机和观念的道德抑制，就此而言，中国传统社会的待遇协调模式是一种以共同待遇为价值取向、以对个人逐利动机的引导为基点，以道德规范为主要手段的待遇协调模式。

应该说，这种待遇协调方式在本质上不仅与中国封建社会的待遇实现方式相适应，而且更重要的是适应于中国封建社会的生产力水平。我们知道，在中国封建社会时期，个人独立获利的能力相对较低，人们待遇的实现必须以一定的家族为单位才能达成，一家一户为单位的小农经

济和以血缘宗法为纽带的家族制度，一直是贯穿于中国封建社会发展始终的两个密切关联、互为表里的重要因素。小农经济的存在决定了在中国封建社会里个体并不能够成为待遇实现的直接现实单位，家族才是待遇实现的现实主体，个体的待遇实际上只有通过家族待遇的实现和家族的重新分配才能实现。而所谓的国家本质上不过是一个放大了的家族，不过是某一家的天下，所谓“皇帝轮流做，明年到你家”就充分表明了这一点。至于国家内所有的待遇对象、所有的个人实质上都是封建帝王的附属，即所谓“普天之下，莫非王土；率土之滨，莫非王臣”。在这种情况下，把待遇协调的着重点放在对个人行为价值取向的规范上，它使人们在行为之处就矫正了行为的方向，维护了共同体价值的至上性和权威性，维护了社会的稳定。在这里，我们也不难窥到中国封建社会之所以具有超稳定性的一点奥秘。

但是，这种待遇协调方式存在的问题也是明显的。首先，这种待遇协调方式将共同体理性化，甚至神圣化了。我们说过，这种待遇协调模式是以承认共同体待遇的优先性和至上性为前提的，应该说，仅就理论本身而言，这个前提并无不妥，并且，如果共同体真的如人们所期望的那样具有理性，或者简单地说，共同体的领导人英明的话，那么，人们的待遇的确是能够合理地得到实现的。但是，问题在于，从历史的真实来看，一方面，这种共同待遇事实上并不是真实的共同待遇，而是虚幻的共同待遇；另一方面，这种共同体本身并不具有人们所理解的纯粹理性或者神性，至于有些儒者竭力把封建社会的圣君说成是“通古今之故”、“烛万物之隐”、“赏罚予夺，不爽于毫发”，正如龚自珍所言，不过是为了抬高自己，“自售其学”。其实，所谓圣君在许多情况下对许多事情的处理，包括对个体的待遇分配既不公平、公正，也不合理。其次，这种待遇协调方式强调对个体价值取向的道德规范，但是却疏于对个体行为的制度制约和监督。我们认为，强调个体行为动机的崇高性、合理性无疑是正确的，也是应该推崇的，在这一方面，道德的引导作用也是毋庸置疑的，但是，仅靠个体行为动机的高尚既无法保证其行为必然具有合理性，也无法保证人们之间的行为关系必然是协调的。因为，只是注重人的行为动机而忽视其行为的效果，那么，这种动机是否合理、高尚是无法进行客观断定的。如此一来，一些人尤其是一些在共同体中身居要职的人就有可能用“高尚动机”为自己并不高尚的行为进行辩护。事实上，不是有许多人打着为共同体谋待遇的旗号谋一己之

私利、假公济私吗？因此，我们不仅要相信一个人的良心，而且要不给他犯罪的机会，否则，对个体行为动机崇高性的过度倚重，片面地强调“重义轻利”、“清心寡欲”，就很有可能导致普通个体待遇意识的淡化，导致社会制度对人们行为所具有的规范功能的弱化，这样，某些具体承担共同体待遇的特殊个体的私欲和行为就会失去控制，腐败就会成为社会的一大顽疾。最后，这种待遇协调方式对抑制个体私欲和集中个人待遇实现权的过分强调，容易抑制个体的创造潜能，减缓社会的发展速度。应该说，通过“灭人欲”，减少个体对自身待遇的直接需求，集中个体待遇实现的权利，的确能够在某种程度上减少待遇冲突，加强共同体对社会的控制力，实现社会的稳定。但是，任何人如果不同时为了自己的某种需要和为了这种需要的器官而做事，他就什么也不能做，因此，对“人欲”的过度抑制，对个体追求自身待遇合理性的彻底否定不可避免地会导致社会发展缓慢，而对个人待遇实现权的过度集中虽然有利于个体对共同体的忠诚，但是也容易导致个体为了不劳而获或者少劳而获对共同体的刻意顺从，容易导致社会个体的奴才化，以及人们创造社会财富能力的下降和分配社会财富“智慧”的增强，并进而削弱了社会发展的活力。到了近代，这种待遇协调的弊端终于在西方列强快速发展的比较下暴露了出来，曾经领先于世界文明的中国落后了。

16.4.2 待遇协调与中国近现代社会的曲折历程

如果说中国传统社会的待遇协调，本质上是一种国家对社会内部各集团、各个体之间关系的协调，是一种强势集团对弱势集团的待遇协调的话，那么，近代以来，随着列强的入侵，这种传统的待遇协调格局发生了根本性的变化。鸦片战争以后，一方面，对于国内的待遇冲突而言，国家仍然处于强势，所谓待遇协调仍然是国家对国内各待遇关系的调整，是一种强势集团对弱势集团的待遇协调，当然，与鼎盛时期的封建王朝相比，国家对社会的控制力已经大为减弱；另一方面，相对于外国列强而言，中国则处于弱势，所谓待遇协调实质是中国与列强之间的待遇协调，是一种弱势集团对强势集团的待遇协调，这是近现代中国社会待遇协调遇到的一个新问题，而且也是近现代中国待遇协调面对的核心问题。

在整个近现代社会中，尽管思想家们力图从理论上走出这种困境，竭力把对外的待遇协调与对内的待遇协调统一起来，以使近现代的中国能够在实现内在协调的同时也能实现外在协调，但是，不论是从思想史的实际来看，还是从近现代中国社会的实际演进来看，他们事实上并未走出这种困境。事实上，近现代中国的待遇协调方式本身就是矛盾的，不协调的。一方面，思想家们倡导个性解放，反对奴才主义，主张培养具有独立人格之国民，以期能够振奋国民精神，实现国家之富强。例如，早在戊戌时期，严复、梁启超等维新思想家就曾经指出，由于长期以来专制君主视国家为一姓之私产，视百姓为一己之奴隶，结果广大百姓就以奴隶、奴才自居，形成了严重的奴隶主义，只知道顺从，而不知自身的待遇，从而使民族精神衰退，国家不振。因此，梁启超认为："欲从事于铸国民者，必以自培养其个人之私德为第一义。"到了五四时期，培养人们的主体意识，树立个体人格之独立更是成为新道德的主要内容。陈独秀指出："欲图根本之救亡，所需乎国民性质行为之改善。"也就是要以"个人本位主义易家族本位主义"。直到1930年，胡适在回忆自己在五四时期的思想时还说："争你们个人的自由，便是为国家争自由！争你们自己的人格，便是为国家争人格！自由平等的国家不是一群奴才建造得起来的！"但是，另一方面，对个人权利的强调，对个人追求自身待遇的过分倚重不可避免地会产生与人们的期望相反的事实。如果人人都为了自身的待遇，人们便会因为彼此的待遇而激烈争斗，整个社会将会因此而动荡不安，陷入一盘散沙的状态。面对这种结局，近现代思想家又特别强调节欲、义务、利群和公德，主张"舍己为群"（蔡元培语）。显然，他们主张个人主义、个性解放是针对封建专制统治而言的，而所谓舍己为群、推崇团结则是针对帝国主义列强而言的。就此而言，近现代社会的待遇协调方式在自身的转换过程中就具有明显的反帝反封建性质。从表面上看来，在待遇协调方式上采取双重的价值取向、内外有别似乎并无不妥，但是，问题在于：一方面，尽管反帝和反封建同时作为近现代中国社会的主要任务并无什么不妥之处，然而，作为待遇协调模式的基本价值取向，追求个性解放和追求共同体的团结并不是天然统一的。无论在理论上，还是在现实实践中，它们两者应该如何统一在同一主体的思想和行为中都是一个值得深入探讨的问题。这使得近现代中国社会的发展不断徘徊于追求个性解放与追求全民团结这两者之间，要么强调民主、强调个性解放而陷入无政府主义，陷入一盘散沙，要么强调协调、强调团结而置个人正当待遇于不顾，甚至

草菅人命。另一方面，要知道，近现代中国社会的追求个性解放、主张利己主义本质上并不完全是全中国社会经济发展的道德要求，而是政治问题使然。在当时，中国社会并不存在像西方资本主义社会一样的坚持合理的利己主义的经济基础，没有发达的市场经济。并且，在列强环伺，瓜分中国之势已成的情况下，对个性解放的过度强调不可避免地会分散共同体的整体力量，从而使社会陷入一盘散沙的窘境，如此一来，强调个性解放要么只能是一种主观幻想，要么就正中帝国主义的下怀。这就从根本上决定了仅靠个人主义、自由主义在当时是救不了中国的。因此，到了20世纪，随着民族危机的进一步加深，把全体国民团结起来，尽快实现国民内部之间的待遇协调，集中力量，一致对外就成了我们必然的选择，追求全民族的团结就成了近现代中国待遇协调价值取向的事实选择。但是，如何把培养国民的独立精神与追求国民团结有机地统一起来仍然是一个有待解决的问题。

16.4.3 待遇协调与中国社会主义制度的确立

1949年10月1日，中华人民共和国宣告成立，从此中国历史掀开了崭新的一页。从1949年到1956年，经过多年的努力，中国基本上完成了“三大改造”，建立了社会主义公有制和计划经济体制，社会主义的待遇结构也随之建立，社会主义的待遇观念开始逐渐形成。从历史上看，由于苏联是当时世界上唯一的社会主义国家，苏联的社会主义模式就被理所当然地认为是社会主义的唯一模式。因此，新中国成立初期也基本上沿用了苏联的社会主义模式。自然，当时的待遇协调模式也烙上了深深的苏联印记。

我们知道，待遇的协调模式实际上和待遇的实现模式存在着高度的一致性，人们采取什么样的待遇实现方式，他们就会采取有利于这种待遇实现方式的待遇协调模式；换句话说，他们实际采取的待遇协调模式本质上有利于他们的待遇实现。随着社会主义公有制的确立，按劳分配成了社会主义国家待遇分配的基本原则，而这种原则实际上是通过一种高度集中的方式实现的。生产资料公有，生产过程集中，待遇分配自然也就非常集中了。人们在集体中劳动，为集体、国家生产财富，实现待遇，国家和集体再把待遇分配给每一个个体。就此而言，在这种模式的社会主义中，个体待遇的实现也是间接的，集体、国家是待遇的主要占有者和分配者，它们集中拥有了社会中的主要待遇对象和实际的待遇分配权力。当然，这种待遇实现模式和封建社会的待遇实现模式存在着本质的不同，虽然在这两种模式中人们待遇的实现都是间接的，都要通过一定的组织分配才能实现。社会主义的待遇实现建立在生产资料公有制的基础之上，而封建社会的待遇实现则建立在生产资料私有制的基础之上；社会主义国家是人民当家做主的国家，封建社会的国家则是少数统治阶级做主的国家，因此，在社会主义国家中，待遇的集中实现只不过是国家、集体组织人民进行生产，代表人民行使权力罢了，其本质是为了全体人民的待遇，而不是为了少数统治阶级的待遇。与这种待遇实现方式相适应，当时中国社会的待遇协调模式本质上就是为了维护这种具有高度集权性质的待遇实现方式而设计的。集体主义就是这种待遇协调模式的基本价值取向和实际上的核心原则。

不容否认，这种以维护集体待遇的至上性为特征的待遇协调模式在本质上是与中国成立初期的生产方式相适应的。当时，虽然中国在政治上取得了独立，但是，国民经济的基础仍然非常薄弱，生产方式仍然非常落后，用“一穷二白”来形容当时的情形是很准确的。与此同时，我们又面临着帝国主义的层层封锁，如何能够较为快速地使国家摆脱困境，实现全面独立是摆在当时中国人面前的一项急迫的时代重任。在这种情况下，强调个人待遇服从国家待遇、集体待遇无疑有利于我们实现国家政治经济的全面统一，有利于我们集中有限的力量建立相对独立完善的国民经济体系，打破资本主义世界对中国的经济封锁。应该说，这种待遇协调模式对于社会主义制度的确立、稳定和初期发展起到了积极的推动作用，功不可没。并且，这种待遇协调模式所崇尚的待遇协调观念，已经逐渐渗透到了每一个人的心灵深处，成了每一个人实际进行待遇调适时所采取的价值观念的重要组成部分，从而也成了我们在新形势下进行待遇协调不可或缺的道德和观念资源。

但是，我们也必须看到，这种待遇协调模式本身存在着一定的弊端，还需要进一步完善。我们知道，中国社会主义初期所采取的是一种层级式、自上而下的权力集中的待遇协调模式，个人待遇服从集体待遇、集体待遇服从国家待遇是其重要特征。这种模式存在着两个主要弊端：一是待遇的实现者和待遇的协调者重叠，权力过于集中而又缺乏有力的监督，党政不分、政企不分，官僚主义严重。在计划经济体制下，集体、国家既是待遇的实际占有者，又是待遇冲突的协调者，国家包办一切，权力过于集中而又缺乏有力的监督。二是分配上的平均主义、大锅饭。应该说，按劳分配是社会主义待遇分配的基本原则，如果能够真正实现按劳分配，平均主义是无容身之地的，但是，分配权力的高度集中，使得按劳分配只能成为一个抽象的原则，而在现实的待遇分配中平均主义却大行其道。同时我们在实际的协调过程中把集体主义原则简单化和片面化了，从而错误地把集体主义原则当成了强制个人待遇服从集体待遇的理论依据。在现实的社会主义实践中，我们对集体主义的理解出现了简单化和片面化的倾向，从而导致集体待遇的神圣化和个人待遇的合法地位在现代社会生活中的削弱，有些人甚至把个人待遇与个人主义等量齐观，加以批判，严重挫伤了人民群众的积极性和创造性，从而也就在一定程度上制约了社会主义制度优越性的发挥和社会主义事业的发展。不难发现，社会主义制度的确立从根本上改变了中国社会待遇协调的基础，从而为传统社会待遇协调模式的近现代转型提供了坚实的制度保障，但是，在现实社会进程中，计划经济的存在却使这一转型并没有顺利地得以实现。随着我国改革开放新时代的到来和社会主义市场经济体制的逐步建立和完善，进一步完善社会主义的待遇协调体制，革除原有体制存在的弊端，实现待遇协调方式的全面转型，不仅已经成为当代中国社会待遇协调的当务之急，而且这种转型的社会基础条件也已初步具备。

16.5 待遇协调的背景与出路

党的十一届三中全会以后，中国进入了以建设社会主义现代化为目标的改革开放新时期。改革开放的过程实际上就是一个待遇关系重新调整的过程，亦即待遇关系重新协调的过程。如果说改革实质上是对国内各种待遇关系的重新调整的话，那么，如何在全球一体化的背景下实现中国与其他国家尤其是西方发达国家之间待遇关系的全面协调，则是中国对外开放过程中无法回避的一个核心问题。需要指出的是，这种调整绝不是在原有待遇协调体制下进行的调整，绝不是用原来的待遇协调模式来简单地规范当代中国社会中的待遇关系，而是一个探寻新的待遇协调模式并同时以此为规范对新的待遇关系进行协调的双重互动过程。

当代中国社会的待遇协调实际上所涉及的不仅仅是怎样协调的操作性问题，而且涉及到用什么来协调的模式选择问题，涉及到待遇协调模式的转型问题，并且后者比前者更为根本和更为重要。在这里，我们所要论述的当代中国社会待遇协调的困境与出路主要就是指当代中国待遇协调模式转型过程中所面临的困境和出路。

16.5.1 当代中国待遇协调的背景

当代中国社会正处于一个社会结构全面转型的新时期，在这一时期，人的待遇观念、待遇行为以及人们之间的待遇关系都发生着一系列新的变化，社会生活中各种各样的待遇冲突空前凸显。显然，中国传统社会的待遇协调模式已经无法完全适应社会发展的需要，但是，当我们试图构建新的协调模式，努力促进传统待遇协调模式的现代转型时，我们却遇到了一系列前所未有的冲击，陷入了各种难题相互交织的困境。

（1）经济全球化的冲击。我们知道，作为一种社会变迁过程，近代以来的人们早已在承受着经济全球化浪潮的冲击，只不过进入当代社会以后，人们才感受到了经济全球化浪潮的强烈震撼。在当代，面对经济全球化浪潮，不管你赞成不赞成，是支持还是反对，都不能置身于这股浪潮之外。从前有句老话："惹不起，还躲不起？"可在经济全球化的今天，惹不起，可能也躲不起。闭关锁国，脱离世界经济一体化的历史进程，不仅当代中国经济的发展会走上绝路，而且整个中国的现代化建设都有可能落空。但是，问题在于，经济全球化肇始于近代西方资本主义的对外扩张和世界性发展，其本质是西方资本主义势力扩张在当代社会的逻辑延续。时至今日，发达资本主义国家在全球化的进程中以其强大的经济、科技实力和先发优势，不仅占据了有利的跑道，而且形成了有利于自身发展的一套规则。因此，在当代人类社会全球一体化进程中，发达国家和发展中国家以及落后国家所面对的机会是不平等的，从中获益的大小也是有差别的。改革开放以来，中国的综合国力有所增强，人民群众的生活水平有了明显提高，但是，与发达国家相比，中国仍然是发展中国家，国际竞争力还比较弱。因此，参与经济全球化进程，就使得当代中国社会在待遇协调模式的选择上陷入一种两难境地：一方面，随着社会主义市场经济体制的逐步建立和完善，当代中国社会的待遇协调模式必须与社会主义市场经济发展相适应，具体来说，就是

要使待遇主体、待遇关系明晰化，使个人、企业成为真正独立的主体，坚决打破传统的待遇协调模式中待遇主体单一、国家包办一切、各待遇主体之间的待遇边界不明的状况，允许多元待遇主体的存在与发展，把企业、个人推向市场，主要通过市场竞争和市场调节来实现各待遇主体的待遇。当然，这里的市场并不仅仅指国内市场，还包括国际市场。但是，另一方面，市场本身并不能解决一切，何况，在国际市场中，中国作为发展中国家，在世界经济交往的弱势地位比较明显。从国内实际出发应该采取的待遇协调模式与从国际交往的实际出发应该采取的待遇协调模式之间存在着冲突：就国内情况而言，当代中国社会的待遇协调模式应该鼓励竞争，强调追求自身待遇的合理性，国家应该在待遇协调上放权，使企业、个人更多地通过市场来协调彼此之间的关系；而就国际间交往的情况而言，当代中国社会的待遇协调又应该强调各待遇主体之间的团结与协调一致，应该保护好自己的民族经济，防止一些尚显稚嫩的民族经济在大风大浪中过早地夭折。放手不管至少在现阶段是危险的，也是有害的。

（2）全球性问题的冲击。这种冲击实质上是当代人类社会待遇协调模式转型的普遍性对当代中国社会的待遇协调模式转型的特殊性的冲击。进入20世纪以来，西方近代以来所形成的全球化浪潮在席卷人类社会各个角落的同时，其负面影响也开始凸显，各种各样的全球性问题使整个人类的生存和发展陷入了严重的困境之中。全球性问题的凸显直接引发了当代人类对传统观念和行为的反思，一些近代以来一直为人们所推崇的观念和行为受到了当代人类的尖锐批判。可以说，当代人类社会的待遇协调模式也处在一个全面转型时期，只不过，这种转型是从现代向后现代的转型，或者说，是从工业社会向后工业社会的转型。应该说，作为当代人类社会的一部分，当代中国社会待遇协调模式的转型自然应该与人类待遇协调模式转型的方向一致。但是，我们知道，从近代开始，中国和西方发达国家之间在进入近代社会的时间上就存在着明显的错位。当西方国家已经踏入近代资本主义社会的门槛时，中国还处于明末清初的封建时代，而当中国在西方列强坚船利炮的攻击下被动地踏进近代社会的大门时，西方资本主义国家已经完成了第一次工业革命，资本主义制度已经确立起来了。到了今天，当西方发达国家已经开始着手解决后现代社会、后工业社会的一系列问题时，中国才开始真正切实地走向现代社会。毫无疑问，当代中国社会正处于一个从传统社会向现代社会全面转型的时期。建设一个现代化的强国是当代中国社会发展的根本方向，也是近代以来中国人孜孜以求的奋斗目标。因此，当代中国社会和西方社会所面对的主要社会问题是不一样的。但是，问题在于，随着全球一体化进程的加快和中国改革开放的进一步深入，西方发达国家面临的一系列后现代问题在中国的现代化进程中也日益凸显。环境污染、能源危机、资源匮乏，以及物质待遇与精神待遇的冲突日益突出等一系列问题也开始在中国有所显现，有时还非常突出。如此一来，中国在现代化的进程中又不得不提前面对发达国家才面对的问题，当代中国社会待遇协调模式的现代转型所面对的不仅仅是如何现代化的压力，而且还面临着后现代化的压力。一方面，当代中国社会的待遇协调模式必须适应中国社会从传统社会向现代社会全面转型的要求，把建立现代化的待遇协调模式作为当代中国社会待遇协调模式转型的基本价值取向；另一方面，当代中国社会的待遇协调模式又要避免西方社会现代化进程中所出现的失误，避免西方现代化待遇协调模式的缺陷，把后现代的待遇协调模式作为当代中国社会待遇协调模式转型的价值取向之一。从理论上讲，西方国家现代化过程中的经验和教训能够给我们提供前车之鉴，这样，当代中国社会的现代化建设就可以避免走"先污染，后治理"的弯路。但是，要知道，一方面，历史是不能假设的，也并不是所有的历史阶段都可以跨越，可以提前的。另一方面，"后现代"是对"现代"的反动，"现代"与"后现代"本身就是两种取向不同的价值观念，虽然我们在现代化的进程中应该避免西方现代化过程中的失误，但是，这并不意味着我们就不再搞现代化建设，走向现代化是当代中国社会的基本趋势。如此一来，当代中国待遇协调模式在价值取向上就陷入了一种双重冲击之中。一方面，从当代人类社会待遇转型的趋势来看，当代中国社会的待遇协调模式不应该再把提高待遇对象有效供给的水平作为待遇协调的根本之道，何况一些全球性问题在当代中国已经有所显现；另一方面，由于东西方社会传统、经济基础、政治制度和历史进程各异，当代中国社会和西方社会面对的主要问题存在着很大的不同，西方发达国家现代化的生活方式是建立在对自然资源大量消耗的基础之上的，而当代中国社会尚未完全现代化，发展经济，改善人民生活，增强国家的综合国力，实现现代化的生活方式仍然是当代中国社会的主要任务。当然，当代中国社会的现代化再也不能走依靠大量消耗自然资源的老路了，因为，西方发达国家在自身现代化的进程中对自然资

源的大量消耗已经给整个人类社会存在和发展的环境造成了极大的危险，我们实在没有更多的自然资源可以消耗了。但是，如何在发展经济与保护环境上达成一致，却成了当代中国社会必须解决的理论和现实难题。

（3）中国传统待遇协调模式的冲击。应该说，当代中国待遇协调模式的现代转型就是在中国传统待遇协调模式的基础上进行的，就此而言，传统待遇协调模式并不能给当代中国待遇协调模式造成冲击，若有什么影响的话，那么，这种影响也不可能构成冲击。我们说传统的待遇协调模式之所以能够给当代中国待遇协调模式造成冲击，一是针对传统待遇协调模式的束缚作用而言的。我们说改革是一个待遇调整的过程，但是这个调整过程绝不是简单地用传统待遇协调模式对新的待遇关系进行规范的过程，而是一个探寻新的待遇协调模式并以此为基础对新的待遇关系进行规范的过程。在新的待遇协调模式尚未完善之前，传统待遇协调模式的惯性还会对人们的协调行为和协调观念产生影响，人们在新的待遇协调模式出现失误或者其价值取向一时难以确定的时候，都会自觉不自觉地受到传统协调模式的牵引而退了回去。二是针对当代西方社会对中国传统待遇协调模式的推崇而言的。20世纪以来，随着西方一些思想家对近代以来西方待遇协调模式的反思和诘难，中国传统待遇协调模式开始被一些思想家当成了济世良药而加以推崇。在他们看来，中国传统待遇协调方式注重和谐，强调节欲，推崇集体待遇至上，这是克服近代西方待遇协调方式弊端的有效办法。有些人甚至明确指出，人类如果要在21世纪生存下去，就应该去吸收孔子的智慧。实事求是地讲，中国传统社会的待遇协调方式有着自身独特的优越性，在全球一体化的今天，西方发达国家能够从中国传统智慧中汲取营养、取长补短也是非常自然的事情。并且，以强有力的国家来整合社会各方面并调控发展的不平衡性；国家、民族、社会、集体的待遇高于个人待遇；尊重个人，但不导向自我中心的个人主义；民族间、人民间、人际间的和谐、协调比冲突、紧张更为重要；比重视个人自由和个人权利的膨胀更重视家庭的稳定和谐和良好的社会秩序；比重视物质生活更重视文化教育；提倡忠孝信义的道德观念，肯定节俭、勤劳、忠诚、奉献、敬业的个人品质；强调民族自尊、自信、自强意识和国民的凝聚力，如此等等，是包括中国在内的整个东亚现代化的成功经验，是东亚经济持续发展、社会秩序日趋稳定的内在基础。因此，无论是从中国传统社会待遇协调模式的自身特点来看，还是从东亚现代化成功的经验来看，抑或从当代中国社会

待遇协调模式现代转型的可能性来看，我们都无法割断与中国传统待遇协调模式的内在关联。但是，我们必须清醒地认识到中国传统社会协调模式的缺陷。由于中西方所处社会时代的错位，当代中国社会面临的不仅有反对资本主义，矫正资本主义待遇协调不合理性的重任，而且面临着反对封建待遇观念，彻底转变封建社会待遇协调模式不合理性的重任。因此，正如邓小平明确指出的那样："中国有自己的特点，所以我们只能按中国的实际办事，别人的经验可以借鉴，但不能照搬。"在这里，所谓"别人的经验"主要就是指西方国家的建设经验，它不仅包括西方国家以前的经验，而且也包括西方国家今天的经验，不仅包括它们对待自身传统文化的经验，而且也包括它们对待中国传统文化、传统待遇的经验，所有这些，我们都不能照搬。要知道，当代西方国家对中国传统文化、传统待遇协调模式蕴含的价值观念的赞赏，这本身就是从西方国家自身现实出发的，是为了满足西方走出现代化困境的需要，而不是从中国的实际出发，为了满足中国社会现代化建设的需要，因而，这种崇尚中国传统价值观念的思想本身就是一种"新的西方中心论"。只不过，与传统的西方中心论相比，新的西方中心论不是否定，而是肯定中国传统文化的价值观念，因而它更容易迷惑人，也更容易为当代中国人所认同。这种建立在西方中心论基础上的思想一旦与中国传统社会待遇协调模式的内在惯性相结合，就会给当代中国社会的待遇协调模式的现代转型带来巨大的冲击，从而使当代中国社会待遇协调模式的现代转型陷入进退两难、两面受敌的困境之中。

（4）当代中国现实社会生活的冲击。待遇协调模式是协调方法的固定化，如果说由于某种待遇协调方法不当，某些人的待遇受损可能只是暂时的、一次性的话，那么，在一定的待遇协调模式中，处于不利地位的待遇主体，他的待遇将长期受到损失或者被剥夺，除非整个社会的待遇协调模式能够转型。因此，到底应该形成一个什么样的待遇协调模式，不仅涉及各个待遇主体的眼前待遇，而且涉及各个待遇主体的长远待遇，这就使得当代中国社会待遇协调模式的转型，必然会因为涉及各方面的待遇而面临着一系列的难题。

首先，谁应当先富起来？谁应当得到最大的激励？困难在于每一个待遇主体都会从自身的待遇出发作出判断，即便现在现实生活中的人们可能会形成相当一致，问题仍然在于这种一致的判断能否作为当代中国社会待遇协调的方向呢？要知道，一方面，现实情况与人们的判断之间往往存在一定距离；另一方面，当下人们接近一致的判断会随着社会的发展而改变。其次，社会应当把哪些财富看成是正当合法的获得？毫无疑问，正当合法获得的待遇是可以合法享有的，但是，人们对获利手段是否正当合法的看法实际上是有分歧的。根据某一制度，某种待遇可能属于不合理所得，但是，这种制度本身可能具有更大的不合理性，我们应该根据现有制度协调人们的待遇行为，还是应该使制度更加合理？待遇关系的协调应该从哪一个环节入手？再次，社会是否应当在一定程度上以及可以在何种程度上限制利用偶然的社会条件获得有利的竞争起点、条件与机会的可能？最后，社会是否应当在一定程度上以及可以在何种程度上进行待遇的转让？这里的主要困难在于进行待遇转让的原则与方式的确定。总之，最大的困难将出现于先富裕的人群与尚未富裕的人群的待遇关系中。挑战来自两个方面：一是一部分富裕者是以并正在以不正当的竞争手段或利用偶然的社会条件与机会获得待遇的，这将在尚未富裕的人群中形成不满的压力；二是尚未富裕的人群倾向于先富裕者们转让更多的待遇，这将在先富裕的人群中形成不满的压力。

改革开放以来，随着经济的快速发展和社会主义市场经济体制的确立与完善，在当下的待遇协调过程中，我们的经济协调手段并不尽如人意，我们的道德协调手段和政治协调手段也有落后的地方。某些待遇观念和行为，在经济生活中并无错误，但在道德生活和政治生活领域却不被认可、不被接受。经济协调、道德协调与政治协调三者之间的这种对立和紧张，一方面使得有些人不得不过起了“两面人”甚至“三面人”的生活，另一方面也使得道德和政治对经济生活的合理性支撑和规范能力的减弱，经济对政治和道德的冲击力明显增强，社会稳定因此也将面临考验。所以，要实现当代中国待遇协调模式的现代转型，我们所面临的现实社会生活的冲击也是十分巨大的，这是我们推进当代中国待遇协调模式转型时必须予以考虑的又一个重要问题。

16.5.2 当代中国待遇协调的出路

1987年，邓小平在会见意大利共产党领导人约蒂和赞盖里时指出：“社会主义本身是共产主义的初级阶段，而我们中国又处在社会主义的初级阶段，就是不发达的阶段。”在党的十三大报告中，中国仍然处于社会主义初级阶段作为整个报告的立论根据，作为解决当代中国一切问

题的根本立足点被明确地提了出来。初级阶段论是中国共产党在总结中国社会主义建设正反两方面历史经验的基础上，根据中国的实际提出的科学论断，是对当代中国历史阶段的准确定位。这一定位不仅是我们进行社会主义现代化建设的基本立足点，也是我们探寻当代中国待遇协调的出路、实现当代中国待遇协调模式转型的基本出发点。从这一定位出发，我们认为，一方面，当代中国已处于社会主义阶段，社会主义的生产方式、基本制度和意识形态在中国已经基本确立，与资本主义社会相比，当代中国社会中的待遇关系本质上无疑是协调的，待遇协调是当代中国社会新型生产关系的直接体现；另一方面，正如邓小平明确指出的那样："我们当前以及今后相当长的一个历史时期的主要任务是什么？一句话，就是搞现代化建设。能否实现四个现代化，决定着我们国家的命运、民族的命运。"当代中国社会仍然处于社会主义初级阶段，社会主义社会的生产力水平还不高，解放生产力，发展生产力仍然是社会主义社会的根本任务，走向现代化仍然是当代中国社会孜孜以求的奋斗目标，同时，社会主义本身的一些具体的待遇协调体制还有待于进一步完善，现实生活中的待遇关系与社会主义制度本身的要求之间还存在着相当大的差距，人们之间的待遇关系还有不协调的一面。因此，我们必须立足于中国现代化建设的历史进程，从社会主义初级阶段的实际出发，努力探寻当代中国待遇协调的合理之路。

（1）大力发展社会生产力。进而努力提高待遇对象有效供给的水平。待遇矛盾和待遇冲突，实质上是人的待遇无法全面实现的矛盾和冲突，是待遇对象不足引起的矛盾和冲突。因此，要实现人类社会的待遇协调，归根结底就是要大力发展社会生产力，不断提高全社会待遇对象的有效供给水平。只有在生产力高度发达，待遇对象有效供给水平大幅度提高的前提下，人类社会才能最终实现待遇协调。这一点对于走出当代中国待遇协调的困境，构建适合当代中国实际的待遇协调模式尤为重要。我们知道，在西方近代社会的待遇协调模式中，增加待遇对象的有效供给是实现待遇协调的根本所在，鼓励发展，不断提高社会生产力水平是近代以来西方社会待遇协调模式的根本价值取向。但是，在中国传统社会的待遇协调模式中，待遇对象的供给不足并未被看成是导致待遇不协调的根源，相反，中国传统社会认为待遇的矛盾和冲突实质上是由于人的私欲造成的，因此，要实现待遇协调，归根结底就是要控制人的私欲，要反对唯利是图。历史地看，儒学强调道义原则，反对唯利是

图，对于调解待遇冲突，维护社会稳定，发挥过积极作用；但它对功利意识的过度压抑，则往往削弱了人们追求正当待遇的动因和社会经济发展的活力。中西方待遇协调模式的这种历史差异，使得近代以来西方社会获得了快速的发展，而中国却远远地落在了后面，成了挨打的对象。中国社会主义制度确立之后，我们党曾经力图把工作重心转移到经济建设上来，但是，由于国际国内各种客观因素的制约，以及我们工作上的失误和"左"倾思想的影响，直到党的十一届三中全会召开以前，这个转移并没有成功。发展生产力，努力提高人民群众的物质文化生活水平，仍然是我们党必须解决的迫切任务，也是中华民族真正繁荣富强的关键所在。

党的十一届三中全会以后，我们党实现了工作重心的战略转移，我们国家才真正地走上了以全力发展生产力，努力提高待遇对象有效供给的水平来实现待遇协调的道路。改革开放以来，中国的综合国力有了明显的增强，人民群众的生活水平有了明显的提高。但是，不容忽视的是，我们的生存环境为此付出了高昂的代价，环境污染、资源枯竭、能源紧张等一系列在西方发达国家才出现的全球性问题开始在中国显现。于是，西方发达国家关于全球性问题的一系列思想开始受到国人的关注。以追求经济增长为核心的近代观念受到人们的诘难，以人为中心，把自然仅仅当作满足人需要的对象恣意征服和破坏的"人类中心主义"，受到了人们的批判。与此同时，"天人合一"、崇尚和谐等中国传统观念在西方一些学者的推崇下，与"零增长"、"走出人类中心主义"、"敬畏生命"等思想观点一起，对国人也产生了深远的影响。那么，我们是否仍然要一如既往地坚持以追求经济增长，努力提高待遇对象有效供给水平来实现待遇协调的基本思路呢？对此，我们以为，发展生产力，努力促进国家经济实力的增强，不断提高待遇对象有效供给的水平，仍然应该成为，而且必须成为中国今天和今后相当长一段时期内待遇协调的不变的价值取向。试想一下，对于当代中国社会而言，不发展意味着什么？不快速提高待遇对象的有效供给水平又意味着什么？我们已经落后于西方发达国家，今天虽然有所进步，但是，与发达国家相比，我们仍然处于弱势，这是不争的事实。我们常说，落后就要挨打，而不发展甚至发展得慢一些就必然要落后。尽管我们在探寻适合当代中国实际需要的待遇协调模式时，可以从一些人所赞扬的中国传统待遇协调理论的某些内容中受到启发，也应该竭力避免再犯西方社会所犯过的

错误，但是，我们绝不能因为他们对中国传统待遇协调理论的某些赞同就沾沾自喜，盲目自大，从而放弃对传统待遇协调理论的扬弃，绝不能忘记发展在当代中国社会的重要作用，发展是硬道理，是解决当代中国所有问题的关键。当然，这并不等于我们可以对发展中出现的问题熟视无睹，置之不理，甚至继续以牺牲环境、牺牲下一代的待遇为代价来实现发展，也不等于我们可以把中国传统社会待遇协调模式中的精华也扫地出门。相反，我们要认真地对待当前中国社会发展中出现的一系列问题，要用发展的办法、发展的思路解决发展中的问题，走可持续发展之路，构建具有中国特色的现代待遇的协调模式。

（2）承认个人待遇的合理性。社会发展归根结底离不开广大人民群众的积极参与，如果没有群众的参与，没有调动广大人民群众的积极性，社会发展就是一句空话。因此，问题的关键就在于，要使群众认识自己的待遇，并且团结起来，为自己的待遇而奋斗。当然，这里的待遇更主要的是指人的物质待遇。恩格斯指出："追求幸福的欲望只有极微小的一部分可以靠观念上的权利来满足，绝大部分却要靠物质的手段来实现。"邓小平也说过："不讲多劳多得，不重视物质利益，对少数先进分子可以，对广大群众不行，一段时间可以，长期不行。革命精神是非常宝贵的，没有革命精神就没有革命行动。但是革命是在物质利益的基础上产生的，如果只讲牺牲精神，不讲物质利益，那就是唯心论。"所以，承认个人待遇的合理性是马克思主义的题中之义。待遇协调绝不意味着就要把个人待遇无条件地消解于集体待遇中，马克思主义既不反对社会、国家应该分配给个人一定的待遇，也不反对个人对自身待遇的主动追求和自觉维护。在中国传统待遇协调模式中，个人待遇的合理性是受到怀疑和批判的，待遇协调的过程实际上就是一个化私为公、削弱和否定个人待遇合理性的过程。因此，"君子喻于义，小人喻于利"、"正其谊不谋其利，明其道不计其功"、"存天理、灭人欲"之说在中国传统社会里一直大行其道。新中国成立以后，我们实行了社会主义公有制，人民群众当家做主，成了国家的主人，生产积极性空前高涨，中国社会因此而取得了巨大的进步。但是，由于我们采取了高度集中的计划经济模式，国家成了全社会以及各个待遇主体的唯一合法代表，集体、企业不过是国家机器上的一个齿轮，不需要独立意志，也不需要有真正的独立核算，至于个人待遇，那也是由国家统一安排来实现的，如果有人胆敢主动的、有意识地追求个人待遇则往往被当成个人主义、利

己主义的同义语而加以批判，个人根本不可能理直气壮地争取和维护自身的待遇。可以说，待遇协调的过程仍然只是一个如何使个人待遇服从集体待遇、国家待遇的单一过程。如果说这种协调模式在中国成立初期曾经发挥过巨大作用的话，那么，随着时间的推移，这种体制的弊端便开始暴露了出来，并进而直接阻碍了社会主义制度优越性的发挥。平均主义盛行、“等靠要”之风日盛、官僚主义严重、人浮于事、效率低下等等，不一而足，严重影响了社会的发展和进步。改革开放以后，我们逐渐走上了建设社会主义市场经济体制的道路，计划经济体制逐渐为市场经济体制所取代。我们知道，市场经济是建立在多元待遇主体追求对各自待遇基础上的经济待遇，离开了多元待遇主体的存在与发展，离开了各个待遇主体对自身待遇的主动追求，市场经济将不复存在，因此，承认个人包括各种待遇主体有意识地争取自身待遇和维护自身待遇的合理性，是社会主义市场经济的必然要求，市场经济条件下的待遇协调绝不只是一个单纯地使个人待遇无条件地服从于集体待遇、国家待遇的过程。当然，我们也应该看到，承认个人待遇的合理性，并不意味着个人就可以不受约束地追求自身的待遇，甚至可以依靠牺牲他人的待遇、集体的待遇和国家的待遇来实现自身的待遇，也不意味着我们就不需要再坚持社会主义的集体原则，尤其是在当下的国际交往中，强调国家对国内各个待遇主体的待遇行为继续进行协调和适度的控制，强调个人待遇、集体待遇对国家待遇的绝对服从仍然具有非常重要的现实意义。只不过，我们所坚持的集体主义并不是建立在无条件牺牲个人待遇基础上的集体主义，而是一种健康的集体主义，是真正意义上的社会主义的集体主义。并且，在国家交往中，国家对国内各待遇主体的协调和调控并不等于大包大揽，而是要逐渐地使国内的各待遇主体真正作为独立的待遇主体走向世界市场。

（3）不断完善各种制度。进而强化制度协调在待遇协调中的基础性功能。我们认为，待遇协调的核心和基础是制度协调，也就是说，在待遇实现制度的安排上，人们之间的待遇就应该被安排为相互协调的。如果待遇实现制度本身就不合理、不协调的话，任何道德规范的效用都是微乎其微的，一个人的道德修养水平再高也是无法实现真正意义上的待遇协调的。只有在制度协调完善的基础上，才有可能通过道德的微调而最终实现协调，道德在待遇协调中的作用才能显现。也只有在制度完善的基础上，承认个人追求自身待遇的合理性才不至于对社会的稳定和团结构成威胁。但是，长期以来，我们一直把待遇协调的过程简单地等同于服从共同待遇的过程而又把个人待遇服从共同待遇的过程简单地等同于提高个体道德修养水平的过程，似乎只要个体的道德水平提高了，人类社会的待遇关系自然也就协调了。这事实上忽视了制度协调在待遇协调中的基础性地位。新中国成立后，社会主义制度的建立为社会主义社会的待遇协调奠定了制度基础，但是，由于传统社会的以道德规范为主要手段的待遇协调模式的影响，以及我们在相当长的一段时期内采取了与计划经济体制相适应的待遇实现模式和协调模式，所以，对个人的逐利动机的道德规范和引导仍然是我们进行待遇协调的基点。如果说这种待遇协调模式曾经在中国社会主义革命和建设中产生过巨大的积极作用，并且在今后的历史中仍然会继续发挥积极作用的话，那么随着社会主义市场经济体制的建立和完善，个人的逐利倾向日益表面化、明确化和合理化，仅仅靠传统的道德已经无力规范、协调人们之间的待遇冲突了。道德规范弱化，制度规范又有待于完善，社会的待遇协调失衡也就在所难免。在这种情况下，强调制度协调的优先，建立与市场经济发展相适应的政治、法律制度无疑是当代中国社会实现待遇协调的当务之急。任何社会规范，大到法律，小到某一项措施，都不仅仅是对现实的规范与约束，而且对未来具有不可忽视的引导作用。某一项规范的出台和执行，不仅仅是要求现实的人们不去做什么，而且是引导着后来的人应该去做什么。因此，任何社会或者任何组织，它的未来如何事实上与它已经采取和即将采取何种政策、措施和办法有着非常密切的关系。目前，中国社会的待遇协调模式正经历着由传统转向现代的阵痛，一个以制度协调为基点的现代待遇协调模式取代以道德规范为基点的传统待遇协调模式的历史话剧，正在神州大地徐徐拉开帷幕。只有在真正合理、和谐的制度协调的基础之上，才能真正实现现代社会的待遇协调。虽然道德规范在待遇协调中仍将起到重要作用，并且，人们仍然可能会不时地举起道德规范的大旗，但是，在一个现代化的待遇协调模式中，建立一个和谐、合理的实现待遇制度和协调制度而不是仅仅把提高个体的道德素养作为实现待遇协调的基点，不仅更加符合实际，而且更为合理、有效。

（4）健全待遇的表达机制。在当下现实社会的待遇协调中，要在所有的方面达到普遍的一致意见显然是困难的也是不切实际的，但是，如果没有大多数成员的基本一致的或者接近一致的意见，要实现待遇的

协调事实上是不可能的。为此，问题的关键就是要使各要求明确、清晰、及时、无阻碍地通过正常渠道表达出来，从而使其一方面能够为其他主体准确把握，从而实现相互沟通，相互理解，达成共识；另一方面为国家和政府及时察觉，并进而做出及时的调整，这是我们在社会主义市场经济条件下实现待遇协调不可缺少的关键一环。新中国成立以来，由于我们采取了高度集中的计划经济模式，人们的待遇实现和待遇协调实际上都是政府直接分配和调控的。在这种情况下，一方面，所有待遇主体的待遇生产和消费都是由国家和政府按计划预先统一规定好了的，因而，即使是不同的待遇主体（如果存在的话）有着不同的待遇需要，那么，他们的待遇需要能否得到表达、他们彼此之间能否相互沟通，在实际生活中的意义并不大；另一方面，即使是存在一些社会中介组织，如妇联、工会、行业协会等，它们的待遇表达功能也一直处于疲软状态，它们往往只是承担着传递政府声音的任务，而逐渐失去了表达和维护自身所属成员共同待遇的功能。当然，这既与计划经济条件下待遇生产和分配的现实有关，也与我们对这些社会中介组织的待遇表达功能认识不足有关。在社会主义市场经济条件下，各待遇主体的独立性明显增强，市场开始逐渐成为社会主义待遇协调的主渠道，过去完全由国家和政府来执行的待遇协调功能开始由市场来承担，许多人的待遇要通过市场本身来协调。在这种情况下，如果各待遇主体的待遇要求仍然缺乏必要的、通畅的表达，不同的待遇主体之间仍然缺乏必要的沟通的话，那么，一方面不仅容易导致官僚主义、徇私枉法、损公肥私等严重侵犯人民待遇的现象发生，而且容易将政府直接推向各种待遇冲突的风口浪尖，从而引起各待遇主体与党和政府之间的矛盾，另一方面不同的待遇主体之间也可能会因为对彼此待遇要求缺乏准确认识而发生激烈冲突。据调查，当人们对某项政策有不同意见时，不想或者不敢表达的仍然占到了被调查者的一半以上。而普遍存在的待遇攀比问题也充分说明了这一点。工人、农民、知识分子、政府职员、个体劳动者等不同阶层的人都觉得其他阶层所获得的待遇远高于自己所获得的待遇，都对自己的待遇不满足，都觉得别人占了便宜，而产生一种心理上的失衡感和不满情绪。当然，导致这一现象的原因是多方面的，但其中一个重要的原因，就是由于待遇表达不清晰，各待遇主体既对自己的实际待遇缺乏客观的估计，也对其他待遇主体的状况和待遇要求缺乏全面的了解，因而互不谅解，互不支持，争相攀比待遇。因此，尽快完善待遇的表达机制，赋

予社会中介组织应有的待遇表达功能，疏通自动排除和缓解不满情绪的待遇宣泄渠道，建立使各方待遇主体能够参与政策的制定和实施、能够顺畅充分地表达自身待遇要求的新机制，对于提高各待遇主体对改革的承受力，对于在新形势下实现待遇的协调具有十分重要的现实意义。

16.6 待遇协调的原则

原则是一种规范，是人在行动过程中应该遵守的尺度和准绳，正确的原则无疑是从人的实践活动中抽象出来的，是对人实践活动内在规律的理论提升，但是，原则并不是对现实的直接描述和承认，它不是一种“实然”，而是一种基于“实然”基础上的“应然”，是人在活动中应该遵守的准则。所以，待遇协调的原则不仅是对人类社会现有待遇协调方法的理论总结，而且也是对人类社会待遇协调应该如何进行的理论规范。当代中国社会的待遇协调原则自然就是指当代中国社会在待遇协调过程中应该遵循的基本规范。当然，在这里，我们主要关注的仍然是当代中国社会待遇协调模式现代转型中应该遵循的原则。就此而言，我们认为，当代中国社会利益协调的主要原则应该包括公正原则、平等原则、有序原则三个方面的内容。

16.6.1 公正原则

公正，又称“公平”、“公道”、“正义”。自古以来，公正就被人们当成了评价人的行为和社会制度的基础性尺度和准则。中国古代的《管子》中写道：“天公平而无私，故美恶莫不覆；地公平而无私，故大小莫不载。”《战国策》中亦云：“商君治秦，法令至行，公平无私。”而儒家则把公正看作是评价行为的基本尺度。所谓“正心诚义”、“君子喻于义”，就相当于正义、公正的含义，说的就是人的道德修养、行为规则。在西方，“正义”的概念首先是作为一个形而上学的宇宙论原则提出来的。在毕达哥拉斯的哲学中，正义指的是数和元素的比例平衡、和谐。在苏格拉底那里，正义成为支配人行为的伦理学原则，而他的弟子柏拉图则认为，正义不仅是一个道德原则，而且是一

个政治原则、法律原则。他认为，正义是理想国家建立的基本原则，正义就是各在其位、各司其职，守本位，不干涉别人的事务。他说，当“每个人必须在国家里面执行一种最适合于他天性的任务”，只“注意自己的事而不要干涉别人的事时”，人们之间就会和谐一致，国家就具有了公正的原则。亚里士多德进一步发展了柏拉图的正义概念，他把正义的概念与守法、均等、中道等概念联系起来，把正义问题拓展到了伦理学、政治学、经济学领域，形成了比较完整的正义学说，从而对西方社会正义观念的演进产生了深远的影响。进入近现代以后，正义不仅被当成了一种基本的道德原则，而且更主要地被看作一种法律原则，一种社会制度的首要价值准则。20世纪美国政治哲学家约翰·罗尔斯（John Bordley Rawls）在他的《正义论》一书中开门见山地指出：“正义是社会制度的首要价值，正像真理是思想体系的首要价值一样。一种理论，无论它多么精致和简洁，只要它不真实，就必须加以拒绝或修正；同样，某些法律和制度，不管它们如何有效率和有条理，只要它们不正义，就必须加以改造或废除。”因此，公正首先是同一定的国家制度、社会制度相联系的，所谓公正，首先是指制度公正。

其实，公正问题只发生在人与人的关系之中，孤立的个人是无所谓公正与否的。公正不是实体范畴，而是一个关系范畴。恩格斯指出：“我们就应当认真地和公正地处理社会问题，就应当尽一切努力使现代的奴隶得到与人相称的地位。”在这里，恩格斯就是把公正理解为一种“相称”关系。其实，18世纪法国思想家查理·路易·孟德斯鸠（Charles de Secondat，baron de Montesquieu）也曾指出：“正义是确实存在于两件事物之间的恰当关系：无论谁来考虑这种关系——上帝也好，天使也好，以至于人也好——这种关系始终如一。”因此，公正就是一种人与人之间所得与应得、权利与义务、待遇与负担之间的“相称”关系、“恰当”关系。而作为制度公正，约翰·罗尔斯认为：“在某些制度中，当对基本权利和义务的分配没有在个人之间作出任何任意的区分时，当规范使各种对社会生活利益的冲突要求之间有一恰当的平衡时，这些制度就是正义的。”

事实上，不同历史时代的人对公正的具体理解是不同的，随着时代的变迁、社会的发展，公正概念的内容是不断发生变化的。在奴隶社会，公正事实上是和不平等联系在一起的，希腊人和罗马人的公平观认为奴隶制度是公平的。当然，封建时代的人也认为封建制度是公平的，但是，封建社会的公平观，并不为资产阶级所接受，相反，资产阶级的公平观则要求废除被宣布为不公平的封建制度待遇。资产阶级是打着“公正”的旗号走上历史舞台的，然而资产阶级千方百计标榜的公正，对广大的劳动者而言却待遇无公正可言，因而，这种公正充其量也不过是一种虚幻的公正。只有到了社会主义社会，从理论上讲才有真正的公正可言。这是因为，从本质上讲，社会主义制度，一是从理论上讲致力于实现个人待遇与集体待遇有机结合的制度。二是贯彻按劳分配原则的制度。在社会主义制度下，集体待遇和个人待遇是有机统一的整体，它既不会为了集体待遇而不讲或者不要个人待遇，也不会为了个人待遇牺牲集体待遇。同时，社会主义制度承认每个人具有不同的劳动能力，要求等量的劳动取得等量的报酬，允许和鼓励能力强、贡献大的人得到更多的待遇。很显然，社会主义制度的公正原则既反对无原则地牺牲个人待遇的倾向，也反对极端的个人主义倾向，既反对平均主义，也反对特权主义。但是，新中国成立后，特殊的历史环境使我们对社会主义制度的公正原则作出了特殊的理解，集体主义变成了个人待遇对集体待遇的绝对服从，按劳分配变成了按劳动力、按人头平均分配。应该说，在当时的情况下，这种做法曾经调动了广大人民群众的劳动积极性，曾经使新中国克服了旧中国遗留下来的一系列重大社会问题。然而，这些做法并未真正体现出社会主义的公正原则。随着生产力水平的提高，其弊端便日益暴露出来，并严重地挫伤了广大人民群众的生产积极性，制约了社会的发展速度。党的十一届三中全会以后，中国开始进入了改革开放新时期。我们说，改革是社会主义制度的自我完善，同时也是对社会主义制度公正原则的自我完善：个人待遇的合理性开始受到社会的认肯，平均主义的错误开始得到纠正，允许一部分人通过诚实劳动先富起来成了社会主义初级阶段公正原则的基本内容。

但是，改革的过程也是一个待遇格局大调整的过程，在这个过程中，如何坚持社会主义制度的公正原则，使人们的所得与应得、所付与应付相称仍然是当代中国社会待遇协调过程中必须加以解决的棘手问题。从当前的情况来看，最为突出的问题就是谁先富起来，谁该先富起来的问题。公正原则应该是当代中国社会待遇协调的基础性原则和首要原则，坚持待遇协调的公正原则，首要的和基础性的内容就是要建立一套更公正、更合理、更完善的待遇协调制度，即制度公正。具体而言，在社会转型过程中，我们建立起来的待遇协调制度一方面应该能够使所有的参与者普遍受益，也就是我们所讲的共同富裕；另一方面应该能够使人们的所得与应得、所付与应付尽可能地相称，而不是使人们的所得与应得、所付与应付之间的差距进一步扩大，更不是让一部分人利用社会制度的某些尚不公正之处，运用手中的特权多取少付甚至不付，谋取特殊待遇，而使另外一部分人在应得的获利机会和应得的待遇被挤占时却付出了高额的代价。就此而言，所谓代价论的错误实质并不在于改革是否应该付出一定的代价，而在于这种代价事实上并不是让得到待遇的人付出，而是被没有或者很少得到待遇的人无奈地承担了。18世纪英国政治学家威廉·葛德文（William Godwin）曾经说过："人们是能够愉快地对付相当大的困难的，只要这种困难也为社会其余的人公平分担。"这对于我们走出当代中国社会待遇协调的困境不无启发。

16.6.2 平等原则

严格说来，公正和平等是有区别的。公正的可能是平等的，也可能是不平等的，同样，平等的有可能是公正的，也有可能是不公正的。给一个优秀的工人和一个懒惰的工人支付同样的报酬，这是平等的，但它是不公正的，而给质量不同的劳动支付不同的报酬，这是公正的，但它并不是平等的。当然，平等与公正有着密切的联系，没有平等的公正就如同没有公正的平等一样是不可想象的。在哲学史上曾有一批哲学家把公正和平等等同看待，认为公正就是平等，平等就是公正。例如亚里士多德就认为："按照一般的认识，正义是某种事物的'平等'（均等）观念。""所谓'公正'，它的真实意义主要在于'平等'。"虽然这种等同有其不妥之处，但它充分说明了公正与平等之间的密切关系。在当代中国社会的待遇协调过程中，我们在坚持公正原则的同时，也必须坚持平等原则。

社会平等和平等观念都是历史的产物，在不同的时代，人们对社会平等的理解和要求是不一样的。从人类社会的历史来看，人们的平等观念及对平等的要求是随着原始社会人与人之间原始平等关系的破裂而产生的。最早的平等思想反映在早期基督教教义中，它实质上是指人与人在上帝面前的平等。当然，明确提出平等观念并给予系统理论阐释的无疑是近代的资产阶级。资产阶级思想家把平等视为人的天赋权利，认为"人人生而平等"。虽然资产阶级的平等观曾经在历史上起过重大的进

步作用，但是，这种平等观实际上只是商品经济的等价交换原则在政治上的反映，它只是抽象的。它虽然否定了等级的特权，却又确立了资本的特权、金钱的特权；它虽然肯定了商品交换的平等，可一旦离开了商品交换领域，原来的货币所有者成了资本家，昂首前行；劳动力所有者成了他的工人，尾随于后。一个笑容满面，雄心勃勃；一个战战兢兢，畏缩不前，像在市场上出卖了自己的皮一样，只有一个前途——让人家来鞣制。它虽然承认法律面前人人平等，但法律上的平等就是在富人和穷人不平等的前提下的平等，即限制在目前主要的不平等的范围内的平等，简括地说，就是简直把不平等叫做平等。它宣布所有人的财产权利都平等地受到保护，可是对于一无所有的人来说，这种平等又有什么价值？因此，当代中国待遇协调所坚持的平等原则的基本内容首先应该包括政治权利平等、人格尊严平等、社会地位平等三个方面。

（1）政治权利的平等。公民的政治权利平等是社会主义社会的本质特征之一，是社会主义社会广大人民群众平等地占有生产资料在政治上的反映。当代中国人把政治权利的平等放在所有平等的首位，一方面也反映出了社会主义制度确立以来，政治权利平等的观念已经深入人心，以及在今天社会转型过程中人们对公民政治权利变迁方向的关注与不安；另一方面也反映出了人们对社会变革过程中能够平等地享有参与国家政治生活各项权利的期望明显增强。人们不仅希望在社会全面转型过程中每个公民享有的政治平等权利不会因为每个公民的地位、收入的不同而有所差异，而且希望每个公民的政治平等权利能够在新形势下得到新的体现。人们希望在社会转型的历史时期仍然能够更为广泛平等地享有国家政治生活的各项权利。政治权利平等是人的其他方面平等的保障，离开了政治权利平等，人的其他方面的平等最终只能是一句空话。为此，在当代中国社会的待遇协调过程中，我们必须首先把公民的政治权利平等作为待遇协调中平等原则的首要内容加以坚持，绝不能因为待遇调整而使公民在政治上的平等权利受到形式上的和实质上的任何损伤。坚持待遇协调在政治权利上的平等原则：一是必须坚持在各项待遇协调政策的制定和执行上，每个公民都享有平等的权利和义务，既不允许在协调政策的制定上丧失平等原则，从而使协调政策在制定时就使一部分人明显地处于不利地位，也不允许在协调政策的执行上丧失平等原则，从而使协调政策成为一部分人获取他人待遇的合理工具；二是必须坚持法律面前人人平等，决不允许在法律面前有“特殊公民”的存在，

任何人一旦触犯法律都应该受到法律的制裁；三是必须坚持在各项待遇协调政策所带来的收益或者损失面前人人平等，对待遇政策本身所带来的收益或者损失，每个公民都有平等地享受收益或者平等地承担损失的权利和义务，决不允许一部分人单纯地拥有收益权，而另外一部分人却只拥有承担损失的义务。

（2）人格尊严的平等。追求人与人之间在人格尊严上的平等是中国传统文化的优秀内容。早在先秦时期，孟子就举起了人格尊严不容侵犯的旗帜，他引曾子的话说："彼以其富，我以吾仁；彼以其爵，我以吾义；吾何慊乎哉？"他有他的财富、爵位，我有我的仁义道德，我并不比他少什么。这种关于人格尊严平等的思想显然对后世的人们尤其是知识分子产生了极为深远的影响。可以说，直至今日，即便是在市场经济条件下，孟子的这一思想仍然是当代中国人最为宝贵的一笔精神财富。但是，我们也不得不清醒地认识到，人格尊严的平等在市场经济浪潮的冲击下，正在面临着被吞食的危险。因此，在当代中国社会的待遇协调过程中，坚持人格尊严的平等具有非常重要的现实意义。具体而言，坚持人格尊严的平等，一方面必须坚决反对借助于经济收入或者社会地位的不平等而把人划分为三六九等的封建观念，强调任何一个公民，不论他的出身如何，他从事何种职业，也不论他的经济收入和社会地位的高低，都应该在待遇协调的过程中拥有平等的对话权，他们都有权利把自己的要求和愿望通过合理的渠道表达出来。尽管协调的结果有得有失，但是，在协调的过程中，每一个人的人格尊严是平等的。另一方面，必须尊重和保护每一个人的人格尊严，即便是在待遇协调的实际过程中，有些人的实际待遇尤其是物质待遇可能有所损失或者增加，但是，每一个人的人格尊严是不能被剥夺的，也是不能增加的，每一个人的人格尊严是不容侵犯的，也是不可让渡的。必须坚决反对在待遇协调过程中出现任何以损伤人格尊严为直接或者间接目的的错误倾向，绝不允许一些人凭借自己在经济上财大气粗，或者凭借自己社会地位特殊就自恃高人一等，也不允许有些人为了经济待遇，为了眼前待遇而丧失人格，甚至丧失国格。

（3）社会地位的平等。在这里，我们所说的"社会地位"，就其实质而言，主要是指一个人在社会资源分配体制中所占的地位以及在社会角色和社会权力分配中所占的地位。我们前面说过，在社会中，一个人的社会地位如何直接决定着他的待遇实现方式和待遇实现的程度，待

遇其实是社会地位的一种外在的表现形式。因此，坚持待遇协调中社会地位的平等，其实就已经包含着待遇协调过程中要坚持人们在待遇实现的机会和待遇实现的尺度上的平等。所谓“机会平等”既包含着一切个人能够获得某种生存和发展能力的机会平等，例如受训练、受教育的机会平等，也包含着使每一个人的才能得到充分发挥并由此取得成就的机会平等；所谓“尺度平等”则是指人们应该按照同一尺度，同一标准进行待遇的分配与协调。在待遇协调过程中，坚持社会地位平等的原则，就是要求每一个社会职位不是也不应该是一部分人的专利或者私有财产，而应该向每一个社会成员平等地开放，每个人在进入所有社会职位上都应该拥有平等的机会，套用约翰·罗尔斯的话来说，就是社会职位能够平等地向所有的人开放，而不是要求每一个人在社会权力分配体系和社会资源分配体制中都拥有同样的职位，这既不合理，也不现实。

16.6.3 有序原则

我们知道，当代中国社会的待遇协调过程是一个待遇协调模式的现代转型与对现有待遇关系进行调整同时并进的双重过程，在这个过程中，我们必然会，而且事实上已经遇到了一系列非常棘手的问题，有些问题甚至到了非解决不可的地步。但是，我们必须清醒地认识到，尽管当代中国社会的待遇协调过程是一个充满艰辛和曲折的过程，在这个过程中，有些人的待遇可能会有所增加，有些人的待遇将会受到消减和制约，然而，我们绝对不能采取暴风骤雨式的群众运动来达到待遇协调的目的。当代中国社会的待遇协调过程必须是一个有计划、有步骤、循序渐进的有序过程。

坚持待遇协调的有序原则是社会主义现代化建设中稳定大局的必然要求，也是由社会主义待遇协调的性质决定的。在社会主义现代化建设中，没有稳定就没有一切，稳定是压倒一切的大局。的确，没有一个稳定的社会环境，没有一个稳定的政治局面，社会就会动荡不安，人心惶惶，国无宁日，经济建设就不可能正常进行，改革开放也就成为一句空话。我们说待遇协调的目的就是消解待遇矛盾和待遇冲突，使社会能够稳定发展，使人们的待遇能够更好地实现，但是，如果我们在待遇协调的过程中处理不当，使待遇协调过程失去秩序，那么，待遇协调本身就会成为社会动荡的直接导火索，人们的既得待遇也将因此而受损，手段

本身将会直接威胁到目的的实现。同时，在社会主义社会，虽然人们之间也存在着某些待遇矛盾和待遇冲突，但是，这些待遇矛盾和待遇冲突在性质上并不具有对抗性，个人与集体、国家之间，个人与个人之间，集体与集体之间的待遇在本质上是一致的。尽管几者之间有些方面或者有些时候也存在某些不协调之处，但是，这些不协调通过不同待遇主体之间的对话与协商是能够解决，而达到重新协调的，因此，在社会主义社会，待遇协调并不需要通过急风暴雨式的革命，公开地、强制性地来实现，而只能通过协商对话，有计划、有步骤地加以解决。

坚持待遇协调的有序原则必须坚持党对当代中国社会待遇协调的领导，必须充分发挥人民政府在待遇协调中的职能。改革开放是中国社会主义制度的自我完善，是在中国共产党的领导下进行的。当代中国社会待遇协调的成败，直接关系到中国改革开放事业能否健康顺利地发展，必须在党和政府的领导下有序地进行。当然，我们强调党和政府对待遇协调的领导，这只是一种政治领导、组织领导和思想领导，而不是要求党和政府在待遇协调的过程中必须包办一切。

坚持待遇协调的有序原则必须坚持统筹兼顾、循序渐进的思路。当代中国社会的待遇协调涉及方方面面，触动着每一个人的切身待遇，如果不能统筹兼顾，就有可能引起不必要的社会冲突和动荡，为此，我们必须对各方面的待遇综合考虑，统筹兼顾，充分利用待遇的牵引作用，把一切可以团结的力量都调动起来，为待遇现代化建设服务。当然，当代中国社会待遇协调是一个复杂的过程，要想一下子把所有的待遇关系都理顺，把所有的问题都解决，既是不可能的，也是不现实的。我们必须有一个长期的规划，分阶段，分步骤，循序渐进，在逐步理顺各方面待遇关系的过程中总结经验和教训，并最终形成适合社会主义现代化建设需要的、与社会主义市场经济发展相适应的具有中国特色的待遇协调新模式。

坚持待遇协调的有序原则必须反对任何企图通过急风暴雨式的革命来实现待遇协调的错误观念和行为。待遇协调过程是一个理顺各方面待遇关系的过程，而不是一个以均贫富为目的的过程，不论这种均贫富是采取和平手段，还是采取暴力手段，都是应该受到坚决批判的。共同富裕是社会主义改革的出发点和最终目的，但是，共同富裕并不等同于同步富裕，也不等于人人的富裕程度均等。无论什么时候，平均主义都不是社会主义的待遇分配原则。贫穷不是社会主义，但是，社会主义绝不

会为了消灭贫穷而鼓励懒汉。按劳分配，多劳多得，不劳动者不得食是贯穿于社会主义社会始终的根本性分配准则。当然，社会主义也不会坐视社会分配不公，甚至出现两极分化而不管，更不会对各种靠侵吞国家和集体财产，靠剥削他人劳动成果而非法暴富的现象坐视不理。问题在于，虽然目前对某些人的财富占有不符合公平正义的原则我们应该而且可以进行道德评价和理论挞伐，但是，我们要消除这些不合理的现象却必须而且只能采取合法的手段，依靠法律途径有序地加以解决。只有这样，当代中国社会才有可能避免出现大规模的社会动荡，改革开放事业才有可能健康顺利的发展，整个中华民族的复兴才大有希望。

16.7 待遇协调的方法

在实现待遇目标的过程中，由于各个待遇主体、待遇群体在具体待遇目标上的差异，由于各种新旧待遇关系的不断转换和更替，各个待遇主体、群体间发生摩擦和冲突是不可避免的。在这种情况下，仅仅通过竞争手段是难以调整好各种待遇关系的，还必须正确采用各种有效的协调手段，对已经发生的各种待遇摩擦及时进行协商、调整，使各种待遇关系在协作事态下稳步有序地发展。同时，对可能发生或将要发生的各种待遇摩擦，采取有预见性的防范手段，做到防患于未然。这样，待遇的竞争与待遇的协调就能很好地统一起来，人们在竞争的事态下发扬进取精神，努力争得更大的待遇；人们又在协作的事态下发扬互助精神，有效协调各种待遇关系。一条线索是竞争进取，另一条线索是协调合作，这两条线索相互交织，就构成了当代中国待遇协调的方法。

16.7.1 待遇协调与改革

改革是一个系统目标，其中包括农村改革与城市改革、经济体制改革与政治体制改革等，这些改革的根本目的，就是调整、改善和革除上层建筑和生产关系中一系列不适应生产力发展的旧体制、旧观念，建立起能够保护和促进生产力发展的新体制和新观念。从待遇学科的角度来看，改革就是要对各种待遇关系进行调整，规范各个待遇主体和待遇群体的行为，积极而有步骤地满足各个待遇主体和待遇群体的各种需要，在新体制和新秩序下面保证和促进各项待遇目标的实现。因此可以说，改革是使各个待遇主体和待遇群体获得充分发展，保证各种待遇目标得以实现的根本手段。改革是顺应时势之举，改革反映了人民群众的根本待遇要求。通过改革，既可以实现近期待遇目标，又可实现长期待遇目标。各个待遇主体和待遇群体从切身的体验中深知希望在于改革，出路在于改革。

但是，由于改革必然要引起各种待遇关系的重新调整和待遇成果的再分配，也就必然要触动社会各个阶层、各待遇集团原有的待遇格局，必然要在待遇关系方面出现新的矛盾，在待遇行为方面造成新的碰撞和冲突。因此，在改革中，针对不同待遇集团，即不同待遇主体和群体的期望和要求，作出适时妥善的调整、抉择，是改革的难点所在。从改革的本意来说，它是要给社会成员中各部分人都带来待遇，但实行起来，就可以看出理性设计与现实运行结果存在着一定的差距：一是每项改革措施不可能立即生效，使所有的人都得益。有的改革措施还可能暂时影响一部分人的待遇。二是改革中出台的鼓励一部分人先富起来和一部分地区先富起来的政策措施，会使各个待遇主体在收益分配方面出现早富晚富、大富小富的不平衡状况。这两种情况，都会在待遇关系上引起变化，造成各种待遇行为和观念的相互矛盾，影响人们对改革的承受能力。因此，为了使改革在民众支持的坚实基础上顺利进行，各项改革出台措施必须兼顾社会各个阶层的待遇，承认不同物质待遇集团的存在。但是应明确，改革对各待遇集团的待遇兼顾，并不是一个机械的过程。它将逐渐打破现有的待遇格局，形成每一个待遇集团都具有平等的竞争地位的新的机制。总之，改革不具有仅仅服务于某部分人的极端性，它完全应该也有可能在各待遇集团相互谅解的基础上稳步发展。因此使这种可能变成现实是改革成功的重要条件，也是改革的重要内容。

要使各个待遇集团即各个待遇主体、待遇群体在改革中互相兼顾、协调发展，必须认真解决各个待遇集团之间的待遇摩擦。为什么在改革过程中会出现各种待遇摩擦？这是因为改革是一项庞大的、错综复杂的综合性社会系统工程，不可能“毕其功于一役”，一步到位，“一揽子”统统解决，只能立足于现实条件，按照经济发展和社会发展的客观要求和体制改革的内在逻辑，采取坚决、审慎的方针，确定改革重点，有领导有秩序地逐步展开，分阶段配套进行，尽可能平稳地推进。这种

分步实施的渐进改革，避免了一揽子改革的巨大阵痛与风险，但带来了两种机制此消彼长的摩擦，造成了经济关系的某种程度的扭曲，经济运行秩序的紊乱，并在人们的心理上产生一系列负效应。这种新旧机制的摩擦，必然要反映到各个待遇集团的行为中，引起各种待遇关系的摩擦。

要消除各个待遇集团的待遇摩擦，出路在于治理整顿和深化改革。决不能因为这些待遇摩擦是在改革中出现的，就采取因噎废食的态度，怀疑改革，中止改革。改革中出现的问题，只能用继续深化改革的办法来解决。因为出现待遇摩擦的根本症结，是旧机制对新机制的掣肘。要消除这种摩擦，别无选择，只能通过治理整顿和深化改革，加快新旧机制的转换，为新机制的完全确立创造必要条件。

16.7.2 待遇协调与政策

政策是国家待遇为实现一定历史时期的路线而制定的行动准则。政策在待遇学科中的意义和作用表现为两个方面：一方面，通过各项政策措施或具体的政策规定，确定各种待遇目标和实现途径，向人们显示看得见的物质待遇形态，激励人们为之积极奋斗，这就是待遇的驱动作用、杠杆作用。“政策调动了人们的积极性、创造性”即指这个意思。另一方面，通过各项政策措施或具体的政策规定，有效地协调各个待遇主体和待遇群体之间的关系，减少或消除各种待遇摩擦。因为政策具有针对性，是针对各个待遇集团在待遇关系上的问题或倾向而制定的，对各个待遇集团的行为有着明确的限定，其限定内容包括：（1）令禁限定。对于许可做的事，规定准行性规范；对于不许可做的事，规定禁绝性规范。（2）时间限定。对于特定时期内所要实现的待遇目标，或是规定周期性要求，点明时间的起始界限和终结界限；或是规定阶段性要求，点明各个阶段之间的连接界限和推进步骤。（3）空间限定。规定政策的区域适用界限和部门适用界限，以防止政策统辖度过窄或过宽两种偏向。（4）数量限定。对各个待遇集团的待遇分配在数量上作出必要的限定，其中包括规定基本的百分比，规定所要实现的或防止达到和超出的数量上限和下限，或是规定所要实现的数量中限以及适度的变动范围。通过这些限定或规定，就可以对各种待遇关系起到协调和制约的作用。

为了更好地发挥政策在待遇协调中的作用，应注意提高政策效益。

提高政策效益的前提条件，就是在各项政策措施出台之前，要加强调查研究、进行科学论证，力求使各项政策具有严密性、可行性，能够最大限度地反映各阶层的待遇要求，能够在协调待遇关系中充分发挥作用。为此，必须加强宏观决策，立足于统筹调节不同待遇集团之间的矛盾冲突，以此为基础制定各项决策。要把改革的宏观决策建立在总体性的群体分析之上，其内容包括：（1）决策时要充分注意到政策实施后可能对社会不同群体的经济待遇造成的分配差别，预测和估计到由此产生的执行政策中的动力和阻力。（2）决策要充分注意到政策提出后可能对社会不同待遇群体造成的利弊两方面的得失，预测和估计到政策实施中不可避免地将出现的问题。（3）决策时要充分注意到政策实施过程中可能来自社会不同待遇群体的非经济制约因素，预测和估计到种种制约因素对政策的影响。（4）决策时要充分注意到现行政策与原有政策之间更替中的待遇矛盾，预测和估计到新旧政策之间的协调程度。（5）决策时要充分注意政策实施过程中来自社会不同待遇群体的赞成和反对意见，预测和估计到反对意见的主要内容。（6）决策时要充分注意到政策提出后对社会不同待遇群体可能产生和将产生的不同效果，预测和估计到将要出现的多种可能因素。（7）决策时要充分注意到政策实施过程中可能由于不同理解和不同待遇差别造成“变形”、“走样”的状况，预测和估计到这种“变形”、“走样”政策和原定政策的区别。（8）决策时要充分注意到新的政策提出后要有相应的后续政策加以完善和提高，预测和估计到实际存在的和潜在的待遇冲突。（9）决策时要充分注意到政策提出后可能来自某个方向、某个群体的不可避免的冲击，预测和估计到冲击可能带来的种种负效应。（10）决策时要充分注意新政策实施过程中可能出现的最坏的可能，预测和估计到失败后可能对社会待遇群体造成的不同的经济和政治影响。很显然，用这种群体分析法进行改革的宏观决策，就可以使各项政策更加完善，像提高经济效益一样提高政策效益，使政策真正起到消除待遇摩擦的作用。

提高政策效益的根本要求，是在实施各项政策的过程中，要处理好政策的变动性与稳定性的关系。随着客观形势的变化和待遇关系的变动，对政策作适当的改动是必要的。政策修改变动的根本要求，是用适时的政策代替过时的政策，用完善的政策代替有缺陷的政策，用高效的政策代替低效的政策。经过这样的变动，政策就要保持相对的稳定，以便在较长时间内，持续地发挥政策的功效。正确把握政策的变动性与稳

定性的关系，对于消除待遇摩擦很有意义。

16.7.3 待遇协调与协商对话

协调各种待遇关系，消解各种待遇冲突，形式是多种多样的，社会协商对话就是其中的一种重要形式。社会协商对话的特点在于，通过各方面的待遇代表民主讨论，平等协商的形式，面对面地公开陈述自己的待遇主张。同时也了解和接受对方的待遇主张，彼此之间加强感情交融，求同存异，做到政情、民情透明，各方通达，互相理解，为实现共同待遇目标而奋斗，同时在共同待遇目标的引导下，充分发展自身待遇集团的具体待遇。因此，社会协商对话既作为协调待遇关系的重要形式，又作为建立民主政治的有效途径，在社会生活中愈益发挥着重要的作用。社会协商对话在协调待遇关系中的作用，主要表现在三个方面：

（1）沟通情况。这里所说的情况，既包括各个待遇集团独有的待遇主张、待遇需要，又包括各个待遇集团所处的困境和所遇到的难题。进行社会协商对话，就可以提供良好的机会和场合，使各个待遇集团的成员和代表，直陈自己的待遇主张和待遇需要，说明实现这些待遇主张和待遇需要的途径、方法及其限制性因素，倾吐苦衷，广泛地进行交叉性磋商、探讨，以求得相互间的理解、体谅。这样就可以逐步缩小并且消除各个待遇主体、待遇群体之间形成的“偏差角”。因此，就整个社会来讲，很有必要把社会协商对话当做待遇协调的有效手段，多提供一些使各个待遇集团相互能够说明情况的机会和场合。参加这种对话的主体，可以是待遇集团的成员，也可以是待遇集团选派的代表，具体来说，可以是领导和群众之间、群众与群众之间、政府与企业之间、政府与群众之间、政府部门与部门之间等等。这种类型的对话也是双向性很强的对话，双方或多方应是完全平等地介绍自己的情况，体谅他方的困难，不应只是强调自己的困难，而忽视他方的困难，苛求于他人，要把坚持自己的待遇主张同承认、尊重他人待遇主张一致起来，尽量寻找共同的待遇生长点。组织好这类对话，重要的是要有制度保证，因为在实际生活中，作为待遇集团中一般成员的广大群众，拿出单个人来是无力也无法组织协商对话的。政府中平等的业务部门也无权要求其他部门与本部门对话，至于下级与上级之间，则更是难以主动地组织协商对话活动。因而社会协商对话活动一定要制度化、规范化，使进行协商对话能

真正落到实处。

（2）化解淤症。随着改革开放的逐步推进，各种社会待遇和矛盾都处于重新调整和重新组合阶段，旧的待遇集团和待遇结构正在解体，新的待遇集团和待遇结构正在生成；新的待遇冲突和社会矛盾也随之出现。在这种情况下，有的人或因对各种复杂变化的待遇现象感到迷惘而产生认识上的淤结，或因对现行制度的不完善和工作中的失误及弊病而产生情绪上的淤结，或因某些具体的改革措施暂时损害自己的眼前待遇而产生心理上的淤结。无论是哪一种淤结，都影响人们对共同待遇目标的支持和对具体待遇目标的追求，都会降低人们对共同待遇目标的凝聚力，增大其离心因素。因此，必须及时地、有针对性地开展协商对话，协调人们在待遇问题上的价值取向，化解各种淤症。化解人们认识上和心理上的淤症，可采用疏导型对话。进行这类对话的目的在于通过宣传、引导，对群众中的一些模糊认识加以澄清，对一些不正确的认识进行积极疏导，消除离心力，增强凝聚力，达到分清是非、坚持真理、修正错误的目的，使各个待遇集团的成员增强对改革开放中出现的待遇重组、社会变动加剧等现象的心理承受能力，同心同德为实现共同的待遇目标而奋斗。化解人们情绪上的淤症，可采用宣泄型对话。进行这类协商对话的目的在于，使一些有委屈、有情绪的人能有机会、有场合诉说和宣泄，把积郁在胸中的牢骚不满情绪发泄出来。领导干部应重视参加这类对话会，使宣泄者感到真正是在出气，感到对话是真诚的，有关方面是重视他们的意见的，这对于社会心理平衡是一个极重要的条件。

（3）锻炼素质。社会协商对话为各个待遇集团的成员锻炼和提高素质提供了良好的机会。各个待遇集团的成员通过广泛参加各种形式的协商对话，可以开阔眼界，增长见识，提高参政议政能力。同时，参加各种协商对话，本身也是对自己的政治待遇的维护和追求。因为国家法律提供给公民的基本待遇是：有权了解全国性的、本地区的和本单位的重大情况和重大决策的意图；有权参加重大决策的讨论并发表意见；有权对各级领导机关中的官僚主义作风、封建主义陋习以及各种腐败现象提出质询和批评；有权向各级领导机关诉说委屈、反映问题。各级领导机关也有义务向人民群众介绍重大情况、面临的困难以及决策方针，有义务听取人民群众的意见，接受人民群众提出的批评；有义务了解人民群众的疾苦，倾听并解除人民群众的冤屈。建立社会协商对话制度，可以使人民群众的合法待遇得到承认、维护和保障，可以使广大人民群众

的主人翁地位得到充分体现。

16.7.4 待遇协调与优化人际关系

人际关系从性质和程度上来划分，可以有优化、淡化、恶化三种状态：从待遇学科的角度来看，要协调各种待遇关系，化解各种待遇冲突，必须优化人际关系，使各个主体之间协调动作，共荣共生，互惠互利，求得待遇最大值。优化人际关系的要求与优化待遇关系的要求是统一的。优化人际关系，具体实践要求就是要理顺干部与群众、经营管理者与生产者之间的关系。从目前的情况来看，官僚主义作风和各种腐败现象，是对干群关系和经营管理者与生产者关系的严重销蚀，是横在干部与群众、经营管理者与生产者之间的严重的障碍。只有清除这些障碍，上述关系才能理顺，才能得到改善。不然的话，干部和经营管理者对待遇独享独占，把好处攥在自己手里，一般群众和广大生产者得不到什么实惠，人际关系只能淡化，并逐步走向恶化。要使上述人际关系得到优化，作为矛盾主要方面的干部和经营管理者，必须作出主动姿态，真心实意地为群众谋待遇，为广大生产者排忧解难，并在待遇成果的分配上保持合理的分配比例，做到待遇共享，风险同担。

要使人际关系得到优化，还必须消除各种内耗。内耗是指人际关系上的各种掣肘、拆台、扯皮、攻讦、倾轧现象，是人际关系恶化的表现。在人际关系上一旦出现内耗，人们的注意力便从开创性地实现待遇目标转为无休无止的待遇纷争。这种待遇纷争与待遇竞争大相径庭。待遇竞争是在维护共同待遇目标的前提下，以奋发进取精神实现各个具体待遇目标，而待遇纷争则是放弃共同待遇目标，专为一己的私利而死缠不放；待遇竞争是把竞争与协作结合起来的一种进取形式，待遇纷争则是只讲争利，不讲协作，甚至专以拆台为己任；待遇竞争的立足点是创造待遇，发展待遇，多方位培植待遇的生长点，待遇纷争则是只讲分享，不讲创造，自己没有本事创造待遇，却对他人创造的待遇妒忌眼红。实际生活表明，以待遇纷争为特征的各种内耗，对待遇目标的实现起着严重的牵制作用，也给人际关系罩上了浓重的阴影。优化人际关系的一个重要课题，就是要消除这种内耗现象，加强人际间的团结协作，以整体的意志合力和智慧优势，共求待遇目标的实现。

要使人际关系得到优化，还必须建立正确的协调待遇冲突关系的道

德选择，在中国现阶段，各个待遇主体、待遇群体之间的待遇冲突关系有许多不同形式，在个人与他人，个人与企业集体，个人与国家，企业集体之间，企业集体与国家之间以及具体的各种待遇关系都会在一定程度上和一定范围内以不同的形式表现着待遇的冲突。如何协调这种本质上一致的待遇冲突就成为社会待遇道德选择的主要内容。一般说来，在待遇冲突面前可能有四种动机：一是从私心出发，以谋私利为一切行为的出发点；二是主观为己客观为人的合理利己主义动机；三是一切从集体出发，大公无私；四是先公后私，获取个人正当待遇。动机决定和指导着行为的实施，道德的动机直接影响着对待遇冲突的选择。对于第一种动机要进行批判和道德上的否定；对于第二三四种动机则须作具体说明。当个人待遇与集体待遇不发生冲突的时候，个人待遇与集体待遇能有机地结合起来。个人正当待遇的获取应当给予道义上的肯定。当个人待遇与集体待遇发生冲突的时候，道德选择的原则就可分为两种情形：一种是两者的待遇冲突关系可以通过国家或集体作暂时的待遇牺牲而发展个人待遇，但是更重要的是另一种情况，即每一个体为了集体待遇而应自觉地或多或少地牺牲个人待遇。正确的道德关系调解特点也在于此，这种自我牺牲应给予道德上的高度肯定。做到了上述这些，人们在协调待遇冲突方面必然会形成正当的道德待遇选择心理并依从于正确的行为规范。

16.7.5 待遇协调与待遇增进机会

要增进各种实现待遇目标的机会，必须协调各种待遇关系，变待遇关系中的“戗茬”现象为“顺茬”现象。只有这样，才能为各种待遇的实现提供良好的时机和宽阔的空间。

首先，协调各种待遇关系，化解各种待遇冲突，可以使人们紧紧抓住有利于待遇目标实现的各种机遇。人们在实现待遇目标的过程中，常常会遇到各种机遇。机遇为人们获取待遇提供了有利的客观形势，人们常把机遇比作万事俱备条件下所缺欠的“东风”，把机遇看作是无比珍贵的机会。但机遇又是转瞬即逝的，“形势逼人，时间不等人”。假如人们对扑面而来的各种机遇，不齐心协力去争取，机遇就会从人们身边悄然而逝。在争取机遇方面，常有这样的情形：各个待遇行为者都从自己的局部待遇出发，“我掌握了机遇，就不让你沾边”，“我抓不住

机遇，也休想让你走好运”，“这机遇与我无关，我也不把机遇让给你”，其结果，各个行为者之间相互封锁、相互拆台、相互牵制，眼睁睁看着机遇消逝。正确的做法应该是，在机遇面前，各个待遇行为者协调动作，理顺关系，通力合作，八仙过海各显其能，各展所长。

其次，协调各种待遇关系，化解各种待遇冲突，可以使人们培育和扩大待遇生长点，占据广阔的待遇生长空间。要不断培植和扩大待遇的生长点，以不断补偿待遇成果的代谢部分，并在强固的基础上发展新的待遇关系，扩大新的待遇成果。怎样才能做到这一点呢？根本的要求是理顺各种待遇关系，使各个待遇目标相互衔接，使各个待遇行为者相互协作，共同寻找待遇生长点，共同扩展待遇生长点。

16.7.6 待遇协调与待遇制衡机制

在改革开放的新形势下，待遇结构出现了显著的变动，各种待遇主体正在经历一个巨大蜕旧生新的过程，代谢周期加快，优胜劣汰规律推动着待遇竞争；各个待遇群体间群际交往增多，各个群体的独立性地位日渐突出，其待遇主张和待遇需要愈益具有多样性，新旧待遇格局正处于替代转换时期，各种待遇关系面临着重新调整配置的复杂形势，来自各方面的待遇摩擦和冲突，具有多变性和常发性的特征。在这种新形势下，如何协调各个待遇主体、待遇群体之间的待遇关系，把人们的思想和行动统一到共同待遇目标上来，这是关系到改革成败的大问题。要协调好各种待遇关系，重要的是要建立待遇制衡机制，对各个待遇主体、群体的行为进行积极的引导和正确的制约，使之规范化、有序化、协调化，减少内耗系数，加大凝集力、向心力，达到有效地协调各种待遇关系的目的，建立待遇制衡机制的基本要求是：

运用经济手段协调待遇关系。各个待遇集团以及各个待遇行为者之间的待遇关系，主要是表现为各种经济关系，大量地发生在待遇生产领域。运用经济手段调整各种待遇关系，就是要发挥市场机制的作用，发挥信贷、税收、价格等经济杠杆的作用，对各个待遇集团及其成员的行为进行导向和约束，使其在价值规律和其他经济规律的引导下正确设计和调节自己的行为。

运用法律手段协调待遇关系。用法律手段协调各种经济待遇关系，主要表现形式是制定和颁发各种经济法规，对人们的待遇行为进行法律

约束，对于危害经济环境和经济秩序的行为进行强制性矫正，从而使人们在法律和法规所允许的范围内争取自己的待遇目标。法律手段之所以具有上述作用，是因为法律作为一种特殊的社会规范，具有独特的规范作用，包括指引、评价、教育预测和强制作用，与经济、行政等手段比较，法律手段的显著作用主要在于：有极大的权威性、连续性、统一性、平等性、高效率等特点。因此，法律手段在待遇制衡机制中具有不可替代的重要作用。

运用行政手段协调待遇关系。行政手段在待遇制衡机制中的基本作用是：通过各项行政命令、行政监督和行政管理，从宏观上保障经济机制的正常运行，为人们从事经济活动创造良好的经济和社会环境，同时，对各种待遇行为进行必要的干预和管束。过去，在政企不分和产品经济的条件下，政府部门过多地采用行政手段管理经济活动，忽视了用经济手段管理经济，同时对企业微观经营活动统得过死，管得过严，这种频繁的行政干预捆住了企业的手脚，在经济体制改革中理所当然地得到了纠正。但也有人片面强调经济手段的作用，把经济手段看成是万能的，把市场调节看成是可以替代一切的。其实，经济手段和行政手段各有自己的功能和效用，两者不能对立起来，不能舍此求彼，而应相互协调，综合适用。行政手段的特点在于：反应迅速、垂直下达、覆盖面大、管束力强、宏观调控作用显著。因此在协调待遇关系过程中，应准确、及时地运用各种行政手段，如加强工商行政管理和物价管理，控制投资规模等，这些都可以成为治理经济环境、整顿经济秩序的有效手段，也能成为协调待遇关系的有效手段。

运用舆论手段协调待遇关系。舆论手段也是建立待遇制衡机制的重要手段。舆论手段包括两方面内容：一是舆论宣传教育，二是舆论监督。舆论宣传教育的作用在于，通过教育、疏导和启迪，在人们的思想观念上发生潜移默化的影响，使人们树立正确的待遇观念，保持健康的待遇心态，端正待遇行为，在待遇矛盾和冲突面前，能够顾全整体待遇、考虑他人待遇，勇于让渡局部的个人待遇。舆论监督的作用在于，通过各种形式的舆论关注、舆论张扬和舆论批评，扶正祛邪，弘扬正确的待遇观念和待遇行为，揭露和抵制不良的待遇观念和待遇行为，维护各个待遇集团及其集团成员的合法待遇，协调各种待遇关系。总之舆论

监督是协调待遇关系的重要手段，应该在改革开放的实践中正确地运用这一手段。

16.8 待遇协调的机制

协调待遇关系的核心就是建立和健全待遇协调工作机制。当前，虽然市场经济的框架已经基本建立起来了，但为市场经济必不可少的待遇协调工作机制却没有相应地建立起来，我们有必要建立能够激励社会各阶层、群体和成员致力于经济建设和社会进步的待遇协调工作机制。待遇协调工作机制的结构应是全方位、多渠道的，只有将各种待遇协调手段综合运用，才是处理中国现阶段社会待遇矛盾的根本措施。

“机制”一词，在社会科学方面的解释有两种：第一种含义指的是从事某种活动的某一机构或单元的系统和构架；第二种含义指的是事物在系统发生变化时的相互联系、相互作用和发挥功能的体系和方式。我们是在后一种含义上使用“机制”一词的。根据这一层意义，待遇协调工作机制是指以政府部门为主体，并与其他社会组织相互配合，妥善协调各种社会待遇关系，有效处理各种待遇矛盾和冲突的一系列工作体系和方式方法。主要包括待遇分配机制、待遇表达机制、待遇约束机制、矛盾预警机制、冲突调节机制等。

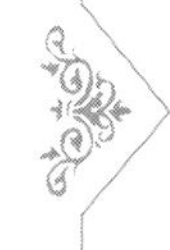

16.8.1 构建待遇分配机制

待遇分配机制是待遇协调工作机制的核心内容。待遇分配机制建设的根本任务就是要确定待遇在社会成员之间的分配形式和份额，形成公平合理的待遇分配，在宏观上防范待遇冲突的发生。要想逐步化解由待遇分配不和谐引起的经济与社会矛盾，进而实现公平和谐的待遇分配目标，必须立足初次分配、再分配和三次分配这三个环节，构建“三位一体”的待遇分配调节机制。

第一个层次，初次分配机制。主要是在企业和单位内部进行的，通过发挥市场的价格、供求、竞争等机制的作用调整待遇分配格局，以体现经济公平为目标。在生产过程中，劳动力不仅创造新价值，而且创造出比它自身价值大得多的价值，即剩余价值。劳动者可凭借对自身劳动力的所有权来分享在企业生产过程中创造的剩余收益，其实质是待遇的分享。要使待遇分配建立在合理的基础上，必须保证市场主体在生产要素的使用上机会均等、公平竞争的市场规则和良好的市场秩序。结合目前待遇差距悬殊的现状，重点加强以下几方面的建设：（1）建立和完善最低工资保障机制。目前各地实行的“最低工资指导线”还属于政策标准，对企业雇主缺乏约束力，有必要将其上升到法律规定的层次，通过颁布实施最低工资保障法，增强分配约束能力，增强最低工资保障机制的保障功能，依法保障职工基本权益。（2）垄断行业待遇调控机制。必须首先清理和限制垄断行业中的各种非货币化的福利发放现象，实行公示化和规范化的收入分配管理制度，在此基础上，通过对垄断行业的工资总量和结构实行有效控制，防止其获得超额利益。（3）企业和单位内部的劳资待遇协调机制。关键要改变在单位内部，职工对于收入分配缺乏话语权的局面，通过加强工会组织自身建设和提高工会组织功能，使其在协调劳资矛盾、待遇分配矛盾方面能够发挥积极作用。

第二个层次，再分配机制。国民收入之所以要再分配，就是为了弥补个人待遇保障和企业待遇保障的不足，为了弥补市场无法解决人们收入过分悬殊的缺陷，其实质就是政府作为中立人发挥待遇调节的作用，以兼顾经济公平与伦理公平为目标。具体包括：（1）建立全面化的税收调节机制。必须强化个人所得税和财产税体系对收入分配的调节力度。目前，中国个人所得税实行分类计征办法，给高收入者留有较大的避税空间，中国应将个人所得税分类计征办法改为分类与综合相结合的征税办法，强化对高收入阶层个人所得税的收缴，特别是要加强征管；要通过各种途径，加强对各类固定人员和流动人员的收入调查，掌握税源；要建立和完善个人财产申报制度，同时严格实行代扣代缴制度。（2）公共领域的收入分配调控机制。必须按照公共财政的公平、公正原则和提高财政支出绩效要求，在人员经费安排和使用方面，必须制止各种“公权私用”和“公费私用”的现象。（3）建立和完善社会保障机制和最低生活保障制度。要按照伦理公平的基本要求，实行各种公益性服务和补贴制度，进一步提高居民最低生活保障标准，扩大医疗保险、养老保险对城乡居民的覆盖范围，提高整个社会的保障利益水平。在社会保障利益来源中，社会保险具有主导地位，主要包括医疗保险、养老保险等，它覆盖了个人从出生、成长到就业、失业、年老、死亡的几乎全部生命过程，通过不同的保险项目，对被保险人进行补偿。社会保障待遇补偿的特点是权利与义务的非严格对等性。通过这种补偿方式实现收入再分配的职能，缓和贫富差距，促进社会公平。社会保障因此被誉为“社会减振器”和“社会安全网”。

第三个层次，三次分配机制。三次分配主要是指发动社会各阶层包括既得待遇阶层积极参与社会慈善事业，以注重伦理公平为目标，确保弱势群体在三次分配中更多受益，以此实现待遇的相对均衡。实际上，对改革受损者进行待遇补偿并不是政府的“专利”。必须疏通非政府组织和个人参与待遇补偿的渠道。发达国家高收入阶层对社会公益事业的热心赞助为我们提供了示范，这已经成为这些国家在存在巨大的财富鸿沟情况下仍然能够保持稳定的重要原因之一。在中国，社会公益事业还处于起步阶段，总体发展水平仍然很低，必须加强建设三次分配机制。具体包括社会责任引导机制，基金筹集的税收调节机制，公益捐赠机制，法律保障机制等。为了加快中国社会公益事业的发展，必须营造社会公益捐助的良好风气，对各种捐助行为进行大力褒奖和宣扬；通过对民间捐赠公益事业的减免税，增强税收对民间捐赠公益事业发展的引导作用；还要通过征收遗产税和赠与税，发挥税收对民间捐赠公益事业行为的督促作用。建立和完善公益捐赠机制，必须加强各种慈善事业的管理，提高公益捐赠的公开性和透明度，接受社会监督，使社会捐赠真正用于帮助贫困和救助急需的人群。建立和健全法律保障机制，在依法审定慈善机构的性质、资质条件的基础上，对慈善机构的财务活动实施规范性的法律管理。

从总体上看，中国“三位一体”的待遇分配调控体系的结构如图所示：

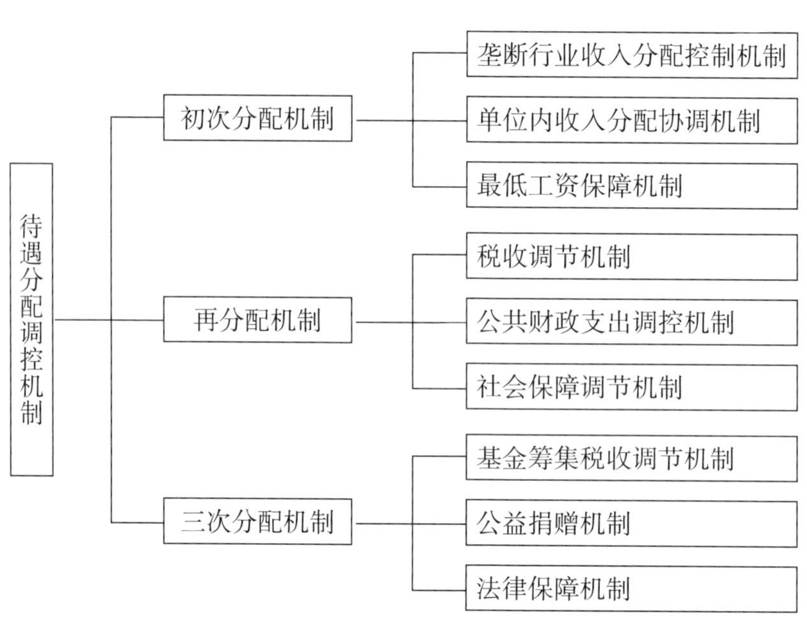

待遇分配调控体系

16.8.2 畅通待遇表达机制

建立畅通的渠道使各待遇主体能够及时顺畅地表达其待遇需求，参与科学决策，是形成相对均衡待遇格局的重要前提。当前中国的待遇冲突并不是主要表现为各个群体之间的直接冲突，而是往往表现为待遇受损群体与政府之间的矛盾和冲突。这主要是因为政府包揽人民群众待遇表达的结果。实际上，政府的责任应该是从中进行控制和调节，以便使矛盾和冲突不至于发展到破坏社会基本制度和基本秩序的程度。当前，中国民众在待遇表达方面存在的主要问题：一是表达渠道不够畅通。由于困难群体常常处于经济上不宽裕、政治上受支配的社会边缘地位，能够掌握的社会资源十分有限，其社会话语权相对不足，不能与强势集团进行平等的博弈，导致待遇分配的话语主导权往往被强势集团所控制。二是表达渠道单一，回应性不强。表达“执行难”问题不同程度存在，民众待遇诉求的积极性受到压抑。

疏通社会各阶层待遇表达渠道，尤其是弱势群体的待遇表达渠道，应从体制内外双管齐下，对症下药。一是建立多渠道待遇表达路径。要加强社会待遇矛盾协调机构如群众信访部门建设，建立和规范各种听证会、论证会、行政官员接待日等民主对话和协商机制，引导各待遇群体

以合理、合法的方式表达待遇诉求，使群众的待遇诉求在基层组织中得以表达、解决，避免待遇矛盾冲突升级。二是建立社情民意的政策形成机制。要成立政府专门的民调机构，凡是涉及群众待遇的政策出台，都必须建立在深入了解民情、倾听百姓疾苦，了解社情民意、广泛集中民智的基础上，充分考虑和兼顾不同地区、不同行业、不同阶层、不同群体的待遇，形成社会大多数人普遍认同的公共政策。三是加快推进民主政治制度化和程序化。在扩大基层民主方面，要真正地实行政务公开、厂务公开、村务公开等公开办事制度，切实保障人民群众的知情权、监督权、参与权、建议权等民主权利。四是充分发挥舆论监督的作用。在中国目前社会民意表达渠道不够畅通的情况下，新闻网络媒体往往具有时效性强、影响面广、监督力量大的特点，是广大民众表达待遇诉求的一个有效渠道和平台。五是充分发挥行业中介组织的作用。中国行业中介组织介于官方与民间之间，这种角色恰恰能担当沟通政府与群众的一道桥梁，他们的声音往往来自底层民众，更具一定代表性，他们往往能站在客观公正立场，是协调待遇矛盾的有效工具，在一定程度上能起到平抑部分待遇冲突的作用。

16.8.3 强化待遇约束机制

人们获取待遇的行为应当受到法律规范和道德规范的双重约束，以法律规范和道德规范协调待遇关系，规范待遇行为，构成了待遇约束机制。随着中国待遇主体多元化和待遇来源多样化的发展，如果没有法律来约束规范各种经济关系和行为，人们在追求个人待遇最大化时，就有可能忽视他人待遇和公共待遇，忽视竞争中的合作，甚至从体制外寻求待遇补偿。这样，就会影响市场经济的有序运行，甚至会引发社会政治动荡。当前，在经济活动中，不同待遇群体逐利行为在相当的范围和程度上处于无约束、软约束或不正当约束状态，使待遇侵犯现象急剧上升并恶性蔓延。这个问题不解决，社会就不可能实现真正的稳定与和谐，发展不可能持续下去。因此，需要建立以法律制度为基础、以道德规范为重点的待遇约束机制，把协调待遇关系、解决待遇矛盾纳入法制和社会治理的轨道。

以法律约束为基础。政府要大力实施依法治国方略，加强法制建设，有效运用法律这一社会控制的最高手段约束待遇行为、创造公正的社会环境，规范待遇分配秩序。法律的制定和运用在各个阶层群体的博弈基础上达成共识，因为，任何法律都是为在待遇关系中规范人们的行为而存在的，目的之一是要创造一个公平的待遇竞争环境。法律约束一方面是对待遇主体的法律约束，引导人们通过诚实劳动和合法经营来获取待遇。另一方面是相关法律、制度的配套建设，解决有法不依和执法不严的问题。

以道德规范为重点。在日常活动中，市场行为主体是按一定的善恶标准进行选择的，道德规范教育能引导各行为主体合理确定待遇目标，用合法途径和方式来追求待遇。所以，应加强不同待遇主体的社会公德教育和职业道德教育，引导人们树立正确的金钱观、享乐观，关注精神需要，这都有助于规范其市场行为，从而减少对他人和社会的待遇侵犯，降低各阶层的待遇冲突。此外，公共权力行使中的社会和舆论监督机制、信息公开机制，社团、行业协会的自律机制等也是待遇约束机制的重要内容。

16.8.4 建立待遇矛盾预警机制

待遇矛盾预警机制能起到在各种矛盾和冲突爆发之前提出预警，给相关部门提供解决问题的方案与对策。建立待遇矛盾预警机制，主要是由一套科学的社会矛盾预警指标体系和社会心态研究指数组成。

社会矛盾预警指标体系主要选取社会中比较敏感的“热点”、“难点”及改革的“关节点”等问题，进行量化指标而形成，每个指标都能够反映社会某一方面的运行状况是否正常，是否会出现潜在危险的信号，以利于政府采取措施，进行防范。在社会矛盾预警指标体系中，可以选取一些社会普遍关注的、特别敏感的、对维护社会稳定关系特别密切的项目，构成社会矛盾预警体系中的核心指标。这主要包括失业率、物价上涨率、基尼系数、房价上涨率、医疗费用占居民收入的比例、农民负担统计、官员家庭财产公示统计、干群关系紧张程度、贫困人口在总人口中的比重及贫困程度等。除了这些核心指标外，还可以选取国企改制、土地征用、房屋拆迁等“敏感点”问题，群众待遇受损程度等问题。这些都是构成社会矛盾预警指标体系中的客观指标。

社会心态指标即主观指标，主要包括人民群众对待政府改革政策的理解支持程度，对某项改革政策的心理承受程度，对公共安全、社会风

气、家庭及个人生活的满意度，对不同阶层的认同程度，对官员腐败不满程度等主观感受方面的指标。

除了制定科学的预警指标体系外，还应该建立待遇矛盾的监控网络系统，要条块结合、以块为主，形成区域性的监控网络，不断扩大基层监控组织的覆盖面，建立更加完善的信息传递网络，及时收集并定期反映各项指标变动情况。总之，待遇矛盾预警机制的建立，可以保证政府能够及时得到并科学地估量社会各方面运行状况及其发展趋势，并对可能发生的矛盾冲突做好化解和防范工作，确保社会稳定与和谐。

16.8.5 完善待遇冲突调节机制

整合待遇关系的落脚点在于化解各种待遇矛盾和冲突。理想社会不是一个没有待遇冲突的社会，相反，理想社会是一个有能力化解和解决待遇冲突的社会。所以，不断提高化解待遇冲突的能力是促进和谐、构建理想社会的题中应有之义。待遇矛盾是需要及时疏导的，当自发的、零散的、轻微的待遇矛盾得不到及时解决时，就可能转化成自觉的、有组织的、严重的群体性对抗和政治风波，会使矛盾摩擦上升为矛盾冲突。当前，中国群体性突发事件时有发生，很大一部分就是因待遇矛盾处理不当而导致的，这就要求政府建立有效的工作机制，做好待遇矛盾的处理、化解和处置工作。待遇冲突调节机制主要包括政府和民众的对话机制，信访工作机制，劳动仲裁制度，群众组织调解制度，民间调解制度，基层自治组织调解制度，司法仲裁制度等都是化解待遇矛盾的有效手段。（1）政府和民众的对话机制。通过主要领导出面与群众直接对话的方式，认真听取群众的意见和反映，解答群众的问题和疑虑，阐明政府的态度和诚意。对群众提出的合理的待遇要求，能解决的要及时给予解决，暂时不能解决的要说明情况，对群众一些不合理的待遇要求也要做好细致的解释教育工作。（2）要加强和完善民间调解工作，真正发挥其化解矛盾纠纷、维护稳定的作用。（3）要充分发挥各社会团体、民间组织、中介组织在调节社会成员待遇冲突方面的作用。（4）要改进和加强社区建设努力形成协调待遇关系的强大基层组织网络，充分发挥社区直接联系民众、主动关心民众、经常反映民众要求的基础性作用，努力形成一个全社会各群体各阶层和谐相处的局面。（5）要教育民众运用法律手段解决各种矛盾纠纷，逐步把处理人民内部利益矛盾与冲突纳入法制化、规范化的轨道。

第十七章 待遇与制度

系统论认为，任何事物都是一个系统。所谓系统，就是由相互联系、相互制约、相互作用的元素组成的具有一定结构和功能的整体。根据系统的等级层次原理，系统有其相对性，整体大系统可以分解为若干部分的子系统，子系统内部还可以有若干层次的子系统；根据系统“整体大于部分之和”原理，大系统内部的子系统之间具备一定的结构，整体的大系统具有各子系统所不具备的功能；根据系统与环境互塑共生原理，系统与其外部环境通过物质、能量、信息交换的方式实现相互作用和相互联系，两者相互塑造，达到复杂的动态平衡。系统方法就是把研究对象作为一个具有一定组成、结构与功能的整体，从整体与部分之间、系统与外部环境之间的相互联系、相互制约、相互作用的关系中进行综合考察，以求得最佳处理问题的科学方法。从人与自然、社会整体而言，制度是其中一部分，即一个子系统；但就制度自身而言，它又是一个独立的大系统，有其内部结构。从制度发挥其功能的角度讲，制度总是要维持一定的稳定性，也就是说，制度不能是多变的、易变的。但事实上制度又必须也确实是发展变化着的，不仅因为这是出于适应生产力发展变化而变化的客观必然事实，也是因为只有这样才能适应发展变化着的社会与人的需要。我们关注制度变迁与演化，不仅对其客观演化过程与途径感兴趣，更对其发生演化的动因及其演化中的可选择性感兴趣。从本原意义上讲，制度的演化其实是一个自然的历史过程，社会生产力的进步与发展，特别是人类追求自身待遇的提高与完善，是制度演化的根本原因，也是根本动力。

17.1 制度演化的前提

制度体现待遇的要求，待遇通过制度来实现自己。制度与待遇之间是相互实现、相互支持的关系。人看到了遵守制度所产生的待遇，自然强化了其遵守制度的自觉性；人为了其待遇能得到实现与保护，总要设计和制定一系列的制度。因此，待遇既是制度的前提，又是制度的着力处。待遇冲突是制度产生的根源。社会资源并不是均衡的，也不可能是均衡的。待遇来源于对资源的控制，待遇的大小取决于对资源控制的多少。但是，社会中的现有资源总是处于匮乏的状态。20—21世纪美国社会学家兰德尔·柯林斯（Randall Collins）是社会学冲突理论的代表，他指出“人是社会的但具有冲突倾向的动物”。

制度是适应待遇调节的需要而产生的，制度的变化和发展根源于待遇关系的变化和发展，归根到底根源于人们待遇要求的变化和发展，尤其是法律这一制度形态更为典型。所以有的学者认为，在某种意义上，待遇规律是法律的基础，法律制度实质上是一种待遇制度。作为制度形态之一的法律并不创造或发明待遇，而只是对于社会中的待遇关系加以选择，对特定的待遇予以承认，或者拒绝承认特定的待遇应受法律保护。这种选择表现在两个方面：待遇主体与待遇内容。在任何法律社会中，都不能产生为社会所有成员一致同意的法律规范。把法律视为“公意”的体现，这只是一种对应然状态的理想追求。社会是由人构成的，人们相互之间构成各色各类的待遇主体。法律只对部分待遇主体予以保护，或者主要表达部分待遇主体的待遇。

制度对于待遇的规范具有极其重要的意义。作为制度的典型形式之一法律的最高任务就是平衡待遇。法律所体现的意志背后是各种待遇。法律规范就是为解决种种待遇冲突而制定的，法律是冲突的人类待遇合成和融合的产物。法律只表明某一社会集团的待遇胜过另一集团的待遇，或双方的待遇都应服从第三个集团或整个社会的待遇。立法者必须保护待遇，他要去平衡互相竞争的各种待遇。在所谓的司法活动中，法官要作出正义的判决，不只是根据正义感进行判决，最根本是必须弄清立法者通过某条特定的法律规则所要保护的待遇，并找出优先的待遇从而使各种待遇得到合理的平衡。

同时，制度既是实现待遇的工具，又会是制约待遇实现的障碍。任何社会集团的需要和待遇，最终都体现为把社会生活的生产经济基础及其组织形式和方法相联系的社会机制，体现为社会的种种制度。待遇的实现要通过制度，待遇的实现也体现为制度。20世纪美国政治学家塞缪尔·P. 亨廷顿（Samuel P. Huntington）认为，制度就是调节、限制、疏导人们政治行动的一套机制。尤其是在现代社会，政治制度本身就是社会共同体为了调节待遇冲突、维护和增进公共待遇而演化出来的一个工具。没有政治制度，人们的待遇争夺就不能得到约束或限制，社会中的待遇冲突就不能得到调节，人们的政治行动就难以被疏导到公共待遇的轨道上。有了良好的也即合理的政治制度，就可以有效地调节各种待遇冲突，约束个人或集团损害公共待遇的行为，并能把他们追逐自身待遇的行动引导到有利于或起码不损害公共待遇的轨道上。塞缪尔·P. 亨廷顿指出，"一个政治制度衰弱的社会，无力约束个人和集团欲望的泛滥，其政治状态必然像17世纪英国政治哲学家托马斯·霍布斯（Thomas Hobbes）所描述的那样，充满着社会势力之间的无情竞争"。在这个意义上，制度成了待遇的保障。制度的待遇与公共的待遇是一致的。但是，不合理的制度反过来也可能成为待遇实现的障碍。18世纪法国思想家让-雅克·卢梭（Jean-Jacques Rousseau）曾明确说道："社会和法律就是这样或者应当是这样起源的。它们给弱者以新的桎梏，给富者以新的力量；它们永远消灭了天赋的自由，使自由再也不能恢复；它们把保障私有财产和承认不平等的法律永远确定下来，把巧取豪夺变成不可取消的权利；从此以后，便为少数野心家的利益，驱使整个人类承受劳苦、奴役和贫困。"

在社会变革过程中，我们会注意到这样一种现象，这就是落后国家模仿发达国家的技术容易而模仿发达国家的制度难。为什么会出现这种现象呢？这是因为制度改革比技术创新更痛苦，更触痛既得待遇。一些落后国家在改进自己的制度时，之所以只愿闭门造车，而不愿眼界向外，即使向外往往也没选择最优的制度来模仿，就是因为负责各领域制度改进工作的，恰恰是既有制度的既得待遇者，他们显然只有采取上述态度和方式对待改制，才最符合自身的待遇。既然是既得待遇者作祟，防止待遇掣肘制度安排的最好办法，当然就是坚决不能让各种制度的既得待遇者主持改制，而改由最能超然于该制度之上或者最能代表全体公

民待遇的人或机构来主持。不过颇为难办的是，如果没有某种外在的更大的力量干预，这些既得待遇者并不会自动交出所拥有的改制权力。而改制的缓慢和不到位，也大都由此生出。

那么，什么样的关系才是待遇与制度之间的良性互动呢？这就是制度必须体现最大多数人的待遇，体现公正、公平的待遇。确实，在当代中国，制度设计和制度创新必须体现和贯彻这一原则，把国家待遇和人民待遇放在首位，充分尊重社会公民合法的待遇。

17.2 制度演化的主体

从抽象意义上说，制度演化的主体应该是人，但是人作为一个"类"的概念，这一主体是虚置的。在现实社会中总有也必然有各种各样的外化的主体形态，这些主体事实上在制度演化中发挥着不同的作用。我们根据在制度演化中发挥作用的不同、发挥作用形式的不同，将这些主体大致分为四种："民众"、"利益集团"、"政府"、"精英"。

17.2.1 民众

民众在制度演化中的作用是根本性的。马克思主义认为，人民群众是历史的主体，是社会物质财富和精神财富的伟大创造者，当然是变革社会制度的决定性力量。但根本性是就其本原而言的，其体现可能是一个长的历史过程。就阶段性和微观来说，其表现不一定是直观的、明显的。因为民众不是一个群体概念，在现实意义上的民众没有组织的含义在内。这一理论判断很重要，也是对于民众本质特征的判定。民众从理论上说是一个整体，但在现实中是以单个人的个体形态存在的。组织起来的民众就转化为其他的主体了，就进入了我们对其他主体的讨论范围。可是，我们并不能说个体形态的民众就起不到作用。民众对制度演化的作用可以用恩格斯的一段话得到很好的解释："历史是这样创造的：最终的结果总是从许多单个的意志的相互冲突中产生出来的，而其中的每一个意志，又是由于许多特殊的生活条件，才成为它所成为的那样。这样就有无数互相交错的力量，有无数个力的平行四边形，由此就产生出一个合力，即历史结果，而这个结果又可以看作一个作为整体的、不自觉地和不自主地起着作用的力量的产物。因为任何一个人的愿望都会受到任何另一个人的妨碍，而最后出现的结果就是谁都没有希望过的事物。所以到目前为止的历史总是像一种自然过程一样地进行，而且实质上也是服从于同一运动规律的。但是，各个人的意志——其中的每一个都希望得到他的体质和外部的、归根到底是经济的情况（或是他个人的，或是一般社会性的）使他向往的东西——虽然都达不到自己的愿望，而是融合为一个总的平均数，一个总的合力，然而从这一事实中决不应作出结论说，这些意志等于零。相反地，每个意志都对合力有所贡献，因而是包括在这个合力里面的。”恩格斯这段话是讲历史演化的，但也可以用于对制度演化的描述。在制度演化过程中，民众的作用就体现在这“合力”中。在未来的中国改革中，制度演化、变迁、创新的主体应逐渐由政府主导转变为政府与社会民众共同参与，直至以民众为主。这是真正走向政治民主、实现依法治国的基础。

17.2.2 利益集团

利益集团是待遇制度演化的直接推动者和参与者。20世纪美国经济学家道格拉斯·诺斯（Douglass North）、20—21世纪英国经济学家加文·戴维斯（Gavin Davis）等新制度经济学者在经济史研究中专门研究了利益集团之间的博弈对经济制度变迁的影响过程。他们认为，制度演进的方向与一个社会中利益集团之间的博弈过程和结果相关。因此道格拉斯·诺斯说：“如果说制度是游戏规则，那么利益集团是玩家。”所谓利益集团，就是社会中具有某种共同或相近利益、政治主张、价值目标的人所组成的集团，它集中代表和表达某个特殊群体的利益和要求，并对社会其他组织和机构，比如政府、执政的政治组织等施加影响，使其制定出符合自身利益和要求的政策、法律、制度。利益集团与民众的差别就在于它是以较高水平的组织性为特征的，它比较有效地克服了普通个人在社会生活中势单力孤的状况。

（1）不同利益集团之间的参与推进了待遇制度演化

现实社会中的制度就是不同利益集团之间互动的结果，不同利益集团利益的有序表达和有效表达，是合理有效制度的基础和前提。各利益

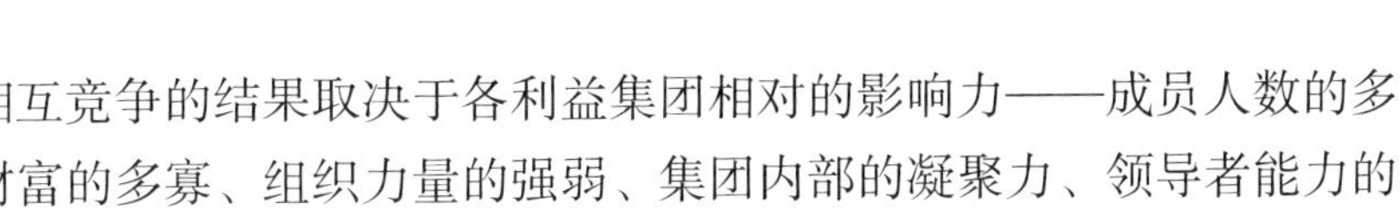

集团相互竞争的结果取决于各利益集团相对的影响力——成员人数的多少、财富的多寡、组织力量的强弱、集团内部的凝聚力、领导者能力的高低、集团与政府决策者之间的距离远近等因素。各利益集团由于其自身结构和所处社会政治地位的差异，因而产生了多种利益表达方式。

现代待遇制度的演化，应当是每个社会成员都能够参与和广泛协商的结果，只有这样才能使制度的公正性、合理性和妥适性得到保证。但是在现实社会中不大可能做到这一点。因为社会协商通常不是大众个体之间的协商，而是社会团体之间的协商。这样，普通消费者、普通纳税人、失业者、贫民等属于社会民众这一范围的人，由于成分复杂、分布散乱而不可能组成任何团体，因而实际上是被排斥在社会协商之外的。他们在某种意义上是属于找不到合适集团参加的人。从理论上讲，既然没有现成合适的利益集团，就不妨自己成立利益集团。但对于相当多的人来说，自己成立利益集团的现实性是很小的。所以，在现实社会中，往往会有一些利益集团自愿代表这些人的待遇，而把这些人收归自己旗下。

（2）利益集团参与制度演化过程中的方式体现为妥协

不同利益集团之间的妥协是制度演化的前提，又是制度演化的内在要素。没有妥协，就没有多元政治待遇、经济待遇和文化待遇的并存。在妥协中才逐步确立了制度的至上性和普遍性；也只有妥协，社会才能以最少的成本获得最大的收益。妥协既是利益集团的一种心理状态，又是各方谁也不能占绝对优势时所达成的状态。真正的妥协就是综合对立的势力，并把双方（或几种）观点中精彩部分以不完整形式保留下来。妥协不是披上伪装的有条件的投降，它的过程是积极的，因为促进了各方参与的兴致。它的过程也是合乎理性的。拒绝妥协与合作是推行暴力的前奏，也是社会灾难的征兆。不同利益集团为了自身待遇发展，必须同意与其他利益集团共存、合作，并会逐步养成遵守规则的习惯。利益集团的各方都能借助制度保障自身不受其他利益集团的侵犯，从遵守规则中可以获得待遇。多元待遇的冲突、竞争、妥协、共存的全过程都需要规则，并要达到规则的至上性。有的学者描述西方资本主义社会初期状况时曾指出，统治者不得不放弃一些自由裁决的权力，而贵族和第三等级则需要放弃某些摆脱政府的独立性。正是通过相互的调和和让步，法律秩序才得以出现。

（3）构建制度演化中的利益集团是有利于制度演化的

如果说存在一个所谓的社会公共待遇，那么，利益集团作为局部待遇是与公共待遇相悖的，因而，利益集团的存在对于社会公共待遇、对于社会中其他人的待遇都是有害的。但问题在于对所谓“社会公共待遇”如何界定还是一个问题。从理论上讲，确实应该存在社会公共待遇，可在现实中这公共待遇更多是一种妥协的产物。不同利益集团之间的“遏制与平衡”所产生的社会公正不见得比某一集团单方面宣称的更差。所以，我们应该着眼于如何构建更多的利益集团以覆盖更大的社会群体面，而不是取消利益集团，或者不能说只允许一部分人形成利益集团，而不让更多的人组成利益集团。在某种意义上，多元的利益集团存在本身就是民主的一种形式。

因为社会在某种意义上也是由不同利益集团构成的，那么社会制度就应该是能够保护自由结社的权利以及能够调和不同集团之间的待遇冲突的制度。社会是一个充满待遇冲突的场所。个人从来就属于许多不同的利益集团，而且其成员身份和忠诚对象也是交叉的、相互冲突的。只有自由的最大化才能保证个人在多重利益集团之间作出适当的选择。所有的待遇要求都不是什么坏事情，它既值得自己追求也值得他人尊重。在中国，利益集团在社会政治生活中的重要作用还没有引起足够的重视。由于传统的影响，我们把一切制度甚至民主的创立都看作是政府的事情，但真正的民主必须是人民自己的创造和自己努力的结果，而按利益集团组织起来的个人则是实现这种创造的前提。绝大多数民众都参加到各种有组织的集团中，虽然个人并不直接参与制度的演化，但通过参加到有组织的集团中去，并通过集团参与而显示出他们的影响。只有当利益集团很发达，而且各利益集团之间形成了相互制衡的局面时，利益集团参与制度演化过程本身才是民主的一种方式。否则，利益集团的存在有悖于民主。

当利益集团的垄断性达到一定的程度后，其独占性和排他性就会表现出来，排斥集团外成员的加入以享用更大份额的好处。对于社会弱势团体而言，因无力主动追求自己的目标，只能处于被动不利或消极反抗的地位。由此必然破坏社会资源配置的平衡结构，导致社会总效益下降，造成社会分配不公，两极分化日益凸显，革新动力日渐萎缩，最终从根本上限制了竞争和效率。所以，垄断性的利益集团是必须反对的。

解决的办法就是构建更加多元的利益集团以分散垄断。进一步说，即使一些利益集团借助于联合，取得了局部的优势，并使其政策主张得到政府的更多考虑，但这种优势也会随着待遇的重整而改变，可能会由于相应的抗衡能力的形成而逐渐消失。因而在利益集团多元化的社会里存在一种权力和待遇均衡的趋势，如同在经济领域中的市场均衡一样。

17.2.3 政府

如果从社会学的角度看，政府也是一种利益集团，但由于其来源的不同，不是自发组织的，而是社会推选的，加之又是代表全局的、整体的，所以政府作为制度演化中的一个主体，与利益集团有明显不同的参与方式。政府作为制度演化的主体，它在以下三方面发挥作用：

（1）具有仲裁决定权

在制度演化中，政府所能起到的一种无可替代的作用就是提供立法和法律体系，从而为利益集团和民众的活动提供一种可预见的制度环境，并提供了解决各种争端的程序。政府所要做的不是决定谁去做某事，而是决定谁有权利做某事，即对每个人所能够采取什么样的经济行为，并排斥其他人在自己所属的财产上采取哪些行为，作出合法的、有法律强制力的规定。在对具体产权进行界定的时候，应该比较社会成本与收益而不是私人成本与收益。道格拉斯·诺斯认为："国家作为第三种当事人，能通过建立非人格化的立法和执法机构来降低交易费用，既然法律的发展是一种公共产品，它就能随之带来具有重要意义的规模经济。既然交换的基本规则已经确立，那么，只要存在法律机构，谈判和行使的费用会不断减少。"凭借强制力，国家在制度变迁中可以降低组织成本和实施成本。

在所有制度体系中，宪法是最为重要的。道格拉斯·诺斯指出，一个政治经济体制是由彼此间具有特殊联系的一套复杂的制度构成的。宪法则是这种体制最基本的组织约束，其目的是通过界定产权及强权控制的基本结构使统治者的效用最大化。它们是在这样的目标下建立的：①设立一个财富和收入分配方式；②在竞争性世界中界定一个保护体制；③为执法体制设置一个框架以减少经济部门中的交易费用。宪法对一个国家长期的经济制度和发展变迁都会产生重大的影响。道格拉斯·诺斯指出，“正是宪法与相互关联的道德伦理的行为规范的结合，构成了制度稳定的基础并使其变迁减慢”。

（2）以强制性制度变迁消除搭便车问题

随着经济的发展，会出现制度的不均衡。有些制度不均衡可以通过诱致性制度变迁来加以消除。但是，有时由于搭便车问题而引起的私人和社会在收益、成本之间的差异，使得诱致性制度变迁不会出现，因而制度不均衡无法清除。这时就需要政府实行强制性制度变迁以消除这种制度不均衡。在这方面，政府确实具有很大的优势：政府具有任何其他组织都不具有的权威，它能够以低于私人组织的成本来完成从产权的界定、保护、仲裁到各种经济活动的组织等一系列工作，从而实现规模经济，而且，政府还可以通过大量投资于意识形态来解决搭便车问题，从而推动制度的变迁。但是，只有当政府统治者对制度变迁的预期收益高于推行制度变迁的成本时，他们才会实施强制性变迁。否则，即使现有的制度是缺乏效率的，强制性制度变迁也不会出现。概言之，导致一种无效率的制度安排继续存在或政府不能采取行动来消除制度不均衡的原因包括：统治者的偏好和有限理性、意识形态刚性、官僚政治、集团待遇冲突及社会科学知识的局限性等。

（3）协调各利益集团之间的关系

由于改革是一种公共选择的过程，而公共选择的机制是任何人都可以利用的，希望改革的利益集团可以利用，反对改革的利益集团也可以利用。从表面上来看，改革的决策似乎最后都由政府作出并颁发，其实，政府只是根据各种利益集团的力量对比进行相机抉择罢了，聪明的政府并不把政府的待遇与某一利益集团进行简单的联系，而招致其他利益集团的怨恨，而是坚持始终维持多方待遇竞争的格局，使自己总是处于调解人的角色。政府如同交易所的老板，对买卖双方都要给以肯定和鼓励，只有买卖双方同时存在，才可能有交易行为，因而，交易所才有收益，然后，才能谈得上发展。如果光有买方一方，或只有卖方一方，交易所就可能办不下去了。一个国家内部的各个利益集团的情况自然要比交易所里的买卖双方要复杂得多，但是道理是一样的，政府要使自己能够存在下去，并得到更大的发展，首先要使各个利益集团相互之间能够进行交易，同时，不断供给规则和制度，使它们交易活动活跃而规

范，政府从中收税，不断地扩大自己的待遇，而这些待遇越多，政府用于公用产品的投入就越充裕，国防、教育、公共工程、社会治安的情况就会得到加强或改善。

政府的角色是在利益集团之间寻找平衡，因此，尽管某一项决策也许有利于某一利益集团，但长期阶段内政府决策还是照顾到所有利益集团的待遇的。但是，在现实社会中，政府又总免不了产生自己的特殊待遇。这就进入另一个问题了。

17.2.4 精英

“精英”，是西方社会学中的专门用语，系指社会上具有卓越才能或身居显著地位并有影响作用的杰出人物。在社会学理论中，精英与一般优秀人物不同，他们在一定社会里得到高度评价和合法化地位，并与整个社会的发展方向相联系，同时散布于社会各个领域和不同层次中。19—20世纪意大利政治理论家加埃塔诺·莫斯卡（Gaetano Mosca）和19—20世纪意大利社会学家维弗雷多·帕累托（Vilfredo Pareto）首创精英理论。“精英”的本质特征是其质量层次上的含义，即精英必须是“精选的”，是在各自活动领域内能力水平最高的人。他们之所以能够在社会中获得主宰地位，根本的原因即在于他们具备社会所推崇的才能、品质与心理素质。

（1）在制度演化中精英是一个思想主体、知识主体

从严格意义上讲，不存在一个独立的精英群体。实体的精英存在于民众中间、政府组织内部和利益集团之中。在这里，把它作为制度演化的一个独立的主体，并不是从形态上说的，而是着眼于非实体的共性，比如知识、思想、专业技能等。从这个意义上，我们就可以给出一个精英的定义：所谓精英，就是指一些具有比较高的文化素养和能力的人。我们把它单列出来，其实就是将其抽象为一个思想的主体、知识的主体。

从社会学的角度理解，所谓精英，至少必须具有以下特征：一是精英是社会分工的产物，二是精英必须具有卓越才能，三是精英必须与整个社会的发展方向相联系并有重要影响作用，四是精英必须获得社会的高度评价和合法化的地位。

从西方精英理论的演变过程看，其早期的“精英”实质上指的就是因其突出地位而在社会的权力分配中占有优势的少数群体。这一“权力”最初多指政治性权力，而在现代民主政治和工业社会中，权力作为“占有和支配力”的概念已经泛化，并从政治领域扩大到社会、经济等更为广阔的领域，精英也开始和现代社会的分工、社会分层、社会分配、社会竞争以及社会流动现象更多地联系在一起。

精英一般都有比较好的社会地位、社会身份和社会职业，但这并不是精英的本质特征，只是增加了它展现其本质的能力和手段。在一些保守停滞的社会制度系统中，精英可能更多地处于边缘化地带。但这也正客观地为他们进行制度设计提供了自由的、非利益的空间。

（2）精英在制度演化中的作用依赖于他们的专业技能与思想认识

精英在制度演化中发挥作用的机理与其他主体不同，促使他们推进制度演化的并不是它们的待遇——当然，他们也是有自己的待遇的——而是他们对社会发展规律的深刻认识、对社会发展态势的敏锐把握、对制度演化模式与途径的专业认识和设计、选择制度时的科学技能等。精英通过他们的专业技能与思想认识，能设计出一些更好的制度框架和制度安排，能有意识地引导社会向制度应该演化的方向更快一些、成本更低一些去发展。

在现代市场经济条件下，社会竞争机制发育成熟，社会分工日益拓展，民主途径逐步扩大，多数社会主体都会在经济发展和社会进步中受益，先前因生产落后、分配不均和政治专制而形成的明显的阶级对立将淡化，以职业为基本背景的社会多元化和阶层化特征将日渐突出。在多数分工领域中，都会通过竞争机制形成具有卓越才能和重要影响的群体，这就是现代社会的精英阶层。现代社会精英的地位并非如先前传统社会那样靠身份等级和特权获得，而是经由开放的、流动的竞争途径自然形成。

精英，以专业化和职业化为背景，在职业群体结构、法律素养、实践能力和人文精神等方面具有高度的卓越性，对社会发展产生积极影响。精英会促进社会观念的更新，观念的革新与制度的设计操作是一个互相作用、相辅相成的过程。观念的革新有助于制度的建立与良性运作，而制度运作的效果反过来又可以持续不断地推动人们观念的革新，

在这个过程中精英起着举足轻重的作用。

（3）精英从某种意义上是超然于特殊待遇的

现代待遇社会的一种现象表明，随着现代社会的发展，人们生活水平的提高，人们越来越多地希图追寻自己的梦想，越来越多地去享用闲暇时间，越来越多的人自愿服务于大学和博物馆等公共场所，以丰富自己的生活，奉献于社会。用西方学者的话说，就是出现了一批持后物质主义观念的人群，而且越来越多。20—21世纪美国政治学家罗纳德·英格尔哈特（Ronald Inglehart）在他1977年撰写的《沉默的革命》一书中提出，后工业社会使人们的生活水平提高，使人们相对富足，这种富足的条件导致了这些国家的年轻人提出关于生活质量具有更高价值的问题，而较少关注寻找或保持一份工作之类的问题。他们区别于那些和他们生活经历不同的老年人，不是将自己的经济待遇置于第一位，而是将后物质主义的价值置于第一位，将美学、道德、权利和其他非物质的政治目标置于更为重要的地位。在这其中的少数优秀成员更是如此，因为对他们来说，基本的物质要求已经在较高层次上得到了满足，剩下的只是个人价值的实现问题。这个时候，所谓的公共待遇就凸显出来了。

社会经济的富足导致了人们社会心理的变化。英格尔哈特在研究中引用了心理学家亚伯拉罕·马斯洛关于人的动机的来源和需要层次的理论，即当人们的基本要求得到满足后，便开始寻求爱、归属感和自尊的理论。英格尔哈特指出，当人们的物质需求得到满足后，便开始关注其他问题，开始寻求“自我实现”以使自己的“潜力、能力、天分”真正展现出来。这种心理上的变化反映到政治上就演化为一种新的政治行为。在现实社会中，当人们自我表现的愿望反映为自觉奉献于社会、国家和公众的行为时，这种自我愿望便发生了转化，成为政治参与的愿望，其行为也转变为政治行为。这也是人们自我意识社会化的过程，人们通过此类政治行为去实现自我，完善自我，使自己的生活更有意义。

17.3 制度演化的模式

所谓制度模式是指制度在变迁过程中所采取的形式、速度、突破口、时间、路径等的总和。制度演化的模式主要受制于一个社会的利益集团之间的权力结构和社会的偏好结构（历史文化因素）。制度演化的模式不是单一的，主要有制度改良、制度革命、制度创新三种模式。

17.3.1 制度改良

制度改良是指在不对既有制度框架进行根本性变革的前提下，为了达到新的目的，适应新的变化而对制度进行的一种“修补”，是对初始制度的加强和完善。这种制度演化方式既可以是“渐进”的，也可以是“激进”的；既可以是主动的，也可以是自然演化的。在某种程度上，自然演化可能更反映制度改良的特点。

制度改良从两个方面进行：一是改变制度存量，即对那些不适应生产力发展的规则进行修改和补充；二是增加一些新规则，将那些适应生产力发展的制度建立起来。由于某些规则的修正，制度摩擦减少，交易成本下降；因为新规则的建立，生产力发展的空间拓展，制度收益增加。

（1）有主体明确主导的有意识的制度改良

一般来说，制度改良是有主体主导的。推动制度改良的主体既可能是现有制度框架的代表者，比如政府，也可能是既有制度待遇受损者，但与政府已经达成了默契。由于制度变革主体看到了制度改良能够减少交易成本和增加制度收益，而且制度改良的成本不仅小于现有制度的潜在收益，也小于选择一个全新制度的成本，这个时候就会进行制度改良。

有主体的制度改良一般都有比较明确的目标，相应也有比较明确的改良途径和改良措施。道格拉斯·诺斯认为，推动制度变迁的行为主体是为了追求收益最大化。因而，制度变迁的成本与收益之比对于促进或推迟制度变迁起着关键作用；只有在预期收益大于预期成本的情况下，行为主体才会去推动直至最终实现制度变迁；反之亦然。这就是制度变迁的原则。至于制度变迁的过程，一般可具体分为这样五个步骤：第一，形成推动制度变迁的第一行动集团，即对制度变迁起主要作用的集团；第二，形成推动制度变迁的方案；第三，根据制度变迁的原则对方案进行评估和选择；第四，形成推动制度变迁的第二行动集团，即起次要作用的集团；第五，两个集团共同努力去实现制度变迁。

特别是当这一主体是政府时，其公共权力性单位可以比竞争性组织以低得多的费用提供一定的制度性服务。制度安排是一种公共品，而公共品一般是由国家“生产”的，按照经济学的分析，政府生产公共品比私人生产公共品更有效，在制度这个公共品上更是如此。在制度变迁的过程中，即使某一群体发现了体制不均衡及其外在利润，也尽量要求政府进行改良，提供相应的制度安排。因此，人们要求政府提供制度这个公共品的需要是持续存在的。

在社会经济发展过程中，尽管出现了制度不均衡、外部利润以及制度变迁的预期待遇大于预期成本等诸多有利于制度变迁的条件，但此时“搭便车”的现象相当严重，本来可能发生的诱致性制度变迁就会被强制性的制度变迁所代替。因为政府可以凭借其强制力、意识形态等优势减少或扼制“搭便车”现象，从而降低了制度变迁的成本。

显而易见，比较理想的制度创新是利天下而不损一人的，但实际上是很难达到的。当制度改良不能兼顾所有人的待遇或损害某些人的待遇时，创新就只有靠政府了。在非帕累托改进型的制度改良过程中，就有一个受损者的补偿问题。如果不能对受损者进行相应的补偿，那么新制度的推行就会被延期，甚至最终不得不被取消。由政府担任主体的强制性制度变迁则能够很好地解决这个问题。

（2）无明确主体主导的自然演化的制度改良

在20世纪英国经济学家弗里德里奇·哈耶克（ Friedrich August Hayek ）看来，在实施保护公认的个人私生活领域的公正行为普遍原则的情况下，十分复杂的人类行为会自发地形成秩序，这是特意的安排永远做不到的，因此，政府的强制只应限于实施这些规则，无论政府在管理为此目的而得以支配的特定资源时，还可以提供其他什么样的服务。弗里德里奇·哈耶克关于制度是自然演化的结果的要点可归结为以下几点：

①社会经济生活中待遇关系是复杂的，市场自发的秩序，是以相互性或相互受益为基础的，自然秩序是最好的秩序。

②允许个人可以自由地将各自的知识用于各自的目的之抽象规则为基础的自发秩序，比建立在命令上的组织或安排更有效率。

③自发秩序或法治的极端重要性，是基于这样一个事实：它扩大了人们为共同待遇而和平共处的可能性，这些人不是有着共同待遇的小团体，也不服从某个共同的上级，由此才使一个巨大的或开放的社会得以产生。

弗里德里奇·哈耶克的这些观点我们并不完全赞同，但是他强调制度或规则的自然演化是值得我们探讨的。其实，马克思对自然演化也持有极其肯定的态度。马克思通过批判资本主义社会物的系统对人的控制这个异化事实，揭示了社会制度特别是市场经济体系的自我平衡机能：“虽然每个人的需求和供给都与一切其他人无关，但每一个人总是力求了解普遍的供求情况；而这种了解又对供求产生实际影响。虽然这一切在现有基地上并不会消除异己性，但会带来一些关系和联系，这些关系和联系本身包含着消除旧基地的可能性。”所以，“平衡代替了实际的共同性和普遍性”。也正因为如此，马克思称这种不以人的意志为转移的市场自我平衡调节机制乃是“美好和伟大之处”。

17.3.2 制度革命

制度革命就是对现有制度的彻底改变。但是，在哲学意义上的制度革命并不一定都是进步的。对“革命”这一概念，我们不要有价值评判的意味在里面。革命应明确地理解为以一种社会形式或统治形式取代另一种社会形式或统治形式的政治行动。按照20世纪美国哲学家赫伯特·马尔库塞（Herbert Marcuse）的说法，革命“是一个社会阶级或社会运动，它以改变社会政治结构为目的，而推翻一个合法地建立起来的政府与制度”。由于社会中的参与制度演化主体的待遇差异巨大，当现有制度得不到一些制度主体的确认，而意欲否定该制度创立主体的地位时，制度革命就发生了。

制度革命在大多数意义上讲应是一种进步的制度革命，是要触动既定社会制度的政治和经济基础，触动其“生产关系”。也就是说，通过

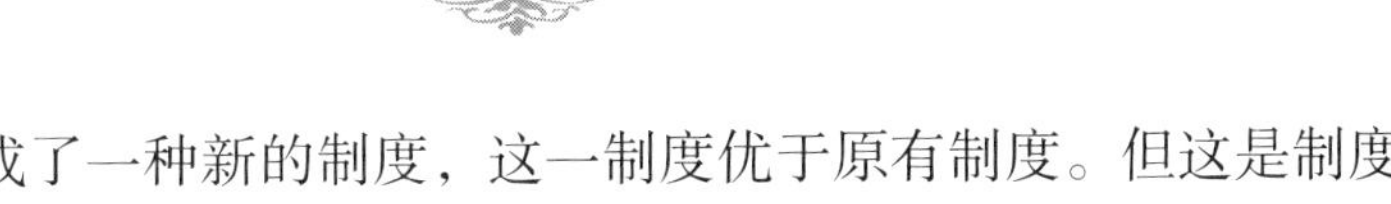

制度革命，形成了一种新的制度，这一制度优于原有制度。但这是制度革命的重要内容，不是其本质内容。有些时候新制度取代旧制度并不是必须通过革命的方式。

而革命在其典型意义上是指国体、政体的根本改变，它的展开过程一般是激进式、非程序化和非经常化的。革命更多的是对其制度主体的革命，只是每个制度主体背后总有代表其待遇的制度存在，所以革命者往往以推翻旧制度的名义进行。在马克思看来，人们在社会生产中形成的生产关系，也就是制度，决定着人们的待遇关系，当这种生产关系或制度进行调整和变革时，必然会改变人们的待遇关系。在革命的模式中，这种待遇关系的改变具有“非帕累托改进”的性质，即在制度革命的过程中，有人受益的同时也有人受损，制度革命是“剥夺剥夺者”。各方面所导致的待遇冲突的博弈性质是零和博弈甚至是负和博弈。从根本上讲，制度的基本矛盾是不可能通过调和来解决的，必须用暴力手段进行根本性的制度革命。当不同的利益集团之间的矛盾冲突达到一定程度时，就将爆发激进式的制度革命。所以，无论是中国还是西方，有相当多的农民革命、民族革命进行所谓制度革命后，并没有出现新的制度模式，只是把原有制度模式中的主动者与被动者的地位互换而已。对于这种制度革命，用“改朝换代”来描绘很形象。

甚至有些制度革命还是倒退的。虽然这种情形比较少见，但确实也存在。这就是经过一场制度革命后，对原有的社会生产力进行了极大的破坏，相应对原有的一种生产关系也进行了极大破坏，使得制度形态在某些时候呈现一种倒退的态势。如在资本主义制度建立初期，一些农民革命就产生了这样一种客观的效果。邓小平曾讲过一段话值得我们思考：“资本主义代替封建主义的几百年间，发生过多少次王朝复辟？所以，从一定意义上说，某种暂时复辟也是难以完全避免的规律性现象。”如果我们不带价值意义地评判，完全可以这样理解这句话，这就是在资本主义代替封建主义制度的演化过程中，既发生过资本主义制度的代表者对封建主义制度代表者的革命，也发生过封建主义制度代表者对资本主义制度代表者的反革命。资本主义制度的代表者对封建主义制度代表者的革命很明显是一种进步的革命，而封建主义制度代表者对资本主义制度代表者的反革命则很明显是一种反动。但这种反动从形态上说也是一种革命，这点我们不能否认。

17.3.3 制度创新

制度创新原本是制度经济学中的一个概念，指在竞争的环境当中，创造出新的经济行为规则或“游戏规则”，以减少交易费用、提高经济效益。20世纪美国学者弗农·韦斯利·拉坦（Vernon Wesley Ruttan）更明确地指出：“制度创新或制度发展一词被用于指：（1）一种特定组织的行为变化；（2）这一组织与环境之间的相互关系的变化；（3）在一种组织的环境中支配行为与相互关系的规则的变化。”20世纪美国学者约瑟夫·熊彼特（Joseph Schumpeter）在《经济发展理论》中把制度创新定义为用一种效益更高的制度来代替另一种制度的过程。制度创新是制度主体以新的观念为指导，通过制定新的行为规范，调整主体间的权利平等关系，为实现新的价值目标和理想目标而自主地进行的创造性的活动。制度创新是专指那些正向、积极、进步和有绩效的制度变迁，它所表征的主要是社会规范的前进运动、择优汰劣和文明发展，它所表示的是对人的活动方式结构和交往关系作出调整以利于人性的发展和人的主体性的发挥。

（1）制度创新要以思想观念的更新为前提。人的任何活动都是在一定的思想指导下进行的，制度创新活动也不例外，它要以人们思想观念上的变革为前提。一般说来，思想观念的变革越彻底，创新活动就越顺利。只有人们观念上更新了，才能以新的眼光、新的视角去审视各种制度，并把对制度的创新作为自己的一种自觉行为。

（2）制度创新要具有创造性。创造性是人的能动性的最高体现，人之为人，就在于他的活动是一种创造性的活动。这种创造性本质表现在制度创新上，它不仅要赋予新制度以新规定、新要求、新标准、新组合，而且意在追求一种高效优化的社会制度。只有满足这两个方面要求，我们才能称之为制度创新。

（3）制度创新的结果要实现制度发展的扬弃和质的飞跃。制度创新必须改变原有的制度安排，用不同的行为规则确立新的关系、激励和组合。它包括量的变化，即原有制度的部分修改，但其基本特性是质变。人的创新活动并不是随心所欲或异想天开的自由行为，而是对社会发展中人们的行为，对人、财、物等关系的新的规范。它不是对原有制度的简单抛弃，而是既克服又保留，即克服不利于社会发展的制度因素，保留发挥有利于社会发展的制度因素，从而使制度更具科学性。进一步来

说，制度的这种克服和保留，其要求不仅要实现对原有制度的补缺、丰富和完善，更是一种高层次的发展，因而是制度发展过程中的质变。

17.4 制度演化的规律

制度演化遵循什么样的规律，是否存在这样一种规律。对于这样一种规律，客观必然性与人的主观能动性各占多大的比重，寻找并认识这样一种规律的意义何在。这是我们讨论的内容。我们认为，制度演化是有规律的。我们这里研究的制度演化规律是指制度在演化过程中所反映出来的一些规律性的现象，而不是促使制度演化背后的客观规律。我们把制度演化规律概括为三条：路径依赖、量变中的质变和渐变中的突变并存、抽象意义上的“两个必然”与“两个决不会”。

17.4.1 路径依赖

制度演化中最为明显的一种规律性现象就是路径依赖。这也是西方新制度经济学派最常用的一种描述制度演化的方式。所谓路径依赖是由当代新制度经济学家道格拉斯·诺斯于1990年提出的，其基本含义是今天的制度演化受以往制度的影响。制度演化一旦在自我增强机制下选择了一条路径，它就会沿着这条路径走下去，也就是说，一次或偶然的机会会导致一种解决方法，而一旦这种方法流行起来，它会导致这种方法进入一定的轨迹。沿着既予的制度方向或路径，经济和政治制度的变迁可能进入良性循环的轨道，并迅速优化；也可能顺着原来的错误方向或路径往下滑，弄得不好，它们还会被锁定在某种无效率的制度状态之中。而如果制度创新进入了锁定状态，要纠偏归正就会变得十分困难。

（1）制度演化中原有制度起着很重要的作用

人们过去作出的选择决定其现在可能的选择，制度演化路径的选择是历史在起作用。无论是经济制度还是政治制度都与历史的制度密切相关；它们的产生和演变受过去的影响，同时也限制了当前和过去改革路径方式的选择。如果我们不知道自己是如何走过来的，就不知道今后前进的方向。

（2）原有制度在制度演化中还会自我强化

初始的制度选择会自我强化，如果是正确的选择会为以后的制度创新开辟更广阔的道路，如果是不正确的选择将会为以后的制度创新造成阻力。初始的制度选择是极为重要的，如果初始的制度选择有差错，在以后的发展中，将可能使整个制度创新最终远远偏离目标，即“差之毫厘，失之千里”。作出任何一项制度变革，都要十分谨慎地不仅考虑其直接后果，还要研究其长远的路径影响，以免出现积重难返的情形。刘易斯曾讲过：“一旦制度开始变迁，它们就会以一种自动强制实施的方式进行下去。老的信念和制度在变化，新的信念和制度彼此之间，以及新的信念和制度与相同方向上的未来变迁之间都逐渐变得协调一致。”

（3）制度具有学习效应

一种制度一旦建立，组织和个人就会去适应它，通过学习增强自己对现存制度获益的能力，而这又反过来加强现存制度。制度为各方提供稳定的预期，而相同的预期又加强各方对这个制度持续下去的信心，从而这个制度果真持续下去了。一种制度一旦实行一段时间后，总会形成在这种制度下的既得利益集团。他们会在以后的制度创新中，力求巩固现有的制度，阻碍进一步的制度创新。

（4）制度演化不可能推倒重来，原有制度的影响是既定而不可改变的

由于制度是保护待遇的屏障，所以最初所选择的制度在回报率递增机制作用下，形成了自我强化的路径。再加上政治生活中制度密集，政治权威和权力具有非对称性特征，政治生活的复杂性和不透明性和政治制度是维持现状的基础，政治制度的变迁比经济制度有着更强的路径依赖。20—21世纪美国学者保罗·皮尔逊（Paul Pierson）对政治生活变化中的分叉点、临界点上的制度选择非常重视。马克思讲的“人们自己创造自己的历史，但是他们并不是随心所欲地创造，并不是在他们自己选定的条件下创造，而是在直接碰到的、既定的、从过去承继下来的条件下创造。一切已死的先辈们的传统，像梦魇一样纠缠着活人的头脑”，其实也是这个意思。一个旧的制度被打碎了，但是，为其论证的思想意

识要退出历史舞台还需要一定的时间。这“梦魇”纠缠就是一种路径依赖的表现。19—20世纪美国经济学家托斯丹·邦德·凡勃伦（Thorstein Bunde Veblen）的“累积因果原理”也是这个意思。制度变迁是一个历史的进化过程，制度变化作为历史事件在下一步如何发生关键取决于事件现有状态的细节，这些细节反过来是从前状态的结果，最初状态的微小差异能形成更大差别的结果，这是一个复杂的系统开放性演化的过程。

17.4.2 量变中的质变和渐变中的突变并存

从前面谈制度演化形态可以看出，制度改良肯定是小步子变化，制度创新也不是全盘否定，即使是制度革命也不是泾渭分明，水火不容。这就说明，制度演化其实是一个由量变到质变的过程，是一个新制度的因素逐渐增加、旧制度的因素逐渐减少的过程。只不过不同形态演化的这个过程长短不一样。有的可能是漫长的变化，有的也可能是一夕改变，甚至是瞬间变化。所以，制度演化中在量变中实现质变的规律不是从时间概念上说的，而是从性质差异上说的。但是渐变与突变则是从时间和进程概念上说的。

（1）在制度演化中，新制度与旧制度共存是一个客观事实

制度作为一个系统，它不断地与外界环境、人、社会发生着关系，它的质是由在一定的外界环境条件下的结构和功能决定的。制度的演化并不仅仅是规则的变化，而是意味着它所影响的那些关系要发生相应的变化。在这种情况下原有制度所代表的关系必然要有所反映，这种反映当然要影响到制度的演化进程。

制度中的某一项具体的规则的变化也不会是马上黑白互换的。但是渐变分阶段进行，必然出现新旧两种制度长期并存，不仅经济领域，非经济领域也同样如此，即存在制度双轨情况，这极易导致分配不公、经济与社会秩序混乱；改革分阶段进行，往往使改革不配套，因而留下许多未改和既改又未改彻底的领域，或者有些领域虽然进行了改革，但由于与其相应的领域没有改革，或改得不够彻底，因而可能成为某些人设租设卡，违法谋私，钱权交易，一夜暴富的“黄金时期”，还可能造成改革时进时退，进两步退一步，甚至进一步退两步的情况，使支持改革

者失去信心，改革动力也会减弱。

以人类社会发展中的资本主义阶段为例，在资本主义的部分质变中，出现了社会主义的某些因素。为了解决自身的固有矛盾，资本主义一是实行国有经济和股权社会化；二是实行国民经济计划调节或国家对经济的宏观调控；三是吸收工人共同参与企业管理；四是实行福利主义，兼顾社会公平。这四个方面的变化，无疑是面向生产资料社会占有的方向、国民经济计划调节的方向、缩小贫富差距的方向、提高工人阶级经济地位的方向来演变的。这些，恰恰是马克思所揭示的社会主义方向。当代资本主义的上述变化，实际上已超越了资本主义范畴，而含有社会主义的因素了。

（2）制度演化中的质变本身也是一个量的积累过程

制度在演化过程中，常有这种情况：即在总的量变过程中，要经过一系列阶段性的或局部性的部分质变，最终完成根本质变。这些质变可能是爆发式的，也可能是非爆发式的。事物在所处的某一特定的种属关系中所具有的质表现为不同的层次性。而在这不同的层次意义上把握事物的质变，其结果是不同的。比如说，水的汽化如果说在物理层次上是一种质变的话，那么这在化学层次上看却不能认为是一种质变。制度也是如此。我们建立的社会主义市场经济体制，从经济运行机制上看，与计划经济体制相比无疑是一种质变，但从制度的社会形态上看，它并不是质变，依然是社会主义制度内部的变化。

（3）质变和量变不完全等同于突变和渐变

质变和量变是与突变和渐变不同的两对范畴。质变和量变是就系统的性质而言的，它只反映变化是质的变化还是在保持原来质的前提下的数量变化，并不反映事物变化的速度和稳定性。突变和渐变则是就过程而言的，反映事物变化是快还是慢、是稳定还是不稳定。这意味着，时间和稳定性是衡量渐变和突变的两个标准。但是，质变和量变与突变和渐变还是两对有密切联系的范畴。质变和量变实现的途径和方式要靠突变和渐变这对范畴，由于概率的缘故，质变经常是和突变联系在一起的，量变经常是和渐变联系在一起的。也正因为如此，哲学教科书上通常把质变表述为“一事物转变为它事物的突变和飞跃”，把量变表述为“一种逐渐、不显著的变化”。

但事实上制度演化中的质变更多地体现为一种渐进方式。虽然制度已经发生了根本性质的变化，但过程却是渐进的、相对稳定的，没有突变。制度演化的渐变过程体现为分阶段、分部门、分地区、分群体的形式，从局部到全局，从部分到整体，从一部分人到全体人，从制度外到制度内，从增量到存量等逐步演化的过程。制度演化的渐变还体现为往往先从容易取得成果的方面开始。比如社会制度的变革往往先从经济体制改革开始，着力于增加物质财富，为继续推进社会其他制度的改革提供物质基础，同时也使怀疑和反对改革者得到改革的收益，变阻力为动力。

但是，制度演化的渐变方式虽然在变化的每一阶段也许费用代价较低，可总的演化过程费用与代价可能是非常高昂的；而且演化的每一阶段还可能重新形成新的既得利益集团，从而成为下一阶段制度演化的新的阻力。这在分阶段进行改革的社会中尤为明显。分阶段进行的改革，由于不是一下子剥夺那些反对改革者的权利，因此，使其能够重新组织起来阻止改革，这样就造成改革的“变形”、“回归”的可能性较大。而且改革分阶段进行，使反对改革者能够形成对未来改革步骤的预期，因而提前采取措施抵制改革。也可能出现原来支持改革者满足已得到的待遇，认为没有必要作进一步的改革，结果使改革动力变成阻力，使改革中途夭折。

制度演化的突变，尽管时间短，阻力大，社会冲突剧烈，常常演变为国内战争，搞得不好会丧失政权，使改革彻底失败，但如果能够成功，也是值得的，不失为一种在具备某些条件下的制度演化的方式。

制度演化的这两种方式并不是截然分离的，渐进演化不顺利，可以演变为激进式的突变，以制度剧变结束；激进式的突变进展不顺利，也可能不得不转而实行渐变。所以在制度演化中，这两种方式往往是交织在一起的。

17.4.3 客观必然性和现实可能性统一

制度演化很重要的一个规律就是发展趋势的客观必然性和发展可能的现实条件性的相互统一。这一规律借用马克思主义科学社会主义理论中关于社会发展形态的两个判断来指称比较形象，这就是制度演化中抽象意义上的“两个必然”与“两个决不会”。

“两个必然”，即资本主义必然灭亡、社会主义必然胜利，是马克思运用科学的世界观和方法论，考察人类社会发展的一般规律和资本主义社会发展的特殊规律得出的基本结论。原文的来源是马克思、恩格斯在《共产党宣言》中提出的“资产阶级的灭亡和无产阶级的胜利是同样不可避免的”。“两个决不会”是马克思于1859年1月在《〈政治经济学批判〉序言》中提出的一个重要思想。他指出：在人类历史上，“无论哪一个社会形态，在它们所能容纳的全部生产力全部发挥出来之前，是决不会灭亡的；而更新的更高的生产关系，在它存在的物质条件在旧社会的胎胞里成熟以前，是决不会出现的”。马克思、恩格斯指出的“两个必然”，就是指历史的进程受着不以人们的意志为转移的客观规律的支配。不管资产阶级多么不愿意，也不管他们怎样人为地维护资本主义制度，资本主义必然灭亡和社会主义必然胜利是不可抗拒的历史规律。马克思称这种历史规律为“铁的必然性”，他说“问题本身并不在于资本主义生产的自然规律所引起的社会对抗的发展程度的高低。问题在于这些规律本身，在于这些以铁的必然性发生作用并且正在实现的趋势”。

对于制度演化来说也是一样的，人类社会的任何一种制度，都有它产生的充分依据，同时又都不可避免地要被新的、更完善的、更进步的制度所取代，也就是说，一切制度都必然要经历历史的变更。引起这种变更的根本动因不是什么永恒理性和绝对观念，而是物质生产力的发展。生产力是生产关系形成的前提和基础。有什么样的生产力，最终就会形成什么样的生产关系，进而形成什么样的社会和什么样的制度。同时，生产力又是最活跃、最革命的因素，它处在不断运动、变化和发展的过程中。当生产力发展到一定阶段，原有的生产关系再也容纳不下它的时候，生产关系就一定会发生变革。因此，随着生产力的发展，人类社会的制度注定要从初级形态走向高级形态，从不完善形态走向完善形态。这是客观历史中生产力和生产关系矛盾运动的结果。制度演化的这种方向、趋势是客观的、必然的，是不以任何人的意志为转移的。

但是“两个决不会”告诉我们的是，尽管这种趋势、方向是“铁”的，不可改变和逆转的。但由于生产力的发展是一个过程，生产关系的产生也是一个过程，而且从历史发展来看这是一个很漫长的过程。在这一过程中，新的生产力与旧的生产力可能同时都在发挥着作用，新的生产关系与旧的生产关系可能同时并存，并不会出现新制度的萌芽一出现，旧制度就主动退出历史舞台的现象。而且很可能是新旧制度交织在

一起，在互相竞争、互相遏制，当然也存在互相借鉴、互相学习中共同存在相当长一段时间。这种现象在社会形态的制度中是如此，在微观的制度安排中也是如此。当代社会社会主义制度与资本主义制度同时存在是前者，我们国家在20世纪改革中出现的“双轨制”就是后者。

那么，两种制度之间的互相吸收借鉴是否意味着趋同而不是替代呢？答案应该是否定的。我们仅以社会主义制度与资本主义制度为例。首先，从双方吸收借鉴的内容来看，都主要是待遇制度、企业管理方式等经济发展手段和方法，而不是基本制度；其次，从双方吸收借鉴的根本目的看，都不是要过渡到与自己对立的社会形态上去，而是为了更好地消除对方，保存自己；第三，从双方吸收借鉴的程度上看，双方所能吸纳对方制度成果的程度都是有限的，这个限度就是不违背各自基本经济制度的基本价值取向。比如，尽管西方国家也有经济发展的计划性特点，但它的计划与社会主义市场经济体系的计划在实施目的、调控范围以及作用方式上都有很大区别，而且具有极大的不稳定性，靠这种计划只能缓解而不可能最终根本解决个别企业生产的有组织与整个社会生产的无政府状态之间的矛盾。这决定了异己文明成果的发展空间终究有限，绝不可能反客为主。在坚持公有制为主体、共同富裕为根本目标的前提下，对资本主义先进文明成果的吸收借鉴绝不可能使中国特色的社会主义发展为中国特色的资本主义，两种社会制度斗争的结果只能是替代而不可能是趋同，所不能确定的不过是替代的时间、方式、场合等因素而已。

17.5 制度的类型

制度的类型按表现形式可分为正式制度与非正式制度，按照产生路径来划分，可分为内在制度与外在制度。此外意识形态也是一种很重要、也很特殊的制度形态。

17.5.1 正式制度与非正式制度

正式制度是指人们有意识创造的一系列法律法规等制度形态。正

式制度包括政治规则、经济规则和契约，以及由这一系列规则构成的一种等级结构，从宪法到成文法和不成文法，到特殊的细则，最后到个别契约，它们共同约束着人们的行为。正式制度一般是有形的、成文的，并在国家或组织强制力作用下实施的；非正式制度也称非正式约束、非正式规则，是人们在长期交往中无意识形成的，具有持久的生命力，并构成代代相传的文化的一部分。非正式制度主要包括价值信念、伦理规范、道德观念、风俗习惯、意识形态等因素。非正式制度一般是不成文的或无形的，并主要是在社会舆论和社会成员自律等非强制力或“软约束”作用下实施的。

尽管在政治学和社会学研究中已经或多或少地意识到了制度的这两种不同类型，但明确地把制度划分为正式制度与非正式制度是新制度经济学的一大贡献。道格拉斯·诺斯认为，“制度可分为正式制度与非正式制度；正式制度是指人们自觉发现并加以规范化和一系列带有强制性的规则。正规规则包括政治（及司法）规则、经济规则和合约。这些规则可以作如下排序：从宪法到成文法与普通法，再到明确的细则，最终到确定的单个合同，从一般规则到特定的说明书；非正式制度包括行为准则、伦理规范、风俗习惯和惯例等，它构成了一个社会文化遗产的一部分并具有强大的生命力。非正式制度是正式制度的延伸、阐释或修正，它是得到社会认可的行为规范和内心行为准则”。

在现代社会里，正式制度总是和国家权力或组织联系在一起。在国家层面上，法律是正式制度的代表；在社会层面上，各种组织的章程也是正式制度的一种。法律的最高层次是宪法，决定着一个国家的政体；在其之下是一系列的民事法和刑事法，决定着社会的运作规则。根据法律所应用的对象，我们又可以把它们分成政治规则和经济规则。政治规则决定一个政体的等级和决策结构以及对策过程的控制。经济规则定义所有权，即确定人们对其所有的待遇以及放弃或转让这些待遇的规则。特别是对待遇转让的规则产生一系列对合同的保护和约束规则，使得人们可以通过诉诸国家保护自己在合同中的待遇。各个组织（行业协会、商会、学会、专业团体、宗教组织等等）的章程对组织成员的权利和义务以及组织的组织结构和决策过程予以规范。虽然这些章程不能和国家法律相提并论，而且它们的适用范围仅限于组织内部，但他们也属于正式制度范畴。组织的章程是每个会员在决定加入组织时都自愿接受的，组织可以对违反章程的成员进行惩罚甚至将其开除出组织。

非正式制度是社会中的人在长期交往中无意识形成的，具有持久的生命力，并构成代代相传的文化的一部分。从历史上来看，在正式制度设立之前，人们之间的关系主要靠非正式制度来维持，即使在现代社会，正式制度也只占整个制度很少的一部分，人们生活的大部分空间仍然由非正式制度来约束。一般来说，非正式制度包括对正式制度拓展、细化和限制的社会公认的行为规则和内部实施的行为规则。非正式制度的产生减少了衡量和实施成本，使交换得以发生。但是，非正式制度又存在一定的局限性，如果没有正式制度，缺乏强制性的非正式制度就会提高实施成本，从而使负责的交换不能发生。

非正式制度是从观念层面反映该时代人们的精神待遇诉求，尤其是占统治地位的利益集团的待遇诉求，这种诉求具有历史延续性。这种历史延续性在不同的社会历史条件下会有不同的表现，因此，世界上各个民族才有自己各自不同的文化传统、不同的风俗习惯。所以，无论是中国的儒家学说，还是古希腊的哲学思想，作为文化遗产，深深地积淀在后人心中，成为人们思想发展的一个起点。

非正式制度不是空洞的，总是旗帜鲜明地指向现实的。它其实是人们认识世界和改造世界的思想文化结晶，人们在生产生活中所接收到的各种意识、观念，都是他们对现实中的各种物质关系的反映。指向现实的，有自己特定的社会内容。人们在现实生活中都会接受一定的观念，可以帮助人们作出价值判断，是人们在社会生活中，从事一定活动的前提。人们所奋斗的一切都和他们的物质待遇和精神待遇有关，那么，坚持什么样的待遇观，以什么样的信仰和方式去从事社会实践，一定程度上取决于他们所接受的非正式制度的熏陶。

总的来说，正式制度和非正式制度之间只有形式上的差异，没有本质的不同。在制度演化的早期阶段，其实是没有正式制度和非正式制度之分的。

17.5.2 内在制度与外在制度

从本体论的角度看，制度可分为内在制度和外在制度。内在制度是群体内随经验而演化的规则，外在制度是设计出来，并依赖正式的、有组织的机制来实施。制度经济学派普遍认为，内在制度是从人类经验中演化出来的。它体现着过去曾最有益于人类的各种解决办法。其中既有风俗习惯、伦理规范、良好礼貌和商业习俗，也有盎格鲁–撒克逊社会中的自然法。违反内在制度通常会受到共同体中其他成员的非正式惩罚，例如，不讲礼貌的人发现自己不再受到邀请。但是，也有各种执行内在制度的正式惩罚程序。外在制度是被迫自上而下地强加和执行的。它们由一批代理人设计和确立。这些代理人通过一个政治过程获得权威。它们的一个例子就是司法制度。外在制度配有惩罚措施。这些惩罚措施以各种正式的方式强加于社会（如遵循预定程序的司法法庭）并可以靠法定暴力（如警察）的运用来强制实施。内在制度和外在制度的区分依规则的起源而定。也就是说，由于产生方式的不同，两者的内容和社会意义便有很大区别。内在制度是伴随着人类经验演化而生成的一些规则。这些规则在政府出现以前，就自觉地被共同体的成员遵守着，是成员参与社会活动，被他人认可的依据。这使得人们感受到内在制度对他们是有益的。

内在制度有这样几种典型的类型：

（1）风俗习惯。一般来说，风俗习惯指的是人们在社会生活中长期形成的不易改变的行为、生活方式和生活风尚。风俗习惯是历史地形成的，在一定的环境和条件下，得到人们普遍自觉地遵守，本质上起着社会制度的作用。人们遵守风俗习惯，才能顺利实现人与人之间的交往，才能使自己融入一定的社会群体之中。

（2）道德。道德由风俗习惯而来，是人们在一定社会历史条件下生存规则的反映。道德是人们通过习惯、教育和经验等不同渠道获得的规则，是一种内化为人的规定性的东西。19世纪德国哲学家狄慈根（Dietzgen Joseph）说，“道德是极其多种多样的、相互矛盾的道德规则的总的概括，这些规则的共同目的在于调整人们对于自己和对于他人的行为方式，使之既注意现在，又注意将来，既要注意自己，又要注意别人，既注意个人，又注意种族。一个单独的人总感到自己有欠缺、不完满、有限制。他需要别人、需要社会来补充，并且为了自己的生存，必须也让别人生存。由这种相互需要而产生的种种顾虑，就是我们所称的道德”，“因此，社会欲的表现方法，即道德行为，在每个人那里，是由他继承得来的各种特点以及他直接地获得的或以他的祖先为媒介而获得的观念和洞察力来决定的。在这个范围内，道德是自律性的。然而，一个人不可能像鸟单独筑巢那样地制定道德。道德是通过他和别人的共同生活和共同活动而形成的。道德要求，如上所述，本质上就是别

人的要求，每个人的社会欲迫使他适应这种要求。他个人的道德，只有在同他的同伴们的道德相互一致的情况下，才能成为一种社会约束和一种社会动力。在这个范围内，借用康德的话来说，道德就是他律性的，也就是说，每个人都从外界、从社会接受他的道德律。然而，只有当他感觉到，道德律是自己固有的欲，而不是一种由于威胁或利诱而得到遵守的、外来的法则时，它才能在他身上产生道德的效果”。道德是一种内化的规则，违反这种规则，一般来说，其惩罚是心理上的，表现为自我的内疚和他人的谴责。

（3）礼节仪式。简单地说，礼节仪式就是人在社会交往过程中所体现和所遵循的言行谦恭，举止文明等一系列规范。《孟子·告子下》：“礼貌未衰，言弗行也，则去之。”赵岐注：“礼者，接之以礼也；貌者，颜色和顺，有乐贤之容。礼衰，不敬也；貌衰，不悦也。”

总之，内在制度是随着人类的发展而产生和发展的，以一种非正式的约定俗成的方式起着作用，其变革是渐进式的。内在制度被内化于个体或组织行动中，其特点是实施依靠自律，不需要第三方的强制执行。

外在制度则不同于内在制度，它是由政治权力机构自上而下地设计出来，具有明确的目标指向和操作方面的强制性，并需要第三方来实施。鲜明的政治性是其特点之一，它隐含着自上而下的等级意义。

虽然无论内在制度还是外在制度，都是生产力发展的产物，是人类交往的结果，是社会分工的必然。但在人类社会发展的早期阶段，人还没有创造出自己丰富的关系，这时候是以内在制度为主要形态的。随着分工的出现和交往的扩大，当人类社会经历了一次最大的分工，就是城乡的分离和对立，人类社会逐渐从野蛮向文明过渡。这时候外在制度就开始得到了发展，随着现代社会的发展，其发展速度也在加快，并且日益成为制度的主要形态。

17.5.3 意识形态：制度的一种特殊形态

把意识形态作为制度的一种形态，是道格拉斯·诺斯的发明。道格拉斯·诺斯用意识形态来解释制度变迁中的“搭便车”现象，甚至被认为是新制度经济学三大理论基石之一。自道格拉斯·诺斯以后，很多学者都接受他的观点，把意识形态归于非正式制度。并且认为在非正式制度中，意识形态处于核心地位。其实，意识形态并不属于非正式制度，而是一种没有正式制度形态的正式制度。对于任何一个社会来说，它的意识形态尤其是主流意识形态都不是非正式的。《简明大不列颠百科全书》对意识形态的定义是：意识形态是社会哲学或政治哲学的一种形式。其中实践的因素与理论的因素具有同等重要的地位；它是一种观念体系，旨在解释世界并改造世界。中国学者肖前主编的《历史唯物主义原理》一书认为，意识形态是社会观念的上层建筑，是对一定社会经济形态以及由经济形态所决定的政治制度的自觉反映。在这些关于意识形态的讨论中，有三点需要我们注意，这就是：（1）意识形态是一种思想观念，但不是一般的思想观念，是在一定的社会经济基础上形成的系统的思想观念，反映了现实世界的关系和人与人之间的相互关系。（2）意识形态不是个别人的思想观念，而是已经被某个群体（阶级或社会集团）所接受的思想观念，代表了某一阶级或社会集团（包括国家和国家集团）的待遇。（3）意识形态不纯粹是理论指向，而是带有强烈的实践性和改造世界的指向，它代表这一阶级或集团的待遇并指导其行动。

意识形态的这三个特点，使得它具备了制度的基本特征。意识形态的制度性作用表现为：（1）人总是生活在一定的意识形态之中，20世纪法国哲学家路易·皮埃尔·阿尔都塞（Louis Pierre Althusser）宣称，“人从本质上就是意识形态的动物”，人通过意识形态将自身构成或限定为“人”。意识形态将社会中的人建构为主体的同时，也使主体形成了自己的意识形态，主体范畴成为意识形态的基本成分。因此，社会中的个体主体，常常觉得自己在意识形态的想象关系中仿佛是自主的主体。但是，这样的主体实际上是意识形态按自身的需要而召唤、建构出来的；意识形态在使人们应答这种召唤的同时意识到自己的主体身份，并内化于主体之中；主体并不觉得他们接受的是居于支配地位的阶级用“意识形态国家机器”强加给他的思想观念、价值体系等等，反而觉得是他作为自主的主体自主选择的结果。置身意识形态中的个人主体往往意识不到意识的强制性，反而相信自己是自立的主体，从而把那些想象性的再现关系当作是理应如此的真实关系。基于这样的机理，意识形态成了个人与其环境达到一致的一种节约费用的工具，它以“世界观”的形式出现，通过缩短或取消对是与非、善与恶、美与丑等若干价值判断与行为判断的过程，从而减少或降低达成“一致同意”的信息费用与谈判费用。道格拉斯·诺斯更是进一步把意识形态作为一种行为方式。他

认为这种方式通过提供给人们一种“世界观”而使行为决策更为经济，使人的经济行为受一定的习惯、准则和行为规范等的协调而更加公正、合理并且符合公正的评价。（2）意识形态能够修正个人行为，从而减少或克服集体行动中的“搭便车”的机会主义行为。成功的意识形态教育，有利于人们提高对诚实、信赖、忠诚、良心等的效用评价，从而使个人“搭便车”或违犯规则的行为减少。正所谓信任降低了“交易成本”。当然意识形态不可避免地与个人在观察世界时对公正所持的道德、伦理评价相互交织在一起，一旦人们的经验与其思想不相符合时，人们会改变其意识观念，这时意识形态就会成为一个不稳定的社会因素。（3）意识形态教育具有动员激励功能。一方面是激发起所有成员的信心与热情，坚定实现行动目标的决心；另一方面是使团体的长远目标对全体成员来说更具吸引力、说服力，以获得所有成员的支持，愿作出短期的待遇牺牲。

当然，一套能够促进制度变迁成功、经济持续增长的意识形态，必须能够提供一个全面的世界观，能够更有效地解释世界。因此，它必须满足下列条件或特征：（1）全局性。一种成功的意识形态必须为更多的人所共识、认可或接受。（2）合理性。为了使意识形态有效率，必须相当好地合乎个人对世界的经验与感受，由此才能成为一种节约认识世界的费用工具。因此，意识形态必须有效地、合理地解释世界。（3）灵活性。成功的意识形态必须在解释外部条件的可观察到的变化时保持灵活，才能与人们的知识积累相一致，由此来赢得成员的持续的认同与忠诚。（4）包容性。作为一套认知系统，意识形态应是开放的，从而减少集团之间的摩擦，促进社会协作，提高社会运作效率。

如果不具备这些条件，意识形态可能会反过来成为现有制度巨大的包袱与压力。这是因为意识形态的节约功能是有条件的。实践表明，意识形态具有随经验改变的特性。首先，意识形态一旦为人们所接受，就会成为一种“意识形态经验”，而人们对于一种意识形态的虔诚程度与其日常经验又存在相关性，受到日常经验支持的意识形态将会得到加强，反之，则会减弱。其次，人们所拥有的意识形态经验和知识会影响和帮助人们对外界事物进行判断，并决定人们的行动。意识形态的节约作用是在上述两条的基础上才得以实现，节约既表现为个人判断和选择的简化，同时也表现为统治者利用人们对某种意识形态的虔信实现自己的政治和经济主张，减少“讲道理”费用。意识形态的节约作用是统治者供给意识形态的用意所在。但是，意识形态的这种节约作用是值得深入探究的，对意识形态进行成本—收益分析时我们就会发现，意识形态的生产是一项耗资十分巨大的工程。所以，有的学者认为，从国家层面来看，意识形态是一项国家产品，是国家塑造其成员偏好，购买其成员的顺从和虔诚的一项巨大而特殊的投资。

此外，需要说明的是，在社会变革时期，意识形态作为一项特殊的制度安排，其消亡通常是一个缓慢的过程，不会随着经验事实的变化而立即改变自己的内容和形式，有时甚至会否定经验事实的客观性和合理性，这就是马克思主义所揭示的意识形态的相对独立性。而一种意识形态之所以在失去需要的时候尚能存延，其根本原因在于意识形态是现实某种待遇关系的理论说明。

参考文献

1.《马克思恩格斯全集》第1卷，北京：人民出版社，1956年。
2.《马克思恩格斯全集》第2卷，北京：人民出版社，1957年。
3.《马克思恩格斯全集》第4卷，北京：人民出版社，1958年。
4.《马克思恩格斯全集》第3卷，北京：人民出版社，1960年。
5.《马克思恩格斯全集》第23卷，北京：人民出版社，1960年。
6.《马克思恩格斯全集》第8卷，北京：人民出版社，1961年。
7.《马克思恩格斯全集》第19卷，北京：人民出版社，1963年。
8.《马克思恩格斯全集》第18卷，北京：人民出版社，1964年。
9.《马克思恩格斯全集》第22卷，北京：人民出版社，1965年。
10.《马克思恩格斯全集》第6卷，北京：人民出版社，1965年。
11.《马克思恩格斯全集》第20卷，北京：人民出版社，1971年。
12.《马克思恩格斯全集》第21卷，北京：人民出版社，1971年。
13.《马克思恩格斯全集》第23卷，北京：人民出版社，1972年。
14.《马克思恩格斯全集》第39卷，北京：人民出版社，1974年。
15.《马克思恩格斯全集》第25卷，北京：人民出版社，1974年。
16.《马克思恩格斯全集》第42卷，北京：人民出版社，1979年。
17.《马克思恩格斯全集》第46卷，北京：人民出版社，1979年。
18.《马克思恩格斯选集》第49卷，北京：人民出版社，1982年。
19.《马克思恩格斯选集》第1卷，中文2版，北京：人民出版社，1995年。
20.《马克思恩格斯选集》第2卷，中文2版，北京：人民出版社，1995年。

21.《马克思恩格斯选集》第3卷，中文2版，北京：人民出版社，1995年。

22.《马克思恩格斯选集》第4卷，中文2版，北京：人民出版社，1995年。

23.《列宁选集》第1卷，北京：人民出版社，1972年。

24.《列宁全集》第16卷，北京：人民出版社，1988年。

25.〔苏联〕斯大林：《斯大林选集》下卷，北京：人民出版社，1979年。

26.毛泽东：《毛泽东选集》第1卷，北京：人民出版社，1991年。

27.毛泽东：《毛泽东选集》第2卷，北京：人民出版社，1991年。

28.毛泽东：《毛泽东选集》第4卷，北京：人民出版社，1991年。

29.毛泽东：《毛泽东选集》第5卷，北京：人民出版社，1991年。

30.邓小平：《邓小平文选》第3卷，北京：人民出版社，1993年。

31.邓小平：《邓小平文选》第2卷，北京：人民出版社，1994年。

32.江泽民：《畅谈国际国内大事》，《人民日报》，1991年。

33.江泽民：中国共产党第十五次代表大会报告《高举邓小平理论伟大旗帜，把建设有中国特色社会主义事业全面推向二十一世纪》，1997年。

34.江泽民：《同瑞士联邦主席德赖富斯会谈时的谈话》，《人民日报》，1999年3月26日。

35.江泽民：《江泽民在纪念建党八十周年大会上的讲话》，北京：人民出版社，2001年。

36.江泽民：《论“三个代表”》，北京：中央文献出版社，2001年。

37.江泽民：中国共产党第十六次代表大会报告《全面建设小康社会，开创中国特色社会主义事业新局面》，2002年。

38.胡锦涛：中国共产党第十七次代表大会报告《高举中国特色社会主义伟大旗帜，为夺取全面建设小康社会新胜利而奋斗》，2007年。

39.习近平：《之江新语》，杭州：浙江人民出版社，2007年。

40.习近平：《习近平在老干部迎春茶话会上的讲话》，《人民日报》，2010年2月6日。

41.习近平：《习近平在考察大连加氢反应器制造有限公司时的讲话》，《人民日报》，2013年9月2日。

42.习近平：《干在实处　走在前列——推进浙江新发展的思考与实践》，北京：中共中央党校出版社，2014年。

43.习近平：《习近平谈治国理政》，北京：外文出版社，2014年。

44.习近平：《习近平在中国科学院第十七次院士大会、中国工程院第十二次院士大会上的讲话》，《人民日报》，2014年6月10日。

45.习近平：《习近平在北京师范大学考察时的讲话》，《人民日报》，2014年9月10日。

46.习近平：《习近平在贵州调研期间的讲话》，《人民日报》，2015年6月19日。

47.习近平：《中央全面深化改革领导小组第十九次会议上的讲话》，《人民日报》，2015年12月10日。

48.〔美〕塔尔科特·帕森斯：《社会学理论论文集》，南京：译林出版社，1949年。

49.〔英〕柏特兰·罗素：《社会改造原理》，上海：上海人民出版社，1959年。

50.〔英〕约翰·密尔：《论自由》，程崇华译，北京：商务印书馆，1959年。

51.〔俄〕普列汉诺夫：《唯物主义史论丛》，王太庆译，《普列汉诺夫哲学著作选集》第2卷，北京：生活·读书·新知三联书店，1961年。

52.〔德〕黑格尔：《法哲学原理或自然法和国家学纲要》，范扬、张企泰译，北京：商务印书馆，1961年。

53.〔法〕孟德斯鸠：《论法的精神》上册，张雁深译，北京：商务印书馆，1961年。

54.〔法〕卢梭：《论人类不平等的起源和基础》，李常山译，北京：商务印书馆，1962年。

55.〔法〕霍尔巴赫：《自然的体系》上卷，管士滨译，北京：商务印书馆，1964年。

56.周辅成编：《西方伦理学名著选辑》上卷，北京：商务印书馆，1964年。

57.〔德〕考茨基：《唯物主义历史观》第二分册（1927年），上海：上海人民出版社，1965年。

58.周辅成编：《从文艺复兴到十九世纪资产阶级哲学家政治思想家有关人道主义人性论言论选辑》，北京：商务印书馆，1965年。

59.〔美〕钱纳里等：《经济增长中的收入分配》，英国：牛津大学出版社，1974年。

60.〔德〕黑格尔：《精神现象学》上卷，北京：商务印书馆，1979年。

61.〔英〕休谟：《人性论》下卷，北京：商务印书馆，1980年。

62.〔古希腊〕亚里士多德：《政治学》，北京：商务印书馆，1981年。

63.〔法〕马尔库塞：《伦理与革命》，引自江天骥主编《法兰克福学派论——批判的社会理论》，上海：上海人民出版社，1981年。

64.胡适：《介绍我自己的思想》，《胡适哲学思想资料选》上册，上海：华东师范大学出版社，1981年。

65.〔法〕马里旦：《人和国家》，引自《西方法律思想史选编》，北京：北京大学出版社，1983年。

66.〔古希腊〕柏拉图：《法律篇》，引自《西方法律思想史选编》，北京：北京大学出版社，1983年。

67.〔宋〕朱熹：《四书章句集注·孟子集注》，中华书局，1983年。

68.〔美〕鲁道夫·阿恩海姆：《艺术与视知觉——视觉艺术心理学》，滕守尧、朱疆源译，北京：中国社会科学出版社，1984年。

69.〔捷〕奥塔·锡克：《经济－利益－政治》，北京：中国社会科学出版社，1984年。

70.陈云：《陈云文选》（1949—1956年），北京：人民出版社，1984年。

71.〔美〕庞德：《通过法律的社会控制——法律的义务》，北京：商务印书馆，1984年。

72.〔意〕但丁：《论世界帝国》，朱虹译，北京：商务印书馆，1985年。

73.廖士祥：《和谐原理与对立统一规律》，《江西社会科学》，1985年第2期。

74.〔英〕霍布斯：《利维坦》，黎思复等译，北京：商务印书馆，1985年。

75.〔宋〕黎靖德：《朱子语类》，北京：中华书局，1986年。

76.〔美〕杰克·普拉诺等：《政治学分析辞典》，北京：中国社会科学出版社，1986年。

77.〔日〕庄司兴吉：《现代社会的阶级结构——两种理论的综合》，《国外社会科学动态》，1986年第7期。

78.〔美〕戴维·波普诺：《社会学》，沈阳：辽宁人民出版社，1986年。

79.周辅成编：《西方伦理学名著选辑》下卷，北京：商务印书馆，1987年。

80.〔美〕弗兰克·戈布尔：《第三思潮：马斯洛心理学》，上海：上海译文出版社，1987年。

81.〔美〕乔纳森·H. 特纳：《社会学理论的结构》，吴曲辉等译，杭州：浙江人民出版社，1987年。

82.中国大百科全书总编辑委员会《哲学》编辑委员会、中国大百科全书出版社编辑部编：《中国大百科全书·哲学》Ⅰ，北京：中国大百科全书出版社，1987年。

83.〔法〕萨特：《存在与虚无》，陈宣良等译，杜小真校，北京：生活·读书·新知三联书店，1987年。

84.〔美〕加布里埃尔·A. 阿尔蒙德：《比较政治学——体系、过程与政策》，上海：上海译文出版社，1987年。

85.陈独秀：《独秀文存》，合肥：安徽人民出版社，1987年。

86.《比较社会学文集》，北京：中国社会科学出版社，1987年。

87.〔美〕马斯洛：《人的动机理论》，北京：华夏出版社，1987年。

88.〔德〕狄慈根：《狄慈根哲学著作选集》，上海：上海三联书店，1987年。

89.邓广铭：《陈亮集——刘和卿墓志铭》，北京：中华书局，1987年。

90.郑杭生：《当代中国社会结构和社会关系研究》，北京：首都师范大学出版社，1987年。

91.P. H. Werhane：Philosophical Issues in Human Rights.

92.〔美〕塞缪尔·亨廷顿：《变革社会中的政治秩序》，北京：华夏出版社，1988年。

93.〔俄〕斯坦尼斯拉夫·缅希科夫：《资本主义、社会主义与和平共处》，武汉：武汉大学出版社，1988年。

94.王伟光、郭宝平：《社会利益论》，北京：人民出版社，1988年。

95.〔德〕米夏埃尔·兰德曼：《哲学人类学》，上海：上海译文出版社，1988年。

96.〔美〕约翰·罗尔斯：《正义论》，何怀宏等译，北京：中国社会科学出版社，1988年。

97.〔美〕塔尔科特·帕森斯：《现代社会的结构与过程》，北京：光明日报出版社，1988年。

98.陈建远、施志伟：《现代西方社会学》，南昌：江西人民出版社，1988年。

99.〔美〕布坎南：《自由、市场和国家——20世纪80年代的政治经济学》，吴良健等译，北京：北京经济学院出版社，1988年。

100.〔日〕富永健一：《社会结构与社会变迁》，董兴华译，昆明：云南大学出版社，1988年。

101.Kurt Lewin，Resolving Social Conflicts，引自《社会冲突的功能》，北京：华夏出版社，1989年。

102.〔匈〕乔治·卢卡奇：《历史和阶级意识——马克思主义辩证法研究》，张西平译，重庆：重庆出版社，1989年。

103.〔美〕阿德勒：《六大观念》，北京：团结出版社，1989年。

104.〔美〕塞缪尔·亨廷顿：《变化社会中的政治秩序》，王冠华等译，北京：生活·读书·新知三联书店，1989年。

105.〔美〕安东尼·奥罗姆：《政治社会学》，上海：上海人民出版社，1989年。

106.N. Bobbio，Democracy and Dictatorship—The Nature and Limits of State Power，English Translation by Peter Kennedy，Cambridge：Polity Press，1989.

107.〔德〕哈贝马斯：《交往与社会进化》，重庆：重庆出版社，1989年。

108.〔捷〕奥塔·锡克：《争取人道经济民主》，北京：华夏出版社，1989年。

109.〔美〕塔尔科特·帕森斯：《现代社会的结构与过程》，引自《比较社会学》，上海：上海人民出版社，1989年。

110.李培林：《“另一只看不见的手”：社会结构转型、发展战略及企业组织创新》，引自袁方等《社会学家的眼光：中国社会结构转型》，北京：中国社会出版社，1989年。

111.刘纯彬：《二元社会结构的实证分析（上）》，《社会》，1989年第9期。

112.王沪宁主编：《腐败与反腐败——当代国外腐败问题研究》，上海：上海人民出版社，1990年。

113.〔美〕罗迈尼辛・M. 约翰：《社会福利观念的变迁》，辛炳尧译，厦门：厦门大学出版社，1990年。

114.郭书田、刘纯彬：《失衡的中国》，石家庄：河北人民出版社，1990年。

115.徐勇：《中国城市和乡村二元社会结构的历史特点及当代变化》，《社会主义研究》，1990年第1期。

116.葛力：《十八世纪法国哲学》，北京：社会科学文献出版社，1991年。

117.〔美〕彼德・贝格尔：《神圣的帷幕》，上海：上海人民出版社，1991年。

118.刘德福：《坚持与发展马克思主义》，济南：山东人民出版社，1991年。

119.恽希良：《经济利益概论》，成都：四川人民出版社，1991年。

120.王申贺：《当代中国社会结构论》，北京：中国展望出版社，1991年。

121.刘小平：《二元社会结构需要改革》，《齐鲁学刊》，1991年第3期。

122.辜胜阻：《二元城镇化战略及对策》，《人口研究》，1991年第5期。

123.沈宗灵：《人权是什么意义上的权利》，引自《当代人权》，北京：中国社会科学出版社，1992年。

124.信春鹰：《人权概念与国际社会的人权观》，引自《当代人权》，北京：中国社会科学出版社，1992年。

125.夏勇：《人权概念起源》，北京：中国政法大学出版社，1992年。

126.盛洪：《分工与交易》，上海：上海三联书店，1992年。

127.〔美〕西里尔・E. 布莱克等：《日本和俄国的现代化》，北京：商务印书馆，1992年。

128.郭道晖：《人民的利益是最高的法律——学习列宁的法制思

想》，《法学评论》，1992年第4期。

129.薛克诚、洪松涛、吴定求：《人的哲学——马克思主义人学理论新探》，北京：中国人民大学出版社，1992年。

130.夏勇：《人权概念起源》，北京：中国政法大学出版社，1992年。

131.赵奎礼：《利益学理论》，沈阳：辽宁教育出版社，1992年。

132.常学群：《马克思主义社会学论稿》，郑州：河南人民出版社，1992年。

133.〔美〕查尔斯·林德布洛姆：《政府与市场》，上海：上海人民出版社，1993年。

134.黄楠森、沈宗灵主编：《西方人权学说》上册，成都：四川人民出版社，1993年。

135.游宏炳：《解决农业问题还要调整“二元社会结构”》，《中国农村经济》，1993年第9期。

136.陆学艺、景天魁：《转型中的中国社会》，哈尔滨：黑龙江人民出版社，1994年。

137.〔美〕V. W. 拉坦：《诱致性制度变迁理论》，引自科斯等《财产权利迁——产权学派与新制度经济学派文集》，上海：上海三联书店，1994年。

138.〔美〕查尔斯·林德布洛姆：《政府与市场》，上海：上海人民出版社，1994年。

139.孙立平：《漫谈现代社会中的冲突与控制》，《东方》，1994年第6期。

140.〔美〕科斯：《财产权利和制度变迁》，北京：三联书店，1994年。

141.〔美〕道格拉斯·诺斯：《制度、制度变迁与经济绩效》，上海：上海三联书店，1994年。

142.魏宏森、曾国平：《系统论——系统科学与哲学》，北京：清华大学出版社，1995年。

143.〔美〕麦金太尔：《德性之后》，北京：中国社会科学出版社，1995年。

144.〔美〕西摩·马丁·李普塞特：《一致与冲突》，上海：上海人民出版社，1995年。

145.盛洪：《为什么人们选择对自己不利的制度安排》，《中国社

会科学季刊》，1995年春季卷。

146.〔美〕西蒙·库兹涅茨：《经济增长与收入不平等》，《美国经济评论》第45卷，1995年第1期。

147.〔英〕A. J. M. 米尔恩：《人的权利与人的多样性——人权哲学》，夏勇、张志铭译，北京：中国大百科全书出版社，1995年。

148.〔美〕道格拉斯·诺斯：《经济史中的结构与变迁》，上海：上海三联书店，1995年。

149.夏勇：《人权概念起源》，《法学研究》，1995年第3期。

150.夏勇主编：《走向权利的时代》，北京：中国政法大学出版社，1995年。

151.吕世辰：《准市民论纲：中国农户非农产业群体研究》，北京：中国环境科学出版社，1995年。

152.周沛：《建立三元社会结构是促成“民工潮”有序流动的战略抉择——兼评“民工潮”问题上的若干论点》，《南京社会科学》，1995年第10期。

153.孙锦华：《试析“相对独立的经济利益主体”》，《特区理论与实践》，1996年12期。

154.〔美〕西里尔·E. 布莱克编：《比较现代化》，上海：上海译文出版社，1996年。

155.王彪：《城乡二元社会结构的打破与融合》，《探索》，1996年第3期。

156.孙代尧：《二元社会结构转化与中国的城市化进程》，《福建论坛》（经济社会版），1996年第2期。

157.〔美〕E. 拉兹洛：《决定命运的选择》，北京：生活·读书·新知三联书店，1997年。

158.廖申白、孙春晨：《伦理新视点：转型时期的社会伦理与道德》，北京：中国社会科学出版社，1997年。

159.〔法〕约米尼：《战争艺术》，海拉尔：内蒙古文化出版社，1997年。

160.靳辉明、罗文东：《人道主义与现代化》，合肥：安徽人民出版社，1997年。

161.〔德〕马克思·韦伯：《经济与社会》上卷，北京：商务印书馆，1997年。

162.欧力同：《哈贝马斯的“批判理论”》，重庆：重庆出版社，1997年。

163.〔美〕丹尼斯·米都斯等：《增长的极限》，长春：吉林人民出版社，1997年。

164.沈国明等主编：《新视角看世界——现代外国哲学社会科学文摘》，上海：上海社会科学出版社，1997年。

165.〔英〕弗里德里希·冯·哈耶克：《自由秩序原理》（上），邓正来译，北京：生活·读书·新知三联书店，1997年。

166.廖申白、孙春晨：《伦理新视点：转型时期的社会伦理与道德》，北京：中国社会科学出版社，1997年。

167.郑杭生：《当代中国社会结构和社会关系研究》，北京：首都师范大学出版社，1997年。

168.葛剑雄：《中国移民史》第1卷，福州：福建人民出版社，1997年。

169.姜洪：《利益主体：宏观调控与制度创新》，北京：经济科学出版社，1998年。

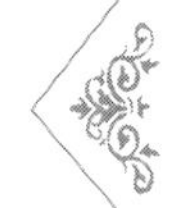

170.洪远朋等：《经济利益关系通论》，上海：复旦大学出版社，1998年。

171.王家福等主编：《中国人权百科全书》，北京：中国大百科出版社，1998年。

172.张浩主编：《社会主义民主研究》，北京：中国青年出版社，1998年。

173.中国战略与管理研究会社会结构转型课题组：《中国社会结构转型的中近期趋势与隐患》，《战略与管理》，1998年第5期。

174.〔加〕查尔斯·泰勒：《公民和国家之间的距离》，引自汪晖等主编《文化与公共性》，北京：生活·读书·新知三联书店，1998年。

175.〔美〕大卫·雷·格里芬：《后现代精神》，北京：中央编译出版社，1998年。

176.〔法〕托克维尔：《论美国的民主》，北京：商务印书馆，1998年。

177.〔美〕约翰·罗尔斯：《正义论》，北京：中国社会科学出版社，1998年。

178.〔美〕大卫·雷·格里芬：《后现代精神》，北京：中央编译出版社，1998年。

179.〔德〕哈贝马斯：《合法性危机》，上海：上海人民出版社，1998年。

180.汪晖、陈燕谷等主编：《文化与公共性》，北京：生活·读书·新知三联书店，1998年。

181.〔美〕保罗·J. 费尔德斯坦：《卫生保健经济学》，费朝辉等译，北京：经济科学出版社，1998年。

182.〔美〕艾德勒：《六大观念》，郗庆华译，北京：生活·读书·新知三联书店，1998年。

183.冯林主编：《经济、社会及文化权利国际公约》和《公民权利和政治权利国际公约》，《中国公民人权读本》，北京：经济日报出版社，1998年。

184.郭齐勇：《传统道德与当代人生》，武汉：武汉大学出版社，1998年。

185.杨帆：《中国经济面临的危机与反危机对策》，《战略与管理》，1998年第5期。

186.刘军宁：《政治理论视野中的财产权与人类文明》，引自《公共论丛·自由与社群》，北京：生活·读书·新知三联书店，1998年。

187.俞德鹏、章溢华：《二元社会结构变革与世纪之交的宁波发展》，《宁波经济》，1998年第5期。

188.张彦、陈红霞：《社会保障概论》，南京：南京大学出版社，1999年。

189.〔美〕R. 科斯：《社会成本问题》，《财产权利与变迁》，上海：上海三联书店，1999年。

190.葛洪义主编：《法理学》，北京：中国政法大学出版社，1999年。

191.洪远朋、杨兰：《社会主义市场经济下的经济利益关系制衡》，《株洲师范高等专科学校学报》，1999年第9期。

192.余政：《综合经济利益论》，上海：复旦大学出版社，1999年。

193.〔法〕霍尔巴赫：《自然的体系》，北京：商务印书馆，1999年。

194.洪远朋等：《经济利益关系通论——社会主义市场经济的利益关系研究》，上海：复旦大学出版社，1999年。

195.〔美〕戴维·波普诺：《社会学》（第十版），中国人民大学

出版社，1999年。

196.〔美〕约翰·罗尔斯：《政治自由主义》，万俊人译，南京：译林出版社，2000年。

197.郑功成：《社会保障学：理念、制度、实践与思辨》，北京：商务印书馆，2000年。

198.孙光德、董克用：《社会保障概论》，北京：中国人民大学出版社，2000年。

199.〔德〕柯武刚·史漫飞：《制度经济学——社会秩序与公共政策》，北京：商务印书馆，2000年。

200.张玉堂：《利益论——关于利益冲突与协调问题的研究》，武汉：武汉大学出版社，2001年。

201.王伟光：《利益论》，北京：人民出版社，2001年。

202.梁优彩：《入世会继续扩大收入差距吗》，《发展导报（山西）》，2001年。

203.张玉莹：《利益论——关于利益冲突与协调问题的研究》，武汉：武汉大学出版社，2001年。

204.甘满堂：《城市农民工与转型期中国社会的三元结构》，《福州大学学报》（哲学社会科学版），2001年第4期。

205.〔澳〕斯蒂芬·卡斯尔斯：《21世纪初的国际移民:全球性的趋势和问题》，《国际社会科学杂志（中文版）》，2001年第3期。

206.赵金山、王彦坤：《社会利益协调：21世纪中国现代化建设的动力源》，《中共云南省委党校学报》，2002年第1期。

207.王逸舟：《国家利益再思考》，《中国社会科学》，2002年第2期。

208.陆学艺主编：《当代中国社会阶层研究报告》，北京：社会科学文献出版社，2002年。

209.李文伟：《我国“集体福利”分配模式的演变研究》，《理论月刊》，2002年第5期。

210.陆学艺主编：《当代中国社会阶层研究报告》，北京：社会科学文献出版社，2002年。

211.邓伟志：《让弱势群体从弱到强》，《社会科学报》，2002年6月6日。

212.王子今、刘悦斌、常宗虎：《中国社会福利史》，北京：中国

社会出版社，2002年。

213.〔英〕戴维·米勒、韦农·波格丹诺编：《布莱克维尔政治学大词典》，北京：中国政法大学出版社，2002年。

214.陆学艺主编：《当代中国社会阶层研究报告》，北京：社会科学文献出版社，2002年。

215.卓泽渊：《法治国家论》，北京：法律出版社，2003年。

216.李抒望：《社会对根本利益的认识》，《南方论坛》，2003年第11期。

217.〔英〕安东尼·吉登斯：《社会学》（第四版），北京大学出版社，2003年。

218.王春光：《农民工的社会流动和社会地位的变化》，《江苏行政学院学报》，2003年第4期。

219.徐明华、盛世豪、白小虎：《中国的三元社会结构与城乡一体化发展》，《经济学家》，2003年第6期。

220.李新安：《我国中央、地方政府区域调控的利益博弈分析》，《财贸研究》，2004年第4期。

221.洪远朋：《经济理论的过去、现在和未来》，上海：复旦大学出版社，2004年。

222.汝信：《2005年：中国社会形势分析与预测》，北京：社会科学文献出版社，2004年。

223.人民日报理论部：《党员干部关注的14个重大理论和实践课题》，北京：人民日报出版社，2004年。

224.叶富春：《利益结构、行政发展及其相互关系》，北京：社会科学文献出版社，2004年。

225.孙立平：《失衡：断裂社会的动作逻辑》，北京：社会科学文献出版社，2004年。

226.〔德〕弗兰茨·克萨韦尔·考夫曼：《社会福利国家面临的挑战》，王学东译，北京：商务印书馆，2004年。

227.〔汉〕司马迁著，赵生群编：《史记》，北京：中华书局，2004年。

228.〔美〕科斯、阿尔钦、诺斯：《制度与人的经济价值的不断提高》，刘守英译，引自《财产权利与制度变迁》，上海：上海人民出版社，2004年。

229.李强：《农民工与中国社会分层》，北京：社会科学文献出版社，2004年。

230.周作翰、张英洪：《解决三农问题的根本：破解二元社会结构》，《当代世界与社会主义》，2004年第3期。

231.安增龙：《中国农村社会养老保险制度研究》，西北农林科技大学农业经济管理专业博士论文，2004年。

232.文军：《农民市民化：从农民到市民的角色转型》，《华东师范大学学报》（哲学社会科学版），2004年第3期。

233.文军：《从分治到融合：近50年来我国劳动力移民制度的演变及其影响》，《学术研究》，2004年第7期。

234.陈映芳：《关注城市新移民》，《解放日报》，2004年8月22日。

235.高红贵：《协调利益关系与构建社会主义和谐社会》，《统计与决策》，2005年第24期。

236.洪远朋、卢志强、陈波：《制度变迁与利益关系演化》，《社会科学研究》，2005年第3期。

237.李步云主编：《人权法学》，北京：高等教育出版社，2005年。

238.陈志尚主编：《人学原理》，北京：北京出版社，2005年。

239.沈立奇：《中国弱势群体》，北京：民主与建设出版社，2005年。

240.〔德〕赫尔曼·哈肯：《协同学——大自然构成的奥秘》，上海：上海译文出版社，2005年。

241.张冀：《中国城市社会阶层冲突意识研究》，《中国社会科学》，2005年第4期。

242.李培林等：《社会冲突与阶级意识——当代中国社会矛盾问题研究》，北京：社会科学文献出版社，2005年。

243.辛鸣：《制度论——关于制度哲学的理论构造》，北京：人民出版社，2005年。

244.李真主编：《工殇者——农民工职业安全与健康权益论集》，北京：社会科学文献出版社，2005年。

245.周昌祥：《当前社会福利依赖与反福利依赖的社会工作介入研究》，《华东理工大学学报》（社会科学版），2005年第2期。

246.毕天云：《“福利‘造型业’的‘厂家’和‘产品’——西方学者关于福利制度类型”的研究综述》，《哲学社科学术新视点》（论文集），昆明：云南大学出版社，2005。

247.万俊人：《从政治正义到社会和谐——以罗尔斯为中心的当代政治哲学反思》，《哲学动态》，2005年第6期。

248.陈映芳：《“农民工”：制度安排与身份认同》，《社会学研究》，2005年第3期。

249.陈映芳：《公共教育与乡城迁移人员的城市适应》，《探索与争鸣》，2005年第7期。

250.刘祖云、胡蓉：《论社会转型与二元社会结构——中国特色的二元社会结构研究之一》，《中南民族大学学报》（人社版），2005年第1期。

251.李海霞：《社会结构变迁下的社会保障制度完善》，东北财经大学硕士论文，2005年。

252.龚慧娴：《小城镇:“第三元社会”的偏好》，《城市问题》，2005年第2期。

253.殷民娥：《马克思的社会结构理论与当前“三元社会”》，《合肥学院学报》（社会科学版），2005年第4期。

254.高书生、宋军花：《我国收入分配体制改革的现状、趋势与政策建议》，《经济研究参考》，2005年第88期。

255.肖冬连，《中国二元社会结构形成的历史考察》，《中共党史研究》，2005年第1期。

256.倪先敏：《构建和谐社会必须强化党的利益整合功能》，《科学社会主义》，2006年第2期。

257.李景鹏：《中国社会利益结构变迁的特点》，《北京行政学院学报》，2006年第1期。

258.洪远朋、卢志强、陈波：《社会利益关系演进论——我国社会利益关系发展变化的轨迹》，上海：复旦大学出版社，2006年。

259.陈波：《我国社会利益关系的发展变化研究》，《上海财经大学学报》，2006年第6期。

260.孙立平：《建构和谐社会的重点是协调利益关系》，《中国选举与治理网》，2006年。

261.朱鸣雄：《整体理论论——以国家为主体的利益关系研究》，上海：复旦大学出版社，2006年。

262.闫梅：《职工集体福利的理论分析与制度建构》，《云南大学

学报》（法学版），2006年第4期。

263.高尚全：《加快推进行政管理体制改革》，《学习时报》，2006年3月20日。

264.夏文斌：《公平、效率与当代中国社会发展》，北京：北京大学出版社，2006年。

265.马国川：《中国改革纪事大碰撞》，北京：新华出版社，2006年。

266.周秋光、曾桂林：《中国慈善简史》，北京：人民出版社，2006年。

267.方同义：《多元利益主体的利益表达与和谐社会建设》，《浙江社会科学》，2006年第6期。

268.鲁宁：《中国每年因突发事件损失6500亿！》，《东方早报》，2006年1月9日。

269.刘军宁：《让利益与利益相争》，人民网，2006年4月13日。

270.库少雄、〔美〕Hobart A. Burch：《社会福利政策分析与选择》，武汉：华中科技大学出版社，2006年。

271.景天魁：《社会保障：公平社会的基础》，《中国社会科学院研究生院学报》，2006年第6期。

272.王荣华、童世骏：《多学科视野中的和谐社会》，上海：学林出版社，2006年。

273.张琼：《我国收入分配的制度缺陷及对策分析》，《理论月刊》，2006年第9期。

274.夏文斌：《公平、效率与当代中国社会发展》，北京：北京大学出版社，2006年。

275.管跃庆：《地方利益论》，上海：复旦大学出版社，2006年。

276.钱宁：《现代社会福利思想》，北京：高等教育出版社，2006年。

277.陆学艺：《中国社会结构的变化及发展趋势》，《云南民族大学学报》（哲学社会科学版），2006年第9期。

278.杨继绳：《中国当代社会各阶层分析》，兰州：甘肃人民出版社，2006年。

279.葛正鹏：《“市民”概念的重构与我国农民市民化道路研究》，《农业经济问题》，2006年第9期。

280.陈佳贵、王延中等：《中国社会保障发展报告》，北京：社会科学文献出版社，2007年。

281.彭劲松：《当代中国利益关系分析》，北京：人民出版社，2007年。

282.葛道顺：《中国慈善事业的现状和发展对策》，杨团、葛道顺主编《和谐社会与慈善中华》，北京：社会科学文献出版社，2007。

283.周沛：《社会福利体系研究》，北京：中国劳动社会保障出版社，2007年。

284.侯力：《从“城乡二元结构”到“城市二元结构”及其影响》，《人口学刊》，2007年第2期。

285.周志山：《从分离与对立到统筹与融合——马克思的城乡观及其现实意义》，《哲学研究》，2007年第10期。

286.季良佼：《农民市民化视野下的三元社会结构》，《淮阴师范学院学报》（哲学社会科学版），2007年第6期。

287.任远：《长三角地区国内移民的总效果及对区域城市结构的影响》，《人口学刊》，2007年第6期。

288.郭彦森：《变革时代的利益矛盾与社会和谐》，北京：知识产权出版社，2008年。

289.毕天云：《论慈善文化的民族性及其意义》，杨团、葛道顺主编《和谐社会与慈善中华》，北京：中国劳动社会保障出版社，2008年。

290.唐昊：《垄断行业高工资恶果已显现》，《南方都市报》，2008年4月29日。

291.牟永福：《“社会排斥”解释框架与城市居民收入的差异性分析》，《河北学刊》，2008年第4期。

292.周良才：《中国社会福利》，北京：北京大学出版社，2008。

293.潘屹：《从社会政策角度看慈善组织的发展——一个简单的中西比较》，杨团、葛道顺主编《和谐社会与慈善中华》，北京：中国劳动社会保障出版社，2008年。

294.洪远朋、陈波：《改革开放三十年来我国社会利益关系的十大变化》，《社会主义经济理论研究集萃（2008）》，北京：经济科学出版社，2008年。

295.郭彦森：《变革时代的利益矛盾与社会和谐》，北京：知识产权出版社，2008年。

296.孟令君：《中国慈善工作概论》，北京：北京大学出版社，2008年。

297.王美琴：《城市二元社会结构与户籍制度改革》，《临沂师范学院学报》，2008年第4期。

298.岳澎、黄解宇：《“从“二元结构”到“三元结构”——中国“农民工”的户籍演变路径及其解决方案》，《农业现代化研究》，2008年第2期。

299.高建民：《中国“农民”的概念探析》，《社会科学论坛》（学术研究卷），2008年第9期。

300.李实：《中国低收入阶层超70%收入分配不公加剧贫困》，《第一财经日报》，2009年11月16日。

301.陈新民、陈功、吕庆喆：《2008年度中国残疾人状况及小康进程监测报告》，《2009年中国社会形势分析与预测》，北京：社会科学文献出版社，2008年。

302.赵建华：《最大威胁是生态危机而非金融危机》，《共产党员》，2009年第4期。

303.李慧玲、吕友仁译：《礼记·礼运》，郑州：中州古籍出版社，2010年。

304.陆学艺主编：《当代中国社会结构》，北京：社会科学文献出版社，2010年。

305.辛章平：《城市化与城乡二元社会结构的消解》，《宁夏社会科学》，2010年第1期。

306.黄祖辉：《我国社会保障制度对经济增长、土地制度及城市化的影响》，《中共浙江省委党校学报》，2010年第3期。

307.王春光：《警惕城乡三元结构化》，《农村经营管理》，2010年第1期。

308.汪玉凯：《中国社会转型对农民形成双重剥夺 未破二元社会》，人民网，2010年。

309.顾海英、史清华、程英、单文豪：《现阶段“新二元结构”问题缓解的制度与政策——基于上海外来农民工的调研》，《管理世界》，2011年第11期。

310.吴忠民：《社会公正论》（第二版），济南：山东人民出版社，2012年。

311.梁德阔：《上海破解“新二元结构”难题研究》，《华东经济管理》，2012年第12期。

312.梁启超：《新民说·论国家思想》，北京：中国文史出版社，2013年。

313.胡丘陵：《国民均地：消解城乡二元社会结构的根本路径》，《湖南科技大学学报》（社会科学版），2013年第2期。

314.宓明君：《论中国发展城市房地产的不公平及其克服——基于二元社会结构的视角》，《社会科学战线》，2013年第5期。

315.汪本学、毛慧青、高国栋、张海天：《缓解"新二元结构"问题的制度与政策研究——基于杭州、宁波、温州、台州四城市外来农民工的调查》，《农村经济》，2013年第3期。

316.相征、赵鑫：《城镇化视角下的我国农民工市民化路径探讨》，《求是学刊》，2013年第5期。

317.杨敏：《三元化利益格局下"身份—权利—待遇"体系的重建》，《社会学评论》2013年第1期。

318.李培林、王晓毅：《移民、扶贫与生态文明建设——宁夏生态移民调研报告》，《宁夏社会科学》，2013年第3期。

319.孙中山：《三民主义·民权主义》，上海：东方出版社，2014年。

320.方勇、李波译注：《荀子》，北京：中华书局，2015年。

321.方勇译注：《孟子》，北京：中华书局，2015年。

322.〔明〕王阳明：《传习录》，张靖杰译，南京：江苏文艺出版社，2015年。

323.〔西汉〕桓宽：《盐铁论》，陈桐生译，北京：中华书局，2015年。

324.陈晓芬译：《论语》，北京：中华书局，2016年。

325.中华慈善总会：《总会介绍》，http://cszh.mca.gov.cn/article/zhjs/。

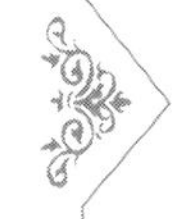

后 记

值此《待遇论》出版之际，我谨向为这一工作付出辛劳的同志们表示衷心感谢：

胡征宇	吴仁财	阮重晖	陈 跃	江山舞	杜国忠	童伟中
钱伯皓	彭启政	蒋荣华	明启强	朱 斌	汤燕飞	张向阳
尚佐文	钱登科	赵 辛	孙旭明	周海鸣	夏斯斯	陈铭杰
邓江波	葛荣海	王剑文	蔡 峻	方志明	杨新梅	毛燕武
李明超	接栋正	王 露	马智慧	王 晓	王莉萍	王春燕
毛春红	孙 悦	刘达开	朱文晶	李 燕	张 菲	张 朵
张富臣	陈益益	尚宇晨	林玥玥	邵 莹	施 剑	赵晓旭
姜晓航	郭宸宇	陶 俊	钱意平	钱鹏程	徐 卫	崔琳琳
商文芳	蒋 捷	解 娜	翟 泓	潘伟芬	瞿孝志	屠雷激
黄 燕	杨红兵	杨美华	朱陈飞	秦昂昂	胡玲筱	涂丽叶

作 者

2016年10月

联系电话：杭州国际城市学研究中心 0571-85250951 87357068

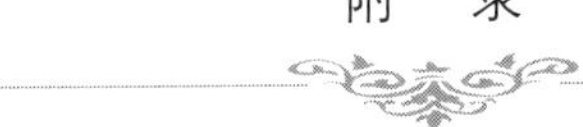

杭州城市学近年主要学术成果

一、城市学重要论著

1.《城市论》（上中下三卷），王国平著
北京：人民出版社，2009年

2.《城市怎么办》（1—12卷），王国平著
北京：人民出版社，2010—2013年

3.《城市学总论》（上中下三卷），王国平著
北京：人民出版社，2013年

4.《待遇论》，王国平著
北京：人民出版社，2016年

二、杭州全书（王国平主编，共362册）

5.《杭州文献集成》（30册）
杭州：杭州出版社，2014年

6.《西湖文献集成》（40册）
杭州：杭州出版社，2004年、2013年

7.《西溪文献集成》（4册）
杭州：杭州出版社，2015—2016年

8.《钱塘江文献集成》（7册）
杭州：杭州出版社，2014年、2016年

9.《湘湖（白马湖）文献集成》（3册）
杭州：杭州出版社，2014年

10.《杭州丛书》（5册）
杭州：杭州出版社，2013—2014年

11.《西湖丛书》（62册）
杭州：杭州出版社，2004—2008年、2013—2014年

12.《西溪丛书》（44册）
杭州：杭州出版社、浙江人民出版社，2007年、2012—2013年、2016年

13.《运河（河道）丛书》（40册）
杭州：杭州出版社，2006年、2013—2015年

14.《钱塘江丛书》（32册）

杭州：杭州出版社，2013—2015年

15.《良渚丛书》（10册）

杭州：杭州出版社、浙江古籍出版社，2013年、2015—2016年

16.《湘湖（白马湖）丛书》（13册）

杭州：杭州出版社、西泠印社出版社，2013年、2015—2016年

17.《南宋史研究丛书》（54册）

杭州：杭州出版社、北京：人民出版社、

上海：上海古籍出版社、杭州：西泠印社出版社，2008—2013年

18.《杭州研究报告》（3册）

杭州：杭州出版社，2013年

19.《西溪研究报告》（1册）

杭州：杭州出版社，2016年

20.《运河（河道）研究报告》（2册）

杭州：浙江古籍出版社，2015年

21.《钱塘江研究报告》（1册）

杭州：杭州出版社，2013年

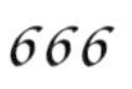

22.《湘湖（白马湖）研究报告》（4册）

杭州：杭州出版社，2015—2016年

23.《余杭研究报告》（2册）

杭州：杭州出版社，2015年

24.《西湖通史》（4卷5册）

杭州：杭州出版社，2014年

三、城市学文库（王国平主编，共24册）

25.《中国农民工问题研究》（上下册）

杭州：杭州出版社，2011年

26.《中国城市交通问题论丛》（上下册）

杭州：杭州出版社，2012年

27.《教育公平与优质教育研究》（上下册）

杭州：杭州出版社，2013年

28.《农民工市民化与内需拉动研究》（上下册）

杭州：杭州出版社，2013年

29.《公交优先战略与城市交通拥堵治理研究》（上下册）

杭州：杭州出版社，2013年

30.《中国城市学蓝皮书（2013）》
杭州：杭州出版社，2013年

31.《中国历史城市景观保护发展报告（2013）》
杭州：杭州出版社，2013年

32.《中国城市学蓝皮书（2014）》
杭州：杭州出版社，2014年

33.《中国城市化面临的挑战与对策》
北京：中国社会科学出版社，2014年

34.《文化遗产保护和利用研究》
杭州：浙江人民出版社，2014年

35.《城市霾问题治理研究》
杭州：浙江人民出版社，2014年

36.《流动人口的城市融入与服务管理创新研究》
杭州：浙江人民出版社，2014年

37.《交通需求管理与城市交通拥堵治理研究》
杭州：浙江人民出版社，2014年

38.《公平优质教育与教育改革研究》
杭州：浙江人民出版社，2014年

39.《中国城市化问答集》
北京：中国社会科学出版社，2015年

40.《杭州城市化案例集》
北京：中国社会科学出版社，2015年

41.《智慧城市建设战略研究》
北京：中国社会科学出版社，2015年

42.《中国城市治理蓝皮书（2014—2015）》
杭州：浙江人民出版社，2014年

43.《中国城市治理蓝皮书（2015—2016）》
杭州：浙江人民出版社，2016年

四、其他成果（王国平主编）

44.《与城市领导谈城市》
北京：人民出版社，2016年

45.《城市学研究》（1—15辑），2011—2016年

图书在版编目（CIP）数据

待遇论/王国平著.
—北京：人民出版社，2016
ISBN 978-7-01-016798-5
Ⅰ. ①待… Ⅱ. ①王… Ⅲ. ①待遇－研究
Ⅳ. ①F241.32
中国版本图书馆CIP数据核字（2016）第239190号

待遇论
DAIYU LUN

作　　者　王国平
责任编辑　娜　拉　张秀平
特约美编　赵　辛

人民出版社 出版发行

地　　址　北京市东城区隆福寺街99号金隆基大厦
邮政编码　100706
网　　址　http://www.peoplepress.net
制　　版　美虹电脑设计有限公司
印刷装订　浙江新华数码印务有限公司
经　　销　全国新华书店
开　　本　787×1092　1/16
字　　数　704千字
印　　张　43
出版日期　2016年10月第1版　2016年10月第1次印刷
书　　号　ISBN 978-7-01-016798-5
定　　价　180.00元